人間主義の経済

経済は何のためにあるのか？
21世紀は「人間主義の経済」を希求！

揺籃社

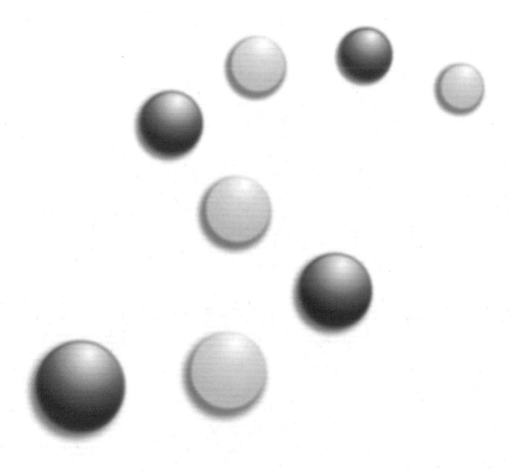

爲永　行雄
Tamenaga　Yukio

まえがき

　皆さんは、経済というと何を考えるでしょうか？

　現今の経済活動は、人間の際限ない欲望の充足を目指している。社会の基盤となっている経済活動の底流は、人間の生存競争の様相を呈しており、人々は、経済至上主義における人間の在り方について、この状態を疑問視している。また、人間の欲望をコントロールし、生活の場である経済において、人間らしい生き方を指向しているのではないだろうか。

　経済の考え方は、西洋的な考え方と、東洋的な考え方の二つに大別できる。西洋的な考え方は、1776年、アダム・スミスが『国富論』を著して、西洋の経済が開始され、経済をエコノミー（economy）と称し、「社会生活を営むのに必要な、生産・消費・売買などの活動である」と強調している。約240年の歴史を有し、世界の多くの国が採用している。

　一方、東洋的な考え方は、中国の隋の時代（581〜618年）における王通「文中子」礼楽編に登場する「経世済民」である。経済とは、「世を経（おさ）め民を救う」との意味である。約1400年の歴史を有し、東アジアの一部の国々で採用している。

　経済学のノーベル賞を受賞したアマルティア・セン博士は、経済学を究めようとしたきっかけを、当時のインド社会における貧困問題解決のためとし、経済・哲学を研究して、独自の経済学を打ち立てた。貧困を解決するための「経済学」の論文は、その当時の経済学者達の驚愕と共に、多大なる賛辞を得た。「経済は、何のためにあるのか」、「それは人間の幸福実現のためにあると答えたい。経済の底流には、その国々の文化が大きく影響し根付いている」と述べている。

　著者は、大手電機メーカーに44年半に亘り奉職し、都区内での様々な講演会や、シンポジウム等に参加する機会を得た。その中で、退職後は、「経済」について、何か一つ残しておきたいとの願望が強く湧き上がった。それは、本社勤務の中で得られた様々な経済の捉え方や、在職時に、大学で経済学を学んだ事にも影響を受けた。

　現今の、経済至上主義の在り方を見直し、人間の幸福を実現すべく「経済」について模索し始めた。その過程で本書における、「人間主義の経済」を思考するに至った。母校の創価大学創立者池田大作氏は、世界の知性・指導者・科学者・文化人・芸術家等あらゆる人々との対話を通じて、「人間主義の哲学」及び「人間革命の思想」を、現代社会に展開し、世界に宣揚してきた。世界192の国・地域にＳＧＩ（創価学会インタナショナル）のメンバーが広がり、世界の多くの国々で、人間主義の潮流が流れ始めた。

　著者は、このような背景の中で、経済分野においても、人間主義を基盤とした経済活動の実現へ向けて、斬新的な改革が必要と考えている。多くの人々が、如何にして「人間主義の経済」へと指向しつつ経済を理解し、生活の中に智慧として取り入れるかを課題とし、退職の12年ほど前から著作の準備をしてきた。

　従来の経済モデルが行き詰まり、企業は、人的資源を重要視した「個人主義の資本主義」に移行しつつある。元来、経済活動は、人間を人間らしく存在させる、「人間主義の哲学」が基盤とならなければならないと考えている。これは、人間が最重要であり、人間中心の経済活動が、必要であるとの認識である。人間中心の考え方に基づいた、経済活動への転換である。人

間の際限ない欲望の呪縛から、経済の本義に戻す必要がある。

　本書は、日本経済が歩んできたプロセスを基盤に、経済社会における諸問題を精査して、経済に関わる事象等を平易に検証した。経済の原点を求めつつ、その仕組みを明らかにすると共に、21世紀に日本が世界に貢献できることを模索した。更に、本書を通して、生活の反映である経済について、人々が、他の人々とのつながりを大切にして、日々の豊かな生活・幸福な人生に少しでも貢献できればと考えている。

　なお、本書に関連する参考資料として、大西昭氏の『人間主義経済学』、及び後藤隆一氏の『人間主義経済学序説』は、新しい経済学の提唱ということで引用している。本書は、人間主義経済学の応用編として、また、その導入部の役割として、多くの人々に「人間主義の経済」について、思考して頂ける機会を提供したいと考えている。

　更に、現代社会が抱える諸問題の解決について、日本がもつ優れた資源や資質を確認し、日本が世界に貢献できる新たな視点を考慮しながら、本書が「自らの生き方」を、振り返る一助になれば幸いである。

　　　2016年5月3日

　　　　　　　　　　　　　　　　　　　　　　　　　　　著者　　爲永　行雄

本書の読み方

　本書は、11章で構成されており、下記の如く第1章～第6章は、起承転結の「起」に相当し、経済の基本事項、及び経済に関する諸事象を説明した。第7章は、起承転結の「承」に相当し、日本特有の「日本型経済モデル」を説明した。

　第8章～第10章は、起承転結の「転」に相当し、経済事象の対応・解決策の事例、及び本書のメインテーマである「人間主義」について論述した。最後に第11章は、起承転結の「結」に相当し、日本が現代社会、または世界に発信する提言等の内容をまとめた。

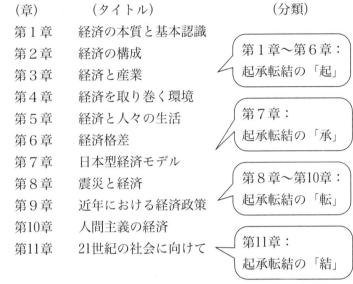

＜分類の概要＞

　起　－　経済の基本認識、及経済に関わる事象の説明を通して、経済に関する認識を深め課題を抽出した。特に、経済は人々の生活の反映ととらえ、身近なところから、現代社会における経済の本質を、理解する事に主眼をおいた。

　承　－　日本が、経済成長のモデルとして取り組んできた、「日本型経済モデル」について、第二次世界大戦による経済基盤の崩壊・国土荒廃の中から、資本主義社会の中で、世界第二位まで経済成長を遂げたモデルを説明した。
　　　　このモデルは、日本経済の経緯が示す如く、必ずしも長期に亘るものではない。「日本型経済モデル」の本質的な構成は、垂直統合型モデルであり、社会の変化から取り残された事が明らかになっていった。

　転　－　日本は、戦後、飛躍的に経済発展・成長を遂げてきたが、近年の大震災の対応や、「日本型経済モデル」の帰結として、バブル崩壊と共に、経済のデフレ現象が20年近く継続して、経済活動が、人々の生活を圧迫し停滞させてきた。これらに対する対応策や、経済政策（アベノミクス）について取り上げた。
　　　　また、本書のメインテーマである「人間主義の経済」は、人間主義の本質を各種の視点から説明し、経済活動において人間主義が重要なことを論述した。

結 － 日本文化の底流にある「人間主義」は、「人間主義の哲学」を基盤とした、普遍的な「創価の思想」の中に存在している。また、日本が21世紀の社会に貢献できる、発信可能な事柄等を提言として本書にまとめた。

＜各章の概要＞

（第1章） 人間にとって経済とは何か。なぜ、今、経済の転換が必要なのかを、経済の本質と基本事項をもとに論じた。

（第2章） 経済は、いかに生活に密接しているか、身近な人々と経済活動との関連を明らかにした。

（第3章） 経済活動が、社会に反映されたら産業になる。社会における産業の構造・仕組みが、経済事象として生じる関係性を明らかにした。

（第4章） 経済を構成する各種要素を基盤に、経済の構成や経済施策の理論を明らかにして、経済に関わる課題等を抽出した。

（第5章） 経済が発展してきた過程において、負の面として突出してきた、「経済格差」を中心に、その評価を精査した。

（第6章） 経済発展において、経済を取り巻く環境（不況、戦争、富の分配、資源の独占等）の現象面を精査した。

（第7章） 戦後、日本はアジアで唯一、経済成長を遂げ世界の経済大国となった。その原動力は、「日本型経済モデル」と称されている。経済発展途上国等の、モデルになる事が考えられるため、その内容を精査した。

（第8章） 2011年3月に発生した「東日本大震災」により、日本経済は大打撃を被り、世界経済に対しても、少なからず影響を与えた。この経験知は、世界にも共有すべきことが多々有り、震災と経済との関連性を論じた。

（第9章） 近年における経済政策の好例として、アベノミクスを取り上げた。デフレ経済の脱却状況と、景気好転への取り組み・道筋を精査した。また、従来の経済活動における弊害についても取り上げた。

（第10章） 本書のテーマである「人間主義」について、人間の営みの次元からとらえて、人間主義を基盤とした経済活動の必要性を論じた。また、人間主義について、哲学・宗教・文化等の概念を基盤に、具体的に論述した。そして、現今の行き詰まった経済活動・経済理論に対し、新たな第三の道として「人間主義の哲学」を基盤とした「人間主義の経済」を提言した。
「人間主義の経済」に対する、世界の識者・智者等の評価や、希求する事柄をまとめ、「人間主義の経済」が、世界の潮流として、世界の人々にうるおいを与えるべき指標となることを総括した。

（第11章） 「人間主義の経済」を基盤に、日本が世界に発信・貢献できる諸事象について、21世紀の社会へ新たな視点を提供した。日本は、平和・文化・教育等の交流を通して、「人間主義の哲学」を基盤とした経済概念を展望した。そして、日本の将来は、世界に貢献していく事の重要さを論じた。

＜現代の経済社会＞

　戦後、日本は、日本独自の経済成長モデルを基盤として、世界の経済大国へと成長し、その後、経済の低成長期の過程を経験してきた。現在の社会は、20世紀型の経済から脱却し、新たな経済観を模索し始めている。

　グローバル化された現代社会にあって、各種の複雑な経済現象は、もはや一国だけの対応・調整のみでは、不可能となってきている。多くの人々の無知につけこみ、経済専門家や評論家と称するものが横行し、世論形成を先導する場合が多々ある。また、利益増出を目標に、経済活動をしている法人・団体・個人が、経済至上主義に更に拍車をかけているのが、現代の経済社会である。

　経済は生き物であり、現実の人々の生活と切り離しては考えられない。故に、現実社会で経済の目指すべきものを取り上げ、また、経済の本質を提示することによって、人々の共感と理解が深まることを願っている。

　そして、人々が、「人間主義の経済」を基盤として、生活の反映である経済活動を、より深く知見して生活し、これからの生き方の一助になればと考えている。経済は、経済専門家に任せておけば良いという考え方から、誰もが最も身近な存在として経済を捉え、自身の生き方においても、見直す機会となれば幸いである。読者からの忌憚のない意見等をお聞きしたいと考えている。

　近代において、経済を支えている経済理論は、「ケインズの理論」とマクロ経済であり、その理論の反映である国の経済政策は、現実社会で好・不況を繰り返して混迷度を深めている。経済政策の誤りによる一国の経済破綻は、その国の人々を苦しめる。経済破綻を生じると、回復するには時間がかかり、多大な犠牲が強いられる。

　経済至上主義の社会は、行き詰まりと綻びを呈している。経済の語源は「世の中を治め、民を幸せにする」という東洋の箴言がある。経済活動自身にも哲学が必要な時代を迎えている。「経済的な競争は、社会の繁栄がない」と、述べる学者がいるが至言である。

　20世紀は、政治・経済・軍事等の人間を取り巻く競争を繰り返し、戦争の100年と言われ、人類は多大な犠牲を払って経験してきた。２１世紀は、この愚かさを払拭して、平和の文化、平和・人道を競い合う社会となる事が、世界の人々の願いであり希求されている。

　この人道の競争が、「人間主義」の道でもある。

＜まとめ＞

　経済競争が常に存在し、そのため多くの企業等が、利益確保に血眼になっている。経済大国は、経済力を強化しているが、近年において、経済政策は行き詰まり失敗を重ねている。ＥＵ内のある国は、経済破綻の危機に追い込まれ、国も国民も経済的な苦しみに喘いでいる。

　だからこそ、経済にも経済理論とともに、それを有益に活かすための哲学が必要となる。経済は、人間の日々の生活の反映であり、人間の考える思考の動向や性向により、社会も時代も大きく変わってきている。その中で、人類は、確固たる人間を解明した「人間主義の哲学」を必要としており、また、人間主義の哲学を基盤とした、「人間主義の経済」が求められている。

　人間主義のエッセンスは、一人の人間生命の把握に尽きる。人間生命を的確に把握している思想・哲学は、現代社会においては、普遍的な「創価の思想」に期待していることは、世界の

知性の認識である。

　世界最高峰の学術機関である、アメリカ実践哲学研究所のマリノフ博士は、「古今東西の著名な哲学者・学者が、人間そのものにフォーカスして、生命の奥底にまで解明したことはなく、故に、真の人間主義についても、触れることはなかった。その中で、日蓮聖人の仏法が、創価の思想へと継承され、人間生命を完璧に解き明かした釈尊の「法華経」が、現代社会においてＳＧＩの団体の中に、継承されて実践している。そして、運動として世界に展開している」と述べている。

　世界の識者は、池田ＳＧＩ会長の半世紀に亘る世界の知性等との対話を通じて、普遍化した創価の思想と、人間革命の運動の理解を深めてきた。創価の運動は、平和・文化・教育の交流を通じて、人間主義の世紀を開くものである。世界が「創価の思想」と「人間革命」の運動に着目している。

　現代の価値観は、経済的な豊かさや、地位や名誉を重んじる社会であり、その中で一部の若者を中心とした人々は、自然の豊かさや人間的な営みを求めて、都市部から地方に軸足を移す動きも生じている。

　しかし、経済の本質や、社会との関わりは、人間が生活する中で、避けては通れない。その時代・社会にあって、人々の求める社会像や、社会の中で、自身の生き方が問われる事ともなる。本書が、その理解を深める一助になれば幸いである。

　最後に、本書は、経済の内容を理解しやすいように、多くの図・表及び参考資料を取り入れた。また、経済等の用語・略語についても、本書の末尾に挿入して、極力平易に解説し理解しやすいよう配慮した。

目次

まえがき ……………………………………………………………………………… 1

本書の読み方 ………………………………………………………………………… 3

目次 …………………………………………………………………………………… 7

第1章　経済の本質と基本認識 …………………………………………………… 13
　1.1　経済の目的(15)
　　1. 経済とは何か(15)、2. 西洋の経済(16)、3. 東洋の経済(18)、
　　4. 西洋と東洋の経済観の差異(20)、5. 経済の成立と発展(21)、6. 20世紀の経済(26)、
　　7. 経済の意義(30)、8. 経済的豊かさ(30)
　1.2　経済の仕組み(31)
　　1. 産業革命以前の経済社会(31)、2. 産業革命と経済(32)、3. 経済取引(32)、
　　4. 経済理論の発展と経緯(32)、5. 21世紀の資本(32)、6. 経済危機(35)
　1.3　経済体制(36)
　　1. 経済と統治体制(36)、2. 経済体制の変遷(37)、3. グローバル化(40)、
　　4. 社会の転機における経済影響(42)、5. 経済体制と人々の生活(44)
　1.4　経済の主体と客体(44)
　　1. 経済の主体・客体とは(44)、2. 個人・団体から企業へ(44)、3. 国内経済(44)、
　　4. 世界経済(45)、5. 関税の障壁(46)、6. 経済と暮らし(46)、7. 物価(46)、
　　8. 財産形成(47)
　　　　　　　　　　　　　　コーヒー・ブレイク(48)

第2章　経済の構成 ………………………………………………………………… 49
　2.1　貨幣経済(54)
　2.2　中央銀行(55)
　　2.2.1 発生の経緯(55)、2.2.2 必要性(56)、2.2.3 金融政策理論(57)、2.2.4 機能(58)
　2.3　日本銀行(58)
　　2.3.1 目的(59)、2.3.2 設立の経緯(59)、2.3.3 機能と組織(59)、
　　2.3.4 政府との関係(62)
　2.4　金融機関(62)
　　1. 都市銀行(63)、2. 地方銀行(64)、3. 第二地方銀行協会加盟地方銀行(64)、
　　4. 外国銀行支店(65)、5. 長期信用銀行(65)、6. 信用金庫(65)、7. 信託銀行(65)、
　　8. 政策金融機関(66)、9. 相互銀行(68)
　2.5　証券(68)
　　1. 証券とは(68)、2. 証券の位置付け(68)、3. 証券市場(69)、4. 証券会社(75)、
　　5. 証券の環境、影響(77)、6. 証券の在り方(78)
　2.6　保険(78)
　　1. 保険とは(78)、2. 保険事業の位置づけ(78)、3. 保険事業の運用(78)、
　　4. 保険会社(82)、5. 保険の在り方(84)、6. 保険事業の取り組み(85)
　2.7　社会保障制度(87)
　　1. 医療制度(87)、2. 年金制度(88)、3. 介護制度(88)、4. まとめ(88)
　2.8　日本型経営(89)
　　1. 100年企業とは(89)、2. 日本型経営(90)、3. 「100年経営の会」の設立(90)、
　　4. 100年企業の経営理念(90)

2.9　雇用の多様化(91)
　　1.　雇用の変化(91)、2.　雇用の変化に伴う社会現象(92)、3.　人口減による対策(93)、
　　4.　まとめ(93)
　　　　　　　　　　　　　コーヒー・ブレイク(94)

第3章　経済と産業　………………………………………………………………………　95
3.1　経済現象(97)
　　1.　インフレとデフレ(98)、2.　経済不況・景気(98)、3.　世界恐慌(98)、
　　4.　株価暴落(98)、5.　円高及び為替レート(98)、6.　失業率(99)、7.　企業のM＆A(99)、
　　8.　少子高齢化(99)、9.　地方の過疎化と都市化(99)、10.　我が国の債務(100)
3.2　法人について(100)
　　1.　法人とは(103)、2.　法人の分類及び形態(104)、3.　新会社法、会社分割制度(106)、
　　4.　独立行政法人化、国立大学の法人化、公益法人制度改革(109)、
　　5.　経済活動の活性化(118)、6.　NPO、JSOX、地方公共団体(123)、
　　7.　民営化(126)、8.　営利法人(135)
3.3　優れた企業(136)
　　1.　優れた企業とは(137)、2.　望ましい経営者品質(137)
3.4　日本で一番大切にしたい会社(138)
　　1.　大切にしたい会社とは(138)、2.　企業経営は5人を幸せにする活動(139)、
　　3.　会社の存在意義(141)
3.5　共通価値の創造(142)
　　1.　ポーター理論(143)、2.　ポーター理論の基本事項(143)、3.　CSVの概念(146)、
　　4.　CSR(148)、5.　社会問題とCSV(148)、6.　共通価値のまとめ(150)
　　　　　　　　　　　　　コーヒー・ブレイク(152)

第4章　経済を取り巻く環境　………………………………………………………………　153
4.1　経済環境の変遷(155)
　　1.　経済政策(156)、2.　金融政策(158)、3.　デフレ脱却(158)、4.　経済要素(158)
4.2　資源配分と地域紛争(161)
4.3　ドラッカーの理論(161)
　　1.　ピーター・ドラッカー(161)、2.　ドラッカーの著作(162)、
　　3.　ドラッカーの理論(163)、4.　企業や事業の考え方(164)、
　　5.　ドラッカーの人物評(164)
4.4　経済の貧困化(165)
　　1.　貧困とは(166)、2.　貧困を測る尺度(166)、3.　貧困の問題(167)、
　　4.　貧困の原因と対策(168)、5.　日本の貧困化(168)
4.5　政治と経済政策(169)
　　1.　政治と経済の関係(169)、2.　政治と経済の役割(169)、3.　日本型の会社(169)
4.6　道州制(170)
　　4.6.1　道州制とは(170)、4.6.2　道州制の経緯(172)、4.6.3　道州制の意義(173)、
　　4.6.4　今、なぜ道州制なのか(176)、4.6.5　道州制による行政区分(177)、
　　4.6.6　全国知事会の考え方(179)、4.6.7　(社)日本経済団体連合会の提言(181)、
　　4.6.8　道州制における経済規模の比較(186)、4.6.9　道州制のメリット(186)、
　　4.6.10　道州制のデメリット(190)、4.6.11　道州制導入の阻害要因(191)、
　　4.6.12　まとめ(192)
4.7　法人の事業環境(195)

1．民営化とは(196)、2．民営化の経緯(196)
4.8　企業の社会性(197)
　　4.8.1　企業のＣＳＲ(197)、4.8.2　ＪＳＯＸ(198)
4.9　労働環境(201)
　　1．リストラ(203)、2．社内分社化(204)、3．アウトソーシング(204)、
　　4．成果主義(205)、5．年俸制度(206)、6．フレックス制度(206)、7．契約社員(207)
　　　　　　　　　　　　コーヒー・ブレイク(208)

第5章　経済と人々の生活　……………………………………………………………………　209
5.1　政治と経済(213)
　　1．政治と経済(214)、2．経済政策(214)、3．経済成長(215)、4．地域経済(215)
5.2　人口と経済(216)
　　1．人口と経済(218)、2．人口の都市集中化(219)、3．人口減と地方経済(219)
5.3　貿易と経済(220)
　　1．貿易(220)、2．貿易の意義及び理論(228)、3．貿易協定と経済戦略(230)、
　　4．貿易協定のメリット／デメリット(234)、5．保護貿易と自由貿易(234)、
　　6．関税(236)、7．ＧＡＴＴとＷＴＯ(236)、8．貿易と経済成長(237)、9．ＴＰＰ(242)、
　　10．貿易と道州制導入(248)、11．まとめ(249)
　　　　　　　　　　　　コーヒー・ブレイク(254)

第6章　経済格差　………………………………………………………………………………　255
6.1　経済格差とは(257)
　　1．経済格差(257)、2．格差の内容(257)
6.2　経済格差の発生と経緯(258)
　　1．格差の発生(259)、2．格差社会の継続(259)、3．経済政策の失敗(260)、
　　4．日本の高齢化社会(261)、5．経済のデフレ構造(262)
6.3　格差社会の現状(262)
　　1．格差と貧困(263)、2．資本主義社会による格差(264)
6.4　格差の弊害と対応(266)
　　6.4.1　国際協力(266)、6.4.2　社会保障の格差(267)
6.5　格差社会の解消(270)
　　1．世界銀行等の取り組み(270)、2．超格差社会(271)、3．格差社会の取り組み(271)
6.6　国際社会による支援(272)
　　1．国連の役割と目標(272)、2．開発目標(272)、3．新たな課題(272)、
　　4．日本の貢献(273)、5．ＯＤＡの取り組み(273)
6.7　ＳＧＩの提言と取り組み(274)
　　1．ミレニアム開発目標(274)、2．人間の安全保障(274)、3．具体的な提言(275)
6.8　まとめ(275)
　　　　　　　　　　　　コーヒー・ブレイク(276)

第7章　日本型経済モデル　……………………………………………………………………　277
7.1　日本型経済モデルとは(282)
7.2　日本型経済の発展・推移(282)
　　7.2.1　法人の環境変化の経緯(284)、7.2.2　民営化の要因(284)、
　　7.2.3　日本企業の事業戦略(285)
7.3　ドニーズ・フルザの日本経済再生論(286)

目次　9

7.3.1 序論(288)、7.3.2 終章、考察(288)、7.3.3 監訳者のあとがき(293)
　7.4　構造改革による経済政策(294)
　　1. 経済再生(295)、2. 構造改革の経済政策(295)、3. 政策専門家(295)、
　　4. 日本経済の将来(297)
　7.5　日本企業の事業展開(298)
　　7.5.1 垂直統合型モデル(298)、7.5.2 水平分業型モデル(299)、
　　7.5.3 企業の事業選択(299)、7.5.4 経済発展途上国の台頭(300)、
　　7.5.5 強みを発揮する垂直統合型戦略(301)、7.5.6 現状の課題(305)、
　　7.5.7 まとめ(305)
　7.6　日本型経済モデルと日本文化(306)
　7.7　先端技術と世界への貢献(307)
　7.8　日本経済の転換(307)
　　1. 日本の現状(308)、2. 日本の特質(309)、3. 資本主義社会(309)、
　　4. 日本経済が目指すもの(310)
　　　　　　　　　　　　コーヒー・ブレイク(312)

第8章　震災と経済 ………………………………………………………………　313
　8.1　震災後の日本経済と成長の展望(316)
　　1. 講演(316)、2. 現在の経済状況(317)、3. キーワード(318)、
　　4. 日本経済の成長(320)
　8.2　震災後の日本経済を展望(322)
　　1. シンポジウムの概要(1)(322)、2. シンポジウムの概要(2)(323)、
　　3. 日本経済の展望(1)(324)、4. 日本経済の展望(2)(327)、
　　5. 日本経済の展望(3)(329)、6. シンポジウムのまとめ(331)
　8.3　脱原発(333)
　　1. 経済蝕む「稼働ゼロ」(334)、2. 危うい火力発電依存(334)、
　　3. 再生エネ重い負担(334)、4. 日本の高い技術(335)、
　　5. 逃げられぬ「核のゴミ」(335)、6. 夢の増殖炉(335)、
　　7. 「稼働ゼロ」で日米に影(336)、8. 地元、周辺との温度差(337)、
　　9. 原子力規制委員会の危惧(337)、10. 電力改革(337)、11. 人材の育成(338)、
　　12. エネルギー基本計画(338)、13. 廃炉研究の推進(339)、
　　14. 東欧での原子力ビジネス(339)、15. 日仏の高速炉研究の推進(340)、
　　16. 地熱発電普及の展望(340)、17. 問題・課題のまとめ(340)
　8.4　震災と科学(341)
　　1. 日本学術会議(341)、2. 大震災と原発事故(341)
　8.5　震災と文明(343)
　　1. せんだいメディアテーク(343)、2. 日本人に与えた衝撃(343)、
　　3. 中間集団の不在(343)、4. 感情から論理への転換(343)
　8.6　日本の活路(344)
　　1. ポスト・モダン(344)、2. 新産業パラダイム(344)、3. 世界的な標準化(344)、
　　4. コーポレート・アイデンティティの確立(345)
　8.7　まとめ(345)
　　1. 従来の防災観(345)、2. 災害を知るための試み(346)、3. 防災教育(346)、
　　4. 防災文化(346)
　　　　　　　　　　　　コーヒー・ブレイク(348)

第9章　近年における経済政策　　・・　349
　　9.1　デフレの原因と要因(352)
　　　　1．デフレとは(352)、2．デフレの歴史(352)、3．デフレの原因と要因(353)、
　　　　4．デフレによるメリット／デメリット(355)、5．デフレが経済に与える影響(355)
　　9.2　デフレ脱却の経済政策(356)
　　　　1．金融緩和(第1の矢)(358)、2．財政政策(第2の矢)(358)、
　　　　3．成長戦略(第3の矢)(358)
　　9.3　成長戦略(358)
　　　　1．人件費増の要求(358)、2．「改正高齢者雇用安定法」の施行(359)、
　　　　3．日銀の対応改善(359)、4．緊急経済対策(359)、5．成長戦略の第1弾(359)、
　　　　6．戦略特区(360)、7．アベノミクスの地方波及(361)、8．インフラ輸出の推進(361)
　　9.4　「アベノミクス」の課題(361)
　　　　1．消費税の増税(361)、2．原発再稼働(362)、3．人口減少(363)、
　　　　4．ＴＰＰの交渉(363)、5．日銀との協働(364)、6．デフレ脱却(364)、
　　　　7．財政健全化(364)、8．経済の価値観(364)
　　9.5　金融・証券市場の反応(365)
　　9.6　アベノミクスの評価(366)
　　　　1．世界の識者・機関(366)、2．財政健全化(366)、
　　　　3．G20財務相・中央銀行総裁会議(367)
　　9.7　日本銀行の対応(368)
　　　　1．日本銀行の目的(368)、2．日本銀行の役割(368)、3．通貨の分類と機能(369)、
　　　　4．日本銀行の具体的な業務(369)、5．日銀総裁の主な仕事(370)、
　　　　6．政府と日銀との協調(370)、7．経済財政諮問会議(371)
　　9.8　経済政策の影響(372)
　　　　1．期待の重要性(372)、2．金融政策(372)、3．財政政策(372)、
　　　　4．デフレ予想からインフレ予想への転換の流れ(373)、5．国民生活(373)
　　9.9　世界経済への対応、まとめ(373)
　　　　　　　　　　　　　コーヒー・ブレイク(376)

第10章　人間主義の経済　　・・　377
　　10.1　人間主義とは(380)
　　　　1．『21世紀への対話』(380)、2．『人生問答』(382)
　　10.2　人間主義と法華経(383)
　　10.3　人間主義と日蓮仏法(386)
　　10.4　人間生命の探求(389)
　　　　1．トインビー博士と池田会長の対話(389)、2．人間の脳の仕組み(390)、
　　　　3．心理学における脳の働き(394)、4．心理学と宗教(396)
　　10.5　文明間対話(398)
　　10.6　人間主義経済学(401)
　　　　1．『人間主義経済学』(403)、2．『人間主義経済学序説』(403)
　　10.7　「人間主義の経済」の態様(403)
　　　　1．共通価値の創造(405)、2．日本で一番大切にしたい会社(405)、
　　　　3．会社は社員の幸せを実現(405)、4．人間の安全保障(406)、
　　　　5．幸福度追求の経済(407)、6．経済の再人間化(407)
　　10.8　高齢化社会と生きがい(408)
　　　　1．火薬(409)、2．公害(409)、3．原子力(409)、4．ＣＯ2排出(409)、5．医療(410)、

    6. 自然と人間(410)、7. 豊かさ(411)
  10.9　活力ある成熟社会(414)
    1. 高齢化社会における介護(414)、2. 年長者への敬意(415)、3. 女性の活躍(416)
  10.10 21世紀へ「人間主義」の潮流(417)
    1. 東洋哲学研究所(418)、2. 地球憲章教育センター(419)、3. 池田大作研究機関(419)
  10.11　まとめ(421)
                    コーヒー・ブレイク(422)

第11章　21世紀の社会に向けて　……………………………………………………　423
  11.1　21世紀の社会(424)
  11.2　世界に貢献可能な分野(426)
    11.2.1 技術分野(426)、11.2.2 文化・芸術等の分野(430)
  11.3　世界との交流(433)
  11.4　他者への貢献(434)
    1. 地域における活動(434)、2. ボランティア活動(435)、3. 海外との交流支援(436)、
    4.「共通価値の創造」の実践(436)、5. 自然保護、地球温暖化防止(437)、
    6. 社会的問題の対応(437)
  11.5　「人間主義の経済」への転換(437)
  11.6　自立した「個」の確立(438)
  11.7　「人間主義の哲学」の潮流(440)
                    コーヒー・ブレイク(442)

あとがき　………………………………………………………………………………　443
参考文献　………………………………………………………………………………　445
参考資料　………………………………………………………………………………　447
  1. 貿易理論の概略(447)
  2. 後藤新平(463)
  3. シンクタンク(467)
  4. 聖徳太子の「17条の憲法」(469)
  5. 地域活動の原点「町内会・自治会」(472)
用語・略語の説明　……………………………………………………………………　491
著者紹介　………………………………………………………………………………　525

第1章

経済の本質と基本認識

「経済」という言葉から連想される事は何でしょうか？　と問われれば、一般的には経済成長・経済発展・経済革命・経済格差・経済不況・経済停滞・経済恐慌等の種々の言葉が思い出される。

経済は、人間にとって密接な関係にある事は間違いない。経済の基本認識や本質が混沌とした現代社会にあって、今一度、その原点を確認する必要がある。

本章は、経済の本質と基本認識を通じて、人間にとって経済とは何か、なぜ、今、経済の基本認識が必要とされるのかを理解することである。また、現代社会が抱える問題意識や課題を明確にして、形式知を醸成するものである。

＜経済の本質＞

経済の本質については、以下の事柄がポイントになると考える。

①経済について、東洋的伝統である「経世済民」という考え方がある。その意味する処は、経済は社会を治めて民を救うという事である。民を忘れて経済はないという考え方である。

②大手企業のトップを経験した以下の二氏は、自己の利害ばかりを追い求める経済活動は長続きしないと、次のように述べている。

□元三井不動産会長の江戸英雄氏は、「私欲を捨て、公益に生きよ、事業の成否は人間で決まる」と。また、元東急電鉄社長の五島昇氏は、「企業は、おおやけのためにある」。民衆のため、すなわち「公益」につながる経済活動こそ、永続的な発展の道である。

③社会に住む各家庭に、人間の暮らしがある。その人々の幸福をどうやって守るか、そこに経済の目的もある。「人間のため」、「人民への奉仕」という心を忘れてしまえば、どんな社会体制であっても官僚主義に陥り、私利私欲にまみれていく事となる。

④企業にあっても、実業界にあっても、今ほど揺るぎない「信頼」の確立がもとめられる時代はない。いかなる大事業も、それを成し遂げるのは「人間」である。

⑤アメリカの経済学者、ジョン・ケネス・ガルブレイス博士は、経済と人間の関係について、以下の如く、経済の本質をついた見識を示している。

□経済は、人間の幸福を実現する技術であり武器である。経済動向の予想・予測は重視しない。予想が当たった処で、人間の幸不幸とは本質的に関係がない。

□経済を動かしているのは人間である。その人間が立ち上がるならば、必ずや反転と復興と飛躍の原動力となる。社会を見事に繁栄に導くものである。

□経済を動かすには、人間を鍛える事である。「良識の人間」を育てなければならない。

□経済は貧富の差をつくるものではない。まして、マネーゲームやギャンブルでは決してない。今、マネーゲームの指南役や分析家は山のようにいるが、「何のため」を説く志の人を久しく見ない。

＜経済の基本認識＞

経済の基本認識については、経済の目的、経済の仕組み、経済体制、経済の主体と客体等を論述する必要がある。経済の基本認識の概要は以下である。

・西洋、特に欧米と東洋の経済の考え方・捉え方には根本的な差異がある。経済の目的・意義・捉え方及び経済の本義を確認する。

・経済を支える経済理論は、古典的経済論であるアダム・スミスの「国富論」から現在の経

済理論について、その経緯を俯瞰し確認する。

・経済の発展過程における経済体制の変遷について確認する。

・経済主体としての経済組織、経済客体としての人々の生活が、如何に密接な関係にあるか
を明らかにする。

＜問題意識・課題＞

西洋と東洋における経済の考え方・捉え方には差異がある。歴史的に差異の根本的な原因
は、人々の生活の基盤となる宗教に基づくことが考えられる。

現代社会は、欧米諸国の経済活動を中心としてきたが、文明の行き詰まりとともに、経済活
動も低下している。また、経済は人々の生活の反映、なかんずく人間の欲望を満たす手段と化
しており、際限のない人間の欲望のままに、経済も拡大・肥大化し続けている。これに歯止め
をかけ、更にこれを止揚するにはどう対応すればよいか。

産業の発展、技術革新、グローバル化に伴い、人々の生活の豊かさの追求は、経済的な豊か
さを求める事となり、現今の世界においては、経済格差を始めとする種々の社会問題が発生し
ている。この経済的な諸問題・課題に対する、具体的な分析と解決策を世界は希求している。

経済発展による国民の所得の増加は、その国の経済活動として、国の豊かさを測る尺度とも
いえる。しかし、真に人々の幸福と経済発展は、同期するのだろうか。また、幸福度を測るた
めの尺度が、何かあるのだろうか。

1.1 経済の目的

１．経済とは何か

欧米を中心とする西洋で使用の経済（英語では cconomy という）とは、社会が生産活動
を調整するシステム、あるいはその生産活動を指す用語（クルーグマンの定義）である。

英語の economy は、古典ギリシャ語の$οικονομία$（家政術）に由来する。本来の意
味は、家庭のやりくりにおける財の扱い方であるが、近代になって、これを国家統治の単位
まで拡張し、政治経済学（political economy）という名称が登場し、マーシャル（Alfred
Marshall）によって、economics（エコノミックス）と改められた。

一方、日本語の経済という語は、はじめ political economy の訳語として導入された。こ
の訳語の作者は、福澤諭吉と言われる。経済とは、世の中を治め人民を救うことを意味する
「経世済民」を略した和製漢語である。

西洋及び東洋における、経済の成立とその発展の過程を整理し、経済が目指すもの、その目
的を理解して経済とは何かを深めるものである。また、経済体制、社会体制、軍事力等の差
異、及び景気の好不況等において、経済は何ができるかについても明らかにしていきたい。

（１）経済体制（Economic system）

経済活動は、様々な条件によって制約され、それらの制約のもとで、社会は人々のニー
ズを満足させるように、供給を組織化している。この供給の仕組みを経済体制という。

代表的な経済体制には、以下の３つがある。

□伝統経済（Traditional economy）

伝統経済は、生産や分配などの主要な経済活動が、慣習や文化によって大きく規定され、集落や村落などの比較的小規模な集団の経済に見られる形態である。

□市場経済（Market economy）

市場経済は、企業や個人が自己利益を最優先して物財を生産し、市場の仕組みによって分配する形態である。市場における消費の動向によって、生産活動が規定される特徴があり、個人の自由度が高く意思決定が分散的である。

□計画経済（Planned economy）

計画経済は、政府の中央当局によって、経済活動が運営されている形態で、指令経済ともいう。産業への必要物資、生産目標、生産割り当てなどが定められ、その計画に基づいて経済活動が遂行される。

（2）経済成長

経済成長とは、経済規模の増大や生産性の向上といった、経済的な能力の伸びを示す概念である。国あるいは地域の経済規模は、国民総生産（ＧＮＰ）や国内総生産（ＧＤＰ）によって測ることが可能である。

２．西洋の経済

西洋の経済は、economics（エコノミックス）である。西洋の経済の原点は、イギリスのアダム・スミス（Adam Smith、経済学の父と呼ばれる）が、約240年前（1776年）に『国富論』を発表したことにある。『国富論』の原題は、「諸国民の富の性質と原因の追究」であり、古典経済学を打ち立てた頃、西洋の経済は始まった。

当時は、鍛冶屋の家は親から子供、孫に至るまで鍛冶屋であった。このように、世の中を変えないことでできていた。18世紀に産業革命が発生して、仕事にも自由が出てきた。そうすると世の中の仕組みが変化してきて、どういう風に生きていくかを認めることとなる。

これが、西洋の経済の基本である。以下に西洋の経済について説明する。

（1）アダム・スミス

1923年6月5日　スコットランドの生まれ。イギリスの経済学者・哲学者である。

1740年（17歳）　オックスフォード大学に入学、1746年に退学。

1751年（28歳）　グラスゴー大学で論理学教授、道徳哲学教授に就任。

1763年（40歳）　教授職を辞しフランスに渡る。

1766年（43歳）　スコットランドに戻り『国富論』の執筆開始。

1776年（53歳）　『国富論』を出版（改定を何度か行い重商主義を批判した）。

1790年（67歳）　エジンバラで死去。

（2）『国富論』

『国富論』は、豊かで強い国を作るべきだと主張するものではなく、万人の富の目的と原理をよく理解し、慎重さと謙虚さ及び公平さを持って、自国の経営運営に臨まなくてはならない事を述べている。そして、自然価格の下で、社会全体の富の蓄積が行われていくというのが、スミスの世界観であった。

スミスは、富を国民が年々に消費する、一切の生活必需品や便益品としてとらえた。「富」の概念を従来の貿易による財貨の獲得から、労働の生産力の増大へと転回するこ

とで経済学を成功させた。また、分業、商業社会、自然価格を説き重商主義を批判した。重商主義とは、「富＝貨幣」と規定され、絶対王政の下における、貿易によって財貨を得る事で、一国の富を増大させようとする政策である。

(3) 古典派経済学 (classical economics)

古典派経済学とは、イギリスにおいて18世紀後半から19世紀前半における、スミスを祖として、リカード（投下労働価値説）において完成した古典経済学と、それにマルサス（支配労働価値説）、ミル（生産費説）を含めた労働価値説を基礎とした経済学である。古典派経済学の位置づけは以下である。

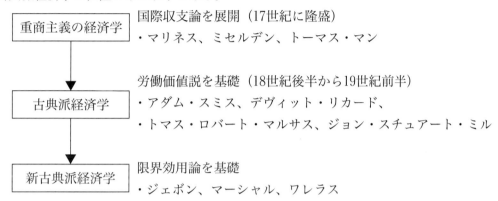

(4) 産業革命 (Industrial Revolution)

産業革命とは、1760年代から1830年代にかけてイギリスで起こった、工場制機械工業の導入による産業の変革と、それに伴う社会構造の変革のことで工業革命とも訳される。1837年、ルイ・オーギュスト・ブランキにより初めて「産業革命」という言葉が使用され、その後アーノルド・トインビーが著作の中で使用したことから、学術用語として定義された。産業革命は、ベルギー、フランス、アメリカ、ドイツ、日本へと各国に伝わっていった。

イギリスで産業革命が起こった要因は、以下が挙げられる。

・原料供給地及び市場としての、植民地の存在があった。
・清教徒革命・名誉革命による、社会・経済的な環境が整備された。
・蓄積された資本ないし資金調達が、容易な環境であった。
・農業革命によって、もたらされた労働力があった。

西ヨーロッパ地域では、「産業革命」に先行して「プロト工業化」と呼ばれる技術革新が存在した。これは、農村の工業（羊毛製品の製造）の進展を指すものである。毛織物工業で蓄積された資本が、後の綿織物工業に利用され産業革命につながった。また、この産業革命の時期の特徴として、三階級構造（労働者階級の成立、中流階級の成長、地主・貴族階級の成熟）の確立や、消費社会の定着が見いだされる。

更に、貿易の拡大や、国際分業体制の確立の大変化もこの時期に始まった。そして、農業革命により、食糧生産の増加が可能となり「産業革命」を境に人口が増加していった。この人口増加は、西ヨーロッパ全域で起こり、「人口革命」とも呼ばれる。製鉄技術の改良、蒸気機関による動力源の開発、蒸気船や鉄道などの移動手段の開発等が、産

第1章　経済の本質と基本認識　17

業革命を推進した。イギリスの産業革命の経緯は以下である。

1733年　ジョン・ケイによる織機の高速化。→綿布生産の向上。

1764年　ハーグリーブスがジェニー紡織機（多軸用）を発明。

1771年　リチャード・アークライトが水力紡織機を開発、大型機械のため工場に設置し、多くの労働者を働かせ大量の綿糸製造に成功。大量生産が可能。

1779年　サミュエル・クロンプトンのミュール紡績機が誕生、綿糸の生産が改良。

1785年　ジェームス・ワットが蒸気機関のエネルギーをピストンから円運動に転換することに成功し、様々な機械に蒸気機関を応用可能とした。

1804年　トレビシックが蒸気機関車を発明、その後スチーブンソンにより改良。

1807年　フルトンにより蒸気船が実用化。

1830年後半から1850年　蒸気機関車を走らせる鉄路、鉄道網が整備。10数年で6000マイル（約9700km）の鉄道が開通。

＜製鉄技術の発展＞

16世紀：工作機械や鉄道のため鉄製品の需要が高まった。

18世紀：エイブラハム・ダービーによりコークス製鉄法が開発された。コークスは石炭から作られ、石炭はイギリスに豊富に存在していた。

19世紀：良質の鋼鉄も作られるようになった。

３．東洋の経済

　東洋の経済は、中国における「経世済民」という思想が源流である。経世済民とは、中国の古典に登場する語で、「世を経（おさ）め、民を済（すく）う」の意味である。略して「經濟」ともいうが、広く政治・統治・行政全般を意味する語である。

　中国の随の時代（581年～618年）における王通「文中子」礼楽篇には、「皆有經濟之道謂經世濟民」とあって「經濟」が経世済民の略語として用いられた（約1400年前）。清の時代の末期に、従来の儒教的教養によらず、学識ある在野の有為な人材を登用するために、新設された科挙の新科目「経済特化」もこの用法によるものである。

　日本においては、近世（江戸時代）になると経世済民（あるいは経済）の言葉が盛んに用いられようになった。近世以前では用いられなかった。中国の明から清の時代の中で、発展した考証学者による「経世致用の学」の影響を受けて、日本でも儒学者・蘭学者などによる、同種の「経世論」（経世済民論）が流行した。

　この「経世論」の代表的著作の一つで、日本において初めて「經濟」の語を書名とした、太宰春台「経済録」（1729年の著作）は、「凡（およそ）天下國家を治むるを經濟と云、世を經め民を濟ふ義なり」としており、この頃の「經世濟民（經濟）の學」は、今日でいう経済学のみならず、政治学・政策学・社会学など、きわめて広範な領域をカバーするものであった。

　江戸時代の後期に入って、次第に貨幣経済が浸透すると「経世済民」の思想から、「社会生活を営むのに必要な生産・消費・売買などの活動」という側面が強調されるようになり、19世紀前半には今日の用法に近い「經濟」が普及している。

　また、江戸時代の幕末期に交流の始まったイギリスから、古典派経済学の文献が導入され、「経済」の語は新たに「economy」の訳語として用いられる事となった。そして、国家レベ

ル・企業レベルのエコノミーを包括して、「経済」とする用法が次第に普及する事となっていった。更に、明治政府の「富国強兵」政策により、欧米からの文化・技術の導入に伴い、経済は「economy」として用いられ現在に至っている。

経世論について以下に説明する。

＜経世論＞

経世論は、近世（江戸時代）の日本で「経世済民」のために立案された諸論策、もしくは背景にある思想で、「経世思想」、「経世済民論」とも称する。「経世」とは、世を経（おさ）め民を済（すく）う、すなわち広義の政治を意味している。

経世論の成立した背景は、江戸時代の幕藩体制の下で進行した領主財政の窮乏、統治機構の形骸化・腐敗、農民の疲弊、商人高利貸資本への富の集中など、様々な社会矛盾の顕在化である。

経世論は、これらの問題にいかに対応するかという、権力者への献策として執筆・刊行された。著者は、当時の支配層たる武士身分に属する者、もしくはその出身者（なかんずく儒学者が大半）である。近世の日本の経世論は、ほぼ１８世紀の半ば頃を境として「前期」、「後期」に区分できる。

（１）前期経世論

経世論は、17世紀の後半に一応のまとまりを持った著作（熊沢蕃山の「大学或問」など）が登場し、一つの思想領域として成立した。

この時期の思想は、士農工商の頂点に位置し、社会秩序の安寧と維持する責任を有する、武士身分の自意識を軸とし、儒教的な徳治論に基づき「封建的な小農体制の維持」、「勤倹節約による領主財政の安定化」が中心的主張であった。

蕃山に続き、18世紀前半には荻生徂徠及びその門弟の太宰春台が現れ、春台は、「単純な貴穀賤金論や尚農抑商策では、もはや状況に対応できないことが認識され、藩営専売策など幕藩体制の側から、積極的に市場経済に対応すべきことを述べている。

（２）後期経世論

太宰春台の論を継承発展させる形で、18世紀後半の海保青陵にみられる如く「幕府や諸藩による産業育成」、「商品流通の参入を通じた利潤獲得」を積極的に主張している。

また、西欧の重商主義思想にも類似した「開国による海外貿易の推進」、「海外植民地の獲得と開発」など、従来の一国的議論の枠組みを大きく踏み越え、幕藩体制の克服へと向かう主張まで登場し、幕末期に至っている。経世論の著作には以下がある。

＜著作＞

集義和書、集義和書：	熊沢蕃山	（全16巻、1672年）
大学或問：	熊沢蕃山	（全１巻、1687年）
経済録：	太宰春台	（全10巻、1729年）
三国通覧図説：	林　子平	（全１巻、1785年）
海国兵談：	林　子平	（全16巻、1786年）
経世秘策：	本多利明	（全４巻、1798年）
稽古談：	海保青陵	（全５巻、1813年）
経済要録：	佐藤信淵	（全15巻、1827年）

農政本論：	佐藤信淵（全9巻、1829年）
慎機論：	渡辺崋山（全1巻、1838年）
経済問答秘録：	正司考祺（全30巻、1841年）
海防八策：	佐久間象山（1852年）

４．西洋と東洋の経済観の差異

「経済の本義と現状の経済について、その差異がどのように生じたのかを知見するために、西洋と東洋の経済に対する経済観の基盤を確認する。

イギリスを始め西洋の文明は、キリスト教を根底とした人々の生活・社会活動が営まれ、産業革命に代表されるように、西洋諸国は、自国の産業の発展・改革に重心を置いた、物質的な豊かさを求める生き方・ものの考え方が、中心となっている。

これに対し、中国を始め東洋では仏教・儒教を根底とした生き方・生活の中で、物ごとは全体観として捉え、人間的な内面の充実を目的とする考えに重きをおき、経済・政治・政策等の社会の各学問の領域をカバーする、経済活動の考え方となっている。

上記の如く、西洋と東洋の経済観については、根本的に差異がある。なお、経済を研究する学問としては、「経済思想史」及び「経済学史」がある。

□経済思想史：経済現象をとらえる基盤となる思想（もしくはその歴史）を研究する学問。経済学説の背後にある思想と歴史を研究する分野である。経済思想は、重複する価値によって重商主義・重農主義などに顕現されており、哲学・倫理学との隣接分野でもある。（古典派以降の経済学は、倫理学から分化したとされる。）経済思想史の研究対象は、経済学史以上にずっと広範囲である。

□経済学史：分析手段として、経済理論の変遷を研究する経済学の分野である。古典派経済学が、確立する以前（経済学が確立する以前）の西洋の経済論的著作や、また西洋経済学が導入される以前の、非ヨーロッパ圏における同様の著作（東アジアに関する経世済民思想）に関する研究は、経済思想史の分野に属していた。

（１）古典派以前の西洋の経済思想
　　　　□スコラ学
　　　　□サラマンカ学派の経済論
　　　　□重商主義
　　　　□重農主義
　　　　□カメラリストの思想

（２）非ヨーロッパ圏の経済思想
　　　　□諸子百家の農家の思想
　　　　□経世致用の学
　　　　□経世論（経世済民論、「経済」の語の起源となった。）

（３）近代以降
　　　　□渋沢栄一の「道徳経済合一説」
　　　　□農本主義
　　　　□広域圏思想

５．経済の成立と発展

　現代社会における経済の成立は、主に西洋の経済が中心となっている。18世紀後半、アダム・スミスの『国富論』に始まり、産業革命、ヨーロッパ諸国・アジアからアメリカ大陸への移住（移動）、19世紀の大恐慌、20世紀における二度の世界大戦等を経て、現代社会へと経済が変遷してきた。

　西洋における経済の始まりとされるアダム・スミスは、「経済学の父」と呼ばれ古典派経済学を起こした。社会の発展と共に、経済が成長してきた過程を俯瞰して、以下にその経緯を述べるものとする。

　図1-1は、18 ～ 20世紀における経済理論の変遷について、また、表1-1は、経済理論と経済理論家の概略をまとめた。

（１）重商主義（mercantilism）

　　15世紀半ばから18世紀、西ヨーロッパにおいて、王権の絶対主義体制を維持するために、国家がとった政策で、絶対王政から産業革命の時代までの、初期資本の経済政策と理論の時代である。

　　重商主義という言葉は、アダム・スミスが、経済的自由主義を希求する立場から、『国富論』の中で用いたものである。重商主義は、国民経済や貨幣経済の発展を画する政策であるが、ヨーロッパ各国においては、国富増強の手段、国内市場の拡大、貨幣増殖の方途も異なっていた。

　　イギリスは、貨幣重視の重金主義→植民地貿易→製造業の保護主義→農業奨励の段階を得ている。そして、中世の経済主義封建経済から、近世の資本主義へと変遷して、産業革命への先行段階を構築していった。

　　重商主義は、資本の蓄積の遂行を目的としていたが、「富」とは金・銀や貨幣であり、国力の増大とは、それらの蓄積であるとの認識であった。なお、15世紀から17世紀は、西ヨーロッパ諸国（ポルトガル、スペイン、イギリス、オランダ）が海外に進出して、低開発国を次々と、武力を中心に植民地化した時代である。

　　植民地の建設と市場拡大により、絶対王政の維持と莫大な富（金・銀等）が、西ヨーロッパ諸国にもたらされた。また、オランダとの戦争（７年戦争）に勝利したイギリスは、アフリカ・インド・アメリカ・アジア・オセアニア等の植民地化による莫大な利益を挙げて、初期産業革命（1540 ～ 1700年）及び産業革命へとつながっていく。

　　図1-2は、15 ～ 17世紀における、西ヨーロッパ諸国の植民地化政策についてまとめた。

　　重商主義の主な理論家は、ウィリアム・ペティ、ジョン・ロック、バーナード・デ・マンデヴィル、リチャード・カンティロン、デイヴィッド・ヒューム、ジェームズ・ステュアート、ジェームズ・ミル等である。

（２）重農主義（physiocracy）

　　18世紀後半、フランスのフランソワ・ケネーなどによって主張された経済思想、及びそれに基づく政策である。「富」の唯一の源泉は農業であるとの立場から、農業生産を重視する理論で重商主義を批判し、レッセフェール（自由放任）を主張した。この考え方は、アダム・スミスの思想に大きく影響を与えた。

図1-1　18～20世紀における経済理論の変遷
(世界の社会情勢と経済理論の変化)

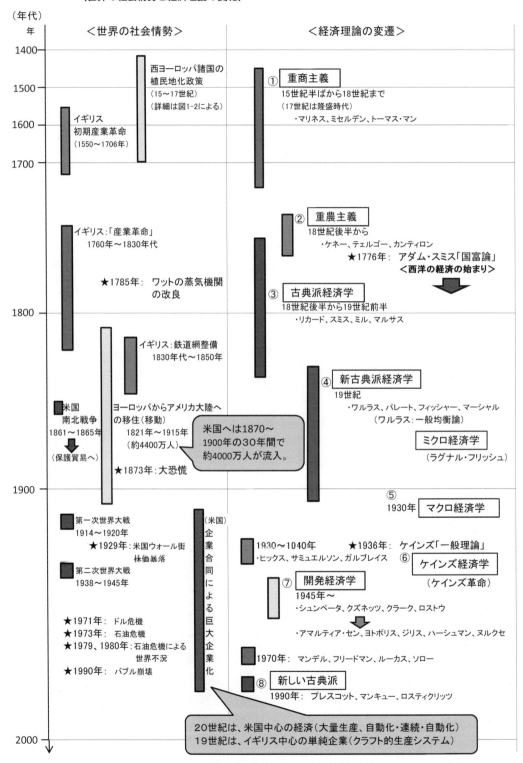

表1-1　経済理論と経済理論家の概略リスト

No.	経済理論	主な理論家	世界情勢と理論	経済理論の破綻と対応
①	重商主義 15世紀半ば 〜18世紀	・マリネス ・ミセルデン ・トーマス・マン	絶対王政の下、植民地の建設と市場拡大により、国富の強化（富の蓄積）を図った。	中世から近世の資本主義への過程において、初期資本の経済政策が実施され「初期産業革命」を構築する。
②	重農主義 18世紀後半	・ケネー ・テェルゴー ・カンティロン	農業生産を重視する理論。	「富」の唯一の源泉は農業との立場から重商主義を批判。
③	古典派経済学 18世紀後半 〜19世紀前半	・リカード ・スミス ・ミル ・マルサス	「労働価値説」を基礎とし市場メカニズムを重視した経済学。 ◆リカード：　投下労働価値説 ◆マルサス：　支配労働価値説 ◆ミル：　　　生産費説	「富」の概念を貿易による財貨の獲得から、労働の生産力の増大へ転回させた。アダム・スミスは「経済学の父」と呼ばれた。 西洋の経済はこの時点を始点とする。
④	新古典派経済学 19世紀	・パレート ・フィッシャー ・マーシャル	限界理論と市場均衡分析を取り入れた経済学。 経済主体の最適化行動と需給均衡の枠組みで効率性によって評価。	
	ミクロ経済学 19世紀	・ワルラス	ミクロの価格理論である。ワルラスが一般均衡理論で表した。需要と供給の関係は適正な価格配分が行われるという理論。	
⑤	マクロ経済学 1930年	・ラグナル・フリッシュ	ウォール街の株価大暴落を受けて「マクロ経済学：国民所得の決定」は成立した。	
⑥	ケインズ経済学 1936年	・ケインズ	一般理論で、第一次世界大戦後の不況・失業率の概念を取り入れ経済政策に反映・対応した。	
	1930〜1940年	・ヒックス ・サミュエルソン ・ガルブレイス	ガルブレイス博士は、「経済学の巨人」と評され、20世紀の世界最高峰の経済学者と言われた。	
⑦	開発経済学 1945年以降	・シュンペータ ・クズネッツ ・クラーク ・ロストウ ・アマルティア・セン ・ヨトポリス ・ジリス ・ハーシュマン ・ヌルクセ	第二次世界大戦後の世界の復興と開発を目指した経済学。 ・経済発展理論 ・開発経済学　　｝開花し	初期においては「構造主義」と呼ばれる。1960年初期から、開発経済学は現実と乖離して破綻する。
	1970年	・マンデル ・フリードマン ・ルーカス ・ソロー	1970年代の経済危機や石油危機及び世界不況により、新古典派経済学へのアプローチがなされた。 ・フリードマン（マネータリスト） ・ルーカス　　（合理的期待派）	20世紀後半に入り、米国の企業合同による巨大企業化による破綻が生じた。
⑧	新しい古典派 1990年	・プレスコット ・マンキュー ・ロスティクリッツ	バブル崩壊により戦略的貿易政策論や内生的成長理論が模索された。	

第1章　経済の本質と基本認識　23

図1-2　15〜17世紀における西ヨーロッパ諸国の植民地化政策
（ポルトガル、スペイン、イギリス、オランダが海外進出して低開発国を植民地化した。）

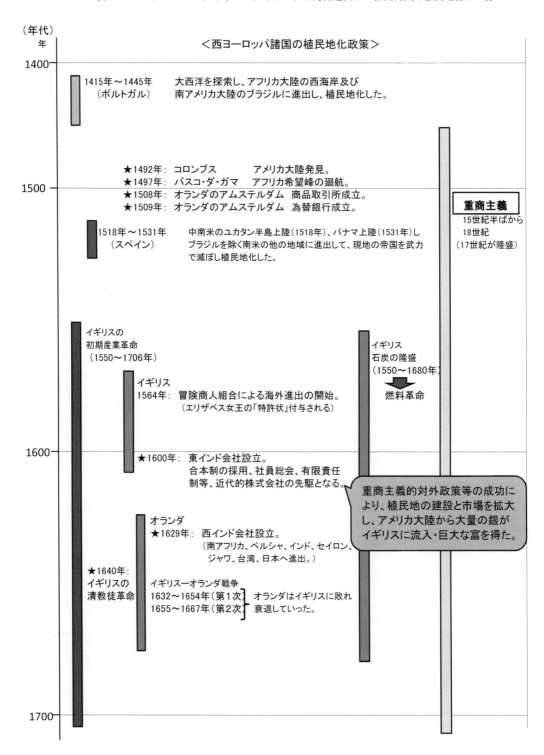

physiocracy とは、physeos kratesis（自然の秩序）による統治という言葉に由来している。国家・社会にとって、食糧の確保は重要な課題であり、その死命を制する。そこに農業を保護する政治・経済思想（重農主義・農本思想）が現れるようになった。

重農主義の主な理論家は以下である。

　　　□フランソワ・ケネー、　　　　□ジャック・テュルゴー、　　□ジョン・ロー、
　　　□ピエール・ボワギュベール、□リチャード・カンティロン

（3）古典派経済学（classical economics）

古典派経済学は、18世紀後半から19世紀前半における、リカード、スミス、ミル等による「セイ法則」により供給が需要を生み出す、価格伸縮的市場を特徴とする学問である。貿易や交換の利得を強調し、商品の自然価格をめぐる分析・構成価値論あるいは投下労働価値論についても議論された。古典派経済学の主な理論家は以下である。

　　　□アダム・スミス、　□デヴィッド・リカード、　□トマス・ロバート・マルサス、
　　　□ジョン・ステュアート・ミル

＜アダム・スミス＞

スミスは、貿易赤字を国家の損失と見なす、重商主義による誤った政策では、自然の法則を歪めるだけで経済を悪化させてしまうと考え、富の概念を貿易による財貨の獲得から、労働の生産力の増大へと転回させた。

また、労働者・資本家・地主という三大階級により市民社会が構成され、自然価格の下で社会全体の「富」が蓄積されると考えた。スミスは、貨幣経済の下では交換比率だけでなく、人々の自由な意思に沿って、各人の利益と調和させる交換条件を、「自然価格」という概念で表現した。スミスの重商主義批判は、貨幣の改鋳であり、自由主義の立場からの関税撤廃、租税改革と戦費の調達のための国債発行の停止である。

＜デヴィッド・リカード＞

1772〜1823年、自由貿易と穀物法廃止の二点を主張した。ミルの親友で貨幣数量説に立って、金本位制への復帰を主張した。自由貿易の主張と地代論が有名である。

リカードは、『経済学および課税の原理』で、自由貿易による利潤蓄積の増大→国富の増進と、労働価値説に拠った収穫・逓減による結果として、地代の形成を主張した。

＜トマス・ロバート・マルサス＞

1766〜1834年、イギリスの古典派経済学を代表する経済学者。1798年（32歳時）に主著『人口論』を著し、「増加する人口と増加する食糧の差により、人口過剰すなわち貧困が発生する。これは必然であり、社会制度の改良では回避されない」とする見方を提唱した。経済学では、1820年（54歳時）に『経済学原理』を著し、デヴィット・リカードの経済説に反論した。

＜ジョン・ステュアート・ミル＞

1806〜1873年、イギリスの哲学者／経済学者で、リカード後の古典派経済学の代表的な経済学者である。社会民主主義・自由主義思想に多大な影響を与えた。

1848年（38歳時）に著した『経済学原理』は、古典派経済学の代表的な教科書である。19世紀のイギリスは、産業革命や植民地獲得競争の勝利で、急激な物質的豊かさを獲得

した。しかし、史上空前の繁栄にも関わらず、貧富の格差や植民地の増加などの社会変化の中で、古典派本来の自由放任政策は行き詰まりを見せていた。ミルは、「豊かな先進国」の社会問題に対して、具体的で実現可能な処方箋を書く事にあった。そして、生産が自然法則によって与えられるのに対し、分配は社会が人為的に変更可能である事に着目し、政府の再分配機能によって、漸進的な社会変革を行う事に期待していた。

（4）新古典派経済学　（Neoclassical economics）

新古典派経済学とは、19世紀、ワルラス、フィッシャー、パレート等による、限界革命以降の限界理論と、市場均衡分析を取り入れた経済学で、数理分析を発展させたのが特徴である。経済を、経済主体の最適化行動と需給均衡の枠組みで捉え、パレートは、効率性によって規範的な評価を行なうものとした。ケインズ以前の、自由主義経済学派の系統と呼ぶのが実態に近い。新古典派経済学のドグマは以下である。

　　　□均衡、□価格を変数とする関数、□売りたいだけ売れる、□最適化行動、
　　　□収穫逓減、□たまごからの構成、□方法的個人主義。

＜レオン・ワルラス＞

1834 ～ 1910年、フランス生まれの経済学者。一般均衡理論、新古典派成長理論「土地社会主義」を基礎として、そこから完全競争社会、完全な人間社会を描こうとした。限界革命を導いた理論家の一人。経済学的分析に、数学的手法を積極的に活用し、『純粋経済学要論』で、一般均衡理論を説いた。スイスのローザンヌ大学の経済学教授（ローザンヌ学派）。

＜アーヴィング・フィッシャー＞

1867年～ 1947年、アメリカ合衆国の経済学者。フィッシャーは、貨幣数量説を復活させて、物価指数の初期の提唱者の一人となった。フィリップス曲線や無差別曲線への重要な貢献を行ない、フィッシャー効果、フィッシャー方程式と名付けられた。フィッシャーの実績は以下である。

　　　□貨幣数量説理論の確立、□為替の均衡、□物価指数、□債務デフレーション、
　　　□フィリップス曲線、□貨幣錯覚、□フィッシャーの分離定理。

（5）従来の経済学・経済観の転換

従来の経済学は、グローバル化した世界経済について、経済現象の対応が難しくなってきており、その転換が求められた。経済現象の推移の概略は以下である。

　　　□植民地政策　　　　資源確保と富の蓄積
　　　□保護貿易　　　　　自由貿易の前段階として政策的に実施
　　　□科学技術の発展　　産業革命→大量生産・大量輸送
　　　　　　　　　　　　　（動力源の変革→移動の短縮・合理化等
　　　□文化と経済　　　　人間の際限ない欲望の充足からの転換

６．20世紀の経済

20世紀の経済は、次頁のフロー図による。20世紀は、米国中心で企業合同による、巨大企業の経済（アメリカ資本主義の形成）と言われた。

ケインズ経済学 （マクロ経済学）	ケインズの一般理論でマクロ経済学を提唱、国民所得の決定、巨大企業化の対応。
↓	
開発経済学	経済開発戦略に重点を置く経済発展理論。
↓	
新古典派経済学 へのアプローチ	開発経済学は、現実との乖離が顕在化（有効需要の不足：生産能力の超過）したため新古典派経済学へのアプローチ。
↓	
新しい視野の 経済理論	経済発展理論を捉え直す動きとして、新しい視野の理論構築の動きが活発化。

（1）米国の経済大国化

　　米国は、国内戦争（南北戦争：1861年〜1865年）を終えると、保護貿易による経済発展、ヨーロッパからの大量移民の受け入れ（1870年〜1900年の30年間で約4000万人）、国内のインフラ整備、技術革新の進展、金融ネットワーク形成等により、企業合同の運動が高まった。

　　また、第一次世界大戦（1914年〜1920年）及び第二次世界大戦（1938年〜1945年）により、戦場となったヨーロッパ諸国は、戦後の経済再建のため経済の疲弊をしている中、米国は一早く企業合同による「巨大企業化」が図られた。

　　巨大企業化の背景は以下の点である。

　　　　◇南北戦争を終え、保護貿易による経済の発展。

　　　　◇インフラ（鉄道網、電信・電話等）の整備・変革による企業の事業発展。

　　　　◇技術革新（大量生産システム、生産の連続・自動化、流れ作業、石油の発見、電灯
　　　　　　システムの開発等）の技術の進展。

　　　　◇金融ネットワークの形成を構築。

　　　　◇企業合同運動の環境条件（全国市場を想定して、経営を構築する企業家の出現、技
　　　　　　術革新による企業間競争をもたらした等）が整備。

（2）巨大企業化による経済

　　企業の巨大化による産業の特徴は、大量生産による自動化・連続化・無人化の生産システムを確立し、大量消費社会を構築していった。

　　19世紀は、イギリスの産業革命の経済活動が中心となっていたが、単純企業（小規模、小資本）によるクラフト的生産が中心となっていた。クラフト的生産とは、18世紀後半から約100年間に亘り、イギリスの産業革命によって機械生産方式による比較的小さな会社において、労働者一人一人が一連の生産工程に精通して、他の生産工程の作業に依存するような生産方式である。

　　巨大企業は、ケインズ経済学を支柱にする政府の財政・金融策をマクロ的基盤として、ミクロ的には、生産システムの圧倒的優位性、規模の経済と範囲を実現するため、経営システム・管理システム・マネジメント等が基礎をなしていた。

　　1873年の恐慌で、米国では巨大企業化が始まり、1950年〜1960年代に最盛期を迎え

たが、巨大企業化は、1973年の変動為替相場制の移行と、中近東の二度に亘るオイルショックにより、ミクロ的安定システムが機能せず、1970年以降、巨大企業の世紀は終焉した。巨大企業は、内部均衡と外部均衡を維持する、ミクロ的安定システムが機能しなくなったため衰退した。巨大企業は、同時にマクロ的調整システムによって維持されている。企業合同による巨大企業化の経済の変遷を下図に示す。

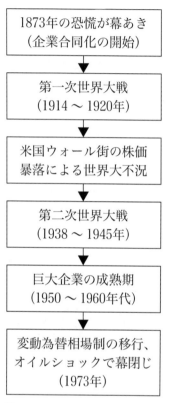

（3）開発経済学

第二次世界大戦終了（1945年）後、現実の経済開発戦略に重点を置く「開発経済学」が、シュンペータ、クズネッツ、クラーク、ロストウ等により提唱された。初期は「構造主義」と呼ばれた。

（4）ケインズ経済学

20世紀前半、1929年の米国ウォール街の株価大暴落に始まる、世界的な大不況（生産高の停滞、失業率の増大）を背景として、ケインズ経済学が生まれた。大不況時、米国では、1933年の生産高は、1929年の半分となり失業率は25％となった。英国では労働者の半数が失業した。ケインズは、『一般理論』で「マクロ経済学」を提唱しケインズ革命を起こした。

①マクロ経済学

ケインズは『一般理論』で、労働・資本が遊休している状態の下では、総支出の増加こそが生産を増し、所得を増加させると説いた。所得・雇用の変動を扱う「ケインズの経済学」は、マクロ経済学と呼ばれ、中心課題は「国民所得の決定」である。

②ケインズ以前の経済学

完全雇用を常態と考え、需要と供給の関係は、適正な資源配分が行われるという「ミクロ経済学」が中心であった。ミクロ経済学は、レオン・ワルラス（19世紀の新古典派経済学者）が『一般均衡』で説いた価格理論で、具体的な経済生活や売買行為で、どのように価格が決定されたかといった、市場メカニズム（価格メカニズム）を中心に、理論を構成したものである。

③ミクロ経済学

ミクロ経済学では、不況や失業の対処についてうまく説明できず、その不十分な点を、マクロ経済学は、集計データを元に補っているという見方ができる。

ミクロ経済学は、マクロ経済学に並ぶ「近代経済学」の主要な一分野であり、マクロ経済学と併せて経済学の二大理論として扱われている。また、現代の「ミクロ経済学」の発展は、ゲーム理論の功績が大きい。理論としては以下である。

　　　　□需給理論、□均衡理論、□市場構造、□ゲーム理論

④ミクロ経済学とマクロ経済学

ミクロ経済学は、個人や企業の経済行為を中心に経済事象を分析し、インフレ（物価上昇）、デフレ（物価下落）が企業の生産活動や、個人の消費活動への影響を考えるものである。一方、マクロ経済学は、将来の経済状況（景気変動、デフレ、インフレ、バブルの予測等）を前提として、政府の「有効な経済政策（政府の財政・金融政策）」の実行のための理論構築である。

ミクロ経済学とマクロ経済学は、お互いに補っている。

（5）経済発展の理論

経済発展は、経済的進歩と社会的近代化による。「開発経済学」は、あらゆる分析概念や経済理論を動員する研究分野である。

1960年代に入ると「構造主義的開発経済学」は現実との乖離（かいり、はなれること）が顕著となり、行き詰りを迎えた。1970年代後半になると、「構造主義」に代わって新古典派経済学へのアプローチが試みられるようになった。

ケインズが指摘した、有効需要の不足（生産能力の超過）の現象が、世界規模で顕在化した。「経済発展理論」を捉えなおす動きとなり、以下の経済学者が新しい視野の理論を広げて、広義の経済発展理論が、着実に新しい視野と理論に変化しつつある。

①アマルティア・セン（Amartya Sen）

従来の経済発展研究の視野を、経済思想と経済倫理にまで広げて、人々に与えられる権利が潜在能力を生み出し、それが経済発展の根源となることを説いている。

②ヨトポリス（Yotopoulos）、ジリス（Gillis）

現代経済学の理論・実証分析両面の知見を、総動員して経済発展の諸問題を、総合的に分析する方法を教えている。

③ハーシュマン（Hirschman）、ヌルクセ（Nurlcse）

開発戦略論を展開し、狭義の開発経済学に属する。ハーシュマンは、経済発展の戦略を、ヌルクセは、後進諸国の資本形成を基に、開発戦略論を唱えた。

7．経済の意義

　西洋と東洋における経済観については差異があり、夫々が独自に発展してきた。また、現代社会の経済の主流は、西洋の経済を中心として、その発展の経緯や、それらの発展の中に経済理論も変遷してきた過程を述べてきた。

　経済活動は、社会の発展や戦争等の外部環境に大きく左右され変化していくが、社会の経済現象に経済理論が追い付かず、結果として不況に陥り、人々はその現象に右往左往している状態である。西洋の経済観が、行き詰まりを呈している中で、経済が目指すものは、経済的な豊かさから、人々の幸福の充実に向かって流れ、経済の本義と言われる東洋の経済観である「経世済民」へと、その確立が求められている。

　更に、20世紀の二度に亘る世界大戦、及びグローバル化の波は、人々を経済至上主義から、人々の幸福を目指す人道的競争へと、徐々にではあるが、変化してきている。経済活動においても、確固たる人間のための哲学が求められていると言えよう。

　アダム・スミスは、『国富論』と共に、『道徳感情論』を著している。『国富論』は、財やサービスの交換を論じ、『道徳感情論』は、人間が道徳的でありながら、周囲の人々と快適に暮らしていくための方法は何かという問いについて、人間による感情の交換を論じている。そして、社会に生きる人間は、物質的欲求に劣らず、道徳的・知的・美的欲求によっても、突き動かされていると述べている。

　アダム・スミスは、道徳哲学者でもあり、『国富論』と『道徳感情論』は一体であり、スミスは生涯に亘り、両著作を交互に加筆・修正を行なっている。また、経済学を、より総合的な人間学の構築の一里塚に過ぎないと考えていた。そのため、スミスの両著作は、根源において「いかに生きるか」というテーマと、結びついていると言われている。

8．経済的豊かさ

　経済的に豊かになると、社会も人々も「ゆとり」を持つようになり、生活や人生そのものについて、余裕が生じてくる。しかし、人間の欲望は、更に高みを目指してエスカレートしていく。そして、資産や価値ある「モノ」への執着心が、ますます強くなり、独占欲や権力欲が拡大していく。

　過去の歴史を俯瞰すれば、経済的に豊かな国々は、ますます利益や権益を求めて、国の繁栄を目指している。植民地政策は、強者が弱者から資源や富を搾取した時代の代表的な例である。そのため、20世紀は、二度に亘る世界大戦を経験し、人類は自らの愚かさに気付き、平和や調和を求める指向となってきている。

　経済的な豊かさとは、一般的には、財やサービスの取引で得た利益が増出して、人々が生活していく上で、物質的な豊かさを指すものである。社会や地域が、そのような環境に潤う事でもある。

　時代の変遷・経済発展・技術革新と共に、地域から地方へ、地方から国へ、国から世界へと、経済環境が拡大していく。そして、インターネットにより世界中の人々は、瞬時に経済取引等のビジネスを可能としている。グローバル化が進んだ今、一国のみの経済的繁栄は、少なくなり、絶えず経済的なリスクを伴った社会となりつつある。

　日本は、明治以降の近代化を進めるため、欧米諸国の高い技術や進んだ文化を取り入れ、且

つ、人口増加を図りつつ、「ゆとり」をいけにえにして、経済的な豊かさを目指して取り組んできた。その結果、第二次世界大戦で焼け野原となった国土から、約半世紀の短期間で世界第二位の経済大国に成長した。また、日本人は、財の蓄え（貯蓄）に熱心となり、土地・家屋・貯蓄等の資産形成に腐心してきた。国民の総資産は、1600兆円を超えるに至り、米国に次ぐ資産を有することとなった。

　経済的な貧困は、人々の生活を支えきれず困難となるが、国の豊かさが、個人の豊かさを保証する訳ではない。一方、欧米の中でもドイツは、経済的に豊かであるが、「ゆとり」を持った生活を享受しているといわれる。

　経済的豊かさは、人々に何をもたらしてきたかは大切な視点である。現在の成熟した社会にあっては、グローバル化の弊害は、あちらこちらで噴出している。その中で、世界の人々から、「真の豊かさ」を求める機運が高まり、経済的豊かさから生活そのものが「ゆとり」を持ちつつ、人々の幸福の充実へと目が向いてきた。

　20世紀の二度の世界大戦は、人々は話し合いで、問題を解決の途を探る事の大切さを学んできた。身近な地域から、豊かな社会建設に汗することの尊さに気付き、住民が対話を重ねながら、地域の問題・課題に取り組む姿が、見られるようになってきた。また、人々は、経済至上主義一辺倒から、「ゆとり」ある、経済価値にとらわれない生き方の模索が始められ、「モノ」ではなく、「心の豊かさ」を求める潮流が生まれてきた。ブータン王国では、経済的な豊かさよりも、人々の幸福度を重視した生活を目指し、取り組んでいる。経済的には、世界でも最下層に属しているが、国民の多くは幸福を味わいながら、幸福を実感しているとのことである。

1.2　経済の仕組み

　経済の仕組みは、長い年月に亘る経済取引の歴史を経て醸成されてきた。経済の基本認識として、この仕組みを知見することは重要である。経済活動は、歴史的には古くから存在していたが、西洋の経済は、約240年前のアダム・スミスから発生し、イギリスの産業革命により著しく進展している。経済の仕組みは、この産業革命を境にして論じることにより俯瞰できると考えている。

1．産業革命以前の経済社会

　産業革命は、18世紀後半から19世紀前半にイギリスで発生している。この産業革命以前の15 ～ 17世紀にかけて、西ヨーロッパ諸国（ポルトガル、スペイン、イギリス、オランダ）は、海外に進出して低開発国を、武力で植民地化していった。植民地の建設と市場拡大は、絶対王政の維持と莫大な富（金・銀等）を西ヨーロッパ諸国にもたらした。低開発国から大量に流入した金・銀が、貨幣として取引の手段となり、経済活動はさらに活発化していった。

　この富を基盤として、産業革命が生じる原因となった。また、アダム・スミスによる『国富論』が著され、経済を支える経済学の確立がなされたことも大きな要因である。

　一方、18世紀における日本は、近世の江戸時代に入り、百数十年が経過して経済的には安定した社会であった。江戸幕府は、海外諸国との交易において「鎖国政策」をとり国内では、3000万未満の人口で、完全循環型経済（生産から消費までの循環が均衡）を営んでおり、独自

の高い芸術・文化を醸成していった。また、300を超える諸大名が、中央集権的な幕府の下に、土地・領民を所有して、領地の経営に当たっていた。

産業革命以前の経済社会とは、西洋においては、西ヨーロッパ諸国が、植民地政策の下で、巨大な富を築き、金・銀を使用した貨幣経済とともに、経済が活発化していた。日本では経済は安定し、人々のエネルギーは、元禄文化に代表されるが如く、日本独自の文化の創作へと注がれていった。

２．産業革命と経済

植民地政策で莫大な富を得た西ヨーロッパ諸国は、特にイギリスは、他の西ヨーロッパ諸国との戦争に勝利して、ますます富を蓄えていった。この富がイギリスにおいて、産業革命を生じる原因となり、蒸気機関を利用した生産性や製鉄技術の飛躍的な向上は、鉄道・船舶等の移動手段の開発に結びつき、著しく産業革命を推進した。

職業に縛られた人々の生き方が、産業革命により大きく転換していった。このことにより、著しい人口増加が図られ、産業革命を更に推進した。また、経済学も研究・開発されて発展し、経済活動を支えていった。

15～17世紀における西ヨーロッパ諸国の海外への進出は、経済活動を著しく発展させた時代である。そして、経済発展は、それまでの絶対王政の維持から、人々の財力の蓄積へと進展していったことを特徴とする。

３．経済取引

財やサービスの取引、いわゆる経済取引に使用される貨幣は、産業革命以前は、金・銀が中心であった。産業革命後は、大量生産された「モノ」が、鉄道や船舶により大量輸送が可能となり、経済取引が著しく拡大され、大量の金・銀を必要とする結果となった。しかし、金の増出及び供給には限度があり、やがて貨幣は金・銀から、持ち運びが容易な紙幣へと変化していった。初期は、金と紙幣との交換が自由に行われたが、金の不足により交換ができなくなった。また、財やモノの取引に、市場という考え方が導入され、財やサービスが市場の流通、いわゆる市場経済へと発展していった。

４．経済理論の発展と経緯

経済理論の経緯を知る事は、経済の仕組みそのものを理解する上で重要となる。西洋の経済は約240年、東洋の経済は約1400年の歴史を有するが、各々の経済理論の進展やその現象について、図1-3は、西洋と東洋における経済理論の概略の変遷を、また、図1-4は、ヨーロッパ圏と非ヨーロッパ圏における、経済思想の変遷を整理した。

西洋と東洋の経済観念（理論）は、異なる経路にて夫々発展してきたが、経済の本義は、識者からも指摘されている如く、東洋の経済観にあると言われる。東洋の経済観は、再評価を得ながら、21世紀の経済活動を牽引していくものと考えられる。

更に、その先には、西洋と東洋の経済を包含し、本書が目指す、人間主義の哲学を基盤とした「人間主義の経済」へと収斂されることが希求される。また、現実の社会は、その方向に徐々にではあるが突き進んでいると考えらえる。

５．21世紀の資本

フランスの経済学者トマ・ピケティが、『21世紀の資本』を著し、現状の資本主義体制によ

図1-3 西洋と東洋における経済理論の概略の変遷

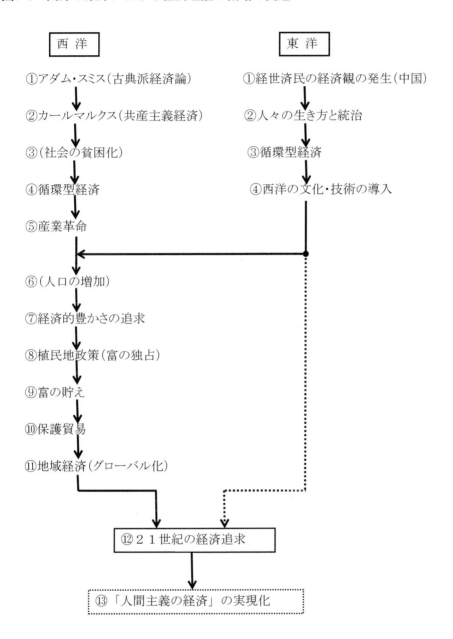

第1章 経済の本質と基本認識

図1-4 経済思想の変遷（ヨーロッパ圏と非ヨーロッパ圏）

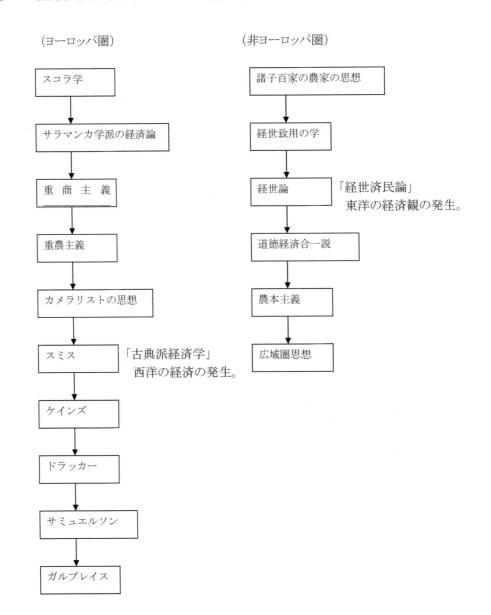

る、所得や富の不平等化が進めば、将来の経済成長がどうなるかとの質問に挑戦している。

　著書は、経済成長と所得分配の理論を統合しながら、分配の不平等の進行が、経済成長にいかなる影響を及ぼすか、その内容を精査することにある。結論は、1980年代から所得と富の不平等化が進行していることを明らかにして、21世紀の経済は、19世紀の「古典的資本主義」の時代に回帰していると論じている。

　なお、論理を導くため、主要国の経済に関わるデータ（□資本ストック、□産出量、□所得分配、□資本収益率、□物価、□相続遺産額等など）を、200年余りの長期に亘り、データベースを作成したとしている。

　著書によると、資本は、物的資本だけでなく金融資産が含まれており、むしろ「富」の概念に近い。資本ストックと所得の比率を長期に亘り観察すると、英国／仏国は、18〜20世紀の初頭まで、資本は所得の約7倍という安定した数値が読み取れる。しかし、第二次世界大戦から1950年代の約50年間に、その比率は2〜3倍に下落している。これは、所得分配において、資本のシェアが低下し、労働側に有利に働いた事を示す。理由は以下である。

> 　　　□戦争による物的資本の破壊
> 　　　□インフレによる金融資産の減価
> 　　　□国有化の進行による民間資本の減少
> 　　　□高額所有者の限界税率（最高税率）や相続税の増加

　経済成長と所得分配の関係は、1950年代に提示された「クズネッツ仮説」が有力である。クズネッツ仮説とは、工業化初期の段階では、所得は不平等化するものの、経済成長と共に所得分配は、次第に平準化するという仮説である。ピケティは、資本主義自体には、そうした所得平準化をもたらすメカニズムは内包されてはいない。むしろ、所得格差を拡大する力が働く事を強調している。

　「経済は奇跡」と言われた時代が終わって、1980年代に入ると高額所得者の限界税率の引き下げ、相続税の廃止や減税によって、金融資産を含む資産は再び増大していく。経済の法則では、資本・所得比率が高まれば、資本の収益率は低下するといわれるが、むしろ資本収益率は上昇し、労働所得のシェアは低下した。

６．経済危機

　グローバル化の経済社会において、米国サブプライム問題を契機に発生した世界的な経済危機は、20世紀を律した市場経済システムの枠組みが、対応力を持ち得なくなってきている。従来の市場経済システムに、パラダイムシフト（思考と枠組みの変化）が求められているのではないだろうか。以下に、現代社会に求められる要素について述べる。

（1）企業の社会的責任（CSR）

　　　現代社会において、企業の社会的責任（CSR）は大きくなり、企業は新時代を拓くため、新たなビジネス展開を求められている。21世紀の市場経済の形成、そこに企業活動の新しい展開の機会ととらえるべき要素はないのだろうか。

　　　企業の社会的責任の歴史的経緯とCSRに関して、企業は具体的にいかなる対応、ビジネス展開を志向すべきかが求められる。

　　　経営倫理は、近世初期の西欧において、資本主義社会の勃興過程で形成されている。

マックス・ウェーバーは、「プロテスタンティズムの倫理と資本主義の精神」に代表される、経済倫理であると述べた。日本の渋沢栄一は、明治の建設にあたり、「儒教倫理と殖産興業における経済活動」の合一を唱えた。

（２）社会利益

近代資本主義思想の根底には、市場経済は、自己利益の追求が、社会全体の利益を実現するという前提であった。自由で制約のない市場経済は、社会的利益が最大限実現されると考えた。資本主義―市場経済は、本来、人間が倫理的であることを前提とする経済社会システム（アダム・スミスの『国富論』、『道徳感情論』）である。その意味では、「企業の至上目的は、利益の追求にある」とする考え方は、21世紀以降の経済社会においては、通用しなくなると考えられる。

企業という存在は、ヒトとモノの二重性が存在する。モノとしての企業が、法人（ヒト）という権利主体として承認される時、個人が求められる素養・倫理と同様のものが求められるのではないだろうか。法人は、社会的公器であり、求められる社会的責任はきわめて大きく、市場経済システム体制への支持は、完全なものとはならない。

（３）高まる関心

社会主義経済社会という理想の挫折は、ベルリンの壁崩壊、中国の市場経済化というプロセスを経て、新自由主義市場原理が横行した。これと共に、企業の不祥事が世界的に多発化し、企業のＣＳＲを問う動きが始まった。

ステーク・ホルダー（顧客、従業員・メンバー、投資家・貸し手、サプライヤー、競争者、地域社会、ＮＰＯ等）との関係において、社会的責任を問われる事がより顕著となった。環境悪化、社会的不公正、企業統治、企業の社会的責任に関する関心の高まりの結果である。

1.3　経済体制

産業革命以前は、各国ともほぼ「循環型経済」を維持して、人々の生活は成り立っていたが、産業革命後は、人々の職業選択の自由度が増し、更に技術開発により、人々の間においても貧富の差が生じてきた。そして、各種経済理論が生まれてきて、それによる経済体制も異なる国々が派生するに至った。

大きくは、資本主義経済社会と共産主義経済社会に二分されていくが、現代においては、共産主義社会の多くは、社会の構造的な歪の発生により、資本主義経済における所有権を一部認める体制へと変化してきている。

１．経済と統治体制

政治と経済は、密接な関係にあり現代社会にあっては、政治体制の下に経済活動が行われている態様である。アダム・スミスにより、古典派経済学が確立して、産業革命の進展と共に、西ヨーロッパ諸国では、資本主義経済へと進んでいった。

その中で、カール・マルクスは、資本主義の矛盾を説く『資本論』を著して、共産主義体制へと進展し、ソ連・中国・東欧・中南米へと拡大していった。二度の大戦を経て、世界は資本

主義国家と共産主義国家に二分され、経済活動はその統治体制の下で、各々発展して現在に至っている。

しかし、共産主義国家の社会の下では、人々のエネルギーは自由を求め、ソ連は体制崩壊し、東欧の国々も経済成長を指向してＥＵ加盟に積極的となり、事実上、社会主義体制は崩壊しつつある。中国は、所有権の一部を認め、経済活動を活発化して経済成長を図ってきたことは、歴史の示すところである。

このように、経済活動は、政治体制の下で展開されているが、資本主義経済及び共産主義経済も、数十年の時を経て、その仕組みや体制が綻び始めている。人々は、経済による自己満足・幸福感から脱皮して、現代社会では、他の充実感を求めて模索し始めている。しかし、未だ、その目標とするモデルは明らかにされていない。

本書で提起する「人間主義の経済」は、両経済主義を止揚し、人間主義を基盤とした経済社会を志向し、人々が求める社会に、多大な貢献と指標を与えるものと確信している。また、人々が希求している。

統治において、そのモデルとなる書の一つに、中国で著された『貞観政要（じょうがんせいよう）』がある。以下にその概要を紹介する。

『貞観政要』とは、中国の隋を滅ぼし、300年の唐の基礎を築いた太宗の言行録である。全十巻からなり、太宗と重臣の間で行われた、政治問答が主な内容である。日本には、平安時代に伝来している。知識人や権力者に愛読され、リーダーとしての心構えや、権力を執行するに当たっての訓戒が丁寧に記されている。人間の本質に根差した、権力と組織の関係を著している。

太宗は、中国史上並ぶものがない名君であり賢人である。太宗の治世は、「貞観の治」と呼ばれ誉れとされている。太宗は、人格の高潔さ・品性と、過ちを進んで受け入れ直すことができる性格で、自らを欠点の多い人間と自己規定し、常に自らを戒めていた。なお、「貞観」とは太宗の在位の年号（西暦627～649年）で、「政要」とは政治の要諦をいう。

民主主義の現代社会は、国民が主権者であるが、「民主主義」と「経済的繁栄」を維持するために、何をすべきか、または何をしてはならないのか、基本的な心構えを知らせてくれるのが『貞観政要』である。

２．経済体制の変遷

図1-5 は、経済のモデル図である。産業革命以前から産業革命後における、経済体制変遷の概略をまとめたものである。人々のエネルギーは、新たな資本主義の経済へと向かい、その先には人間を中心とした、人間主義の哲学を基盤の「人間主義の経済」へと、収斂していくことになると考えている。

特に、将来の世界経済を牽引すると想定される中国において、「人間主義の思想・哲学」を研究する大学・学術機関が、既に数多く設立されている。そして、これらの研究成果は、近未来において、経済分野にも適用されると考えられる。また、その恩恵は世界の経済活動にも波及されていくものと思われる。

人間主義の哲学を基盤とした経済観念は、経済体制と共に、経済を支える経済理論を、従来のものから全く新しい人間中心の考え方に変革する。そして、第三の経済理論へと昇華することになろう。図1-6 は、「人間主義の経済」モデルにおける規範をまとめた。

図1-5 経済のモデル図

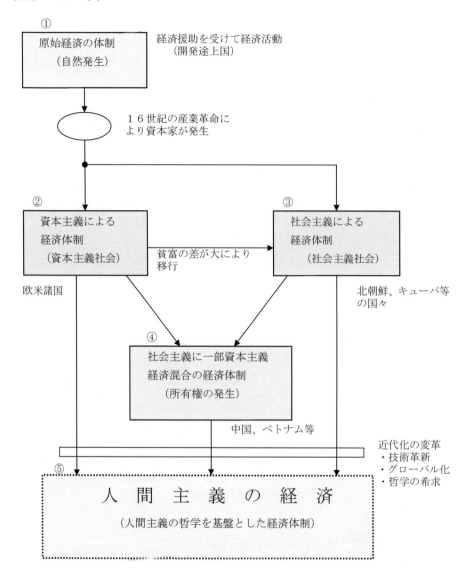

図1-6 「人間主義の経済」モデルにおける規範

人間主義の経済モデルにおける、原則的な規範の内容を列挙した。

社会の体制	自由主義、社会主義、それらの混合主義のいずれであっても構わない。各国の歴史、伝統、文化、習慣を尊重する体制が望まれる。但し、将来的には自由主義に収斂（しゅうれん、まとまること）すると考える。
経済の体制	人間主義の思想・哲学が、人々の基盤に置かれた経済活動が行われる体制である（共存共栄の下に活動）。
経済サイクル	先進国は、後進国が自立できるよう技術指導・経済活動等が行なわれ、経済の循環サイクルが世界的規模にて回転される。
経済監視	国連内に経済活動の監視を設け、特に後進国・開発途上国への人的・資金的な援助が、適正に実施されるよう、財政・金融の両面から監視・サポートする監視体制とする。
社会保障	国毎に異なるが、社会保障については人権尊重を第一義とし、各国が自立した運営ができるよう、サポート・調整の機能を有する体制とする。
資源の運用	有限である地球資源の供給・需要の配分に対し、公平な利用・活用がされるよう協議・調整の場を設ける。
貧富の差別	富の分配・環境整備に十分配慮し、貧富の差の拡大を防ぐと共に、世界的規模と国内規模の両面から経済活動を推進する仕組みを整える。
自然環境	環境破壊は、人類の滅亡に繋がるとの考えのもと、経済の発展と共に、自然環境の整備を地球規模で推進していく。

第1章 経済の本質と基本認識 39

3．グローバル化

（1）グローバル化とは

グローバル化とは、グローバリゼーション（Globalization）とも言い、社会的あるいは経済的な関連が、旧来の国家や地域などの境界を越えて、地球規模に拡大して様々な変化を引き起こす現象である。言葉の使われ方で、世界の異なる地域での産業を構成する要素間の関係が増えている事態（産業の地球規模化）を意味する場合もある。

なお、「インターナショナリゼーション、国際化」は、国家間で生じる現象であり、グローバリゼーションは「地球規模」で生じるものであり、国境の存在の有無という点で区別される。

グローバル化は、科学技術・組織・法体系・インフラストラクチャーの発展・流動化を促すのに貢献した。一方で、様々な社会問題が国家の枠を超越し、一国では解決できなくなりつつある。グローバル化により影響される内容は以下である。

①世界経済

貿易の発展、直接投資を含む資本の国際的流動の増加、国際金融システムの発展、多国籍企業による世界経済の支配割合の高まり等が生じる。また、世界で最適な調達・販売を行なうサプライチェーン・マネジメントの発達、航空と海運の航路増大による物流ネットワークの発達、インターネット・通信衛星・電話などの通信技術を使った国境を越えるデータの流れの増大、地球規模的に適用される標準・基準などの増加等で、世界経済の融合と連携が深化する。

②異文化交流

増大する国際的な文化の交換・同化・融合・欧米化・アメリカ化・日本化、及び中華化を通じて文化差異の減少、増加する海外旅行・観光、不法入国者・不法滞在者を含んだ移住者の増加等により、異文化交流の機会がますます増加する。

③政治主体

世界貿易機関（WTO）などの組織への国際的取り決めを通じて、国家支配権と国境の衰退、国民国家の枠組みに囚われないNGOなどの組織の拡大、WTO・WIPO・IMFなどの国際的組織の役割が増大し、政治主体の一元化が進む。

④経済的格差

世界的な富裕層の増大、発展途上国における中流階級の成長、先進国の中流階級の没落・貧困化等、経済格差の世界化が生じる。

⑤社会問題

疫病の流行、犯罪の大規模化、地球全体の環境問題、紛争への関与等、社会問題の世界化が進展する。

（2）グローバル化の進展

グローバル化の経緯は、15～17世紀における大航海時代に、ヨーロッパ諸国が世界各地に植民地を作り始め、ヨーロッパの政治体制や経済体制の「グローバリゼーション」が起こった。本格化し始めた時期は、19世紀において、国家の形成や産業革命による資本主義の勃興が、「グローバリゼーション」を引き起こした。

第二次世界大戦が終わると、アメリカ合衆国を筆頭に冷戦の西側諸国で、多国籍企業が急成長し、現代の「グローバリゼーション」が始まった。1970年代から「グローバリゼーション」という言葉は使われるが、より一層広まった時期は、米国が湾岸戦争で勝利し、ソビエト連邦が崩壊して、米国の単独覇権が確立された1991年以後である。

経済面では、「運輸と通信技術の爆発的な発展や、冷戦終結後の自由貿易圏の拡大によって、文化と経済に囚われない貿易が促進する事態」も指すようになった。負の現象として、例えば、工業や農業といった産業が、世界規模での競争（メガコンペティション）、多国籍企業による搾取の強化、それに伴う国内産業の衰退、プレカリアート（precarat、不安定な雇用・労働状況における非正規雇用者及び失業者の総体の語）の世界的増大という事態等が生じている。

（3）グローバル化の捉え方

グローバル化の捉え方には、以下の如く種々ある。

経済学者のトーマス・フリードマンは、「地球上に分散した人々が共同作業を始め、インド・中国へ業務が委託され、個人・各地域が地球相手の競争力を得ている、あるいは貢献しているとしており、紛争回避にもつながっている」と述べている。また、経済学者のポール・クルーグマンは、「主に覇権国家や多国籍企業が利益追求を、肯定・促進する（新自由主義）ために広められる、ドグマの一種である」と述べている。

経済学者の竹中平蔵氏は、「グローバル化の進展で起きることは、財政制度・金融制度などの制度の競争である。制度の均一化が起きてくることが、グローバリゼーションである。グローバリゼーションの中で、人の移動は活発化しているが、実際問題として普通の人が、国境を越えて移動することは容易ではない。重要なのは、普通の人が、国内でも所得価値を生み出せる仕組みを作ることである」と指摘している。

（4）グローバル化のメリット／デメリット

　＜メリット＞

　　□国際的分業が進展し、最適な国・場所にて生産活動が行われ、より効率的な低コストでの生産が可能となる。物の価格が低下して社会が豊かになる（比較優位）。

　　□投資活動において、多くの選択肢からニーズに応じた効率的な投資が可能となる。

　　□全世界の様々な物資・人材・知識・技術が交換・流通され、科学や技術、文化などがより発展し、また、各個人がそれを享受する可能性がある。

　　□各個人が、より幅広い自由（居住・労働・職種などの決定や、観光旅行、映画鑑賞などの娯楽活動）を得る可能性がある。

　　□各国が密接に結びつくことによって、戦争が抑制される可能性がある。

　　□環境問題や、不況・貧困・金融危機などの経済上の問題、人権問題などの解決には、国際的な取り組みが必要であり、これらに対する関心を高め、各国の協力・問題の解決を促す可能性がある。

　＜デメリット＞

　　□安い輸入品の増加や、多国籍企業の進出などで競争が激化すると、競争に負けた国内産業は衰退し、労働者の賃金低下や失業がもたらされる。

□投機資金の短期間の流入・流出で、株式市場等が混乱し経済に悪影響を与える。

□他国への企業進出や投資により、国内で得られた利益が国外へ流出する。

□特定地域でのテロリズムや武力紛争が全世界化し、各地域の安全が脅かされる。

□多国籍企業の進出や人的交流の活発化により、生活と文化が世界規模で均質化し、地域固有の産業や文化が衰退する。

□地域間競争の活発化で、投資・経済活動の巨大都市への集中が進み、農山村や中小都市が切り捨てられて衰退する。

□多国籍企業の影響力増大によって、各国の国家主権や地方自治が破壊される。

□投資家やエリート官僚が、政治を牛耳るようになり、各国・各地域の民主主義はグローバルな寡頭制（oligarchy、少数者支配の体制）に置き換えられる恐れがある。

□厳しい競争の中で、企業を誘致したり国内産業を育成するため、労働環境は悪化し、環境基準が緩められ、社会福祉が切り捨てられる。

４．社会の転機における経済影響

20世紀の世界において、グローバル化の波が広がる時代を変えた転機（出来事）は、以下の４点があり経済活動に大きな影響を与えている。

　　　　□1929年10月、　株価暴落
　　　　□1969年10月、　インターネットの登場
　　　　□1989年11月、　「ベルリンの壁」崩壊
　　　　□1999年１月、　ユーローの誕生

（１）株価暴落

1929年10月24日、米国のウォール街、ニューヨーク証券取引所で、午前中に売りが殺到し、平均株価が一時暴落した。米国では、第一次世界大戦後、商品や農産物の過剰生産で投機ブームがしぼみ、10月に23％の株安と過去二番目の下げが続いた。そのため、銀行が相次いで破たんし、労働者の４人に１人が失業する大不況を招いた。

米国は、繁栄の1920年代から大恐慌に突入し、不況は世界恐慌につながった。ルーズベルト大統領は、公共事業で雇用創出を目指す「ニューディール政策」を打ち出した。世界は、その後もバブルの生成と崩壊を繰り返し、金融危機による世界同時不況を生じる要因となっている。

更に、1989年10月、米国で株価が暴落。「ブラックマンデー」と呼ばれ、日本を含めた世界は、再び同時株安に陥った。その後も以下の如く株価暴落により幾たびも経済危機が発生した。株価暴落は世界の国々に瞬時に広がり、経済活動に多大な影響を与えた。

　　　　□1997年、　アジア通貨危機
　　　　□1998年、　ロシア通貨危機
　　　　□2000年、　ＩＴバブル崩壊

その後、米国の住宅バブル崩壊（プライム・ローンの破局）により、金融危機が発生して、経済のグローバル化、複雑な証券化商品の普及によるリスクの所在の不透明化で、危機は新興国を含めた世界全体に瞬時に広がり、「百年に一度の危機」ともいわれた。

（2）インターネットの登場

　1969年10月、インターネットの原型が登場した。米国防総省が開発したコンピュータ・ネットワーク「アーパネット」の運用が開始され、カリフォルニア大学ロサンゼルス校とスタンフォード大学研究所などの間で、「パケット」と呼ぶ通信方式で情報を交換した。インターネットは、世界に対して以下のような状況で爆発的な普及となった。

□1990年後半

　画像などを閲覧できる、ブラウザ（閲覧ソフト）が普及。通信網の整備や、通信速度の向上で普及に拍車がかかった。

□2000年頃

　インターネットは、ＩＴ（情報技術）バブルとその崩壊を呼んだが、世界のＩＴ化やグローバル化を、後押しする原動力となった。

　その後、インターネットは、世界のどこでも情報を共有できるようになり、インターネットを介した業務の外注や物流管理などで、企業の経営効率が著しく向上した。情報・サービス産業の比重が高まった。インターネットは、金融サービス拡大の源泉であり、金融工学の発達もＩＴなしではあり得なかった。このように、インターネットの登場は、情報の伝達・加工等に著しく貢献することとなり、従来の産業構造を大きく変容させていった。

（3）「ベルリンの壁」崩壊

　1989年11月9日、東西ドイツを隔てる「ベルリンの壁」が崩れた。1ヶ月後の12月3日、地中海のマルタ島での米ソ会議にて、米ソは冷戦終結を宣言した。世界は、地球規模で、ヒト・モノ・カネが、猛烈な速さで新時代に流れ込む契機となった。

　民主化の波により、東欧の共産党政権が次々と倒れ、1990年に東西ドイツが統一すると、歴史は更に1歩前進する。1991年には、ドイツの統一に続きソ連が解体して、世界における冷戦に幕を閉じた。

　民主主義、市場経済、人権などの価値観が世界に広まり、国際政治や経済を主導する米国の覇権は一段と強まり、世界は米国一極集中の様相となっていった。

　このように、グローバル化の波は、政治の世界において、共産主義社会の経済（統制経済）の破綻を招き、人々の生活やエネルギーは、自由化や市場主義へと変遷していく契機となった。

（4）ユーロ誕生

　1999年1月1日、欧州の単一通貨として「ユーロ」が誕生した。ＥＵによる国家の枠組みを超えた、通貨・金融政策の統合は、戦後経済の「最大の実験」とも呼ばれた。当初は、ＥＵ加盟国11ヶ国で、統一通貨ユーロの導入が開始された。

　ユーロ圏は、40ヶ国を越えて、世界の外貨準備に占めるユーロの比率は、1999年の18％から2009年には26％に高まり、世界の基軸通貨ドルに次ぐ地位を得ている。世界の基軸通貨は、19世紀初頭まで金本位制に支えられた英ポンドだったが、二度の世界大戦で英国は疲弊し、欧州への借款や戦争で潤った米国が債権国に転じると、米ドルが基軸通貨となっていった。

このように、新しい通貨の誕生は、それまでの米ドルによる通貨から、多極化すること
となり、経済取引にも大きな影響を与えることとなる。ＥＵは、統一化された経済圏と
して、国間における関税はなく、ヒト・モノ・カネが自由な市場経済を構成するに至っ
た。15年を経過したが、ＥＵ内での経済活動は活発化している。

５．経済体制と人々の生活

人々の生活は、経済体制があって、その中に組み込まれて経済活動を展開してきた。また、
人々は産業革命前までの長い間、この経済体制の下で生活をしてきた。そして、産業革命後、
急速に発展した資本主義社会の中で、経済を至上とする現代社会の経済体制は、人々から「ゆ
とり」や「人間性」をうばってきた。

働き方の多様性、雇用環境の変化等、人々の価値観も大きく変容しつつあり、何のために働
くのか、何のため生きるのか等、生き方そのものにも目が向けられ、自分を見つめ直して、自
分を真に活かすものへ取り組む事が、求められる社会へと変化しつつある。

特に、若者は、将来に希望がもてない社会に、戸惑い・諦観となってきている。希望や望み
を与える力強い思想・哲学の存在を、求めている時代へと進展しているように思われる。経済
体制は、経済活動を円滑に進めるための、１つの手段であるが、活動の主体は人間であり、人
間を解明した哲学によらなければ、根本的な課題解決には至らない。

人々が、活き活きと充実した社会構築をなす考え方・哲学が、今ほど求められている時はな
いと考えられる。

1.4　経済の主体と客体

１．経済の主体・客体とは

経済の主体とは、経済活動を運営していく立場・存在をいう。具体的には、多種・多様な経
済組織（会社組織、各種の法人等）が該当する。一方、経済の客体とは、経済活動の恩恵を受
ける人々や、豊かな生活を享受する生活である。

経済の主体・客体を論述することにより、経済の実態や経済現象の波及について、理解が深
まることとなる。また、経済の目的・仕組み・体制等は、理論的な説明であり、経済の主体・
客体はその実態を表すものとなる。

２．個人・団体から企業へ

経済の進展は、個人経営から事業規模の拡大に伴い、団体活動へ、更に法人化されて大規模
な企業化へと突き進み経済活動がなされている。現在の日本における大企業の前身は、極めて
小規模な組織から出発している。

日本企業は、日本型経済モデルの下に経済発展をしてきた。経済発展の過程において、高い
技術の導入・独自の技術開発、人口の増加、自由貿易の振興、ビジネスにおける垂直統合型の
事業戦略、雇用制度の安定等、諸要素が存在している。

歴史を丹念にたどれば、上記の内容が確認できる。

３．国内経済

日本の経済発展の過程は、明治時代に入って近代国家を目指した事が、そのスタートであ

る。近代化の手法として、国の基幹産業を国策事業として発展させ、その後に順次、民間へと事業移転させている。

近代化の始めは、欧米各国の優れた技術・文化を導入して、内製化しつつ、改善・工夫して独自の技術開発につなげている。この手法により、徐々に国力をつけ・技術を深めていった。そして、これを可能にした大きな要因として、教育による人材育成と生産活動に従事する人口の増加を図ったことである。

織物の機械化（軽工業化）及び輸出、製鉄事業の育成（工業化）、造船・自動車・鉄道事業の育成と発展が推進されていった。このように、日本国内の経済活動は、上記のステップを経ながら発展してきた。

４．世界経済

21世紀の世界経済は、米国型の大規模経済が、行き詰まり・破綻して混沌とする中で、ヨーロッパ・北米・東アジアの３極化に突き進んでいる。特に、東アジア地域は、中国・インドを中心として、経済成長が他の地域を凌駕している。その大きな要因は、人口の大きさであり即、巨大な経済市場を構成していることである。

東アジアの人口は、中国（13億）、インド（12億）、インドネシア（３億）、日本（１億）と、世界の約40％を占めるに至っている。

欧米諸国は、自国の経済発展のために、東アジアとの経済連系を図り、その活力を取り組む動きが活発化している。また、情報の共有化は、インターネットの世界的な普及により、ビジネスや事業展開を、世界的に実施できる可能性を提供してきた。現代においては、大国でさえ他の国々との協調・共生をしなければ、事業が成り立たなくなってきた。

世界的な環境や人類の課題・問題解決について、一部の企業はそれらの課題解決を、その事業の中に取り組み成功している。その成功例が公開されている。また、日本企業が得意としてきたビジネスの「垂直統合型」の経営は、「水平分散型」として、多くの企業・国が協調して事業を実施する形態に変化しつつある。技術開発も、複数の団体・企業で実施することが、日常的に行われる時代となってきた。世界の国々が、協調・共有・共生の下に、経済発展しゆく構図に変化する様相を呈している。

世界経済の実質的組織である世界証券市場（ニューヨーク、ロンドン、東京）は、その機能が拡大し、世界の社会状況の変化や経済政策等は、即、市場の株価に反映される。

なお、世界の国々は、未だ、経済発展途上国が多く、日本の技術・資本・人材及び日本独自の文化や地域活動・行政活動の仕組みは、再評価されて新興国や経済発展途上国へのモデルになることが多く、日本は、これらの国々にそれらの貢献を通じて、生き残ることが可能と考えられる。しかし、反面、日本は新興国に学ぶ点も多々ある。

＜新興国に学ぶ点＞

現在、世界経済を牽引しているのは新興国である。特に高い経済成長を維持し遂げている中国や東南アジアである。こうした国々の動きを日本は学ぶ必要がある。これらの国々は、外資企業に税制などの優遇措置を講じ、雇用創出や内需拡大を目指している。また、事業は、官民一体で実施している。

日本は、経済大国と呼ばれてきた「おごり」を捨てなければ、国内産業の将来はますます厳

しい状況である。安倍政権は、経済界を巻き込んで世界各国へトップセールスを展開し始めている。国内の部品メーカーも、海外市場での拡販を目指さなければ、生き残っていけない現状となりつつある。海外にこそ活路がある。

日本企業は、外資系に比べ人材面でのグローバル化が遅れている。その対応として、海外の優秀な人材を役員クラスに積極的に登用し、意思決定を速めることが求められる。

5．関税の障壁

関税は、貿易において、各国が自国の産業を守るため設けられている経済の障壁である。貿易は、本来、理論的にも輸出／輸入国の双方で、利益を得る仕組みを持っている。そのために、二国間協定や包括的な貿易協定を締結し、貿易協定にて、経済成長を自国に取り込もうとしている。

近年において、環太平洋地域の国々の貿易協定（ＴＰＰ）をめぐり、特に日米間で交渉が難航している。米国は、ＴＰＰを足場にその先には、世界で経済成長が著しい東アジア地域への経済拡大に、関心をもつ戦略を持っている。

国間が、完全に関税の障壁をなくした例はＥＵに見られる。ＥＵは、共通の貨幣（ユーロ）の下に、各国の産業を活かしつつ、経済面の完全な協調で経済成長を図るモデルである。

産業競争力は、各国が自国の産業を過保護するあまり、従来のままでは、安い製品の輸入に産業が破綻してしまうが、大規模化・品質向上・低廉化を目指すよいチャンスととらえて、改善・商品開発をすれば、更なる競争力や独自の産業育成が図られる。

ＴＰＰにおける、一次産品の輸入により、日本の農産物は壊滅的な打撃を受けるとしているが、過去の事例をみれば、決してそのようにはならない事が分かるはずである。既成の権益団体（ＪＡ全農等）が困るのみであり、生産者の農家には意欲のある人が多い。

6．経済と暮らし

経済は、人々の暮らしのため・幸福のためにあると、喝破した指導者がいたが、経済の本義を言い当てている。経済は人々のために存在するものである。現実には、なかなか実感が伴われない人々が数多くいるが、本章では、結論部分として述べるにとどめ、第5章の「経済と人々の生活」において具体的に理解できるよう論述する。

7．物価

物価とはモノの価格であり、経済活動により取引される物の価格に反映される。社会における物の供給／需要に大きく影響されるが、人々の生活指向やその時代における人々の要求にもその要因は見られる。また、経済市場における取引の均衡にも影響を受ける。なお、人々の要求の範囲外で、市場操作により莫大な利益を得る事も発生する。

物価が安定しているということは、需要と供給のバランスがとれ、人々の求める消費性向が、市場とうまく均衡がとれている事にほかならない。

現代社会は、グローバル化及び情報のインターネット化が進行して、物価も社会事象等に瞬時に反応して影響を受け、経済大国とはいえ一国のみの対応では、世界的な課題への解決は不可能で、複数国の協調介入が必要な時代にと変遷している。

なお、物価はその国の経済状況・経済活動を評価する要因の一つでもある。

8．財産形成

　近年の新聞は、日本の国民が有する金融資産の合計は、1600兆円を超えていると報道している。また、日米の国民が有する資産は、世界の人々の資産の約75％を占める。

　日本は、近代化以降、国民が財産の貯蓄・形成に当たっては、著しく執着して励んできた。日本は農耕民族であり、人々が共同して生活する様式が定着してきた。そして、特に地方においては、土地の所有を始め、財産形成に多大の努力を傾注してきたのが実態である。近代化の始まった明治以降は、国の「富国強兵」の政策の下で、更に財産形成に励んでいったことが見られる。

　欧米のキリスト教文化の国々では、博愛精神の下で寄付文化と言われるように、他人に資産を施す・寄付をするという慣習が一般化している。一様に社会保障制度が充実して、人々が貯蓄する必要性がない国も現出している。

　財産形成は、理由はどうであれ、国による社会体制等に大きく影響されている。

コーヒー・ブレイク（第1章）

「経済は難しい？」

一般に、世の中では、経済って複雑でムズカシイね！
でも、本当は私たちが毎日生活している、日々の暮らしの中に経済はあるんだよね！
だから、多くの人々は、空気と同じで意識して生活している人はいないよね。
たとえば、株の売買に熱心な人は、自分に直に関わる事象には一喜一憂するけど。
しかし、経済活動がなくなると、殆どの人は生きていく張り合いが無くなるよね。
経済って不思議だね。
本書は、近所のエアコン取り付けのおじさんでも、良く分かるような本です！
第1章を読んで、経済って、ああ、なるほどねと、合点がいきましたか？

＜ケインズおじさん＞

→さあ、次の章に行ってみよう！

第2章

経済の構成

本章は、経済の構造・仕組み・機能・位置付け等を明らかにし、現代社会においてそれらを認識し、経済活動の基本を理解するものである。経済の構成は、人々とのつながり、人々がどういう社会を望むかにより大きく変容する。
　経済は、人々の生活の基盤でもあり、関連する要素の役割が、人々の幸福につながる役目を果たすためには、どのようなことが必要かを検証する。また、経済の構成は、経済活動への貢献や、その目的を理解するためでもある。
　図2-1は、経済社会における位置づけ、図2-2は、経済要素の機能関連図である。経済活動に深く関与する金融・証券・保険については、現状を精査すると共に、本来の働き・役割を確認する。また、経済を実質的に支える企業及び各種法人について、その構成・経緯等をわかりやすく説明する。
　物を生産する要素は、ヒト・モノ・カネ・情報である。この中でカネ（資金）は重要な位置を占めており、事業資金がなければ事業の運営が成り立たない。この資金面での機能として、銀行・証券・保険の各事業は下図の如く、企業活動や経済活動を側面から支える重要な役目を有する。しかし、決して経済の主役として機能する訳ではない。また、経済活動を支える人々の働き方も、経済の重要な要素である。

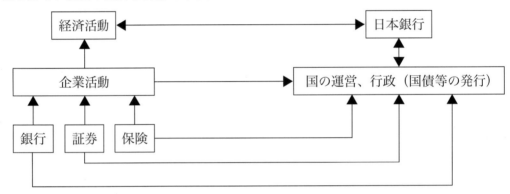

　銀行・証券・保険は、企業活動を支えるとともに、その運用資金は、国の発行する国債の受け皿としての機能も果たしている。社会の経済状況を見ながら、資金の調整に日本銀行と共に携わっている。金融の流通について、銀行・証券・保険の各事業は深く関与し、資金需要に対し、調整弁の機能を有する。各要素の概略は以下である。
＜銀行の概略機能＞
　銀行は、企業への資金を融資する事により、事業の運転資金として経済活動を円滑に進める。経済活動により生じた利益は、融資した銀行に還元され、更に多くの投資を通じて事業の拡大・成長へと結びつく。企業は、資金貸し付けを受けて、より事業規模の拡大・発展を促進する。
　銀行は、都市銀行、地方銀行、信用金庫、各事業の銀行（ＪＡバンク、サラ金等）、日本銀行、政府系金融機関、郵便銀行等多様な金融機関がある。特に都市銀行は、Ｍ＆Ａを繰り返して数行のメガバンクに収斂した。主に、大企業の事業活動、国債の引き受け窓口、国の大事業への出資等に重きを置いている。また、多くの人々がメガバンクへの信頼感から預貯金をしており、資金はメガバンクにますます集中している。

図2-1 経済社会における位置づけ

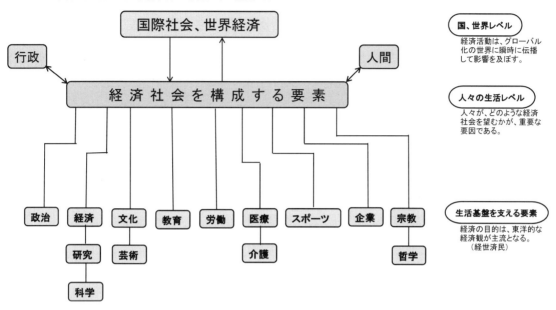

図2-2 経済要素の機能関連図

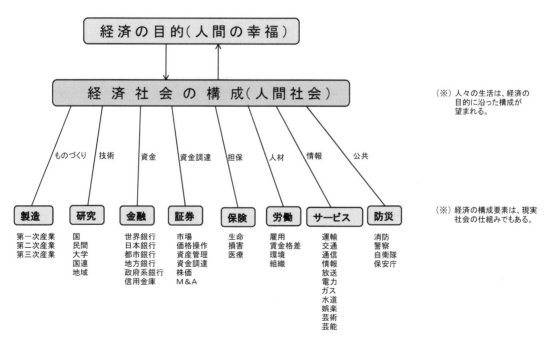

地方銀行は、各都道府県に分布し、地方経済の一端を担っている。地場産業の育成、中小企業への事業資金の貸し出し等、都市銀行の不得手の部分を補完している。資産面の安定を求め、大手の都市銀行との系列化が進んでいる。地方に定着して、地方に住む人々の金融面の管理・維持等も果たしている。

郵便局は、国が運営し明治以降、勤勉な国民性を反映して国民に絶大な信頼を受け、現在は、ゆうちょ銀行として、民営化移行の過度期である。その他、ＪＡバンク、信用金庫、サラ金、ヤミ金、質屋等の金融機関は、一般庶民のカネの借り手に応じた、融資を実施する役割を担っている。

なお、日本銀行は、財務省管理で唯一の国の機関であり、都市銀行を始め、全ての銀行の管理等も担い、国への金の出し入れとしての金庫、紙幣発行、国債発行等を管轄している。また、急激な円高／円安には、市場に対して各国と協調介入をする場合もある。

＜証券の概略機能＞

証券は、企業の資本の増資・確保を目的として、事業経営に活かされる。株式への投資を募り、株価の維持、出資者への配当金の還元等を行う。将来性のある利益を生む事業に、出資者が多く集まり、証券は資金調達の一手段として、企業活動の重要な役割を負う。

証券市場を共同で構成し、株式の売買を通して、企業と資本の結びつきを維持し、企業の安定した事業活動を目指すものである。

企業が、証券市場に株式を上場し、事業資金を調達する等の機能が証券である。上場した株式は公開され、個人でも企業でも購入する事ができる。また、資金調達のみならず、企業のＭ＆Ａ（吸収・合併）もこの証券市場を通じて実施される。

一般に、企業規模が大きくなると、資金の調達も高額となり、証券市場より増資という体裁で資金の調達を得る場合がある。銀行から借入する方法もあるが、資金調達を増資という体裁で、実施することが多くなってきた。

しかし、社会問題やコンプライアンス違反等を生じた企業に対しては、株価の低下・営業停止等の信用問題が発生し、事業運営が不可となり倒産に至る。この対応として、企業の不正会計（粉飾決算）の防止のため、2006年６月に成立した「金融商品取引法」の一部に制定された、内部統制の規定（ＪＳＯＸ、日本版ＳＯＸ法）が設けられた。

ＪＳＯＸの対象となる企業は、証券市場に上場している企業は勿論、これに連結対象となるグループ会社・アウトソーサ（外部委託業者）が含められる。経営者が暴走しても、虚偽の財務報告をフォローする法律である。

国内の証券市場は、東京・大阪・名古屋・札幌・福岡の５ヶ所であるが、東京証券市場は世界の三大市場（ニューヨーク・ロンドン・東京）の一つである。証券市場は、開催されていれば世界のどこからでも、インターネットを通じ株式の売買が可能である。証券市場は、異常事態が発生時に各国が協調して、市場の回復・安定化に介入する場合がある。

このように、証券市場における株価は、その企業が有する企業価値と、事業の発展・利益増出等の総合判断がなされる場でもある。次頁にその概略を記載する。

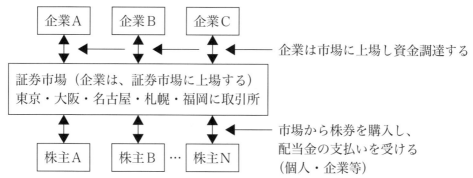

<保険の概略機能>

　保険は、経済活動に対して保証を与える機能を持つ。対象は生命・財産・流通・損害・火災・貿易等である。例えば、製品を輸送する場合には、損害保険をかける。また、社員の生命、企業の財産の保護のためにも各種保険（火災・損害等）が活用される。保険会社は、収入の保険料を資金として、企業の株式を購入し資本参加する場合もある。

　事業のリスクを回避する保証として、また、企業の投資・配当金の支払い、個人の融資等にも保険料の資金が運用されるなど、企業は、保険により経済活動が安心して推進できる。保険は、生命・財産・病気・介護等に対する保障事業として発展してきた。日本は、政府の福祉・厚生事業が貧弱なため、人々の保険事業に対する関心と取り組みは、非常に高く、一人で複数の保険に加入しているのが一般的である。

　日本国憲法は、国民の最低限の生活を保障しているが、その土壌は貧弱で、そのため、近代化の明治時代以降において、身近な郵便局への預貯金の奨励と共に、この保険事業が大きく進展してきた。社会と経済が、歪な状態で発展してきた日本は、多くの人が保険における互助精神の影響もあり、人々の中に根付いてきた分野である。

　物流における保険は、貿易に経済活動の重きを置く日本にとり、海運業の事業を支える大きな保証として、近代化と共に定着してきた。また、地震国でもある日本は、人々の火災に対する意識も高く、マイホームの購入時は、火災保険が加入条件となっている。保険会社は事業別に大きく発展し、保険金収入における余剰金は、国債の購入や企業の運転資金に活用される等、経済分野にも大きな影響を持っている。

　以上の如く、資金の源泉として銀行・証券・保険の機能を概観したが、これらの役割は、企業の経済活動の事業資金の提供が主目的であり、事業発展の側面を担うものである。

　近年、資金調達は、株価の操作や景気変動にも大きく関わることとなり、本来の経済活動が損なわれ、グローバル化が進んだ国際社会で、世界に経済混乱と不況を招くこともしばしば見られる。中央銀行である日本銀行の機能は、日銀の独自性を保ちつつ、日本経済に対して金融政策を立案・実践する事により、景気の動向に絡みその調整を行う等、政府の経済政策と共に、とても重要な位置付けとなっている。

　本章は、経済基盤を支える主な要素（中央銀行、日本銀行、金融・証券・保険）について精査すると共に、経済主体の対象である企業・法人や、経済社会の在り方を考える材料として、雇用・働き方・法人の事業承継、及び行政との関わりである社会保障等について説明し、経済の構成に関わる基礎知識を得るものである。

2.1 貨幣経済

原始的な経済においては、物々交換により物と物との等価の価値を基本として、取引が成立していた。しかし、物々交換では、物の持ち運び及び価値の基準に不均衡があり、様々な経緯を経て、貨幣を基準として貨幣にて決済する、貨幣経済へと進展していった。

特に、希少価値である「金」をその取引の基準とし、共通の貨幣として重宝され貨幣を増出させた。貨幣は、金・銀・銅・ニッケル等の硬貨に始まり、紙の発見及び印刷技術の開発と共に、紙幣使用へと変化していった。

紙幣は、各国の通貨であり、いつでも「金」と等価交換ができる状況が基本であるが、金の産出及び金の市場に不足が生じると、各国の通貨は不安定となり、人々はますます金の保有を目指したため、市場に出回らなくなった。

世界の通貨で主なものは、米国のドル・EUのユーロ・英国のポンド・日本の円が世界中で通用する基本通貨である。近年においては、中国が世界経済の第二位を占め、中国の通貨である「元」が決済の通貨として使用され始めた。

貨幣の量と経済活動は、均衡がとれて運用され、世界市場で証券の取引が日常的に行われている。特に、ニューヨーク・ロンドン・東京は、世界の三大証券市場であり、事業資金の調達、商品の価格や取引の動向、経済活動等の動きは世界に瞬時に伝わり、世界経済に直ちに影響を与えている。貿易の決済においても、基本となる通貨の為替相場により影響されるため、通貨のレート交換比率の上下により、取引が決定される。また、各国が発行している国債を他の国が購入し、留保する事により世界の資産を持つ事となる。必要時に売買すれば、差益により利益を確保する事が可能である。

例えば、中国は米国との貿易収支が黒字のため、その収入益にて米国債を大量に購入して留保し、その国債が購入時より大幅に上昇した処で売却すれば、中国にとり莫大な利益をもたらす事となる。一方、米国の経済には大きな打撃を与えてしまう事となる。

このように、貨幣経済はその利用・活用においては、利便性・融通性があるが、貿易の輸出入の決済、事業への資金供与等における資金不足や、種々の経済的不安定要素を孕んでおり、グローバル化が進んだ現代において、一国の経済の悪化により、世界恐慌にも進展する場合が生じる。通貨危機は、まさに通貨不安による資金の不足や、経済悪化による資金流通が停止される等の原因で生じ、一国の経済破綻も生じる事がある。

貨幣市場での流通と資金供給のバランス、経済悪化への対応等、一国だけの対応では不可能となるため、現実には、地域ごとや各国の協調により、景気変動の対策を講じられている。そのため、G8・G20等で世界主要国の蔵相・中央銀行総裁等が定期的に参集し、協調介入の声明を発表して、世界恐慌防止のため対応している。

本来、貨幣経済は、人々の生活の中で簡便な経済の決済方法のツールであったが、現在ではそれが経済市場に拡大して、人々が貨幣に使われてしまうという逆転現象となっている。貨幣経済の担手として、資金・資産の供給及び運用等を支えているのが、金融機関であり、更にそれを補完しているのが、証券会社・保険会社である。

図2-3は、貨幣経済の担い手を示す。

図2-3　貨幣経済の担い手

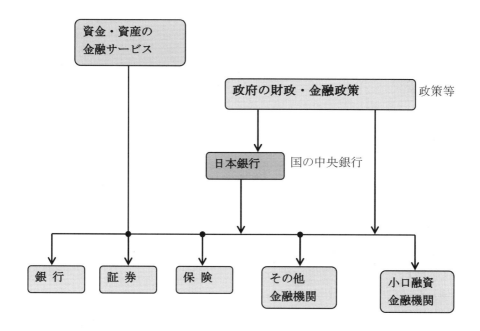

2.2　中央銀行

　中央銀行は、国の経済活動において多大な影響を与える。そのため、その目的と機能から、必要性・理論・歴史的な経緯を精査し、中央銀行の意義と役割を理解する。

2.2.1　発生の経緯

　中央銀行の歴史は、その役割が以下の4つの時代に区分して大きく変化している。図2-4は、中央銀行の経緯（概略）を示す。

①国際金本位制の時代（1879〜1913年）

　第一次世界大戦前までの時代において、以下の2点が機能していた。

　　□金価格に、国内物価水準を連動させる。
　　□最後の貸し手機能を果たす。

②ブレトン・ウッズ体制の時代（1945〜1970年）

　第二次世界大戦後、米国の金融政策理論を中心とした時代。金本位制の制約がなくなり、中央銀行が物価水準に対し、直にショックを加える事が可能となった。

③1970年代以後の国際変動相場制の時代（1973〜1990年代）

　1970年代以後、ブレトン・ウッズ体制以降に、中央銀行制度が発生した。そして、合理的期待形成理論が登場した。

④物価安定を志向する時代（1990年代〜現在）

図2-4 中央銀行の経緯（概略）

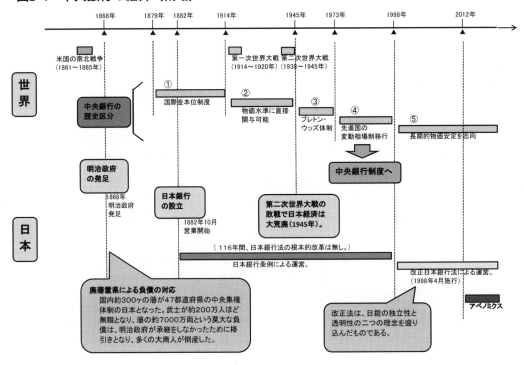

2.2.2 必要性

中央銀行の「独立性」に関して、独立性指数がある。下図は、インフレ率と中央銀行独立性指数の関係を表したもので、中央銀行独立性指数は、中央銀行が政策運営に関して、どの程度その自主性を尊重されているかという観点から、得点をあたえたものである。下図の如く、「独立性」が高いとインフレ率が低い傾向にある事を示す。

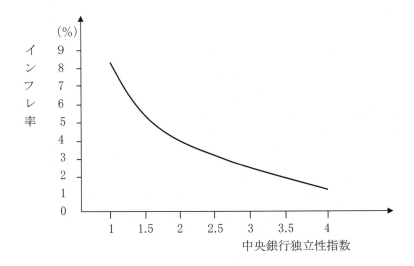

2.2.3　金融政策理論

　中央銀行による金融政策理論として、著名なものに「ロゴフの提案」がある。「ロゴフの提案」とは、「ロゴフのウエイトに関する保守的中央銀行への委任」と呼ばれ、マクロ経済学において、「独立性」の高い中央銀行を支持する最も著名なものである。

1．ロゴフの提案

　　インフレを忌避する人物を中央銀行総裁とし、金融政策の運営を任せるものである。中央銀行総裁と政府が「最適契約モデル」と言われる契約（ウオルシューが提唱した、実現インフレ率に関する、出来高契約の中央銀行総裁に対する適用）を結ぶ。

　　　　□ある物価指数の一定の範囲内に、当面のインフレ率を収める事を約束し、国民にこれを公開する。

　　　　□中央銀行が、インフレ率の目標達成のためにとる政策に、政府は一切口を出さない。

　　　　□一定の期間が終了した時点で、目標としたインフレ率と実際に発生したインフレ率を比べ、目標値から外れたとしたら、外れ方に応じて中央銀行総裁に罰金を課す。

2．テーラー・ルール（短期金利の予測）

　　短期金融市場で、短期金利の予測の方向性がわかる簡単なモデルである。

$$\gamma = p + 0.5y + 0.5(p\text{-}2) + 2$$

　　　　　　　　　　　　　↑この定数項は均衡実質金利。

　　　　γ：米国の短期金利であるＦＦレート（federal funds rate）

　　　　p：ＧＤＰのデフレータで計測した過去四半期の間のインフレ率

　　　　y：実質ＧＤＰのトレンドからの乖離率（％）

　　インフレ率が、目標となっている２％より上昇した場合、あるいはＧＤＰがトレンドを上回って成長している場合、夫々の乖離に応じて、0.5のウエイトでＦＦレートが上昇する事を示唆している。もし、期待インフレ率と実現インフレ率が、目標インフレ率である２％に等しく、実質ＧＤＰがトレンドと一致しているならば、γは４となり、ＦＦレートは４％となる。

$$(\gamma = 2 + 0.5 \text{ x } 0 + 0.5 \ (2\text{-}2) \ + 2 = 4)$$

3．マネーサプライ

　　「日銀ウオッチャー」たちが、金融政策のスタンスを推量する重要な参考情報は、マネーサプライと言われる。名目ＧＤＰとマネーサプライの動きを示す図から判断すると、マネーサプライの伸び率を安定にしておけば、経済が安定化するという主張がある。

　　マネーサプライと実体経済との関係を検討するためには、利用されている通貨需要関数がどの程度安定しているかということになる。

4．期待インフレ率

　　長期金利の妥当なレベルが一体どこにあるのか。将来のインフレの動向が予測できれば、期待インフレ率は、中央銀行がどんな金融政策をこれから取りそうかを考える上で、極めて有益である。

　日本では、人々が物価の将来の値を、ほぼ正確に言い当てるという仮定を置かないかぎり、金融市場のデータから実質金利を計測することは簡単ではない。物価安定を実現するために

は、中央銀行の政策運営における独立性が重要であるという認識は、世界的にコンセンサスができつつあり、中央銀行の役割と必要性を確認することは有益である。

中央銀行が存在する必要性は、市中の銀行間決済において、支払い不能に陥った銀行を存続させるために有効である。物価の安定と短期的な資金供給（国民から資金を調達して銀行セクターに注入する。）について、中央銀行の資金は、最終的には国民の資金である。

＜米国の中央銀行が存在しなかった時代＞

民間銀行によって銀行券が供給され、民間銀行が協力して手形交換所を中心とした効率的な決済制度の運営を行ない、金融恐慌に対処したり、更には、財務省自らが財政資金の運用を行なっていた。

1913年に米国で生まれた「連邦準備法」は、中央銀行の存在方法が推量される。
　□最後の貸し手
　□金本位制と均衡財政制度をセット

2.2.4　機能

中央銀行の機能について、以下の４点が課題であり対応すべき項目である。
　□短期金利誘導の方向性が予測可能なモデル
　□マネーサプライの政策運営における位置づけ
　□インフレの先行き予測と、金融政策の方向性の予測方法
　□金融市場との関わり合い

2.3　日本銀行

中央銀行である日本銀行について、目的・理念・設立経緯・機能・組織・政府との関連等の概要をまとめた。日本銀行を知る事は、日本経済と金融政策の関係について理解が深まる。

日本銀行は、1882年（明治15年）10月、「日本銀行条例」に基づき営業を開始した。その後、116年間に亘り日本銀行法の根本的な改革は無く、1998年（平成10年）4月、「独立性」と「透明性」という二つの理念を盛り込んで、独立性を強化した法改正を実施し、改正日本銀行法として施行された。

松下日銀総裁は、法改正は「日本銀行115年の歴史の中で、最大の出来事である」と自画自賛した。しかし、この1990年後半から約20年に亘り、日本経済がデフレ状態を継続した諸悪の最大の原因が、この改正日本銀行法であることが、2012年12月に始まった第二次安倍内閣により発覚した。

中央銀行の役割と機能については前述したが、日本銀行と日本経済との関わりを精査する事はとても有益であると考える。専門家以外の一般の人々は、日銀の金融政策について、無理解であり、政府の経済政策と重要な関わりについて、認識が少ないと言ってよい。

2.3.1 目的

日本銀行の目的は、1998年4月施行の「改正日本銀行法」の第1条による。

```
日本銀行の目的（日銀法第1条）
　□日本銀行は、我が国の中央銀行として、銀行券を発行すると共に、通貨及
　　び金融の調節を行う。
　□銀行その他の金融機関の間で行われる、資金決済の円滑の確保を図り、
　　もって信用秩序の維持に資する。
```

```
　理念として、「物価の安定を通じて、国民経済の健全な発展に寄与すること。
　日銀の最大の使命は、物価の安定を図ることにある。
```

```
目的の具体的内容
　□日本銀行は、物価の安定を通じて国民経済の健全な発展に寄与する。
　□各種の経済取引を、資金決済面から支える決済システムの、円滑かつ安定
　　的な運行の確保を通じて、金融システムの安定に寄与する。
　□決済システムが、何らかの要因から混乱する可能性が高まった時には、
　　「最後の貸し手」として機能する。
```

2.3.2 設立の経緯

日本銀行は、1882年（明治15年）10月、日本銀行条例に基づいて営業開始した。

世界における中央銀行の成立は、戦争後の経済復興や世界の不況等が原因となって、必要なステップを経過して至っている。

2.3.3 機能と組織

1．機能

日本銀行の機能は、□発券銀行、□銀行の銀行、□政府の銀行である。

（1）「発券銀行」としての機能

日本銀行は、日本における唯一の発券銀行として、日本銀行券を独占的に発行する。銀行券は、公私一切の取引に無制限に適用する法貨で、現在、1万円券、5千円券、2千円券及び千円券の4種類が発行されている。

銀行券は、通常、金融機関が日本銀行に預けてある、当座預金を引き出す形で、日本銀行の窓口において金融機関に渡された後、金融機関を通じて家計や企業などに供給され、取引の決済手段として利用される。

1998年4月の法改正で、日本銀行が金融政策の適切な遂行と、財務の健全性維持を通じて、日本銀行券の無制限通用力を確保するという考え方が採用された。日本銀行券は、信用だけで発行される信用貨幣である。貨幣は、500円貨、100円貨、50円貨、10円貨、5円貨及び1円貨の6種類である。記念貨幣も、時折発行される。

（2）「銀行の銀行」としての機能

　　日本銀行は、預金を受け入れるほか貸出取引を行なっているが、一般企業や個人を対象とした取引は行なわず、政府及び金融機関と取引している。金融機関との取引を通じた日本銀行の機能は、「銀行の銀行」と呼ばれる。

　　日本銀行の当座預金の取引先数は、下記の如く計676件ある。取引内容は、当座預金取引、貸出取引、債権・手形の売買取引、その他の取引である。その他の取引とは、外国為替の売買である。外国為替の売買も、金融機関との間で行う取引の一つである。

　　また、政府（財務省）の代理人として、外国為替資金特別会計の資金を用いて、外国為替市場における為替平衡操作（為替介入）のため、外国為替の売買を行なう。

　　＜日本銀行の取引先一覧＞　　　　　　出所：　日本銀行金融研究所（2000年3月末、現在）

（取引先）	数量
□都市銀行	9
□地方銀行協会加盟行	64
□第二地方銀行協会加盟行	60
□信託銀行	31
□外国銀行支店	84
□長期信用銀行	3
□信用金庫	348
□系列金融機関	5
□短資会社	6
□証券会社	52
□証券金融会社	3
□政府系金融機関	3
□その他	8
（合計）	676

（3）「政府の銀行」としての機能

　　政府は、その保有する円貨に関する預金勘定を、唯一日本銀行に開設しており、政府の経済活動によって生じる他の経済主体（個人、企業あるいは日本銀行）との資金決済は、日本銀行の本店に開設された政府預金（当座預金）を通じて行なわれる。

　　日本銀行は、政府と預金取引を行なっている他、国庫や国債、外国為替関連の国の事務を行なっており、国との取引や事務の取り扱いに関する中央銀行の機能は、「政府の銀行」と呼ばれる。

　　　　□政府預金と国庫事務
　　　　□政府に対する信用供与
　　　　□その他の国の事務（国債事務、証券保有等の事務、外国為替関連事務）

（4）その他の機能

　　上記以外における、日本銀行のその他の機能は概ね以下である。

　　　　□日本国内における貨幣（通貨）量の調整（造幣局を有する）をする。
　　　　□国庫の機能（税収入の納付、国に納める手数料の納付等）を持つ。

□経済・景気の動向と、公定歩合の調整をする。

□国内の市中銀行等の管理・監視をする。

□世界経済・市場の動向に関与する。

□円高／円安における経済対策の金融面の支援（金融政策）をする。

□国の税収の管理、国債の発行をする。

□財務省の管轄ではあるが、日銀法による独自の運営仕組みを持つ。

□日本銀行の仕組みとして、支店長会議（経済動向の見極め）を実施する。

□日銀の人事と管理の法令（日銀法）を実施する。

日銀は、国債を買い上げて銀行にお金を流し、金利を押し下げて、銀行が企業などへの貸し出しに振り向ける効果を狙っている。

２．組織

　日本銀行は、日本銀行法に基づく法人で、その在り方は日本銀行法に定められている。

（１）資本金

　　資本金は１億円で、5500万円は政府が出資、4500万円は民間の出資である。

（２）政策委員会

　　日本銀行の最高意思決定機関は、政策委員会である。決定事項は下記の７点である。

　　委員会の構成は、６名の審議委員（広く経済全般に高い見識を有する者から選出、任期は５年）と日本銀行の総裁及び副総裁（２名）の合計９名から成る。全員が国会の同意を得て内閣により任命される。　政策委員会の議長は日銀総裁である。

　　　　□公定歩合の変更、□準備率の変更、□金融市場調節方針、□金融経済情勢の基本判断、□信用秩序の維持を図る特別の業務、□国際金融業務の実施、□日本銀行役員の職務の執行と監査

（３）金融政策の在り方

　　日本銀行の金融政策の在り方は、金融政策決定会合で議論される。

□金融政策決定会合は、日本銀行の金融政策を審議する会議を定例化し、政策決定のタイミングをめぐる市場の無用の憶測・混乱を防止するという判断に基づき、原則、月２回定例的に開催する。

□金融政策以外の事項（金融システム・決済システムに関する事項、業務、組織運営等）を審議する会合は、原則、週２回開催する。

□金融政策決定会合の議論の内容は、金融調節の実施状況、国内市況・海外市況、国内実態経済及び国内金融についての説明である。

　これらに関する議論は、各政策委員の間で、実体経済及び金融資本市場の動向を議論する。各委員が、その時点で最善と判断される金融政策の運営方針の意見を述べて議論する。

第２章　経済の構成　61

最後に議長が、会合での多数意見に基づき議案をまとめ、その賛否が政策委員の投票により決議される。しかし、現状は議長（日銀総裁）の意向が強く反映される。議決結果は約30分後に公表される。政策変更が有る場合は、議長による記者会見が行なわれる。

2.3.4　政府との関係

①金融政策運営に関わる独立性の確保

1998年４月施行の改正日本銀行法の最大の眼目は、中央銀行としての日本銀行の独立性を法制度として明確化することにあった。日本銀行法の第３条第１項で、日本銀行は、政府とは独立した中立的な立場で、自らの責任において業務を遂行し、金融政策の運営にあたるとしている。

日銀が、機能を円滑に遂行するため、政府の経済政策の基本方針と整合性のあるものになるよう、政府と意思疎通を図ることとなる。
日銀法の第19条には、政府代表が、日銀の金融政策決定会合に必要に応じて出席できる。そして、政府出席者は、政策決定会合への議案提出を行なうことや、議決の延期を求める事ができる。但し、議決を延期するかどうかは、政策委員会での議決による。（この判断でも、議長である日銀総裁の意向が強く反映される。）

日銀法第３条第２項では、説明責任（アカウンタビリティ）確保のため、意思決定内容やその決定過程を、国民に広く明らかにする事が求められている。
金融政策に関する報告書（半期報告）を概ね６ヶ月に１回、国会に提出して説明する事を新たに義務付けられた。

②業務運営の自主性の確保

日本銀行の日々の行動が、日本銀行法で規定された趣旨に反するものか否かを、チェックするという「合法性のチェック」に限定された。日銀の必要経費の予算については、財務大臣の認可性が維持されたが、認可対象の限定、認可プロセスの透明性の確保が図れるなど、業務・組織運営の自主性についても、十分配慮されるに至っている。

2.4　金融機関

日本の金融機関は、銀行を中核として構成され、銀行は、預金を業務として取り扱い、一般に預金取扱金融機関と呼ばれる。普通銀行は、都市銀行、地方銀行及び第二地方銀行から構成されている。全国銀行協会（全銀協）は、金融機関のセンターである。
図2-5 は、金融機関の関連図（概略）を示す。

□経済における銀行の位置付け
□銀行の役割と機能
□各銀行の実態
□国債の受け皿
□銀行の破綻と不良債権処理
□メガバンクの合併、救済措置

図2-5　金融機関の関連図（概略）

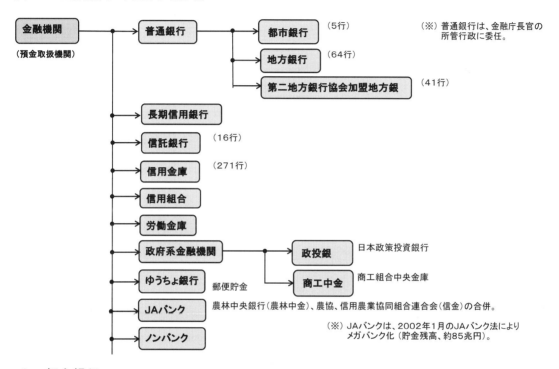

1．都市銀行

　都市銀行は、普通銀行の中で大都市（東京、大阪等）に本店を構え、国内各地に多数の支店を擁して、全国的な規模で銀行業を営む。都市銀行は、全金融機関の預金量の約15％、普通銀行の預金量合計の約40％を占めている。融資先は、資本金10億円以上の大企業が中心である。

　都市銀行は、国際業務・証券業務・金融派生商品の取引や、近年は、中小企業や個人向け融資にも積極的に取り組んでいる。現状は貸出が預金を上回っている。都銀と略称されており、以下の5行が該当する。店舗数（2012年3月末現在）を併記する。

　　①三菱東京ＵＦＪ銀行　　（店舗数：818ヶ所）
　　②三井住友銀行　　　　　（店舗数：679ヶ所）
　　③みずほ銀行　　　　　　（店舗数：459ヶ所）
　　④りそな銀行　　　　　　（店舗数：347ヶ所）
　　⑤埼玉りそな銀行　　　　（店舗数：132ヶ所）

　都市銀行は、「6大都市またはそれに準じる都市を本拠地として、全国的にまたは数地方にまたがる広域的営業基盤を持つ銀行」と定義されている。1968年時は、13行（第一、三井、富

士、三菱、協和、日本勧業、三和、住友、大和、東海、北海道拓殖、神戸、東京銀行）の都市銀行を有していた。

　その後、太陽銀行及び埼玉銀行が加わり、第一と日本勧業銀行が合併して第一勧業銀行が、また、1973年には神戸と太陽が合併して太陽神戸銀行が生まれた。以後、銀行間での合併・吸収を繰り返し、2006年以降は現在の5行体制になった。

２．地方銀行

　地方銀行とは、一般社団法人全国地方銀行協会に加入の銀行である。第一地方銀行と略称される。国内の大・中都市に本店を有すると共に、本店所在地の都道府県で最大規模の金融機関であり、地方経済に大きな影響力を持っている。

　融資先は、本店所在地の地元の中小企業が多く、50％は中小企業向けの貸出からなる。預金の大半は個人の定期預金で占められている。地方自治体の指定金融機関となって、財政資金繰りの安定化に寄与するなど、地域金融の円滑化に貢献している。都市銀行に比べて、資金運用面で余裕が有り、有価証券の保有比率は比較的高い。2011年10月、計64行がある。総合ランキング（規模、経常利益、健全度等）は以下である。

　　　　　①静岡銀行（静岡県）

　　　　　②千葉銀行（千葉県）

　　　　　③横浜銀行（神奈川県）

　　　　　④八十二銀行（長野県）

　　　　　⑤中国銀行（岡山県）

　　　　　⑥山口銀行（山口県）

　　　　　⑦伊予銀行（愛媛県）

　　　　　⑧群馬銀行（群馬県）

　　　　　⑨北陸銀行（富山県）

　　　　　⑩常陽銀行（茨城県）

３．第二地方銀行協会加盟地方銀行

　第二地方銀行協会加盟地方銀行とは、一般社団法人第二地方銀行協会に加入の会員であり、金融庁の「地域銀行／第二地方銀行」とされた銀行である。

　第二地方銀行と略称され、主たる営業基盤が地方的なものである。1989年の協会定款で、銀行法により免許を受けたとみなされた銀行、及び新たに免許を受けた銀行である。

　もともとは、1951年に制定された相互銀行法に基づき、日本の伝統的な庶民金融機関であり、無尽会社から相互銀行へ転換した後、1968年の「金融機関の合併及び転換に関する法律」で、1989年以降、相互銀行から普通銀行へと順次転換した銀行である。

　営業基盤、資産規模、業務内容、資金の運用・調達構造については、地方銀行とほぼ同様である。第二地方銀行は、2012年10月現在、計41行が存在している。

　　　　　□相互銀行から普通銀行に転換した行数　　　（39行）。

　　　　　□信用金庫から普通銀行に転換した行数　　　（１行）。

　　　　　□営業を譲り受け、新たに免許を受けた行数　（１行）。

　第二地方銀行の内訳は以下である。

□北海道（北洋一）、□東北（北日本、きらやか、仙台、福島、大東）、□関東（栃木、東和、京葉、東日本、八千代、神奈川、東京スター）、□甲信越（大光、長野）、□北陸（富山第一、福邦）、□東海（静岡中央、中京、愛知、名古屋、第三）、□近畿（関西アーバン、大正、みなと）、□中国（島根、トマト、もみじ、西京）、□四国（徳島、香川、愛媛、高知）、□九州沖縄（福岡中央、佐賀共栄、長崎、熊本、豊和、宮崎太陽、南日本、沖縄海邦）である。

４．外国銀行支店

外国銀行支店は、外国の銀行が日本に設けている支店のことをいう。2000年7月に83行126支店が営業している。支店ごとに金融庁長官の営業免許を取得する必要がある。

外国銀行支店は、普通銀行と同様に銀行法上の銀行として位置付けられている。

５．長期信用銀行

長期信用銀行は、1952年に制定の長期信用銀行法に基づき設立された銀行で、長期貸出を主たる業務とする。長期資金の資金調達手段として、金融債の発行が認められている。現在、３行が存在しているが、２行が普通銀行への転換を表明している。

６．信用金庫

信用金庫は、1951年（昭和26年）６月に制定された信用金庫法に基づき、会員の出資による協同組織の地域金融機関で、営業地域は一定の地域に限定されている。中小企業ならびに個人のための専門金融機関である。

信用金庫は、預金の受け入れ、資金の移動や貸し出し（融資、ローン）、手形の発行などを行なう金融機関の一つで、信金と略称され、2011年２月現在、全国に271ヶ存在する。信金全体で、100兆円を超える資金を運用し、60兆円強の資金を融資している。

信用金庫は、「地域で集めた資金を、地域の中小企業と個人に還元することにより、地域社会の発展に寄与する事」を目的とし、大企業や営業地域外の個人・企業に融資ができない。また、取引先の課題を解決し、長期的な信頼関係を目指しており、地域産業の育成・振興を信金の存在意義としている。中小企業の事業で、以下をサポートしている。

　　　　□事業承継、□ビジネスマッチング、□産業連携などの情報提供等

７．信託銀行

信託銀行は、1943年施行の兼営法１条の認可により、信託業務を営む事ができる銀行である。信託業務を主として行なうものを指すが、信託業法に基づき信託業を専業として営んでいる法人はない。

（１）経緯

　　　1922年　信託業法が施行され、信託会社の成立は免許制となる。1943年には、兼営法が施行されて信託会社と銀行の合併が進められる。昭和初期に50社あった信託専業会社が、1945年には７社となる。

　　　1948年　証券取引法により、銀行と証券会社の業務が分離される。

　　　1993年　金融制度改革で、国内証券会社や国内普通銀行も、信託銀行子会社の設立について解禁となる。

（2）信託業務

　　信託業務は、他人の財産を自己の名義として預かり、自己の財産と分別管理する機能を有し、金融インフラとしても不可欠の要素となった。信託内容は以下である。

□金銭信託　　　　　　委託者から預かった資金を、手形割引や有価証券で運用し、収益を配当する。

□貸付信託　　　　　　委託者から預かった資金を、主な産業に長期的に貸付してその運用収益を配当する。

□証券投資信託　　　　一般に「投資信託（ファンド）と呼ばれる。投資委託会社からの指示を受けて、証券投資の運用を代行する。

□年金信託　　　　　　個人や企業からの年金基金の運用をする。

□資産流動化業務　　　売掛債権や手形債権等の金銭債権の流動化業務を受託する。

□土地信託　　　　　　地主の依頼で、ビルや住宅の建設・管理・運用を行ない、家賃収入から諸経費を引いたものを、地主に配当する。

□証券代行業務　　　　会社法上の株主名簿管理人として、株式公開企業の株式事情を代行する。

□遺言信託　　　　　　主に個人の遺言状を委託されて、遺言の執行業務を代行する。

（3）信託銀行一覧

　　信託銀行の一覧を以下に示す。「信託銀行」と称しないが、信託業務の兼営の許可を受けている銀行や、銀行以外にも信託業務の兼営の許可を受けている金融機関も存在する。

□三菱ＵＦＪ信託銀行

□みずほ信託銀行

□三井住友信託銀行

□野村信託銀行

□しんきん信託銀行（全信連グループ）

□あおぞら信託銀行

□農中信託銀行（農林中央金庫子会社）

□新生信託銀行（新生銀行子会社）

□日証金信託銀行（日証金子会社）

□ニューヨークメロン信託銀行

□ステート・ストリート信託銀行

□ソシエテジェネラル信託銀行

□日本トラスティ・サービス信託銀行

□日本マスタートラスト信託銀行

□資産管理サービス信託銀行

□オリックス銀行（オリックス信託銀行から商号変更）

8．政策金融機関

　政策金融機関は、日本の政府が経済発展、国民生活の安定などといった、一定の政策を実現する目的で、特に法律を制定することにより特殊法人として設立した。政府が出資している金

融機関の総称である。「政府系金融機関」と呼ばれる。図2-6は、政策金融機関の関連図を示す。

企業の資金繰りを支援する、政府系金融機関の役割が拡大している。国が100％出資し、政府保証がつくからである。用途は、例えば金融危機とか大規模な自然災害の発生等により、民間の金融機関が保有する有価証券で、多額の損失を計上し、融資の貸し倒れが増加し、不良債権処理費用が増大して、このため貸し渋りが増える。

その肩代わりを政府系金融が引き受けている形である。具体的には、政投銀は、2000年前後にも、日本の民間金融機関が、巨額の不良債権処理に追われた時期に、企業再生などで中心的な役割を果たした。

景気が落ち込み、政策金融の役割が再び見直されている。政府保証がついている事で、出資や融資が、必要以上に拡大する懸念もある。政策金融が融資を拡大し過ぎれば、市場から退場すべき企業を延命させ、結果的には日本の競争力が低下しかねないので、融資の透明性を高める必要がある。政策金融機関には、以下がある。

□日本政策投資銀行（略称：政投銀）
□日本政策金融公庫（略称：日本公庫）

図2-6　政策金融機関の関連図

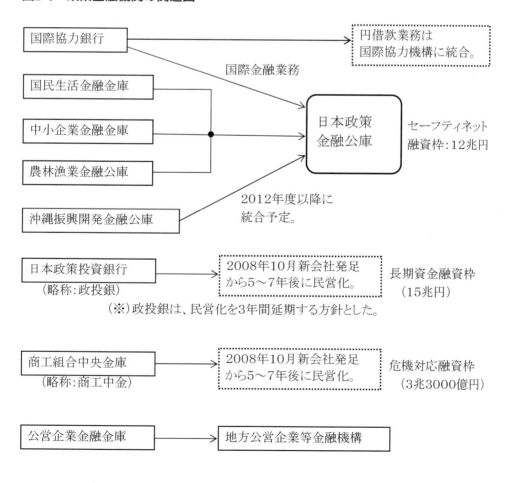

□国際協力銀行（略称：ＪＢＩＣ、ジェービック）
　　□商工組合中央金庫（略称：商工中金）
　　□沖縄振興開発金融公庫
　　□住宅金融支援機構
　　□奄美群島振興開発基金

　商工中金は、2017 〜 2019年に「完全民営化」を予定していたが、東日本大震災（2011年）の復興を支援する危機対応融資に取り組むため、2020 〜 2022年に民営化を延期した。

９．相互銀行

　1951年（昭和26年）施行の相互銀行法に基づく金融機関である。1968年の金融機関の合併及び転換に関する法律により、殆どが第二地方銀行に転換し、最後の１行であった「東邦相互銀行」が1992年に、伊予銀行に吸収合併され消滅した。

2.5　証券

１．証券とは

　証券とは、「金融証書債券」の略で商品の流通における、金品を代替した証書である。殆どの証券は、企業が発行する自社株の証書である。証券そのものは、証券市場で取引売買の対象物である。

　証書の額面は、１株から成りその時々における企業の株価により、投資家と証券市場との間で取引がなされる。証券市場は、証券取引市場を運営する法人が、株式の売買に伴う手数料の収入で行なっている。

　株式の売買は、誰人も自由に行うことができ、株式を保有する事により当該法人の企業に資本参加する事となり、企業が利益を生じた場合は、株主として企業より配当金を受け取ることができる。しかし、投資対象の企業が事業不振や、株の暴落・企業倒産により、対象企業の証券（株券）は、紙くず同様となって金銭的な利益による配当金の受領は無くなり、投資によるリスクを負うこととなる。

　株式は、証券市場に登記したら一般公開される。一部の投資家による株式の買占めや独占化が見られる。企業の株式をある一定以上保有すると、大株主となり企業の事業運営等にも、参加することが可能となる。

　企業は自社の株券を増加して、株式市場から資金を得て、新規の事業推進や資本力の増強を行なうことも可能である。なお、株券の不正取引がないよう、金融庁や公正取引委員会の監査や監視を受ける。

２．証券の位置付け

　経済活動において、証券は企業の運営上多大な影響を及ぼす。投資家の株主は、企業価値を有価証券として保有し、企業の利益確保を常に注目している。

　企業は、安定した事業運営のため、一定以上の自社株を保有し、特定の投資家や団体の影響を受けないようにすると共に、株式の取引による不当な企業の吸収合併等にも配慮を巡らしている。

証券発行の目的は、株式を証券市場に公開して証券市場から、新規株券の発行による資本増強や、事業推進のための資金確保をすることである。証券市場は、国内外に公開されており、世界中の投資家は、利益を生じる企業に投機マネーによる利益を注視している。

　また、一国の経済悪化が、証券市場や商品取引にも影響を与える。経済悪化のみならず、異常気象による農作物の不作、国の財政政策の失敗、内戦の勃発、社会問題、失業、景気の悪化等、様々な要因により影響を受ける。証券は、経済活動にとっても、人々の生活の中でも重要な位置付けを持っている。

３．証券市場

　営利法人とは、営利事業を行なう社団法人である。営利団体である会社は、その典型であり日本においては、約300万社が登記している。大企業の多くは、証券取引所に株式を上場している。日本国内には、下記の５ヶ所の証券取引所があり、上場している企業は約4500社ある。

　東京証券取引所には、東証第一部、東証第二部、マザーズの「市場」があり、大阪証券取引所には、大証第一部、大証第二部、ジャスダック、ヘラクレスの「市場」がある。大企業の多くは、上記の証券取引所の第一部に上場している。

　日本の法人は、約99.7％が中小企業であり、大企業・中小企業の区分は以下である。

　　大 企 業：資本金５億円、又は負債総額200億円以上の会社。

　　中小企業：上記以外の会社

□東京証券所	2340法人
□大阪証券所	1855法人
□名古屋証券所	227法人
□札幌証券所	22法人
□福岡証券所	39法人
（計）	4483法人

（１）東京証券取引所（略称：東証）

　　東京証券取引所は、株式会社東京証券取引所（Tokyo Stock Exchange Incorporated）及び東京証券取引所自主規制法人の、２つの法人から成る金融商品取引所である。また、日本を代表する金融商品取引所として、日本経済の成長に貢献してきた。なお、東証は世界三大市場（ニューヨーク、ロンドン、東京）の一つに挙げられ、世界経済の中枢の一角を担っている。

　　東証は、上場基準の異なる、市場第一部・市場第二部及び新興企業向けのマザーズがあり、この外に公社債市場が開かれている。

　　　　□設立　　　　1949年４月１日（昭和24年）
　　　　□資本金　　　115億円
　　　　□従業員　　　360名（2008年６月30日現在）
　　　　□主要株主　　株式会社東京証券取引所グループ

　　＜東京証券取引所のシステム＞

　　株式売買システム、ＣＢ売買システム、先物オプション売買システム、相場報道システムが使用されている。１日あたりの処理能力は、注文受付件数が1400万件、約定件数が

8400万件（2006年11月6日時点）である。処理能力限度に近い取引が、行われた場合は取引が中止される。

＜上場会社数＞

2008年12月25日現在、2389社が上場（外国会社16社を含む）している。

市場第一部　1729社（外国会社14社）

市場第二部　　462社

マザーズ　　　198社（外国会社　2社）

＜東京証券取引所自主規制法人＞

東京証券取引所自主規制法人は、金融商品取引法に基づく唯一の自主規制法人である。2007年10月、東京証券取引所から分離して、自主規制業務を開始。株式会社の義務を果たすべく利益を得るために、上場会社等から手数料等を多く獲得する必要がある。

一方、上場会社が不正を起こしたため売買停止になり、上場廃止にするといった自主規制機能が働くことによって、市場の信頼性確保・投資者の保護が、実現できなくなる恐れがある。このため、別法人を設けて自主規制機能を移管することで、利益相反・自己矛盾の状況を回避している。

＜マザーズ：Mothers＞

マザーズは、東京証券取引所が開設している、新興企業向けの株式市場である。1999年11月11日に開設され、東証一・二部と並立する市場として位置付けられている。

東証一・二部は、一定水準の過去の実績としての基準を設けているが、マザーズは開示に重点を置くことで、利益の額などの基準は設けず、今後の高い成長が期待されている会社を対象としている。

適合条件：有価証券上場規程第212条に適合、同217条に定められる上場前の公募又は売出し等に関する規則を満たす事が必要となる。以下の事項を確認している。

　　　□企業内容、リスク情報等の開示の適正性。

　　　□企業経営の健全性。

　　　□企業のコーポレート・ガバナンス及び内部管理体制の有効性。

　　　□その他公益又は投資者保護の観点から取引所が必要と認める事項。

＜ヘラクレス：Hercules（略称：ＨＣ）＞

ヘラクレスは、大阪証券取引所が開設する、新興企業向けの市場である。

名称：ニッポン・ニューマーケット・ヘラクレス（Nippon New Market Hercules）

　　　□2006年1月、新売買システム（ヘラクレス内国株券）が稼働。

　　　□上場：①スタンダード（一定の資産や売上実績のある企業）：　　　　91社

　　　　　　　②グロース　　　（今後の成長性が見込めるベンチャー企業）：169社

　　　　　　　　　　　　　　　　　　　　　　　　　　（※）2008年12月現在。

＜ジャスダック：Jasdaq＞

株式会社　ジャスダッグ証券取引所（ＪＡＳＤＡＱ）

・設立　1976年6月1日

・業務　金融業

- 資本金 10億3040万円（2008年3月31日現在）
- 総資産170億9700万円（2008年3月31日現在）
- 従業員171名
- 主要株主　　株式会社大阪証券取引所（持ち株：76.1%）の子会社。

＜特徴＞
- かってはジャスダックの登録（上場）企業は、証券取引所への上場が認められなかったので、東証などの取引所への上場と共に登録廃止をした。業態転換（2004年12月13日、店頭売買有価証券市場から取引所有価証券市場に変更）後は、重複上場も可能になった。（実際は東証に上場すると、その銘柄の売買は殆んど東証で行われるので、JASDAQ上場廃止の処置を取るケースが少なくない。）
- ジャスダックには、少数特定株主（大株主）の所有株数に制限（東証は75%）無く、企業オーナが安定して支配を続けられるよう、あえてジャスダックに上場している例もある。売買方式は以下である。
  - □オークション方式　　　　　　日本の証券市場の売買方式。
  - □マーケットメイク（MM）方式　JASDAQが唯一採用。

  （2008年3月24日からオークション方式に変更）

近年、東京と大阪の証券取引所が経営統合した。統合は、システムの高度化など国際競争力の強化と共に、各々の強みを活かして外部環境の変化に対応できる新しい取引所を作ることにある。

世界において証券業界は再編が進み、日本も全く関与せずに生き残る事は難しく、海外投資家の日本株離れを食い止める工夫が生じてきた。金融庁は、再編は日本がアジアの金融センターとして生き残る条件として、早期統合化への後押しをした。

東証の社長は、「統合による市場活性化で、資本市場の流動性が拡大し、日本経済が再生する布石となる。」と述べた。

> 統合は、株式への投資マネーが増える事で、企業に資金を供給し設備投資や事業拡大を促し、ひいては経済回復につながる。

（2）東証と大証の経営統合

図2-7は、東証と大証の統合関連図である。2013年1月、東証と大証は統合し、新会社「日本取引所グループ、ＪＰＸ」が発足した。経営の統合はしたが、夫々の証券取引所で、東京証券取引所は「現物市場」を中心に運営し、大阪証券取引所は「先物市場」を中心に、金融派生商品（デリバティブ）に特化した取引所として再スタートした。

（大証は、前身が大坂株式取引所で、1879年に開始、134年の歴史。）

社名に証券の2文字がなく、総合証券取引会社を目指した。

東京証券取引所における現物株の売買代金は、ニューヨーク証券取引所、ナスダックに次ぐ世界第3位の規模となった。しかし、近年、アジアの証券取引所（上海、香港等）の成長が著しい発展を遂げている。

図2-7 東証と大証の統合関連図

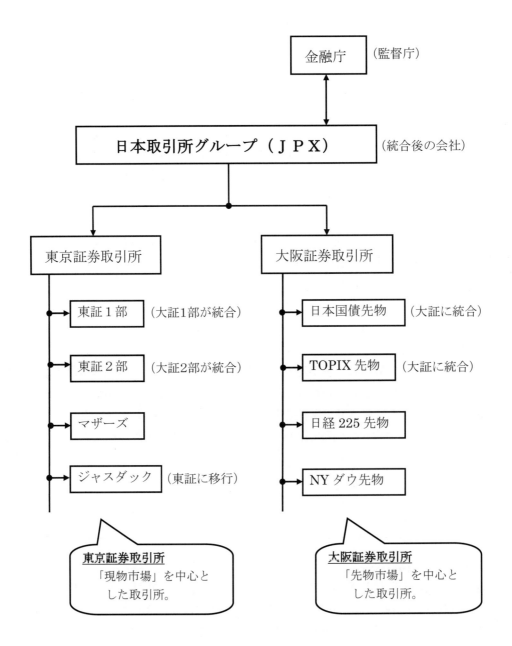

＜統合後の規模＞

　□上場企業数：3400社（世界第３位）

　□上場企業の時価総額：3.7兆ドルで約280兆円（世界第２位）

　　トップは、米国のＮＹＳＥユーロネクストの13.6兆ドル。ＮＹＳＥユーロネクストは、ニューヨーク証券取引所を運営している。

　□株式の取引量：現物株の売買代金は、世界第３位。

　　第１位：ニューヨーク証券取引所、第２位：ナスダックである。

　□その他：

　　・「日本株専用市場」から抜け出すため、海外の企業や金融商品の上場を増加させている。（現状は、国内の株式取引の６割以上が外国人である。）

　　・東証は日本経済の心臓部。そのため、その中枢を担う株式売買システム（アローヘッド）には、全幅の信頼性が求められる（システムは富士通製）。

　＜統合後のメリット＞

　　証券取引所も金融サービス業だ。取引所の規模が大きくなれば、国内外の多くの投資家が取引に参加し、投資マネーの出し手が増える。上場した多くの企業が、増資などで市場から資金を調達し、事業拡大のチャンスが広がる。

　　また、こうした事業資金を求めて、日本の市場に多くの海外企業が上場すれば、投資家は、株を円建てで売買できる機会が増す。更に、現物株だけでなくデリバティブなど様々な金融商品の品ぞろえが増えれば、資産運用の選択肢が広がる。

　　一つの取引所で取引ができれば利便性も高まる。証券取引に関わる手数料の値下げなども期待できる等のメリットがある。

（３）証券市場の機能

　□資産・資金

　　株券の発行により増資を行い、事業の拡大、安全を図る事が可能である。また、研究開発の資金確保も可能である。

　□Ｍ＆Ａ

　　敵対する企業のＭ＆Ａについて、自社の事業強化・発展させるための手段として、相手企業の買収（株の支配率を高めて、発効を強くする）を可能とする。

　□企業価値

　　株価を高くすることで、投資家への配当金を増し、多くの人々・企業からの信用を集める事により、企業価値を高め事業の発展が可能となる。

　□市場操作

　　証券市場を利用して、敵対買収によるＭ＆Ａを繰り返す事により、企業の支配を行ない働く人々の雇用悪化を招いたり、存続不安を生じかねない。

　□市場原理

　　株の暴落等により、複数の国にまたがる景気の動向に著しく障害が発生する場合、国がその対応に参加して、沈静化する事も発生する（石油市場、穀物、レアメタル等）。

　□取引の違法性チェック

第２章　経済の構成　73

商取引の違法性チェックで、米国ではＳＯＸ法が制定・適用された。日本においても、ＪＳＯＸ（日本版ＳＯＸ法）により、企業活動の違法性をチェックする事となった。

（４）東証株価指数（ＴＯＰＩＸ）の導入

東証株価指数とは、東証１部に上場している企業の中から、高い利益を上げている上位300〜500の銘柄を選び、その時価総額を指数化して国内外から、新たな投資を呼び込む事を目指したものである。

新指標は、資本金をどれだけ効率よく使っているかという、自己資本利益率（ＲＯＥ、return on equity）という経営データをもとに対象銘柄を選ぶ。ＲＯＥを基準に株価指数を作るのは、世界の主要市場では初めてである。

□時価総額は、企業の株価に発行済みの株式数をかけた金額であり、企業の全株式を買い占めるための資金の総額を表す。企業買収の際に、対象企業の価値を示す指標として参考にされる。

□ＲＯＥは、企業が株式を発行して集めた資本金を元手に、どれだけ利益を稼ぎ出しているかを示す経営指標。数値が高いほど効率よく収益を上げていることを表す。

□日経平均株価は、日本経済新聞社が、株価の合計を対象企業数（225社）で割って算出。市場全体の活況度合いは分かるが、成長が見込める個別企業の動向はつかみにくい。

東証株価指数（ＴＯＰＩＸ）は、成長企業を選び投資を促すものである。東証１部の企業は、平均ＲＯＥは６％である。なお、欧米の主要企業は、14〜16％である。日本のＲＯＥが低い原因は、デフレ経済に苦しむため、経営が苦しくなった時に備えて、企業が稼いだお金を、資本準備金として貯めこむ（約200兆円）ためである。

> 新しい指標の銘柄は、算出基準に基づいて定期的に入れ替えられる。企業が成長性を競って、新しい事業への積極的投資を促す効果が期待される。

（５）世界の主要証券取引所の規模

2011年９月末、世界の主要証券取引所の上場全企業における時価総額のランキングは以下である。

（証券所）	（時価総額）
□ニューヨーク	19.5兆ドル
□ナスダック	7.3兆ドル
□東京	4.7兆ドル
□上海	4.1兆ドル
□ユーロネクスト	3.5兆ドル
□香港	3.3兆ドル
□深セン	2.5兆ドル

（６）その他

新ジャスダックは、ヘラクレスと経営統合して、上場企業1000社を超えるアジア有数の新興市場となる。名古屋証券取引所には、330社が上場している。そのうち、240社が名

証で決算発表をしている。地元企業が、情報提供する場を提供する事は、重要であるとその存在感を示す。

４．証券会社

証券会社は、「日本証券業協会、日証協」に加入し、金融商品（株式、債券、投資信託等）のセールスカンパニーである。日本は「貯蓄から投資へ」という土壌が少ない。

個人が、金融商品の１つ１つの銘柄を選んで投資する事は難しい。証券会社は、株価純資産倍率（ＰＢＲ）、配当性向及びその他の指標から、銘柄を厳選したファンド（金融商品）を提供するなど、有望な金融商品に投資しやすくすることがその仕事である。

近年は、株式の売買にインターネットを用いた、「インターネット取引」がされている。株式売買代金の９割以上を、インターネット証券が占めている。従来の、対面営業方式の証券会社は、投資信託など株式以外の金融商品の販売を強化している。

証券業界にとって重要なのは、証券取引の専門性とコンプライアンス（法令遵守）である。

株式、債券、投資信託等の金融商品の多様化が進み、グローバルな商品も多くなってきている。また、リスクを取って、投資したいというニーズが増加している。

（１）証券業界

日本の証券業界を取り巻く環境は、急激に変化している。日本の資本市場の担い手としての日本証券業協会は、金融資本市場の在り方をどう考え、市場全体の活性化や信用問題にどう取り組んでいるかを確認した。

> 日本市場が、魅力あるものとして持続的に成長していくためには、企業の財務強化・業績向上に加え、ガバナンス（企業統治）やコンプライアンス（法令遵守）の徹底が必要である。

なお、2007年に施行された「金融商品取引法」は、証券・銀行・郵便局・商社などの垣根を越えて、金融商品の売買を扱えるようになった。

＜総合証券会社の事業領域の例＞

　　　□リテール（個人向け投資）

　　　□ホールセール

　　　□株式調査

　　　□海外への事業投資

　　　□債券ビジネス

投資のリスクコントロールのため、資産の多様化・分散化が必要である。証券会社は、顧客の資産の適正なポートフォリオ（portfolio、分散投資）について、分かりやすく継続的に情報提供していく事が大事である。相談しやすく、投資しやすくするための具体的な戦略を取る必要がある。図2-8は、主要な証券会社のリストである。

＜オンライン証券の最大手、ＳＢＩ証券＞

ＳＢＩホールディングス（ＳＢＩＨＤ）の傘下にあるＳＢＩ証券は、オンライン証券の最大手である。しかし、オンライン証券会社のビジネスモデルは、10年を経過してコモ

図2-8　主要な証券会社のリスト

日本の証券大手5社を含む主要な証券会社28社は以下である。

　　　□野村ホールディングス
　　　□大和証券グループ本社
　　　□三菱UFJ証券ホールディングス　　　　←未上場企業。　　　証券大手の
　　　□みずほ証券　　　　　　　　　　　　　　　　　　　　　　　　5社。
　　　□SMBC日興証券　　　　　　　　　←未上場企業。
　　　□岡三証券
　　　□SBI証券　　　　　　　　　　　　←未上場企業。
　　　□東海東京フィナンシャル・ホールディングス
　　　□SMBCフレンド　　　　　　　　　←未上場企業。
　　　□みずほインベスターズ
　　　□松井証券
　　　□マネックス証券
　　　□楽天証券　　　　　　　　　　　　←未上場企業。
　　　□沢田証券
　　　□カブドットコム証券
　　　□いちよし証券
　　　□コスモ証券　　　　　　　　　　　←未上場企業。
　　　□丸三証券
　　　□東洋証券
　　　□アイザワ証券
　　　□水戸証券
　　　□極東証券
　　　□岩井証券
　　　□インヴァスト証券
　　　□高木証券　　　　　　　　　　日本の個人の金融資産の合計
　　　□トレイダーズ証券　　　　　　　約1470兆円
　　　□九八証券　　　　　　　　　　　（2012年3月末）
　　　□光世証券
＜インターネット証券会社(大手7社)＞
　　　□SBI証券
　　　□松井証券
　　　□マネックス証券
　　　□楽天証券　　　　　　　　　　2011年度のインターネット証券会社(7社)の
　　　□カブドットコム証券　　　　　株式売買代金は、92兆4942億円である。
　　　□岡三オンライン証券
　　　□GMOクリック証券

ディティ（共通）化している。

商品の拡充が、収益源になるという発想も単純で、コモディティ化した業界が辿る必然の道に入っている。親会社のＳＢＩホールディングスは、生命保険の分野に再参入、銀行や証券など金融サービスで根幹となる５事業を目指し、「金融ペンタゴン経営」を形にしていくとしている。

（２）普通社債の主幹事ランキング

社債市場における、資金調達を引き受ける証券会社は以下である。社債の発行額は、８兆2773億円（2012年４月調査）である。

（主幹事証券会社）	（関与額）
□三菱ＵＦＪモルガン・スタンレー証券	１兆9689億円
□野村証券	１兆7220億円
□みずほ証券	１兆6140億円
□SMBC日興証券	１兆3316億円
□大和証券キャピタル・マーケッツ	１兆1102億円
□ゴールドマン・サックス証券	1450億円
□シティグループ証券	1249億円
□メリルリンチ日本証券	729億円
□東海東京証券	646億円
□みずほインベスターズ証券	366億円

（３）企業が国内資本市場から資金調達する方法

ＩＰＯ、ＰＯ、ＣＢによる新株を伴なう資金調達が伸び悩んでいる。

□債券発行による調達
□新規株式公開（ＩＰＯ）
□公募・売り出し（ＰＯ）
□転換社債（ＣＢ）
□普通社債（ＳＢ）の発行　←金融機関の大型起債が目立つ。

５．証券の環境、影響

米国の大手証券会社（リーマン・ブラザーズ）の経営破たんによる、米国金融不安が世界経済へと波及し、多大な影響を及ぼした。米国政府が、金融機関のリーマン・ブラザーズを救済しなかったのは、リーマンを救済することによる短期的な景気の影響よりも、金融機関を公的に救済すると言う、モラルハザード（moral hazard、倫理の欠如）が繰り返されることを、避けるためであったといわれる。

日本経済への影響は、リーマンへの直接投資などで損失が見込まれるが、金額が少なかったため日本経済全体には、大きな影響はなかった。しかし、米国金融不安が高まり、東京証券市場は、株安・円高・ドル安、債権高の展開となり、急激な円高が進み、円高による企業収益の悪化懸念を生じ、３年２ヶ月ぶりに日本の平均株価は下落している。リーマンショックの対応は、米国政府が公的資金を使って、金融機関の金融不安を止めるという姿勢を明確に打ち出す事が重要であったが、それを実施しなかったため、世界経済に大きく影響を与えた。

6．証券の在り方

　銀行の本来の在り方（目的）は貸金業であり、企業・個人への運転資金を供する事により、事業の継続や円滑化を図ることである。そして、金利の利息により益を生じるものである。決して、経済の表舞台にでることはない。同じように、証券の本来の在り方（目的）は何であろうか。

　企業の資産や企業価値を、債券化して取引することにより、企業の事業を側面から支えることであろう。多くの人々が、投資を通じて企業を育て、健全な事業運営を実施するためである。人類の智慧が生み出した、事業を育てるという側面が、証券の本来の在り方になる。

　その運用・実施について、証券は、証券市場を形成して、取引を透明・公平にして国内外に開放し、世界中の投資家が参加できるようなシステムを形成している。

2.6　保険

１．保険とは

　保険とは、生命・財産・身体・文化財等の価値あるものが、損傷・損害・破損・盗難等による被害を被った場合、被害から保護するために一定の金額を掛け金（保険料）として供出し、価値あるものを担保するものである。

　保険会社と個人又は企業が、保険契約を締結して災害時に被る被害に対し、保障額を取り決める。特に、国間における貿易における貨物等の取引における保険は、商習慣・生活習慣・民族性・風習等の差異があり、複雑な手続を要するため、専門会社が代行をしている。

　保険の考え方は、日本においても古くから存在している。事業として成立したのは、明治時代になって近代化と共に欧米から導入された。江戸時代は、鎖国制度と国内での「完全循環型の経済」の下で、事業として保険制度は成り立たない状況であった。

２．保険事業の位置づけ

　保険会社は、保険対象の商品について、多くの人々から保険料の収入を得ている。個々の保険料は小さくとも、何百万人の加入者となると、保険料収入は多額となる。保険会社は、保険料を資金として、国債や企業の株式の購入、事業への投資等を行ない、運用益を図るなど活用している。

　保険事業は、製造メーカーとは異なり、製造設備等を必要とせず、人件費が中心の事業のため、収入の大部分を資金として運用することが可能である。また、近年は、日本の国内市場だけでは小さいため、経済成長が著しく市場規模の大きい、東南アジア・インド・中国等にも積極的に保険事業を展開している。

　但し、大規模な災害発生により、保険金支払いが異常に高額となってきている。例えば、2011年発生の東日本大震災では、保険金支払（生命、財産、地震等）の適用が、過去最高となり、従来にない支出を余儀なくされている。

３．保険事業の運用

　保険事業は、目に見えない商品のため、信頼や信用が全てであり、次頁の３事業から成る。なお、生命保険と損害保険は、生命保険会社で独自に作ったものである。

□国内の生命保険事業
□国内の損害保険事業
□外国の保険事業

> 個別扱いの生命保険と損害保険のリスクは、一体で扱うための保障サービスが提示されるべきである。

（1）生命保険の保険商品

生命保険の保険商品については、以下のものがある。

□生命保険　　　　　疾病・災害等により死亡時の遺族への補償の保険。
□終身死亡保障保険
□介護保険　　　　　介護の程度に応じた保障をする保険。
□医療保険　　　　　入院、手術した時の保障をする保険。
□がん保険　　　　　疾病で、特に高額な癌の費用の保障をする保険。
□学資保険　　　　　教育を受ける時期の立替費用の給付を受ける保険。

＜介護保険＞

介護保険は、少子高齢化で主力の死亡保険商品の市場が伸び悩んでいる中で、介護保障商品は「成長が見込まれる有望市場」である。

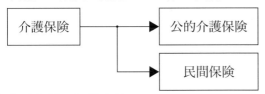

要介護認定者数：
　　2011年末で約525万人。

掛け金に応じて保険金を支払う制度。

（2）損害保険の保険商品

損害保険の保険商品については、以下のものがある。

□自動車保険
　　収益の比重が高いが慢性的な赤字。（若者の車離れや少子高齢化による。）
□火災保険
□賠償責任保険
□費用保険
□企業保険
　　削減や減産など事業規模の縮小で、物流も減り企業保険の減少につながっている。
□海上・貨物保険

> 経済危機下にあっても、リスク対応として、保険が不可欠であることに変わりがない。近年は、目に見える物の損害よりも、損害を被ったことによる、休業等の損害の方が大きい時代になった。

第2章　経済の構成　79

（3）生命保険会社の資産運用

次頁の円グラフは、国内の生命保険会社における、2013年度の資産運用の内容である。大手4社は、日本生命、第一生命、明治安田生命、住友生命である（国内生保43社の2013年1月末の総資産は、約332兆円である）。

資産運用は、安定収益確保のため、国内外の債券購入を中心に運営している。その中で、一定の金利が期待できる外国債券の購入が拡大している。「生保マネー」の外国債券購入の傾斜が、更なる円安・ドル高につながる可能性がある。

また、今後、日銀の金融緩和により、国債の利回りが低下していけば、生保各社の資金運用に影響を及ぼしそうである（例えば、低価格時に購入した国債が、少なくなってきており、国債に下支えされた収益体質の転換が求められる）。

＜生命保険会社の資産運用＞

　　□国内債券の購入　←増加方向。

　　□外国債券の購入　←横ばいから増加方向。

　　□国内株式の購入　←横ばいから減少方向。

　　□国内企業への融資←減少ぎみ。

　　　（保険会社は、国内電力各社の株式を大量に保有する機関投資家でもある。）

　　□不動産の購入　　←横ばい減少。

＜生保の外債投資＞

リーマン・ショック直前の円相場の最安値は、2008年8月に付けた、110円67銭／ドル。

2007年6月には、低金利で借りた円を売って、他国通貨と交換し海外株式などに投資する「円キャリー取引」が広がった。結果は、円安（124円14銭／ドル）となった。

2013年5月、Y新聞では「日本の生命保険会社が、外国債券への投資を増やしており、その結果、円安（101円／1ドル）を導いている」と報じた。次頁に、円の対ドル相場の推移を示す（2013年5月、Y新聞の情報）。

（4）生命保険の事業

生命保険会社46社の生命保険事業は、個人向け保険の保有契約高が、2010年3月末で997兆1188億円となった。1988年以来、21年ぶりに1000兆円を下回った。理由は、日本の少子高齢化や人口減で市場が縮少し、契約度の高い死亡保障保険から、医療保障保険にニーズに移行したためである。

個人向け保険の保有契約高の内訳は以下である。

　　□個人保険　　　　←902兆9471億円（減少方向）

　　□個人年金保険　←　94兆1716億円（伸長方向）

　＜参考＞

コンバインド・レシオ（combined ratio、合算率）とは、保険料収入に対して、保険金支払いと事業費がどれだけ占めるかの割合をいう。100％以下は黒字となり、100％を超過する場合は赤字となる。

保険市場として、福祉と年金、保険との対比が必要となる。また、年金支払いと保険料徴収のバランスや、国債の大量引き受けと資産運用の適時性等の課題がある。

＜生命保険会社の資産運用＞

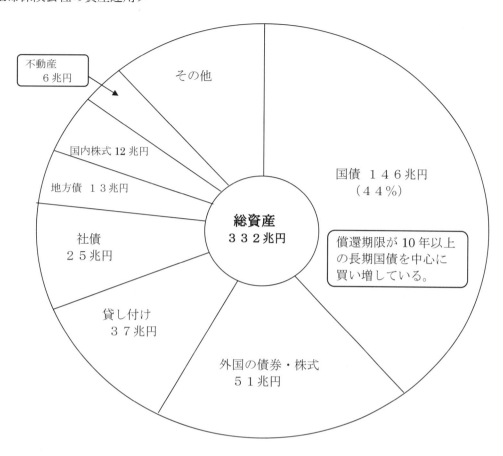

＜Y新聞の円の対ドル相場の推移＞

4．保険会社

(1) 生命保険会社

国内の主要生命保険会社は、下記の13社である（2012年11月現在）。生保業界は、機関投資家として株式の保有比率が大きく、保有する株式の価格下落は有価証券評価損となる。株式の価格下落は、事業不振、企業の不祥事、事業撤退、赤字経営等により生じる。

＜国内の主要生命保険会社（13社）＞

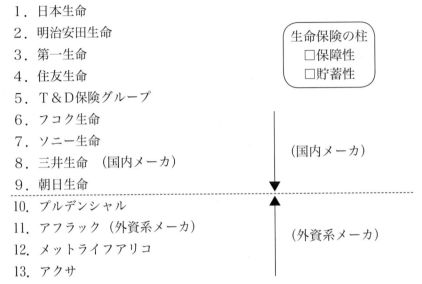

1．日本生命
2．明治安田生命
3．第一生命
4．住友生命
5．T＆D保険グループ
6．フコク生命
7．ソニー生命
8．三井生命 （国内メーカ）
9．朝日生命
10．プルデンシャル
11．アフラック（外資系メーカ）
12．メットライフアリコ
13．アクサ

生命保険の柱
□保障性
□貯蓄性

(国内メーカ)

(外資系メーカ)

(2) 損保保険会社

図2-9は、損保3メガ体制を示す。損保保険会社は、経営統合を繰り返して2010年4月に、従来の14社から「3メガ体制」に収斂していった。「3メガ体制」への移行は、金融危機を受けた資産運用環境の悪化で、基礎利益は減少し、金融危機の対応・生き残りへの決断を損保保険各社が共有した。

また、システム統合など業務の効率化を狙い、合理化による余剰資金を成長分野に投入するなど、経営戦略が大きな要因である。具体的には、自動車保険の収益悪化と、自然災害の頻発による保険金の支払い超過によるもので、損保経営構造自体が厳しい環境となったためである。

> 損保各社は、経営統合して新会社の具体的な方向性を示さなければ、信頼されないという危機感を共有し決断した。
> （従来通りでは、顧客の信頼を得る事が出来ないと判断。）

(3) インターネット販売の生命保険

近年、生命保険のネット販売が浸透し、インターネット販売を使った生命保険商品の契約が増加している。2008年に開業した、ネット専業生保の「ライフネット生命保険」は、商品はシンプルで、かつ以下の商品に絞り込んだ事業を展開している。

□定期死亡、□終身医療、□就業不能

図2-9 損保3メガ体制

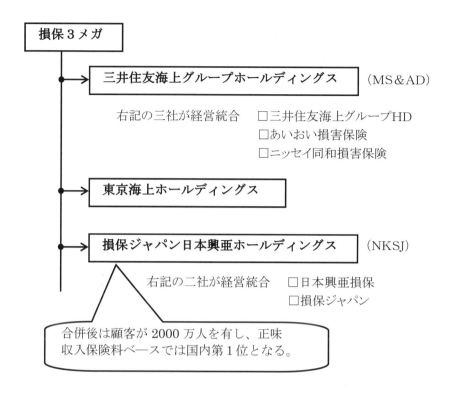

<3メガ体制への推移>
2009年3月付、日刊工業新聞による。

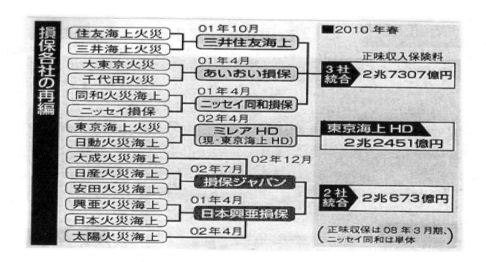

また、同じくネット専業の「ネクスティア生命保険」は、以下の商品に絞り込んでいる。

□定期死亡、□医療、□収入保障、□がん保険（定期）、□がん保険（終身）

（4）生命保険会社の株式会社化

　　第一生命保険は、2010年4月1日に相互会社から株式会社に、会社形態を変更して証券市場に上場した。国内大手生命保険会社では、初めて株式会社化を実施した。

　　上場規模は以下である。

　　　　□株式時価総額：　　　1兆4000億円
　　　　□保険契約者数：　　　821万人
　　　　□新株主数：　　　　　120〜130万人
　　　　□発行する株式数：　　1000万株
　　　　□株価：　　　　　　　14万円／1株
　　　　□新規口座開設：　　　8〜9割を野村証券が押さえる（第一生命の幹事会社）。

> 株式会社化後の経営計画の骨子は、以下である。
> □成長戦略、　□資本政策、　□内部管理、　□企業の社会責任

　＜相互会社＞

　　相互会社とは、契約者が会社の構成員となることである。従来、「契約者自身のメリットが見えにくい分野に、資本投入することに賛同してもらえるかどうか」の問題があった。

　＜株式会社化の理由＞

　　お客様第一主義を中長期に約束するには、成長戦略（新興国市場：アジアのマーケットの戦略）を描ける会社でなければならない。それを描く手段として、株式会社化が必要である（第一生命は、国内生保で初めて、ベトナムやインドに進出して海外事業を加速している）。

　＜株式の上場＞

　　1兆4000億円分の株式や、現金など巨額の資本が株式市場に出回る事となり、また、株主が100万人単位で増加する事により、市場の活性化につながる。

5．保険の在り方

　保険制度の本質は何か。損害や現実に多額の損失が発生する時に、その代替をすることである。憲法には、「国民は、健康で文化的な生活を営む権利がある」と規定されており、根本的には、国の政治の一環の分野である。しかし、人々は、現実社会の多様性のある事業に保険をかけて、自己防衛を図る事を望んでおり、円滑に事業を推進するためである。

　人々の生活上においては、国の制度を超えての保険制度は不要と考えている。故に、保険会社が、財産・生命・身体・病気等に保険を設ける事は、考えられないが、現実には日本において末広がりに根付いている。日本特有の、農耕民族における助け合い精神が大きく寄与しているためである。国の社会保障制度における、各人の支払いについても、ある一定の収入以下の低所得者は一律でも良いが、高額の所得者には、応分の支払いが求められる。

６．保険事業の取り組み

　グローバル化及び海外市場における、保険事業の取り組みについて、以下の如く生保各社が海外へ意欲的に取り組んでいる。

（１）潜在価値（エンベディッド・バリュー、Embedded Value）

　　　従来、現行の財務会計では、将来の利益を評価できず、生保が持つ本来の企業価値を示しにくかった欠点があった。そこで、生命保険業界では、適切な潜在的企業価値を示す、「ＥＶ：エンベディッド・バリュー」への関心が高まっている。

　　　保険契約から生じる将来の利益を、現時点で評価でき、より正しい価値を示せるためである。（欧州では、ＥＶは一般的な考えである）。

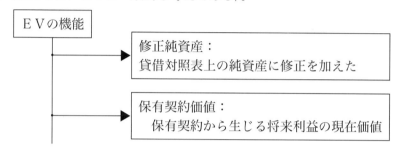

　　　ＥＶは、契約獲得時に将来の利益を評価に反映できる。欧州の生保では現行の会計を補う経営指標として広まっている。なお、株価純資産倍率（ＰＢＲ）に類似する株価ＥＶ倍率（時価総額÷ＥＶ）について、株式市場は評価している。

　　　ＥＶは、同業他社と比較する指標として理解するには便利だが、運用環境により数値が大きく変動する点は疑問も残る。
　　　ＥＶは、生保の業績を長期的に評価できるほか、変動するリスクを把握し、内部管理を行なう上でも必要になる。今後は、日本でもＥＶの導入は広まっていくだろうとの認識である。

　　　（※）第一生命は、ＥＶを最重要の経営指標に設定した。保険契約の継承率やコスト削減など、ＥＶへの貢献度が高い活動に注力する。

（２）生保各社が海外市場に挑戦

　　　生保各社が、海外市場に活路を求めて挑戦している。理由は、少子高齢化で成熟する日本市場の現状を受け、次の成長戦略を描くためである。従来の海外進出は、資産運用事業や日系企業向け保険と限定的だったが、今後は現地向け保険サービスを拡大する。

　　　海外進出には、巨額の資金が必要である。なお、海外事業の展開では、現地の規制、ビジネスモデルなど乗り越えるハードルは多い。Ｍ＆Ａ（合併・買収）には、巨額の資金やマネジメント経験が必要な他、自社単独での参入も難しい。

　　　また、販売チャンネルも違う。海外では、銀行窓販商品の比率が高いエリアも多く、「銀行との関係も重要な要素」となる。以下に生保各社の取り組みを示す。

　　＜日本生命保険＞

　　　欧米大手の金融グループ（米国：プルデンシャルグループ、ドイツ：アリアンツ）等

と、「世界の強者連合」へ向けた足固めを進めてきた。国際的な会計基準ルールの変更を見据えて情報を交換しやすくする狙いもある。

＜明治安田生命保険＞

海外パートナ（ドイツ：タランクス、世界150ヶ国で金融事業を展開するネットワークを持つ）との連携関係を使って、海外事業の拡大に取り組む。

＜第一生命保険＞

豪州の生保、タルを買収し100％子会社化した。現地の保険市場では、貯蓄性商品がメーンの中で、保障性商品が強い。収益寄与の効果は大きい。

（3）中国市場

近年、急速な経済成長を遂げる中国は、日本の損害保険が、海外事業拡大の上で重要なエリアとなる。外資規制や現地特有のリスク管理などのハードルが多い。

＜中国での損保市場規模＞

□2010年：元受保険料ベースの市場は、約5兆円。

□2020年：20兆円規模になると予想（現在の日本国内市場は、約10兆円）。
但し、中国における外資系損保のシェアは約1％。

＜外資規制＞

中国国内では、各省・直轄市単位で支店がなければ、保険元受業務ができない。現在のルールでは、年間保険料40万元（約500万円）／法人を超える大規模商業物件や、貨物保険のみである。

生保各社は、中国現地法人を設立し、主要都市への支店開設を加速している。生保の中国での事業拡大の取り組み例を以下に示す。

□住友生命保険

住友生命保険は、中国事業で軌道に乗ってきた。2005年に、中国最大手の損害保険グループ（PICCグループ）と合併会社を設立し、中国人民人寿保険（PICCライフ）と貯蓄性商品をメーンに展開した。中国国内では、知らない人はいないPICCの知名度を活かしたもので、開業6年で中国国内シェア5位と堅調である。

住友生命は、出資比率を29％から10％に下げ、PICCライフを中国国内生保として、円滑な支店開設ができるようになった。31の省・直轄市のうち29エリアをカバーし、支店数は2007年の4支店から34支店へと全土に拡大し、収入保険料は、2007年の530億円から1兆170億円と20倍に拡大していった。

□日本生命保険

日本生命保険は、現地の文化や商慣習を尊重することが、円滑なビジネスになると、現地の文化を尊重する事業展開を実施している。急拡大が見込める中国の保険市場。外資規制など壁は多いが、日本の生保は、培った保険ノウハウや営業職員チャンネルを現地向けに活かし、地道な試行錯誤を繰り返して、最適なビジネスモデルを探っている。

（4）日本貿易保険（NEXI）

丸紅商事は、英国で権益を得た、洋上風力発電事業に対する銀行の融資に対して、貿易保険を付けた。これは、事業のリスクに対しての保険である。英国のエセックス州の沖

合7㎞で運営する、洋上風力発電所「ガンフリート・サンズ」で商業運転を開始（風車48基、172MWの発電出力）し、12万5000世帯に電力を供給している。

（5）高齢化社会への対応

生命保険の契約者が、介護施設や老人ホームに入居する権利などの、サービスを受けられるように対応している。介護が必要になった時、保険金が支払われる商品で、現金かサービス（役務）を選択できるものである。

（6）東日本大震災の対応

東日本大震災は、保険業界の役割と課題を問い直す大きなでき事となった。保険各社は、多くの被災者に対し、大きな混乱もなく円滑な対応で、契約者の生活再建に寄与している。

＜生命保険業界の対応＞

地震発生の翌日から、災害免責を適用せず全額支払うことを決めた。被災者の保険料支払い猶予期間を設け、申請書類や手続を簡素化した。

＜損害保険協会の対応＞

2011年8月末、現時点での震災地震保険の支払保険金は、1兆1343億円となった。過去、最大だった阪神淡路大震災の約14倍である。現在も支払いが続いている。航空写真を使い、現地調査を省いて算定・支払いを効率化した。

2.7　社会保障制度

社会保障制度は、憲法に定める「国民は、健康で文化的な最低限度の生活を保障される」という条項を担保するための仕組みである。制度の骨子は医療制度・年金制度・介護保険制度等から成っている。

医療制度及び年金制度は、日本が高度経済成長期の時代において、所得倍増政策の下に、策定された政策である。制度における給付と、支払の適切な運用が必要とされるところであるが、経済成長が右肩上がり時における制度設計は、税収入の着実な増加の下で順調に運営されていくが、1970年代のオイルショック以降、バブル崩壊を迎えて、これらの制度は、社会状況の変化に追従できずに破綻していく。

社会保障制度は、支出が多くなり、もはや人々の支払い金のみでは、運用が出来なくなって、制度そのものが不安定となり、税金を投入して対応し始めた。このようになる事が、想定されていたにも関わらず、社会状況の変化に伴う制度設計を変更せず、無能な政権運営で政策を講じてこなかったために破綻へと進んだ。

毎年、1兆円を超す債務（国の借金）が累計されて、現在は1000兆円を超え財政的に大きな負担となった。それでも、国は、根本的な解決策を講じてこなかった。このため、日本経済は20数年来、デフレ経済から脱却せず、第二次安倍政権で、ようやくアベノミクスにより、デフレ脱却の道筋が見えてきた処である。

1．医療制度

国民皆保険制度として出発した医療制度は、発足後に「医療費無料化」の政策が取りざたさ

れ、国に先んじて東京都で、「医療無料化制度」が実施された。この時期、医療施設は、高齢者のサロンと化し、また、医療現場では、制度が悪用されて高価で過度な治療や、必要以上の薬代と併せて治療費も高額化している。

　財政的な負担で赤字となり、税金を注入する時になって初めて、その対策が講じられるようになったが、時遅くで医療費負担は、税金の収入に大きく影響を与える処となった。

　国民受けするような政策で、なんでも一律の給付と負担では、一見、平等のように見えるが、収入に見合った医療制度にする事が必要である。

２．年金制度

　年金制度は、発足当時に、高齢化や少子化等の運用に関わる将来予測を踏まえない堅実な制度ではなく、国民受けするような内容で出発した。国民に等しく一律な給付制度ではなく、財源の裏付け等を考えて、適切な運用を行なうためには、収入に応じた保険料納付による保障制度が、最良の施策になる事は論を待たない。欧米では一般常識であるが、日本では通じないところである。

　政策の転換はとても難しく、時の政権は腫れ物に触るようで、年金制度の改革を避けていった。その財源の確保や担保が、その後に社会的に大きく問題視されるに至った。

３．介護制度

　国民の高齢化に伴い、家族の負担を取り除き、社会で支え合う仕組みとして、介護の充実を求める介護制度が設けられた。人々は、最低限の生活を営む権利を有し、介護を受ける権利を有することとなった。しかし、この制度も運用面では、収入の有無に関わらず一律的な適用であり、収入のある人に対しても、それ相応の負担を求めるものではない。また、生活保護を受ける人々の急増に対する対応についても、無策の状態である。

　本当に介護を必要とする人々のために、介護制度を適切に運用する事が求められる。また、何よりも介護を必要とする人々の人権や、どういう生き方を望んでいるのか、どういう介護を望んでいるのか等にも丁寧に対処する必要がある。

　例えば、元気な時に、将来の生活設計の一部として、「エンディングノート」を作成し、その後の人生の生き方の、方向付けをしておく事も一つの方法である。痴呆症になってから、さてどうしましょうかでは、本人の意思も伝える事がなく、周囲の環境（家族、親せき、医療機関、介護施設等）に身を任せることとなり、不幸を招くケースが、後を絶たない状態が多く発生し、社会問題ともなっている。

４．まとめ

　国民が、等しく健康で快適な最低限度の生活を営めるようにした、社会保障制度は、政策の実施から時間を経過後に、財政的な破綻が生じている。その大きな要因は以下である。

　最大の要因は、医療制度による保険料の負担と給付が、著しくアンバランスとなり、国の予算が、毎年１兆円の超過を継続している。保険制度の運用が稚拙な上、政治家の人気どりの道具にも使用された経過がある。

　国民皆保険制度は、一時期、医療費無料を打ち出して、10年近く実施した経緯がある。特に、東京都が率先して「無料化」を打ち出し、全国の地方自治体がこれに倣った事がある。これが、赤字財政を生んだ端緒であり、国はこの医療制度の負担のため、赤字国債を発行し続け

てきた。先の見通しや財政的な裏付けもなく、行政が政策を実施する事は、現在ではとても考えられないことである。

医療費が無料となると、人々の行動様式はどう変化するか。高度経済成長時期となり、1970年には、既に高齢化現象が始まり、核家族化が進んでいる社会である。人々は、特に高齢者は孤立化し、病院は、サロン化して井戸端会議の場所となる。病院は、この時とばかりに高齢者に対し、高額な治療を適用したり、高額な薬代の支払いを誘導して、利益優先の経営をすることは当然である。

これらの弊害で、保険制度は改革されて、現在は、国民に医療費用の３割負担を行なっている。しかし、75歳以上の１割負担を正規の２割負担に戻す事だけでも、多くの国民は不満を抱いている。また、各人の所得に関係なく一律の適用であり、制度そのものが不適切である。

本当に医療が必要な人、社会情勢に適切に反映する仕組み、医療費負担は所得による運用等を真剣に考えなくては、今後、益々、医療費の支払いが財政を圧迫していく。また、予防医療に力を入れて、健康で、いつまでも働くことができる社会を目指すべきであろう。医療費削減は、一人一人の国民の意識変革が無ければ成就しない。

また、年金制度の破綻による、大きな財政負担がある。年金制度は、一般企業の厚生年金、自営業者が中心の国民年金、官公庁・特殊法人等の共済年金制度がある。年金の保険料納付は、国民年金が低額で一定のため、年金の受給額も少額である。厚生年金は、本人と企業が折半で賃金に応じた保険料納付となっているため、年金給付も高額となっている。共済年金制度も、ほぼ厚生年金と同様のために高額の給付である。

現在、厚生年金と国民年金の制度を一本化する動きもあるが、本来、異なる制度を合併する事には無理がある。

介護保険制度は、始まったばかりであり、今後は、社会保障制度全体の中で、適切な対応が求められる。介護事業は、政府及び民間とあるが、高齢化の進展に伴って規模が、ますます拡大することが想定される。介護に関連する人々の思いや介護の在り方が、制度の持続的な運用と相まっての対応となるよう、見直しや改革等が必要である。

2.8　日本型経営

日本型経営の特徴は、創業100年を越えて、経営を継続している「100年企業」に端的に見られる。日本には、中小企業を含めて約300万社の企業が存在する。その中で、約25000社は、創業以来100年を超えて経営が継続されている。世界における、100年経営の企業数の約半分以上を日本が占め、個人商店などを含めると割合は更に増加する。

創業100年を超えて、事業を継続している企業の経営方針や企業文化は、企業が持つ価値を国内外に「日本型経営」として、発信し貢献できるものである。「100年企業」の企業理念や創業者の精神は、「人間主義の経済」と相通じる処があり、導入部になると考えている。事業継続の理由を含め、その特徴の概略は以下である。

１．100年企業とは

100年企業とは、創業して100年以上経営が継続している企業である。明治時代に創業して、

第2章　経済の構成　89

明治・大正・昭和・平成の各時代を乗り越えて、この間に生じた経済危機、世界における幾多の戦争（日露戦争、日清戦争、第一次・第二次世界大戦等）を経験して、現在まで持続して経営されてきた企業である。

顧客のニーズに応えながら、経営と労働がうまく融合し、長期的な視点で内部留保を蓄えながら経営をしてきた。また、このような企業は、地域との結びつきが大変濃い。例えば、キッコマンしょうゆのように、17世紀（江戸時代）に始めた地場企業が、現在はグローバルな世界的企業に成長している。実に創業以来、400年に亘る長寿企業である。

２．日本型経営

100年企業には、日本的な経営のエッセンス（essence、物事の本質・真髄）が詰み込まれている。日本的経営の知恵と魂と、明確な理念で堅実な経営を実践している。100年を越える企業には、三つの特色がある。

　　　　□明確な経営理念がある。

　　　　□短期的な利益より、長期的な継続の会社が重要と考えている。

　　　　□伝統を守りながら、30年又は50年に一度は、経営の革新で存続している。

これらの日本型経営の本質は、伝統と革新の両立にあり、経営の基本にあるのは「知的資本」である。多くの危機を乗り越えて、成長を続けた経営手法・経営能力を理論化し、日本企業が持つ価値を「日本型経営」として、情報を発信し世界に貢献する事が可能である。

３．「100年経営の会」の設立

「100年経営の会」は、2011年10月17日、日刊工業新聞社が設立し、代表の25社がその会員となって発足した。長期持続的経営を目指す、企業のネットワーク組織である。会長に、元経産省事務次官の北畑孝生氏が就任した。

北畑氏は、「日本の100年企業の誇りを理論的にも分析し、世界に誇れる理念として発信してみたい。「100年経営の会」の設立はその第一歩である。会の目的は、長寿企業の経営手法を学び合い、企業の経営の向上と、産業界の持続的発展を目指すものである」と述べている。

取引先・従業員・地域社会を大事にし、利益の追求は当然だが、急速な拡大だけを目標とせず、長期の持続的成長を実現する「日本型経営」は、世界に誇れるもので、国内外にその手法を発信することは意義が有り、日本の長寿企業の持つ価値を、優れた経営手法として、理論化し国内外に広げていくことが求められる。

４．100年企業の経営理念

「企業は持続しなければならない」とは、100年企業が共有している指針でもあり、企業の在り方（目的）を端的に表現している。経営の神様と言われた松下幸之助氏の「企業は人なり」との言葉は、100年企業の多くが実施している指針でもあり、企業の本質である。

以下に、代表的な長寿企業の指針等について例示する。

（１）キッコーマン㈱

1957年に、本格的に国際化に乗り出した。「食文化を伝えていくには時間がかかる。世界戦略は百年の計」という。老舗から脱皮できたのは、常にイノベーションを続ける「伝統は革新の積み重ね」という、攻めの姿勢を取り続け、「企業が永続的に成長していくには、社会と共存していかなければならない」良き企業市民であることが肝要である。

（2）出光興産

　　従業員の雇用を守り、地域と社員との信頼の上に立ち事業を推進する。社員こそが、企業の最大の資産なりと。企業は、持続しなければならない。需要が増える市場に行かなければ成長もない。会社の遺訓（会社の精神的な支柱）は以下である。

　　　　　　□人間尊重、　□大家族主義、　□独立自治

（3）第一工業製薬

　　1909年（明治42年）に創業し、「技術立社」の方針を明確にしている。国内に重点投資して、先端技術を開発する。強みを国内で確立し、優位性を確保する戦略である。世界に向けて独創的な技術を発信し、企業変革に取り組む。技術の研究・開発の積み重ねが原動力である。社訓と経営方針は以下である。

　　　　＜社訓＞　　　　＜経営方針＞
　　　　□品質第一　　　◇事業ごとに利益を生み出す。
　　　　□原価低減　　　◇企業価値を高める。
　　　　□研究努力　　　◇設備投資で成長の土台をつくる。

　「100年企業」を通じて、日本型経営の一端を知ることができたが、共通項は、社員（人間）を大切にしている事である。法政大学の坂本教授は、「従業員を最も大切にする企業が、永続する条件である」そして、「企業の意義は、事業を継続することにある」と述べている。企業における創業者の遺訓や、経営者の思い・志を大切にしている事が明らかである。

　日本には、優れた技術と共に、日本文化とも言うべき優れた企業理念や、企業精神が存在している。また、良き企業市民とは、広義には「企業は社会とともにある」という事である。

2.9　雇用の多様化

　日本は、近代化が開始された明治時代以降の雇用について、「日本型雇用」と言われる、日本伝統の雇用制度が機能していた。そして、経済発展・成長を遂げてきた。戦後の経済活動についても、経済成長を支えてきたが、経済社会のグローバル化・バブル崩壊・経済の低成長期に至ると、それに伴い雇用の変化・多様化が大きく変容していった。

１．雇用の変化

　日本の雇用制度は、経済成長と共に、労働者の賃金は上昇し、世界第二の経済大国へと押し上げてきた。しかし、1990年代のバブル崩壊時にはピークとなったが、その後の不景気、経済の低成長期に入ってから、国内外の経済変化と共に、高騰した人件費が、経済変化に対応しきれなくなっていった。

　日本の伝統的な雇用制度（終身雇用、年功序列、企業内組合）が、崩壊しそれと共に、企業に勤務する社員が、正規社員から非正規社員（嘱託・派遣・パート・フリータ・アルバイト等）に、勤務形態が大きく移行し始めた。また、企業内では、人件費抑制のため、従来の日本的雇用制度から、能力を重視した「成果主義」へと、大きく舵をきっていった。

　特に、1990年代の後半には、バブル崩壊、低経済成長期に入り、「成果主義」導入の開始と併せて、早期退職・リストラが大々的に実施されていったことも、雇用形態を大きく変える要

因となった。

　21世紀に入ると、更に「成果主義」は拡大され、その結果、家計の収入源である賃金が低く抑えられるようになった。日本経済も低成長期が進行し、デフレ経済が継続していった。企業は、ますます、正規社員の雇用を抑え、非正規社員を採用する流れとなり、雇用の多様化がますます進んだ。

　このように、経済悪化→経済の低成長→人件費抑制→社員の非正規化の進展→家計の収入減→景気の悪化→経済悪化へと悪循環の社会に突き進み、20～30代の青年層を中心として、ますます非正規社員の増加で、社会問題にも発展してきた。

２．雇用の変化に伴う社会現象

　雇用形態の多様化は、非正規社員の増加と共に、社会における歪み等を生じてきた。賃金の低下による収入減は、家庭を持たない独身男性・女性を増加させ、結婚も晩婚化してきた。その結果、出生率の低下を招き少子化に拍車がかかった。

　また、雇用の多様化は、人間の働き方の選択を著しく拡大する事となったが、反面、人口の減少、経済の低迷に拍車がかかった。すなわち、低経済成長社会において、国内での仕事は減少し、非正規社員の増加による収入減は、晩婚化や結婚しない独身の男性・女性を増加させて、更に、人口減少となり将来の経済成長への鈍化へと繋がっていく、悪循環に入っている。

　図2-10 は、日本の総人口と高齢者の推移を示す。現状の出生率を基盤として、想定した予測データである。

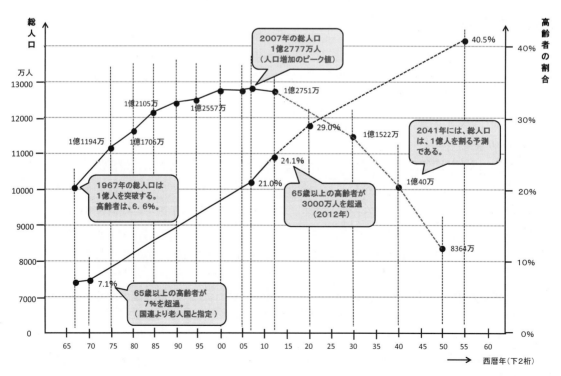

図2-10　日本の総人口と高齢者の推移

３．人口減による対策

　人口減は、経済成長に与えるマイナス要因となり、国を挙げて人口減社会を防ぐ戦略が実施されるに至っている。民間の研究組織「日本創成会議」が、2014年５月、2040年には日本全国の半数の市区町村の存立が、困難になるとの人口推計を発表した。

　政府は、国や自治体が取り組む「総合戦略」と、50年後を見越した「長期ビジョン」の策定を進めている。具体的には、2014年９月、内閣改造で地方創生の担当大臣を設け、人口減対策の要となる、地方活性化の司令塔として、「まち・ひと・しごと創生本部」を設置した。

　以下に、学術界・現場の行政・教育界の代表による人口減対策のビジョンを示す。

（１）日本学術会議議長の大西隆氏

　　　人口減少社会には、二つの政策領域がある。

　　□人口減少の潮流を冷静に受け止めて、都市や農山村の在り方を変える方策。

　　□若い世代の働き方と、企業の在り方を変えて、人口減少の速度を緩め安定に転じる方策。具体的には、都市部は市街地をコンパクト化し、環境を重視して再配置する。農山村は、農地の集約化を図る。再生可能エネルギーを作り、少ない人口でも産業や地域社会を維持できるように、知恵を絞る必要がある。例えば、現行の都市計画法（人口増加時代の1968年に施行）など、土地利用関係の法律の全面改正が必要である。また、中核都市と周辺地域の連携が必要となる。

（２）全国町村会経済農村委員会委員長の杉本博文氏

　　　都市の安定のために、農山村の機能が必要で、農山村の安心のために都市機能の発揮が欠かせない。都市と農山村は相互依存の関係にあり、目指すべきは、都市と農山村が共生する社会である。地方自治体は、国からの補助金の獲得が目的化し、補助金で何をするかを本気で考えなかった面がある。全国町村会として、2015年から全国キャンペーンを始め、首長・職員・住民が、それぞれの地域の誇りをみがく政策を考える議論を起こす。市町村が、自分たちの政策展開に自由に使える資金や制度を、国や都道府県が整えるというものであって欲しいと望んでいる。

（３）明治大学の加藤久和教授

　　　人口減対策は、出生率を上げる必要がある。また、地方の活力を保つためには、大都市への若者の流入を食い止めなければならない。若者に魅力ある地域拠点都市に、投資と施策を集中し、「人口ダム」を作るのが重要である。地方の若者が残りたいと思う拠点都市を整えるべきである。教育・研究機関・医療機関などの誘致や、商業施設の整備がこれにあたる。高齢化率が、４割を超す集落では、10年後には75歳以上の人が更に増え、医療・介護への依存度が高まる。生活が成り立つのだろうか。集落から自治体の中心部に移住するなど、拠点都市に住むといった選択肢も用意すべきである。

４．まとめ

　雇用の多様化に対する善悪は別として、人々が雇用に対する考え方・取り組み方が、従来と変化せず変革を良しとしないならば、ますます経済成長に大きく影響していく事となる。しかし、人々が、各人各様に雇用の多様化を認め、活き活きと働くことができることを、自らの選択のもとに行なうならば、経済成長は遂げられていくこととなろう。

第２章　経済の構成　93

コーヒー・ブレイク（第2章）

「新聞・雑誌は宝の山？」

都心（港区）の本社部門には情報が集まり、溢れ、日常的にそれらが取捨選択されて利活用されている。
宝となるのか、ゴミとなるかは、活用者次第である。
一般紙を始め、専門紙、専門雑誌は各種ジャンルのものが、所狭しと置かれて、期限が来ると廃棄処分される。
情報のみならず、物事の考え方・捉え方も、目を凝らせば自身を豊かにしてくれる。見た時は理解できても、次から次からと情報が押し寄せてくるため、
一般的には忘れ去る事が殆どである。
本社在職の17年間のうち、12年間、気になる記事類を、使用済のＡ４コピーの裏紙を利用して、せっせとキリバリを続けてきた。
通勤時間（往復４Ｈ）を利用して、これらの情報を基に思索したりしてきた。
12年間で膨大な思索する時間になった。
貼り付け台紙は、10ｍを超えて自宅内のタンスの上まで、置き場を占拠。
新聞・雑誌類は活用すれば、宝の山だと実感している。
この宝の山を、自費出版の本書の構想内容にもあてた。
あなたは、何か関心をお持ちでしょうか？

＜新聞ストッカー＞

→さあ、次の章に行ってみよう！

第3章

経済と産業

本章は、経済活動が産業に与える影響、及びその関係事象を明らかにするものである。産業の変革は、経済発展へとつながり、派生した経済現象がまた産業へと波及する。

　現代社会は、一国だけの対応では経済成長に結びつかず、世界的な協調、グロバリゼーションの中での取り組みが要求されている。産業とは、人々の生活の生業（仕事の分野）を区別したもので、生産が生み出す業態である。経済と産業は、ハードとソフトの関係に似たようなものであり、経済発展と産業発展が密接に結びついている。

　18世紀後半のイギリスにおける産業革命は、西ヨーロッパから欧米諸国にまたたくの間に伝播し、科学の発展と共に成長し、人々の生活も大きく変容していった。動力の革命に始まり、電気・通信・航空等の飛躍的な技術発展は、産業革命の約130年後、1960年代には人類を月にまで運ぶという快挙を成し遂げている。また、産業革命後、世界の人口は、50年間で約30億人の増加という、人類が経験したことがないスピードで、未曾有の変化をしている。

　人口増加は、地球環境の負荷を悪化させ、エネルギー・食料事情の悪化も招く事となった。

　そして産業発展は、大量生産・大量消費を伴い、化石燃料の枯渇、地球温暖化等の21世紀の人類に、多大な負の遺産を引き継ぐ事ともなっていった。

　このような中、産業の発展や経済成長の軌跡について、経済に係る諸現象を見直すことにより、21世紀の経済には、何が求められるのか検証してみたい。現在は、経済の有るべき姿と人々の考えも、大きく変容している時である。

　2011年3月11日に発生した東日本大震災は、先進国の経済活動に大打撃を与えると共に、日本が、ＯＤＡによる世界への貢献活動に対し、世界の多くの国々から、援助・支援活動を受ける事となった。

　この未曾有の大震災を通して、震災地での復旧と共に、人々の生活・経済についての考えが、経済至上主義から、生命尊厳及び人と人との絆が第一の考え方に変化している。人々が経済に係る現象・原因・対処の仕組み等を、十分に知見して賢明となれば、今後発生する新たな経済現象についても対処できると考えられる。

　本章は、産業を実質的に担う法人や企業について、基本的事項を理解すると共に、事例を通して、企業の在り方の認識を深めることとする。日本における経済と産業は、資本主義経済の下に、世界的規模の不況、価格変動、社会情勢の動向等、景気変動要因に翻弄されながら、その都度、生き残りをかけ賢明なカジ取りを余儀なくされてきた。このような中、経済と産業の関わりの中で、以下の課題が考えられる。

□21世紀において、日本経済は、発展途上国等へのモデルケースとなりうるか。その例示として、産業発展の主要因であるエネルギーとしての原子力は、国内では廃止方向、国外では経済発展のためその必要性を説き、外国は日本からの原発の輸入を希望している。このように、原子力産業は、国内と国外ではトレード・オフとなるが、今後とも産業として割り切って、事業展開を進めていけるかどうか。

□ポーター博士の主張する「共通価値の創造」の理論は、地球環境へ最大の配慮をしているが、各国において、特に経済成長を第一義とする、新興国や低開発国への適用と実施が不透明である。地球温暖化は、人類にとって益々の悪影響を及ぼしている中、これらの国々は経済成長を遅らせても、環境への配慮・改善の施策の実施が可能であろうか。

□現代社会は、世界のある地域で生じた経済不況が、直接／間接を問わず世界各国に伝播して影響する状態・構造となっている。産業の強化と各国との協調・不況克服に対する理論、特に経済政策の新たな理論は生じるのであろうか。

□世界の企業が、法政大学の坂本教授が主張する「5人の人を幸せにする会社」を目指す運動について取り組んでいけるかどうか。それとも従来の如く、利益追求型を取らざるを得なくなるのだろうか。現実には、利害関係や国益を優先するあまり、良いことは分かっていても、世界に広く伝播しにくいと思われる。本来の企業の在り方について、何か仕組み作り等が必要であると考える。

本章は、経済と産業について、経済の原理・原則・理論を、現実の産業を支えている基盤としての「法人について」、そして、産業のあるべき姿の方向性の事例として、「優れた企業」、「日本で一番大切にしたい会社」、「共通価値の創造」を取り上げた。

3.1　経済現象

現代社会が抱える経済問題について、その経済現象を取り上げ、経済と産業についての理解を深める。現状は、多くの経済学者が、問題の解決策を検討し提言をしているが、根本的な解決や経済政策への反映に至らず、経済協調等も実効が少ない。

国内にあっては利害・国益が複雑に絡み合い、また人々の価値観の多様化、個人主義、経済の無理解等があり、有効な解決への実施が遅れている。行政の非効率化や、明治以来の固定化した行政区分も大きく足かせとなっている。行政（国）が主体であり、国民が従という人々の意識・考え方が、旧態依然としてあることにその一因もある。

今、行政における、政治の強力なリーダーシップが求められている。経済現象の解決には、行政に負う処も多々あり、一人一人の国民の賢明な選択・判断が必要であるが、この意識改革の醸成が求められている。経済と産業に関わる諸問題は、行政に対する国民の意識改革に関わっているとも考えられる。

現在、日本の債務（国の借金）は、1000兆円を超えており世界に類がない。ドロ船のような国内経済であるが、当事者である国民は、それらの認識・意識は少なく、いつ、ギリシャ国のような国の破産事態に至るとも限らない。このような日本経済に見切りを付けて、一部の人々は、海外での市民権を取ることに、腐心していると言われている。

このような国民の意識の希薄の原因は、国民の政治意識が稚拙で、先進国中最低であるという事にある。且つ、日本国民の資産が1600兆円を超え、世界の資産の1／4を占め、国内の債務を大きく超過している事に、起因しているとも言われる。また、税収入に見合った経済運営が破綻し、安易に赤字国債発行に頼る政策を推進してきた事もある。経済成長の陰において、赤字国債を発行し続けたことを黙視してきたツケでもある。

21世紀に入った2000年から、日本経済は、低成長時代に突入し、少子高齢化の波が押し寄せてきた現在、経済成長を図る事は容易ではない。このような中、国民の政治・経済に対する意識の変革は遠く、とても税収に見合った経済に引き戻すことなど不可能に近い。一人一人の生活に直接関わってくるからである。

第3章　経済と産業　97

1．インフレとデフレ

　世界の経済は、常にインフレとデフレの間を行き来している。目に見えないが周期的に発生する現象でもある。インフレとはインフレーション、デフレとはデフレーションの略語であり、いずれも人間が引き起こす経済における過度現象である。

　インフレは、物が少なく物価高となり、デフレはその逆で物が豊富となり、資金不足となる経済現象で、何れも人々の生活は勿論、経済にとって悪影響を与えるものである。

　人々は、この狭間で一喜一憂して生活している。

2．経済不況・景気

　経済不況とは、インフレ／デフレが長期に亘り蔓延し、ある限度を超えるとスパイラル的に経済が極端に悪化する現象をいう。これが一国のみならず、世界に影響を与えることになると、世界恐慌となり表面化する。

　例えば、ある地域の国が、内乱等の政情不安が勃発し、それが原油等の産出国であれば世界の経済に与える影響は計り知れない。株価は暴落し、原油の買占め等により貿易ができず、連鎖的に経済が悪循環に陥り、市場は混乱する。

　人類は、過去に幾度となく経済不況を経験してきたが、その都度人々は、多大な被害を蒙り右往左往して生活をしてきたのが実態である。経済不況が長期に亘ると、クーデタや軍事政権が出現して、国内事情は更に悪化する。

3．世界恐慌

　世界的に拡大した経済不況（世界恐慌）には以下がある。

　　1929年　第一次世界大戦後、米国のウォール街での株価暴落により、世界的な経済不況を
　　　　　　生じた。

　　1979年、1980年　中近東における石油危機による世界不況。

　　2010年　米国のリーマンショック、100年に一度の経済不況と言われた。これが原因で、
　　　　　　ギリシャ・スペインの国内経済が破綻に陥いった。

　世界恐慌の発生による対応は、概ね次の如くである。経済不況の原因解明→発生時の対応策（地域及び全世界）→各国の経済政策の実行→経済不安の鎮静化のステップである。

4．株価暴落

　ある地域の紛争、政変によって世界の経済に多大な影響を与える。原材料の不足等が生じると生産ができず、価格の高騰により株価が異常に上昇する。投機が横行し、実価格と物価がリンクせず、価格の操作・決定等がなされる。投資家の心理をあおるような株の売買が行われ、株価の上昇・下降等の株価暴落が発生する。

　株価の暴落については、世界が協調して株価への介入が行われ価格安定の調整がなされる。経済にとってもこの現象は異常であり、人々の生活にも多大な悪影響を与える。

5．円高及び為替レート

　円高とは、二国間等における貨幣の返還レートの高低の動きにより、他の国々より自国の通貨が高くなることをいう。円高になると輸入産業は、相対的に輸入品の価格が下がるため、たくさんの品物を購入できるが、円高により、他国への輸出品の価格は高くなるため、輸出産業は大打撃を被る。

また、円高は、日本を取り巻く外圧により生じる場合もある。為替レートは、輸出入における物の取引において、貨幣の交換レートを決めるものであり、通常は市場原理により、証券取引市場の株価売買により決定される。例えば、日本の株が多く買われると、株価の上昇を招き、それに伴う貨幣（円）の価値が高くなって、為替レートが高くなって円高となる。逆に日本の株が多く売られ、株価が低下を招いた場合は円安となる。為替レートが乱高下する現象は、経済活動が不安定となり経済成長が阻まれる。

貿易による取引についても、円高で儲かる産業／損をする産業が生じるが、国の諸政策によっては、貿易による影響や転嫁は、必ずしも赤字とはならない。円高による対応は、円高の生じた原因の解明→円高差益の処理→国内政策の発動→比較劣位産業の補填→円高を正常に戻すというステップで実施される。

６．失業率

正規雇用でない人々を、人口の総数から見た割合を失業率という。その割合が高くなる程、経済活動にとり支障が生じ、経済の低迷・人々の生活は苦しくなる。

失業率は、経済不況の発生、産業構造の転換、地域紛争の発生、大規模な自然災害等により発生する要因である。人為的なものが多く、経済政策である程度は収束可能である。

７．企業のM＆A

企業のM＆Aとは、企業間における合併・吸収をいう。産業の活性化、企業間の事業競争強化等のため、□事業規模の拡大を目指すもの、□自社の弱みの事業の補強をするため、当該事業者間において積極的にM＆Aが展開される。

特に、経済社会が不況に入ると、企業は生き残りをかけて、その対応策としてM＆Aを実施するケースが多くなる。但し、M＆Aの成否により、企業の将来に大きな影響を与える場合がしばしばみられるので、あらゆる状況を想定して慎重に行われる。

８．少子高齢化

日本は、1970年から高齢化社会に突入している。この年、日本の総人口に占める65歳以上の割合が7.1％となった。国連では、７％を超えると「老人国」と定義しており、日本は高齢化社会元年となった。更に、翌年の1971年には、男性及び女性の平均年齢が、男性：70.17歳、女性75.58歳となり、平均寿命で男性70歳、女性75歳を超過して長寿国へ一段と進んだ。

少子化については、中学生以下（15歳以下）の子供たちの人数が、1981年を境に減少傾向となり、現在に至っている。減少の理由は、生涯未婚となる男性及び女性の増加、結婚の高年齢化に伴い出産数の減少、子どもを儲けても１～２人と少子家族の増加が主な要因である。

少子高齢化の波は、地方において顕著となり、地方はますます過疎化となっている。また、少子高齢化による人口減少は、年金／医療等の社会保障の給付金の増大、税収入の減少等に影響を及ぼしている。

少子高齢化による人口減少は、国の体制を揺るぎかねない事となるため、その対応の政策はとても重要である。経済成長を図る政策と、子育て支援の仕組みを充実させて、安心して結婚・子育てができる環境作りが必要となる。

９．地方の過疎化と都市化

産業の構造変化により、雇用は、地方の第一次・第二次産業から、都市部の第三次・第四次

産業へとシフトされ、人口の都市部への集中となり地方の過疎化が生じている。この現象は、耕作地の放棄や休耕地の増加となり、国土が疲弊してしまう事ともなる。

　地方都市の経済産業の縮小、農業・漁業・林業・酪農等の一次産業が、青年層に魅力がなく生活が苦しいことも、都市部への人口移動に輪をかけている。農業人口は、現在、約260万人であるが、このままの状態では、10年後には100万人減少して、農業は壊滅状態になると言われている。

　第一次産業が魅力的になる事が、人口流出の歯止め、及び都市部への流入を防ぐ事となる。このためには、地方の行政区分を広域化し、各産業を法人化して大規模で会社組織として利益がでるように、地方で、生産→製造・加工→流通・販売ができる仕組みが必要である。また、貿易協定で、多大な影響が考えられる第一次産業の対応の観点からも重要な対策となる。都市部の青年が、地方に魅力を感じさせる産業の育成と、輸入される農産物より低価格で魅力ある農産物の生産が必要となる。

　なお、都市部への人口集中は、ますます増加し、三大都市圏（関東・関西・中部）の人口は、日本の人口の50％を超過している。特に、関東圏の東京都・神奈川県・埼玉県・千葉県の首都圏には、約3000万人が集中している。

10. 我が国の債務

　債務とは借金のことである。国が借金をするという事は、税収入以上に歳出が多くなってその対応のため赤字国債を発行し、この国債が債務となって累積してきた。日本では、1975年から赤字国債の発行が始まり、37年経過した2012年の年末には累積で約1000兆円を超える借金となった。

　そもそも、赤字国債が発行された理由の原因は、過去における年金制度／医療制度の政策実施の失敗による。医療制度の失策により、1975年に赤字国債が初めて発行された。また、1973年、年金保険法の改正により、年金給付の財源が不足となったためである。

3.2　法人について

　経済活動における産業の担い手は企業（法人）である。産業の内容を理解するためにも、法人の全体を明らかにし、仕組み・機能について理解する事が必要である。事業主体として組織化された単位である法人について、定義、趣旨、形態、分類、契約、機能、権利の帰属等を中心とした概要を説明する。

　日本経済は、利益法人である会社法人がその殆どであり、中でも中小企業が企業全体の約99.7％を占める。日本企業の特徴は、独自の技術・経営により、自立している中小企業が、数多く存在している事である。また、日本は資源を有しないため、輸入に頼らざるを得ず、貿易に携わる企業も多くなっている。

　産業の構成は、第一次産業（原料、材料の生産）、第二次産業（製造・加工）、第三次産業（サービス、便益）であるが、更に第四次産業（情報関連）に区分される。日本の産業は、第一次・第二次から第三次・第四次産業へとシフト化している。また、産業を構成する単位は、圧倒的に営利法人である会社法人である。会社が産業を担っており、多くの人々は、大小を問

わず何らかの形で、会社に所属して生計を立てている。

　日本は、10数年前から国の行政改革、及び経済活動の活性化のため諸政策が断行された。行政改革により、国の事業で民間に移せるものは、民間に移すという「民営化」が進み、公務員を減少して、小さな政府を目指すための改革が推進された。但し、急激な改革の影響は、経済にとって負の部分も噴出している。

　法人は、法改正により環境変化に対応した変革がされた。また、行政改革は、世界経済の対応、及び企業の生き残りの支援として断行された。明治初期に、欧米を模倣して制度設計した制度や法は、現在の社会・経済状況に沿わないため、以下の如く多くの法律が改正された。

　新会社法は、企業の監査と会計業務の適正・正確化を図り、会計決算の適正化を図るため改正された。会社分割制度は、企業の事業再編成及び経営のスリム化を推進するものである。産業活性化法は、行政による経済活動の活性化と、景気浮上の政策支援である。また、イノベーションを支える産業技術力強化のため、□産業技術力強化法、□産総研法、及び□ＮＥＤＯ法等が施行された。

　約20数年前から、非公務員化及び行政の業務効率化を目指して、経済不況の対応も含めた経済活動の活性化、産業の発展のために官から民への、所謂「行政の民営化」の流れが加速して実施されてきた。独立行政法人化は、中央省庁から現業・サービス部門の機能を切り離して、非公務員型の「非特定独立行政法人」を誕生させた。国立大学の法人化は、産学官連携による新規事業の創出のため、国立大学の教職員を全て民間扱いとし、国家公務員を削減した。

　日本は、近代化開始の明治初期、国の近代化のために、国策として事業を立ち上げ、「富国強兵」の政策により、急激な社会変革・経済改革が断行された。

　国の基幹産業となる主な事業（鉄鋼、鉄道、通信、タバコ、塩等）が国営企業として出発し、これらの事業が軌道に乗った頃、民営化されていった。その理由は、国営企業は、国内で独占的事業となり、硬直化した事業・体制に陥る。グローバル化の対応ができず、民間の活力を導入するものである。

　国の事業で、民間に移行させる「民営化」を断行し、行政の効率化を目指した。主な民営化は以下である。

　　　　□鉄鋼　　　　　　　製鉄所（八幡製鉄所等）の民営化
　　　　□鉄道（国鉄）　　　ＪＲ6社に民営分割化
　　　　□通信（電電公社）　ＮＴＴ等に事業分割化
　　　　□道路公団　　　　　地域ごとに民営分割化
　　　　□郵便局　　　　　　郵政事業として、郵便・銀行・保険等に分割化
　　　　□タバコ（専売公社）ＪＴとして再スタート
　　　　□塩
　　　　□国立・公立大学　　国立大学法人、公立大学法人として民間化
　　　　□研究機関（工技院）独立行政法人として民営化

特に、小泉政権により施行された「郵政民営化」は、大規模でありその歴史的な経緯から、権益を失う反対勢力の、反対に次ぐ反対を受けたが、改革が実施された。一連の民営化により、約100万人の国家公務員を民間扱いに移行させた功績はとても大きい。なお、1990年に日

本経済のバブルが崩壊し、10数年に亘る経済破綻を、政治主導の経済政策で乗り切った事は、世界の模範であり、誇れるものである。

　また、日本全国の地方自治体（市町村）は、近隣の自治体との合併を推進し、財政基盤の強化と行政効率化、及び公務員の削減を目指した。1999年から10年かけて、3232の自治体を1760の自治体に削減した（平成の大合併）。なお、明治時代から112年振りに公益法人の制度改革も行なわれ、行政や民間企業で対応しきれない社会ニーズを、官の支配から法人自治を重んじる、民間主体の公益法人への増加が図られた。

　会社法は、民間の力を引き出す、新規事業の立ち上げ、新会社の発足、事業の合併／吸収、公的機関との競合等、経済活動を活発に加速するため、全面改正され施行された。また、ビッグビジネスは、民間では、資金面／人材面で対応できないため、政府の行政指導にて実施し、スムーズに民間の事業に移転する等の仕組みも整えられた。

　法人の在り方については、雇用の確保、人材の育成、業務の多様性等、仕事の働き方への支援や、中小企業の育成について、貿易やグローバル化の対応が、将来に向けて関わってくるものと考えられる。

　企業のトップが、どういう思いで企業経営に携わっているか、戦後60数年間における経済社会の対応を企業がどうとらえているか、どういう方向に持っていこうとしているのか、様々な状況がある中で、経営の神様と言われた、故松下幸之助氏は、いみじくも「企業は人なり！」と言われた。

　企業は、人によって動き、人によって経営されており、最も大切な視点として、「社員、一人一人の力によって、企業が成り立っている」ということである。企業理念として「顧客第一」を掲げる企業は数多くあるが、「社員第一」という企業は殆どない。顧客第一なら、これに対応する社員の質やモラル、責任感が問われる。この意味からも、社員が満足する働き方ができる企業は、「社員第一」となり、企業に活力を与えるものである。

　法人を取り巻く環境は、事業性・利益配分・グローバル化・世界経済・株の暴落・銀行融資・無借金経営・自転車操業など非常に厳しいものが数多くある。また、社員に対する雇用、働き方の多様性及び法人の在り方など、課題は山積している。20世紀末から21世紀の初頭にかけて、「法人」の在り方・形態が大きく変容してきている。権益を有する当事者は、関連する事象についてある程度の理解はしているが、多くの人々は行政改革の本質を良く理解していないと思われる。

　表3-1 は、近年における「法人」の環境変化と経緯を時系列的にまとめたものである。近年、「法人」に関係して施行されてきた主な法律は以下である。

No.	項目	法令	施行日
①	会社法の全面改正	新会社法	2006-5-1
②	会社分割制度	会社法の改正	2001-4-1
③	独立行政法人	独立行政法人通則法	
④	国立大学の法人化	国立大学法人法	2004-4-1
⑤	公益法人の改革	公益法人制度改革3法	2008-12-1

⑥	産業活性化	産業活力再生特別措置法	2000-4-20
		産業技術力強化法	
⑦	民営化	各民営化法	
⑧	地方公共団体の合併	市町村合併特例法	1999年
⑨	その他	ＮＰＯ法、ＪＳＯＸ	1998-12-1

１．法人とは

　法人とは、自然人以外で法律上、権利・義務の主体となりうるものをいう。民法では、公益を目的とする一定の目的のもとに結合した集団（社団法人）、及び一定の目的のためささげられた財産の結合（財団法人）の二つしか法人として認めていない。法人も自然人も、法によって法人格を付与され、権利能力・行為能力などを享有する。

（１）権利主体としての法人

　　　団体に法律上の単位（法人）として取り扱う意義は以下である。

　　　①団体から生じる法律関係（取引、契約、権利義務）を処理するため、また、その名において訴訟等が便宜である。

　　　②構成員の個人財産とは別個に、団体自体に帰属すべき団体財産がある。この独立した財産を形成し団体債務者に対する責任財産となる。この財産は、団体自体に帰属するという権利義務の帰属点を設ける必要がある。権利は、団体の構成員（社員）や代表者（理事）に帰属せず、団体そのものに帰属する。法人格を有しない団体は、所有する不動産について団体名で登記できない。

（２）義務の帰属と責任

　　　法人である団体が負担した債務は、団体自身に帰属し構成員（社員）や団体の代表者（理事）も債務者にはならない。団体自身が義務の主体（債務者）となるのである。団体の債務は団体自身の財産で弁済することになる。

　　（例）商法上の法人である株式会社

　　　　　会社の構成員（株主）は、会社設立時に出資した金は会社の財産となり、会社倒産時は会社債務者への弁済に当てられ、構成員には戻ってはこない。なお、会社の構成員（株主）は出資額以上に会社債務者に支払う義務や責任はない。これを株主の「有限責任」という。

（３）社団法人

　　　社団法人とは、実体が一定の目的のもとに結合した、人の集団に対して法人格が付与される。出資者である構成員（株式会社では株主のこと）の意見を結合して、団体意思を構成（社員総会）し、これを中心に自立的に活動する（自立的法人）。活動は融通性に富む（営利法人の機構に適する）。

（４）財団法人

　　　財団法人とは、実体が、育英・慈善など一定の公益目的のために、ささげられた財産の集合に対して法人格が付与される。社員や社員総会は無い。寄附行為に示された設立者の意思によって定められた一定の目的と財産組織のもとに、他律的に活動する（他律的法人）。恒常性、固定性を特徴とする（公益法人の機構に適する）。

(5) 公益信託

　財団法人と同じ目的を達成する法技術として、公益信託の制度がある。財産が人によって管理運営される点では、財団法人と同じである。財団法人との差異は、信託財産と受託者の個人財産である。

２．法人の分類及び形態

　法人はその目的により公益法人、営利法人、中間法人に分類される。図3-1 は、法人の形態概要をまとめたものである。

図3-1　法人の形態概要

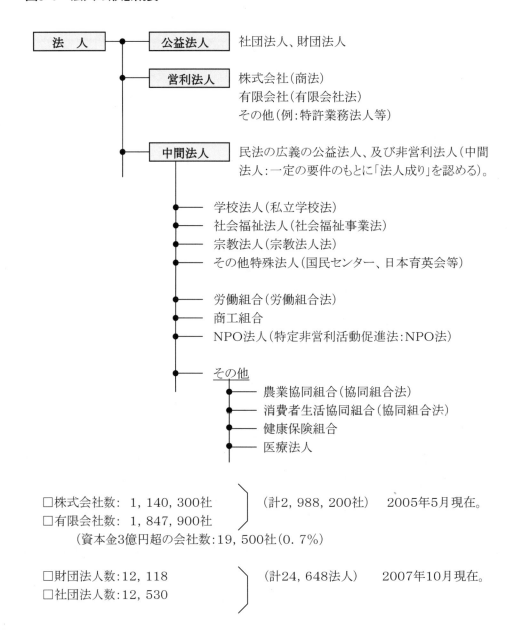

表3-1　近年における「法人」の環境変化と経緯

作成： 2009年5月3日
為永

環境変化のポイント：　■　行政改革による対応
　　　　　　　　　　　　■　法改正による対応
　　　　　　　　　　　　■　民間の活動・産業の増進による対応

＜項目＞	1995	1996	1997	1998	1999	2000	2001	2002	2003	2004	2005	2006	2007	2008	2009	2010	2011	2012	2013	2014	2015

1　新会社法

1974年：　公認会計士による「会計監査人制度」の導入。
1986年：　法務省から「会計調査人制度」導入の改正が公表されたが
　　　　　改正に至らず、後年に明治以来の大法改正を実施。
　　　　　「新会社法」として法改正。→監査と会計業務の適正と正確化。
　　　　　　（目的： 企業の会計決算書類の適正化）

▲ 2006-5-1施行
■「合同会社」の設立可
■ 有限会社 ①解散して株式会社設立
　　　　　　②有限会社として残存。

2　会社分割制度
　　Corporate Division
　　（会社分割）

会社の組織再編を促進し、事業部間の分離・
を容易に行える法制度に改正。
企業のグループ再編だけでなく、企業再生、中小企業の
事業承継の促進など産業界の競争力強化に繋がる制度
　　　（目的:企業の事業再編成、経営のスリム化を推進）

▲ 2001-4-1施行
会社法の改正（第757条～766条）

＜会社分割の方式＞
① 新設分割（事業部内を分割して新会社にする）
② 吸収分割（事業部内を他の会社に移管する）

＜承継の内容＞
・特定承継（譲渡による）
・一般承継（包括承継）
・会社分割による承継（会社分割制度による）

3　独立行政法人化

橋本内閣における行政改革の一環
行政部門の法人化

　　（目的:中央省庁から現業・サービス部門を切り離す）

＜独立行政法人の分類＞
(1) 特定独立行政法人(8ヶ所、公務員型)
(2) 非特定独立行政法人(99ヶ所、非公務員型)

4　国立大学の法人化

小泉内閣における知的財産立国を目指す政策として
「知的財産戦略大綱」が策定され、その一環として
国立大学が法人化された（大学数：86校、2008-4月）。

　　（目的:産学官連携による新規事業創出、育成のため）

▲ 2002-7-3
知的財産戦略
大綱の策定

▲ 2004-4-1施行
国立大学法人法

（※）産学官連携における知的財産を推進する仕組み(TLO)
・承認TLO
・認定TLO
TLO: Technology Licensing Orgernization

約25000の団体の内、10000団体
程度が、認定公益法人となる事を期待
　（公益法人協会:太田理事長）

5　公益法人制度改革

＜公益法人制度＞
1896年(明29年)、民法制定時に制度が開始。
112年ぶりに行政の関与の在り方について
抜本的に見直し法改正。

▲ 2000-12月行政改革
大綱を閣議決定

法改正の目的:
行政や民間企業では対応しきれない
社会ニーズを民間非営利法人が担う
環境を育成する。官の支配から法人
自治を重んじ民間主体の公益法人の
増大を行う。

▲ 2006-5月制度改革の
3法案成立

（2007-10-1現在:24,648団体）
社団:12,530、財団:12,118団体

▲ 2008-12-1施行

（移行期間:5年、2013-11-30まで）
現行法人の新制度への移行内容（特例民法法人後の対応）
① 公益社団・財団法人として移行（認定）
② 一般社団・財団法人への移行（認可）
③ 公益決定不可で5年後に解散

6　産業活力再生特別措置法
　　（産活法）

経済活動の活性化及び景気浮上の
行政における経済活動の政策支援。 1999年制定
■ 生産性向上を目指す事業者の認定
■ 中小企業の資金調達支援
■ 事業再生の円滑化
■ 知的財産の活用推進

▲ 2003年改正

▲ 2007年改正
＜イノベーションを支える産業技術技術力強化＞
■ 産業技術力強化法
■ 産総研法
■ NEDO法

詳細は、2007年改正産業
活力再生特別措置法認定
ハンドブックを参照方。

7　NPO法

NPO法人:特定非営利活動法人
活動領域：17の分野に限定
■ 福祉関係
■ 社会教育関連
■ まちづくり、こどもの健全育成関連
■ 学術・文化・スポーツ関連

▲ 1998-12-1施行

目的: ボランティア活動など自由な社会貢献活動を行う市民団体に
法人格を付与し、公益の増進に寄与する事。
（※）国民生活の多様な課題に対し、公共サービスだけではカバーできないため市民や
行政が協働して地域ぐるみで取り組む事により細かいサービスが行える。
（きめ細かい公共サービスをもとにした地域づくり）

▲ 2008-12月（10年経過）
（36,300団体が活動）

8　JSOX
　　（日本版SOX法）

企業の粉飾決算防止、監視、強化を目的に米国の
「SOX法」を模倣して制定。
「金融商品取引法」の一部として2008-4-1に施行。
■ 企業の内部統制が主内容である。
■ 適用は上場企業・関係子会社等も含む。

適用: JSOXにおける内部統制に係るプロセスは、企業における経理・財務部門のみ
ならず、事業上重要な業務もその対象となる(IS、調達、知財部門等)。
特に、リスク・コントロール・マトリックス(RCM)は、各部門で形式知化されて
ドキュメントとして存在しなければならない。

▲ 2008-4-1
（JSOX施行）

金融庁発行の下記資料にて内閣府令として義務付
■ 2007-2-15公表の「実務上のガイドライン」
名称：「財務報告に係る内部統制の評価
及び監査に関する実施基準」

9　民営化事業
　　地方公共団体の効率化

国の事業で民間でできるものを民営化し、行政の
効率化と小さな政府を目指すものである。
実施済み事業:
■ 鉄道(JR)、電話(NTT)、タバコ(JT)、
郵便(JP)等。

▲ 1985-4-1 電電公社民営化
▲ 1985-4-1 専売公社民営化
▲ 1987-4-1 国鉄分割民営化

2005-10-1
（道路公団民営化）

2007-10-1
（郵政民営化）

＜地方公共団体の合併により行政の効率化＞
目的: 地方自治体の財政基盤の強化
1999年から国主導で推進:市町村合併特例法
1999-3/E: 3232自治体
2010-3/23: 1760自治体

（1）公益法人

公益法人は、祭祀、宗教、慈善、学術、技芸、その他公益に関する事業を目的とし、営利を目的としない法人をいう。「営利を目的としない」とは、法人の企業利益を構成員に分配しないことをいう。

公益法人は、特別法にて規制される。例えば、学校法人（私立学校法）、社会福祉法人（社会福祉事業法）、宗教法人（宗教法人法）、ＮＰＯ法人（ＮＰＯ法）等である。

（2）営利法人

営利法人は、営利事業を行う社団法人をいう。資本団体である会社はその典型である。営利を目的とは、法人の企業利益が構成員（社員、株主等）に分配されることをいう。

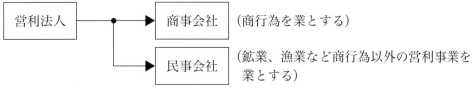

（※）商法では、両者同一に扱う

（3）中間法人

中間法人とは、非営利法人で同業者間の利益増進を図る農業共同組合、中小企業協同組合、又は同一職場の勤労者の地位向上を図る労働組合等をいう。特別法があって一定の要件のもとに「法人成り」を認めており中間法人と呼ばれる。

（特別法の例）　・農業協同組合法　・消費生活協同組合法　・労働組合法

（4）法人の能力

①法人の権利能力

法人には精神がないから、精神的な苦痛の損害賠償（慰謝料請求）はない。法律によって付与されるため範囲も法令により制限される。また、目的によって制限される。理事は法人の代表機関のため、理事の行為は法人の行為となる。また、法人は代理人である理事の代理行為によってのみ、権利義務を取得することになる。

②人の行為能力

法人は、定款又は寄附行為によって定められた、目的の範囲内において権利を有し義務を負う。目的の範囲外の権利能力は享有できない。目的事業を遂行する必要な事項は、目的の範囲内の行為であると広く解釈される（例えば政党への政治献金など）。

（5）当事者能力

当事者能力とは、民事訴訟の当事者となる事ができる一般的な能力のことをいう。民法では、権利義務の主体となる事ができる能力を権利能力というが、「当事者能力」は、民法など実体法上の権利能力に相当する、訴訟法上の概念である。

＜当事者能力を有する者＞

民事訴訟は、実体法上の権利関係の主体間での紛争を解決する制度のため、権利能力の認められるものは、全て「当事者能力」を有する。

□自然人は、全て当事者能力を持つ。

例えば胎児は、胎児のまま当事者能力（相続・受遺権・損害賠償請求権等）を持つ。

第3章　経済と産業　105

□法人も当事者能力を持つ。

□国も民法上の権利・義務の主体となりうる、当事者能力を持つ。行政官庁は、国の機関であって権利能力を有しないが、行政事件訴訟では当事者能力が認められる。

□権利能力のない社団・財団で、代表者・管理人の定めのあるものは当事者能力を持つ。

（6）法人の設立

法人の設立は、法人制度の濫用を防ぐため、法人法定主義（民法その他の法律）により団体や財団を作る。民法では、私法人として公益法人と営利法人が認められる。

①公益社団法人の設立

公益事業を目的とする、公益社団法人の設立要件は以下である。

・公益事業を目的とし、営利を目的としない。

・定款の作成（設立すべき社団法人の根本規則）を行なう。目的、名称、所在地、資産、理事、社員の6項目の規定を設けている。

・主務官庁の許可を得る。許可を得た時が、法人の権利能力の発生となる。学術・技芸は、文部科学大臣等。現在は都道府県知事に移管されていることが多い。

②公益財団法人の設立

財産を寄附した者が設立者であり、公益財団法人の設立要件は以下である。

・公益事業を目的とする。

・寄附行為の作成。この作成書面の根本規則を寄附行為という。目的、名称、事務所、資産、理事の規定を設けている。

・主務官庁の許可を得る。

③社団・財団法人の名称使用の禁止

名称中に「社団法人」「財団法人」の文字を使用すること、また「法人○○財団」の使用はできない。

（7）権利能力なき社団・財団法人

①法人の権利能力

・私法人　公益法人は民法、営利法人は商法、中間法人は特別法で法人となる。

・その他　公益も営利も目的にしない団体（ＰＴＡ、社交クラブ、同窓会、校友会、商店会、町内会等）は、法人の実体はあるが法人格を有しない団体である。

（これらを称して一般に「権利能力なき社団法人」という）。

②権利能力なき社団・財団法人

他の法律の断片的規定を手掛かりに法律構成する。例えば、法人でない社団で、代表者又は管理人の定めのあるものには、当事者能力を認めている。代表者の個人主義で登記した結果、代表者の個人名義を登記したものであり、強制執行の場合責任は発生しない。

3．新会社法、会社分割制度

（1）新会社法

新会社法は、従来の商法のうち会社に関する規定、有限会社法及び商法特例法を統合して全面的に改正し、2006年5月1日に施行。改正の主な内容は以下である。

□有限会社と株式会社との統合

□最低資本金制度の撤廃
　　□株主に対する利益還元制度の見直し
　　□取締役の責任に関する規定の見直し
　　□会計参与制度の創設
　　□企業組織再編制度の柔軟化
　　□合同会社制度の創設

（２）有限会社の廃止
　　従来の有限会社は廃止。反面、株式会社に多様な機関設計が認められ、一定の小規模な会社では、取締役１名、監査役無しといった株式会社が認められ、従来の有限会社と同様な会社の設立が可能である。

（３）最低資本金制度の撤廃
　　現行商法では、株式会社は1000万円以上、有限会社は300万円以上の資本金でなければならないとしているが、新会社法では最低資本金規制を撤廃。資本金は、会社信用力のバロメータの一つ。信用や運転資金の必要を意識して、資本金額を決定することとなる。現物出資（金銭以外の財産の出資）は、新会社法では500万円以下の制限とした。

（４）類似商号規制
　　現行商法では、「同一の市町村内において、同じ営業目的の会社と類似した商号を登記することはできない」としているがこの規制を撤廃した。

（５）原始定款の記載
　　現行商法では、①目的、②商号、③会社が発行する株式総数、④会社設立に際して発行する株式の総数、⑤本店所在地、⑥広告の方法、⑦発起人の氏名及び住所となっている。新会社法では、①・②・⑤・⑦は従前と同じだが、③・④については、原始定款には設立時に出資された財産の価格又は最低額を記載する事とした。

（６）合同会社制度
　　合同会社とは、少人数で共同して事業を行う組織形態の会社をいう。出資者全員が、会社債権者に対し有限責任を負いつつも、設置機関、利益者配分等を出資者の合意で自由に決定できるという特徴がある。将来的には、株式会社に変更して継続的に会社運営をする場合の組織となる。

　以上の如く、新会社法による法人の運営については、経営者自らの責任において適切な判断を下し、工夫しながら経営しなければならない。また、会社法の理解の程度により、企業の競争力・企業価値に差が出てくる時代となってきたとの指摘がある。

　　＜現行の有限会社の選択肢＞
　　□有限会社として残る方法
　　　有限会社の商号を使用しなければならない。従来通りの会社運営ができる。
　　□有限会社を解散して株式会社に商号変更する方法
　　　有限会社の解散と株式会社の設立登記を、同時に行い株式会社に商号変更するもの。商号変更時、増資や取締役の増員は必要なし。但し、商号変更した場合は、年に１回の決算報告、及び最低でも10年に１度は、役員変更登記をしなければならない。

＜株式会社の機関設計＞

□新会社法は、株式会社の「規模」と「株式の譲渡制限の有無」について、株式会社を分類している。

□会社の規模による区分

大会社：　　　資本金５億円以上、又は負債総額200億円以上の会社。

中小会社：　　上記以外の会社

□発行株式の譲渡制限（株式を譲渡する場合、取締役会等の承認がいる）による区分

公開会社：　　発行する株式について譲渡制限のない会社。

非公開会社：　譲渡制限のある会社（中小会社が多い）。

監査役の監査権限を会計監査に限定可能。

＜新会社法における会社の機関設計＞

取締役会の設置の有無：

□取締役会を設置せず取締役１人だけの株式会社も可能。

従来の有限会社が、株式会社化する場合や、個人事業者が法人になる場合に多い。

監査役（会計参与も）の設置は任意。

□取締役会を設置する場合

取締役が３名以上必要。その内１名を代表取締役としなければならない。また取締役会を設置の会社は、監査役か会計参与を置かなければならない。

・監査役は、業務監査と会計監査の両権限を持つのが原則。

・株主総会において株主が決議できる事項は、定款に定めた事項及び会社法で定める一定の事項に限定される。

＜会計参与とは＞

会計参与とは、会社の計算書類を取締役と共同して作成して備え置き、株主や債権者に開示することを責務とする機関であり、新会社法により新たに作られた。会計参与には、公認会計士、監査法人、税理士、税理士法人に限定される。

会計専門家が、会社の計算書類等を作成する事による、計算書類等の信頼性の向上が期待される。

（７）会社分割制度

会社分割制度は、1990年代に発生した我が国の構造的大不況の影響を受け、企業の事業グループ再編成、企業再生、中小企業の事業継承の促進等、会社経営のスリム化を進め、産業界の競争力強化に繋がる法制度として、会社法に追加し、2001年４月１日に施行したものである。

会社分割制度は、会社の業務の全部又は一部を構成する権利義務関係を、他の会社に包括的に承継させる制度を言う。従来は、個々の資産移転を以って、実質的な会社分割を行っていたが、会社組織の再編成を行うため、一つの選択肢としてより利用しやすい制度とした。

（８）会社分割の体裁

会社分割の体裁には、新設分割と吸収分割とがある。会社分割とは、財産の相続と同じ

包括承継という性質（財産も債権も全て承継する）を持つが、引継ぐ範囲（承継会社は、欲しい事業だけを引き継ぐ）を決定できる。

①新設分割

新設分割とは、一又は二以上の株式会社又は合同会社が、その事業に関して有する権利義務の全部又はその一部を、分割により設立する新会社に承継させることをいう。

複数の事業部門を持つ会社が、各事業部を独立した会社とする事により経営の効率化を図る場合に利用される。また、会社のコンパクト化による経営のスピード化、独立採算によるモラルアップ、事業の分社によるリスク回避等が目的である。

②吸収分割

吸収分割とは、株式会社又は合同会社が、その事業に関して有する権利義務の全部又はその一部を、分割後他の会社に承継させることをいう。

複数の子会社を持つ親会社が、子会社で重複している事業を統一して、一つの子会社に集中することにより、組織の再編成を行う場合に利用する手法である。

４．独立行政法人化、国立大学の法人化、公益法人制度改革

（１）独立行政法人化

独立行政法人とは、法人のうち独立行政法人通則法に規定される法人である。橋本内閣において、行政改革の一環で、中央省庁から現業・サービス部門を切り離す目的でこの制度を規定した。特殊法人と異なる点は、資金調達に国の保証が得られないこと（民間企業と同じ）、法人所得税や固定資産税などの、納税義務が生じることである。

独立行政法人の各法人の正式名称中には、「独立行政法人」の字句を含まなければならない。独立行政法人は以下の如く２つに分類される。

①特定独立行政法人

法人の役員及び職員は、国家公務員の身分が与えられる（公務員型）。国立印刷局、造幣局等約８ヶ所が特定独立行政法人として存在する。予算額に占める、国からの運営費交付金の少ない法人は、民営化されつつある。

②特定独立行政法人以外の独立行政法人（非特定独法）

法人の役員及び職員は、雇用保険が掛かるなど民間と同じ扱いになる（非公務員型）。国家公務員が出向する際には退職扱いとなる。各省庁における、所管の独立行政法人数の内訳は、以下の如く99ヶ所ある。

	①の法人数	②の法人数
□内閣府	1	3
□総務省	1	3
□外務省	0	2
□財務省	2	3
□文部科学省	0	25
□厚生労働省	1	19
□農林水産省	1	12
□経済産業省	1	10

□国土交通省	0	20
□環境省	0	2
□防衛省	1	0
（計）	8ヶ所	99ヶ所

（2）国立大学法人化

　　国立大学法人とは、国立大学を設置することを目的として「国立大学法人法」の規定により設置される法人である。2004年4月に「国立大学法人法」が施行され、全ての国立大学は、民間と同様の扱いの法人となった。

　　1990年代に発生した我が国の構造的な大不況の影響を受け、また米国でのプロパテント政策の実証に鑑みて、日本は、知的財産立国を目指すこととなった。小泉内閣の下で、2002年7月3日、「知的財産戦略大綱」を策定して、政府の基本的な構想を公表した。構想の内容は、無形資産の創造を産業の基盤に捉えることにより、経済・社会の活性化を図るものである。

　　社会の活性化を図るため、ものづくり基盤の再構築と併せ、経済活動のグローバル化や情報化の進展、雇用の流動化等に対応して、政府・大学・企業・個人等のあらゆるレベルでの知的創造活動を刺激すると共に、成果を知的財産として適切に保護し、製品・サービスの付加価値の源泉として、有効に活用する社会システムを構築する事とした。技術移転・ライセンシングを中心に、その活用を重要視したものである。更に、2003年7月に「知的財産推進計画」を発表し、270項目の施策が計画され、創造・保護・活用・コンテンツビジネスの飛躍的拡大、人材の育成と国民意識の向上が図られた。これらの国の政策の一環として、国立大学（86校、2008年4月）の法人化が進められた。

①国立大学法人の業務

　　国立大学法人の業務の範囲は以下である。
・国立大学を設置しこれを運営する。
・学生に対し、修学、進路及び心身の健康等に関する相談その他の援助を行う。
・当該国立大学法人以外の者から委託を受け、共同して行う研究の実施及び、当該国立大学法人以外の者との連携による教育研究活動を行う。
・公開講座の開設、その他学生以外の者に対する学習の機会を提供する。
・当該国立大学における研究の成果を、普及し及びその活用を推進する。
・当該国立大学における技術に関する研究の成果の活用を、推進する事業（出資する際には、文部科学大臣の許可を受けなければならない。）であって、政令で定めるものを実施する者に出資する。
・これらの附帯する業務を行う。

②職員の身分

　　大学の職員（教授等も含め）の身分は、非公務員型であり、国家公務員法・人事院規則等の規定が適用されなくなり、労働基準法、労働安全衛生法等に基づいて、各国立大学

法人が、自主的に就業規則を定めることとなった。

「一法人一大学」制のため、移行特例のような扱いで、学長と法人理事長の兼任が認められているが、国立大学法人法の見直しが必要である。

③法人化の問題点

国立大学の法人化に際して、国からの支援が縮小されることや、運営に国の干渉が強まることが懸念されていたが、現在問題になっている点は以下である。

・研究費調達は、各大学の自助努力が求められ、寄付を募るなど運営が、私立大学に近いものになってきている。

・政府から交付される運営費交付金は減少し、必要な教員・職員を確保できない事態が発生している。国立大学の特徴である、少人数教育が年々困難となっている。文科系において一部では専攻閉鎖等も危ぶまれている。

・新設された「理事」に、例外なく文科省の職員が出向しており、官僚のポジション増設になっているとの批判がある。また、中期目標の作成・評価制度の施行により、文科省による各大学への関与が増大している。

④国立大学法人

2008年4月現在、日本の国立大学法人数は以下である（計86法人）。

（地域）	（法人数）
北海道	7
東北	7
関東	10
東京	12
北信越	8
東海	8
近畿	13
中国	5
四国	5
九州、沖縄	11

（3）技術移転を支援する仕組み

1998年、「大学等技術移転促進法」が制定され、この法律により国立大学法人化の前に、産学官連携における知的財産を推進する仕組みとして、技術移転を支援する「技術移転機関、ＴＬＯ：Technology Licensing Organization）が創設された。国の所管する省庁より承認を受けて、ＴＬＯとして活動している。

図3-2は、ＴＬＯの機能、図3-3は、技術移転を支援する仕組みの概略、図3-4は、技術移転機関（ＴＬＯ）の設置状況を示す。認定ＴＬＯは、以下の４ヶ所である。

＜ＴＬＯ名＞	＜関連機関等＞	＜認定日＞
・（財）日本産業技術振興協会	産業技術総合研究所	2001-4-13
・（財）ヒューマンサイエンス振興財団	厚生労働省所管の研究機関	2003-5-1
・（社）農林水産技術情報協会	農林水産省所管の研究機関	2003-6-2
・（財）テレコム先端技術研究支援センター	（独）情報通信研究機構	2004-4-1

図3-2 TLOの機能

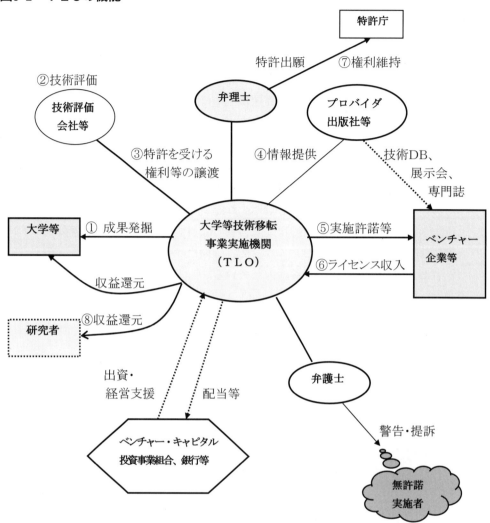

□承認TLO
　承認TLOとは、「大学等技術移転促進法」に基づく事業計画を、文部科学大臣及び経済産業大臣が、承認した技術移転事業者のことである。承認を受けると、経済産業省からの補助金を受けられるほか、特許料・出願審査請求料の減額の支援を受けられる。
□認定TLO
　認定TLOとは、国及び独立行政法人が保有する研究成果を譲り受け、事業化を行う民間事業者に対し、実施許諾等を行う技術移転機関（TLO）のうち、一定の要件を満たすものとして、所管する大臣の認定を受けたものである。認定を受けると、特許料及び特許料の減免を受けられる。2004年10月末現在、4機関が認定TLOとなっている。

図3-3 技術移転を支援する仕組みの概略

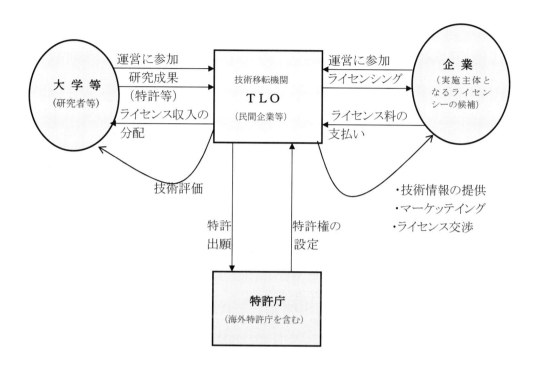

図3-4 技術移転機関（ＴＬＯ）の設置状況

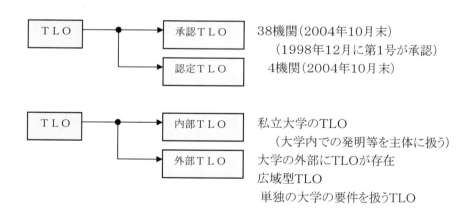

①大学知的財産本部

知的財産本部を設置している大学数は、計48ヶ所ある。

　・国立大学（計25校）　・公立大学（計3校）　・私立大学（計7校）

　・大学共同利用機関（計13校）

②「産学官連携戦略展開事業」の実施機関

実施数は、55件で66機関ある。

　・事業の区分「国際」：採択17校、「特色」：採択29校、「基盤」：採択20校

（４）多様化する産学官連携

国立大学法人化とＴＬＯの体制見直しが行われ、多くのＴＬＯの役割は、特許関連より技術のマーケティングに重点が移ってきている。技術移転先は、中小企業が6割で、当初思っていた大企業より多いことが判明している。経験を積んで各ＴＬＯに適した方法を確立する時代に入っている。以下の如く、多様化したＴＬＯの形態がある。

　　　　□国立大学法人が出資

　　　　□国立大学法人が既存ＴＬＯに業務委託（一般的な形）

　　　　□国立大学法人化後に外部にＴＬＯを設立

　　　　□国立大学法人にＴＬＯ機能を移管

　　　　□国立大学法人の内部にＴＬＯを設立

（５）公益法人制度改革について

1896年（明治29年）、民法が制定されて公益法人制度が開始されが、民間非営利部門を日本の社会経済システムの中で、健全な発展を促進するために、約100年ぶりに公益法人制度を抜本的に見直しがされた。

目的は、寄附金税制の抜本的改革を含めて、「民間が担う公共」を支えるための税制の構築を目指したものである。公益法人制度改革は、以下の過程を得て実施された。

　　　　・2000年12月　「行政改革大綱」閣議決定し公益法人に対する行政の関与の在り方
　　　　　　　　　　　　について策定。

　　　　・2002年3月　「公益法人制度の抜本的改革に向けた取組みについて」閣議決定。

　　　　・2003年6月　「公益法人制度の抜本的改革に関する基本方針」閣議決定。

　　　　・2006年3月　「公益法人制度改革関連3法案」閣議決定。

　　　　・2006年5月　上記の3法案の法律が成立。

　　　　・2008年12月1日　法律施行。

＜制度改革の内容＞

①一般社団・財団法人法

　　　　・一般社団法人は、社員2名以上で設立可能、設立時の財産保有規制は設けない。

　　　　・一般財団法人は、純資産300万円以上で設立可能。

　　　　・遺言でも設立可能。

　　　　・準則主義（登記）によって、法人格を取得（許可制は廃止）。

　　　　・公益認定を受けても、法人格は一般社団法人・一般財団法人である。

②公益法人認定法
- 公益社団法人・公益財団法人の認定は、内閣総理大臣及び都道府県知事が行う。
- 主務官庁制は廃止する。
- 有識者の合議制の委員会が、上記行政庁から諮問を受け公益性を認定する。
- 公益認定の要件（公益法人認定法第5条）は、公益目的事業支出が全支出の50％以上であることなど17項目とする。
「公益目的事業」の定義は、同法別表の23事業に該当し、なおかつ不特定かつ多数の者の利益の増進に寄与するものである。

③制度改革の趣旨
- □法人格取得と、公益認定の切り離し
- □準則主義による、非営利法人の登記での設立
- □主務官庁制の廃止
- □民間有識者からなる、合議制機関による公益認定
- □公益認定要件の実定化
- □中間法人の統合
- □既存の公益法人の移行・解散
- □税制の改正案（2008年1月23日、国会に提出）

④新制度への移行、経過措置
新制度の移行は以下である。
- □現行の公益法人は特例民法法人とし、2008年12月1日の法律施行日から、5年以内に新制度に移行する。
- □公益認定を受けた場合は、公益認定を受けた一般社団・財団法人へ移行となり、定款中の名称を「公益社団法人・公益財団法人」と変更したものとみなされ、名称変更の登記手続きが必要で、その名称を用いなければならない。
- □公益認定を受けず（あるいは受けられず）に登記のみの場合は、一般社団法人・一般財団法人へ移行する。5年以内に何もしなかった場合は解散となる。
- □公益認定を受けない一般社団・財団法人へ移行した法人は、合議制機関に既存の財産及び公益性のある事業に付随する収入を、当該事業で使い切るための「公益目的支出計画」を提出し、これについて監督を受ける。

⑤公益法人の事業内容
公益法人の事業内容は、以下の23の事業に限定される。
- 学術及び科学技術の振興を目的とする。
- 文化及び芸術の振興を目的とする。
- 障害者、生活困窮者、事故・災害若しくは犯罪による被害者支援を目的とする。
- 高齢者の福祉の増進を目的とする。
- 勤労意欲のある者に対する就労の支援を目的とする。
- 公衆衛生の向上を目的とする。
- 児童又は青少年の健全な育成を目的とする。

- 勤労者の福祉の向上を目的とする。
- 教育、スポーツ等を通じて国民の心身の健全な発達に寄与し、又は豊かな人間性を涵養することを目的とする。
- 犯罪の防止又は治安の維持を目的とする。
- 事故又は災害の防止を目的とする。
- 人種、性別その他の事由による不当な差別、偏見の防止及び根絶を目的とする。
- 思想及び良心の自由、信教の自由又は表現の事由の尊重又は擁護を目的とする。
- 男女共同参画社会の形成、その他のより良い社会の形成の推進を目的とする。
- 国際相互理解の促進、開発途上の海外の地域に対する経済協力を目的とする。
- 地球環境の保全、又は自然環境の保護及び整備を目的とする。
- 国土の利用、整備又は保全を目的とする。
- 国政の健全な運営の確保に資することを目的とする。
- 地域社会の健全な発展を目的とする。
- 公正かつ自由な経済活動の機会の確保、及び促進並びにその活性化による国民生活の安定向上を目的とする。
- 国民生活に不可欠な物資、エネルギー等の安定供給の確保を目的とする。
- 一般消費者の利益の擁護、又は増進を目的とする。
- 前各号に掲げるもののほか、公益に関する事業として政令で定めるもの。

⑥新公益法人

□非本来事業（収益事業等）の収益事業について課税される。本来事業（公益目的事業）については、非課税となる。

□税率は30％（但し、所得額800万円までは22％）とする。

□みなし寄付金の控除上限は100％である。

□利子の源泉徴収税は非課税となる。

□寄附者は所得控除を受けられる。

□相続財産を贈与した場合、非課税となる。

□取得時から寄附時までの、いわゆる含み益を含んだ資産を譲渡した場合、含み益分についての所得税が非課税となる。

⑦日本の公益法人数（2005年10月１日、現在）

法人種別	国の所管	地方の所管	計
・社団法人	3710	9080	12790
・財団法人	3131	9495	12626
（計）	6841	18575	25416

＜公益法人の年間支出の規模＞

約半数近くは年間支出の規模は５千万円未満である。

（支出規模）	（割合）
・1000万円未満	21.1％
・1000 ～ 5000万円未満	26.0％

・5000万円〜1億円未満	12.3%
・1億円〜5億円未満	24.6%
・5億円〜10億円未満	6.3%
・10億円以上	9.7%
（計）	100.0%

＜その他＞

- 公益認定を受けない一般社団・財団法人については、完全非営利で共益型は、収益事業税、それ以外は全部課税とされる。
- 新公益法人は、本来事業が全て非課税となれば、従来より税の面で有利な扱いとなり、社会的企業の受け皿として有力になる。
- 見直し寄附の上限が100％となれば、事業の赤字を非本来事業の収益事業で、穴埋めするタイプの事業モデルの法人にとって有利である。
- 公益法人協会の太田理事長は、「改革」のスタートにあたり以下の談話を発表した。自らの活動が市民・国民のためになっているか、又は特定の利益だけを目的としているか、改めて見つめ直してもらいたい。25000法人のうち、10000法人程度は「認定公益法人」となる事を期待していると述べた。

＜社団法人＞

現行法（2008年12月以降）における狭義の社団法人には、以下の如く、一般社団法人と公益社団法人がある。

□一般社団法人：一定の要件を満たしていれば、設立できる非営利目的の社団法人で、従来の中間法人も含む。

□公益社団法人：一般社団・財団法人法に基づいて設立された社団法人である。公益法人認定法に基づいて、公益性を認定された社団法人である。

＜広義の社団法人＞

特別法に基づき設立された法人格を有する法人である（例：株式会社、医療法人等）。

□社団法人（狭義）

□会社（営利社団法人）：会社法

- 株式会社、合資会社、合名会社、合同会社、特例有限会社（旧、有限会社法で設立された会社）

□旧、中間法人：中間法人法（H20年11月で廃止）

□医療法人：　　医療法

□社会福祉法人：社会福祉法

□ＮＰＯ法人：　ＮＰＯ法

□宗教法人：　　宗教法人法

□監査法人：　　公認会計士法

□弁護士法人：　弁護士法

□税理士法人：　税理士法

□司法書士法人：司法書士法

□社会保険労務士法人：社会保険労務士法
　　　□行政書士法人：　　　行政書士法
　　　□農業協同組合：　　　農業協同組合法
　　　□政党：　　　　　　　政党交付金を受ける政党等に対する法人格の付与に関する法律
　　＜財団法人＞
　　財団法人とは、ある特定の個人（大手企業の創業者や皇族が多い）や企業等の法人から
　寄付された財産（基本財産）で設立され、財産の金利を主要収入として運営し、法人格
　を付与された法人である。財団法人は、現行法（2008年12月以降）における狭義の財団
　法人として、以下の如く一般財団法人と公益財団法人がある。
　　　□一般財団法人：一定の手続及び登記さえ経れば、主務官庁の許可を得なくても設立で
　　　　　　　　　　　きる（準則主義）。
　　　□公益財団法人：公益法人認定法に基づいて公益性を認定された財団法人であり設立自
　　　　　　　　　　　体の許可は、不要だが公益性の認定が必要である。
　　＜広義の財団法人＞
　　　一般財団法人、公益財団法人の他に、個別の特別法で設立された法人格を有する財団
　（学校法人等）もある。財団法人の名称の一部に、「一般財団法人」という文字を入れな
　ければならない。

５．経済活動の活性化

　産業活力の再生、及び産業活動の革新に関する特別措置法（産業活力再生特別措置法：略し
て産活法という、1999年制定、2003年及び2007年に改正）は、生産性向上を目指す事業者が、
事業計画をたて所管する大臣が認定した計画に対して、会社法や税制などの特例措置により政
策支援を行うものである。
　1990年代の景気低迷期において、経済活動の活性化及び景気浮上の一環として時限的に設け
られた法律であり、この施行により多くの企業が、経済的に負担の軽減が図られた。また、企
業経営や組織再編（合併、分割、株式交換・移転、増資、事業の譲渡）等が、事業再生の実態
に合わせた政策支援として可能となった。

（１）産活法の概略
　　産活法は、以下の４つに分類され制度・支援措置が定められている。
　①事業者の計画認定
　　企業が生産性向上と健全な財務体質を目指し、その事業計画が一定の基準を満たせば認
　　定を受けられる。2007年改正法では、支援対象であった選択と集中による中核事業の強
　　化、過剰供給構造の解消、過剰債務構造の是正に加え、付加価値の創造を目指す技術革
　　新などより一層支援して、イノベーションによる生産性向上を図る事業者を支援対象に
　　加えた。
　②中小企業の資金調達支援
　　廃業経験者による再チャレンジ起業を支援する制度（再挑戦支援保証）や、国内事業者
　　（中小企業）の外国子会社による、現地金融機関からの借入れを、円滑化するための制
　　度を新たに制定し、中小企業の資金調達を支援する。

③事業再生の円滑化

　　各都道府県に、中小企業再生支援協議会を設置し、多種多様、地域性が強い中小企業の事業再生を支援する。再生期間中の資金調達の円滑化、債権者調整の迅速化のため、特定認証紛争解決事業者の認定制度を設け、調停期間に関する特例や、再生・更正手続の特例措置のほか、債権者調整中のつなぎ融資に対する債務保証制度を整備する。

④知財の活用促進

　　ライセンシー（特許権の実施権者）の保護のため、新たな登録制度を創設する。これにより特許の製品化、事業化の機会を増やしイノベーションを促進する。

（２）産活法等の一部を改正する法律の概要

　　日本経済の課題をもとに、法改正の方向性（サービス産業など、我が国全体の生産性の向上、地域の早期事業再生の円滑化）を策定し、具体的には□イノベーションによる産業の生産性向上、□イノベーションを支える産業技術力強化（産業技術力強化法、産総研法、ＮＥＤＯ法）について取り組んでいる。課題は、以下である。

　　　　・人口減少、国際競争力の激化
　　　　・地域・中小企業における景気回復のばらつき

①産業の生産性向上

　　８省庁が連携して取り組み、産業の生産性向上を図る。

　　　　・成長に向けた事業者の取組支援。
　　　　・知財の活用促進：　「包括的ライセンス契約登録制度」を創設。
　　　　・地域における中小企業等の再生円滑化。

②産業技術力強化

　　産業技術力強化法、産総研法、ＮＥＤＯ法を改正して、イノベーションを支える産業技術力強化を図る。

　　　　・研究開発を、経営戦略の一環として位置付ける「技術経営力」の強化に関し、国の施策の方針、国・事業者の責務等の規定を追加。
　　　　・大学等に対する特許料等の軽減対象を拡大。
　　　　・日本版バイ・ドール規定を産活法から移管し、対象にソフトウェア開発を追加。

（３）経済成長戦略大綱関連３法案

　　成長と地域・中小企業の底上げによる格差の是正を目的に、イノベーションによる生産性の向上、地域経済の活性化のための法的な枠組みを整備するものである。

　　　　□産業活力再生特別措置法等の一部を改正する法律
　　　　□中小企業地域資源活用促進法
　　　　　中小企業による、地域産業資源を活用した事業活動の促進に関する法律。
　　　　□地域産業活性化法
　　　　　企業立地の促進等による、地域の産業集積の形成及び活性化に関する法律。

（４）産業技術力強化法

　　産業技術力強化法（2000年４月施行）は、国際競争力の激化と産業構造の変化の中で、コスト低下・品質改善を進める技術革新（プロセス・イノベーション）だけでは対応で

第3章　経済と産業　119

きず、新事業・新市場を創出するための、技術革新を可能とする技術開発体制の構築が急務となった。各研究主体の活性化及び連携強化のために各施策を講じ、産業技術力強化への環境整備を図るものである。

産業技術力強化法は、2007年8月6日に改正法が施行され、イノベーション・スーパーハイウェイ構想の実現により、イノベーションの連続的な創出を促進するために、産業技術力強化法を改正し、技術経営力の強化に関する規定を整備した。

①具体的には、市場ニーズに応じて研究開発の成果を、市場化につなげていくような能力を「技術経営力」と位置づけ、その強化を国及び事業者の責務として明確化するとともに、国は必要な施策を講じることとした。

②施策内容の概要

　産総研及びNEDOは、イノベーション・スーパーハイウェイ構想の先導役であるが、産学連携・産官連携のつなぎ役、イノベーションのハブの役割が重要である。

　・産業技術総合研究所　－　技術経営力に寄与する人材育成の業務追加。
　・NEDO　　　　　　　－　技術経営力の強化に関する助言業務の追加。
　・大学等の研究成果　　－　産業への技術移転促進、国の委託研究の成果に係る知的財産を事業者に帰属させる日本版バイ・ドール制度の恒久措置とし、これに請負ソフトウェア開発を追加する。

③NEDO（独立行政法人新エネルギー・産業技術総合開発機構）の取り組み

　NEDOは、S55年に特殊法人として創設以来、石油代替エネルギー・省エネルギー技術、産業技術に関する研究開発に取り組んだ。技術開発は、最適な企業等に委託し連携の下にブレークスルーし、創造的成果として多くの特許権を生み出した。

（5）産総研（産業技術総合研究所）の役割

　産総研は、産業科学技術の研究開発を通して、豊かな社会実現を目的とし、産業技術の幅広い分野における様々な技術開発を、総合的に行う研究組織である。図3-5は、独立行政法人産業技術総合研究所の経緯を示す。また、図3-6は、産総研の産学官連携・技術移転のプロセスを示す。

　研究分野は、□ライフサイエンス、□情報・通信、□環境・エネルギー、□ナノテク・材料・製造、□地質・海洋、□標準・計測の6分野で、産業の全分野を網羅している。

　経産省内に本部を置き、独立行政法人では設備・組織等、最大規模である。

　つくばセンターは、最大の研究拠点で、産総研の約70％の研究者が所属する。研究職を中心とした常勤職員（約2500名）、事務系職員（約700名）の陣容を有する。

　産総研の研究課題は、社会のために、社会に目を向け、社会が必要とするものを取り上げ、研究を展開し成果の発信と普及に努めている。

　　　□計量の標準、地質の調査、テクノインフラ整備等の産業基盤技術の研究・開発。
　　　□エネルギー・環境技術などの研究。
　　　□国際的な産業競争力強化、新産業の創出・融合によるイノベーションの研究。

　研究成果は、特許や著作権等の知的財産権として、企業等に技術移転される。技術移転は、TLOである産総研イノベーションズが担当する。更に、研究成果を元に、商品化支

図3-5　独立行政法人　産業技術総合研究所の経緯

略称：産総研
英語表記：AIST（National Institute of Advanced Industrial Science and Technology）
経済産業省に属していたが、2001年4月1日より独立行政法人となる。
2001年1月6日、中央省庁再編に伴い、通商産業省工業技術院、及び傘下15研究所群を統合再編して発足した。

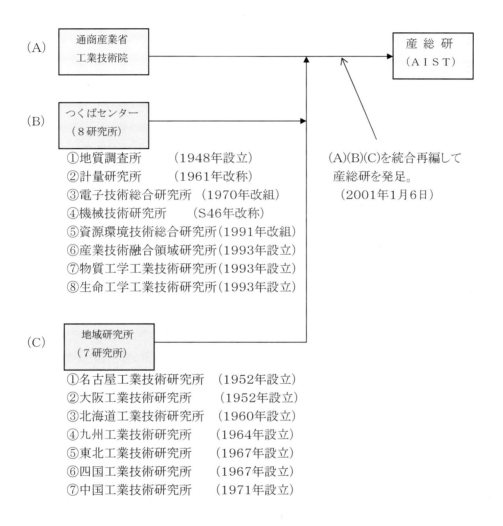

(A) 通商産業省 工業技術院

(B) つくばセンター（8研究所）
　①地質調査所　　　　　　　（1948年設立）
　②計量研究所　　　　　　　（1961年改称）
　③電子技術総合研究所　　　（1970年改組）
　④機械技術研究所　　　　　（S46年改称）
　⑤資源環境技術総合研究所　（1991年改組）
　⑥産業技術融合領域研究所　（1993年設立）
　⑦物質工学工業技術研究所　（1993年設立）
　⑧生命工学工業技術研究所　（1993年設立）

(C) 地域研究所（7研究所）
　①名古屋工業技術研究所　　（1952年設立）
　②大阪工業技術研究所　　　（1952年設立）
　③北海道工業技術研究所　　（1960年設立）
　④九州工業技術研究所　　　（1964年設立）
　⑤東北工業技術研究所　　　（1967年設立）
　⑥四国工業技術研究所　　　（1967年設立）
　⑦中国工業技術研究所　　　（1971年設立）

産総研（AIST）

(A)(B)(C)を統合再編して産総研を発足。
（2001年1月6日）

第3章　経済と産業

図3-6 産総研の産学官連携・技術移転のプロセス

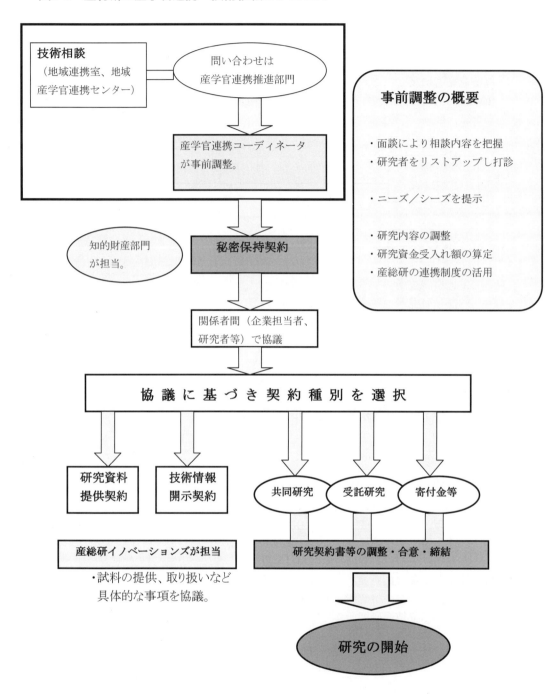

援を行うために、共同研究、技術指導、技術相談、技術研修、ベンチャー設立支援、技術開発資金援助等の各種制度を有する。産総研は、工業化可能な基礎研究に強い。産総研の科学研究に関する根幹の研究倫理は、次の三点で高いレベルを維持している。

　　　□正義性（Justice）　　　　　　　－　人類に貢献する。
　　　□社会性（Social Responsibility）　－　社会の一員として責任ある行動をとる。
　　　□高潔性・誠実性（Integrity）　　　－　正直で恥じることのない行動をとる。

６．ＮＰＯ、ＪＳＯＸ、地方公共団体

　一般に、日本人は過去をキチンと記録しない傾向にある。物事を進めると軋轢が発生することは避けられない。しかし、過去にどのような軋轢が生じ、推移したか、という事実関係は将来の貴重な情報となる。事例として、ＮＰＯ法人、ＪＳＯＸ及び地方公共団体を紹介する。

（１）ＮＰＯ（Nonprofit Organization）法人
　　ＮＰＯ法人とは、民間団体に法人格を与え、市民団体による社会活動を活性化させる目的で、特定非営利活動推進促進法（NPO法）により認定された法人である。1995年1月の阪神・淡路大震災を機会に設けられた。

　　1998年12月1日に施行され、36300団体（2008年12月末現在）が、ＮＰＯ法人の認証を受けて、さまざまな活動に取り組んでいる。ＮＰＯ法の目的は、ボランティア活動など、自由な社会貢献活動を行う市民団体に、法人格を付与して健全な発展を促進し、営利や特定の政治・宗教などの推進を目的としない、かつ不特定多数の人々の利益の増進に寄与する事で、公益の増進に寄与することである。

①経緯
　　1995年1月の阪神淡路大震災時、救援支援活動に参加したボランティアの殆どは任意団体で、社会的認知度は低く、免税措置も受けていなかった。これらを是正するため、1998年3月にＮＰＯ法が成立。ＮＰＯ法人の認証は、以下の設立登記を経てなされる。
　　・事務所が1ヶ所の場合　　　　　各都道府県の知事による。
　　・事務所が2ヶ所以上の場合　　　内閣総理大臣による。

②活動範囲と団体数
　　活動範囲は、保健・医療・福祉・社会教育・環境保全・国際協力・消費者の保護・人権の擁護及び平和の推進など17分野に限定されている。ＮＰＯ法の施行後、多くのＮＰＯ法人が増加した原因は以下である。
　　・国民生活の多様な課題に対し、財政難・人材不足などから、行政による公共サービスだけではカバーできなくなった。
　　・介護保険あるいは介護事業などの規制緩和で、民間の参入が可能になった。各分野の団体数（複数分野で活躍する団体を含む）は以下である。
　　　　　□福祉　　　　　　　　　　16705団体（46.0％）
　　　　　□まちづくり関連　　　　　14805団体（40.8％）
　　　　　□こどもの健全育成関連　　14697団体（40.5％）
　　　　　□学術・文化・スポーツ関連　11917団体（32.8％）

③制約・義務
　・ＮＰＯ法人の運営や活動状況について、情報公開を行うこと。
　・1回／年以上の総会を開催すること。
　・役員のうち報酬を受ける者の人数は、役員総数の1／3以下とする。
（2）ＪＳＯＸ（日本版ＳＯＸ法）
　　ＳＯＸ法は、米国企業（エンロン社）で生じた巨額不正会計事件（粉飾決算）を機に、投資家保護を目的として制定された米国の法律である。ＪＳＯＸは、ＳＯＸ法の考えを日本版として、不正防止のため金融庁が「金融商品取引法」の一部として作成した。
　　日本では、カネボウの粉飾決算、西武鉄道の有価証券報告書不実記載等の事件を機に、2006年6月に成立した「金融商品取引法」の一部に、内部統制の規定が設けられ、ＳＯＸ法を雛形とした日本版が法制化された。2008年4月1日に施行され、2009年3月期決算から適用された。
　　ＪＳＯＸは、企業の内部統制が企業価値を高める結果を得ており、内部統制における「ミスを防ぐ仕組み」は全ての事業において適用が可能である。その適用は、上場企業及びその関係会社を含むものである。
①ＪＳＯＸの目的
　　ＪＳＯＸは、企業会計や財務諸表の透明性を高める事を目的に、企業経営者の責任・義務・罰則などを定めている。ライブドア事件のような不正を防ぎ、株主や社会に対する企業の信頼性を確保し、財務報告・企業活動の内部統制により、適正化・効率化を経営者に課している。経営者が暴走しても、ウソの財務報告をできなくする法律でもある。
②内部統制
　　内部統制とは、経営者の意思に従い、事業を適切に遂行するための企業内部の管理体制で、業務に組み込まれた、組織内の全ての者により遂行されるプロセス全体を指す。
　　内部統制は、「ミスを防ぐ仕組み」及び「不正を起こさせない仕組み」である。関係会社・子会社を含め、企業が法令を守りながら効率的に事業を行うため、ルールや手続を設け、それらが機能することに主眼を置く。内部統制は、全社的内部統制と業務プロセスに係る内部統制がある。
③企業の義務
　　財務報告に関わる全ての会計処理は、適正な業務処理で、正確に実行されることを確保し、説明する事がＪＳＯＸにより義務付けられている。内容は以下の三点である。
　　　□企業の経営者が、全ての説明責任・実行責任を負う。
　　　□「内部統制報告書」として、内部統制の有効性を報告する。
　　　□監査会社は、「内部統制報告書」を基に、企業の内部統制の報告内容を監査する。対象は、企業で働く全員（派遣社員やパートも含む）であり、全社的な運動の取り組みが求められる。その上で、内部統制が有効に機能しているか評価する。
④ＪＳＯＸの適用
　　ＪＳＯＸと呼ばれる「内部統制報告制度」は、上場企業に適用し「有価証券報告書」と併せて毎年提出する制度である。上場企業が、業務を委託している中小企業も、受託が

上場企業の重要な業務プロセスの一部を構成している場合、「ＪＳＯＸ実施基準」においてその対象となる。

ＪＳＯＸの実施により、コーポレートガバナンスが充実し、取引先や従業者、地域住民など企業を取り巻く、多くのステークホルダーからの信頼性向上につながる。なお、知的財産活動は、経営・事業の方向性も左右しかねない企業の事業上重要な業務であり、内部統制を適用する対象となる。従って、ＪＳＯＸの適用に基づいた適切な業務の遂行が望まれる。

（３）地方公共団体

地方公共団体（全国の市町村）の合併は、地方自治体の財政基盤を強化するために、近隣の市町村を合併して行政の効率化を図るものである。1999年から実施され、実施当時の3232自治体は10年後には1760となった。約46％の削減となったが、合併後において、人口１万人以下の自治体が、未だ471ヶ所あり全体の約27％を占めている。合併により地方公務員が削減され、地方行政の効率化に反映された。

市町村の合併は、「市町村合併特例法」により国主導で推進され、「平成の大合併」と呼ばれた。地方行政を効率化し、地方自治体の財政基盤を強化するために実施され、「最後の公共事業」の機会でもあった。

①経緯

「昭和の大合併」が終息した1968年、全国の市町村数は3298の自治体数であったが、「平成の大合併」開始の1999年には、3232の自治体数で約30年間に約70の減少のみであった。1999年７月、「地方分権推進一括法」により、市町村合併特例法が、改正・施行された。合併完了の期限は2005年３月31日である。

合併件数の推移は以下である。2005年度には全体の半数を超える合併がなされた。

1999年	1件、	2003年	30件
2000年	2件、	2004年	215件
2001年	3件、	2005年	315件
2002年	6件、	2006年	12件

②合併の目的

合併の目的は、財政的な危機管理、及び行政の能力強化で、要点は以下である。

□「まち作り」の体制を整える。「まち作り」は、地域の価値観を形にしていく。利害を一つにしている地域ではまとまる必要がある。この基本を見失うと住民無視の組織の論理となる。

□市町村の基本は生活行政であり、行政区画は、買い物や通勤などの生活圏となる。

③合併におけるデメリット

合併におけるデメリットは以下であるが、合併した市町村では、その多くがデメリットを克服し、メリットの部分が生じている。

□地域の一体化が希薄となる（歴史、文化、伝統、気質が異なるため）。

□中心部の投資が進み、周辺部が取り残される。

□地方交付税が、経過期間（10年）を過ぎると減額される。

第３章　経済と産業　125

□財政状況が悪い所と一緒になると、良い自治体の住民が損をする。

　　　□キメ細かな、サービスの供給ができない。

7．民営化

　民営化とは、公共企業体の事業を民間に移す事をいうが、行政の効率化・経済の活性化を目的に実施された。公共企業体は、国による出資や貸付けなどで、公共性の高い事業を経営するために設立された法人であるが、民営化とは、その公共企業体の事業を、民間企業と同じ原理で行動していく事である。

　公共企業体の代表は、鉄道事業（日本国有鉄道）、電信電話事業（日本電信電話公社）、たばこ事業（日本専売公社）、郵便事業（日本郵政公社）、道路事業（日本道路公団）等である。

　民営化は、巨額債務の解消、自由化による競争力及び体質強化等の理由で、政府主導の下に行政改革として実施された。結果的に、経済への波及、技術開発の競争・促進、民営化された事により職員の民間扱い、公務員の削減による「小さな政府」の実現、官僚の天下り防止等に、多大な影響を及ぼした。

　民営化により、事業の競争力・業務の効率化・事業経営の安定等に一定の効果があり、非公務員化により税金のムダ使いが軽減された等、経済界を含め、国全体としては多大な効果が生じたと考えられる。多くの民営化の中から、以下の代表的な5つの事業を検証する。

　　　□国鉄分割民営化　　　┐

　　　□電電公社民営化　　　├　中曽根内閣の下で実施。

　　　□専売公社民営化　　　┘

　　　□郵政民営化　　　　　┐

　　　□道路公団分割民営化　┘　小泉内閣の下で実施。

　　＜民営化の経緯＞

　　　日本が、明治となり近代国家としての体制を整えるため、国の基幹産業である鉄鋼を中心として、交通事業、郵便事業、電信・電話事業等が公共企業体として発足し、各産業の急激な立ち上げ、経済力の強化、強力な国家を目指してきた。

　　　従業者は全て国家公務員で、明治・大正・昭和と永年に亘る事業経営の中で、初期の目的は達成され、世界第二位の経済大国まで発展した。しかし、親方日の丸と揶揄されるが如く、序々に民間との不整合、非効率的な業務、人件費の高騰による財政の圧迫、官僚の天下りによる癒着の弊害、また輸入の自由化・グローバル化等の外圧の対処に迫られ、行政改革として公共企業体の事業が民営化に至った。

　（1）国鉄分割民営化

　　　国鉄の民営化の目的は赤字体質であった。国鉄は、莫大な負債・借金を抱えて事業が成り立たず、国は税金を投入し対応し続けてきた。また、労働組合の国労の解体も、民営化の大きな要因であった。

　　　国鉄分割民営化は、中曽根内閣が実施した改革で、日本国有鉄道（国鉄）を6つの地域別の旅客鉄道会社と、1つの貨物鉄道会社に分割して、民間扱いとしたものである。

　　　民営化は、1987年4月1日に実施され、以下の12の法人に事業を承継した。

　　　・JR北海道　・JR東日本　・JR東海　　　　・JR西日本　　　・JR四国

・ＪＲ九州　　・ＪＲ貨物　　・鉄道通信（株）・ＪＲシステム　・ＪＲ総研
・新幹線鉄道保有機構　　　・日本国有鉄道清算事業団

①民営化の目的
　□巨額債務の解消
　　　国鉄の民営化は、自力では返済不可能なほど、巨額の債務（民営化時は、37兆円）が
　　あり、債務の解消が目的である。東海道新幹線の建設費（1964年開業）、赤字ローカ
　　ル線の建設、東北／上越新幹線の建設等で多大な債務を負い、また国鉄の相次ぐ運賃
　　の値上げ等で、国民の国鉄離れが増して、更に債務が増加していった。
　□国労（国鉄労働組合）の解体
　　　国労は、10万人以上の組合員を抱える日本最大の労働組合で、日本社会党の支持母体
　　である。過激派セクトが組織内に入り、組合が自力で排除できず、またヤミ休暇・ヤ
　　ミ休息の日常的な勤務等が蔓延し、怠惰な労働環境で生産性が著しく悪く、その上、
　　利用者に対して横柄な態度であった。後日、国鉄民営化の真の目的は、労働組合の解
　　体にあると中曽根首相が言明した。

②不採算路線及び人員削減
　1980年に成立した「日本国有鉄道経営再建促進特別措置法」に基づき、輸送密度の低い
　不採算路線の廃止が、民営化の前に進められた。1981年より３次に亘り、赤字路線（計
　83路線）が廃止された。
　　　　・45路線が廃止され、バスに転換した。
　　　　・36路線が第三セクター化した。
　　　　・２路線を私鉄に譲渡した。
　赤字路線の廃止により、41万４千人の国鉄職員は、分割民営化までの７年間で27万６千
　人と激減した。更に、民営化により国鉄職員27万６千人が、国家公務員から民間扱いと
　なった。巨大組織、国鉄の職員数の経緯は以下である。
　　　1955年：442千人、1965年：462千人、1975年：430千人
　　　1980年：414千人、1987年の民営化時：276千人。

③民営化後
　民営化後の人員は、215千人とスリム化し、61千人の雇用対策を実施した。国鉄から新
　会社11社への再就職という形をとり、応じない職員は清算事業団に移した。また、国労
　を脱退した組合員は、ほぼ全員が採用されたが、国労に留まった者は排除された。
　民営化後は、地方での赤字路線廃止がいっそう促進された。駅の無人化、列車のワンマ
　ン化、窓口の無人化、遠隔端末化等の市場原理を優先したため、事故が多発（ＪＲ福知
　山線事故、信楽高原鉄道列車衝突事故等）した。なお、民営化に伴う巨額債務の処理
　は、民営化時の37兆1000億円の累積赤字は、その殆どが税金での弁済となり、事業を承
　継したＪＲは、赤字額の内、7000億円の負担のみとなった。実際の処理は以下である。
　民営化直後の1987年４月１日、37兆1000億円の債務は、清算事業団解散時（1998年10月22
　日）には、28兆3000億円の債務残高となった（11年間での弁済額は、8兆8000億円のみ）。
　残高債務の処理は、次頁の如く、28兆3000億円の内、国が税金24兆円を投入して処理し

第３章　経済と産業　127

た（国の一般会計から6000億円／年で、60年ローン返済）。

- ・16兆1000億円－－　国の借金。
- ・3兆 400億円－－　清算事業団の負担。
- ・　　7000億円－－　ＪＲの負担。
- ・8兆4600億円－－　債務免除。

④日本国有鉄道（国鉄）の変遷、その他

1949年6月1日	国鉄発足。
1964年	東海道新幹線が開業。
1987年3月31日	国鉄、廃止。
1987年4月1日	ＪＲ発足。

国鉄の民営化は、国民世論も支持した。民営化に対し、自民党・公明党・民社党は賛成し、日本社会党は分割に反対（民営化は容認）、共産党は民営化そのものに反対した。

（2）電電公社の民営化

電電公社は、「日本電信電話公社法」により1952年（昭27年）に設立された。1985年4月1日施行のＮＴＴ法により、「ＮＴＴ」として民営化された。民営化時、従業員数31万4000人、資本金7800億円と日本最大の株式会社として発足した。ＮＴＴは、世界最大の情報通信コングロマリット（conglomerate、複合企業）でもある。

黒字体質であったが、情報通信技術（ＩＴ）の急速な進展という環境変化の対応、及び、民間企業の高い経営判断力と機動力が必要との事で、積極的に民営化された。電電公社の民営化は、組織が長年のお役所仕事から硬直化し、腐敗し、時代の変化についていけなくなったという公営企業体という形態に有り、これを民間出身の「ドクター合理化」の異名をとる真藤亘氏により、民営化という大手術をした。

肥大化した政府部門の「行政改革」として、小さな政府を目指した結果でもある。なお、民営化時の職員31万4000人は、国家公務員から民間扱いとなった。民営化前、我が国の電話・通信事業は、以下の如く電電公社の独占市場であった。

- □国内通信：　「電電公社」
- □国際通信：　「国際電信電話株式会社：ＫＤＤ」

①経緯

1980年7月　鈴木善幸首相が、政府部門の肥大化に歯止めをかける「行政改革」を計画し、行政管理長官に中曽根康弘氏を充てた。

1981年5月　ＩＨＩの社長を歴任した「ドクター合理化」と異名をとる、民間人の真藤亘氏が電電公社の総裁に就任した。鈴木首相から、行政改革を引き継いだ中曽根首相は、国鉄改革は理解したが、電電公社の改革については、何も考えていなかったという。

1985年4月　真藤総裁は、ビジネス手腕を発揮して民営化という外科手術を実施した。

1985年4月1日　ＮＴＴ法により、「日本電信電話公社」は「ＮＴＴ」となり民営化された。この年は、通信事業への新規参入が認められる自由化となった。またプラザ合意で、日本経済が円高に突入した。

なお、民営化後、ＮＴＴは、政治的な調整（族議員の擁護、労働組合への配慮）で、14年間に亘り、一社体制を維持し続けた。1990年及び1995年にも分割問題で議論されたが、分割は実現しなかった。しかし、1999年、ＮＴＴは、以下の５つの会社に分割した。
　　　　・ＮＴＴ東日本株式会社
　　　　・ＮＴＴ西日本株式会社
　　　　・ＮＴＴコミニュケーションズ株式会社
　　　　・ＮＴＴドコモ
　　　　・ＮＴＴデータ
②民営化の理由
　民営化に至った理由は以下であるが、元凶は公営企業体という形態にあり、この形態をとる限りは改善ができないと判断し、真藤総裁は民営化の実施に踏みきった。
　□長年の公社というお役所体質から、組織が硬直化し・腐敗し・時代の変化についていけなくなった。社内での腐敗が横行した。例えば、1980年代、電電公社内では「カラ出張・ヤミ手当」の不正経理が発生した。特に、近畿電気通信局では２年間に、4000件のカラ出張で、２億6000万円の不正経理が発生した。
　□一般企業からデータ通信、米国からは資材調達の開放を求める声があった。
　□電話需要の伸びが鈍化し、コスト意識が低く、経営のトレンドが悪い方向に進んだ。
　□経営の足かせ（電電公社特有の予算至上主義、労使の慣行・なれあい等）が多すぎて、機動的な対応がとれず、国鉄のように赤字経営に転落の危険があった。
③民営化後
　□民営化後も、ＮＴＴはＮＴＴ法に基づく特殊法人となり、「見なし公務員」のため、分割もせず一社体制を14年間も継続した。この理由は、会社分割により、公労協最大のＮＴＴの労働組合「全電通」の弱体化を招くとし、更には郵政省の反対もあった。
　□分割問題の議論は1990年と1995年に実施したが、ＮＴＴ自身の強い抵抗で実現せず。1999年に、５つの会社に分割・民営化が完了した。
　□電電公社の民営化は、赤字体質になる前に民営化した。依って民営化の手続・処理に際し税金の投入は一切なかった。但し、32万人の公務員が民間扱いとなり、民営化後のＮＴＴの事業は、好結果となり成功したと考えられる。
　□ＮＴＴの民営化過程を見ると、日本はオープンな立場で透明な議論を行い、制度改革を決めていくという土壌がない。外乱の要因がなければ、現状維持が継続し発展していかない。現在も、日本のシステムはほとんど進化していない。
（3）専売公社の民営化
　たばこ事業は、明治時代にたばこ専売事業（政府による独占事業）の導入後、1945年まで大蔵省専売局により、政府の直轄事業として運営されてきた。1949年に「日本専売公社」が設立し、たばこ事業の収益は、国又は地方公共団体の財源に充当され、年間、２兆円にものぼり、安定した財源の役割を果たしてきた。
　たばこ事業の安定した財源の役割と、たばこ輸入自由化（1985年）の対処のために、また、生産性向上の体質強化を図るために民営化した。この背景には、欧米諸国からの輸

第３章　経済と産業　129

入自由化の圧力、及び英国における公営企業の民営化政策の成功事例による影響もある。民営化と同時に、外国葉たばこの輸入販売が自由化された。

1985年4月1日、たばこ事業法により「日本専売公社」から「日本たばこ産業株式会社：略称ＪＴ」に改組。資本金は1000億円（政府の出資）。民営化時の３万１千人の従業員が、国家公務員から民間扱いとなった。

①経緯

1904年（明37年）	たばこ専売事業の導入。1945年の戦後まで政府の直轄事業として、大蔵省専売局で運営された。
1949年（昭24年）	日本専売公社法に基づき「日本専売公社」を設立した。
1985年（昭60年）	中曽根内閣が、公営企業民営化政策の一環として俎上し、当該公社が民営化されて、「日本たばこ産業株式会社」となった。民営化と同時に、外国葉タバコの輸入販売が自由化された。なお、国産タバコの製造・販売に関しては、ＪＴが引き続き事業を独占している。
1987年（昭62年）	輸入たばこ（紙巻きたばこ）の関税が無税となった。

②民営化の背景、目的

□専売公社が、企業経営に必要な自主性を発揮するのは難しい。従って、民営化の方向で検討が必要であった。

□たばこの専売制度そのものについて、再検討する必要があった。

□欧米諸国から、たばこ輸入自由化の圧力が強まった。

□イギリスにおいて、公営企業の民営化政策が、次から次へと成功した。

民営化の目的は、たばこ事業について、引き続き安定した財源としての役割を求め、且つ、輸入品との競争に耐え得るように、生産性向上を図る事である。

（4）郵政民営化

郵政民営化は、日本における郵政三事業（郵便、簡易保険、郵便貯金）を民間レベルの事業にする事である。郵政改革の本来の目的は、「効率のよい小さな政府の実現」に他ならない。赤字体質ではなかったが、「小さな政府」を実現させるため、行財政改革の断行そのものであった。また、郵便事業を取り巻く環境が変化し、「民間でできることは、民間でやるべきである」と。郵政民営化は、戦後、最大の行政改革を実現した。特筆すべきは、小泉内閣の下で、経済学者の竹中平蔵氏という民間人の知恵を得た事で実現できた事である。民営化時の職員24万人が、国家公務員から民間人となった。

2007年10月1日、「日本郵政グループ発足式」が行われ、総資産238兆円、従業員数が、24万人の巨大企業グループが誕生した。2017年の完全民営化までの10年間は、移行期間とし、民営化委員会が６つの組織を推進・監視していく事となった。郵政民営化関連法案では、日本郵政公社を以下の如く、６つの組織に分割した。

□日本郵政株式会社（ＪＰ日本郵政、ＪＰホールディングス）

郵便事業（株）、郵便局（株）の全ての株式を保有・管理する。また、経営管理や業務　支援を行う。2017年度に株式上場を果たし、2017年９月末までに郵便貯金銀行・郵便保険会社の保有株を完全処分する。

□郵便事業株式会社（ＪＰ日本郵便、ＪＰポスト）
　　　郵便業務、収入印紙の販売を行う。
　　□郵便局株式会社（ＪＰ郵便局、ＪＰネットワーク）
　　　郵便局・郵便窓口を通じた窓口サービスを行う。
　　□郵便貯金銀行（ゆうちょ銀行、ＪＰバンク）
　　　郵便貯金業務を行う。
　　□郵便保険株式会社（ＪＰかんぽ生命、ＪＰインシュランス）
　　　生命保険業務を行う。
　　□公社承継法人（独立行政法人 郵便貯金・簡易生命保険管理機構）
①経緯
　1996年第一次橋本内閣の「行政改革会議」が発足して、中央省庁再編について議論され、1997年８月の中間報告にて初めて「郵政民営化」の法案が提出された。法案内容は、郵便：国営、郵便貯金及び簡易保険：民営化であった。
＜郵政事業における利害関係の団体＞
　・特定郵便局長会、大樹の会（ＯＢ）　　－－　自民党の支持基盤
　・郵政の労働組合　　　　　　　　　　　－－　民主党の支持基盤
　・旧郵政省　　　　　　　　　　　　　　－－　官僚の天下り
　□1999年５月、超党派の国会議員で構成の「郵政民営化研究会」が発足。会長：小泉純一郎、事務局長：松沢成文、メンバー：田中宏・前原誠司・堂本暁子・上田清司等であった。小泉は、研究会発足の20年前の1979年の大蔵政務次官就任時より郵政事業の民営化を訴え、更に宮沢内閣時の郵政大臣の在任時、及び第二次橋本内閣の厚生大臣在任時にも民営化を訴えている。
　　2001年１月、中央省庁再編により郵政省から総務省に、そして郵政事業庁に再編され、その後、2003年４月１日に郵政事業庁が、特殊法人である日本郵政公社となった。
　□2001年４月、小泉内閣の発足後は、改革の本丸と位置付け更に民営化を進めた。
　　なお、2004年10月14日の「日米規制改革」に基づく米国からの要望も、民営化の改革の後押しをした。米国の保険業界は、120兆円を超える「かんぽ」資金は魅力的な市場であり、かんぽを郵政事業から切り離して、全株を市場に売却せよと迫った。
　□自民党内の特定郵便局を支持基盤とする、郵政事業懇談会から激しい抵抗を受け、改革法案について以下の如くの対応となった。
　　・2005年７月５日　　　衆議院で５票差にてかろうじて可決。
　　・2005年８月８日　　　参議院で否決。（多数の自民党議員が反対。）

　　・小泉内閣は、衆議院を解散し、2005年９月11日、国民に郵政民営化の是非を問う総選挙を実施した。総選挙では、国民の支持を受けた与党が圧勝した。
　　・2005年10月14日　　　国民の信を得て、郵政関連法案が可決・成立した。

②民営化の目的

民営化の目的は、財政投融資等に使われていた資産を、民間に流し資金が自由に市場に流れるようにすることである。約340兆円という潤沢な郵便資金を特殊法人などに代表される政府機関ではなく、個人や民間企業に融資できるようにすることで、日本の経済の活性化が図れる。

その他、免除されていた法人税・法人事業税・固定資産税・印紙税・消費税等の収益によって財政再建も図れる。また、郵政民営化は、国家公務員97万人の内30～40万人が郵政事業関連に従事しているため、行政のスリム化にも多大な貢献となる。

③民営化の見直し・実現

2007年7月29日　第21回参議院通常選挙で民主党が第1党となり、郵政民営化の実施を凍結する「郵政民営化凍結法案」を民主党・社民党・国民新党の三党が提案した。

2007年12月12日　参議院で可決。

2008年12月11日　衆議院で否決・廃案。

2007年10月1日　日本郵政の本社で「日本郵政グループ発足式」が開催され、巨大企業グループが誕生。この席で、元首相の小泉氏は、全政党が反対した「郵政民営化」を実現できたのは国民の支持があったからであると述べている。総資産：　238兆円。従業員：24万人。

（※）郵政民営化法には、3年毎の見直し規定が設けられているが、民営化を戻すという訳ではなく、経営を良くするためのものである。

（5）道路公団分割民営化

道路公団分割民営化は、2001年12月19日、「特殊法人等の整理合理化計画」が閣議決定され、これを受けて道路公団を民営化するという政府の方針が確定した。

道路関係四公団の内、本四公団を除き、1956年4月の設立から、一貫して黒字の状態が継続してきた。この中で、官僚の天下り・談合・族議員の暗躍等、隠れた利権の温床として、特殊法人の異常な経営等が続けられていた。

異常な状態を打破するために、民営化が議論され、また、近年、公団の負債が、28.6兆円（2004年末）もあり、税負担となりつつあるため、民営化が断行された。

民営化時の借金（債務）は40兆円と、国鉄の場合と良く似ているが、45年以内の返済にメドを立てて、民営化のために税金を一切投入しなかった事である。特筆すべきは、小泉内閣の下、民間人で作家の猪瀬直樹氏の尽力で、道路公団の民営化が実現し、職員は準公務員から完全に民間扱いとなった。

2001年4月1日に発足した小泉内閣は、道路公団の民営化は「道路関係四公団民営化推進委員会」に委ねる、また、財政投融資からの借金返済について、税金投入を止めるとした。国鉄民営化（借金：37兆円）では24兆円の税金を投入したが、道路公団民営化（借金：40兆円）では「税金投入ゼロ」を目指した。

①経緯

2001年4月1日　　小泉内閣発足。

132

| 2001年8月6日 | 猪瀬直樹氏による道路公団の民営化提言。 |
| 2001年12月19日 | 「特殊法人等の整理合理化計画」が閣議決定。道路関係四公団民営化推進委員会は、各界代表7人による検討が開始された。 |

- □委員長：今井　　敬氏（新日鉄会長、道路公団事務系、国土交通省の代弁者）
- □委員：　中村　英夫氏（武蔵工大教授、土木学権威、国土交通省の代弁者）
- □委員：　松田　昌士氏（委員長代理、ＪＲ東日本会長、ＪＲの利害代弁者）
- □委員：　田中　一昭氏（拓殖大学教授、道路公団事務系の代弁者）
- □委員：　川本　裕子氏（マッキンゼー＆カンパニー、道路公団事務系の代弁者）
- □委員：　大宅　映子氏（評論家、利用者・消費者の立場）
- □委員：　猪瀬　直樹氏（作家、最後まで民営化の取り纏めを実施）

（※）委員会での検討中に利害が衝突して、2002年12月に今井氏が辞任、中村氏も欠席。また2003年には松田・田中の両氏が辞任し、川本氏も出席辞退した。最後は大宅・猪瀬氏の両委員にて民営化を取り纏めた。特に、猪瀬氏は最後まで全責任・全精力を注ぎ実現に尽力した。

2004年3月9日	民営化法案が閣議決定され、法案が国会に提出。
2004年6月2日	道路関係四公団民営化の法律が、参議院で可決・成立した。
2005年10月1日	新会社が発足して、民営化が実現した。
	（45年以内に、40兆円の借金返済のメドが立った。）

②民営化の目的

　民営化の目的は、高速料金を下げること、増え続けていた借金（債務、40兆円）を完全に返済できる体制（税金投入ゼロで民営化実施）にする事である。民営化提言の2001年8月から、民営化法案提出の2004年3月に至る、2年半の道路公団民営化作業の検討は、郵政民営化検討作業と並行して実施された。

　利権争いの抵抗勢力（役人、国土交通省、日本道路公団職員等）との攻防が、民営化推進委員会内でも行われ、最終的に利権に関わらない、民間人の猪瀬直樹氏と大宅映子氏によって達成された。特に、作家で後の東京都知事となった猪瀬氏は、信念を持って最後まで民営化に貢献し、賛嘆されるべきものである。

③道路をめぐる権力構図

　図3-7は、道路をめぐる権力構図を示す。道路公団分割の民営化の推進を阻む抵抗勢力の中で、真の抵抗勢力は、道路公団職員そのものであったが、表面的には国土交通省、道路公団の事務系及び技術系職員たちであった。

④民営化

　民営化により道路関係四公団は、以下の6つの会社に分割された。また、高速道路の一部は料金が値下げされ、更に民営化に伴う税金投入は一切なく、民営化時の債務（借金）の40兆円は、45年以内に返済するメドが立った事も大きな成果である。

- □東日本高速道路株式会社
- □中日本高速道路株式会社
- □西日本高速道路株式会社

□首都高速道路株式会社
　　□阪神高速道路株式会社
　　□本四連絡橋株式会社
⑤特殊法人
　日本道路公団は、公的法人でありながら国家公務員の規制はない。但し、刑法の適用は公務員とみなされていた。なお、以下の如く特殊法人における不祥事が発生している。
　　□ハイウェイカードの偽造による被害（400億円）
　　　額面5万円で5万8千円分使用できるが、偽造防止の仕掛けも何も無く、ICチップ

図3-7　道路をめぐる権力構図

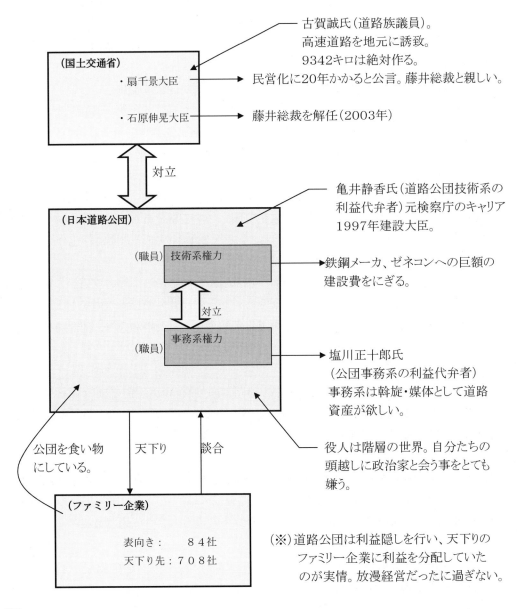

も埋め込んでない、ただの磁気カードのため偽造により400億円の被害を被った。このカードは、公団天下りのファミリー会社の製造・販売である。

□料金別納組合によるピンハネ

大手トラック業界は、料金別納制度で30％の高速料金の割引。小さな運送会社は割り引きがないため料金別納組合を作り、参加の会社から15％分を中抜きして、15％の割引きで還元してピンハネしていた。

⑥その他

□高速道路料金無料化論

民主党の菅直人が、政権公約として「高速道路料金無料化」を打出した。これは、料金を支払わない代わりに、税金で借金を返済し、維持メンテナンス管理も税金で負担する仕組みである。

高速道路を使用する車は、10台に1台の割合であり、残り9台は利用してないにも関わらず高速料金を負担させられるのは、受益者負担の原則に反し、理論的には破綻する仕組みである。また、無料化は「大きな政府」を作るだけである。

□情報伝達としての新聞

猪瀬氏は、道路公団の民営化検討作業において、新聞記事の引用を事実根拠とはせず、沢山ある状況証拠の一つとしか、新聞記事を採用しなかった。新聞記事は、時代を正しく反映していないし、書いている事は必ずしも事実ではない事もある。時には社説でさえ事実と異なる事もある。作家は、事実を記録できる立場にある。

8．営利法人

営利法人とは、営利事業を行なう社団法人である。資本団体である会社は、その典型であり日本においては、約300万社が存在する。大企業の多くが証券取引所に上場して事業活動をしている。そこで、証券取引所の概要を説明する。証券取引所は、東京、大阪、名古屋の他に小規模であるが札幌と福岡がある。

東京証券取引所には、東証第一部、東証第二部、マザーズの「市場」があり、大阪証券取引所には、大証第一部、大証第二部、ジャスダック、ヘラクレスの「市場」がある。大企業の多くは上記の証券取引所の第一部に上場している。日本の法人の9割以上が中小企業であり、概ね大企業、中小企業の判断は以下である。

大　企　業：資本金5億円又は負債総額200億円以上の会社。

中小企業：上記以外の会社

営利法人について、証券取引所に上場している企業は約4500社である。

□東京証券所	2340法人
□大阪証券所	1855法人
□名古屋証券所	227法人
□札幌証券所	22法人
□福岡証券所	39法人
（計）	4483法人

（1）東京証券取引所（略称：東証）

東京証券取引所は、株式会社東京証券取引所（Tokyo Stock Exchange Incorporated）及び東京証券取引所自主規制法人の２つの法人から成る、金融商品取引所である。また、日本を代表する金融商品取引所として、日本経済の成長に貢献してきた。なお、東証は、世界三大市場（ニューヨーク、ロンドン、東京）の一つに挙げられ、世界経済の中枢の一角を担っている。上場基準の異なる市場第一部、及び市場第二部並びに新興企業向けのマザーズがあり、この外に公社債市場が開かれている。

①上場会社数

2008年12月25日現在、2389社が上場（外国会社16社を含む）している。

市場第一部	1729社	（外国会社14社）
市場第二部	462社	
マザーズ	198社	（外国会社２社）

②東京証券取引所自主規制法人

金融商品取引法に基づく、唯一の自主規制法人である。2007年10月、東京証券取引所から分離して設立。11月１日より自主規制業務を開始。株式会社東京証券取引所は、株式会社の義務を果たすべく利益を得るために、上場会社等から手数料等を多く獲得する必要がある。

一方、上場会社が不正を起こしたため売買停止になり、上場廃止にするといった自主規規制機能が働くことによって、市場の信頼性確保・投資者の保護が実現できなくなる恐れがある。このため、別法人を設けて自主規制機能を移管することで、利益相反・自己矛盾の状況を回避するものである。

（2）その他の証券市場

①マザーズ：Mothers

マザーズは、東京証券取引所が開設している、新興企業向けの株式市場である。1999年11月11日に開設。マザーズは、東証一・二部と並立する市場として位置付けられている。東証一・二部は、一定水準の過去の実績としての基準を設けているが、マザーズは開示に重点を置くことで、利益の額などの基準は設けず、今後の高い成長が期待されている会社を対象としている。

②ヘラクレス：Hercules（略称：ＨＣ）

ヘラクレスは、大阪証券取引所が開設する、新興企業向けの市場である。

名称：ニッポン・ニューマーケット・ヘラクレス（Nippon New Market Hercules）

③ジャスダック：Jasdaq

株式会社　ジャスダッグ証券取引所（ＪＡＳＤＡＱ）

3.3　優れた企業

元ジョンソン・エンド・ジョンソン社長の新将命（あたらしまさみ）氏は、米国・英国・オランダ・日本の代表的企業で、40年以上に亘る経営の経験を積んだ結果として体得した実感は、

「優れた企業」には国籍や国境はない、普遍的な特徴があるだけだと指摘している。

そして、優れた企業の原理・原則は、株主満足を実現させるために、前段階でのステークホルダー（顧客・社会・社員等）への責任が実行されなければならない、なかんずく経営者の品質が、厳しく問われなければならないと述べている。新氏の視点は、企業の捉え方について、非常に大切なポイントを提供している。

１．優れた企業とは

「優れた経営の国際比較」の論評に熱心な人がいるが、そもそも企業は３つのグループに分類される。つぶれる会社、生き残る会社、勝ち残る会社である。現在、1000万円以上の負債を抱えて倒産する企業は、約12000〜13000社／年、発生し、ベンチャー企業の80％以上は、３年以内に倒産している。

生き残る会社とは、「とりあえずつぶれない」というそこそこの企業である。勝ち残る企業とは、売上げや利益の伸びが、業界平均や競合他社より高く、右肩上りとなっている。また、社員が、金銭的・精神的な充実感を味わいながら仕事をしている様子が見られる。全体の約10〜20％である。勝ち残る企業作りのフロー図を右に示す。

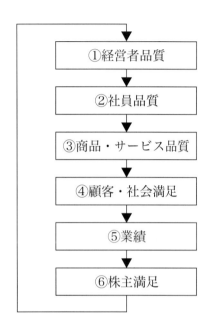

勝ち残る企業の原点は、経営者と社員という社内の人である。特に、「経営者の品質」が、とても重要である。ロシアには、「魚は頭から腐る」ということわざがあるように、魚でも企業でも経営者から腐るのである。経営者の品質、即ち社長や役員の経営能力である。

顧客、社会、社員というステークホルダーへの責任、株主に対する責任を継続的に果たし、株主の満足を実現させることである。

２．望ましい経営者品質

望ましい経営者品質は、以下の「７つのＰ」でほぼ説明が可能である。

　　□情熱（ＰＡＳＳＩＯＮ）
　　□企業理念・ビジョン（ＰＨＩＬＯＳＯＰＨＹ）
　　□計画（ＰＬＡＮ）
　　□商品（ＰＲＯＤＵＣＴ）
　　□優先順位（ＰＲＩＯＲＩＴＹ）
　　□迅速性（ＰＲＯＭＰＴＮＥＳＳ）
　　□人（ＰＥＯＰＬＥ）

経営者が、時間という友の助けを借りて、この７つを確立すると、結果として８つ目のＰ（業績：ＰＥＲＦＯＲＭＡＮＣＥ）が生じる。物事には順番があり「原理・原則」がある。原理・原則を軽視したり、無視すると企業に継続性はない。企業の衰退・崩壊は、殆どの場合、

以下の３点による内部要因に起因する。

①経営者の勉強不足からくる経営能力の不足。

②経営者の思い上がりと傲慢。

③過去と現在へのこだわりとしがらみ

　①と②は、外資も和資もどっこいどっこいである。和資が外資から学ぶべき内容は、③のし
がらみからの脱却である。「和の精神」は、日本文化の原点であり美点でもあるが、激変・急
変・大変の時代の経営の足を引っ張りかねない。外資系企業で特に米国企業の強さは、必要が
あれば大胆に、しがらみを断ち切る意思と能力が有ることである。

3.4　日本で一番大切にしたい会社

　法政大学大学院の坂本光司教授が、セミナーで自著の『日本で一番大切にしたい会社』につ
いて講演された。本書のテーマにおける、導入部の役割として大いに参考となる。

　坂本教授は、日本全国の約6600社の中小企業を訪問され、経営的な助言と共に、企業経営の
実態調査を行い、優れた企業を『日本で一番大切にしたい会社』の著書で積極的に取り上げ
て、支援をしており、この事業を自身の使命と感じて取り組んでいる。

　また、会社経営とは「５人を幸せにする活動」であり、企業の業績はその活動の結果であ
る。そして、「日本で一番大切にしたい会社」は、国の宝であると絶賛され、正しいことをす
る経営が大事であり、原理・原則・自然の摂理が、とても大切であると述べている。

　日本経済の基盤を支えている、中小企業の存在は最も大切である。全ての企業は、坂本教授
の主張に耳を傾け、積極的に取り入れるべきである。著者は、坂本教授の経営に対する考え方
は、日本が世界に対して発信できる貴重な文化の一つであるとも考える。

１．大切にしたい会社とは

　坂本教授は、「大切にしたい会社」の例示として、以下の如く述べている。

　都心のあるフランス料理店の女性オーナは、人格的にも素晴らしく、傍観者であってはいけ
ない、正しい事を実践するのだとの心意気で経営している。その支援のため、神田の「経営者
クラブ」約30社の経営者と一緒に、食事会を兼ねた会合を、その店で設定して開催している。
料理店では、高い料金の食事を心がけている。

　小さな希望や夢が叶える事ができない社会は、どこか狂っていると考えている。以前から依
頼のあった京都の労働組合へ、ＡＭ8:00 の早朝に講演をおこなった。対象は組合幹部が中心
であった。冒頭に、「労働組合は、家族同様の組合員をどうして守らなかったのか？　現状で
は、組合の組織率が20％以下と嘆いているが、その使命を果たしていないと」訴えた。

　家族を大きくしたものが企業である。会社は家族である。経営者は家族の中の親の立場であ
る。私の経営観には、リストラという言葉はない。リストラをすると会社は潰れる。リストラ
をする会社を尊敬できますか、そんな会社の製品を買いたいと思いますか、自分の子供を就職
させたいと思いますか。

　40数年間、日本全国の中小企業を見てきた。北海道から沖縄までの各地を訪問し、経営に関
する調査・研究・助言等を実施してきた。「日本で一番大切にしたい会社」について、著書を

3冊発行して紹介してきた。まだまだ言い尽くせないが、このような会社を、日本に拡大し支援していく事が、私の使命と感じていると述べていた。

２．企業経営は５人を幸せにする活動

　企業経営とは、「５人を幸せにする活動」である。40数年間、日本全国の企業を訪問して得た私の「経営観」の結論である。５人が幸せになったと実感する企業は、潰れていない。企業は、この５人を永遠に幸せにする事である。対象の５人とは以下である。

　　　　　　□第１番目：社員とその家族
　　　　　　□第２番目：外注先・下請企業の社員
　　　　　　□第３番目：顧客
　　　　　　□第４番目：地域社会・地域住民
　　　　　　□第５番目：株主

（１）第１番目：社員とその家族

　　　顧客第一と言うが、その顧客に商品・サービスの提供をする対応は社員である。故に、社員は第１番目に大切にされなければならない。また、社員の家族は、社員を支えているため社員と同様に大切である。

　　　円高・不況になると、リストラ・早期退職を実施する企業がある。結果責任は経営者にあり社員にはない。にもかかわらず、リストラを断行している。高齢者と障害者（身体、知的、精神）を大切にしない人は、自分と自分の家族が、高齢者や障害者にならないと考えているのだろうか。強者が弱者を大切にすることは、自然の摂理である。

　　　モチベーションが低下するとよく言われるが、これは打開策に問題がある。総人件費を抑制するため、一律○○％給与カットをしているようであるが、給与をカットするのは経営者を始め管理職者である。社員はカットすべきではない。

　　　社員にカットが及ぶ場合は、その経緯を社員が納得するよう説明すべきである。正しい事をする経営者が大事である。原理・原則・自然の摂理が大切である。業務軸ではなく、社員とその家族を第一義に考える、経営・経営者が必要である。

（２）第２番目：外注先・下請企業の社員

　　　第２番目に大切にするのは、仕入先・外注先等の社員、つまりベンダーと言われる「社外社員」である。社員ではないが、「社外社員」と位置付けて扱っているかどうか。コスト低減のみを押し付けていないか。景気のバッファにしていないか。やる気をなくすような対応をしていないか。

　　　正しい経営は、発注者として、誰かの犠牲の上に成り立つ経営ではいけない。社内の問題は、発注元において開発部門と販売部門に内在している。中小企業は、徳のない親会社とは付き合うなと言いたい。

　　　発注者は、協力会社・外注加工業者があって、仕事をしている。手形発行は、仕入先を大切にしていない事に通じる。現状の業態のままでは、協力会社・外注加工業者がなくなってしまう。日本には、1982年のピーク時に約70万の工場が、2013年には約23万に減少し、最近は、日本の加工業者が海外に行ってしまう。愚かな対応である。

第３章　経済と産業　139

（3）第3番目：顧客

　　顧客には、現在と未来の顧客がある。企業経営は、この顧客の幸せを実現するための活動である。名実ともに顧客を大切にする会社は、6600社のうち約10％である。90％の会社は、言う事とやっている事が全くでたらめである。

　　成果主義、実績主義は悪弊である。これは会社に問題がある。なかんずく、上司に問題がある。効果・効率を考える軸から、顧客の幸せを考える軸に、移行させなければ、顧客を大切にする事にはならない。

（4）第4番目：地域社会・地域住民

　　地域住民は、会社と直接の関わりがない。しかし、地球上に住む人々・地域においては助けを求めている人が非常に多い。日本の障害者は、約720万人（日本の総人口の6％）と言われている。健常者は、まず、障害者に手を差し伸べる、これが自然の摂理である。法律では、企業に従業員の1％を障害者雇用すると定めているが、これが最近2％に改定された。6％にするなら理解できるがおかしな事である。

　　私は、色々な会社を知ってから、見て見ぬふりはできない。「大切にしたい会社」は何とか支援したい。支援したい会社の実例を4件紹介する。

①鹿児島県の出版会社

　　30人ほどの従業員（実は25名が精神障害者）の出版会社である。日本で一番大切にしたい会社の一つである。従業員の一人から手紙を頂いた。働いている会社を訪問して下さい。そして、社長さんを誉めて下さいと。私はとても感動した。社長は、病院の女医さんで、会社は看護師等と共に作った。

　　精神病の患者は、薬や病院の治療では治らない。社会に参加させ、その仕事の喜びを与える事が必要である。通常の会社組織は、自社のために戦ってしまう事となる。この女医さんの動機が善である。このような会社は国の宝である。大学の教育者として、教え育てる事から言えば、このような会社は訪問しなければならないと考え実現した。

②北海道の印刷会社

　　7名の小さな印刷会社である。主力品は名刺（30円〜100円／枚）である。この会社も本に掲載して世に知らしめたいと、これが私の仕事である。紹介後、700人／月の新顧客が増加しているという。事業に対する動機が善である。

　　発展する理由は、エコロジペーパー（材料は30％がバナナの茎、70％が紙）を使用している。バナナの茎は、アフリカのザンビア（平均寿命：49歳、貧しい国）から取り寄せている。このことにより、ザンビアの貧しい人々の手助けとなっている。また、社員がザンビアに出向き、技術指導をしている。

　　名刺のデザインは自社であるが、全て障害者の作業場で、700円／Hの単価で製作を行なっている（障害者の給料は、全国平均で13,000円／月）。また、この会社では、売上の10％を盲導犬協会に寄付している。大切なのは、これらの活動を応援する「心」である。支援者は、北海道：20％、四国・九州・沖縄：80％とのことである。

　　大学院のゼミ生（社会人、経営者等）を連れて会社を訪問すると、「この世の中に、このような素晴らしい会社があるとは思わなかった」と一概に感嘆する。涙が出てきまし

たと。これらは全て利他を目指す活動である。

③北海道のメガネ屋

都内の病院を経営している人から連絡を受けた。私の出身地の○○は、北海道の誇りです。よくぞ、坂本教授の著書に紹介して頂いたとの事。世界で一番大変な人は難民である。この難民に、奉仕しているのが、このメガネ屋さんである。30年間で、世界の難民12万人にメガネをプレゼントしてきた。社員が、世界各地の難民が住む地域に出かけて、目を検眼してその場で対応し、メガネを作っているとのことである。

中国の残留孤児が、日本に来て肉親捜しをした。この人達（約800人）にもメガネをプレゼント。そのうちの一人は、「祖国は、私たちを見放してはいない」と感動を寄せたとの事である。そして、「花や木が、こんなに美しいと思っていなかった」と。

④四国のくつ屋

香川県で、社員59人のくつ屋がある。社会からとても評価されている。客からのお礼の手紙が、約２万通／年くるとのことである。この会社についても訪問させて頂き、その手紙を１万通、読ませて頂いた。感動の６通については著書に掲載した。社員が商品の発送時に、メッセージカードを添付して、このシューズを履いて香川県に来て下さいと。そして、我が社にも来て下さいと。

（5）第5番目：株主

株主の満足度は、これまでの４人の満足度を高めれば必然的に発生する。株主に対する使命と責任は、目的というより結果として実現するものである。株主の満足度を高めるため、短期の業績や株価の動向に一喜一憂してしまい、長期のスタンスに立った経営が、できなくなってしまう。これは、中小企業の経営者に見られる傾向である。

３．会社の存在意義

（1）講演

限られた時間内での講演であったが、全国の中小企業を訪問して、現場での実体験だけに、とても実感がこもっていた。坂本教授の講演は、「会社に対するイメージが180°回転した」強烈な内容であった。会社は誰のものか、会社の存在意義とは何かの回答が、この講演に見いだされる。

特に、会社は、家族を大きくしたようなものである、正しい事をする経営者が大事である等の見識にはとても感動した。特に事例紹介では涙が出てきた。また、会社経営とは、「５人に対する使命と責任を果たすための活動」については、一般社会に対して、現実離れのように聞こえるが、現実にそれを実行している多くの企業が有り、実績があるという事にも感嘆した。

坂本教授は、日本で一番大切にしたい会社とは、「日本の宝のような会社」であると絶賛され、今後も支援を惜しまないと。また、これが私の使命であると言い切っていた。著者は、本書のテーマに一歩近づいた内容に、本当にその通りであると実感した。

（2）会社経営

国際ビジネスブレイン社長新将命氏が、「勝ち残る企業の共通する原理・原則」を紹介され、経営における最も大切な視点を述べている。

企業の衰退や崩壊は内部要因であり、特に経営能力の不足、経営者の思い上がりと放漫経営、過去と現在へのこだわりとしがらみであるとの見識である。社長や役員の品質、すなわち経営能力が原点であると。新氏の指摘は、坂本教授の講演内容と共通する部分が見いだせる。すなわち、新氏も指摘の如く、企業の継続（勝ち残る）の原点は、社内の人（経営者・社員）の品質が、第一としていることである。顧客より、社員を大切にしている点である。

坂本教授は、企業経営とは「5人を幸せにする活動」と言い切っていた。また、経営で一番大切なのは「継続」であり、業績や成長は、会社を「継続」させるための手段であり、私の経営学では「一に人財、二に人財、三に人財で、あとは人間を幸せにするための道具にすぎないと考えている」と述べている。

「日本で一番大切にしたい会社」とは、自分たちにしかできない、仕事をしているオンリーワンの会社ばかりである。そのすべてが、物ではなく心を大切にしている会社である。心にしみる、心に響く会社であると。この5人を幸せにする活動が、会社経営であるとの指摘は、大企業及び中小企業を問わず、全ての企業に共通する理念である。事業として実施している、全ての団体・組織について通じる事である。

（3）「心」こそ大切

強者が弱者を支援する、健全者が障害者を支援する等、自然の摂理として考えられる事が現実の社会では遅々として進んでいない。坂本教授は、正しい事・善の動機・「心」こそ大切であると指摘をされている。また、人間の人格とも言われていた。著者は、この知見に大いに賛同する。

利他（他者のために尽くす）に貫かれた行動・実践は、あまりにも尊いものであると感じた。その底流には、人間主義における「心こそ大切」との考えが、流れているように思われる。坂本教授は、日本経済を根底から支えている、日本の中小企業という会社に、慈しみを感じているのではとも思われる。

社会に存在する企業は、大・小を問わず社員に愛され、事業の関係する人々に愛され、顧客に愛され、そして地域に誇れる会社になって欲しいものである。

3.5 共通価値の創造

米国ハーバード大学経営大学院教授、マイケル・E・ポーター博士の「共通価値の創造」について紹介する。ポーター博士の理論は、社会と経済の発展過程において、□ポーターの仮説、□競争戦略・競争優位の戦略、□「共通価値の創造」と進化してきている。2011年6月に「共通価値の創造」の論文が発表された。著者は、2012年7月、ある講演会で、ポーター博士の講演をじかに拝聴した。

ポーター博士は、「Creating Shared Value、以下CSVと略称」という、経済的価値と社会的価値を同時に実現する、共通価値の戦略というテーマで講演された。そして、企業の社会的責任（CSR；Coporate Social Resposibility）からCSVへの転換を主張していた。

博士は、現代が抱える社会的問題の解決に、企業がその社会的ニーズを、事業そのものに戦

略として取り組む事により、社会的な問題の解決と同時に、企業の経済効果を高める事ができると述べられた。そして、世界的に著名な企業が、ポーター理論を採用・実践してその効果をあげているとのことである。自社が位置している、地域の産業クラスターを強化し、事業戦略の中に社会的ニーズを盛り込む事が必要である。注目すべきは、ＣＳＶは、社会全体を変えていくための方途でもある。企業と社会はパートナシップであり、現在、各企業が実践しているＣＳＲを発展して、ＣＳＶの実行を実現していくよう望まれている。

　ポーター博士の主張は、健全な企業の事業活動と成長を促す事業戦略を説き、その本質は、社会における企業の存在価値は何かという事を問うている。具体的には、世界の社会的・経済的な諸問題の解決について「ＣＳＶ」という概念を、企業が、事業そのものに取り入れるよう主張している。

　現在、多くの日本企業は、企業の社会的責任（ＣＳＲ）として、環境・地域・災害支援等の活動に参加しているが、ポーター理論は、ＣＳＲの活動を企業の事業そのものに取り入れる事を意味しており、著者は、世界の企業が「企業の在り方」について、ポーター博士の「ＣＳＶ」の概念を大いに取り入れるべきと考えている。

１．ポーター理論

　マイケル・Ｅ・ポーター（Michael Eugene Porter）は米国の経営学者。学位は経済学博士（ハーバード大学：1973年、26歳時）、1982年（35歳時）、ハーバード大学で史上最年少の教授となる。アメリカを中心に政府・企業の戦略アドバイザーを務め、ファイブ・フォース分析やバリュー・チェーン等、数多くの戦略手法を提唱した。

　ポーター博士は、ソサエティ・経済発展・経済戦略の分野を確立した第一人者である。独自に研究を重ね、著書『国の競争優位』にて、国の産業優位を構築する、クラスターの形成と衰退の実例を分析して、産業分析の研究に多大な進歩をもたらした。

　ポーター理論は、社会と経済発展の過程で変遷し、常に進化していると考えられる。従来、経済成長におけるイノベーションの動学的役割を重視する考え方は、長い伝統があり、エネルギー政策では動学的効率性（dynamic efficiency）の重要性も指摘されてきた。

　ポーター博士が1991年に発表した「ポーター仮説」の論文に続き、現今の社会的・経済的な問題解決のために、2011年６月に発表された「共通価値の創造」の論文は、世界の各企業が事業拡大・発展のために、目標として取り組むべき姿を提示している。図3-8 に、ポーター理論の概要を示す。

２．ポーター理論の基本事項

　ポーター理論を理解するため、以下のいくつかの基本事項を理解することが必要である。

（１）「共通価値」の概念

　　　共通価値（shared value）という概念は、経済的価値を創出しながら、社会的ニーズに対応して社会的価値も創出するというアプローチであり、成長の推進力となる。

　　　ＧＥ、ＩＢＭ、グーグル、インテル、ネスレー、ウォルマート、ジョンソン・エンド・ジョンソン等の世界の企業は、すでに「共通価値の創造」の理念を、事業に取り入れて実践している。共通価値が、もたらすチャンスを見極める方法は、以下の３点である。

　　　□製品と市場を、見直しする。

図3-8 ポーター理論の概要

ポーター理論は、社会と経済の発展に伴い、「ポーター仮説」→「競争（優位）戦略」→「共通価値の創造」へと進化している。

ポーターの仮説

1991年に発表した論文。
適切な環境規制の強化は技術革新を生み、生産性を向上（企業の競争力を高める）させると主張した。
1970年～1985年、ポーターは日本・西ドイツ・米国における環境規制と生産性向上の関係を比較研究した。従来、環境と経済はトレード・オフにあったが、ポーター博士は、上記の論文でwin-winの関係を描いた。
仮説の政策的な実現は困難がある。しかし、経済成長の要因は、環境規制以外の様々な要素が関係するため、環境規制と技術革新・生産性向上の関係は単純ではない。

競争戦略
競争優位の戦略

1985年、1999年の著書で、企業の成長のために、必要な戦略を競争優位の視点から説明した。企業の競争力を支える継続的なイノベーション（技術革新）の源泉として以下の4つの重要な条件を提示した。
① 要素
② 需要
③ 関連・支援産業
④ 企業戦略・ライバル間競争

特に関連する産業における競争の性質や程度（事業戦略に相当）、そして構造を決定している諸条件であると主張した。戦略的優位の要因は、低コストと差別化である。

共通価値の創造

2011年6月に発表した論文。
世界の社会的・経済的な諸問題の解決に対し、「共通価値の創造：Creating Shared Value」という概念を説明した。そして企業の社会に対する在り方を深く洞察して、CSRから脱却し事業そのものにCSVを取り入れるよう主張した。
既に世界的な企業が、数多く取り入れて実証した。

□バリューチェーンの生産性を、再定義する。

　　□事業を営む地域を支援するため、産業クラスターをつくる。

　これまでの資本主義の考え方は、「企業の利益と公共の利益は、トレード・オフである」また、「低コストを追求することが、利益の最大化につながる」といったもので、現在も依然支配的である。しかし、もはや正しいとはいえず、また賢明とは言い難い。共通価値の創造に取り組むことで、新しい資本主義が生まれてくる。

　なお、トレード・オフ（trade-off）とは、一方を追求すれば、他方を犠牲にせざるを得ない、という二律背反の状態・関係のことをいう。

（２）「戦略」の意義

　ポーター博士によれば、戦略とは他社にはない「独自性」に優れたポジショニングであり、これを担保する活動システムの構築である。そのために「トレード・オフ」を受け入れ、「何をやり、何をやらないのか」を選択することである。

　ポーター博士は、ＴＱＭやベンチマーキングなどの業務改善や効率化は、模倣可能であり、およそ戦略ではないと主張する。日本企業が、低コストと高品質を武器に、欧米のライバル企業を打ち負かしたというが、コストと品質は、トレード・オフではなく、業務改善の賜物であり、戦略の勝利ではないという。

（３）環境規制

　環境規制は、競争力を阻害すると考えられているが、適切に設計された環境基準であれば製品の総コストを下げたり、その価値を高めたりするイノベーションが促される。企業は、イノベーションを通じて、原材料・エネルギー・労働力等様々なインプットを、より生産的に活用し、その結果、環境負荷を減少させるコストを相殺し、行き詰った状況に終止符が打てる。この「資源生産性」が向上すれば、企業競争力は高まる。

（４）産業クラスター（cluster）

　産業クラスターとは、ポーター博士が提唱した概念で、特定分野の産業が地理的に集結して、そこでネットワークが構築され同時に、競争が行われている状態をいう。

　産業クラスターが形成されている地域には、その専門的な知識・技術・情報などを求めて、その分野の人々が次々と参入してきて、シナジー効果が発揮されると共に、激しい競争が展開されていく。そのシナジー効果と競争が、イノベーションを起こす原因となる。

（５）ファイブ・フォース分析（Five forces Analysis）

　ファイブ・フォース分析とは、業界の収益性を決める５つの競争要因から、構造分析を行う手法である。ポーターの著書『競争の戦略』で世界に知れ渡った。以下の５つの競争要因から、業界全体の魅力度を測るものである。

　　□買い手の交渉力　　　　　上位３件は、内的要因による。

　　□供給企業の交渉力　　　　下位２件は、外的要因による。一般に、生産や流通の面

　　□競争企業間の敵対関係　　での技術革新により引き起こされる場合が多い。

　　□新規参入業者の脅威

　　□代替品の脅威

第3章　経済と産業　145

（6）バリュー・チェーン（value chain、価値連鎖）

バリュー・チェーンとは、事業活動の中の各業務が、それぞれ価値を付加していくという連鎖により、最終的に製品の価値が生み出されるという考え方である。

事業活動は、主活動（製品やサービスを、顧客に提供することに直接関わる活動）と支援活動（主活動には直接関与はしないけれど、それを実行する上で欠かせない活動）が、一連の流れの中で行われ、各活動はそれぞれに価値を生み出す。事業活動は、各業務が価値を付加していくという、連鎖によって営まれている。その結果として、最終的にマージンが生まれ、これが顧客に対する価値となる。

バリュー・チェーンの中で、一部の活動だけが価値（低コスト化や差別化）を生み出しても、その有効性は低く、企業全体の活動が、相互に価値を生み出すことが必要である。

各活動のどこで、価値（低コスト化や差別化）が生み出されるか、どの活動に強みや弱みがあるのかを分析することで、競争の優位性を確保するものである。

（7）ＣＳＲ（企業の社会的責任）

ＣＳＲとは、企業が利益を追求するだけでなく、組織活動が社会へ与える影響をもち、あらゆるステークホルダー（利害関係者、消費者、投資家および社会全体等）からの要求に対し、適切な意思決定をすることをいう。

日本では、利益を目的としない慈善活動（いわゆる寄付、フィランソロピー）と、誤解されることもある。企業の経済活動については、利害関係者に対して説明責任があり、説明できなければ社会的容認が得られず、信頼のない企業は事業の持続ができない。

３．ＣＳＶの概念

（1）深刻な社会問題

現在、国際的な治安の悪化、複雑な社会問題、地球温暖化による環境破壊、自然資源の枯渇、格差の拡大、益々深刻化する貧困問題、先進国の慢性的な財政の悪化などの経済・社会問題等のために、資本主義そのものが危機に瀕している。

その元凶は、利益の追求のみを目的とする、企業の責任にあるというのが一般的な認識である。企業の追及する経済効率と、社会の進歩との間には「トレード・オフ」が存在し、政府と市民社会は、事業活動を犠牲にして、社会の弱点に対処しょうとするので、益々問題が悪い方に拗（ねじ）れていくという。

（2）問題解決

問題解決のため、政府やＮＧＯが努力し、企業も外圧に晒（さら）されて、寄付や基金によるフィランソロフィー（philanthropy：社会貢献活動）やＣＳＲの追及によって解決を図ろうと試みてきている。しかし、社会問題を企業活動の中心課題と考えて対処せずに、その他の課題として、経営戦略を計画するのは大きな間違いである。

ポーター博士は、深刻な社会問題を解決するためには、経済も社会も同時に成長発展すべしと考える「共通価値」の原則に則って、社会のニーズや問題に取り組むことで、社会的価値を創造し、その結果、企業も利益を上げて、経済価値が創造されるという、アプローチでなければならないとした。

（3）ポーター博士の主張

　　ポーター博士の説く「共通価値」とは、企業が事業を営む地域社会の、経済条件や社会状況を改善しながら、自らの競争力を高めるという方針とその実行であって、社会の発展と、利益の追求という経済発展とを両立させる事で、あくまで価値（コストを超えた便益）の原則を用いて、社会と経済双方の発展を実現することを目的としている。

　　企業は、ＣＳＲからＣＳＶへ転換し、ＣＳＶが企業の事業に盛り込まれる事が必要であり、社会的な側面を取り上げて、それらを事業化していく事が、これからの企業の生き方となる。共通価値の創造が、強大な企業規模に成長していく。

（4）社会的ニーズ

　　今日のグローバル経済には、健康・住宅整備・栄養改善・高齢化対策・金融の安定・環境負荷の軽減など、多くの社会的ニーズが存在する。著者は、これらの喫緊の深刻な社会問題に対して、慈善事業ではなく、あくまで事業として取り組む事が、何よりも効果的であるという認識に立って、企業本来の目的が、単なる利益の追求ではなくて、「共通価値の創出」であると再定義すべきであると考えている。

（5）ポーター博士の提議

　　社会ニーズの実現を、新しい市場やバリューチェーンと再定義すれば、当然、企業は新しい技術、新しい業務手法・経営手法を通じて、イノベーションを追求する必要が生じる。その結果、生産性の向上や市場の拡大を実現できる。各分野での価値向上が、シナジー効果として波及拡大していく。

　　ポーター博士は、「共通価値」の追求と創造によって、成功している多くの著名な企業を例証しながら、「共通価値の創造」の概念を説明し、資本主義社会の改革と企業経営戦略の見直しを提議している、非常に建設的な理論である。ポーター博士は、「深刻な社会的ニーズの存在を、「共通価値の創造」の実践のチャンスと捉えれば、企業の挑戦機会がある」と述べている。

（6）ビジネスの目的

　　ビジネスは、基本となる目的、意義、企業の在り方・役割の見直しが、社会の中で果たす役割りとして、一番大きな問題点となる。企業は、グローバル理念、グローバリゼーション、社会的なものについてどれだけ根付いているかである。

　　企業の在り方を論じ、イノベーションと成長の波が、資本主義の再生を図る事となる。

　　企業の経済価値は、対立概念を超えて、企業と社会が、相互に依存する関係である。

（7）サービス・製造

　　従来のサービス・製造の提供のみならず、社会問題に直面しているのが、事業活動そのものが問題の元凶となっている場合も少なくない。ビジネスの正当性が、被害を受けている。

　　企業と社会の間における問題として、社会に貢献するというステージで、企業はその役割を果たしているであろうか。

　　□50年前：企業は、寄付金・ボランティアをする意義深い活動（環境、食糧、医療等）を助力していた。利益の一部を寄付行為にしていた。

□30年前：米国では、成功している企業は、利益の５％を寄付した（インドでは、２％を社会に還元していた）。

このように、企業のフィランソロフィ（社会貢献活動）は、豊かさを社会にシェアするものであり、企業や国民が社会に貢献していた。しかし、企業の寄付行為による社会還元の効果は低く、大きなインパクトを与えないし、社会問題の解決にはならない。

基金を財団化して行う行為は、与えられるインパクトが一部であり、効果的な手段ではない。これを広義の活動とするのが、ＣＳＶ（共通価値の創造）である。

４．ＣＳＲ

ＣＳＲは、企業の自発的活動として、企業自らの永続性を実現し、また、持続可能な未来の社会と共に築いていく活動である。また、社会的存在としての企業が、利害関係者からあるいは社会から、行動するよう求められるものである。

企業の社会的業績が実現できるよう、企業（企業市民）は、市民として行動すべきであるというのがＣＳＲの考え方である。基本的なＣＳＲの活動は、企業活動の利害関係者に対して、説明責任を果たすことであるとされる。

ＣＳＲは、歴史的には環境問題が盛んに言われた頃から、企業の環境破壊に対する主張として、考え方の基礎が作られ発展してきた。環境（対社会）は勿論、労働安全衛生・人権（対従業員）・雇用創出（対地域）・品質（対顧客・外注）などに拡大している。

例として、ある企業のＣＳＲの強調点は、以下の二点である。

□社会に対して誠実に向き合い、積極的に責任を果たす。

□ステークホルダーへの責任を果たすため、経営や財務の健全性を追求する。

社会への責任は、人類が直面する重大な課題（エネルギー、セキュリティ、地球温暖化等）に対して、事業を通じて真摯に向き合い貢献することである。そして、ステークホルダーへの責任は、環境アクションプランを設けて、推進するとしている。

企業の社会的責任として、法律を守る、良い企業市民となる、地域のコミュニティに参加する、社会を痛めない、企業活動を制約しない等の活動が求められている。また、社会に有害な影響を与えないため、事業に制約を設けることはしないとする。

ＣＳＲは、多国籍企業も採用しているが、企業が社会に対して、いかに社会問題を解決するのかを考えることである。ＣＳＲは、助けになるが根本的な解決策とはならない。寄付をする事のみが、真の社会の貢献とはならない。

社会問題の解決には、「共通価値の創造」つまり、ＣＳＶが必要となる。ＣＳＶは、事業が社会問題に対応できる強力な力となり、利益を上げながら問題を改善することが可能となる。全ての企業が、社会問題の解決のためＣＳＶを採用する事が必要である。

５．社会問題とＣＳＶ

現在、社会問題は、政府・ＮＧＯに任せている。社会問題に、事業としてビジネスモデルをもって解決していく事に、ＣＳＶの価値がある。社会のニーズや社会問題をつかんで、事業拡大・利益を上げる事ができる。

企業の価値向上は、社会問題を解決し深めていく事である。従来のマネジメントは、顧客にサービスをするのみであり、日本企業は、市場生産性、株主価値、イノベーションについて貢

献し、日本経済が発展してきた。10年来のビジネスモデルでやってきた。しかし、日本企業は、イノベーションプロセスが低下し、事業の成長が減速している。

　20年前に提言されたポーター仮説の基本的な考えは、社会的な課題は事業化する事により利益をあげることができる。コストアップはムダがあり、効率良く使っていないためである。利益をあげるため、イノベーションの学び方を考えてきた。事故を減らすため労働環境を考える。それは、システムに無理がないか、社員の研修がなされているか、安全性を深める事等が必要である。

　ＣＳＶは、トレードオフではない。効率的に使用することを考えて利益を上げる。シナージ効果がある。また、地域の健全性の有無が、企業に影響を与える。環境、生活、貧困の削減等、世界的なニーズの対応については、企業は従来の顧客ニーズに対応するのみで、実施してこなかった。共通価値に作り変える事が必要である。共通価値のレベルは、以下の３点である。

- ・製品の価値
- ・バリューチェーンの再生産性の価値
- ・地域（国内／外国）の役割り（地域に利益をもたらし事業に還元）

□製品の価値

　環境に害を与えない製品を作る。社会的利益を与えて、企業価値を高める。世界的にサービスする前に環境を考える。従来のニーズ（経済的な考え方を乗り超えて）から新しいニーズに変化させていく。

□バリューチェーンの再生産性の価値

　研究・開発は、ニーズの考え方を考える。バリューチェーンの考え方を再考する。資源の有効活用、ロジステックスの作り替え、購買のしくみを考える。生産性の向上が周りに好影響を与える。

　社員は、健康の維持と長く働いてもらう事が重要である。従業員のコミュニティ、保険、コストを削減できるからである。これらは、共通価値を持つことにより実現できる。ＣＳＶは、効率を上げ利益を上げる。地域で広げていくものである。

□地域の役割り

　企業問題が、周囲に与える影響は、地域社会における事業の成功が必要である。移転をすればよいというものではない。Ｗｉｎ－Ｗｉｎの考えにならない。以下の３つのレベルで行われる。

- ・製品レベル
- ・コミュニケーションレベル
- ・地域クラスタ

バリューチェーンは、業界ごとにベストプラクティスが生じる。共通価値の概念を考える。企業がどこの部分を担えるのか、高い目的を掲げることである。

　企業は、株主に利益を還元するのが目的ではなく、社会にいかに便益を与えられるかが必要である。企業は、政府の対応も含めて、社会における役割りが求められる。生産性の高い企業、社会貢献、資本主義の価値、市場のセグナリ、顧客のニーズの把握の観点等から、従来の手法を見直す必要がある。マネジメントを変えるチャンスである。

富を配分する義務感ではない。事業の正当性を見直す機会である。企業が、どこまで経営環境の潮流変化に、対応していけるかという事である。硬直化した現状では非常に厳しい。

　企業の社会に対する貢献は、変遷しつつあるが、依然としてその寄与率・効果は低い。これからの企業の在り方は、今まで満たされてこなかった社会的ニーズを、満たすために事業を拡大する事である。これまで環境問題などの社会的便益を、企業が実施しようとするとコストがかかり、経済的便益を満たされなかったが、ネスレーやナイキではその両方を実現している。

Company Profitability & Growth と Social & Economics Development は、トレードオフの関係ではなく、シナジーの関係にあることが、現在の世界の企業で証明された。現在、イノベーションは停滞時期にあるが、シナジー効果を実現しょうとする方向に生まれる。ＣＳＶという概念が、次世代に生まれる概念である。

　ＣＳＶは、これから世界の企業が、向かうべきベクトルをリードしている。企業の役割は、利益を追求する主体だけではなく、社会問題を解決するビジネスモデルを作ること、フィランソロピーやＣＳＲのような義務感、責任感ではなく、事業モデルとして取り組むことが必要である。結論は、企業が共通価値を持つことである。企業の中で価値を創造することである。

６．共通価値のまとめ

　ポーター博士が提唱する「共通価値の創造」の理論は、講演内容及びポーター理論から、以下の事が伺える。

（１）共通価値の創造

　　ポーター博士が、取り組んだ企業の経済効率と社会的価値が共に並存し、成長していく事を主目的とした「共通価値の創造」は、斬新な発想である。現在の世界的な社会問題の解決に対する具体的で健全なアプローチである。ポーター理論は、今後の世界における各企業の生き方に多大なる示唆を与え、既に日本企業でも一部採用されている。

　　著者は、企業として真の社会的責任を果たし、社会と共に発展を願い目指すのであれば、ＣＳＲからＣＳＶに、積極的に転換せざるを得ないと考えている。

（２）ＣＳＶへの転換

　　現在の企業の経営理念・事業活動そのものに、ＣＳＶを取り入れる事は、今までの価値観を大きく転換する処となり、新たな決断が必要である。しかし、将来に、企業の存続が社会悪となってはならず、社会と共に・地域と共に・企業の成長が図られる事を目指して、ポーター博士の主張する「共通価値の創造」へと向かうことになろう。

　　ポーター理論は、経済そのものの本質に迫るものである。経済は、人々の生活・社会の存在と切っても切れない関係であり、人々の生活そのものが、経済を構成しているといっても過言ではないからである。

（３）経済の価値観転換

　　ポーターの理論は、「西洋の経済観」から「東洋の経済観」への回帰ではないかとの感を受けた。すなわち、現代の識者も指摘する如く、経済の本質は「経世済民」であり、本来の経済が、目指す目的に他ならない。

　　経済は人々の生活を豊かにすると共に、社会活動への参加そのものが経済である。

　　産業革命は、技術革新と共に便利さ・効率的な生活を追求してきたが、その反面、深刻

な社会問題を生じさせてきた。ポーターの理論は、本来、経済があるべき姿の観点から「東洋の経済観」への価値観を転換せしめるべき理論とも考えられる。

ポーター博士は、企業活動を社会的問題の解決と、社会ニーズを事業化する事に、その解決を模索しているが、更にその先を進めるためには、人間の洞察が必要になってくる。なぜならば、企業の実質的な活動は社員（人間）であり、企業は法人格を与えられているが、体裁はその箱物（活動の場）に過ぎないからである。

（4）まとめ

ポーター博士の主張は、健全な企業の事業活動と成長を促す事業戦略を説いている。

その本質は、社会における、企業の存在価値とは何かを問うているように感じる。

ポーター博士は、現代社会が抱える諸問題・課題について、真っ向から取り組んでいる事がよく認識する事ができた。行き詰った社会に対して、生きる事への励みになる。

ポーター博士は、「共通価値の創造」と言ったが、それは経済的な視点から企業（法人格を有する）に対して適用して述べたものであるが、本来、「価値の創造」とは、人間が本能的に持つ特性の一つであると考えられている。

ポーターの理論は、また、人々の持つエネルギーの指向の一部を明示している。すなわち、どのような人でも、この世に生まれて価値のない人間は一人もいないと同様に、企業がどこに向かって進んでいくかの一つの指針になる。企業および全ての人々に対して、「価値創造」の日々であれと願わずにはいられないし、「価値創造」の人生であれと申し上げたい。

第3章　経済と産業　151

コーヒー・ブレイク（第3章）

「黒四（クロヨン）の現地で地獄の1.5ヶ月！」

27年間の工場勤務の中で、真冬の寒い時期、黒部の山奥で、3H／日の睡眠時間で、地獄の1.5ヶ月の現地出張作業を経験した。
黒四の水力発電プラントシステムのリプレース及び遠隔制御化の工事である。
来る日も来る日も、以前、NHKの紅白歌合戦で中島みゆきが、黒四のトンネルの現場で歌った所を通って、真夜中の2時・3時に、宿舎に帰る日々が続いた。
2年の工場製作期間があったが、種々の理由で1年間となり、そのしわ寄せが現地で噴出したもの。
幹事会社の設計担当として、工期遅れの挽回とトラブル対応で、現地に派遣され、
現場で、H社・M社・F社・P社及び、多くの現地企業の担当と、エンドレスの対応を繰り返した。
この貴重な地獄の経験は、体験しなければ理解できない。
しかし、やり切った後の会社生活は、とても楽しく、軽々しく感じられた。
現場対応中は、先が見えず地獄でも、終わってみると、これほどかけがえのない、充実した人生万般を学べた機会は無いと述懐し、会社に感謝している。
振り返れば、この一点に会社生活の全てが凝縮されたようで、とても感謝している。
現場のプラント工事の所長さんには大変お世話になり、その後、十数年のお付き合いをさせて頂いている。　　　　　　　　　（黒四：関西電力の黒部川第四発電所）
あなたは、どのような人生経験をお持ちですか？

＜私が設計した系統監視盤と制御卓＞

→さあ、次の章に行ってみよう！

第4章

経済を取り巻く環境

本章は、経済を取り巻く環境について、関係する分野や、その関係性より生じる影響・課題等を抽出し、経済の基本事項を理解するものである。また、経済を取り巻く環境は、産業の発展・技術革新、及び各国固有の文化・慣習等、さまざまな要因が存在する。経済との関係から生じる作用等についても説明する。

　なお、経済活動は、人間の営みのため、経済に関わるこれらの要因との関係を明らかにする事で、人々の生活への悪影響を少なくする事が可能である。また、各国間における経済交流の活発化は、相互理解と共に経済を取り巻く環境を、深く共有することとなる。

　資本主義経済の国が多い中、社会主義経済の国は、国策による経済統制で、社会的な平等が一時見られたが、人々の位置づけも組織の中の一部となり、年月を経る毎に徐々にその退廃が生じ、現状維持・保守的となっていった。人間の持つ欲望や願望が、権威的な抑圧により抑えられると、組織は硬直化し発展への息吹は低下し、徐々に退廃的な社会へと進んでしまう。故に、社会主義経済の国も、資本主義経済の要素を一部取り入れて対応している。

　経済は、人々の生活の反映であり、経済の実態は、人々の生活を離れては存在しない。経済を取り巻く環境を明らかにする事は、人々の生活・人間的な生き方を模索することにも通じ、人々の生活の支えに繋がるのではと考える。

　米国の経済学者、スティグリッツ博士は、その著書『人間が幸福になる経済とは何か』で、様々な利害の衝突に翻弄されたアメリカ経済の1990年代を検証し、アメリカ型の資本主義の罠をあばき、未来への教訓を残している。同著書は、経済を取り巻く環境に、大きな影響を与えている。博士は、2001年、「情報の経済学」を築き上げた功績で、ノーベル経済学賞を受賞し、50年に一人の逸材と賞賛されている。「情報の経済学」は、ミクロとマクロの経済学を統合する新パラダイムを確立し、情報・インセンティブ・技術革新などの問題に新しい光をあてたものである。

　1993年、クリントン政権の大統領経済諮問委員会に参加し、1995年6月より委員長に就任して、民間の経済学者が、アメリカの経済政策の運営に携わった。日本で、2001年から5年半の小泉政権にて、竹中平蔵氏が経済政策の運営に参加した事と同様である。

　1990年代は、経済の脇役である金融が、社会を支配した時代であった。世界は、グローバリゼーションの時代に突入し、経済と社会に起こった変化は、国家と市場のバランスを大きく揺るがした。スティグリッツ博士の「情報の経済学」は、金融と経済の関係を明確にする役割を果たすものであった。グローバリゼーションは、国境を越えた品物・サービス、資本の流れを自由にしただけではなく、アイデアの流れを加速させた。

　20世紀末における、アメリカの経済政策の失敗（好況から不況への転落）、お粗末なマクロ経済政策、過剰な規制緩和とそれが原因となった企業の不祥事は、世界共通のものである。アメリカの問題は、世界の経済問題について多大な影響を及ぼしている。

　世界各国は、政府と市場の適切なバランス、及び市場経済をうまく機能させるために、どんな制度や政策が必要なのかの見解を、アメリカに求めるようになった。また、アメリカでの企業の不祥事は、ヨーロッパにも波及していった。

　スティグリッツ博士は、情報の経済学、公共部門の経済学、マクロ経済学、金融等を研究し、近代経済学として、世界が1990年代の失敗から学んだ事を『人間が幸福になる経済とは何

か』の著書を出版した。また、人間が幸福になる経済の要因、及び民主主義的理想の価値観として、市場と政府の役割のバランスを重視する政策が、経済成長と効率を促進すると考えた。

クリントン政権下での、経済政策の運営と実績から、成長と効率を目指す政策の三つの基本的な要素を以下に挙げた。そして、その功罪を主張して、今後進むべき経済の在り方について、警鐘を鳴らしている。

　□社会正義、すなわち平等と貧困に対する考え方。
　□政治的価値観、特に民主主義と自由に対する考え方。
　□個人と、その個人が住む社会との関係に対する考え方。

著書では、社会正義、機会の平等、雇用・権利の拡大、世代間の公平、政治と権力、個人と社会、制約としての権利と目的、市場ＶＳ政府という考え方等を超えて、利己主義の克服という、具体的な提言を行なっている。

日本においては、戦後50年間で世界第二位の経済大国となった事から、多くの人々の生活観は、物質的な豊かさに偏向してきた。現実の社会では、多様な価値観も含め、豊かさの考え方が混沌としている。更に、日本において約120年継続の行政制度は、その機能が綻びはじめて、世界の先進国の中では、行政面の機能が著しく遅れている。

行政面の抜本的な改革に取り組まなければ、近い将来において、国の形態そのものの存続が危ぶまれている。日本人は、経済的にある程度の成功をおさめ、国民の貯蓄も米国に次ぐものとなっているため、現状の変更を嫌い、自分に直に関わる事には興味を示すが、殆どの場合は、他山の石の如く、関わりを避け保守的となってきている。

図4-1は、経済を取り巻く環境の構成要因を示すものである。著者は、経済を取り巻く環境は、その要因は多々あるが、最終的には、経済は人間のためにあるという考えが、21世紀の社会において主流となっていかなければと考えている。

4.1　経済環境の変遷

図4-2は、第二次世界大戦後の日本経済の経緯の概略である。20世紀は、米国が世界の経済大国となり、その経済力を世界に誇示してきたが、20世紀の後半には不況期に入った。日本は、この時期に、米国に次ぐ世界第二位の経済大国に発展した。

しかし、1990年代から21世紀の初頭にかけて、日本は、経済のバブル崩壊→不況→再生→低成長の過程を経てきた。その中で、中国・韓国を中心とした東アジアの新興国等の経済成長は著しく、現在は、欧米諸国から東アジアの経済が、大きく注目されている。

この間の詳細については、フランスの経済学者ドニーズ・フルザ博士が、その著書『日本経済「永続」再生論』にて、利害関係の少ないヨーロッパから見た、日本経済の変遷を的確に検証している。また、その後の経済環境は、小泉内閣が経済不況を大きく変革し、小泉内閣の閣僚として活躍した竹中平蔵氏の著書『構造改革の真実』にまとめられている。

21世紀に入り、日本を含め世界における経済状況は、世界の一つの地域における紛争が、世界経済に大きく影響することも稀ではない。ますます発展するグローバルな経済活動において、世界の出来事が他の国々に波及し、無関係ではなくなってきている。

その中で、日本経済は、1990年半ばからデフレ下となり、現在に至っている。約20年を経過したが、完全にデフレ経済を脱却していない状態である。日本経済を取り巻く環境について、その要因を探るために、関係する出来事を時系列に整理した。図4-3は、日本経済のデフレにおける変遷をまとめたものである。

1．経済政策

　日本経済は、1990年代半ばからデフレが発生し、政府による経済政策で対応してきた。しかし、この20年間で15人の首相が交代し、短命の内閣の下でこのデフレ経済の立て直しが遅々として進んでいない状況である。

　その中で、小泉内閣が5年半に亘り、粘り強く構造改革を実施し、経済再生の道筋を付けたことは大いに評価できる。この改革で、経済成長も高くなっている。なお、2009年9月に発足した民主党政権による3年3ヶ月（鳩山・菅・野田内閣）は、経済無能内閣であり、デフレに対し全く対応できなかった。経済について無策のこの政権は、更なる経済悪化を招いたことは、衆知の事実である。

　ようやく、2012年12月に発足した第二次安倍内閣は、経済政策（アベノミクス）の実施によりデフレ経済は、少しずつ改善され、2015年末、景気の回復・デフレ経済を収束させる効果が、徐々に発生してきた。株価の上昇や円安の傾向は一段と加速していった。

図4-1　経済を取り巻く環境の構成要因

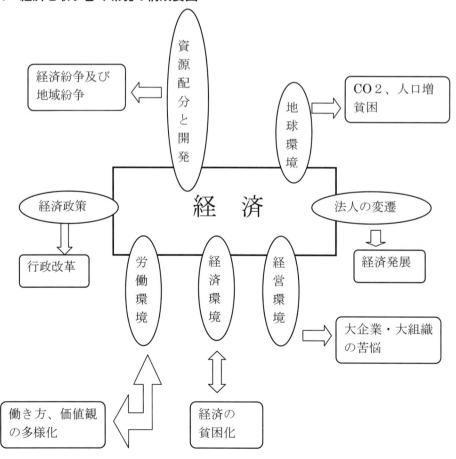

図4-2 日本経済の経緯（概略）

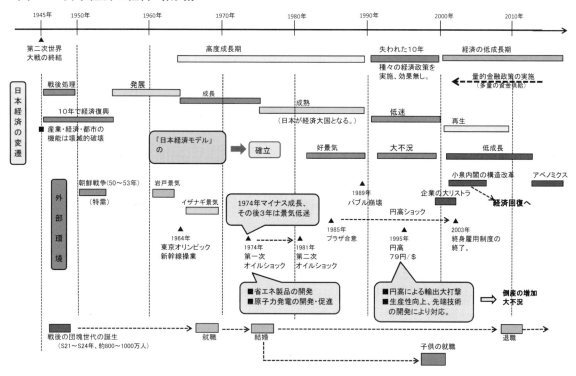

図4-3 日本経済のデフレにおける変遷

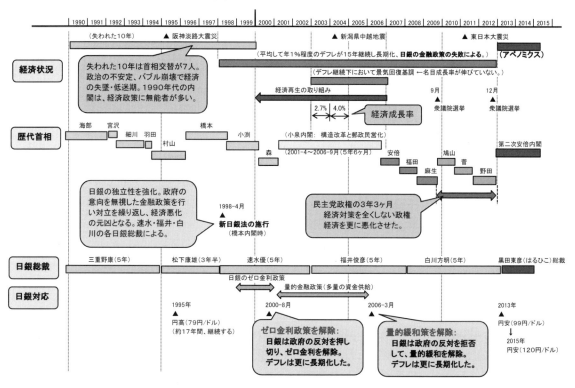

第4章 経済を取り巻く環境 157

２．金融政策

金融政策は、日本銀行が立案し実行する役割を担っている。そして、景気の動向を上昇させるべき、種々の対応を実施している。日銀の金融政策は、政府の経済政策を補完し、政府の経済政策と表裏一体で実施される。

金融政策は、日銀法に規定のごとく日銀の専権事項であるが、経済における景気に対して多大な影響を及ぼす。特に、政策に決定的な権限を持つ、日銀総裁の動向が注視される。また、日銀が判断し推進する金融政策は、政府の経済政策と合致して、初めて景気の浮上や効果的な経済対策となる。

しかし、1990年代から３期（約15年）に亘る日銀総裁（速水・福井・白川）は、日銀の独自性を重んじて、政府の経済政策の意向を無視した、金融政策を行なうなど、愚策を繰り返し、後年、この三人の無能力が証明された。日銀の金融政策失敗による、経済悪化は明らかであり、デフレ下の日本経済における景気を、更に悪化させた事は、衆知の事実である。

ようやく、第二次安倍政権の発足において、世界の金融政策に熟知した、経験豊富な黒田氏が、日銀総裁に選出され、安倍政権の推進する経済政策（アベノミクス）を後押して、世界における日本の経済的な信頼回復とともに、デフレ下の日本経済を徐々に改善した。日本は高い代償を払って、日銀による金融政策の重要性を学んだと言ってよい。

３．デフレ脱却

デフレ経済における日本の社会現象は、至る所でその弊害を生じた。円高・物価安となり輸出産業は振るわず、モノがだぶついて、企業も内部留保に努めるなど、景気が悪化するばかりである。税収入が減少する中、社会保障費も大きく増加した。

本来、資源が乏しい日本は、貿易に頼るしかないのに、デフレ経済が長引き、ますます景気を悪化させた。不景気による家計への影響が出始め、企業のリストラによる失業が増加し、働き方も非正規社員が増加して、社会の歪等が噴出し、社会的にも大きな問題となってきた。

国の負債（借金）は、1000兆円を超えてＧＤＰの約２倍を超過するまでになった。国民の資産（土地・建物等の不動産や金融資産）が、約1600兆円と借金の1.5培を有するため、経済的な信用や極端なダメージを被っていないが、国民資産を持たない国では、即、倒産の危機に至っている例が生じている。

実効的な金融政策・経済政策の実施→円安・インフレへの取り組み→輸出増加→経済成長→景気回復→デフレ脱却→景気浮上のシナリオは、政権の至上課題である。第二次安倍政権は、その課題を良く認識して、経済政策（アベノミクス）を推進して、デフレ脱却を最優先課題として、景気浮上に取り組み、徐々にその成果が生じている。

４．経済要素

経済活動を判断する指標は、大きく２つの項目が考えられる。人々の暮らしへの影響や、経済環境の変化を伴うものである。

（１）人口・国土面積

表4-1 は世界の人口、表4-2 は国土面積・人口密集度について整理（国際連合の「世界の人口推計：2010年度版）したものである。人口が多いということは、その国の経済市場規模が大きく、その事自体がその国に経済市場を有する事となるものである。また、

資源や自然保護等の環境にも大きく影響する処である。

（2）経済力による分類

　　表4-3 は経済力による分類、表4-4 は高所得国、表4-5 は国民一人当たりの年所得ランキング、表4-6 は国民所得を整理したものである。

　　なお、経済的な豊かさは、人間の幸福に直接関わるものではない。政治・経済・文化・資源・人々の慣習等、総体的に比較しないと、真の豊かさとは言えない。

表4-1　世界の人口

国　　　名	人口数　　単位：万人
①中華人民共和国	13億4133
②インド	12億2451
③アメリカ合衆国	3億1038
④インドネシア共和国	2億3987
⑤ブラジル連邦共和国	1億9494
⑥パキスタン・イスラム共和国	1億7359
⑦ナイジェリア連邦共和国	1億5842
⑧バングラデシュ人民共和国	1億4869
⑨ロシア連邦	1億4295
⑩日本国	1億2653
⑪メキシコ合衆国	1億1342
⑫フィリピン共和国	9326
⑬ベトナム社会主義共和国	8784
⑭エチオピア連邦民主共和国	8294
⑮ドイツ連邦共和国	8230
⑯エジプト・アラブ共和国	8212

世界の人口（2010年）
68億9589万人

⑰イラン、⑱トルコ、⑲タイ、⑳コンゴと続く。

表4-2　国土面積、人口密集度

国　　　名	面積：千k㎡	密集度：人／1k㎡
①ロシア連邦	17098	8.2
②カナダ	9984	3.4
③アメリカ合衆国	9629	32.7
④中国	9597	140.0
⑤ブラジル	8514	22.8
⑥オーストラリア	7692	2.8
⑦インド	3287	364.0
⑧アルゼンチン	2780	14.5
⑨カザフスタン	2724	5.7
⑩スーダン	2505	16.9
（日本）	377	336.0

世界の国土面積：
1億3613万k㎡
人口密度：50人／1k㎡

表4-3　経済力による分類

区分け	対象国	
①経済大国（G8）	米国、イギリス、フランス、ドイツ、イタリア、日本、中国、ロシア	
②振興国（BRICs）	ブラジル、ロシア、インド、中国	
③新興経済発展国 （ネクスト11）	パキスタン、エジプト、インドネシア、イラン、韓国、フィリピン、メキシコ、ナイジェリア、トルコ、ベトナム、バングラデシュ	
区分け	1人当りGNP	対象国数
①低所得国	765ドル以下	63ヶ国（30%）
②低中所得国	766〜3035ドル以下	65ヶ国（31%）
③高中所得国	3036〜9385ドル以下	30ヶ国（14%）
④高所得国	9386ドル以上	52ヶ国（25%）
（※）高所得国以外の国を「開発途上国」という。		

表4-4　高所得国

内　訳	対　象　国
①OECD諸国 （23ヶ国）	オーストラリア、ニュージーランド、日本、韓国、アーストリア、ベルギー、デンマーク、フィンランド、フランス、ドイツ、アイスランド、アイルランド、イタリア、ルクセンブルク、オランダ、ノルウェー、ポルトガル、スペイン、スウェーデン、スイス、英国、カナダ、米国
②非OECD諸国 （29ヶ国・地域）	ブルネイ、シンガポール、台湾、キプロス、イスラエル、クウェート、カタール、アラブ首長国連邦、香港、マカオ、他

表4-5　国民1人あたりの年所得ランキング：2008年統計

国　名	米＄／年間／人
①ノルウェー	83,998
②ルクセンブルク	76,745
③デンマーク	52,814
④スイス	48,950
⑤スウェーデン	46,891
⑥アイルランド	45,563
⑦オランダ	44,046
⑧フィンランド	42,918
⑨米国	41,491
⑩オーストリア	41,144

続いて、ベルギー、イギリス、カナダ、ドイツ、フランス、オーストラリア、イタリア、スペイン、日本（27,672米＄）と続く。

表4-6　国民所得：2008年統計

国　名	国民所得：10億米＄
①米国	12,635
②日本	3,533
③ドイツ	3,178
④フランス	2,480
⑤イギリス	2,409
⑥イタリア	1,894
⑦スペイン	1,294
⑧カナダ	1,290

4.2　資源配分と地域紛争

　資源配分と地域紛争は、産業革命後、ヨーロッパを中心とした国々が、低開発国に対して植民地政策を展開した事により、石油、食料（小麦粉、米、豚・牛肉、家畜飼料等）、原子力燃料（ウラン鉱石）、天然ガス、鉱物資源等が、生産と消費の間で、その配分をめぐり紛争が絶えず生じている。

　領土問題、境界線を巡っても紛争が生じているのは、資源配分を巡っての紛争が原因の一つである。これらの紛争は、経済活動に大きく影響を与えている。これらの資源は、電力・燃料・産業の原材料・生活の必需品等であり、経済活動の根幹をなすものばかりである。経済は、利害関係との調整弁でもあると考えられる。

　また、民主化運動、宗教間における対立、公正な資源配分をめぐる紛争、貧困ゆえの国内での対立等が、世界の各地で地域紛争として絶えない。このため、テロ活動、難民の受け入れ等の社会問題が国際的に生じている。これらの紛争地域は、後進国・経済発展途上国等がその殆どを占めている。

　国連が、調整や援助活動に乗り出しているが、各国の利害とのぶつかり合いで解決が難しい。

4.3　ドラッカーの理論

　現代社会は、企業の取り組む経営環境について、大きく変容してきている。その経緯は、現代経営の基礎理論を作ったドラッカーに求められる。ドラッカーの現代経営理論は、経済を取り巻く環境において、国際社会に多大な影響を与え、且つ社会の中における人間を基盤として、「人間の幸福」を思索している。本書のテーマである、「人間主義の経済」と関係するため、ドラッカーの理論を取り上げた。

1．ピーター・ドラッカー

　ドラッカー（Peter Ferdinand Drucker：1909-2005）は、オーストリアのウィーン出身の経営学者・社会学者である。裕福なドイツ系ユダヤ人の家庭に生まれ、ウィーン大学教授の父及び、叔父で国際法学者のハンス・ケルゼンと恵まれた教育環境に育った。8歳時、精神科医

のフロイトに会い、24歳時には、経済学者ケインズの講義を直に聴講している。

ドイツのフランクフルト大学にて、22歳で法学博士を取得し、24歳時にイギリスへ、28歳時に米国に移住した。移住後、20世紀の新しい社会原則として登場した、大企業の組織について、その社会的使命を解明するため著作を発表した。米国の大企業GMから、会社組織の変革と再建を依頼され、大成功を収めている。大企業における組織論・社会的使命の解明、及び社会一般の動向について、数多くの著作を発表し、現在の企業があたり前としている経営の基礎を理論的に裏付けた。

ドラッカーは、「現代経営学」又は「マネジメント」の発明家と呼ばれ、企業の組織運営のノウハウ、すなわち「マネジメント」の重要性を、初めて世に知らしめ、フォード再建の教科書としても使用された。膨大な著作の数々は、組織のマネジメント、及び社会や政治などを取り上げたものである。ドラッカーの基本的な関心事は、「人を幸福にすること」にあり、社会（組織）の中の人間についてアプローチした。

33歳時、ドラッカーは、アメリカ政府の「経済特別顧問」に就任し、その能力を遺憾なく発揮している。50代で、企業組織や企業経営について相次いで著作を著し、95歳で死去するまでの40数年に亘り、現代の企業経営に対する指針・精神を宣揚している。特に、80歳代に多くの重要な理論を著わし、世界の企業で実践に移され、多大な成果をあげている。また、非営利（NPO）組織における、経営の原理と実践についても力を注ぎ、ドラッカーが81歳時の著作は、世界におけるNPOの基礎とされている。

2002年の93歳時、長年の功績により、民間人への最高位の勲章である「大統領自由勲章」が授与されている。また、晩年、ドラッカーは、GE・GM・IBM、ベンチャー企業、あらゆる種類のNPO、各国政府、地方自治体等のコンサルタントを行っており、世界中から助言が求められていた。

ドラッカーは、1959年（50歳時）、初めて日本に来た。その後、たびたび来日して執筆活動をしている。1960年代は、日本がまさに経済的に急成長を遂げていく時代であり、その姿を目にしている。日本の文化を基盤にした、日本人の生き方に共感し、日本の伝統文化を愛した知日家でもある。

2．ドラッカーの著作

1939年（30歳）	『経済人の終わり ―― 新全体主義の研究』
1959年（50歳）	『変貌する産業社会』
1960年（51歳）	『明日のための思想』、『明日を経営するもの』
1961年（52歳）	『新しい社会と新しい経営』
1962年（53歳）	『競争世界への挑戦 ―― 日本の経営に提言』
1964年（55歳）	『経営とは何か』、『産業にたずさわる人の未来』、『創造する経営者』
1965年（56歳）	『現代の経営（上・下）』：目標管理を提唱しマネジメント・ブーム発生。『産業人の未来』：GMから会社組織の変革と再建を依頼される。
1966年（57歳）	『会社という概念』：事業部制、企業の組織戦略の概念を提唱。『現代大企業論（上・下）』、『経営哲学』、『経営者の条件』
1967年（58歳）	『ドラッカー経営名言集』

1969年（60歳）『知識時代のイメージ ── 人間主体社会を考える』、『断絶の時代 ── 来るべき知識社会の構想』：知識社会、グローバル化等を予言。

1970年（61歳）『知識社会への対話』

1974年（64歳）『マネジメント ── 課題・責任・実践』

1976年（66歳）『見えざる革命 ── 来るべき高齢化社会の衝撃』

1978年（68歳）『企業の革新』

1985年（75歳）『イノベーションと企業家精神』

1989年（79歳）『新しい現実 ── 政府と政治、経済とビジネス、社会及び世界観にいま何がおこっているか』

1991年（81歳）『非営利組織（ＮＰＯ）の経営 ── 原理と実践』

1992年（82歳）『未来企業 ── 生き残る組織の条件』

1993年（83歳）『ポスト資本主義社会 –21世紀の組織と人間はどう変わるか』

1995年（85歳）『未来への決断 ── 大転換期のサバイバル・マニュアル』

1999年（89歳）『明日を支配するもの ── 21世紀のメネジメント革命』

2000年（90歳）『プロフェッショナルの条件』、『チェンジ・リーダの条件』、『イノベータの条件』

2002年（92歳）『ネクスト・ソサエティ ── 歴史が見たことのない未来がはじまる』

2004年（94歳）『実践する経営者 ── 成果をあげる智恵と行動』

2005年（95歳）『企業とは何か ── その社会的な使命』、『ドラッカー 20世紀を生きて』『ドラッカー ── 365 の金言』

2006年（96歳）『ドラッカーの遺言』、『ドラッカー ── わが軌跡』

３．ドラッカーの理論

　ドラッカー理論（経営・マネジメント）を理解するには、ドラッカー自身について理解しなければならない。ドラッカーの時代は、ドイツナチスの勃興、ウィーン革命など19世紀のヨーロッパ社会の原理が崩壊している。ドラッカー思想のキーワードは以下の３点である。

（１）哲学と宗教

　　1942〜1949年（33〜40歳）、米国のバーモント州のベニントン大学にて哲学と宗教について教えた。法学、経営、社会学の他、哲学・宗教についても深く理解し、その知識は幅広く、哲学的な思索が物事を見る目を深めた。

（２）文明の捉え方

　　人間は、他の人と共に生き、他の人に貢献するとき喜びを持つという、社会的存在としての側面を持っている。ドラッカーの著作は、根底にこの思想が流れている。「人間の実在は有りうるか」との問いに、時間を超えた永遠の存在としての人間のあり方を考えない限り、答えは出せないと述べている。また、社会的な存在としての人間の幸せに関心があり、社会とその発展に関心があった。

　　継続と変化の双方を求め、継続がなければ社会ではなくなり、変化がなければ社会は発展しない。ドラッカーの文明の捉え方である。

（３）社会生態学

社会生態学の語は、ドラッカーの造語である。社会生態学は、変化を見つけ、その変化が物事の意味を変える、本当の変化かどうかを見極める。そして、その変化を機会に変える道を見つける。分析と理論ではなく知覚と観察を旨とする。

4．企業や事業の考え方

ドラッカーは、企業の目的及び事業の在り方について、下記のような理論を持っている。

その考え方は、現代の企業において、社会における基盤ともなっている。しかし、ドラッカーの生きた1900年半ばの頃は、革新的な考え方であった。

（1）企業の目的

ドラッカーは、企業の目的は「顧客（市場）の創造」である、従って企業は二つの基本的な機能を持つと述べている。マーケティング（Marketing）とイノベーション（Innovation）である。マネジメント（経営）という発想のない時代にあって、この考え方は斬新的なものである。マネジメントの基本は以下である。

会社の目的は、利益の追求ではなく「顧客を創造すること」である。「顧客の創造」とは、既にあるニーズを満足させるための、商品あるいはニーズそのものを、生み出すような商品を提供することで、顧客に満足を与え続けることである。原文は以下である。

There is only one valid definition of business purpose; to create a customer. Because its purpose is to create a customer, the business enterprise has two- and only there two-basic functions; marketing and innovation.

真のマーケティングは、顧客のニーズを満たすこと。イノベーションとは、新しい価値を創造すること、新たな満足を生み出すことである。「顧客の創造」に必要なのは、生産性の向上を伴ったマーケティングとイノベーションであると述べている。

（2）事業の在り方

ドラッカーは、事業の在り方は顧客のニーズが決める。「顧客は誰か」との問いこそ、個々の企業の使命を定義する上で最も重要な問題である。自社の事業の目標は何なのか？顧客は誰なのかを見直せ。事業の定義を問い続け、その在り方を変化に合わせよ。以下の6つの視点（切り口）で、事業の目標を考えることが大切である。

□マーケティング、□イノベーション、□経営資源、□生産性、□社会的責任、□利益
また、「我々の事業は何か、何になるか、何であるべきか」を考え、「目標を検討するのは知識を得るためではなく、行動するためである」と述べている。

5．ドラッカーの人物評

ドラッカーは「物見の役」である。世界がどのような状況にあり、どのような状況が迫っているかを見て、伝えることが仕事である。見て、伝えて、教え、相談に乗る。自分は、先頭に立って歩く者ではなく、そのありさまを、人に伝える役ではないかと考えている。

ドラッカーは、日本が経済大国になる、高齢化社会がやってくる、ソ連が崩壊すると最初に言った。どうして、このような事が言えたのだろうか。社会生態学者＋哲学・宗教の専門家として、知覚と観察を旨とし、変化を見つけその変化が、物事の意味を変える本当の変化かどうかを見極める能力、また、他の人に貢献するとき喜びを持つという、社会的存在としての側面を併せ持ったため、感性が磨かれ感性を重視する生態学と共に、思索に思索を重ね社会現象に

対する予知能力を深め、それが物事の本質への探求に、結びついたのではと推測されている。

哲学は、思索を通じて演繹的な結論を仮定し、それに意味付けをしていく学問である。現代は、社会の機能の殆どが、異なる専門知識を持つ、複数の人間の協業によって成り立つ組織社会である。働く人間の殆どが、組織においてあるいは少なくとも、組織を通じて働くという意味での組織社会では、人間の幸せは、それらの組織がいかに継続と変化の担い手となるか、いかにマネジメントされるかにかかっている。

ドラッカーの眼は、社会の中で人間・社会・文明・組織・マネジメントはつながり、物事の本質を見ることが容易に出来たように思える。30代から20年近くは、その能力の醸成期間で、50代以降に著作として次から次へと、96歳の死去する直前まで精力的に活躍されている姿は、その能力が十分に発揮されたと考えられる。

物を見ることが、あらゆる物事の基本としているが、単なる物理的に見ているのではない。心の眼で、哲学的な思索を通して、事象の変化と継続性を見ていたのであろう。また、親から譲り受けた類まれな先天的な素質も、備わっていたとも考える。先天的は素質－教育環境－努力－思索－自分の役割（使命の自覚）等が、文明史観に醸成されたと思われる。

ドラッカーは、人々の幸・不幸について大いに思索し、社会の中における人間が基本となっている。晩年は、コンサルティングに励んでいたが、これが生きがいであったと考えられる。世界中から、組織の抱える問題点解決を求められ、ドラッカーには、最新の世界がよくみえていたと記載されている。時代に対する優れた洞察力が、遺憾なく発揮された人生である。以下の代表される現代の経営理念や、手法の主なものは、全てドラッカーの手によるものである。

・コアコンピテンス、　・カンパニー制、　・マネジメントスコアカード等。

ドラッカーの思想は、組織や企業経営の分野にとどまらず、個人のプロフェッショナル成長の分野にも及んだ。いわゆる、ナレッジワーカ（知識労働者）が、21世紀のビジネス環境で生き残り成長するためには、「自己の長所（強み）」や「自分がいつ変化すべき」を知ること、そして「自分が成長できない環境から迅速に抜け出すこと」を勧めていた。新たな挑戦こそが、プロフェッショナルへの成功に貢献することを主張した。

4.4　経済の貧困化

経済を取り巻く環境において、貧困の問題は大きな社会問題であり、貧困に対する認識を深める事は重要である。特に、経済活動の中で生じる貧困は、その対応を実施しなければ、社会は不安定となり、暴動や地域の紛争・戦争等に発展しかねない要素でもある。

国際社会では、経済発展国の対応を中心に、世界から貧困をなくす活動が試みられており、支援や援助活動が行なわれている。日本は、平和な国際社会の伸展と共に、貧困の削減を通して、健全な資本主義経済社会の発展を望んでいる。

中近東の地域で生じている過激派によるテロ事件等も、周辺国の地域の貧困を削減していく事により、避けられる部分が多いと思われる。なお、日本においても、都市部を中心として貧困化が進んでいる。先例として、他の国々の模範となることも可能である。

1．貧困とは

　貧困（poverty）とは、主に経済的な理由によって生活が苦しくなり、必要最低限の暮らしもおぼつかない様子をいう。インドのノーベル賞受賞の経済学者である、アマルティア・セン博士は、貧困を「潜在能力を実現する権利の剥奪」と定義した。貧困は、絶対的なものと相対的なものに分類される。

（1）絶対的な貧困

　　　1日あたり、1.25ドル以下で生活する人々を指し、世界では約6人に1人の割合で存在している。生活していくための必要最低限の収入が得られない人々である。貧困の要素には、気候・物価・習慣・文化・教育・健康・寿命等がある。

（2）相対的な貧困

　　　ＯＥＣＤの統計で用いられる、等価可処分所得の中間値の半分に満たない人々を指す。日本では、約6人に1人が当てはまる。

2．貧困を測る尺度

　貧困を測る尺度として以下がある。

（1）貧困者数・貧困率

　　　貧困者数とは、国や地域において、貧困線以下のものが何人存在するかを示した指標であり、これを全人口に対する比率としたものが貧困率である。

（2）ジニ係数、ローレンツ曲線

　　　ジニ係数（Gini coefficient）とは、社会における所得分配の不平等さを測る指標である。ローレンツ曲線をもとに、1936年にイタリアの統計学者、コッラド・ジニによって考案された。所得分配の不平等さ以外にも、富の偏在性やエネルギー消費における不平等さなどに応用される。ジニ係数は、所得格差を計る尺度と見なせる。

　　　ジニ係数は、均等分配線とローレンツ曲線が囲む領域の面積の2培に等しい。ローレンツ曲線L（F）の積分を用いて以下のように表現できる。

$$ジニ係数 = 1 - 2 \int_0^1 L(F)dF$$

　ジニ係数は、不平等さを客観的に分析・比較する際の、代表的な指標の一つとなっている。しかし、調査対象に特定の傾向が有る場合は、1に近いからといって、必ずしも不平等が悪いことになるとは限らない。

　　　例：高級住宅地に、年収10億円の人が99人、1兆円の大富豪が1人いるとする。そこでの100人を対象にジニ係数を計算すると、約0.91となり非常に格差が大きいが、年収10億円でもかなりの高収入であり、この状態が悪いとは一概に言えない。

　厚労省は、ジニ係数を使って、日本の所得分配の不平等度を計測している統計には、所得再分配調査がある。この他にも、家計の所得・支出を調査している家計調査、全国消費実態調査のデータを使ってジニ係数が計算されている。

　日本における、1993年〜2005年のジニ係数の推移を次頁に示す。所得再分配調査の結果によれば、日本のジニ係数は、当初の高齢化によるとされる急激な上昇分を、社会保障の再分配によって吸収しているが、日本の租税による富の再分配機能が弱まっているために、ジニ係数

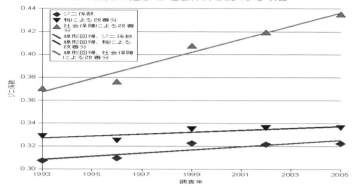

の上昇を早めていると言える。

　原因は、中間所得層に対する税率が、OECD各国に比べて低すぎること、若年労働者に対する社会保障が、老人に比べると少ないことが明らかにされ、子育て世帯の貧困率を高めている可能性がある事が指摘されている。

　厚労省の調査では、2011年のジニ係数は、0.5536である。0.5～0.6の数値は、「慢性的な暴動が起こりやすいレベル」と言われ、社会騒乱多発の警戒ラインとされる0.4を大幅に上回っており、日本が危険水域に入っている事がデータで示されている。

　ローレンツ曲線（Lorenz curve）とは、ある分布を持つ事象について、確率変数が取り得る値を変数として、確率変数の値が与えられた変数の値を超えない範囲における確率変数と対応する、確率の積の和をその分布に対する確率変数の期待値で割って、規格化したものとして与えられる関数を、幾何学的な表現にしたものである。

　ローレンツ曲線は、事象の集中度合いを評価するために用いられ、富の集中を論じる際に使用されることが多い。1905年、アメリカの経済学者マックス・ローレンツが発表した。

　下位集団の割合を変数Fとし、集団全体の期待値をμで表せば、連続的な分布に対するローレンツ曲線L(F)は、次のように定義される。

$$L(F) = \frac{\int_0^F x(F')dF'}{\mu}$$

　期待値μが、0又は$\pm\infty$であるような分布に対しては、ローレンツ曲線を定められないので、0でない有限の値をとるような集団に対してのみ、ローレンツ曲線が定義される。

　社会に所得格差が全く存在しなかった場合、ローレンツ曲線は、45度線（均等分配線：Line of perfect equality）と一致する。45度線とローレンツ曲線で囲まれる部分の面積を、2倍にしたものがジニ係数である。

3．貧困の問題

　貧困は、それ自体が人々にとって望ましくないものである。加えて、貧困は生活に大きく関わり、貧困が原因となって生じている現象は以下の如く、広い分野において影響を与えており、様々な問題の要因となっている。

　　　　□病気・飢餓・短い寿命

　　　　□低い教育水準

　　　　□過酷な労働・児童労働

　　　　□治安の悪化

　　　　□テロの誘発

　　　　□自然環境の破壊

4．貧困の原因と対策

　貧困の原因と対策は以下である。

　　　　□社会保障

　　　　□地理的条件（交通・輸送の困難、低い農業生産力、低い人口密度、病気）

　　　　□投資

　　　　□教育

　　　　□腐敗

　　　　□市場競争・自由貿易

　　　　□人口爆発

　　　　□エンパワーメント

　　　　□貧困の文化

5．日本の貧困化

　日本において貧困化が進んでおり、貧困層が増加している。等価可処分所得の中央値の半分の額を「貧困線」と呼ぶが、年収で122万円である。これに満たない世帯の全体の割合を示す「相対的貧困率」は、2013年で16.1％である。人口では約2000万人となり、6人に1人の割合である。予備軍も含めれば、その数は更に膨らみ、大多数の日本人にとって、貧困は身近な日常となっている。OECD に加盟する34ヶ国の中で、日本は第4位である。母子世帯・父子世帯に限れば、貧困率は、54.6％と世界第1位の低水準である。

　経済成長とは、自由に元気に活発に、皆が未来を見て仕事に打ち込むことが大前提となる。貧困の穴に突き落とす7つの原因は以下である。

　　　　□非正規雇用の増加

　　　　□転落転職

　　　　□ブラック企業化

　　　　□うつ発症

　　　　□介護地獄

　　　　□家計破綻

　　　　□未婚化

　貧困者といえども、最低賃金が定められていたり、福祉制度が適用されたりすることで、最低限度の生活が保障されている。例えば、失業して収入がゼロになっても、生活保護の受給を受けることができる。しかし、日本の貧困者は孤立化しているのが特徴である。貧困者は都市部に点在して暮らしている。

4.5 政治と経済政策

　政治は、政（まつりごと）を治めるとの意義があり、人々の暮らしと直結する経済政策にも大きな影響を与える。慶応義塾大学の竹中教授は、著書で「経済は、政治の決断を避けては通れないものである」と述べている。政治は、経済活動と密接な関係にあり、政治の経済政策は、人々の暮らしを豊かにし、非常時にはその対応に絶大な力を発揮する。

　政治と経済の関係、役割、日本型の会社、経済システム等について整理した。

1．政治と経済の関係

　政治の本質は、まつりごと（政）を治めることである。一方、経済の本質は、東洋的な考え方（経世済民）に端的に表れている。世の中（社会）を治め、民を救うことである。経済を通じて、人々が社会の中で幸福感を得る事である。政治も経済も手段は異なるが、民を幸福にすることにその意義がある。

　しかし、現実の国際社会においては、西洋の経済観である、財やサービスの取引を通じて、利益を上げる事にあるという考え方が主流をなしている。約240年の歴史を経て、そのシステムが制度疲労をもたらしている。地域紛争、人権問題、災害や異常気象の発生による甚大な被害、弱肉強食の社会、貧困の増加等が生じている。これらの社会問題は、いずれも政治が真剣に向き合い対応する事が求められる。

　本来、政治の語源は、英語のポリテックスが、ギリシャ語のポリティア（市民国家の在り方）などから派生したものであるとされる。社会を良くしたいという考え方が政治である。

2．政治と経済の役割

　政治も経済もその役割は、弱い立場の人々に「安心の拠り所」を作り、「生きる希望」を取り戻すための足場を築くことにある。本来、人々が幸福に生きる社会を築くことに元意があった。曲げてはならない原則や、無視してはならない基準（法や道）があった。

　しかし、政治や経済を構成する仕組みにおいて、権力者がその権力を握ると、人々はそれに負けてしまい、目先の利益や権益を求めることとなり、人間の欲望は貪欲となり、際限のない欲望の赴く処となっていった。歴史は、このことを如実に物語っている。

　本来の政治や経済の役割を取り戻すことが重要である。

3．日本型の会社

　国際社会における会社の仕組みは、19世紀に英米で作られた。それが、経済活動の中核となり、資本主義を発展させた。日本においても、19世紀末にその仕組みを導入した。

　しかし、日本には江戸時代に存在した三井家など、「商家」の仕組みは会社に似ていた。

　資金はすべて「家」のために蓄えられ、本家の当主でも持分に応じた配当しか手にできなかった。「家」が一番偉く、個人を超越し永続するような存在だった。奉公人から出世した番頭が切り盛りし、その経営は資本主義であった。

　日本では、武家社会の江戸時代に既に資本主義の土壌ができていた。会社組織は、日本人のものの考え方に繋がり根付いていった。やがて、財閥中心の経済システムへと発展していくこととなる。

4.6 道州制

「道州制」は、現在の国－都道府県－地方自治体の行政区分から、国－道州政府－地方自治体（市町村）という、都道府県を廃して道州政府にして、行政を広域化した体制にするものである。先進国の中で、「州政府」の行政体制を持たない日本は、行政の面でも世界から二歩も三歩も遅れている。

20数年前から既に、経済団体（経団連）の研究法人から、「道州制」に関わる研究論文が提出されて、検討・論議がされてきた。図4-4は、道州制の構成と概略機能を示す。

「道州制」は、現状の行政区分を大きく変える事から、利害関係・国民の意識の醸成・導入への不安・将来の地域の発展等、様々な課題を含んでいる。明治維新の「廃藩置県」に匹敵するこの大改革は、「日本の国の在り方」そのものについて、根本的な見直しをするものであるが、避けては通れない重要な政策課題の一つである。

「道州制」は、地域経済の主体が道州政府となり、現在の国の行政機能及び財政の殆どが、道州政府に移管されて実施され、明治20年より約120年間維持されてきた、中央集権システムによる国と地方の在り方を、大変革するものである。

特に、2011年3月の東日本大震災、及び2013年における「ＴＰＰ参加問題」を機に、再び「道州制」の論議が高まり、さらなる議論が行われた。国民が「道州制」導入への意識・理解を深めて、その実現が加速する事が望まれている。このような中、公明党の提案により、安倍内閣は本格的に検討する組織を立ち上げ、その対応を開始した。

「道州制」導入は、現在の日本が抱える「少子高齢化」、「地方の過疎化」、「ＴＰＰにおける第一次産業の強化」等の課題に有効な解決策であり、なくてはならないものである。

現状の日本の行政システムは、県レベルで半数以上が行政的に麻痺・破綻され深刻な状況となっている。日本の将来が、立ち行かないとの指摘がある。また、国家公務員、地方公務員、都道府県及び地方自治体の首長、各種地方議員、国会議員まで、「道州制」導入による大規模な抵抗勢力の反対は目に見えている。しかし、現状の行政システムを考えると、導入に向けて真剣に取り組む必要がある。

4.6.1 道州制とは

道州制とは、行政区画として道と州を置く地方行政制度であり、現状では北海道以外の地域に複数の州を設置し、それらの州に現在の都道府県より高い行政権を与えるものである。道州制の名称は、府県制・郡区制・町村制に倣ったものであり、道または州とは、中国の唐や漢の時代における制度に由来する。現在、世界においては道と州を共に置く国家はないが、他国の地方自治制度について言及する場合、道州制という言葉が使われる。

道州制の導入に対して以下の主張がある。

□北海道を除く都府県を廃止して、行政を広域化する案。

□都府県のうち幾つかを分割して、その上で都府県の広域連合の地方公共団体として道州を設置する案。

□外交と軍事以外の権限は全て国家から地方に移譲し、対等な道州同士の緩やかな連合によって、国に対し地方の地位を押し上げるという案。

図4-4　道州制の構成と概略機能

国でしかできない事を実施する。
　（外国との対応、軍事及び国家予算の管理等）

地域振興・整備といった地域における行政を、自主的にかつ総合的に実施する主体である。
　(1) 地域分権の推進
　　　国から地方へ、広域自治体から基礎自治体へ。
　(2) 広域化（自立的で活力ある圏域）
　　　圏域の一体化、地域連携強化、ネットワーク形成。
　(3) 行財政改革（効率的な行政システム）
　　　規模の経済性、選択と集中。

地域住民に対する福祉や教育といった、対個人向けのサービスを中心に担う。
従来の都道府県からの権限を、市町村に移譲する。
　・まちづくり・土地利用規制等の地域に関する事項。
　・住民の日常生活に最も密接に関連する、福祉・保険・医療及び教育に関する事項。
地方分権が自治体のためではなく、国民（住民）のためであるという事が原点である。

（※）事務処理だけではなく、企画立案を含めた権限と財源を、市町村に移譲する必要がある。また、道州と基礎自治体との役割分担を、画一的に規定する事は望ましくない。
　市町村は、現状より更に合併を推進し、300～400の自治体にする必要がある。
　世界の地方自治体数をみても、日本は突出している。
　現状では行政そのものにムダ・ムリ・ムラが多く、非効率である。各自治体の首長は、真剣に将来を考慮する必要がある。

　また、地方分権を考える時、「公」が実施しているものは、「民」への移管あるいはアウトソーシングやPPP（Public Private Partnership）といった、公民連携を進める事が重要である。

道州制は、地方分権を共通の目的としているので、様々な団体から導入を訴える声が上がっている反面、国主導の「道州制」導入の推進には反対意見も多い。経済界は、将来の日本経済の破綻を考慮して、全面的に「道州制」導入の推進を図っている。

　道州制導入について、大きな課題となるのは財政問題である。現在、国も地方も莫大な債務（借金）を負っている。最新の情報では、国及び地方の累積借金は既に1000兆円（ＧＤＰの約２倍）を超過し、ヨーロッパのギリシャ、イタリアの例を大きく超えて、世界にもその類をみない。それほど日本の経済状況は悪化している。

　現在の県レベルの財政規模では、信用力が低下して更なる負担を、国民は負わなければならなくなる。現在の行政の延長では、日本の約半数以上の都道府県が、「県の倒産」という事態となり、公共サービスの低下や、税率の上昇が生じる事になると考えられている。

　なお、現在の行政の延長線上では、住民の流出と国土の荒廃が生じ、長期的には日本経済に重大な影響を及ぼす可能性がある。この事態を防ぐためにも、都府県の合併を行なって、財政規模を拡大し信用力を上げるという方法が必要である。都府県合併の一つが、道州制導入である。

4.6.2　道州制の経緯

　道州制導入に対する議論の発端は、平成の市町村大合併を終え、次の行政改革の一環として政策課題となったものである。有識者の検討・調査会で細部に亘り検討され、その集大成が2006年の「第28次地方制度調査会」の報告（2006年２月28日）である。

　第28次地方制度調査会は、「道州制のあり方に関する答申」において、「国と地方双方の政府の仕組みを再構築し、わが国の「新しい政府像」を確立する見地にたてば、道州制の導入が適当である」との見解を示した。これまでの、中央集権的体制システムの延長線上には、日本の将来の姿を見いだせなかったからである。つまり、現状の行政は「国のかたちをかえる」改革がなされないと、将来における日本の展望は望めないとしている。現状の都道府県（地方自治体）の延長では、将来展望が開けないとの検討結果である。

　日本は、明治20年代から一貫して、中央集権的体制のもと、国主導の均衡ある発展を遂げてきた。経済成長が、最優先された高度経済成長期には、こうしたシステムが殊のほかうまく機能したのも事実である。日本は、20世紀後半に世界第二位の経済大国となり、一定レベルの所得水準も達成した。しかし、地方の地域は、多様な課題を抱えており、地域が置かれている現状と将来について、客観的に見つめることが必要となってきた。

　急激な少子高齢化と、地方から都市部への人口移動により、生産年齢人口（15～64歳）の割合が減少し、地方における過疎化が一段と進行している。そして、各県の総生産の成長予測では、47都道府県の半数以上において、現状の行政単位では経済機能が停止し、地方における行政がマヒするという統計もでている。日本国内の半数以上の地方自治体が「倒産」してしまい、日本の社会経済そのものが機能しなくなることを意味する。

　地方行政制度に対しては、1989年～1992年にかけて臨時行政改革審議会が設置され、都道府県の広域連合とともに、道州制の検討について答申がされ、1994年には、地方自治法の改正により、県の広域連合が制度化された。国会において地方分権の決議が採択され、道州制の論議が高まることとなった。

　2004年には、地方自治法の改正により、都道府県の合併が申請によって可能となった。北海

道には、2004年に道州制を先行実施する提言をし、2006年に特区制度をもって道州制特区推進法を公布した。

4.6.3　道州制の意義

　図4-5 は、「道州制」の意義を整理した。道州制は、□地方分権の推進と地方自治を充実・強化させる。□自立的で活力ある圏域を実現する。□国と地方を通じた効率的な行政システムを構築する、等を主目的に制度設計をするものである。

　21世紀に入り、グローバル化・少子高齢化・所得格差の拡大・環境問題・財政危機等、日本の社会を取り巻く環境は大きく変化している。こうした変化は、現行の中央集権的体制システムが、制度疲労を起こしていることを表面化させている。

　現状の延長線上に、修正による制度改正を位置づけることは困難である。将来において、日本の活力を維持増進させるためには、パラダイムの変化を踏まえた制度設計が求められ、道州制は、「国のかたちを変える」ものとして位置付け、国・地方を通じて論議されている。

　道州制は、現在の47都道府県を9〜12の広域行政区分（道州制）に移行することにより、地方行政の衰退・破産を防ぐと共に、広域化に伴うメリットを活かし、地方の活性化により国の繁栄を図るものと期待されている。改革に伴うデメリットは、国民の知恵を集め、痛みを伴う事も覚悟する決意で、対応する事により解決が図れると考える。

　また、道州制導入により生じる負の部分については、そのケアが必要である。例えば、関連する事柄（地方分権、財源移譲、広域事業の助言、人材確保、行政の電子化等）について、国もサポートして実施対応する事が求められる。

　日本は江戸時代、約300ヶの藩の行政組織があったが、明治22年に廃藩置県が実施された。図4-6 は、明治維新における廃藩置県の経緯である。現行の47都道府県の行政区分の下、地方自治体は3000以上もの市・町・村となり、行政の形態が変化した。現在までの約120年間継続し、制度疲労により非効率化のアキレス腱となっている。

　約10年間に亘る「平成の自治体大合併運動」により、3000以上の自治体を約4割削減して、1670ヶとした。情報化が進んだ現在でも、旧態依然とした自治体が多く、更なる自治体の合併が求められると共に、都道府県の行政の広域化が検討されるようになってきた。

　21世紀政策研究所は、タスクフォースとして「地域経済圏の確立に向けた道州制導入と行政改革」を立ち上げ、□地方分権、□広域化（圏域の一体的取り組み）、□行財政の効率化という視点で、2007年4月〜2009年3月まで2年間に亘り研究を進めてきた。

　研究成果を以下の著書に纏めており、「道州制」を理解するのに参考となる。

　　　□21世紀政策研究所：1997年に経団連が設立した公共政策のシンクタンク、わが国の経済・社会が当面する課題を取り上げて、政策研究を行い具体的な改革案を提示している。

　　□参考著書
　　　書　名：『地域再生戦略と道州制』
　　　監修者：林　宜嗣＋21世紀政策研究所
　　　発行所：株式会社日本評論社（2009年8月25日、第1版発行）

図4-5 道州制の意義

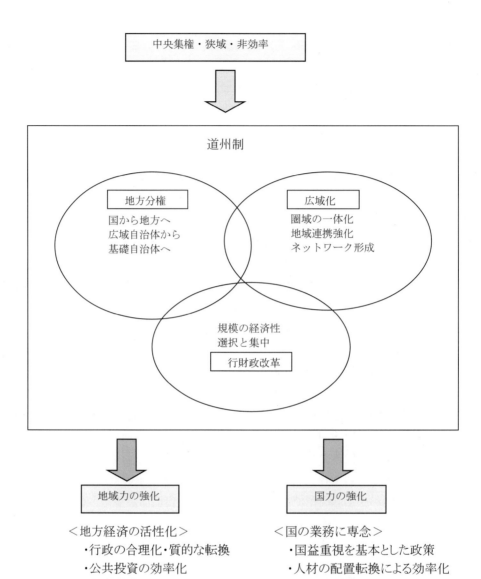

図4-6 明治維新における廃藩置県の経緯

日本の近代において、江戸時代から明治時代となって、いきなり「廃藩置県」の大行政改革が行われた訳ではない。以下の如くのステップを踏み、明治元年(1868年)から22年かけて、現在の47都道府県の行政区分の原型が作られている。

◇大政奉還
1867年11月、江戸幕府15代将軍(徳川慶喜)は、政権返上を天皇に上奏し、天皇が上奏を勅許した政治事件である。

◇版籍奉還
明治2年から1年かけて、274の諸大名から明治天皇に、領地(版図)と領民(戸籍)が返還された。発案は姫路藩主の酒井忠邦である。

江戸中期から、各藩とも深刻な財政難を抱えており、有力商人から「大名貸し」が行われ、江戸末期には、日本全国で7413万両にも達していた。版籍奉還は、大名が借金返済のメドが立たず、債務処理に利用したとも言われる。明治政府は、江戸幕府による債務の引受を拒絶し、全て無効(事実上の徳政令)とした。

「藩」という名称を使用、中央集権化事業で、廃藩置県までの約2年間の過度的な処置である。藩とは、廃藩置県で藩が消失するまでの2年程度の行政区名称である。

◇廃藩置県
明治4年7月、明治政府は「藩」を廃止し、地方統治を中央管下の府と県に一元化した。

平安時代後期以来、続いてきた領主が、領地・所領を支配するという土地支配の在り方を根本的に否定し、改革するものである。3府302県で、各大名はそのまま藩知事として統治。全国で200万人を超える藩士(家来)の大量解雇となり、旧武士階級の不満は、反乱となり日本各地で発生した。

◇県の統廃合化
当初の3府302県から3府72県とし、更に明治14年には3府34県へと統廃合化が実施された。

◇廃藩置県の完了
明治22年、最終的に3府43県(北海道を除く)として現在の47都道府県の行政区分の原型を構成した。

統合によってできた府県境は、石高で30～60万石(後には90万石)にして、行財政の負担に耐えうる規模とする事が心がけられた。

第4章 経済を取り巻く環境

日本は、現状の社会が、急激に変化する事を望まない国民性を持つ。しかし、「国のかたちを変える」ほどの制度改革でないと、現状における地域経済の持続可能性すら危ぶまれ、地域再生は実現しないと、同著書は指摘している。

　また、大改革だけに、道州制のデメリットへの懸念・課題を指摘する声も多いが、そのために、道州制導入に対する否定的な結論を得るのは早計である。結論する前に、□地域が置かれている現状と将来を、再度客観的に見つめ直す、□その上で、道州制導入の懸念や課題を解消するような制度設計を考える事が、将来的な地域経済の発展に必要である。

　制度改革のためには、地方の現状・実情を正しく把握する必要がある。道州制導入で必要性が残る財政の調整は、日本型水平的財政調整の制度が必要である。低経済成長が続く中、国民の福祉を高め、限られた資源を有効に使うことである。また、国からの財源に依存した地域経済が、いかに脆いものかも指摘している。

　地方自治体が、地域の現状・将来について、具体的な課題を提示して、道州制との関わりを住民に伝えていない事もあり、今一つ、議論が盛り上がりを欠いている。大改革ゆえに副作用もあるが、地域の智慧を結集していけば解消可能である。

　キャノン㈱の御手洗会長が、道州制の早期導入を強調しているのは、経済的な面のみならず日本全体の将来を考えての主張である。道州制についての議論が広まって、実現へ向けてのあらゆる面での検討と理解の深耕が必要である。

4.6.4　今、なぜ道州制なのか

1．地方経済の活性化

　地方経済の活性化は、過去一貫して国土政策上の重要課題の一つである。国は、大都市集中の抑制と工場等の地方分散化政策、補助金、税制、融資などの優遇措置をテコとした、産業立地の推進、公共投資の地方への重点配分等、あらゆる手段を講じてきたが、地方衰退の歯止めがかからなかった。

　原因は、東京一極集中の要因を放置したまま、結果の平等を主軸とした、地域政策を行ってきたことにある。この事が「国土の均衡ある発展」を実現せず、地方の国依存の体質をますます強める事となった。また、公共投資や行政依存型産業構造を温存させ、経済活性化に不可欠な「産業構造の高度化」の足かせともなった。

　現行の中央集権システムは、地域政策の意思決定が地方ではなく、東京で行われるため、発生した問題に関しての「認識ラグ」、実際に地域で遂行する間に「実施ラグ」（ラグとは遅れの意味）が生じる。また、政策に必要な財源の多くを、国に依存しているため、国の財政事情によっては実施できない事もある。また、地方の活性化は、中央による一律の施策ではなく、現状と課題を知り尽くした「地域の、地域による、地域のため」の施策が必要である。

　道州制は、地域に地方行政の権限と財源を与える以上、従来のように国に依存するのではなく、地域の結果責任において運営されることになる。

2．社会資本整備の費用対効果

　巨額の公共投資が、地方に配分されてきたにも関わらず、地域経済の構造改革に結びつかず、依然として地方経済が、公共投資に左右される状況は変わっていない。これは過去における中央集権型の公共投資政策の失敗と言える。

経済効果という側面から見ると、公共投資の本来の役目は事業効果の実現である。これまでの公共投資政策は、国が中心にその役割を担うべきだとされる、経済安定化機能、所得再配分に重点が置かれてきた。そのため、公共投資の「質」より「量」が重視され、事業効果の面から見たら、「費用対効果」が低い原因となっている。

　社会資本が、十分な事業効果を発揮するためには、地域の実情にあった整備と、他の社会資本との相乗効果を高める工夫が必要であり、公共投資における地方の権限と財源の拡充が不可欠である。特に、地域再生には、公共投資の広域化と重点化が求められることから、現在の都道府県域を超えた道州レベルでの対応が効果を高める。

３．地域政策における機動力

　国民生活の豊かさは、人口１人当たりの国民総生産（ＧＤＰ）で表される。日本の2006年時のＧＤＰは、ＯＥＣＤ加盟国中で第18位であったが、ここ数年で更に順位を大きく落している。日本の地域経済を、加盟国に当てはめると、中国地域は５位のデンマークに、南関東は13位のオーストリアに続くが、他の地域はポルトガル、チェコ、ポーランドといった下位グループに位置している。

　注目すべきは、ＧＤＰの上位の国の多くは人口規模が小さい国で、経済規模は大きくないが国民が豊かさを享受できる所得を生み出している。日本は、人口規模が大きいほど、１人当たりの県内生産が大きくなるという逆の傾向が出ている。

　道州制を導入したときの各地域は、ＯＥＣＤ加盟国の中で、比較的高い位置に属する国々と、同程度の人口規模と経済力を持っており、分権化によって道州に裁量と責任を与えられるなら、迅速かつ的確な地域政策によって、豊かな経済を実現する可能性がある。

　「国あってこその地方だ」と考える人は、「規制」と「保護」を基本とした、現在の国と地方の関係を前提としたものである。地域特性を踏まえない政策と、地方の創意工夫の喪失が、日本経済の相対的な地域の低下に、結びついていると考えられる。

　今、求められているのは、高齢化・成熟化・グローバル化といった、経済社会を取り巻く大きな環境変化の対応に、道州制を導入して、地域自らが主体的に、自らの責任において、地域づくりを行える環境を整備することである。地方が、その環境を十分に活かしうる実力を身につけることである。各地域が、その特性を活かして個性的に発展することが、日本全体の経済力強化につながる。

4.6.5　道州制による行政区分

　道州制は、連邦制に近いものが考えられるが、連邦制ではなく、広域自治体として現在の都府県に代えて、広域の行政区分とするものである。すなわち、地方公共団体は、広域自治体としての道州と、基礎自治体としての市町村という二層制となる。

　道州制は、47都道府県を９〜12の道州に区分するもので、その機能は、国及び市町村と適切に役割を分担しつつ、地域における行政を自主的かつ総合的に実施する。市町村は、基礎自治体として、現在の都府県の機能の一部を移譲受け、住民サービスに徹する。

　道州制の区分については、地方における利害関係が著しく、９〜12の区分案がある。表4-7は、道州制の区分案の例を示す。道州制の行政区分において配慮することは以下である。

１．行政区分の区割

　都府県内での経済・伝統・歴史等において、他の州との結びつきが強い所は、地方公共団体（市町村）単位で、別の州に所属可能な編成の配慮が必要である。例えば、福井県の嶺南地方（小浜市・敦賀市等）は、本来、京都・丹波地方とのつながりが強いため、北陸州より近畿州に所属する要望が強い。

２．東京都、大阪府の扱い

　東京都は、東京23区（約850万人）と多摩地域（約500万人）に分け、多摩地域は区分としては南関東州に属することが良いと考える。東京23区は、東京特別区として単独で扱い、人口を80～100万人位を単位とした区制の再編をして、行政の効率化を図る。

　大阪府も東京と同様に、単独で大阪特別区として構成し、人口80～100万人位を単位とする区制に再編する。

３．基礎自治体の規模

　基礎自治体の規模については、現在の約1700ヶの自治体を、更に300～400ヶ所に合併・再編して、規模を大きくし行政の効率化を図る必要がある。例えば、行政区分内の人口を、村は1万人以上、町は10万人以上、市は30万人以上の規模とする。

　現状の都道府県を道州制にした場合の区分案について、地域との繋がりや経済規模も考慮して、行政区分をまとめるべきである。種々の案があるが、著者は、下表の12区分が妥当であると考える。州都については、著者の案である。

表4-7　道州制の区分案の例

No.	道州名	構　成　地　域	州都
1	北海道	北海道	札幌市
2	東北	青森県、岩手県、宮城県、秋田県、山形県、福島県	仙台市
3	北関東	群馬県、栃木県、茨城県、埼玉県、長野県	さいたま市
4	東京（特別区）	東京都の23区	千代田区
5	南関東	千葉県、神奈川県、山梨県、東京多摩地域	横浜市
6	北陸	新潟県、富山県、石川県、福井県	金沢市
7	中部	岐阜県、愛知県、静岡県、三重県	名古屋市
8	大阪（特別区）	大阪府	大阪市
9	近畿	滋賀県、京都府、奈良県、兵庫県、和歌山県	神戸市
10	中国	山口県、広島県、岡山県、島根県、鳥取県	広島市
11	四国	徳島県、香川県、高知県、愛媛県	高松市
12	九州・沖縄	福岡県、佐賀県、長崎県、大分県、宮崎県、熊本県、鹿児島県、沖縄県	福岡市

　なお、現在、数百万人規模の大都市（横浜市、川崎市、名古屋市、仙台市等）は、市内の区制の単位として人口が80万～100万位の規模で再編する。

４．大規模都市の扱い

　道州制の下で、基礎自治体としての大都市のあり方をどうするか。特に政令指定都市等の大都市制度を現行のままとするか、また、道州と首都圏を初めとする、大都市圏域との関係をどうするかが検討課題となる。

逆に小規模の地方自治体、例えば、現在、人口100万人以下の「県」は、香川県・山梨県・佐賀県・福井県・徳島県・高知県・島根県・鳥取県の８県を数える。これらの県は、「一つの政令都市」の扱いになり、県内の市町村は「解散」せず、県内の基礎自治体を思い切り合併し、市町村の規模拡大に取組むかどうか検討を要する。

また、神奈川県の川崎市は人口142万人で７つの行政区からなり、20万人／区とかなり細分化し、東京23区も人口約850万人で、約35万人／区と都市部でも行政区分が細分化している。行政区分の規模が小さくなると行政の効率は悪くなるため、現在の区制についても、約80万〜100万人の人口規模に再編する必要がであると考えている。

4.6.6　全国知事会の考え方

2007年（平成19年）１月18日、全国知事会は「道州制に関する基本的な考え方」を提言した。当事者である、現場の首長（知事）の考え方を知ることができる。

１．知事会の立場

当事者として、道州制導入を推進し積極的に提案していく。また、国と地方双方の政府を再構築し、真の分権型社会を目指すとしている。

２．道州制の基本原則

全国知事会は、道州制の基本的な考え、原則を以下の７点に整理した。

□道州制は、地方分権を推進するためのものでなければならない。

□道州は、都府県に代わる広域自治体、地方自治体は道州と市町村の二層制とする。

□国と地方の役割分担を抜本的に見直し、内政の事務は基本的に州政府が一貫して担うことで、主体的かつ総合的な政策展開が、可能となるものでなければならない。

□役割分担の明確化は、事務の管理執行担当の「地方支分部局」の廃止、企画立案の「中央省庁」の解体編成を含めた、中央政府の行政見直しが必要である。

□内政に関する事務について、道州に決定権を付与するため、国の法令は基本的事項にとどめ、広範な条例制定権を確立しなければならない。

□道州が地域に応じ、自己決定と自己責任の政策展開ができるよう、国と地方の役割分担に応じた、自主性・自立性の高い地方税財政制度の構築が必要である。

□道州の区域については、国と地方双方のあり方の検討を踏まえて議論されるべきであり、枠組ばかりではなく、地理的・歴史的・文化的条件や、地方の意見を十分勘案して決定しなければならない。

３．道州制検討の進め方

□国と地方が一体となった検討機関の設置が必要である。

政治主導の下で行われるべきであり、関係団体の各代表及び関係閣僚等により構成される「検討機関」を設置し、中央省庁の解体・再編を含めた議論が必要である。

□国民意識の醸成

道州制の検討に当たり、国民の意識を醸成し、理解を得ることが最大の課題である。道州制導入が、我が国のあり方や、国民生活にどのような変化をもたらすかについて、国民に十分理解されているとは言い難い。国と地方の双方が、道州制のメリットや課題について分かりやすく積極的な情報発信を行い、国民的な議論が行われなければならない。

第４章　経済を取り巻く環境　179

4．具体的な検討課題

全国知事会では、今後の具体的な検討課題について以下とした。

①国の有り方、及び国・道州・市町村の役割分担

国と地方の役割分担を明確にする。新たな行政需要が生じた場合、国・道州・市町村のいずれが担うかについての調整をどうするか。

②税財政制度のあり方

自主・自立性が高く、道州間の財政格差が生じないよう、また、道州間の財政調整制度のあり方をどうするか。

③大都市圏との関係

基礎自治体としての大都市のあり方をどうするか。政令指定都市・中核市等の大都市制度を、現行のままとするのか。大都市圏域との関係をどう考えるか。

④市町村との関係

市町村の行財政基盤をいかに強化すべきか。また、役割を担いきれない小規模の町・村について事務の補完のあり方をどうするか。

⑤住民自治のあり方

「住民自治」を担保するために、どのような仕組みが必要か。

⑥首長・議会議員の選出方法

首長の選出は住民の直接選挙か、または、議会において選出するのかどのような方法がふさわしいか、道州の議会議員の選出についても検討が必要である。

⑦条例制定権（自治立法権）の拡充・強化

条例を制定できるようにするためには、どのような課題があるのか。また、国の法体系の中でどのように整理するのか。

⑧道州の組織・機構のあり方

道州の組織のあり方、行政委員会制度、及び議会制度のあり方について検討する。

5．著者の意見

①都道府県の収支

全国知事会の決意として、道州制の導入に強い意欲を示し提言をしているが、現実に各都道府県のプライマリーバランス（収支決算）はどうなっているのか。

現状は、東京都を除き46都道府県は、全て地方債（借金）まみれである。国からの補助金、地方債、余剰金、税収入等の内訳を開示する必要がある。また、46都道府県は、東京都が実施している会計制度のシステムを見習って、収支バランスを明確にすべきである。

②導入に向けての工程表

全国知事会の提言について、いつまでに・何を・どうするのかの工程が明示されていない。また、各知事が、明治時代における「廃藩置県」と同様に、一度すべてを国に返上する心意気・覚悟があるのかが、最も大切と感じる。提言は誰でもできるが、実現するための具体的な手当て・仕組みが必要である。

③現状改革のための情報公開

今後、国からの補助金をゼロとして、地域内での税収入を算出して、行財政が成り立って

いくのかシミュレーションすべきである。財政的な基盤を明示しなければ、国民は、地方の殆どが「県の倒産」になることへの実感を、理解できないであろう。

④道州の首長（州首相）の資質

47都道府県の知事が、一度全て失職する。一部の人が再任されるかどうかはわからないが、道州における首長（首相）のふさわしい資質は、経営／行政／財政／国際感覚／人事に対して、真に能力のある人格者が適任となるであろう。

大正時代の東京市長であった「後藤新平」の如く、高潔で有能な人材が適任である。現在の知事のほとんどは、地域の元国会議員や元官僚出身者が殆ど占めており、道州の首長としての力量には遠く及ばないと思われる。

⑤道州制導入の実現化

地方の当事者である47都道府県の各知事が、自らの権益・地位を放棄しても、道州制導入を図るとの強い決意・意欲があるかどうかが非常に大事である。4年に一度の選挙を得て、現在の地位を得ているため、その権益を手放すとは思えない。

道州制導入は、政治主導にて決定し、国民の承認を得るステップを踏むと思われる。

⑥組織内の腐敗根絶

広域化になると、資金・権力等の権益が非常に大きくなり、そのため組織内において腐敗も生じてくる。最初から、組織内の腐敗を根絶するための仕組みを設けることが必要である。例えば、首長・議員の選出、行政の第三者的な監視、行財政の周期的な公開、不正の摘発等の仕組みづくりである。

公務員が、国民に尽くす精神（国民の召使い）を醸成する仕組みと、賞罰を明らかにし、公務に携わる誇りが持てる組織にする必要がある。旧来の自治労の如き労働組合は、害あって一利無しのため不要である。腐敗を増長させるだけである。

4.6.7 （社）日本経済団体連合会の提言

日本経団連は、将来に向けたグランドデザインとして、道州制の導入を通じた分権型国家の構築と、広域経済圏の形成を提言している。

2015年の道州制導入を目指し、道州制推進委員会は諸課題の検討を行い、2007年3月には「第1次提言」を、2008年3月には「第2次提言―中間とりまとめ」を公表し、道州制導入の意義や目的、目指すべき国の姿、更には国・道州・基礎自治体の役割、国民生活にもたらすメリットなどを示し、具体的な提言を提示している。

政府の地方分権改革推進委員会では、「第1次勧告」（2008年5月28日）を行い、これを受けて政府の対処方針となる「地方分権改革推進要綱（第1次）」（2008年6月20日）が決定された。日本経団連は政府の対応を歓迎し、道州制につながる制度改革を強く推進している。

日本経団連は、道州制の真の目的は、地域において多様な就業機会が確保され、人々が安心して定住するに相応した安全で快適な地域を、住民自治を基本としてつくり上げていくことに他ならないと考えている。また、各地域では、こうした自立した地域づくりに向け将来ビジョンを掲げ、住民参加の活発な議論が、巻き起こることを強く望んでいる。

1．道州制導入の国民の理解

国民の理解を深める上で、政治主導の取り組みに期待する。道州制導入は国家百年の大計の

もとに行われるべき大改革であり、政治主導の取り組みがされなければ、改革は骨抜きとなり画餅に終わる。道州制導入は、行政のあらゆる面を見直す「究極の構造改革」である。120年続いた中央集権体制のもと、国が政策を立案して行政権を行使するシステムを、根本から見直すからである。道州・基礎自治体それぞれが、グローバルな視野に立って地域経営を実践し、新たな成長を創造することで、各地に活力に富む自立した広域経済圏が形成される。

　東京一極集中が解消して、地域の経済力が全体として底上げされ、日本全体の豊かさも増すと考えられる。道州制のもと、小さな政府・民主導の経済社会を目指すことが、重要な課題となる。規制改革の推進、官業の民間開放、ＰＦＩ（Private Finance Initiative、民間による公共サービスの提供）による事業実施などを徹底し、公務員制度改革を始めとする行政改革、電子行政の推進等を図る必要がある。企業・ＮＰＯ・ＮＧＯ等が解決策を模索し、自ら実行することも重要である。

２．道州制導入で変わる地域の経済

　現在、国やその出先機関（地方支分部局）・都道府県・市町村において、二重・三重の行政が行われ、行政コストが増大している。地方公共団体が、個別に様々なハコモノを整備した結果、その運営・維持に苦しんでいる（北海道の夕張市がその例）。

　国・地方併せて、1000兆円を超える債務を抱える我が国の行政が、将来においてこのままの体制を維持できない。抜本的な財政再建策が必要である。道州制導入により、広域的な行政体制を整えて債務残高の減少を図り、世代間の信頼回復にも貢献することができる。

　道州制は「地域に活力をもたらし」、「地域からの改革」と言えよう。道州制導入による、具体的な効果を検証する必要がある。行政の合理化・質的な転換と経済・社会の活力向上が期待される。また、道州制導入で、行財政改革（地方公務員の総人件費の削減と、公共投資の効率化）により、新たな財源を生み出すことができる。

　この新たな財源により、道州が主体的に産業集積政策を展開し、インフラ整備を行い、産業政策と一体となった雇用政策や人材育成を、地域の実情に応じて実施できる。企業誘致、観光振興等の雇用創出につながれば、税収増が実現でき、きめ細かい行政サービスも可能となる。なお、道州制の下では、地域の価値観の共有や、住民参加の地域づくりが進むことが期待され、地域の連帯感も強まる。

　なお、国家であるオランダと、国内の一地域である九州を比較すると、九州の人口や経済規模は、既に広域経済圏として自立できる規模を有している。九州が一体となり、東アジアのゲートウェイ機能が発揮できる。インフラ整備や企業誘致などの、産業振興策に取り組めば、東アジア経済圏の中心地となる事も夢ではない。

　道州制導入により、地域の広域化と経済規模の拡大が図られ、住民が以下のメリットを享受できる事が考えられる。

　　　　　□防災・消防体制が強化される。
　　　　　□地域の治安が向上する。
　　　　　□子育て支援、人材育成策が充実する。
　　　　　□地域医療・介護の体制充実が図れる。
　　　　　□独自の産業振興策が展開され、雇用が創出される。

□地域資源を活かした観光振興が推進される。

□地域の農林水産業が活性化する。

□個性的なまちづくりが行われる。

□環境保全が効果的に行われる。

□近隣諸国、地域との経済交流が活発化する。

３．国、道州、基礎自治体の役割

　国の果たす役割は、国外的な分野、市場の円滑化・発揮のためのルール整備、最低限のセーフティネットの整備など国益重視を基本とした政策を実施する。内政の多くの施策は、立案・実施とも道州・基礎自治体が主体となって担う。道州間の政策調整は道州が自律的に行う。基礎自治体は、住民に最も近い行政サービスの提供者として、地域の実情や住民のニーズに応じた行政を行う。

　国、道州、基礎自治体の各役割を具体的に列挙すると以下が考えられる。

（１）国の役割

　　　外交、防衛、皇室、危機管理、国家警察、出入国管理、貿易管理・通関、司法、通貨経済／金融政策、為替政策、通信・放送政策、食料・資源・エネルギー安定確保、科学技術政策、地球規模の環境保全・資源循環、環境基準、感染症対策、市場のルール整備、国の競争力及び社会の安定に関わる基本戦略・計画の策定、社会保障・雇用政策等のセーフティネット整備、教育の枠組み整備などが考えられる。

（２）道州の役割

　　　地域発展戦略の策定、産学連携を中心とした産業集積政策の立案・実施、雇用・人材育成政策、初等・中等・高等教育の実施、大学・高等専門学校の管理運営、道路・空港・港湾などのインフラ整備・運用管理、河川・森林の広域的管理による国土保全、水資源の管理、農林水産業の振興、観光振興、文化振興、生活や地域に密着した廃棄物処理、大気汚染などに関する広域的な環境対策、警察・消防体制の強化による治安・安全の確保、大規模災害への対応、医療・介護など社会保障制度の運営、福祉・保険に関する各種施設の設置、子育て支援、景観整備、まちづくりなどが考えられる。

（３）基礎自治体の役割

　　　防災・消防、子育て支援、福祉・保健に関する施設の設置、介護サービスの提供、地域内交通の確保、初等教育、職業訓練、一般廃棄物処理、住民票や戸籍など生活に関する基本的なサービスを提供する。また、地域の文化・伝統などの個性を活かした観光振興、まちづくり、地域ブランドづくりなどが考えられる。

　道州と基礎自治体の関係は、小規模な基礎自治体の事務、また近隣の自治体との広域連合を補完するなど、柔軟性のある制度にする事が望ましい。住民は地域の行政に積極的に参加する。住民は受益と負担の関係を意識しつつ、身近な社会的課題に直面した時、相互扶助・共助の精神で自らその解決に取り組む事が理想的である。

４．道州制を支える諸制度

（１）税財政制度の改革

　　　国・道州・基礎自治体が、行政上に必要な財源を確保するため、新たな視点から国税と

地方税を再編成する。現行の地方交付税と、国庫補助負担金は廃止する。国税・都道府県税・市町村税の徴収事務は、重複業務のため国・道州・基礎自治体間で相互に委託できるようにする。また、必要な国の資産、及び債務も併せて移管する。そのため前段階として国の資産・債務の縮減を大胆に進める。現在、行政改革推進法により、2015年末までに、対ＧＤＰ比を2005年度末に比べ、半減させる事を目指している。

独立行政法人・国立大学法人・地方公共団体の、資産・債務改革の推進も必要である。

（２）道州制導入に向けた法整備

現在、道州特区推進法に基づき、北海道において道州制特区に関する取り組みが行われているが、国から北海道への権限委譲は、限定的でかつ不十分である。財源の移譲が担保されていない。北海道以外での同法適用のためには、３以上の都府県が合併した「特定広域団体」となる必要があるなどの問題がある。３県以上の合併ではなく、都府県による広域連合を対象とすべきである。

広域連合による、インフラの管理、産業クラスターの形成、環境保全などの実績の積み重ねは、道州制に直結するものである。広域連合の活用を促すためにも、権限委譲・規制の特例措置・交付金の交付等の、インセンティブ措置を構ずる必要がある。

（３）特例型道州の容認

道州制導入を前に個々の道州が、自立的に経済活性化を遂げられるよう、必要最小限のインフラ整備を、国の財源で行うなどの特例措置を講ずることが必要である。特に北海道と沖縄については、地理的・歴史的・文化的要因などにより、他県との合併をすることがないと考えられる。地域の自立を促す観点から、国による財政上の支援や、企業立地促進税などの、特例的措置を時限的に認める対応をすべきである。

（４）大都市制度及び首都のあり方

現在、日本の大都市制度は、人口の規模に応じて国から指定を受け、都道府県から事務的な権限が移譲される。政令指定都市、中核市、特例市の３種類がある。

政令指定都市は、府県と同等の事務・事業を担いながらも基本的には一般の市町村と同じ枠組みで扱われている。これに加え、都市部及び農村部・山間地まで含む都市もあり、実態と合わない面が生じている。

大都市の東京は、国会・中央官庁・最高裁判所などが存在し、首都の機能を有し、人口や経済機能が集中している。経済都市として更に国際化を図り、集積を活用して発展を遂げるとともに、地方にも富を分配していく役割を果たす事が期待される。

（５）国・地方の議会制度のあり方

現行憲法を改正しないことを前提とすれば、道州・基礎自治体にも首長と議員からなる一院制の議会（選出は住民の直接選挙）を置くことになる。

道州の首長（首相）については、多選の制限や議会による監視の強化など、権力の集中や濫用を防ぎ、住民の意思を適切に反映できる仕組みの構築が必要である。議会では、政策提言機能の強化、事務局の充実、地方行政への住民ニーズの的確な反映等ができるようにする。無報酬、ボランティア型の議員制度も検討に値する。

道州では、現行の都道府県の議員を、半数から１／３位に削減が可能となる。

５．今すぐ着手すべき改革

　①地方分権改革を断行する。

　②地方支分部局を整理し、道州内に組み込む対応をする。

　③地方交付税・国庫補助負担金の改革を行う。

　④地方自治体の行財政能力を強化する。

　⑤地方自治体のガバナンスを強化する。

　⑥電子行政・電子社会の構築に向けた取り組みを加速させる。

６．道州制の導入にむけたロードマップ

　①「道州制推進基本法」（仮称）制定の検討を開始する。

　②「道州制推進基本法」（仮称）の構成を検討する。

　③国と地方の事務・事業を配分を検討する、第三者機関を設置する。

　④道州の区割り決定に向けたプロセスを明確にする。

７．おわりに

　道州制は、都道府県の合併により地方分権を実現する作業と、地域の経済規模を拡大するという二つの作業を同時に行う事である。変わること、変えることへの不安は確かにあろうが、道州制導入により各地域にどのようなメリットが生じ、どうすれば最大化できるか、更にはデメリットがあれば、どうすれば最小化できるかを考える必要がある。

　地域の住民一人ひとりが、自身の問題として捉えることが何よりも重要である。そして、各地域において、自立自助の意識を高める運動が展開されることを望むものである。

　道州制導入により広域の行政区分となり、現状の都道府県の行政能力より格段の経営手腕が問われる。また、首長の資質として政治・経済の一般行政能力の他に、経営センス、グローバルセンス、外交手腕等の能力が要求される。道州の首長には、従来と全く異なる新しいリーダが必要となる。参考に「道州制憲章７か条」の試案を掲載する。

　＜道州制憲章７か条＞（試案）＞

　　①国に依存せず、地域の個性を活かしそれを磨き上げる心が、日本に活力をもたらす。

　　②地域の自立は、そこに住む住民の発意と熱意によって実現される。

　　③世界に誇れる街づくり・地域づくりのため、住民が努力し各々の責任を果たす。

　　④地域を愛し地域のために尽くす人材は、地域の宝である。

　　⑤一人ひとりが生涯を通して、はつらつと生活し、学び・働ける地域づくりをする。

　　⑥多様なチャレンジの機会、人々が切磋琢磨し、弱者への助け合う社会を目指す。

　　⑦家庭を基本的単位とし、住民が相互に支えあう地域をつくりあげる。

　＜経団連の提言に対する補足＞

　　全国知事会の考え方と、（社）日本経済連合会の提言を掲載したが、地方行政の当事者である知事の意識には、道州制に対する具体的なイメージが欠落している。明治時代における「廃藩置県」にも相当する「国のあり方」の変革に対し、よほどの決意と地域住民への思いがなくては、改革が成就しない。

　　道州制は、政治主導で進めると共に、明確なビジョンの下に将来の日本の繁栄を図るものであり、47都道府県の当事者（知事）の利害関係からは何も生じない。また、国民への意

第４章　経済を取り巻く環境　185

識変革への取り組みが消極的であり、他人任せの処もある。大局観にたった真剣な姿勢が求められるが、現在はその兆候すらない。

道州制導入について、実務では公務員の抵抗・処遇が一番大きな問題になると考える。

現状の状態で説得できるか厳しい面がある。日本経済連合会の提言は、自前で持っているシンクタンクを活用し、具体的な試算結果を含めた説得力がある提言をしている。

日本経済の将来が関わっているため、真剣な検討・議論を重ねてきたと考えられる。また、道州制の下では経営的手腕の力量が試されるため、まずは、経済界出身のリーダが道州の首長（首相）に任じられ、軌道が定まり安定した後に、政治家が担当すれば、うまくいくのではと考える。

4.6.8　道州制における経済規模の比較

表4-8は、「ＯＥＣＤ加盟国の人口１人当たりの国内総生産」を基に、経済規模の比較をしたものである。日本の道州制による地域をブロック単位で見ると、域内総生産は下記の国々に匹敵するものである。表4-9は、都道府県別人口のリストである。

下表の如く、道州制導入による日本の各地域の経済規模は、ヨーロッパの各国に匹敵するものである。道州制について日本の将来を含めて真剣に議論し、行政形態は、ヨーロッパの先進国に倣う必要がある。明治維新における大英断と同じくらいの大改革が、再び日本を活力ある先進国へと約束するものである。

下表の比較は、日本の各地域における道州が、世界の国々との経済的規模等において、十分自立して独自に行政の運営ができる可能性を例示している。

No.	道州名	ＯＥＣＤ加盟国	国内総生産の順位
1	中国	デンマーク	第５位
2	北陸	フィンランド	第９位
3	南関東	オーストリア	第13位
4	九州	ベルギー	第15位
5	東海	ドイツ	第17位
6	北関東	ニュージーランド	第20位
7	北海道	ポルトガル	第21位
8	四国	チェコ	第23位
9	東北	ポーランド	第26位

4.6.9.　道州制のメリット

１．地域経済再生の原動力

地域経済は、中長期的にはその地域に存在する資本と労働の投入量、技術や集積の状況などによって決定される。これまでの地方経済は、公共投資という公的需要に大きく依存してきた形で推移してきた。

地方が自立的発展を遂げるためには、次の４項目が重要なポイントである。

□民間資本の蓄積の推進、□技術進歩、□集積の経済の拡大、□地域再生の人材を確保・育成。これが地域経済再生の原動力となり、地方自治体の規模拡大（道州制の導入）により可能となる。

２．集積の経済と広域経済圏

　総合的な視野と専門性の両面を備え、地域づくりに専念できる人材を育成するためにも自治体は相応の規模を備える必要がある。道州制は、行政の広域化及び効率化によって資源を有効活用できる事である。

３．コンフリクト（Conflict：衝突、争い）の解消

　道州制を採用すると、「州都となる地域への一極集中が進むのではないか」という批判があるが、過疎問題に悩む地域には、もっともな事のように思われる。現在の県庁が集約する事によって、地方公務員の集中化が生じるとの懸念がある。

　また、行政区域の壁により民間経済活動は制限されるが、行政区域が拡大すれば区域内で利益を再配分する事が可能となる。行政区域が狭いと、環境破壊や交通混雑など特定地域の経済活動によって発生する社会的費用が他地域にも波及する。しかし、行政区域が広がり、単一区域内のコンフリクトがなくなると共に、住民の意思が行政に反映されるため調整がしやすくなる。

　表4-8　経済規模の比較

　（ＯＥＣＤ加盟国の人口１人当たり国内総生産）

（単位：ドル、千人）

No.	国　名	人口１人当たりの国内総生産	人　口	人口年
1	ルクセンブルグ	103,422	464	2005
2	ノルウェー	82,549	4,737	2008
3	アイスランド	64,141	310	2007
4	アイルランド	59,874	4,240	2006
5	スイス	56,821	7,441	2005
6	デンマーク	56,788	5,413	2004
7	スウェーデン	49,515	9,010	2005
8	オランダ	47,391	16,318	2007
9	フィンランド	46,518	5,238	2006
10	イギリス	46,121	60,271	2006
11	アメリカ	45,489	300,008	2006
12	オーストラリア	44,801	19,913	2008
13	オーストリア	44,578	8,299	2004
14	カナダ	43,356	32,508	2004
15	ベルギー	43,155	10,348	2004
16	フランス	40,738	64,473	2006
17	ドイツ	40,311	82,425	2004
18	イタリア	35,430	58,057	2004
19	日本	34,326	127,770	2007
20	スペイン	32,044	43,198	2004
21	ニュージランド	31,180	4,270	2008
22	ポルトガル	21,041	10,524	2004
23	韓国	20,014	48,598	2004

24	チェコ	16,852	10,246	2004
25	スロヴァキア	13,903	5,424	2004
26	ハンガリー	13,766	10,032	2004
27	ポーランド	11,069	38,626	2004
28	メキシコ	9,646	104,960	2004
29	トルコ	8,891	68,894	2004

総生産のドルのレート：117円／ドル

表4-9　都道府県別人口

（2010年国勢調査、2011-10-27付の読売新聞）

No.	都道府県名	人　口	2005年比の増減	道州制区分の人口	
1	北海道	550,6419	-12,1318	北海道：	550,6419
2	青森県	137,3339	- 6,3318	東北州：	933,5636
3	岩手県	133,0147	- 5,4894		
4	宮城県	234,8165	- 1,2053		
5	秋田県	108,5997	- 5,9504		
6	山形県	116,8924	- 4,7257		
7	福島県	202,9064	- 6,2255		
8	茨城県	296,9770	- 5397	北関東州：	1,633,2496
9	栃木県	200,7653	- 8948		
10	群馬県	200,8068	- 1,5928		
11	埼玉県	719,4556	+14,0174		
12	長野県	215,2449	- 4,3665		
13	東京都	1,315,9388	+58,2777	東京特別区：1,315,9388	
14	千葉県	621,6289	+15,9827	南関東州：	1,612,7695
15	神奈川県	904,8331	+25,6744		
16	山梨県	86,3075	- 2,1440		
17	新潟県	237,4450	- 5,7009	北陸州：	544,3799
18	富山県	109,3247	- 1,8482		
19	石川県	116,9788	- 4238		
20	福井県	80,6314	- 1,5278		
21	岐阜県	208,0773	- 2,6453	中部州：	1511,1223
22	静岡県	376,5007	- 2,7370		
23	愛知県	741,0719	+15,6015		
24	三重県	185,4724	- 1,2239		
25	大阪府	886,5245	+ 4,8079	大阪特別区：866,5245	
26	滋賀県	141,0777	+ 3,0416	近畿州：	1203,7928
27	京都府	263,6092	- 1,1568		
28	兵庫県	558,8133	- 2468		

29	奈良県	140,0728	− 2,0582		
30	和歌山県	100,2198	− 3,3771		
31	鳥取県	58,8667	− 1,8345	中国州：	756,3428
32	島根県	71,7397	− 2,4826		
33	岡山県	194,5276	− 1,1988		
34	広島県	286,0750	− 1,5892		
35	山口県	145,1338	− 4,1268		
36	徳島県	78,5491	− 2,4459	四国州：	397,7282
37	香川県	99,5842	− 1,6558		
38	愛媛県	143,1493	− 3,6322		
39	高知県	76,4456	− 3,1836		
40	福岡県	507,1968	＋ 2,2060	九州州：	1,459,6783
41	佐賀県	84,9788	− 1,6581		
42	長崎県	142,6779	− 5,1853		
43	熊本県	181,7426	− 2,4807		
44	大分県	119,6529	− 1,3042		
45	宮崎県	113,5233	− 1,7809		
46	鹿児島県	170,6242	− 4,6937		
47	沖縄県	139,2818	＋ 3,1224		
	（全国計）	1,2805,7352	＋28,9358		

（注）　日本人：　　1,2535,8854人
　　　　外国人：　　　164,8037人
　　　　国籍不明者：　105,0461人

＜参考：　世界の推計人口ベスト10：　2011年版人口白書＞
　2011年10月31日に70億人を突破するとの推計を発表した。

順位	国　名	人　口　数
第1位	中国	13億4800万人
第2位	インド	12億4200万人
第3位	米国	3億1300万人
第4位	インドネシア	2億4200万人
第5位	ブラジル	1億9700万人
第6位	パキスタン	1億7700万人
第7位	ナイジェリア	1億6300万人
第8位	バングラデシュ	1億5100万人
第9位	ロシア	1億4300万人
第10位	日本	1億2700万人

４．公共投資の重点化

　社会資本整備の問題の一つとして、公共投資が、重複投資などにより非効率となっている。道州制は、行政区分によって細かく区分されている都府県を、広域化する事により一体的な地域づくりを可能にする。また、産業分野間の適切な配分により生産効率を向上させ、公共投資が地域内の生産を増加させ、増加した財源を地域全体で活用できる。

　例えば、九州地域の場合、産業基盤型社会資本を、九州経済への寄与が大きい地域に再配分することにより、九州全体で第一次産業：210億円、非第一次産業：1710億円の計1920億円の域内総生産を増加させるシミュレーション結果が得られた。

4.6.10　道州制のデメリット

１．道州制と住民ニーズ

　インフラ整備と運営により、住民のニーズの充足は可能であるかどうか。対応の一つがＰＦＩである。民間が公共施設の設計・建設・改修・更新・維持管理・運営を一貫して行うものであり、民間の資金と経営ノウハウ・技術力を活用し、インフラ整備とその活用の効率性を高めることが期待される。インフラ整備は、人材・技術・資金の乏しい地方自治体が全て実施せず、民間を活用するものである。

２．多様な住民ニーズ

　従来の行政サービスの供給を、政治プロセスにより決定し、財源を税で調達するというシステムを前提とした場合は、多様な住民ニーズは広域行政には適さない。

　ＰＦＩを始めとする、民間活力の導入と受益者（利用者）負担の強化という、新たな行政システムは、行政区域が小さいほど望ましいとは言えない。道州制は、民間企業にとって公的市場規模の拡大にほかならない。民間企業にビジネス・チャンスを与え、地域経済の再生に結びつき、経済的な行政運用が可能となる。

３．住民への行政サービスと行政効率

　広域行政になれば、住民への一律の行政サービスが低下するように考えられる。また、高度な情報通信の利用のみでは、行政の機能がうまくいくとは思えない。州政府の行政サービスが、スムーズに機能する仕組み作り、例えば既存の施設を利用して、必要な支所を住民の近くに設け、サービス低下とならぬよう配慮し、住民の相談に乗るような対応等が必要である。

４．経済効率の改善

　道州制導入で、重複業務による地方公務員（議員、職員等）が大幅に余剰となる。退職による自然減と共に、削減対象の公務員は、希望により配置転換で他のサービスに振り向けを行い、適材適所及び能力のある人材を、再登用してムダを省く事が可能となる。

５．社会資本の整備

　域内の社会資本（インフラ）をどこに建設するのか、利用に不便とならないか、住民ニーズに沿ったきめ細かな運営ができなくなるのではとの疑問がある。従来は、市町村を越える課題は都道府県が、都道府県を越える課題は国が行い、広域的な取り組みは、各自治体が応分の負担の下で域内行政を実施してきた。広域化により、域内での効率よい重点的なインフラ整備が可能となる。また、地域のニーズに即したものが選択・集中して実施可能となる。また、近隣の州間での調整が生じても、調整先が少なくスムーズな運営が図れる。

4.6.11 道州制導入の阻害要因

道州制導入は、日本の将来を左右する重要な政策課題の一つであるが、国民的な議論が高まらない。その理由として、国と地方の権限配分といった制度論や、メリット／デメリットにおける抽象論が多く、道州制導入に対する必要性を、わかりづらいものにしている。

地域を深く研究して課題を抽出し、地域を発展させるには、どのような政策や環境整備が必要かを議論しなければならない。道州制導入の阻害要因は、以下が考えられる。

①道州制導入は、明治22年から約120年間続いた中央集権システムの、都道府県の機能を根本的に変える。明治時代における「廃藩置県」とを比較し、時代認識を新たにする必要があるが、多くの日本人は、意識をうまく転換できないでいる。

②道州制導入は、日本の内的／外的要因から、実施せざるを得ない状況に追い込まれているにも関わらず、日本人は現実から目を背けて、国の悪化する状態が、現実として見えるまでは、ダンマリを決め現実から逃避している。

③日本人は、数百年に亘る武家社会の名残として、長いものには巻かれろ、お上の言うことには従わなければ、という事が体に染み込みそこから脱却せずに至っている。また、現実逃避の気質（何んとかなるだろうという気持ち）が余りにも強く多い。

④道州制を導入した場合、現状の行政・経済社会について、利害関係、権益団体等において多くの問題及び対立が生じる。以下の如く、導入により生じる各弊害について、事前に十分検討しその対応を講じる必要がある。

□47都道府県の首長（知事）、議員は全て失職し、再度、選挙がされる事となる。大幅な定数減となるため、多くの地方公務員が失職してしまう。このケアが必要となる。

□都府県の合併により、地方公務員が大量に失職又は配置転換が余儀なくされる。これに従わないものも出てくる。労働組合の自治労は猛反発するであろう。新規の採用を抑え、適材適所での再配置が必要になる。

□行政業務の効率化、ＩＴ化等がますます高度化し、これについていけない職員が増加し、再度の教育に時間とコストが必要となる。職員は、公務員としてのモラルアップと共に、行政能力を開発する必要がある。

□道州制に伴い、関連する膨大な法整備が必要となる。また、道州政府でも個別の法整備と立法のため、法知識の専門家が必要となる。地方行政の専門家育成も生じる。

□州都の選択は、住民の行政サービス・地理的なハンディ等について、十分な配慮が必要である。州都には、ヒト・モノ・カネ・情報が集中するため、必要最小限の仕組みが必要である。

□広域の行財政の企画・運営・実施等に、明るい実務者の人材確保が急務となる。広く人材を求め、特に人材は、経営的な資質も重要となる。

□道州内の農業／漁業／林業／酪農等の一次産業は、規模拡大と民間資本の参入による経営ノウハウを取り入れた、対応・実施の検討が必要である。関税撤廃による輸入／輸出は、十分な対応と計画が必要である。

□都市部への人口流出を止める、特色・魅力ある産業や、地域の開発等が必要であり、各州毎に特色ある産業の育成に、行政が関与することも生じる。

上記の阻害要因を除くためにも、専門化や政治家だけの論議だけでなく、道州制の導入に向けて多くの国民・ＮＰＯ・ボランティア団体等も論議に参加できるようにする。

　　□国・地方自治体が、国民・住民用にわかりやすいパンフレットを作成し、小単位での説明会（例えば町内会単位のレベル）を実施して周知する努力をする。

　　□貿易の自由化・関税の撤廃等の課題を、国外からも求められており、道州制においてもコスト意識・品質・コスト競争等の対応が必要である。

　　□特に上記に対応するため、第一次産業（農業・漁業・林業・酪農等）の経営規模の拡大と、効率化が求められているが、道州制はそれに十分対応が可能である。

4.6.12　まとめ

1．広域連合について

　大阪府を中心とする関西地域において、広域連合による取り組みが検討されている。広域連合は、現状の地方自治体（府県）はそのままにして、各自治体の協力関係をベースとして、以下の対応をすることにある。

　　　　　□広域防災対策
　　　　　□広域観光や産業政策
　　　　　□救急医療の連携（ドクターヘリの効率的な配置）
　　　　　□環境対策（地球温暖化や自然保護）
　　　　　□交通・物流基盤の一元管理

　行政ニーズが具体的で効果がわかりやすく、構成自治体間に受益・負担のアンバランスが大きくない事業は合意を得やすいが、地域経済の活性化や、地域を取り巻く社会経済環境の変化の対応といった，中長期的視点から評価すべき事業は合意が得にくい。また、補助金の獲得、実施において多繁な労力を必要とし、主体者、責任の存在、トラブル対応等で、利害が絡む複雑な調整を必要とし、うまく機能しない事が考えられる。

　広域連合は、分権型地域連携への一歩であるが、広域行政で国の権限委譲の受け皿としての機能を十分発揮し、圏域全体の一体的な発展という課題をこなすには、権限も財源も明確ではないため、実施にあたっては限界があり実現が難しい。道州制の下では，これらの課題は効率的な処理が可能となる。

2．道州制の将来

　道州制は、東京一極集中を是正し、地域経済を活性化する可能性があり、民間の経済活力を大きくする事ができる。道州制は、「地域が、主体的に自らの責任において、地域づくりを進める」ため、環境整備である地方分権を実現し、国から地方への権限委譲と共に、権限に裏打ちされた業務を、遂行していくための税財政改革が必要となる。

　また、それらと同時に道州制の下では、各自治体が、その環境を十分に活かすことができる、十分な規模と能力を備えなくてはならない。フランスやドイツといった欧州の成熟した先進国は、地方分権型の社会となっている。日本でも、道州制がその有力な手段となることは明らかである。

　道州制導入による、日本の各州における経済規模は、ヨーロッパの各国に匹敵するものであり、道州制について、日本の将来を含めて真剣に議論し、行政形態についてはヨーロッパの各

国に倣う必要がある。明治維新における大英断と同じくらいの大改革が、再び日本を活力ある国へと、約束するものであると考えられる。

3．第一次産業の対応

日本の第一次産業（農業・林業・漁業・酪農等）は、永年に亘り狭い土地、小規模な船舶、小規模な牧場等により、個人経営が行われてきた。組織化された事業は少なく、その中で戸別に、品種改良や効率的な営みを実施してきた。

第一次産業は、自然相手のため、経営は常に天候に左右され不安定である。また、労働環境は厳しいため、青年層は都市部へと流出し、さらに少子高齢化の波は、地方の土地の荒廃を招くと共に後継者不足となり、第一次産業に大きく影響してきた。

日本の農業人口は約260万人で、65歳以上が60％を超え、平均年齢が66歳である。地方の過疎化で、今後、10年間で100万人以上が離農すると見られている。地方の現場では、「農家が高齢化し、ＴＰＰに参加しなくても、農業は崩壊に向かっている」、「ＴＰＰという外圧を利用して、構造改革するしかない」と認識されている。反対一辺倒のＪＡに対し、違和感を覚えるコメ農家は少なくない。

経済界は、経済成長を支えるため貿易の自由化・関税の撤廃等に積極的である。一方、現在の第一次産業は、外圧には対応ができないため、輸入産物には高い関税を懸けて、保護されている。

輸入における関税撤廃の対応として、第一次産業の構造改革が急務である。個人経営を基本としていた形態を、組織化して大規模化し、民間企業の経営手法を取り入れた、効率的な経営が必要である。そのためには、経済界の協力が必要である。

具体的には、第一次産業は農業法人・漁業法人・林業法人・酪農法人等の法人組織を構成し、製造・加工・販売を地域で行い、事業規模を大きくする。そして、これらの法人に、地域の住民に就労してもらい、年齢に関係なく働くことにより生きがいを得られる。一方、都会の定職についてない青年層を社員として雇用し、第一次産業の事業が継続できるようにする事により、安定した収入を得る事ができる。

道州では、第一次産業の取り組みについて、民間の経営手法・資本参加・効率化等を採用して、雇用対策・関税撤廃に対する対応等を推進していく事が可能となる。日本は、農業・漁業・林業・酪農等に対し、永年に亘り研究開発して品種改良・高品質の農産物等を生産してきた。市場で対抗できる廉価なコストを求めていくなら、関税撤廃後にも、農産物を外国へ輸出できるような立場になると考える。

例えば、新潟の米は品質が高く、安全で、美味しいと中国の富裕層から絶賛されており、少し高価でも年々輸出が増加している。これをさらに事業化・組織化・大規模化して、より安く、美味しいものに生産できるようにする事が、道州制導入で可能となる。

4．住民の地方行政への参加

2011年（平成23年）3月11日の東日本大震災後の国民の意識調査では、地域での「支えあう」、「助け合う」という事について、多くの国民が必要と感じていると回答している。住民が地方行政へ参加する事により、住民のニーズが反映され、また、支えあう・助け合うという事が実現できる事となる。住民の身近な行政参加の例として、町内会・自治会の組織が行政と連

携し、諸活動が行政に反映されるならば、地域が活性化すると考える。また、地域活動が活発化するためには、一般企業の社員等の参加も欠かせない。

地域に存在する企業は、社員のボランティア活動の参加を促し、地域との交流を盛んにすると、住民の地方行政への参加が一段と進むことになる。また、会社生活では得られない幅広い交流から、生きがいを見つけることも可能である。

企業が地域に積極的に関わることで、企業の社員も活き活きと働くことができ、業務効率は増すことが可能となる。企業の地域への参加も、道州制導入による大きな変革の一つに結びつくものとなる。青年層は煩わしい事と考えるが、身近な所で支えあう・助け合うという小さな日常活動が、住民の地方行政への参加につながると考える。

５．少子高齢化への対応

日本は、今後ますます少子高齢化に突き進み、世界で先進的な長寿国家となる。世界に長寿国家の理想的な姿を提示できる優位な立場にあり、この面でも世界の信頼を勝ち得ることが可能となる。

ヨーロッパ型の福祉国家では、高齢者の自殺者がとても多い。人間として生まれてきた意義が自覚できず、生きがいの喪失になるものと考えられる。「ゆりかごから墓場まで」と、福祉が高度になると、人間は生きる意欲が喪失してしまうとのことである。

近代に入り日本人は、勤勉さ・高い教育水準を誇りとして生きてきたが、世界の中で長寿世界一となり、その弊害が表面化してきている。少子高齢化の対応として、以下を実施していけば、活き活きとした社会となり、広域の地方行政の反映で可能になると考える。

□定年後の生きがいのため、高齢者が働ける場を提供できるようにする。

□健康維持のため、健康診断・予防に力を入れ、健康講座・健康表彰・健康施設の充実を図り、病気等の予防に力を注ぐ。

□高齢者と幼児が、身近に生活できる施設を設け、交流を深められるようにする。

□一人暮らしの世帯が増加し、孤独で生きがいの少ない生活が増加してくる。老人が孤独化しない、社会参加の仕組み作りを工夫する。

６．地方との交流推進

関東地域（東京都、神奈川県、千葉県、埼玉県）は、約3562万人の人口を有する（日本の総人口の27.8％）一大生活拠点である。また、これらの４都県は、多くの人々が地方出身者で、年末・お盆・５月のＧＷ等には郷里に帰省している。また、東京は日本の首都であり、神奈川・埼玉・千葉の各県から通勤している人々も多くいる。

例えば、東京都に、46道府県との連絡・情報交換のための交流拠点を設ける事によって、郷里での生活体験・ボランティア活動・求人・子供の長期里親等、都会と地方の橋渡しが可能となる。また、仕事の情報交流（求人・応援・ボランティア体験等）、文化の交流、観光・行事の案内等、お互いが知りたいこと、交流したいこと等、様々に活用が可能となる。

これは、大阪圏（大阪府・兵庫県・京都府：約1709万人）及び　中部圏（愛知県・静岡県：約1118万人）にもいえる。これらの三大都市圏の合計は、約6388万人、総人口の49.9％を占め、地方との交流の場を持つ事により、地方の活性化が可能となる。

7．その他

　道州制導入を機会に、日本全体として国民が、生き方、生活様式、価値観を大きく転換する必要に迫られる。国内での取り組みが成功すれば、世界へも発信できて、世界の人々に貢献でき信頼を集めることができる。

　日本が世界に貢献できる道は、経済や先端技術だけではなく、人道支援・文化交流等、様々な分野で可能である。国民の多くが、「支えあう」、「助け合う」という気運が盛り上がってきている今ほど、この精神を、世界に大きく発信する絶好のチャンスであると考える。この十年が勝負である。以下のことを提案したい。

　□日本の将来は、「道州制」導入にかかっており、早期の導入が必要である。

　□ＴＰＰの論議と連携し、第一次産業の大規模化・効率化等の強化策が必要である。

　□公務員は、県レベルから広域化により、行財政の管理能力、地域の文化・歴史・住民の気
　　質等を理解し、調整できる有能な人材が必要となる。

　□特権意識が醸成されぬよう、組織内部の監査の充実が求められる。公務員の権限は、住民
　　のために付託されている。処遇・待遇については、別途、条例等で決めればすむことであ
　　る。団体交渉等の争議は不要である。

　□支えあう、助け合う、人間らしい生きがいのある生活を求め、現状の福祉の先にあるもの
　　を、ビジョンとしてデザインすることが求められる。

　□後進国が、日本をモデルとするような、模範の道州制を実現すべきである。

4.7　法人の事業環境

　1990年代の大不況期の対応として、法人に対する法改正が、数多く行なわれた。法人の殆どを占める利益法人（株式会社）は、法改正及び経済の動向に合せて、大きく変遷してきた。法人は、人々の働く場所と働く形態が大きく変容したことになった。

　原因は様々あるが主要なものは、1990年にバブルがはじけて、その後、10年間における経済不況で生き残りの対応として、高度成長期における社員の大量雇用による人件費の圧迫、事業の再編、中小企業の事業承継、国の事業の民営化、地方自治体の合併・再編等があげられる。

　種々の法人が有り、夫々の適用法律にて規制されているが、明治時代に制定されたものが、多く存在しており、法律の大改正が行われ施行された。

　日本経済の担い手は、営利法人（株式会社）である。1990年〜2005年にかけて法人組織の大幅な見直しと、政府の公共事業の民営化が行われた。この変遷は、日本経済にとり過度的な対策として、大きな転換期でもある。

　1960年〜1980年まで順調に推移した日本経済は、1990年代に入りバブルがはじけて、塗炭の不況期に突入した。この不況から脱出するため、政治的に経済政策を総動員して対応した。この一環として、従来の法人のあり方の見直しと、国の事業の民営化、及び明治時代に制定された各種法令について、大々的な法改正が施行された。

　民営化については、第3章で詳細を述べたが、今一度、その概要を整理する。民営化は、公共企業体（公共性の高い事業を経営のため設立された法人）の事業を民間に移す事をいう。行

政の効率化・経済の活性化を目的に実施された。民営化により国家公務員は民間扱いとなり、税負担の軽減及び「小さな政府」が推進された。

　民営化移行前の事業は、事業費及び人件費が大幅な予算超過・赤字を累積し、年々肥大化して国民の税負担ともなり、政治と経済活動の障害となってきた。このため、戦後の歴代内閣は民営化対応を迫られ、民営化への筋道を付けては、内閣交代するなど大改革を実施してきた。民営化に反対する対抗勢力は、皮肉にもその事業主体の組織・労働組合及び管理職員で、自らの権益を手放すことによる危機感からであった。

　これに権益団体推薦の国会議員も加わり、政・官・労働組合が一体となり、組織挙げての反対運動が実施されてきた。民営化については、日本における醜い政治と経済と労働組合の、ドロドロしたせめぎ合いの結果となっている。

　主な民営化事業は以下であり、約100万人の国家公務員を民間に移す事ができ、税金のムダ使いを削減できた。

　　（事業）　　　　（民営化内容）
　　□鉄道事業　　旧国鉄→6社に分割民営化（職員数：27万6000人）。
　　□通信事業　　電電公社→ＮＴＴ5社に分割民営化（職員数：31万4000人）。
　　□専売公社　　タバコ→民営化（職員数：3万1000人）
　　□郵便事業　　郵便局→ＪＰに分割民営化（職員数：24万人）。
　　□道路公団　　道路関係の4公団→6社に分割民営化。
　　□大　　　学　　国立大学及び公立大学を、私立大学の大学法人扱いとした。大学の教職員の身分は非公務員型となった。

1．民営化とは

　公共企業体とは、国による出資や貸付けなどで、公共性の高い事業を経営するために設立された法人の事をいうが、民営化とは、その公共企業体の事業を民間企業と同じ原理で行動していく事である。公共企業体の代表が、鉄道事業（日本国有鉄道）、電信電話事業（日本電信電話公社）、たばこ産業（日本専売公社）、郵便事業（日本郵政公社）、道路事業（日本道路公団）等である。

　民営化は、巨額債務の解消、通信自由化で競争力強化、輸入自由化に対処の体質強化等、内閣主導の下に行政改革として実施された。結果的には、経済への波及、技術開発の競争・促進、公務員の削減による「小さな政府」の実現、官僚の天下り防止等に多大な影響を及ぼし、概ね民営化は国全体に好結果をもたらしたものとなった。

2．民営化の経緯

　我が国が、明治時代となって近代国家としての体制を整えるため、国の基幹産業である鉄鋼を中心として、交通事業、郵便事業、電信・電話事業等が公共企業体として発足し、各産業の急激な立ち上げ、経済力の強化、強力な国家を目指してきた。従業者は全て国家公務員で、明治・大正・昭和と永年に亘る事業経営の中で、初期の目的は達成され、戦後は、世界第2位の経済大国まで発展してきた。

　しかし、親方日の丸と揶揄されるが如く、各事業で民間との不整合、非効率的な業務、人件費の高騰による国の財政の圧迫、官僚の天下りによる癒着の弊害、また輸入の自由化・グロー

バル化等外圧の対処等に迫られ、行政改革として公共企業体の民営化に至った。

　民営化により、事業の競争力・業務の効率化・事業経営の安定等に一定の効果があり、また、従業者が非公務員となり、税金のムダ使いが軽減された等、経済界を含め国全体としては多大な効果が生じたと考えられる。

4.8　企業の社会性

　経済を実質的に構成しているのは、企業であり社会と共に存在し、社会と深く結びついている。常に法人として、社会性を問われている。経済を取り巻く環境として、企業の社会性は重要な要素であり、企業の目的である会社（事業）の継続と深く関わってくる。

　例えば、国内のある企業であるが、「良い会社を作りましょう」との社是を掲げ、社員の幸福を目指す会社もある。また、事業が100年以上継続している企業も数多くある。企業の社会性を評価する要素の一例として、ＣＳＲ及びＪＳＯＸがある。

　21世紀の企業は、企業の社会性を重要視することは勿論、その上で事業それ自体が社会的な意義を持ち、社会や人々に貢献する生き方でなくては、事業の継続が危ぶまれてくるといっても過言ではない。

4.8.1　企業のＣＳＲ

１．ＣＳＲとは

　企業の社会的責任（ＣＳＲ：Corporate Social Respensibility）とは、企業が利益を追求するだけでなく、組織活動が社会にあたえる影響をもち、あらゆるステークホルダ（利害関係者）からの要求に対して、適切な意思決定をすることである。

　日本では、利益を目的としない慈善事業（いわゆる寄付行為、フィランソロピー、メセナ）と誤解・誤訳されることもある。企業の経済活動には、利害関係者に対して説明責任があり説明できなければ社会的容認が得られず、信頼のない企業は事業継続ができない。

２．ＣＳＲの意義

　近年、ストレス・パワハラ・いじめなどの増加と、モラル・謙虚さ・思いやりなどが後退し、社会自体の劣化が懸念されている。社会の劣化は、企業の調達資源の劣化を意味する。ＣＳＲの真の意義は、社会の劣化を防止する点に見い出されるべきである。

　ドラッカーの指摘のように、企業単独でも社会単独でも、利害調整から利害調和へ転換し、それを支援するのが公益の観点となる。利他的行動の連続と蓄積は、結果的には利己的要求をも充足する。

　叡智の結集が、強欲資本主義の終焉を告げる。マハトマ・ガンジーの碑文に刻まれている至極の箴言（人類の７つの社会的罪：Seven Social Sins）を紹介する。人間の欲望は、精神的歯止めがなければ際限がない。やがて、強欲・傲慢になる。企業でも個人でも同じである。

　　＜７つの社会的罪＞
　　　①理念なき政治　　　　（Politics without Principles）
　　　②労働なき富　　　　　（Wealth without Work）
　　　③良心なき快楽　　　　（Pleasure without Conscience）

④人格なき学識　　（Knowledge without Character）

⑤道徳なき商業　　（Commerce without Morality）

⑥人間性なき科学　（Science without Humanity）

⑦献身なき信仰　　（Worship without Sacrifice）

３．ＣＳＲの取り組み

　事例として、ある大手電機メーカのＣＳＲの取り組みを紹介する。ＣＳＲ月間を設け、社長から全社員に、メールでＣＳＲ経営の推進として、以下の三点を重点活動とする旨、発信して周知している。

　①社会に対して、誠実に向き合い積極的に責任を果たす

　　　これは、エネルギー、セキュリティや地球温暖化防止など、人類が直面する重大な課題に対して、真摯に向き合い事業を通じて貢献していくことである。その取り組みは、以下の３つのグリーンの側面から「環境アクションプラン」を推進している。

　　　　　　　□プロセス：　Green of Process

　　　　　　　□製造：　　　Green of Product

　　　　　　　□技術：　　　Green of Technology

　②ステークホルダへの責任を果たすため、経営や財務の「健全性」を追求する

　　　社会から信頼される企業であり続けるために、その基盤を揺るがすことのないように、財務の健全性を確保し、コンプライアンスを徹底した経営を目指す。全ての事業活動において、生命・安全・コンプライアンスを最優先するという行動原則を、一人ひとりが確実に実行することである。

　③災害に対する支援（東日本大震災、タイの水害等）を継続していく

　　　上記を実施するため、関連するグループ会社を含め、各部門のＣＳＲ経営を確認する機会としてＣＳＲ月間を設ける。真に社会から信頼されるグローバルトップ企業を目指す。

４．ＣＳＶへの転換

　　マイケル・Ｅ・ポーター博士の「共通価値の創造：ＣＳＶ」の理論は、企業の在り方にとっても根本的な転換を伴い、21世紀の企業にとって実践する価値がある。既に、世界的な企業（ＩＢＭ、ネスレー、ナイキ等）でも取り入れて成功を収めている。

　　企業と社会に対する在り方を深く捉えた理論であり、深刻な社会問題に対する、本質的な解決策を提供している。事業自体が、社会的な問題解決を含むこととなっており、事業の推進即、社会問題の解決へとつながるものである。企業と社会の関わり合いが、この理論を取り入れる事により、事業の継続にもつながり、企業の在り方の理想像でもある。故に、ＣＳＲの先には、このＣＳＶがあり、その転換が求められる。

4.8.2　JSOX

　米国では、エンロンやワールドコムなどの大企業による不正経理事件を機に、上場企業に対し企業会計や財務報告の透明性・正確性を確保するための企業改革を促し、投資家に対する経営者の責任や義務を規定している。この規定を担保しているのが、ＳＯＸ法（サーベンス・オクスレー法、Sarbanes Oxley Act）である。

　2004年12月末以降に、決算期を迎える企業に適用された。ＳＥＣ（米国証券取引委員）に登

録している全ての企業が、この法律に基ずいた企業の内部統制を実行する義務が課せられた。

一方、日本において、カネボウの粉飾決算、西武鉄道の有価証券報告書不実記載、及びライブドア事件のような不正事件が発生した。これらの不正を防ぎ、株主や社会に対する企業の信頼性を確保するために、財務報告の信頼性に及ぼす企業活動を、内部統制によって適正化・効率化することが、企業の経営者に義務として課すことが検討された。

2005年、企業会計審議会で具体的な審議が着手され、日本企業においても米国のSOX法における内部統制の構築と、その効果的な運用は、業務効率を改善して企業価値を高め、また、内部統制が有効ということは、経営の質が高い証明になると報告されている。

1．ＪＳＯＸとは

ＪＳＯＸとは、日本版ＳＯＸ法と呼ばれ、2006年6月に成立した「金融商品取引法」の一部に制定された内部統制の規定である。適用の対象は、上場している全ての企業、及びこれに連結対象となるグループ会社と、アウトソーサー（外部委託業者）である。約5万社以上にのぼり、2009年3月期決算から適用された。

ＪＳＯＸは、決算書が作られるプロセスをチェックするのが目的であり、経営者が暴走しても、ウソの財務報告をできなくする法律である。現在、粉飾決算事件の規模が大きくなり、その影響を受けることが多くなった。多発する企業不祥事を背景に、コンプライアンス（法令遵守）のための内部統制が、重要な経営の課題として注目されてきた。

金融商品取引法は、金融庁が投資家保護を目的として、証券取引法を改正した法律である。第24条の4の4、及び第193条の2（この条文がＪＳＯＸと呼ばれる）が、内部統制の整備・運用と内部統制の状況の経営者評価、経営者評価の妥当性の外部監査を義務付けている。虚偽記載があった場合は、経営者は5年以下の懲役または500万円以下の罰金、もしくはその両方が科せられる。施行は、2007年9月30日である。

2．内部統制

内部統制とは、経営者の意思に従い、事業を適切に遂行していくための、企業内部の管理体制である。業務に組み込まれた、組織内の全ての者によって遂行されるプロセス全体を指す。内部統制は、一言でいうと「ミスを防ぐ仕組み」と「不正を起こさせない仕組み」である。子会社を含めて、企業が法令を守りながら効率的に事業を行なうため、ルールや手続を設け、それらがいかに機能させていくかに主眼を置いている。

内部統制は、企業内のあらゆる業務に組み込まれ、全ての人間によって遂行されるプロセスとも言える。内部統制の制度設計は、各々の企業が「自ら適切に工夫」するのが基本的な考えである。企業規模や業種・事業環境によって、重視すべき分野や範囲が異なり、内部統制の仕組みも一律に規定できないからである。

内部統制の具体的な目的は以下の4点である。

　　□資産の保全

　　　資産の取得・使用・処分が、適正な手続・承認の下で行われているか、資産の保全を図る。

　　□法令の順守

　　　事業活動に関わる法令、その他の規範の尊守を促進する。

　　□財務報告の信頼性

財務諸表、及び財務諸表に重要な影響を及ぼす可能性のある情報の信頼性を確保する。
財務諸表は、□貸借対照表、□損益計算書、□その他財務計算に関する書類の三点で、公認会計士または、監査法人の監査証明を受けなければならない。
　□業務の有効性・効率性
事業活動の目的達成のため、業務の有効性と効率性を高める。

　図4-7は、内部統制のフレームワーク（framework、枠組み）を示す。内部統制は、経理・財務部門のみならず、営業部門を始めとする複数の業務部門の業務も内部統制を整備する必要がある。フレームワークは、4つの目的、6つの要素及び評価単位から成る。

　なお、財務諸表の売上高を確保するためには、商品・数量・単価・売上日といった要素が、適正である必要がある。

図4-7　内部統制のフレームワーク

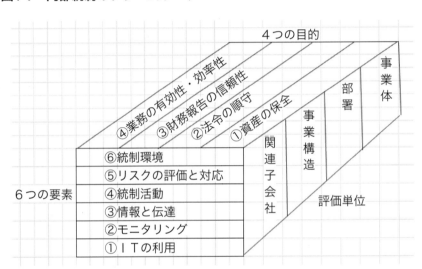

3．企業への義務付け

　財務報告に関わる全ての会計処理は、適正な業務処理により正確に実行されることを確保し、証明がJSOXにより義務付けられている。具体的には以下の三点である。

　　□企業の経営者が、全ての説明責任・実行責任を負う。
　　□企業は、財務報告の信頼性を確保するための仕組みを整えて、全社に適用させ実行・モニタリングして「内部統制報告書」として、内部統制の有効性を報告する。
　　□監査人（監査会社）は、「内部統制報告書」をもとに、企業の内部統制の報告内容を監査する。

　子会社・関連会社への展開として、財務報告の正確性を担保するため、全社的なリスクマネジメント体制を構築する必要がある。既存のものを活用すればよいが、一番必要なのは、経営危機に発展するようなリスクを、把握して対応することである。

　JSOXへの対応は、企業で働く全員（派遣社員やパートタイマを含む）の問題であるため、この法律の目的、企業経営や自分たちの仕事に、どのように意味を持つのかという事を理解し

て、全社的な運動として取り組まないと、内部統制の運用が有効に行えない。その上で、企業経営者は、財務報告に関わる内部統制が、有効に機能しているかどうかを評価する。

そして、JSOXにより、自社の業務プロセスについて、様々な問題が見えてきたことは、その効果である。例えば、グループ企業の共通インフラ構築が、必要不可欠と認識されるようになった。今まで明確でなかったIT業務と、企業戦略のつながりが目に見えるようになった。または、見えるようにする事の重要性が認識された等である。JSOXは、企業の競争力の高揚や、企業価値の向上につながっている。

４．ＪＳＯＸの実務対応

　ＪＳＯＸの対応は、業務の流れやルールを文書化し、組織的に不正が行われない事を証明することとなる。文書化とは、ＪＳＯＸでは財務報告の信頼性に係る内部統制を整備し、実際に内部統制が機能している事を検証し、更にそれを外部監査法人等が監査する事が要求される。このためにも「文書化」する必要がある。文書化の内容は以下である。

　　□企業では、内部統制がどのようになっているか。

　　□内部統制の有効性を、どのように検証したか。

　　□その結果はどうだったか。

　　□問題があった場合には、どのように対応するのか。

　　　ＪＳＯＸの実施基準は、金融庁が2007年２月１５日に公表したＪＳＯＸ対応の実務上のガイドライン「財務報告に係る内部統制の評価及び監査に関する実施基準」による。

　　　内部統制の状況を可視化し、外部に説明するため以下の三点セットを作成する。

　　□業務フロー図：業務の流れ（プロセス）をフローチャート（流れ図）形式で記述した文書。リスクが発生する箇所にはリスク番号を記入する。

　　□業務記述書：　個々の業務内容について、手順や詳細を示した文書。業務規程やマニュアルなどが該当する。

　　□リスク・コントロール・マトリクス（ＲＣＭ）：
　　　　業務プロセス内で定義したリスクとそれに対するコントロールをまとめた資料。通常、ＲＣＭと略して呼ばれる。

4.9　労働環境

　労働環境とは、人々の働き方を取り扱うものである。経済環境の変遷に伴い、従来からの働き方が大きく変わってきた。原因は個々により様々であるが、その内訳は、経済不況の対応、技術革新による生活の利便化、核家族化による個人主義、プライベートの保護、少子高齢化による世代間の断絶、情報化によるグローバル社会の進展等があげられる。

　社会情勢も、15年ほど前からパソコンの著しい普及と高度な利用、携帯電話の爆発的な普及等、ユビキタス社会への環境整備が、加速度を増してきた。個人の価値観が多様化して、団塊世代の高齢化と共に、日本は高齢者国となってきた。

　日本は、1970年〜2010年の40年間で経済における好景気、不況、バブル崩壊、低成長等の変遷を経験し、これにより人々の労働環境が大きく変容した。また、労働に対する形態も試行

錯誤を経て変遷してきた。1990年代の日本は、経済不況の真只中にあり、企業が生き残りをかけて対応してきた。労働環境は、経済の高度成長期・不況期・低成長期と経済が大きく変化する中で、それに伴ない変化し、人々の生活に多大な影響を与えていった。
以下の項目を中心に、その内容を整理する。

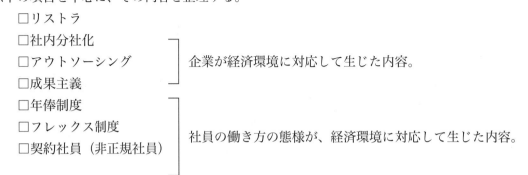

　労働環境は、経済活動と密接な関係にある。日本がこの30年間において経験した経済状況の変遷は、下図の如く大きな変換期でもある。
　経済の変動期に合せて、日本の経済・産業界を牽引する企業も、この対応で大きく変化していった。この状況を労働環境の変化として、上記の項目と共に、今後の人々の生き方が問われる課題について検証する。

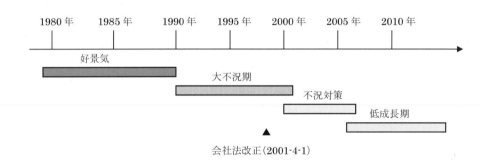

　経済活動の主要な部門は、あらゆる産業の企業（営利法人）が担っており、日本における企業の法人数は、中小企業を含め約300万社が存在している。
　この中で、証券市場に上場している企業は、約3500社（全体の0.1%強）である。99.9%は、中小企業が占めている。年間、1万～1.5万社が倒産しており、また、ベンチャー企業が数千社登記しているが、その中の80%は、1年以内に消滅している。
　日本は、大企業を頂点にピラミッド型を構成しているが、中小企業が全て大企業の系列化に入っておらず、部品メーカで、世界トップシェアを誇る企業も多くあり、また自立している企業が多いことが特徴である。
　なお、大企業で、売上高が10兆円を超す、メガカンパニーと言われる企業は11社あり、売上高が1兆円を越す企業が約110社程度となっている。世界の企業からみたら、規模的にはまだ

まだの感である。資源のない国として、生き残っていくためには、企業・国とも研究開発・技術開発に力を入れて、日本経済を引張っていくしかない。

近代（江戸時代以降）における日本は、日本文化を基盤として、日本特有の労働環境を構築してきた。以下の三点は、日本特有の雇用制度であった。

　　　□終身雇用制度
　　　□年功序列の賃金制度
　　　□企業内組合

この三点は、グローバル化の波が生じるまでは、日本特有の雇用制度として、経済発展に寄与し効果を生じてきた。

日本は農耕民族であり、文化として和を保ちながら、共同作業に威力を発揮してきた。近代において、明治政府が「富国強兵」の政策を掲げて、欧米諸国の技術導入を積極的に行い、先進国への仲間入り、及び追い越しに必死で取り組んだ。その結果、社会の歪みを有しつつ、成果をあげてきた。

第二次世界大戦後、焼け野原となった国土から、日本は再び同じパターンで対応し、勤勉さと粘り強い国民性で、経済的には米国に次いで、世界第二位の経済大国となった。

終身雇用制度は、社員が安定した勤労に従事する事ができ、年功序列の賃金制度は、勤続年数とともに賃金は右肩上りに上昇し、勤労意欲を維持する事となった。また、企業内組合は、その功罪は別として、労使協調を中心に労働環境を整えていった。

日本特有の雇用制度として定着してきたこれらの制度が、1980年代及び1990年代以降の経済の好景気・大不況・低成長時代を変遷する事により、また世界的なグローバル化の波により、従来の労働環境も変えざるを得なくなってきた。

また、1980年代の高度経済成長期に、多くの正社員を雇用し、人件費は年功と共に増加したため経営資源を圧迫し、グローバル化の波で、事業そのものが構造変革と共に、社員の働き方や人々の労働環境が、大きく変遷することとなった。

１．リストラ

リストラとは、一般社会では、企業における社員の解雇ととらえられ、企業の経営戦略の一つとして定着している。本来は、Reconstruction（事業の再構築）の意味であり、企業が事業拡大・利益増出のため、事業を再構築する企業戦略であったが、いつのまにか社員の解雇の意味に使われてしまった。変遷した理由と経緯は以下である。

経済のグローバル化と、労働の流動化に大きな原因があり、利益確保を最優先し企業の生き残りをかけた選択と考えられるが、多くの経営者は、短期的な目先の成果を望むあまり、安易にこのリストラを採用して、問題を回避・先送りしていった。賢明な経営者は、常日頃から長期の展望にたち、最終的な経営判断としてリストラを用いるか、またはリストラを回避する施策を行うものである。

リストラでは何が問題となるか。それは、リストラに伴い人々の生活が大きく変わり、うまく転換できる場合は問題がないが、家庭・地域・社会問題を引き起こす大きな要因となる事である。特に、地域経済において、企業のリストラ・倒産・撤退が生じた場合は、その自治体の行政に対しても、大きな影響を与える。

リストラは、企業が事業継続にあたり、避けては通れない課題ではあるが、生き残りの対応が目の前に来たときに、初めて手を打つようでは、企業の存在そのものが不安定である。経営者の賢明な経営判断、経営責任は重大である。

２．社内分社化

社内分社化とは、事業の一部や事業を別組織として構成し、経営を実施するものである。経営収支は、グループ会社として連結決算され、あたかも社内の組織として扱われる。

1990年代から、世界経済は大きくグローバル化の展開を生じ、それまで大企業は、事業部制度をとっていたが、「選択と集中」に代表されるが如く、更なるスピード経営が求められ、事業の再編を含む対応として、社内分社化の施策が採用された。

社内分社化の目的は以下の如く三点ある。

　　□事業のスピード化と選択のため、権限を移し利益増出の組織体制とする。

　　□事業の再構築（合併、吸収、撤退等）をしやすくする。

　　□技術及び技能の流失防止と、温存・維持を図る。

国際的な不況対策のため、産業界の要望と共に、国の経済政策として事業再構築が、不況対策として効果があると判断した。関係する法規の法改正が急激に実施され、多くの企業はこの法改正を歓迎した。

世界経済の動きと併せて、各企業は事業展開を行ない、利益増出の体制とするためにも必要な対応ではある。しかし、労働の流動化・働き方に大きく影響を与える施策となった。

なお、各企業の社内で、長年に亘り蓄積した技術者・技能者が、他社への流出防止及び温存化を図るため、エンジニアリング会社を設けてその受け皿としている。

特に、定年退職したＯＢを最優先で低賃金の下、再雇用する事が一般的となった。

社内分社化は、経済不況における企業が事業の再編（合併・吸収等）を容易に行い、経営のスピードと選択の、経営戦略の実施に大いに貢献した。利益確保の有力な手段ともなり、政府も経済対策のため、関連する法整備を行い産業界をバックアップした。

　＜会社分割制度＞

　　会社分割制度は、2001年４月１日、施行された会社法の改正である。企業の再編成、経営のスリム化を推進する事を目的としている。会社の組織再編を促進し、事業部間の分離・合併を容易に行えるように法制度を改正した。

　　企業の再生、中小企業の事業承継の促進など、産業界の競争力強化に繋がる制度である。

　　企業の事業承継には、以下の如く三タイプがある。

　　　　　　□一般承継（包括承継）

　　　　　　□特定承継（譲渡）

　　　　　　□会社分割による承継（会社分割制度による）

３．アウトソーシング

アウトソーシング（Out of Socing）とは、業務の一部または全てを外部に委託して、業務を実施する事である。国内及び外国でも、アウトソーシングが実施されている。

アウトソーシングは、社内の製造費用の削減のため、製造等の作業を外部（下請業者、開発国等の工場）に委託するものである。韓国・中国を含む東南アジアの、人件費の安い国々で製

造して日本に逆輸入し、国内で安く販売する事が目的である。製造原価を安くして利益を造出するための方策で、この影響で、国内での製造部門の空洞化現象も生じていった。

　日本国内の外資系企業では、製造はもちろん間接部門の総務・勤労・福祉部門等も、中国にその業務をアウトソーシングしているケースも珍しくない。国内の企業でもそのケースが増加している。アウトソーシングは、日本における人々の労働環境を著しく変容させ、単純作業等は、東南アジアにシフトする産業構造となり、ますます増加している。

４．成果主義

　カンパニー制と共に、社員の働き方の大きな変化の一つに「成果主義」の導入がある。カンパニー制度は、企業の事業再構築が主眼であるが、「成果主義」は、企業内における社員の働き方の評価である。

　成果主義とは、社員の業務における成果に応じた報酬（給料等の待遇）を決定し、実施することである。成果主義に基づく給与体系は、社員の人件費を大きく抑制することとなり、経営環境の改善となるものである。この「成果主義」を日本で初めて採用した企業は、ソニーであるが、その後、大企業を中心に採用が拡大されていった。各企業が、成果主義を採用した背景と経緯は以下である。

　日本が高度成長期に、特に大企業は事業拡大のために、大量の正社員を採用してきた。しかし、バブルがはじけ、経済不況・低成長期に入ると、経営資源の中で余剰人員としての人件費が多く占め、経営を圧迫してきた。このため、人件費抑制の対策として「成果主義」を導入し、働き方の改革が行われた。

　「成果主義」の実施は、総枠の人件費を抑えて、利益増出に貢献すると判断された。日本における労働環境が、経済の変遷により大きく変容したときである。

　メリットの反面デメリットも多く、日本で初めて採用したソニーは、その後、同制度を廃止したが、多くの企業は、制度の一部改善等を行いそのまま継続に至っている。

　成果主義におけるメリット／デメリットは以下である。

＜メリット＞

　□能力のある社員は、成果を出す事により、高い報酬を得る事ができる。

　□高い報酬は、更に労働意欲を増加させる。

　□一部の人は、処遇の差別化、優位性、満足感を得る。

＜デメリット＞

　□個人の成果が重要視され、個人主義に走り全体として利益に貢献しない。

　□成果に対する目標設定と、その評価が難しい（数値目標、短期間の結果等）。

　□事業の改善が激しく、落ち着いて仕事ができない。

　□社員の会社への忠誠心が希薄となる。

　□仕事への愛着心が希薄となり、他人の仕事へのサポートを嫌う事となる。

　□多くの社員が、ストレスを蓄積している。

５．年俸制度

　成果主義の導入に併せて、１年間の総賃金を固定して支払う年俸制度が、企業内にも採用されて増加していった。年俸制は、スポーツ界で見られるように高い能力をもつ人に適用するも

のであるが、これを企業の社員に適用して、賃金の支払い総枠を固定化し、全体的には人件費の抑制を目的としたものである。

この方策により、上昇する人件費の調整がしやすくなる一方で、年俸額を決定する根拠となる個人の業績評価・査定による不平等性が指摘されるなど、多くの社員にとっては、実質の収入低下となり将来に対する希望が、希薄となり勤労意欲の低下を招いた。

欧米社会では、成果主義・年俸制度は長い年月の中で恒常化しており、生活習慣・勤務形態等が生活に順応して、制度への対応が十分な社会として形成している。

日本の文化や雇用形態からは、年俸制度はそぐわないものであるが、成果主義と並行して採用せざるを得ないため、大企業を中心に、消化不良のままで、採用に踏み切るところが多くなっていった。

当然ながら、実施した後における制度の不具合が続出している。欧米のスタイルをそのまま流用せず、日本文化の「和の精神」を大切にする、日本固有の雇用・勤労意識にマッチするような「日本型の年俸制度」として実施していけば、効果が生じるとも考えられる。

プロスポーツ界は、年俸制が常識である。個人能力を最大限に発揮する場所であり、そのために高い能力を身に付けた選手には、それ相当の処遇をするのは常識である。また、選手寿命は短期間であり、企業の社員とは全く異なる条件であり、これを社員に適用する事自体がそぐわないものである。

適用するのなら年俸制度を望む一部の社員に対して、勤続年数・業務能力・職種等の条件を考慮して限定的に適用することが要件となろう。どの企業にも、約5％位の社員は、自分の能力にあった処遇を求め、それを生きがいとしているものである。

年俸制度は、適用にあたり、能力の高い／低い、実績が目に見えて評価できる職種、個人の業務成果が適切に判断できる等の多くの要件が必要になると考えられる。社内でも、限定した社員を対象とするのが適切である。

これを強制的に、職種や勤続年数に関係なく、社員全員を対象に一律に実現させるため、制度にそぐわない部分が生じ、余計に問題がこじれてしまう。

制度の言葉は耳あたりが良いが、現実の適用は以下を考慮すべきであろう。

 □年俸制度を希望すること。
 □目標や成果が、数値的に把握しやすい業務・職種に限定すること。
 □スペシャリストとして能力を発揮できる経験・年代（10年以上、35〜50代）のこと。
 □職場内で年俸制度の取得有無による、不調和が生じないこと。

6．フレックス制度

フレックス制度は、フレキシブル（Flexible）な勤務時間の適用で、固定した就業時間をシフトして勤務することをいう。年俸制、成果主義と同様に働き方を見直したものである。

但し、実務においては、完全なフレックス制度を導入して、各人にあった出勤／退社時間を設定できる職種もあれば、コアタイムを設け、就業・退社の前後の2時間をフレックス制度にするもの等がある。フレックス制度を申請する条件は以下である。

 □取得日・フレックス時間を事前に申請する。
 □適用当日の勤務が明確であること。

□グループ内で、他の人への業務に支障が生じないこと。

□恒常的な適用は、職場のモラル低下となる。

適用にあたり、企業内の勤務形態のバランスを考慮する必要がある。特に製造現場等での共同作業には、他の人への支障が生じるため、十分注意が必要である。

7．契約社員

人件費の増加を軽減するため、正社員を減らして契約社員（非正規社員）の採用を増加させる企業が増加してきた。会社員の給料は、年功序列の賃金制度により、勤続年数と共に上昇して、企業の人件費を圧迫してきた。

このため、人件費の抑制のために、契約社員を派遣してもらい、業務を行うことにより大幅な人件費削減をした。例えば、同じ業務であっても、派遣社員は30〜40％の費用で済む。

また、雇用保険や社会保険料の負担は、契約社員の場合不要となるためその費用負担はなくなり、雇用に伴う費用負担が軽減できる。

近年は、社員を早目に関係会社に移し、元の職場にて雇用する事も増加している。同じ業務が可能で、社会保険料負担なしと費用削減となる。また、契約社員を派遣してもらい、フレキシブルな雇用で人材確保が可能となる。正社員の業務以外は、契約社員での雇用が増加し、これに伴い人材派遣会社も多く設立されていった。

コーヒー・ブレイク（第4章）

「クロスジェネレーション！」

クロスジェネレーションとは、世代間交流だね！
各世代の特性を知り、世代間交流を通して、
豊かなコミュニケーションを育むことが、今後、非常に大切だよね。
社会でも、地域でも、家庭でも、利活用できるね！
あなたは、何世代かな？

◆団塊世代（1947～1951年生、60代）
◆ポパイ・ＪＪ世代（1952～1960年生、50代半ば～60代前半）
◆新人類世代（1961～1965年生、50歳前後～半ば）
◆バブル世代（1966～1970年生、40代半ば～後半）
◆団塊ジュニア世代（1971～1982年生、30代前半～40代半ば）
◆さとり世代（1983～1994年生、20代前半～30代前半）

世代の特質や特徴は、一人一人が良く学んで知り、
その上で相手に対して接すれば、人間関係もスムーズに運ぶのでは？
今後、ますます進行する少子高齢化の社会では、重要な要素だね。

＜家族＞

→さあ、次の章に行ってみよう！

第5章

経済と人々の生活

経済は、人々の生活のためにある、経済も政治も文化も教育もその他、人々を取り巻くあらゆる環境は、人間の幸福のために存在する。本章は、これを前提として「経済と人々の生活」というテーマで、対象の主体となる人々の特性を述べると共に、現実社会で人々が経済活動を支えている結びつきを整理し、経済が身近な関係にあることを理解する。
　　□世代別　　　どういう時代を生きてきたのか、共通するものを探る。
　　□家族関係　　戦後から現在に至る中で、家族関係が大きく変容した。人々の生き方を知ることはとても重要である。
　　□働き方　　　人々の働き方が多様となり、生活に影響を及ぼしている。
　なお、人々の生活と一言で述べてしまうが、人々とは、社会の最小単位である、家族を中心として成り立ち、その家族の在り方が、経済状況や社会環境の変化と共に、大きく変容している。下図は、人々と家族、地域・社会、国、世界との関係である。

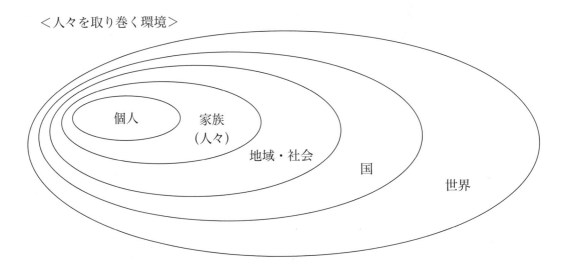

＜人々を取り巻く環境＞

＜人々の特徴＞

①世代別

　日本の高齢者（65歳以上）数は、2014年時で総人口の25％を超えている。
　特に戦後の団塊世代は、近年、順次高齢者となり、大きな市場を形成すると共に、従来、日本の社会・経済等の大きな変化を経験してきた世代である。また、その子どもたちは、現在、30代となって社会の働き手となり、経済活動を大きく支えている世代であり、孫世代が誕生して子育てに懸命となっている。
　イギリスのリンダ・グラットンの著書『WORK SHIFT』では、欧米社会における世代別による特徴を、以下のように分類している。これは、日本社会でも類似している。世代別における人々の特徴を知見することは、経済と人々の生活を理解する上では、重要な要素となる。
　□伝統主義者世代（1928〜1944年頃の生まれで70〜86歳）
　　1960〜1970年代における、企業及び組織に強い影響力を及ぼしてきた世代。
　　2010年には、全員が65歳を超え高齢者となっている世代である。

□ベビーブーム世代（1945 〜 1964年頃の生まれで50 〜 69歳）

　向こう数十年の世界を、大きく形づくる世代である。この世代が、歴史上最も人口の多い世代となる。2025年には仕事を離れ、労働人口が大幅に減少する。

□X世代（1965 〜 1979年頃の生まれで35 〜 49歳）

　2025年には60歳代半ば、今、働き盛りの子育て世代である。1970年の石油危機、2000年初頭のバブル崩壊を経験し、経済が不確実で不透明な時代を生きた。終身雇用の期待は小さい。コンピュータゲームや、インターネットの誕生を経験した世代である。

□Y世代（1980 〜 1995年頃の生まれで19 〜 34歳）

　2025年には30 〜 45歳、キャリアの重要な段階に差しかかっている。パソコン・インターネット・ソーシャルメディア等、様々なデジタル技術とともに、子ども時代を送った最初の世代である。オンライン上での会話、多人数参加型で見知らぬ人との、ゲームのプレーが当たり前の生活となっている世代である。

□Z世代（1996年以降に生まれた世代で18歳未満）

　2005年にやっと10歳、この世代は、どういう世代か未知数である。新しいトレンドに囲まれて、子ども時代を送る最初の世代である。

②家族関係

　日本では、封建的な家長本位・男性中心の生活となる「家制度」はその典型である。「家制度」は戦後の1947年（昭和22年）に廃止された。また、この年に「日本国憲法」が発布されて、「家督相続」についても廃止され、子どもの均等相続、及び親の扶養を子ども全員が平等に負うこととなった。

　日本の戦後の高度経済成長期には、人口が大都市に集中し、親と同居しない核家族が著しく増加した。「家制度」や親の拘束から解放された家族は、自由で平等になった。しかし、都会での孤独な育児、ひきこもりや介護の押し付けあいなどが発生し、親と同居して互いに面倒を見てきた形態は崩れ、育児や介護といった新たな課題が生まれている。

　世帯の平均人員は、1953年（5人）、1960年（4.13人）、1970年（3.45人）、2012年（2.57人）と、高度経済成長期と共に、家族は小さくなっていった。住居不足は、解消されて別居できる社会状況となり、また、24時間営業のコンビニ等で社会生活が便利になり、1人でも生きていけるようになって未婚者も増加している。

　家族は、生きるために助け合う「経済的な団体」ではなくなり、ただの親密なつながりとして機能する関係になった。親密さだけで繋がっているのが、現在の家族である。

　このような中で、毎日がむなしく過ぎている、何を目的に暮らせばよいか、人間関係が苦手といった等の個人の悩み・心の問題が多くなってきた。日本人の脱家族を反映した結果、個人の精神的な問題が増加してきた。

　「墓じまい」と称する、「墓＝継ぐべきもの」という意識が、核家族化の進行や未婚者の増加という家族形態の変化と共に、祖先の祭祀の承継を嫌い、個人が自分の墓を選ぶ動きも表面化している。このように、経済成長に伴なう社会環境の変化により、現実には、家族形態も変容して、人々の生活も変化している。

③働き方

　人々の働き方は、社会・経済活動の変化に大きく影響されてきた。特に、経済が高度成長期から低成長期に移行して、企業は、人件費削減の諸政策を実施し、人々は、非正規雇用の途をも選択しなければならない状態となり、働き方が多様化していった。特に、若年層に多く見られることとなり、晩婚化に拍車をかけている。

　本章は、経済活動と人々の生活の構図は、どうなっているのかを明らかにして、経済が身近に存在する事と、その影響について認識を深める。

　経済は、取り巻く環境の面からは人々の生活の一部であり、人々が生きていく中で、他の分野に比べて大きなウエイトを占めている。人々の生活の反映が、そのまま経済活動と言っても過言ではない。経済を支える関連分野は以下である。

　　（関連分野）　　　　　　　（機能）
　　□文化・芸術
　　□教育　　　　　　　　　人々との個人的な結びつき

　　□政治
　　□貿易　　　　　　　　　生活との結びつき、産業との関連
　　□人口

　　□流通
　　□金融・証券・保険　　　経済活動を支える基盤
　　□各種の税

＜人々の生活と経済要素＞

　以下に、人々の生活と密接に関わり合う経済要素について概略する。

①政治

　政治は、人々の生活と切っても切れない要素である。政治は「政ごとを治める」との意味であるが、人々の生命・財産を守り、秩序ある生活をサポートするためにある。経済活動の過激な行き過ぎや弊害を取り除くため、政治による行政指導で、権利と義務が施行されるよう関与することもある。

　また、政治における政策の立案・施行の中で、経済がその重要な役割を果たしている。

　経済成長率は国全体の成果であり、人々の生活の向上／下降のバロメータである。所得は、経済活動の結果の反映である。

②人口

　経済と人口問題は密接に絡み合う。人口増加・人口構成・労働人口の各要素は、経済活動に多大な影響を与える。経済が活性化し、所得増加により人々の暮らしは潤い、事業は安定化し働くことに人々は安心する。先進国と言われる国々では、人口は減少し少子高齢化が進んでいる。一方、後進国と言われる国々では、人口の増加と共に貧困化・環境悪化、子供の高い死亡率等、社会的に人々の暮らしは厳しいものがある。その原因の一つとして、内乱による国内の政情不安や、医療・教育を受ける機会が少ない事が挙げられる。

③貿易

貿易は、国と国との間における商取引である。日本は、資源が乏しく狭い国土に多くの人々が暮らすため、国内だけの循環型経済による生活は成り立たない。国土面積と人口との関係から、日本では約3000万人以下であれば、生産・消費の循環型経済による生活が成り立つと言われている。しかし、現在は約1億2700万人のため、貿易による経済活動が必須となる。

例えば、日本の人口が約3000万人以下の江戸時代では、循環型経済が成り立ち、人々の暮らしは、諸外国との鎖国政策の下でも保たれ、その中で日本独自の文化も育まれた。循環型経済が、理想的な経済構成であると経済学者も指摘している。

④金融・証券・保険

金融システム、証券システム、保険システムが構築・確立していく事により、経済活動を支える基盤が出来上がり、日本は世界でも有数の経済規模を誇るまでになった。

これらのシステムは、日本の人々が勤勉に忍耐強く働いた成果の反映であり、規模の拡大とともに質も上げてきた。内容の詳細は別の章にて説明するが、いずれも人々の生活と切り離すことができない。

本章では、経済と人々の生活の関わりの中に、問題や課題が内在すると考えられる。本来、経済は人々の生活の上に成り立ってきたが、近年の社会情勢は、情報そのものが独り歩きし、また、経済専門家が理屈をこねくり廻し、全体との関連性がボヤけてしまい、人々が本来の経済の本質を見失っている。

5.1　政治と経済

戦後、日本人は、戦争の反省から、政治と宗教の教育機会を殆んど与えられず、たとえば、学生からいきなり現実の社会に飛び込んでいる。しかも、一般社会における日常の生活の場でも、政治や宗教について学習する機会は殆どなく、見過ごされている。宗教については、多くの人々は、俗世間化した金儲けの坊主から、片端の知識を学んでいる程度である。

宗教の目的は、人々に生きがいと、精神的充足感を与えるべきものである。また、政治についても、本来、生きる人々の幸せな生活を護るために、存在するはずであるが、日本人の多くは、物質的な充足を目指すあまり、政治に対しても、宗教と同様に関わりを持たない人々が多く、自分の考えも持たず、人任せのところがあり、自分自身で考える素養を持つ、欧米人とは全く異なって成長している。

政治の本義は、人々を幸せにする技術である。経済的な政策を立案し、夫々の政治理念に基づき、国民に尽くすためのものである。そして、経済政策を駆使して経済活動を活発化するための手段でもある。政治の形態は、各国において長い歴史の上から、現代に継承されて形成されてきているが、政治体制が人々の思いと乖離した時は、革命が生じて政権交代やそれに伴って、経済活動が大きく変容してきたことは、歴史のうえからも周知の事実である。

現代社会は、概ね資本主義社会へと移行しつつある。社会主義の国家においても、一部を除けば、資本主義社会における所有権を認めて、経済体制を維持している。また、政治と経済は

表裏一体の関係を保ちつつ運営されている。経済が低迷している状況の下では、公共事業の政策実施で、経済成長を図りつつ、経済の低迷脱出を図っている。

　国民は、どのような政治理念が、真に国民のための政治なのかを、監視する必要がある。と共に、政治に関しても見識が求められている。政治が実行する権力は、適正に実施されなければならない。利益団体のためでなく、国民のために政治が求められる。政治家が、政治理念としている信条・思想を見極めることも重要である。

　専門的な詳細は省くが、人々の暮らしを護るために、政治や経済が存在する事は論を待たないが、それを育て適切に反映していく仕組みや、何よりもその主体者であるとの意識が、人々の一人一人の中に醸成されなければならない。

１．政治と経済

　政治と経済は、一般社会では一体であると言われる程、密接な関係にある。経済政策の実施にあたっては、政治が判断・結論し断行される。良き政治とは、経済政策・金融政策の実施を通じて、景気を良くし国全体の経済成長を促し、人々の生活に益をもたらし反映されるものでなければならない。

　日本は、1990年代から、バブルが崩壊、景気の悪化が継続してデフレ経済から脱却せず、「空白の20年」を無為に過ごしてきた。それを悪化させた要因に、民主党政権の３年３ヶ月に亘る、愚かな政治と経済政策があり、国民は、税金という高い授業料を払って経験した。

　2012年の12月に政権交代して、第二次安倍内閣が発足し、現下のデフレ脱却のため「アベノミクス」という力強い経済政策を掲げ、経済政策・金融政策を総動員して実施し、短期間の中に経済を改善していった。日銀と協働して、マクロ経済を中心とした、オーソドックスな経済運営を実施していった事は周知である。

　2013年・2014年と経済は安定し、デフレ脱却も進行している。株価の上昇は、経済的に良い環境を醸成していった結果である。このように、政治と経済は密接な関係を保っている事がわかる。経済的な繁栄なくして、人々の生活の安心・安全も確保できない。政治は、現在及び将来の課題を見つめ、適切な判断・運営が求められる。

　日本は、経済分野では一流でも、政治においては三流・四流の国家である。政治家を育てるのは政治家自身でもあるが、それ以上に、賢明な国民一人一人の政治への意識改革が、必要となる事は論をまたない。

２．経済政策

　慶應義塾大学の竹中教授は、著書の中で「経済は、経済政策を発動し実施されていくものであるが、経済政策は、政治の介入なしでは有り得ない」と述べている。経済活動は、経済政策の下で実行され、その実施にあたっては、政治の決断によるものとしている。故に、国内外の社会情勢に対し、現在及び将来に亘り、生じると想定される経済上の問題を的確に把握する必要が生じる。

　人々の生活の安心・安全が、最優先にされた施策でなければならない事は言うまでもない。また、経済政策は、優れた経済理論に裏付けられた下に、企画される事は勿論、的確で素早い対応も要求される。これを誤れば、愚かな政策のもとに人々は、経済的な負担を強いられるだけではなく、生活上でも多大な被害を被る。

近年の悪政策の見本として、民主党政権の３年３ヶ月に亘る政権運営がある。「野党の民主党に一度政権を任せたら」との事で、2009年９月に、国民が、自公政権から政権交代を希望して民主党に付託した。鳩山→菅→野田と三人の首相が政権運営したが、日本経済の低迷化は更に進み、ちぐはぐな政策は経済活動や社会を混乱させ、東日本大震災での後手後手、外交でも稚拙な対応と、とても国の運営は任されず、2012年12月、国民は再び、自公政権を選択した。民主党政権の稚拙な政策は以下である。

　　□子ども手当の創設
　　　従来の児童手当を廃止し、一律26000円／人を支給するバラマキ。財源確保がない政策のため途中で頓挫し、もとの児童手当が復活した。
　　□高速道路の無料化
　　　菅直人首相が、国民受けする思いついた政策である。高速道路使用は、受益者負担が原則。維持管理を税金で賄うなど、愚かな政策の極め付けである。
　　□農家の補償金支払い
　　　農家への補償金を一律に支払うバラマキ政策。補償金目当ての農家が続出した。
　　□ガソリン税の暫定税率の廃止
　　□消費税の税率対応

　財政の破綻を招き、３人目の野田政権下では、税率アップで野党と妥協する事となり、マニュフェストも無視する政権運営であった。これらの民主党政権の政策は、国民の家計を直接応援して、個人消費の拡大→内需中心の成長を実現するという「おとぎ話」のような、経済政策を実施した。民主党政権には、経済専門家のブレーンが１人もいないという中で、何でも政治主導を考えた。だから、このような陳腐な政策がまかり通ったのである。

　現代社会において、安定した政権やリーダシップが大いに発揮されている政治は、その国の経済が発展し経済成長率も高くなっている。グローバル化の進んだ現代社会において、一国のみの繁栄や、一国のみの経済政策では、経済不況には対応できない。各国が、共に連携・協調して市場拡大と貿易を盛んにし、経済活動を活発化する事が重要である。

３．経済成長

　経済成長が、マイナスかプラスにより、人々の生活は多大な影響を被る。経済成長は、経済活動の反映であり、その指標でもある。経済成長率として数字で表され、景気の良し悪しの判断にも用いられる。

　経済成長は、人々の生活向上の目安でもある。４％を超えると、法人等の税収入が、兆単位で増加し、財政が安定してくると言われる。そのために、世界の各国は、経済政策・金融政策を出動して、貿易の振興を図り、経済成長を目指している。

　近年、世界の中で新興国及び東南アジアの国々では、10％近い経済成長率を続けて、経済活動が活発化している。日本の高度経済成長期の様相である。特に中国は、世界のモノの製造拠点といわれるくらい、経済成長が目覚ましい。インド、ベトナム、インドネシア等も徐々に高い経済成長を遂げている。

４．地域経済

　日本は、国と地方の二重行政により運営されている。都道府県及び市町村の地方自治体は、

東京都を除き、財政的に国から補助金を受けて行政を運営している。この中央集権的な行政は、明治20年代から約120年以上、継続されている。

この体制は、1990年代から綻びが目立ち、少子化・高齢化による人口減少の社会現象により、2020年には、現在、1730ある地方自治体の半数以上が、行政破綻すると予測するデータが発表されて、地方経済に注目が集まっている。

地方経済は、国の経済を支える基盤であり、このような状態では国の存続を危うくする処である。地域があっての国である。地域経済が活力を失い、疲弊しているのが現実である。今後、ますます高齢化が進む日本において、加速度的に地域経済が衰退していく。

このため、2015年、第二次安倍内閣は、内閣改造を行なって「地方創生の事業」を活性化するための「地方創生省」を設けて、人口減対策・仕事の地方創出を目指して取り組むこととなった。地方では、人口減少に伴い、耕作地の放棄・空き家の増加による弊害、若者の大都市への流出、また、急速な高齢化により経済の落ち込みは、ますます拡大している。特に、東京一極への人口流出は、従来から続いており、この東京への人口流出を止め、地方での雇用創出の経済施策が重要である。

また、明治20年代に作られた現行の行政区分や体制は、現状の社会体制に適応せず、既に綻びを呈していることから、新しい行政の区分（広域の行政区分）の導入が求められている。「道州制」は、約20年前から経団連付属の研究機関から、報告・提案され論議が重ねられてきた。行政関係の公務員（地方自治体の職員、知事・市長・議員・職員）等の抵抗勢力の反対で、前向きな検討ができていない。

5.2　人口と経済

図5-1 は、日本の総人口と高齢者の推移を示す。1971年（昭和46年）に、日本の平均寿命は男性70歳、女性75歳を超えて「高齢化社会」に突入し、日本が高齢化社会となって40年経過した現在、65歳以上の高齢者は全人口の25％以上となった。また、人口は、2010年（平成22年）をピークにして、年々減少を辿っている。世界の先進国では、このような短期間で、高齢者が25％を超える国が見当たらず、高齢者対策について日本は、世界の先頭を走っている状況である。現在の日本の人口は、世界第10位である。

先進国ではおし並べて人口減少と高齢化が進む中で、米国は微増ではあるが人口が増加している。表5-1 は、世界の人口を示す。

人口の減少に伴う、少子高齢化の弊害は随所で見られる。特に、地方においては、少子高齢化の波は一段と加速してますます過疎化が進行している。このため、田畑の耕作地の放棄が著しく、国土は地方から荒廃しつつあり、全国的に拡大している。既に、国内で放置されている未耕作地は、約50万ヘクタールにおよび、埼玉県と同じ面積である。

また、第一次産業（農業、漁業、林業、酪農等）は、後継者不足も課題であり、特に農業人口が、現在の約260万人が10年後には100万人減少されると言われている。農産物の国内供給は、ますます減少し、食糧は100％輸入に頼らざるをえない事が予測されている。このまま何も手を打たなければ、日本の農業は壊滅すると言われる。

216

一般産業においても、国内では、1982年（昭和57年）のピーク時には約70万ヶ所の工場が存在したが、現在では約23万ヶ所に減少し、労務費用が安い東南アジアに工場が流出し、この流れは増加する一方である。

　高齢化が、超スピードで向かう日本経済について、将来の希望はあるのか。元気な高齢者と女性の働き方が、社会的に見直しされてきている。人口の構成は以下である。

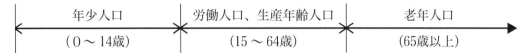

<近年の日本における総人口等のデータ>

　2012年10月1日、総人口等に関わるデータは以下である。
- □総人口　　　　1億2751万5000人（日本在住の外国人：約205万人を含む）。
- □65歳以上　　　3079万3000人（総人口の24.1％）
- □14歳以下　　　1657万7000人（総人口の13.0％）
- □労働人口　　　8020万人　　　（総人口の62.9％）
- □戦後生まれ
　　1945年8月以降に生まれた人口は、1億33万6000人（総人口の78.7％）。
- □老年人口（65歳以上）の割合が30％超えた県
　　秋田県（30.7％）、高知県（30.1％）、島根県（30.0％）の3県である。

現状は、生産労働人口及び年少人口が減少し始め、老年人口が増加の傾向である。

図5-1　日本の総人口と高齢者の推移

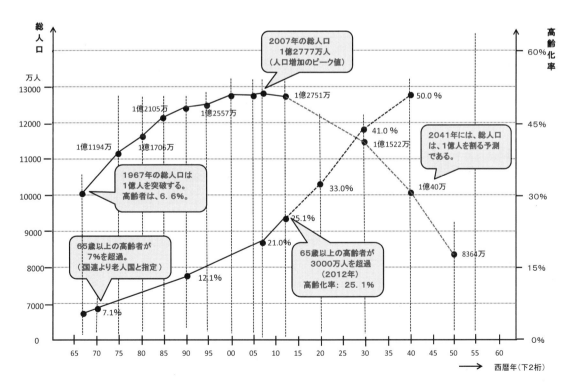

第5章　経済と人々の生活　217

表5-1　世界の人口

国　名	人口数　単位：万人
1　中華人民共和国	13億4133
2　インド	12億2451
3　アメリカ合衆国	3億1038
4　インドネシア共和国	2億3987
5　ブラジル連邦共和国	1億9494
6　パキスタン・イスラム共和国	1億7359
7　ナイジェリア連邦共和国	1億5842
8　バングラデシュ人民共和国	1億4869
9　ロシア連邦	1億4295
10　日本国	1億2653
11　メキシコ合衆国	1億1342
12　フィリピン共和国	9326
13　ベトナム社会主義共和国	8784
14　エチオピア連邦民主共和国	8294
15　ドイツ連邦共和国	8230
16　エジプト・アラブ共和国	8212

世界の人口（2010年）：
68億9589万人

⑰イラン、⑱トルコ、⑲タイ、⑳コンゴと続く。

　以上のように、人口と経済は大きく関わりがあり、特に人口減の社会は弊害が大きい。人口減とともに、都市部への人口の流入もハドメがかからず、地方の過疎化につながっている。地方が疲弊し活性化を失いつつあり、社会問題化している。

　地方の過疎化により、地方自治体も行政の破綻をきしている。現状において、国の補助金がないと行政が成り立たない自治体は、東京都を除き全ての都道府県に至っている。地方の自治体の60%以上が、今後10年以内に行政破綻すると言われる。

1．人口と経済

　人口の動態（年代別、居所、増減、移動等）は、経済活動に大きく影響する。特に生産年齢人口（15～64歳）の推移が常に注目される。事業の生産活動を担う人口が減少する事により、産業の低下→競争力の低下→事業撤退→事業の倒産に至り、そこに働く人々の生活の糧を奪うことにつながる。

　日本は、経済の高度成長期の1960～1990年代には、この生産年齢人口が増大し、経済を支えて日本を世界第二の経済大国に押し上げた。高度成長期の主力であった、戦後の団塊世代の人々は、現在、順次社会から退職して、生産年齢人口が減少し続けている。

　また、0～14歳の年少人口は、経済の低成長期に入ると少子化となり、更に、生産年齢人口を減少させている。逆に、65歳以上の高齢者は、増加する一方である。このように、生産年齢人口の減少と共に、総人口そのものが減少し始めている。

　産業の生産力が低下して雇用の確保が難しくなり、経済成長への影響が大きくなっている。

また、人口減少は、国内市場の縮小に通じ、そのため国内から海外へと生産拠点を移す企業が続出して、国内の産業の空洞化が進み、経済活動を更に低下させている。

このように、人口と経済の関係は、人口減少により生産能力の低下にとどまらず、国内市場の縮小、海外への生産拠点の移動等となって、経済活動低下の現象となっている。

２．人口の都市集中化

日本が、高度経済成長期において、生産活動を担う若者たちは、地方から大都市（東京、大阪、名古屋）に流入し続け、人口は加速度的に都市集中となった。この流れは、経済の低成長期においても減少せず、例えば地方から上京して大学に入り、そのまま大都市部に就職してしまうケースが多くなり、地方の人口減少と共に、地方も大都市も、社会的に弊害が生じている。特に政治・経済の中心である東京は、一極集中化が激しく、その是正が求められている。

これを解消するためには、例えば首都圏にある大学を地方に分散したり、大企業の本社を地方に移転したりして、地方において若者が就業できる雇用環境を整えることである。また、第一次産業の加工・流通も含めた収入ある事業を、地方でも育成することである。

３．人口減と地方経済

人口減少は、１人の女性が生涯に産め子供の平均数（合計特殊出生率という）が、低下してきていることにその大きな要因がある。合計特殊出生率が、2.07以上の場合は、「人口置換水準」といって、その国の人口は現状維持される。日本は、高度経済成長時期の1974年から現在までの40年間、「人口置換水準」値の2.07 を下回り続けてきた。

近年に至り、日本は、人口減による社会的・経済的な弊害や問題が、深刻化してきた。人口の都市集中化により、子育て環境の悪化や、女性の高学歴化が、晩婚化や未婚者を更に増加している。合計特殊出生率は以下の如く低下している。

　　　　□1925年：　　　　　　　5.10
　　　　□第一次ベビーブーム：1947年：4.54、1948年：4.40、1949年：4.32
　　　　□2005年：　　　　　　　1.26、　2012年：1.41

人口減少は、日本の地方において著しく、高齢化と共に地方における社会問題にも発展している。近年、発表された日本の地方自治体の総数（約1730）の内、約半数にあたる890 ヶ所が10年後には、行政機能が機能停止に陥り、破産してしまうと、予測データが公開された。地方の中小都市においては、人口減は将来の深刻な課題である。

人口減による、地方の経済活動の低下は明らかであり、地方における産業の育成、雇用環境の改善が必要である。また、地方自治体における行政の効率化、及び公務員の削減は、これまた大きな課題である。

都道府県の在り方が、明治20年代の行政の仕組みで、制度疲労を生じて行政機能が綻びている。この対応で「道州制」の導入を図り、行政の広域化の大改革を実施しなければ、地方の破綻が、国の破綻に繋がってくる事は必定である。人口減の社会を防ぐ政策を取りながら、人口増への取り組み、合計特殊出生率を2.07以上にする取りみが目前の課題である。

日本は、国の債務（借金）が、2013年末に、1000兆円を超えた。その反面、国民の資産は、1630兆円となっており、日本の人々は、日本経済の「ドロ船」のような危機的な状況にも、他人事のように安閑としている状態である。

現状のこのような危機的な状況に置かれている中で、人々が将来どのような社会を望むかにより、今後の日本の在り方も決定する。人口減→超高齢者社会→老人大国となり、経済力もなく、遂には滅亡する道の選択が懸念される。

5.3　貿易と経済

日本は、資源も耕地も少なく狭い国土（37万㎢）に、世界第10位となる約1億2700万の人口を有し、周囲は海に囲まれている島国である。国内市場の規模は、小さく内需のみでは経済が成り立たない。このため、明治維新後は、世界の国々との貿易を盛んにし、一時は、市場拡大と資源を求めて、中国大陸・東南アジアに領土拡大を図った時期もあった。

第二次世界大戦後は、欧米からの技術導入を図り、技術開発・高品質及び高生産性で、20世紀後半には米国に次いで世界第二位の経済大国に発展した。日本は、原材料を輸入して高い技術力と生産力で加工・製品化し、輸出の拡大を行い高い利益を得てきた。また、世界との貿易においてWTO（世界貿易機関）を通じ、貿易協定（二国間または地域間）を締結して経済活動を展開してきた。これらの貿易協定が、EPA、FTAであり、WTO活動を補完するものである。表5-2は、世界における主な広域経済連携の内容を示す。

貿易は、国間における経済活動であり、交易によって双方の経済的な利益の受容のみならず、文化・芸術・教育・技術・人々の暮らし等様々な形で影響を及ぼしてきた。資源を持たない国々は、貿易を介して経済的な豊かさ・富の獲得を追求し、経済発展を遂げてきた。

西欧では、約240年前に、経済をエコノミクス（Economics）と称し、経済活動が利益追求の考え方であると示した。以後、世界は、この西洋の合理主義から生まれた経済主義の下、人間の欲望を充足させるため経済活動が、際限なく拡大し繰り返されていった。

現代において、経済至上主義は、価値観の多様化・変化と共に行き詰まりを見せ、貿易においても新たな転換期を迎えている。歴史はゆっくりと大河の如く流れてきた。そして、西洋の「経済観」は、財による物質的な豊かさの競争へ、経済至上主義へと人々を押し流してきた。

本章では、貿易を通じ人々は何を求めてきたか、貿易の果たす役割は何か等、貿易の在り方を確認し、人々の生活における意識の変革の一助としていきたい。経済活動の主体者である、人間のための貿易へと、意識変革することが必要であると考えている。

また、経済の閉塞感は、即、人間力の低下に他ならない。今、求められているのは、人々に活力溢れる生活と、人間性回復による経済の共存と、その関わり合いではないだろうか。貿易は、国と国との商取引であり、人々の生活に密着している。

1．貿易（external trade または、international trade）

貿易とは、国間で行われる商品の売買である。商品を外国に送り出す取引を輸出、外国から導入する取引を輸入という。通常は形のある商品（財貨）の取引を指すが、無形物の取引（サービス貿易、技術貿易）を含める場合もある。

貿易が経済社会に果たす役割と効果は、世界経済の経緯と各国の政策、貿易の仕組み等を知る必要がある。図5-2は貿易の変遷を、表5-3は貿易の形態を示す。

表5-2　世界における主な広域経済連携

No.	名　称	加　盟　国	概　　要	備考
1	ＮＡＦＴＡ （北米自由貿易協定）	米国、カナダ、メキシコ	関税の撤廃 数量制限の撤廃	3ヶ国
2	メルコスール （南米南部共同市場）	アルゼンチン、ウルグアイ、パラグアイ、ブラジル （ベネズエラが、加盟承認手続中）	関税の撤廃 対外共通関税の導入	5ヶ国
3	ＡＴＩＧＡ （ＡＳＥＡＮ物品貿易協定）	シンガポール、タイ、マレーシア、インドネシア、フィリピン、ブルネイ、ベトナム、カンボジア、ラオス、ミャンマー	関税の撤廃 投資の促進	10ヶ国
4	ＧＣＣ （湾岸協力会議）	サウジアラビア、クウェート、バーレン、オマーン、カタール、アラブ首長国連邦	関税の撤廃 対外共通関税の導入	6ヶ国
5	ＳＡＣＵ （南部アフリカ関税同盟）	南アフリカ、ボツワナ、ナミビア、スワジランド、レント	関税の撤廃	5ヶ国
6	ＴＰＰ （環太平洋経済連携協定）	シンガポール、チリ、ブルネイ、ニュージーランド、米国、ペルー、シンガポール、マレーシア、オーストラリア、日本	参加国の関税を完全撤廃 21の分野でルール作り	10ヶ国
7	ＥＦＴＡ （欧州自由貿易連合）	アイスランド、ノルウェー、スイス、リヒテンシュタイン （注1参照）	自由貿易	4ヶ国
8	ＡＦＴＡ （ＡＳＥＡＮ自由貿易地域）	東南アジア10ヶ国 （ＥＵやＮＡＦＴＡなどの地域経済圏への対抗を図る。）	輸入関税撤廃	10ヶ国

（注1）ＥＦＴＡは、欧州連合（ＥＵ）との拡大統一市場を目指し、欧州経済地域（ＥＥＡ）を設立した。

（1）貿易の特徴

　　貿易は、国内取引と比べコスト増要因となる点が多いが、国内に存在しない希少価値のある商品を輸入すれば（あるいは、希少価値のある商品を輸出すれば）、貿易にかかるコストを上回る利益が得られる可能性があり、貿易が行われることになる。

　　貿易の特徴は以下である。

　□貿易は、通関制度・関税の賦課など国家の介入する度合いが高い。また、関税などの直接的なコストのほか、通関書類の作成にかかる間接コストも高い。

　□貿易は、取引相手が遠方にいるため支払い・商品の納品を確実にする事が困難である。このため、Ｌ／Ｃ、Ｄ／Ｐ、Ｄ／Ａなどの特殊な決済方法がある。

　□貿易は、多くの場合、言葉が違う相手との取引となる。このため、国際的に通用する専門用語（インコタームズ等）が普及している。更に、言葉に加え取引相手との商習慣・文化の違いによるトラブルも多い。適用される法律（裁判管轄地）が異なるため、トラブルが生じると解決が難しい。

　□通貨の異なる相手との取引が多いため、為替レート変動によるリスクがある。

　□遠距離の輸送となるため運賃が上乗コストとなるほか、商品の海上事故などで、被災するリスクが高く保険料もコスト高となる。

図5-2 貿易の変遷

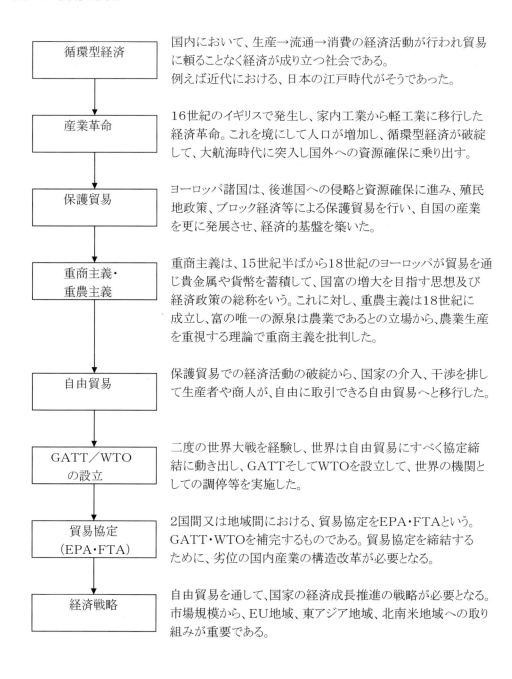

表5-3　貿易の形態

No.	名　称	貿 易 の 内 容
1	直接貿易・間接貿易	直接とは海外の輸入者・輸出者と直接に貿易し、間接とは商社などの仲介者を経由して貿易を行う。
2	順委託加工貿易	外国から原料・材料等を輸入し、それを国内で加工し製品として輸出する貿易。
3	逆委託加工貿易	外国に原材料とデザインやそれにまつわる資金等を供給して加工させ、加工された製品を輸入する貿易。
4	中継貿易	A国からの貨物をC国より輸入、加工してB国に再輸出する貿易。
5	仲介貿易	A国からB国への輸出取引について、C国の商社が仲介する貿易取引。中継貿易と異なり、C国には通関行為がない。
6	企業内貿易	多国籍企業のA国の拠点からB国の拠点に向けて輸出が行われること。取引価格は企業内で決められるため、節税の目的で恣意的に価格を操作する事による移転価格の問題が起こる可能性がある。
7	求償貿易	輸入代金を通貨で支払うのではなく、等価値の貨物を輸出する事で相殺する物々交換。バーター貿易。冷戦時代、ソ連を中心とした社会主義ブロックで盛んに行われた。
8	サービス貿易	輸送・旅行・通信・建設・金融・保健・特許権使用料など、モノの動きではなくサービスの提供によるカネの支払いまたは受け取りの事。日本の旅行者が海外でホテル代を支払えばサービスの輸入、外国人旅行者が日本でホテル代を支払えばサービスの輸出となる。貿易統計ではなく、国際収支統計で把握される。
9	技術貿易	国際的な技術提供契約によるカネの動きをいう。サービス貿易の一種である。
10	個人輸入	消費者が、海外のカタログ販売業者などから国際郵便小包等で商品を直接取り寄せること。円高にもかかわらず円高差益があまり還元されなかった1980年代後半にブームとなる。
11	国境貿易	人の自由な移動が制限されている国家間において、ハンドキャリーで運ばれた商品を国境付近で取引すること。中越国境、中国・ロシア・北朝鮮国境のものが有名。
12	密輸	輸出入が禁止されている貨物を違法に取引すること。麻薬・拳銃・宝石・ワシントン条約が規制する動植物などが主な密輸の品目となっている。

　　＜決裁方法＞
　　　　L／C　Letter of Credit の略で、銀行が発行する支払い確約書（輸出者は船積みと同時に輸出代金を回収できる）である。
　　　　D／P　Documents against Payment の略で、輸入者が銀行に代金を支払う事により、船積書類を入手し貨物を受け取ることができる。
　　　　D／A　Documents against Acceptance の略で、銀行が信用状を発行し手形引き受け書類渡し、荷為替手形を利用したものである。
　（2）貿易の実務
　　　　図5-3及び図5-4 は、輸出及び輸入の業務のフローを示す。貿易は、専門的な様々な手続と関係先を経由して商品が取引される。また、届出や書類作成は膨大であり、銀行や

図5-3　輸出における情報・貨物の流れ

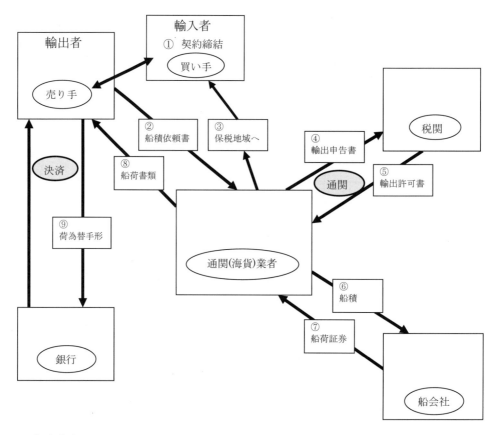

＜業務内容＞
①輸出入の当事者が、売買契約を締結する。
②輸出者は、通関業者に貨物の通関及び船積みを依頼する。
③輸出者は、輸出貨物を保税地域に運ぶ。
④通関業者は、船積依頼書に基づいて税関に輸出申告を行う。
⑤税関は、必要に応じて書類審査、現物検査を行い輸出許可を出す。
⑥船会社は、船積みを行う。
⑦船会社は、船荷証券を発行し通関業者に渡す。
⑧通関業者は、輸出許可書、船荷証券を含む船積書類を輸出者に届ける。
⑨輸出者は、為替手形に船積書類を添えた荷為替手形を、銀行に提示し決済する。

図5-4 輸入における情報・貨物の流れ

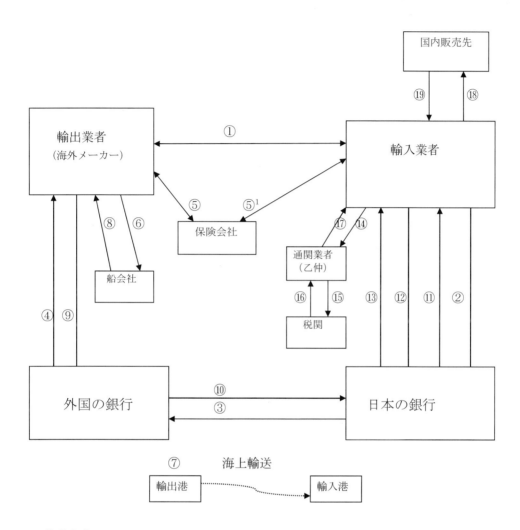

<業務内容>
①契約、②L／C開設依頼、③L／C開設通知、④L／Cの受領、
⑤保険契約(CIFの場合)、⑤¹保険契約(FOB又はC＆Fの場合)、
⑥貨物の出荷、⑦船積み・出港、⑧B／L発行、
⑨船積書類持込(荷為替手形等)及びL／C買取依頼、⑩船積書類送付、
⑪輸入業者に書類到達通知、⑫代金決済、
⑬船積書類引渡し、⑭通関依頼、⑮輸入申告・通関、
⑯輸入許可、⑰荷物引取り、⑱販売、⑲代金回収。

第5章 経済と人々の生活 225

税関が相手で付加価値を生じないが、厳密性を要求される業務である。

良き取引先を選び、実務上は良きフォワーダーを選定するのが重要な戦略である。ジェトロの「日本のドル建て貿易概況」では、2007年の日本貿易は以下である。

- □貿易額：　　　　　輸出：7127億3496万ドル、　輸入：6210億8409万ドル。
- □主な輸出品：　　　自動車（17.1%）、半導体等電子部品（6.2%）、鉄鋼（4.8%）、自動車部品（4.0%）、原動機（3.1%）、有機化合物（2.8%）等。
- □主な輸入品：　　　原油及び粗油（16.8%）、液化天然ガス（4.3%）、半導体等電子部品（3.9%）、衣類（3.8%）、非鉄金属（3.6%）、非鉄金属鉱（2.9%）等。
- □主な輸出先：　　　アメリカ（20.1%）、中国（15.3%）、韓国（7.6%）、台湾（6.3%）、香港（5.4%）等。
- □主な輸入先：　　　中国（20.6%）、アメリカ（11.4%）、サウジアラビア（5.7%）、アラブ首長国連邦（5.2%）、オーストラリア（5.0%）、韓国（4.4%）等。

ジェトロの「世界貿易マトリクス」によると、2007年の世界の貿易は以下である。

- □貿易額：　　　　　ドル建て輸出ベース：13兆7477億ドル。
- □主な輸出国：　　　EU（38.7%）、アメリカ（8.5%）、中国（8.9%）、日本（5.1%）等。
- □主な輸入国：　　　EU（39.3%）、アメリカ（13.5%）、中国（6.4%）、日本（4.1%）等。

（3）貿易による利益

貿易をするとなぜ利益を生ずるかについて、以下の如く、B国からA国に小麦を輸出した場合を例にして説明する。簡単のため同じ通貨を使用するが、別の通貨を使ったとしても結論は同じである。結果は、貿易は完全競争の下、それに関わった双方の国に利益（総余剰）をもたらすこととなる。

B国より小麦を輸入したA国では、小麦の価格が下がる。仮に一袋100円下がったとすると小麦農家の利益は一袋100円少なくなってしまうが、この減少分は価格低下により、A国の消費者が、小麦を100円安く買えるためその利益で相殺される。

しかも、小麦の価格が下がったので、A国の消費者は小麦を安く買えるだけでなく、以前より多くの小麦を買えるという利益も得られる。よって、国全体で見た場合、A国では貿易により利益が生じる。

A国に小麦を輸出したB国では逆に小麦の値段が上がる。仮に一袋50円価格が上がったとすると、消費者は50円多く支払わなければならず損をする。しかし、B国の小麦農家の儲けは一袋50円多くなり、消費者の損は小麦農家の儲けにより相殺される。

また、値段が上がったため、B国内で小麦が売れる量が減少してしまうが、余った小麦は売れ行きがよいA国で売る事ができる。しかも、A国の方が小麦の値段はB国のそれを下回らない。よって、小麦農家の利益は貿易によってより増加する。従って、国全体で見た場合、B国でも貿易により利益が生じる。

以上の如く国全体でみた場合、自由貿易に関わったA国、B国の双方に利益（総余剰）をもたらす。しかし、国内での利益には偏りが生じる。A国では、小麦農家は損するが消費者はそれを上回る得をしている。一方、B国では、消費者は損をしているが、小麦農家はそれを上回る得をしている。

（4）貿易の影響

　　貿易は、経済の大きな部分を占めており、近年のアメリカ、イギリス、日本では各国のGDPのそれぞれ10%、26%、12%が輸出されている。この為、貿易を完全に遮断してしまう事は、破滅的な結末をもたらしかねない。

　　例えば、1930年の大恐慌の後、各国は自国の産業を守るため、ブロック経済へと移行したが、これは貿易による利益を捨てる事を意味し、かえって経済を悪化させてしまった。そしてその事が第二次世界大戦の遠因となった。この苦い経験から、ＧＡＴＴ・ＷＴＯは自由貿易を活動の理念としている。

　　自由貿易の究極的な姿は、国内取引と同じように貿易が行われることである。市場統合が行われているＥＵにおいては、モノの移動に関して完全に障壁が撤廃されている。ＥＵ域内においては、自由貿易が行われているといえる。

（5）貿易促進政策

　　貿易は、外貨の獲得を通じて、直接に国富の増大につながる。また、安価な輸入品の流入による物価の抑制、食料やエネルギー等の必需品の安定的確保などの観点から、各国政府は貿易を促進している。

　　貿易促進のあり方は国によって異なるが、日本では以下のような施策が行われている。なお、輸出品に直接の補助金を付与することは、ＷＴＯルールで禁止されている。

□国の外郭団体として、貿易促進を専門的に行う機関（ジェトロ：日本貿易振興機構）を設立し、市場調査・引合・貿易相談などの業務を一貫して行わせる。

□国または国の機関が、当該国の輸出品及び文化的背景についてのＰＲを海外で行い、輸出品のブランドイメージを高める。

□国または国の機関が、信用危険、戦争危険などの貿易に関連するリスクについて、貿易保険サービス（独立行政法人日本貿易保険）を提供する。

□見本市（メッセ）産業を振興し、貿易の商談成立を促進する。

□特定分野の輸出品について、国が品質検査を行い、輸出品の品質レベルを保証することによって輸出促進を図る。戦後しばらくの間、日本でも行われていた。

□港湾設備を整備し、貿易関連業者のコスト低減を図る。

（6）貿易赤字

　　輸入が、輸出を上回る場合を貿易赤字という。貿易赤字が、経済に好影響を及ぼすか悪影響を及ぼすかは状況による。例えば、日本が赤字貿易になっている場合、製品への対価として円が海外に流出する事になるが、流出した円は投資として日本に戻ってくる。従って、日本がこの投資をうまく活用する事ができれば、貿易赤字は経済に好影響を及ぼす。しかし一方、投資に対して利子を支払わねばならないので、利子に見合う投資を活用できなければ経済は悪化する。

（7）貿易の経緯

　　貿易が発生した経緯は何か。イギリスで16世紀末に産業革命が生じ、それまでの家内工業から、軽工業へと産業構造が変革した。また、産業革命を境にして世界の人口は飛躍的な増加をしていく事となる。貿易の発生は、次のような事が考えられる。

第5章　経済と人々の生活　227

□産業の発展により、市場を外国に求めた。

　　□人口増加により、国内での循環型経済が破綻し、外国との貿易を求めた。

　　□資源獲得のために、世界に乗り出した。

特に、イギリス・オランダ・スペイン・ポルトガル・フランス等のヨーロッパ先進国は、一早く世界の豊富な資源・富を求めて航海に乗り出し、後進国を武力でもって征服し、植民地政策で資源を搾取していった。この植民地政策により、ヨーロッパの国々は経済的な恩恵と潤いを経て、産業が益々発展していった。

一方、日本は近代化が始まった江戸時代に、260年に亘り「鎖国政策」をとり、約3000万人といわれた人口で、経済的には完全な循環型経済（生産→流通→消費）を維持して、独自の文化を育んでいった。

明治時代になると、諸外国から開国及び交易が要求され、「富国強兵」政策をもとに、欧米諸国の技術・文化・制度等を取り入れていった。また、人口は、それまでにない急激な増加となり、現在までの約140年間で4倍強の1億2700万人に至った。

このため、国内における循環型経済は成り立たず、ヨーロッパの先進国と同様に、中国大陸・東南アジア諸国に対して侵略戦争を行い、資源の搾取を行った。第二次世界大戦後、資源のない日本は、欧米諸国から再び技術導入し、技術開発・生産・製造に力を入れて貿易を盛んにし、貿易立国を目指した。

このように、貿易は当初、先進国が後進国の豊かな資源を求めて侵略を行なった。第二次世界大戦後、世界各国は独立を契機に、2国間又は地域における貿易協定を締結するに至った。また、国内の産業保護を強く主張する「保護貿易」を無くすためにも、貿易協定により自由貿易を目指した。

２．貿易の意義及び理論

（１）貿易の意義

　　戦後、日本は勤勉な国民性と共に個人貯蓄に励み、その結果、個人資産は約1600兆円を超えて、世界の資産の約1／4を占めるに至り、日本経済の底辺を支えている。また、第一次産業の農業・林業・漁業・酪農等は、経営規模が小さく個人経営が殆どであり、第二次産業の製造・加工業は、世界一高い法人税と、人件費の高騰により製造拠点を国外に求めている。このような国内の経済状況の下で、貿易協定の締結には、多大なリスクを伴う事は必須であり、利害関係団体の反対を受けている。一方、日本は世界でもトップクラスの長寿社会であり、人口は2010年を境に減少が生じ、高齢化及び地方の過疎化は、日本経済の将来に対する問題を抱えている。なお、直近の課題として、日本国内ではＴＰＰの参加及びその内容をめぐって論議が高まり、対応が注目されている。

　　日本は貿易立国として、貿易を継続していかねば経済的な発展がなく、経済成長の維持ができなくなる。経済連携の意義については以下である。

　　ＴＰＰなどの経済連携を行う意味は、以下の三点といわれる。

　　　　□国としての国際的な競争力をつけること。

　　　　□国内産業の空洞化を防ぐこと。

　　　　□国家間の条件を対等にすること。

（2）貿易理論

　貿易理論とは、ミクロ経済学を使い、国家間の経済活動について分析する分野であり、国際経済学と近接する分野でもある。略して「貿易論」と呼ばれる。

　現実の貿易が、どのような理論の下に行われているのか、また、貿易理論の発展が貿易においてどのように貢献しているかを確認する。図5-5は、貿易理論の経緯を示す。なお、参考資料１．は、貿易理論の詳細である。

図5-5　貿易理論の経緯

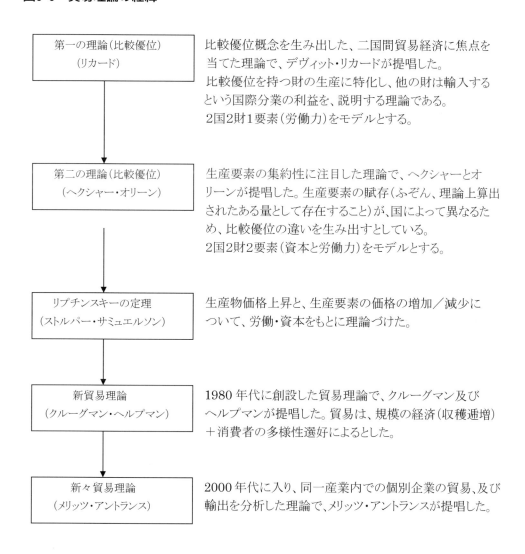

３．貿易協定と経済戦略

　貿易協定は、経済政策上の重要なアイテムとして対応されている。貿易協定と経済戦略について以下に説明する。

（１）貿易協定とは

　　　貿易は、保護貿易に始まり二度の世界大戦を経験して、自由貿易へと移行した。移行の過程で、貿易のルール作りが必要となり、世界各国が参加して、貿易協定推進のＧＡＴＴ及びその後、貿易機関としてのＷＴＯが発足した。

　　　貿易は、国全体として双方とも、利益（総余剰）を得られる。しかし、国内の産業において、比較優位な産業は利益を得るが、比較劣位産業は損失となる。このため貿易協定は、各国の国内政策における対応が求められるが、協定の締結は、比較劣位産業の構造改革を進めて、大きく変化するチャンスでもある。

　　　貿易による経済活動は、利害を伴うものであるが、一国のみとか特定の地域の繁栄を望む事ではなく、また覇権主義を排し、貿易本来の王道を選択すべきである。

（２）ＥＰＡ、ＦＴＡ

　　　ＥＰＡは、経済連携協定（Economic Partnership Agreement）の略称である。ＥＰＡとは「特定の二国間又は複数国間で、域内の貿易・投資の自由化・円滑化を促進し、水際及び国内の規制の撤廃や、各種経済制度の調和など、幅広い経済関係の強化を目的とする協定」である。投資や人材の交流について、規制をなくしていこうとする幅広い分野の協定で、通商政策の基本とも言われる。

　　　ＥＰＡの対象品目は以下であるが、締結国により異なる。物品の貿易、税関手続・貿易円滑化、原産地規制、衛生植物検疫措置、相互承認、貿易取引文書の電子化、電子商取引、サービス貿易、投資、エネルギー・鉱物資源、自然人の移動、知的財産、政府調達、ビジネス環境整備、協力、紛争解決等が対象品目である。

　　　表5-4 は、日本のＥＰＡ締結国リストである。

　　　ＦＴＡは、自由貿易協定（Free Trade Agreement）の略称である。ＦＴＡとは、特定の国や地域との間における、「物品の関税や、サービス貿易の障壁を削減、撤廃することを目的とする協定」である。また、貿易を自由化する国や地域間で、関税や企業の規制を取り払って、物やサービスの流通を、自由に行えるようにするものである。

　　　日本のＥＰＡ・ＦＴＡ戦略は、国益に基づき、目的、交渉の相手国、選定の基準、交渉の順序及びその内容などを明確にしている。2004年12月に、経済連携促進関係会議で「今後の経済連携についての基本方針」が決定され、日本が最初に公にしたＦＴＡ戦略である。ＥＰＡ及びＦＴＡの意義は以下の三点である。

　　　　　□ＷＴＯを中心とする多角的な貿易体制の補完。

　　　　　□構造改革の推進。

　　　　　□外交戦略上、日本に有利な国際環境の形成。

（３）地域間の貿易

　　　地域間の貿易ルール作りに関し、過去にはＷＴＯを通した多国間交渉の形を取っていたが、交渉には多くの時間と労力が必要としていた。そのため、ＷＴＯを補う地域間の新

しい国際ルールとして、ＥＰＡやＦＴＡが注目されている。

日本は、ＦＴＡだけでなくＥＰＡの締結を求めている。投資やサービスの面でも、幅広い効果が生まれることを期待しているためである。ＥＰＡ・ＦＴＡは、世界の貿易障壁の削減を推進する意味で、ＷＴＯを補完する役割が期待されている。

表5-4　日本のＥＰＡ締結国リスト

2002年、シンガポールと初めて二国間のＥＰＡを締結後、現在では13ヶ国と締結完了、交渉中６ヶ国となっている。韓国とは、以前より交渉を重ねてきたが合意に至らず、韓国が、米国とＦＴＡにメドをつけたことから、早急に妥結する可能性がでてきた。

(2011-10-12付、読売新聞)

№	ＥＰＡ締結国	発　効	備　考
1	シンガポール	2002年11月30日	
2	メキシコ	2005年４月１日	
3	マレーシア	2006年７月13日	
4	チリ	2007年９月３日	
5	タイ	2007年11月１日	
6	インドネシア	2008年７月１日	
7	ブルネイ	2008年７月31日	
8	ＡＳＥＡＮ全体	2008年12月１日	ＡＳＥＡＮ10ヶ国地域との連携。
9	フィリピン	2008年12月11日	
10	スイス	2009年９月１日	
11	ベトナム	2009年10月１日	
12	インド	2011年８月１日	
13	ペルー	(発効待ち)	2011年５月締結

(交渉中のＥＰＡ一覧)

1	韓国	－	2004年11月までに６回交渉。その後中断、最近は交渉再開
2	ＧＣＣ	－	湾岸協力会議（６ヶ国）
3	ＴＰＰ	－	交渉参加の表明
4	カナダ	－	ＥＰＡに向けた共同研究
5	ＥＵ	－	日欧ＥＰＡ実現へ交渉中
6	オーストラリア	－	交渉中。

（４）日本とＥＵとのＥＰＡ交渉

ＥＵは、中国（13億人）・インド（12億人）に次いで、６億人を有する市場である。2011年７月、韓国は、ＥＵとＥＰＡ更にはＦＴＡを合意して暫定発効した。効力として、関税分が販売価格や投資余力に響き、欧州市場での韓国企業が優位となる。そのため、日本の自動車や電気機器が、欧州市場での競争環境で急激に変化している。

第５章　経済と人々の生活 231

貿易協定で、日本がEUに求めるのは、自動車や電気機器に対する関税撤廃や引き下げであり、EUが日本に求めるのは、地方自治体を含めた政府発注の市場の開放、規制緩和や撤廃、欧州規制との適合である。

EUは、日本とのEPAについてメリットが少ないと、協定締結には熱心ではなかったが、日本の今後の経済・産業革新は極めて重要であり、日本経済が東アジアで陥没する事は決して世界のためにならない、との見極めがEU内で広がって、東日本大震災以降には積極的になってきた。

（5）日本と東アジアとのEPA交渉

2009年10月、日本はベトナムとEPAを締結し発効した。ベトナムとの往復貿易額の92％を関税撤廃するものである。東アジアでのEPAの締結済み国は、シンガポール・ブルネイ・マレーシア・フィリピン・タイ・インドネシアである。既に、ベトナムを含むASEAN全体とのEPA（日ASEAN包括的経済連携：AJCEP）が発効しており、日本企業がベトナムの生産拠点から、ASEAN諸国へ輸出した場合も、AJCEPの税率を利用できる。

また、日本企業は、ASEAN域内で生産・販売ネットワークを構築しており、EPA交渉による経済連携が、政府間での協定発効で追いついたと言える。

（6）日本と南米とのEPA交渉

ブラジルなどが参加する、地域統合の枠組み（南米南部共同市場：メルコスール）とのEPA交渉が、大幅に遅れている。民主党政権における菅首相の退陣表明など、政治の混乱でEPA交渉に踏み切れる情勢ではない。日本の産業界が期待するのは、南米最大の2億近い人口を抱える、ブラジルとの貿易促進効果である。中国や韓国が低価格で、ブラジル市場に攻め込んでおり、今後一段と競争が激しくなる。

メルコスールは、ブラジル・アルゼンチン・パラグアイ・ウルグアイが加盟し、アルゼンチンやウルグアイは、牛肉などで圧倒的な国際競争力があり、そのため、農林水産省は、EPAに前向きでなく、日本は、政権基盤が不安定な中で、農業自由化の議論が進まない理由でもある。

（7）韓国の通商産業戦略

韓国は、2000年代前半に、FTAを積極的に活用する通商産業戦略に転換した。理由は「外国に向けてオープンでないと、韓国経済は生き残れない」と現状の韓国経済の低迷のためである。また、FTAのハブ（拠点）を目指す戦略をとった。

韓国は、日本と同じく低資源・貿易立国の国情から、自由貿易体制の拡大は国家の生命線である。韓国の国内市場は小さく、国内総生産（GDP）に占める対外貿易の比率が87.9％（2010年）という、極端な貿易依存構造を抱えている。

韓国は自由貿易拡大に踏み切り、2000年半ばから経済を堅調に成長させている。背景として、現大統領が、日本の経済学者を自国に招致して、経済に対するコンサルティングを依頼し、経済発展への舵を切ったとされる。韓国は、世界の国々とFTAを締結し、経済活動を活発化している。

＜韓国が締結した主なＦＴＡ＞

    □チリ   2004年

    □シンガポール   2006年

    □ＡＳＥＡＮ   2007年〜2009年

    □インド   2010年

    □ＥＵ   2011年

    □米国   2012年

韓国のＦＴＡ網は、欧米の経済大国を網羅し、貿易額や対内直接投資が以下の如く飛躍的に伸びている。この効果でＧＤＰは5.7％押上げ、35万人の雇用創出を生じている。

 ・対内直接投資   2008年   117億5000万ドル

          2010年   130億7100万ドル

韓国は、積極的なＦＴＡ戦略に加え、アジアのハブとなった仁川空港を擁し、電気料金が安い事をアピールし、日本もターゲットとして、外資誘致を強化している。日本の経済界は、韓国の動きに対して「日本に残るべき生産・研究開発の拠点が、流出する恐れが強まる」との焦燥感を持っている。

また、韓国は、ＥＵや米国とＦＴＡを締結し、自由貿易推進の取り組みでは日本の先を行っている。このため、世界の主要な市場であるＥＵや米国で、韓国製品にかかる関税がなくなれば、日本製品は不利になると産業界の危機感は強い。

競争条件が韓国に有利な現状では、日本が経済連携の交渉に参加しないと、例えば現実には、実際にメキシコ経由で米国に輸出するなど、第三国を経由して関税の負担を減らさないと競争力が得られない。

先進国では唯一、人口が安定的に増加している米国が、高い経済成長率を誇るアジア地域に対し、貿易協定をテコに利益確保に乗り出している。

（8）日本の通商戦略の強化

経団連は、ＪＡ北海道の中央会と、ＴＰＰ意見交換会を実施したが、互いの意見が平行線のまま物別れとなった。経団連は、以下の如く強く主張した。

「アジアを中心に、外需を内需として取り組んでいかなければ、日本の将来はない」と警鐘し、「日本の農業については、技術的には世界一、きちんと競争力をつける戦略を講じれば、十分世界と戦える」との持論を展開した。

なお、アジア各国は、経済成長による所得増加で、日本産食品の消費拡大が期待でき、欧米でも和食や日本食材がブームになっている。農産物の市場開放や、人の移動の自由化に踏み切れかどうかは不透明である。

ＴＰＰは、貿易や投資、人の移動など幅広い分野で、例外の少ない自由化を実現する枠組みで、工業品や農産物の関税撤廃を含む、24分野の新ルールを策定するものである。

（9）インドネシアの対応

インドネシアは、約2億4000万人と中国・インド・米国に次いで、世界第4位の人口を抱え、2005年〜2010年におけるＧＤＰの伸び率は4〜6％／年の経済成長を続けている。インドネシアにある自動車の殆どが、日本製（トヨタ、ホンダ等で95％のシェア）だ

が、その大部分がインドネシア国内で生産されて、経済成長に貢献している。

インドネシアは、アジア屈指の巨大な国内市場を有し、ＡＳＥＡＮ域内外へは、近距離でアクセスがとても良い。政府は、優先的に開発する産業分野を、天然資源産業や労働集約型産業など６つの分野を指定し、戦略的な経済効果を目指している。

４．貿易協定のメリット／デメリット

貿易は、国全体からみた場合は、双方に利益（総余剰）をもたらすが、取引を見ると、輸入額が輸出額を超過するいわゆる赤字貿易であっても、国内においては、輸入品を加工・再販売するなど、安い商品が出回り一般消費者は潤うこととなる。トータルとしてメリット／デメリットの効果の確認が必要である。

比較劣位の産業、絶対不足の資源・商品についての確保等、協定国の選定・協定条件について、交渉により双方が利益を得られるよう貿易協定が結ばれる。なお、地域間における貿易協定は、市場規模や取引も大きい事から、国としての戦略が必要となってくる。貿易によるメリットは以下がある。

- ・輸出がしやすくなる。
- ・他国の公共事業への参入がしやすくなる。
- ・日本企業の知的財産権保護が進む。
- ・サービス業の海外展開がしやすくなる。
- ・海外での仕事がしやすくなる。
- ・銀行の海外進出がしやすくなる。
- ・関税撤廃により食料品等の輸入品が安くなる。

貿易によるデメリットは以下がある。

- ・安い農産物が輸入され、国内農業が打撃を受ける。施行までに改善可能である。
- ・日本も入札で、外国企業への配慮が求められる。
- ・特許制度の改正、国内法の改正を求められる可能性がある。
- ・郵便改革法案の見直しが求められる。

貿易協定の締結は、経済大国が経済小国を搾取するかのような印象や、貿易黒字国、貿易赤字国等が、ささやかれ考えられがちであるが、経済的なメリットが、デメリットを上回る場合、貿易は積極的に取り組むべきであろう。

工業大国、農業大国、観光大国等、夫々の国には夫々の特色が有り、特色を活かした経済活動が必要となる。いずれにしても、貿易により双方の国益が得られる事を前提として、協定が締結されるため、国としての貿易の経済戦略が求められる。

５．保護貿易と自由貿易

（１）保護貿易（trade protection）

保護貿易とは、国内取引と国外取引の間に、関税などの交易障壁を設けた貿易である。
保護貿易は、競争力の弱い国内産業を、当該産業の製品に関し高率の関税をかけて輸入を制限し、当該産業は保護されて、国内の市場シェアと利益を確保できる。関税は、輸入者に対する間接的課税となり、本質的な被害は国内にもたらされる。
17世紀のイギリスは、重商主義が隆盛を極め、保護貿易により欧州の貨幣的富を一手に

入手した。この政策はイギリスに繁栄の礎を築いた。19世紀半ば、イギリスは穀物保護貿易により、賃金高止まりへの批判から穀物法が撤廃された。保護貿易によって資本蓄積したイギリスは、産業発展の過程で自由貿易へ転換した。

同様に、19世紀半ば、アメリカは、綿花輸出で栄える自由貿易派の南部と、工業育成を図る保護貿易派の北部との間で対立が発生し、南北戦争へと発展する。北部が勝利して、アメリカの産業は保護貿易により拡大発展した。そして、第二次世界大戦後は、経済の超大国となり、保護貿易から自由貿易へ転換している。

（2）自由貿易（free trade）

自由貿易とは、関税など国家の介入・干渉を排して、生産者や商人が自由に行う貿易である。イギリスのスミス、リカード及びフランスのケネーらによって唱えられた。

自由貿易の利益は、国際分業（比較優位への特化）によって図られるが、関税などの貿易障壁が高すぎると、貿易の利益は損なわれ、利益ある国際分業が起きなくなる。このため、関税などを撤廃する事で取引を自由に行い、経済的な利益を増大させる事ができると考えられている。

国際分業が進展していない状況から、自由貿易と国際分業に移行する過程では、国内において経済の産業構造の転換が起きる。なお、特定の比較劣位の産業は、厳しい競争にさらされ衰退する場合があり、自由貿易への反対は根強い。

自由貿易での競争は、他国との競争に見えるが、実際に生じるのは、国内での産業間の資源獲得競争である。例えば日本では、比較優位な工業へ資源が集中し、比較劣位な農業が衰退する。日本の農業は他国の農業と競争しているのではなく、国内の工業と競争している事となる。

19世紀前半、工業分野で圧倒的な優位を誇ったイギリスは、世界的な自由貿易体制の確立に腐心していた。自由貿易により生じる利益が、自国をより優位にすると考えたからである。もともと自由貿易は、産業資本家の要請を受け展開された。19世紀初頭、穀物法や航海法によって、国内市場を保護すると共に、貿易による利益が、一部の特許会社に独占されていた。

イギリスは、中国の清朝に対しては武力で自由貿易を強制できたが、ドイツやアメリカには、武力での自由貿易の強制は不可能のため、一方的な自由貿易を展開した。イギリス以外の国々は、イギリスに対抗して自国産業を育成するために、関税を導入したので自由貿易は拡大しなかった。

例えば、ドイツは、ドイツ関税同盟を結び、同盟域内の関税障壁を撤廃して自国産業に優位性を与え、域内での自由貿易が実現されたため、この利益は、ドイツが経済的成功を収める基盤の一つとなった。

（3）ブロック経済（bloc economy）

ブロック経済とは、自国と友好国を「ブロック」として関税障壁を張り巡らし、他のブロックへ需要が、漏れ出さないようにした状態の経済体制をいう。1930年代の世界恐慌以後のブロック経済を指す場合が多い。世界恐慌の猛威にさらされた、自由貿易圏諸国（欧州、米国、日本等とその植民地）は、自国経済圏における需要が、貿易によって漏

出し、他国の経済圏へ流れるのを防ぐため、関税などの貿易障壁を張り巡らした。

20世紀後半、西ヨーロッパでは、経済圏の拡大による利益と安全保障を求めて、貿易障壁撤廃を開始して、自由貿易圏を拡大した。これが現在の欧州連合（EU）である。

６．関税（Tariff）

（1）関税とは

関税とは、国内産業の保護を目的として又は、財政上の理由から輸入貨物に対して課される税金である。関税は、間接消費税に分類され、税収入として国庫に納められる。関税の機能は以下の通りである。

□国家収入の確保

経済の発展途上国は、国家財政を確保する手段として、重要な収入源になっている場合がある。先進国においては、関税収入の国家収入に占める比率は低く、５〜10％程度である。日本は２％を割りこんでいる。

□国内産業と市場の保護

国内において、国策上の保護や振興を要する国際競争力の低い産業、又は衰退しつつある産業が存在する場合、海外からの輸入品に対して高関税を課することにより、海外製品の国内市場での売れ行きを低下させる。また、徴収した関税を、当該産業の振興のため、資金として使用することもある。主な高関税の例は以下である。

こんにゃく：1706％、米：778％、小豆：403％、バター：360％、粗糖：:328％、小麦：252％、脱脂粉乳：218％等。

□海外からの国内投資誘致の促進

特定産業に係る輸入品に、高関税を課税するという政策で、国内への浸透を困難にし、外国企業に国内で工場を建設させて、海外から特定の産業の誘致を狙う方法。国内での調達及び雇用促進の経済効果も大きい。

（2）関税自主権

関税自主権とは、関税を自国で自由に設定できる権利をいう。関税自主権が無いと、外国から安い物品が無制限に入ってきてしまう。そうすると、外国製品に押されて自国の産業が空洞化を招く。関税は、自国産と輸入品との価格差を調整して、自国の産業を守るために存在する。

日本は、江戸時代の末期、安政条約によって関税自主権のない状態となった。明治政府は、日露戦争後の1907年（明治40年）に締結した日露新通商航海条約、及びその後、1911年（明治44年）にアメリカを始めとする他の列強と、平等条約（日米通商航海条約など）を締結して、関税自主権を回復した。

なお、関税についての主な法律は、関税法・関税定率法・関税暫定措置法がある。

７．ＧＡＴＴとＷＴＯ

（1）ＧＡＴＴ（関税および貿易に関する一般協定）

ＧＡＴＴとは、General Agreement on Tariffs and Trade の略称で、自由貿易の促進を目的とした国際協定である。ＧＡＴＴは、1930年代の世界恐慌と保護貿易の台頭が、第二次世界大戦の一因となったとの反省をふまえ、円滑な国際貿易を実現するために、

1944年のブレトン・ウッズ体制の枠組みとして、国際通貨基金（ＩＭＦ）や国際復興開発銀行（ＩＢＲＤ）と共に、多国間の協定締結により1947年に調印され1948年に発足した。以下の三原則により自由貿易をめざした。

□自由　　　貿易制限措置の関税化及び関税率の削減。

□無差別　　最恵国待遇、内国民待遇。

□多角　　　ラウンド、交渉。

＜ＧＡＴＴの沿革＞

1948年　ジュネーヴで23ヶ国により貿易交渉協議を開始した。

1964年　ケネディ・ラウンド（参加国：62ヶ国）始まる。

1973年　東京ラウンド（参加国：102ヶ国）始まる。

1986年　1994年までウルグアイ・ラウンド（参加国：125ヶ国）の交渉。この結果、ＧＡＴＴを拡大発展させる形で新たな貿易ルール「ＷＴＯ協定」が作られる。

1995年　国際機関として世界貿易機関（ＷＴＯ）が設けられた。

（2）ＷＴＯ（世界貿易機関）

　ＷＴＯとは、World Trade Organization の略称で、自由貿易促進を主たる目的として創設された国際機関である。事務局は、スイスのジュネーヴに置かれている。

　ＧＡＴＴは国際貿易機関（ＩＴＯ）の設立準備の際に、暫定協定として結ばれたものであったが、国際貿易機関の設立が廃案となり、ＧＡＴＴがその代替として発展した。この分野の常設機関が求められ、ＧＡＴＴが発展解消されてＷＴＯが設立された。

　ＧＡＴＴが協定（Agreement）に留まったのに対し、ＷＴＯは、機関（Organization）であるのが根本的な違いである。以下の基本原則で、物品貿易だけでなく金融・情報通信・知的財産権やサービス貿易も含めた包括的な国際通商ルールを協議する場である。

＜基本原則＞

□自由　　　　（関税の低減、数量制限の原則禁止）

□無差別　　　（最恵国待遇、内国民待遇）

□多角的通商体制

＜ＷＴＯの概略機構＞

□設立年：　　1995年1月1日（スタッフ数：625人）

□参加国数：　153ヶ国

□公用語：　　英語、フランス語、スペイン語

8．貿易と経済成長

　日本は、比較優位な産業の商品を輸出し、自国に少ないエネルギー原料及び食糧等を輸入しなければ、経済が成り立たない。特に、石油・ガス等のエネルギー原料は、国内での消費及び他の製品化になくてはならないため、消費・備蓄等を考慮しつつ計画的な対応がなされている。資源の少ない我が国は、貿易は経済に大きく関わっており、貿易の着実な伸長が、経済成長を押し上げている。現在、日本は世界有数の貿易黒字国である。また、貿易において流通経路は重要であり、それらの集積地やハブとなる港・空港の整備も必要である。

　24時間の離着陸可能な空港（成田、関西、羽田、名古屋等）のインフラ整備がされなけれ

ば、韓国に貿易のハブと地の利を奪われてしまう。貿易を盛んにするための環境・インフラ整備は重要である。

　貿易と経済の関係は、貿易により国内産業の成長・構造改革が進み、多くの国と経済交流を行ない、ともに経済成長を図ることが大切である。国内において、日本は世界に類の無い超債務国である。2011年末には国の債務（借金）が1000兆円を超えている。この債務返還のため、税収入の中から、毎年莫大な費用を当てており、日本経済を低迷化させている。また、世界から日本に対し、先進国として著しく低い消費税率のアップを提言されている。

　慶應義塾大学の竹中平蔵教授は、日本の1000兆円を超える債務返還について、ある講演会の中で、「1000兆円の借金はとても返せない。世界を見ても国の借金を返済した国は無い。借金を返すためには借金を現在より増さない事である。経済を好景気にしてGDPを押し上げる事である。GDPが2％アップすれば、税収入が数兆円単位で増加する。これを粘り強くやることである。経済成長を維持し、毎年の債務を増加させないことが重要である。そして、そのためには経済成長が欠かせない」と述べている。

　近代において、明治政府が江戸幕府の300諸藩の債務（当時の金額で約7300万両）を継承せず、徳政令として棒引きした例がある。このため、大名に金を貸していた大阪・近江の大商人は、その多くが倒産し明治維新の被害者となった。

　現在では、その様な事は絶対に実施できない。安易な国債発行をやめ、税収入に見合った政治・行政を行うべきであろう。そして、東京都の如く、国においても民間における会計制度を適用して、歳出・蔵入を明確にし、財政のムダ・ムリ・ムラを排して、財政基盤の健全化を図る事である。また、日本の公務員（地方、国家を含め）は非常に多く、行政の非効率化の要因である。根本的な財政の在り方を検討すると共に、業務の多くは民営化が可能であり、行政の効率化のためにも民営化をすべきである。

　国の債務の問題、行政（地方・国）の非効率化の問題等、今、国の在り方が根本的に見直しされる時期に来ている。明治20年代から約120年に亘る中央集権体制が、制度疲労を起こして現状に不適応となり、種々の課題が生じているからである。

　貿易を盛んにするためにも、国内の経済成長が欠かせない。経済成長を阻害する要因は数多くあり、経済成長を阻む要因を抽出して、経済振興を図らなくてはならない。

　今、最大の要因は、少子高齢化に伴う人口減少で、地方の過疎化・荒廃及び地方行政の衰退である。一方、大都市の人口集中による、都市問題の課題も多くある。その対応の一つとして「道州制」の導入がある。欧米先進国のような「州政府」を設けて、行政の広域化を行い、根本的な効率改善等の対応をすべきである。今、この「道州制」導入を実現し、行政で対応しなければ、20年・30年先の日本の未来はないと考えている。

　貿易を活発化して経済成長を図るにしても、国内の政治・経済が安定して、将来ともに着実な道筋がないと、外国との取引はおぼつかない。我が国にとって、今が行政の大改革及び産業の構造改革に着手する時期である。痛みを伴わない改革などありはしないが、国民に対し将来の先行きの見える道筋・青写真をビジョンとして示す必要がある。

　なお、世界各国の2000年、2005年、2010年における貿易について、表5-5〜5-7にまとめた。21世紀に入り、各国の貿易状況を示すものである。

□輸出が著しく進展した国（10年間で2000億ドル以上増加）は、表5-5を参照。

中国（13290）、ドイツ（7212）、米国（4956）、ロシア（2948）、韓国（2941）、日本（2906）、オランダ（2788）、ベルギー（2225）、フランス（2154）、シンガポール（2140）、イタリア（2075）の計11ヶ国（カッコ内数値の単位：億ドル）。

□輸入の著しく進展した国（10年間で2000億ドル以上増加）は、表5-6を参照。

中国（11711）、米国（7094）、ドイツ（5727）、日本（3129）、フランス（2929）、インド（2776）、韓国（2647）、イタリア（2485）、オランダ（2417）、イギリス（2272）、ロシア（2245）、香港（2204）、ベルギー（2136）の計13ヶ国。

（カッコ内数値の単位：億ドル）。

□2000～2010年の10年間で輸出増加分と輸入増加分の差額は、表5-7を参照。

（カッコ内数値の単位：億ドル）。

（増加した国）	（減少した国）
中国　（1579）	米国　（2138）
ドイツ　（1485）	イギリス　（987）
サウジアラビア（1068）	インド　（971）
ロシア　（704）	フランス　（775）
ＵＡＥ　（501）	トルコ　（449）
シンガポール（378）	イタリア　（410）
オランダ　（371）	カナダ　（363）
韓国　（294）	香港　（320）
スイス　（201）	スペイン　（297）
	日本　（223）

　この10年間における貿易額の収支を見ると、新興国の中国・ロシア、中近東のサウジアラビア・ＵＡＥ、東アジアのシンガポール・韓国、ヨーロッパのドイツが、堅実に貿易を拡大・推進していることがわかる。一方、先進諸国（米国、イギリス、フランス、イタリア、スペイン）等が輸入の超過となっている。日本も短年度では黒字もあるが、この10年間を見ると輸出超過となっている。

表5-5　世界各国の輸出額（2010年基準）

2010順位	国　　名	輸出額（単位：100万ドル）			輸出額の増加
		2000年	2005年	2010年	（2010年-2000年）
1	中国	249,203	761,953	1,578,269	1,329,066
2	米国	781,918	907,158	1,277,580	495,662
3	ドイツ	550,113	977,881	1,271,354	721,241
4	日本	479,246	594,905	769,838	290,592
5	フランス	298,705	443,578	514,124	215,419
6	オランダ	213,382	349,812	492,267	278,885
7	韓国	172,268	284,419	466,384	294,116
8	イタリア	239,886	372,928	447,446	207,560

第5章　経済と人々の生活　239

9	ベルギー	187,838	335,707	410,388	222,550
10	イギリス	281,744	371,377	410,297	128,553
11	ロシア	105,565	243,799	400,424	294,859
12	香港	201,860	289,337	390,174	188,314
13	カナダ	276,617	359,430	386,026	109,409
14	シンガポール	137,804	229,649	351,867	214,063
15	メキシコ	166,368	213,891	298,138	131,770
16	台湾	147,777	197,779	274,641	126,864
17	サウジアラビア	77,480	180,711	251,147	173,667
18	スペイン	113,325	190,982	246,274	132,949
19	ＵＡＥ	49,835	117,287	235,000	185,165
20	インド	42,379	99,620	222,883	180,504
21	オーストラリア	63,870	105,832	212,362	148,492
22	ブラジル	55,119	118,529	201,915	146,796
23	マレーシア	98,229	140,870	198,800	100,571
24	タイ	68,962	110,178	195,375	126,413
25	スイス	74,856	126,083	185,775	110,919
26	ポーランド	31,651	89,347	159,758	128,107
27	スウェーデン	87,724	130,885	158,114	70,390
28	インドネシア	65,404	86,995	157,823	92,419
29	オーストリア	64,155	117,711	144,645	80,490
30	チェコ共和国	28,996	77,985	133,020	104,024
33	トルコ	27,775	73,476	113,883	86,108

（出所：（財）国際貿易投資研究所　国際比較統計）

表5-6　世界各国の輸入額（2010年基準）

2010 順位	国　名	輸入額（単位：100万ドル）			輸入額の増加 (2010年－2000年)
		2000年	2005年	2010年	
1	米国	1,259,297	1,735,061	1,968,759	709,462
2	中国	225,024	660,206	1,396,195	1,171,171
3	ドイツ	495,350	780,444	1,068,055	572,705
4	日本	379,511	514,922	692,433	312,922
5	フランス	310,768	490,566	603,701	292,933
6	イギリス	334,437	482,783	561,700	227,263
7	イタリア	238,023	384,802	486,597	248,574
8	オランダ	198,886	310,571	440,620	241,734
9	香港	212,805	299,533	433,193	220,388
10	韓国	160,481	261,238	425,212	264,731
11	ベルギー	176,957	319,768	390,578	213,621
12	カナダ	244,778	331,553	390,534	145,756
13	インド	51,523	142,842	329,165	277,642
14	メキシコ	182,702	231,821	316,556	133,854

15	スペイン	152,870	287,617	315,548	162,678
16	シンガポール	134,545	200,047	310,791	176,246
17	ロシア	49,125	137,977	273,614	224,489
18	台湾	139,927	182,571	251,498	111,571
19	オーストラリア	71,529	125,281	201,639	130,110
20	ブラジル	58,643	77,628	191,464	132,821
21	トルコ	54,503	116,774	185,544	131,041
22	タイ	61,923	118,158	184,590	122,667
23	ポーランド	48,940	100,904	178,063	129,123
24	UAE	35,009	84,654	170,000	134,991
25	スイス	76,092	119,770	166,910	90,818
26	マレーシア	81,963	114,410	164,733	82,770
27	オーストリア	68,972	119,939	150,327	81,355
28	スウェーデン	73,317	111,580	148,473	75,156
29	インドネシア	43,075	75,631	132,099	89,024
30	チェコ共和国	33,852	76,340	126,600	92,748
31	サウジアラビア	30,197	59,459	97,077	66,880

(出所：（財）国際貿易投資研究所　国際比較統計)

表5-7　世界各国の貿易額の変動　（2000年～2010年の期間）

No.	国　名	輸出額の増加－輸入額の増加 (単位：100万ドル)		備　考
		＋額の場合	－額の場合	
1	米国		213,800	
2	中国	157,895		貿易黒字国
3	ドイツ	148,536		貿易黒字国
4	日本		22,330	
5	フランス		77,514	
6	イギリス		98,710	
7	イタリア		41,014	
8	オランダ	37,151		貿易黒字国
9	香港		32,074	
10	韓国	29,385		貿易黒字国
11	ベルギー	8,929		貿易黒字国
12	カナダ		36,347	
13	インド		97,138	
14	メキシコ		2,084	
15	スペイン		29,729	
16	シンガポール	37,817		貿易黒字国
17	ロシア	70,370		貿易黒字国
18	台湾	15,293		貿易黒字国

第5章　経済と人々の生活　241

19	オーストラリア	18,382		貿易黒字国
20	ブラジル	13,975		貿易黒字国
21	トルコ		44,933	
22	タイ	3,746		貿易黒字国
23	ポーランド		1,016	
24	UAE	50,174		貿易黒字国
25	スイス	20,101		貿易黒字国
26	マレーシア	17,801		貿易黒字国
27	オーストリア		865	
28	スウェーデン		4,766	
29	インドネシア	3,395		貿易黒字国
30	チェコ共和国	11,276		貿易黒字国
31	サウジアラビア	106,787		貿易黒字国

9．ＴＰＰ

　ＴＰＰとは、環太平洋経済連携協定（Trans-Pacific strategic economic Partnership agreement）の略称で、環太平洋地域における広域の貿易協定である。ＴＰＰは、2006年5月にブルネイ・チリ・ニュージーランド・シンガポールの4ヶ国が参加し発効した自由貿易協定（ＦＴＡ）であり、2010年には、米国、ベトナム、ペルー、マレーシア、オーストラリアの5ヶ国が参加表明をして、協定の参加交渉を開始した。

　2011年、米国からの要請もあり日本もＴＰＰ参加を求められている。日本がこれに参加すれば、日米のＧＤＰの合計はＴＰＰ参加国全体の約90％となり、日米自由貿易協定を締結したのと変わりがない。しかし、ＴＰＰ参加の9ヶ国の人口は、2015年には計5億2300万人を超えて、ＥＵとほぼ同じ市場規模となることが予想されている。

　少子高齢化で人口減に転じた日本にとって、自由貿易を推進し成長著しいアジア太平洋地域で輸出拡大を図る事は、経済活性化のために不可欠である。日本から、金も企業も投資も逃げる「逃避」の国ではなく、「雄飛」する日本を作り、貿易立国・日本の生き残りをかけたＴＰＰ参加への決断が必要である。

　ＴＰＰは、例外品目がなく全てに亘って100％自由化を実現する貿易協定で、物品・サービス・政府調達・知的財産・投資・労働・環境等が協定に含まれる。ＴＰＰの特徴は、参加国内のお互いの関税を無くし貿易を自由にして輸出を増加させ、経済を活発化する事が基本的な考え方で、高いレベルの市場開放を目指している。米国は、ＴＰＰが「対象が多岐に亘り、包括的で高い水準の協定」と見ている。表5-8 は、ＴＰＰの議論の主な分野と日本への影響を示す。次頁の図はその概略の一部である。

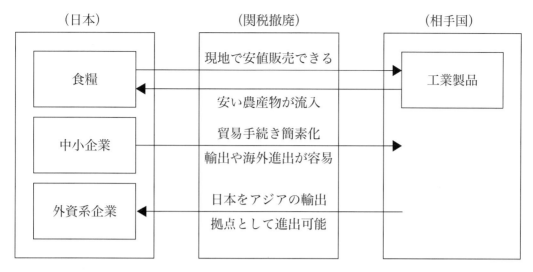

（1）ＴＰＰの問題点

　　ＴＰＰ参加で重要なのは、農産物の自由貿易と同時にサービス貿易の自由化である。このサービス貿易の自由化に、ＴＰＰの核心がある。日本がＴＰＰに参加した場合、様々な分野での自由化・規制緩和が要求され、国内の第一次産業が大きな打撃を受ける。

表5-8　ＴＰＰ交渉で議論される主な分野と日本への影響

No.	分野	議論の内容	日本への影響 メリット	日本への影響 デメリット
1	物品の関税	関税の撤廃、引き下げ	輸出がしやすくなる。	安い農産物が入り、国内農業に打撃。
2	政府調達	公共事業の発注方法	他国の公共事業への参入がしやすくなる。	日本も入札で外国企業への配慮が求められる。
3	知的財産	海賊版の取り締まり	日本企業の知的財産保護が進む。	特許制度の改正を迫られる可能性がある。
4	越境サービス	サービス貿易の活性化	サービス業の海外展開がしやすくなる。	国内法の改正を求められる可能性がある。
5	商用関係者の移動	商用の入国・滞在手続きの簡素化	日本人が海外で仕事をしやすくなる。	（無し）
6	金融サービス	海外での金融業のルール	銀行の海外進出がしやすくなる。	郵便改革法案の見直しを求められる可能性がある。

＜関税撤廃でのメリット＞
・2005年に日本とのＥＰＡが発効したメキシコで、乗用車の関税が０となり、現地での日本車の販売シェアが、2004年度の27.3％から、2009年に38.1％まで伸びた。
・海外進出を目指す中小企業の利点
　輸出の際の通関手続が、域内では簡単になるため、製品を売り込みやすくなる。
・日本の消費者の恩恵
　関税で高かった、食料品が安くなる（メキシコの安いマンゴ、チリのワイン等）。

第5章　経済と人々の生活　243

＜ＴＰＰ参加のメリット＞
国内の「産業の空洞化」、及び雇用減少を防止できる。
経済産業省は、ＴＰＰに参加しないと、自動車・機械・電気・電子の主要業種の年間の生産高が、2020年に10.5兆円押し下げられると試算した。
□ＷＴＯにおける「サービス貿易に関する一般協定（ＧＡＴＳ）」を準拠
ＴＰＰは、ＷＴＯのＧＡＴＳ（General Agreement on Trade and Services）」を準拠する事となり、ＷＴＯの規定では、サービスは政府機能によって供給されるものを除くあらゆるセクターの貿易を含むとする。具体的には、業務サービス、通信、建設・エンジニアリング、流通、教育、環境、金融、保険、観光・旅行、娯楽・文化・スポーツ、運輸の11分野に亘る。
□自由化・規制緩和の要求
ＴＰＰに参加した場合、第一次産業の農林・水産分野と同時に、米国が強い分野である第三次産業の医療・金融・保険のサービスがターゲットとされる。
米国が、日本のＴＰＰ参加で最も関心を持つのは、世界有数の資産を誇る郵貯銀行と、かんぽ生命の株式処分であり、この市場への参入を希望している。米国は当初、ＴＰＰに対して関心が薄かったが、世界で最も経済成長が著しい東アジアの市場は、米国の企業家には魅力的に見えた。
輸出増加のため自由貿易圏の拡大を望み、ＴＰＰ締結に意欲を示している。表5-9は、主なＴＰＰ参加国の高関税品目リストである。
ＴＰＰ参加のいずれの国も、農業問題など敏感な問題を抱えている。ＴＰＰは、日米両国の経済統合を一層推し進めことに繋がるため参加は歓迎するが、日本の農業が、貿易自由化で大打撃を受けるとの見方がある。しかし、日本の野菜や果物・肉類の品質は非常に高いため、日本の農家の技術水準は、ワールドクラスといえる。
ＴＰＰで農業が自由化されれば、外国の人が日本の農作物を味わう機会が増えるため、日本の農業にとって、障害ではなくチャンスと捉えるべきであろうとの見方もある。

（2）ＴＰＰの交渉
アメリカのハワイで行われるＡＰＥＣ首脳会議（2011年11月12、13日開催）で、9ヶ国のＴＰＰ参加の国々が大枠合意を目指している。日本が、ＴＰＰに協議参加する表明の期限はこの前日までに必要となった。
日本は、この大枠合意の協議に乗り遅れない事を目指している。大枠が合意されれば日本の発言力が無いためである。経済界は政府に、生産と雇用を維持するためにもＴＰＰに参加して交渉を開始して欲しい旨要望した。ＴＰＰ参加で、日本のＧＤＰが最大2兆円増加するとの試算もある。
国内の各分野及び現政権の与党（民主党）内において、賛否両論が有り国あげての参加への意思統一はまだまだの感である。特に農水産業の権益に携わる人々、団体及び関係の省庁が強硬な反対勢力として存在している。
2011年11月11日の夜、野田首相は記者会見してＴＰＰへの対応について、「交渉参加に向けて関係国との協議に入ることにした」と参加方針を表明した。そして、「日本経済

の再生には、各国との経済連携強化が不可欠である。また、現在の豊かさを次世代に引き継ぎ、活力ある社会を発展させていくためには、アジア太平洋地域の成長力を取り入れていかねばならない」と、参加理由を述べた。

翌、12日のＡＰＥＣ首脳会議の際に関係国に対し参加方針を伝えた。経済評論家の伊藤元重氏は、以下の如く指摘している。「日本は、ＴＰＰ参加で成長市場を取り込むことができる。国内市場が縮小する閉塞感から脱却する貴重なチャンスである」と。

表5-9　主なＴＰＰ参加国の高関税品目リスト

No.	国　名	品　　目	関税率
1	米国	タバコ	350.0%
		トラック	25.0%
		綿織物	16.5%
2	オーストラリア	衣料品	10.0%
		乗用車	5.0%
		自動車部品	5.0%
3	ニュージランド	農産品	0〜5.0%
		衣料品	12.5%
		自動車部品	12.5%
4	ベトナム	コメ	44.0%
		二輪車	90.0%
		乗用車	83.0%
5	チリ	鶏肉（5000t まで）	8.8%
		砂糖、小麦	6.0%
6	マレーシア	鶏肉	40.0%
		乗用車	25.0%

（3）米国がＴＰＰ参加を強く求める理由

米国が日本にＴＰＰへの参加を強く求めている理由は、米国は2010年にＴＰＰの参加を表明したが、米国内での失業率が下がらないため、輸出を増やし経済を立て直すことが最大の狙いである。また、経済的に存在感を増している中国を牽制する目的もある。

日本がＴＰＰに参加すれば、経済規模が世界第1位と第3位のＧＤＰの国が、参加する強力な経済圏ができる事となる。

（4）経済連携の影響

環太平洋地域では、2020年までにＴＰＰを発展させたＦＴＡＡＰ（アジア太平洋自由貿易圏）の実現を目指している。現在、日本の輸出の75%がＦＴＡＡＰ対象の国である。

日本が、ＴＰＰに参加した場合、他の経済連携交渉に及ぼす影響は大きい。

□日本とＥＵとの経済連携交渉は、スコーピング作業（協定の対象と範囲を決める予備交渉）に向けて動き出した。

□中国とのＦＴＡの共同研究を、2011年内に終了させるよう動いている。

□世界中、どこの国も財政問題で苦しんでいる。思い切った決断が必要である。現実の世界は、自分自身の事ばかり考えて対応する動きは許されない。

（5）国内産業の対応

　　経済界は、日本の輸出増加・関税の不平等扱いの対応のため、ＴＰＰへ参加するよう政府に積極的に働きかけている。経団連は、ＴＰＰの論点を整理し関係団体とのヒアリングを実施している。ＪＡと日医が、ＴＰＰ反対の急先鋒である。

□農業団体（ＪＡ全中：　全国農業協同組合中央会）

　　ＪＡは、「ＴＰＰは日本の地域経済・社会を崩壊させる」、「輸入を自由化すると、食料自給率を下げ、国内の生産者が大きな打撃を受ける。コメなどの品目は、例外とみとめ関税の対象として欲しい」と主張している。ＴＰＰ交渉では、940品目で関税を無くすよう求められている。

　　反対一辺倒のＪＡの姿勢に、違和感を覚えるコメ農家も少なくない。「ＴＰＰという外圧を利用して構造改革をするしかない。農家は高齢化し、ＴＰＰに参加しなくても農業は崩壊に向かっている」、「ＴＰＰに参加しても、効力発行までに10年を要するため、すぐにコメの関税がゼロになるわけではなく、農家が変わる時間はある」と。

　　地方の現場では、ＪＡが強硬にＴＰＰに反対しようが、「日本の農業は、このままでは崩壊してしまう」との現状認識と、危機感を持っている。

□農林水産省

　　農水省は、ＴＰＰ参加で国内の農業と食品加工業などの関連産業で、約340万人分もの働く場が減ってしまうと試算している。また、「日本のコメ消費の９割（約700万トン）は安い外国産に替わる」との試算を公表したが、コメの世界貿易量は、多く見積もって、200万トン程度しかない（現実味に乏しい試算である）。

　　農水省は、日本の農業政策の実態を見直し、農業再生計画について、将来を見込んで着実に実施することが、緊急課題であり責務である。

□日本医師会（日医）

　　日本医師会は、「ＴＰＰは、日本の国民皆保険制度を破壊し、市場原理主義で医療の質が低下し、お金がないと医療が受けられなくなる」と指摘している。理由は、外国の企業が病院経営に参入し、保健診療と保険外を併用する「混合診療」の全面解禁となる。公的医療保険が崩壊し、弱者は締め出されると主張する。

　　海外では、医療機関を株式会社が経営している。日本はグローバルスタンダードに乗り遅れている。医療法人と株式会社では「経営」という観点では本質的な違いがある。日本の医療技術は、世界で歓迎されるが、医療機関を株式化する事が必要である。

□建設業

　　地方の中小建設業者は、ＴＰＰの交渉項目に「政府調達」が含まれており、地方の公共事業が海外のゼネコンに、席捲されてしまうのではと心配している。経産省は、公共事業の開放を迫られているのは途上国であり、日本は既に広く開放している。今以上に、海外のゼネコンが、参入するとは考えていないと説明する。

　　大手ゼネコンは、新興国においてインフラ（社会基盤）需要が旺盛で、海外で受注するチャンスが広がると期待する。

□その他

日本消費者連盟は、「食の安全基準が下げられてしまう」と主張している。ＴＰＰ交渉では、食品安全基準や、遺伝子組み換え食品の表示ルールなどの緩和は議論されていない。この主張は誤解や曲解である。

連合は、「ＴＰＰ参加は、国論を二分するような問題であるが、政府から十分な説明がない。影響を受ける農業などに対する、政府の手当てが全くないが、連合は、ＴＰＰ参加に関し、農業政策の拡充などを条件に賛成する方針」であると述べている。

なお、世界の市場で野菜や果樹について、ある部分では日本の生産量は非常に高い。ネギ（世界第２位）、ホーレンソウ（世界第３位）、キウイフルーツ（世界第６位）等である。日本のモノ作りの丁寧さは、安全・品質面でトップクラスである。過去の貿易自由化交渉でも、日本の農家が壊滅する議論が沸騰したが、現実にはそうならなかった。

コメが自由化しても、９割近い人が国内産を買いたいと希望しているなど、日本の消費者の国産指向は強く、ＴＰＰ参加による農業への打撃は限られる。また、過去に米国産チェリーの輸入解禁の際も、日本のサクランボ農家は、品質強化を進め逆に生産高は、解禁前の４倍に増加して対応した事がある。

（6）農業再生計画

農業再生計画は、政府の「食と農林漁業の再生推進本部」が、農業改革の基本方針と行動計画を策定したもので、ＴＰＰの交渉参加をにらみ、農業の耕作面積の拡大や新規就農促進策を打ち出している。５年間に取り組む課題は以下としている。

　　　□耕地面積を20 〜 30ha ／１戸に拡大する（農地法の改正が必要）。
　　　□生産・加工・販売を一体的に手がける（六次産業化の推進）。
　　　□資金面から後押しする、官民ファンドを創設する。
　　　□消費者負担から、納税者負担へ転換する。

　農地を集約して農業経営を大規模にし、生産効率を高めながら、コメや果物の輸出を増やして、産業として成長させていく事が重要であると述べている。

日本の農業は、１戸当りの農地面積が約２ha で、１ha 未満が55％を占める零細農家が多く生産効率が低い。また、現在の農業政策は、消費者が高関税や国内の生産調整によって、高い価格に設定された農産物を購入している「消費者負担型」が、間接的に農業を支える仕組みになっている。再生計画では、「消費者負担型」から、税金を使って直接農家に補助金を支払う「納税者負担型」に転換するが、国民には理解されにくい。

納税者負担とは、関税引下げや生産調整の廃止で、農産物が値下りした場合、補助金で下落分を農家に直接補償する政策で、ＥＵや韓国で導入されて市場開放とセットになっている。日本は、農業を税金で一定程度の支援をする事に対し、財政難のためその余裕はないとしている。

なお、農家の「戸別所得補償制度」は、民主党政権の目玉で納税者負担方式だが、関税引き下げとは切り離され、零細農家も対象とするなどバラマキ色が強く、また、補償の補助金目当てに農業を続ける農家も有り、農業の効率化を妨げている。現行制度は抜本的に見直し、意欲的な農家に支援を絞るべきである。

（7）今後の農業

　　過去の事例では、コメの部分開放を決めたウルグアイ・ラウンド合意に対して、当時の
　　政府の政策では、６兆円の対策費を投じたが、農業の活性化には繋がらなかった。農業
　　の既得権に切り込む改善と、農業の生産・流通・販売を市場原理とする、対応が必要で
　　あったと考えられる。

　　農業は、地域に属するＪＡ（農業協同組合：通称農協）の組織が、生産物資から農業指
　　導、流通・消費及び生活資金に至るまで、あらゆる面で管理してきた。そのため、農家
　　の自主的な事業活動を、束縛し意欲を減退させてきた。従来、ＪＡは権益を護るための
　　仕組みづくりを営々と行ない、農家の人々がこれに従ってきた。ＪＡは、ＴＰＰ問題で
　　強硬に反対しているが、農業全体の変革・事業発展・改善には殆んど着手せず、農家を
　　従属させて、利害関係・天下りの絡む硬直化した組織となっている。

　　将来的に期待が持てない団体であり、ＪＡに代わり、企業経営が参入する農業法人が、
　　農業をもっと魅力的に、生産性の高い事業に育てる必要がある。ＴＰＰは、硬直化・非
　　効率の第一次産業の構造変革を、実現する絶好の機会である。

10. 貿易と道州制導入

　日本の貿易における比較劣位の産業（第一次産業）は、生産の規模拡大と効率化による産業
構造の改革を行い、輸入農産物等に対抗できる産業に育成しなければ壊滅してしまう。

　生産規模の拡大と効率化のため、現状の地方行政の規模を広域化する必要がある。また、運
営には、民間企業の資本と品質と経営ノウハウが必要である。わが国の第一次産業は、個人経
営から組織化された事業構造へと、仕組みを大きく転換する必要がある。

　地方行政の広域化は、欧米先進国を含め世界の国々では州政府として取り入れている。

　日本は、20数年前から「道州制」導入に関して、政策課題として議論されてきた。しかし、
日本は農耕民族であり、土地に対する執着心は、生計の基盤として個人経営が定着し、州政府
の考え方についても、国民の意識は程遠いものとなっている。

　現実には農作物の多くは、高い関税に保護され、国民は間接的に税金でこれらの事業を支え
る仕組み（消費者負担）で、不平等になっている。地方における少子高齢化・過疎化による人
口減は、急激に進行しており、現状のままでは、地方は荒廃（荒地、無耕作地化）し、都市化
が異常なまでに進み、日本全体が活力低下し、経済社会が衰退してしまう。

　この地方の過疎化と、都市部への人口集中化を防ぐのが、「道州制」の導入である。地方は、
二重・三重に行政効率が悪く、東京都を除きすべての道府県は、国からの補助金なしでは行政
運営ができない状況である。道州制を導入して行政の広域化を行い、夫々独自の州政府による
行政の権限・財政運用をすることにより、貿易協定における比較劣位の産業についても、その
根本的な解決策を見出す事が可能となる。

　理由は、広域化で行政の効率化を行い、余剰となる財源で第一次産業の振興を図り、輸入さ
れる産物に負けない価格競争と、品質と規模拡大をすることが可能となる。もともと、日本の
農業は、品質改良や生産効率の改善に研究熱心で、品質については世界の人々から賞賛されて
いる。現状は、生産規模が小さく価格競争の面で劣るため、これを大規模化し、農業法人化等
の仕組みが必要である。

248

また、現在のＪＡの組織体が、農業にとってガンであり、農業再生の妨げとなっている。一度、全て解体し民間の企業ノウハウを取り入れた、農業のための組織体とするか、ＪＡの機能を全て民間企業に移譲しなければ、農業の再生は有り得ない。

11．まとめ

　貿易の果たす役割の見直しと、貿易が人間に寄与すべき、新たな環境整備を求める貿易理論の構築が必要である。また、経済活動の主体である人間が、主体的な生き方と人々の共存共栄の道を模索し、支えあう・助け合う社会の実現が望まれる。政治・経済の競争から人道的な競争へと変革をする事が必要である。

　貿易を通じて、人間社会に対する「支えあい、助け合い」の精神が大きくなり、世界中にネットワーク化されれば、人間のための社会が育まれる。また、国連が主導してきた「人間の安全保障」の要件に合致するものである。以下に、著者の考えを整理した。

（１）貿易立国を目指す日本は、近年、経済成長の著しい東アジアとの友好を深め、貿易協定が実効あるものにするため、ＡＳＥＡＮ自由貿易地域でのイニシアチブを発揮し、各国の経済発展に寄与し、相互の経済成長を図る事が必要である。

　　　日本は、エネルギーや環境分野で世界最先端の技術と、ものづくりに高い生産性・品質を誇っている。これらを経済発展国への経済成長に、貢献する貿易戦略をとっていくならば、信頼を得ることができる。また、技術や品質のみならず、人財育成にも積極的に取り組む事により、更なる信頼を深める事もできる。

（２）国内に対しては、貿易協定を履行すべく、競争力の弱い第一次産業の大規模化、生産・加工・流通を一貫して実施する、六次産業化による生産性の効率を図り、輸入産物に負けぬ価格競争力をつけて、利益体質への構造改革をしないと生き残る事ができない。

　　　ＴＰＰへの参加は、その大きなチャンスである。この機会を逃すと、明治時代から約120年続く中央集権体制の構造改革は、不可能となってしまう。なお、ＴＰＰに参加しても、協定執行までの約10年間に、構造改革の対応が十分可能である。

　　　構造改革の断行には、小さな地方自治体の単位では実効が伴わないから、地方分権化・地方行政の活性化のための「道州制」導入が必要である。「道州制」を導入して初めて、貿易協定の履行も可能となる。この大構造改革には、各種の権益団体からの猛反対があるが、20年・30年後には導入の正当性が証明されることとなろう。

（３）資源のない日本が、今後も経済成長と共に生きていく道は何か。それは、日本が得意とする技術・生産・品質の他に、日本が有する文化・歴史は、新興国・経済発展国等に大いに寄与する事が可能である。惜しみなく提供して貢献する事である。

　　　また、貿易を通じ、経済的にも文化的にも「王道」を歩み、模範となる生き方を示すことである。日本文化は、千数百年に亘り日本人の心に生き続けている。人間の生き方を持っている。現在の経済社会は、利益至上主義に陥り、本来の日本の心が見えていないと思われる。

（４）経済社会においても、私心のない高潔な人格のリーダが必要である。文化を愛し、自然を愛し、人々の幸福を願い人々に貢献する力強いリーダが不可欠である。

　　　例えば、今の我国で、公僕たる国家公務員の総理大臣及び国会議員が無報酬としたら、

果たしてなる人がいるかどうか。世界の歴史を紐解けば、人間社会での理想とするリーダ・人物像は見えてくる。「事業は人なり」の格言の如く、人で全てが決まるといっても過言ではないからである。

（５）ニッセイ基礎研究所のチーフエコノミストの櫨（はぜ）氏は、2011年、日刊工業新聞で、世界経済を展望し、「輸出依存経営から脱却を」とのタイトルで、貿易についてその対応を提案している。

□円高を生き抜く企業経営のため、何を輸出し何を輸入したらよいかを考え、生産拠点の配置を見直す必要がある。

□中小企業は、特殊な製品・技術・品質など、価格以外の競争力で勝つしかない。一方、現在の円高メリットを生かすなら、企業のM＆A（合併・買収）、世界規模での原材料や部品の調達をうまく組み入れて、生産コストを下げることである。

□日本企業の事業構造の課題は、「輸出依存型の経営戦略」にある。輸出がダメになると途端に行き詰まる。日本は、モノ作りの国として存在感を高めてきたが、形としてモノにこだわらなくても良い。モノよりも、その技術やノウハウに、価値を見い出すべきである。復興需要と合わせ、電力不足に対応した省エネのような動きをつかむことである。

□震災後の産業再生は、国内空洞化を阻止しなければならない。貿易が経済を牽引してきた日本にとり円高は深刻である。日本企業は次の「六重苦」にさらされている。

　　　　・円高
　　　　・ＦＴＡなどの貿易自由化政策の不利
　　　　・諸外国に比べ高い法人税
　　　　・労働規制
　　　　・地球温暖化対策
　　　　・電力制約

日本経済が、上記の「六重苦」にさらされている環境を考慮して、櫨（はぜ）氏が提案する考え方について、受け入れることができるかどうか、慎重な判断をすべきであろう。櫨氏はの提案には、貿易に対し根本的なことが、思考の範囲外に置かれていると考えられる。現状を憂うるだけでなく、貿易の本質的な課題の要因分析と解決策を提言しないと、構造的な改革は何も前進しない。

資源のない日本にとって、貿易依存を止めるという事は、経済的に破綻する事に通じるが、これは受け入れることができない思考である。本来、貿易の果たす役割を認識していれば、このような発想は出てこないと思われる。

（６）人類は、過去数千年に亘る交易を通して、人・物・文化・芸術・産業・技術等の異文化との交流を図ってきた。アジアとヨーロッパを結ぶシルクロード、アフリカ・中近東のオアシスロードがそれである。貿易は、経済的な富の獲得とともに、交易を通して文化・社会・地域の繁栄をもたらす役も担ってきた。

将来において、貿易の仕組みや形態は変化しても、その役割・本質は不変である。貿易は、現実社会の中で人と人を結ぶ、役割や機能があるものと考える。

（7）貿易は、ヨーロッパでの産業革命→大航海時代→植民地政策→自由貿易を経て近代に至っているが、貿易そのものは、国の政策手段に翻弄される事が多く見られる。工業及びエネルギー資源の確保は、国の基幹産業とも関連するため、多くの国では貿易協定を国の経済戦略と位置付けてきた。

過去の延長線の貿易活動ではなく、世界が持続可能な共存・共栄の社会の実現となる、新たな視点での取り組みが求められる。

（8）貿易は、船舶のみならず航空機やインターネット通信等の発達により、グローバルで且つ迅速・大量輸送が可能となり、世界の投資家は、瞬時に世界の市場の状況を把握して、投資活動を展開している。投資家の利益確保のための市場ではなく、産業開発及び事業の構造改革が社会を潤して、人類益に貢献できる市場を考えるべきであろう。

また、世界各国の貿易額は、年々上昇を続けているが、21世紀の最初の10年間は、新興国及びエネルギー資源を保有する国々が、貿易を支えてきた。しかし、化石エネルギーは有限であり、地球温暖化等の環境対策は時間を待たない。今後もこの勢いで推移するとは予測できない。

世界には依然として、南北問題、開発途上国、資源開発と有効活用等、経済の不均衡な課題は山積しており、長期的な問題解決の対応が求められる。

（9）貿易理論の概要を紹介したが、今後、新たな視点での貿易理論の構築が必要である。すなわち、貿易を通じて、世界の国々が持続可能な共存共栄と、人類の繁栄に寄与していける経済活動が、可能となる考え方・哲学が必要である。

賢明な国は、経済危機を乗り越え構造改革を成し遂げている。例えば、タイ国における「足るを知る経済」は、世界の「富のゲーム」から、「新しい価値」へと価値観の変革がなされて脚光を浴びている。経済に対する西洋文明の閉塞感から、東洋的な価値観に転換する新しい考え方の一つである。

（10）貿易協定は、経済活動の一手法として、国間における貿易の取引を取り扱ったものであるが、経済活動の主体は人間である。経済活動の主体である人間について、とても参考となるので以下に紹介する。

2011年10月、読売新聞におけるフランス人の人文地理学者、オギュスタン・ベルク氏へのインタビュー記事（タイトル：日本の風土　再認識の時）である。ベルク氏は、1969年に初来日後、17年間日本に滞在した知日家である。著書に『空間の日本文化』及び『風土の日本』があり、日本文化を愛し深く理解している。外国人から見た『日本文化、風土の日本』を通して、人間の在り方に言及している。

□東日本大震災

　震災後の6月末に、宮城県の山元町の津波被害現場を訪れた。戦後の日本社会が、技術を過信し歴史を忘れてきたのではないかという事である。津波は、日本で繰り返し発生し、人々は高台に家を建てるなど歴史を重ねてきた。目にしたのは「風景」ではなかった。

　和辻哲郎氏によれば、風土性とは歴史の肉体化であり、「人間存在の構造契機」と定義される。人間には「人」の次元と「間」の次元があり、二つ合わせて初めて人間と

なる。他者との「間柄」があって、初めて人間は存在できる構造となっている。

間柄は、家族・友人・近所の人だけではなく、昔の人間や未来の人間、更には土地や自然との間柄も含む。戦後の日本は、西洋文明の個人主義を取り入れ、「今、私、ここ」に集中するようになった。

日本人は、日本の風土性をまず再認識すべきと思う。和辻哲郎氏は、哲学者、評議家であり、日本の倫理学を人と人との間の学問として構築した。『風土』は、比較文化論的な著作である。

□震災後の社会

エコロジカル・フットプリント（生態学的足跡）は、人間活動の環境への負荷を面積で表す指標である。広ければ広いほど、環境に悪い生活をしている事を示す。これが最も広いのは、米国のカルフォニア州の人達で、世界中の人々が、彼らのような生活をすれば地球が5〜6個必要となり、持続可能な生活は続けられない。

戦後、日本人はアメリカ的な生活を広げてきた。これからの日本は、都市のスプロール化（sprawl：都市が無秩序に拡大すること）に歯止めをかけ、コンパクトに人が集まって暮らしていくべきと考える。

例えば、100人が近所のおとうふ屋さんに歩いて買いに行くのと、100人が自然の中で暮らし、インターネットで注文して宅配してもらうのとどっちが良いか。後者は、トラックで「とうふ」を届けるという、環境負荷を生じている。

街をコンパクトにすると、それだけで農地を広く確保し、食料自給率の向上につながる。「農地は広く、街はコンパクトに」との方針を持つべきである。日本の今は、殺風景（風景を殺す）の要因である。街と田舎を区別しない拡散都市は、もう終わりにすべきであろう。

□精神の有り様

近代における西洋の論理は、Aと非Aの2項対立で物ごとを考える。主体と客体を分ける機械的な発想になりがちである。東洋は、Aと非Aを同時に認める論理がある。インドの仏僧「竜樹」の論理学がそうである。日本に伝わった大乗仏教にも、「竜樹」の思想は入り込んでいる。

人間と自然を対立させるというより、通じ合うものと捉えている。精神の有り様も変えるべきである。ベルク氏は、日本の原風景を再生していって欲しいと結んだ。

フランス人は、米国や英国（産業革命を中心として、経済発展を遂げた国）とは違った視点を持っている。フランスは、日本に対し特段の利害関係を持っていないため、日本に対し正視眼的な見方や、文化を大切にする国民性の土壌から、1000年を超える伝統ある日本文化の力に、着目できるのであろうと考える。

今、私たちにできる事は、日本の風土の再認識であることを実感する。この思いは、震災後の日本人に対するアンケート調査で、70%以上の人々が「支えあう」、「助けあう」という事が大切であると回答していることにもよる。

(11) その他

アマルティア・セン博士は、ある講演で、インドの大乗仏教を取り入れた、聖徳太子の

「17条の憲法」の精神を絶賛していた。その精神は、鎌倉時代における日蓮によって、更に、日本の現代社会においても脈々と引き継がれている。

日本は、貿易における経済分野のみならず、長い歴史を有する日本文化を世界に発信し、経済的にも文化的にも、世界に貢献していくことが可能であり、日本が生きていくべき指標であると考えている。

また、人々の生き方が、経済社会に反映されるため、市場原理に基づいた経済の豊かさのみでは、一概に人々の生きる社会の良否を決める事はできない。

2011年（平成23年）11月、新婚旅行で日本を訪問したブータン国王夫妻が、東北の震災地を訪問し、国王主催の追悼式が行われた。国王から、真心の義捐金と献花があり、国の品格を表すような行いであったと報道された。

ブータン王国は、国民総生産（ＧＤＰ）より、国民総幸福度（ＧＮＨ）の方が重要であるとの考えが浸透している。人々は、幸福の価値を心の豊かさに求めている。日本の九州地方と同じ位の国土に、約70万人の国民が生活し、公務員の年収が約16万円、教師が約10万円と経済面では、国際的に最下位グループであるが、医療と教育は無料であり、97％の国民が幸せだと感じているという。人間中心の生き方を反映した社会であり、著者は、世界がブータン王国を模範としていかねばならないと考えている。

コーヒー・ブレイク（第5章）

「都心は学びの処？」

工場（府中市）から、都心（港区）の本社部門に転勤（46歳時）。
朝5時前に起床、5時半には出勤するという毎日を、往復4Hかけて、
飽きもせず17年間続けた。
都心は、仕事以外にも、色々な事が数多く出会える処でもある。
人間関係やお付き合いを深める、飲み屋・レストランは言うに及ばず、
日常的に講演会・シンポジウム・セミナー等が、開催されている。
中には、とても貴重なものがあり、大いに触発される。
目的を明確にすれば、これほどまでに「都心は学ぶ処」が数多くある、
という事が分かった。工場にいては考えられない。
但し、参加した結果をどう生かすかは、とても重要である。
著者は、自分が知り得た情報や思いを、周囲の人に知ってもらう事に、
喜びを感じたものである。
12年間程、参加した結果を、職場の掲示板に「参考論説」
の体裁で、約40本ほど報告した。
この間、本書の構想も醸成され、自費出版前のトレーニングと割り切り、
職場に提供し続けてきたものである。
都心に通勤しているあなたは、如何でしょうか？

＜アマルティア・セン博士の講演＞

→さあ、次の章に行ってみよう！

第6章

経済格差

地球の北半球と南半球の国々において、経済レベルの格差により様々な問題が生じている。経済的に豊かな国と貧困の国、また、資源を有する国と有しない国において、富の分配や資源確保をめぐる紛争が後を絶たない。経済レベルの格差によって生じる問題（経済格差）を、どうすれば持続可能な共存・共生の社会へと向かわしめることができるか。経済格差は、経済の基本的なテーマの一つである。

　北半球は、日本も含み欧米による産業発展・技術革新等が進み、経済的に豊な国が多く、いわゆる先進国が集中している地域である。一方、南半球はアフリカ大陸を初め、ラテンアメリカ等経済的に貧困国が多く、これらの国々では、内乱や特定の人達の特権維持のため、不公平・非民主化の地域が多く存在している。

　経済発展の歴史は、16世紀の後半、イギリスで産業革命が生じ、手工業から動力を使用した軽工業へ、更に重工業へと発展していったことによる。産業革命は、大量生産・大量消費・大量輸送を可能にし、従来の人々の生活を一変させていった。ダイナマイトの発明は、土木・建築等の社会インフラの産業を一変する技術革新となり、民生用にとどまらず、兵器の開発にも利用されて、人類は飛躍的な武力を有するに至った。

　これらの技術革新・産業革命は、西ヨーロッパの国々で発生して、産業革命→軽工業→重工業へと変遷し、ヨーロッパから北米・アジアへと伝播し、地球の北半球を中心として発展していった。

　経済格差は、南北問題とも言われ、地球の北側と南側に位置する国々の経済レベルの格差により生じている。経済格差の問題は、国際社会の課題でもある。しかし、経済格差は、そこに暮らす人々の幸・不幸に直に係わり合いはなく、経済的に貧しくても、優れた豊かな文化が存在し、人々は豊かな生活を過ごしている場合もある。

　なお、資源を持たない国は、資源を持つ国々との富の分配をめぐり、侵略・紛争が多発して、多くの人々が争いに巻き込まれた歴史がある。14世紀・15世紀において、西ヨーロッパの国々は、資源を求め航路を開き、貿易・布教と称して武力を背景に、未開のアフリカ・アジア・南北アメリカ大陸等へと進出していった。資源豊かなこれらの地域に対し、植民地政策の下に資源を搾取して、富める国々は、ますます経済力を増していった。これが大きな要因となり、産業革命へと進展していった事は、歴史が示すところである。

　一方、日本は、17世紀初めに江戸幕府が開かれ、世界と孤立した「鎖国政策」が実施された。鎖国政策は約300年近くに及び、当時の人口は約3000万人と完全循環型経済が成り立ち、人々は元禄文化に代表される如く、豊かな暮らしを営んだ。明治時代に入り、近代化の道を歩み始めた日本は、「富国強兵」策を推進して、資源を求めて領土拡大を目指し、欧米の先進国と同様に侵略戦争を展開していった。

　アフリカ・アジア・南北アメリカ大陸では、長い植民地政策の抑圧による反発から、侵略国との間で独立戦争へと発展し、独立国家としての体裁を整えていった。しかし、長年に亘る植民地政策により国は疲弊し、経済的な自立に至らずその後も、盟主国との関係を保ちつつ、経済復興が図られていった。

　植民地では資源・富の搾取が行われ、移住による強制労働等で先進国の経済発展に寄与していった。具体的な事柄は歴史が証明する処である。近年においては、中近東の石油の利権をめ

ぐり、イラン／イラク戦争が勃発し、長期に亘り世界経済は悪化している。

　経済格差は、経済発展に伴う資源を持たない国々が、資源を持つ国々への富の搾取の歴史でもある。また、産業革命は、経済発展を促し人間の欲望を充足するため、世界へと進出し地域紛争の勃発へと変遷していった。第二次世界大戦後、人類はその愚かさに気づき、「国際連合」を立ち上げ、国連を中心とした紛争解決や平和活動を推進していった。

　先進国は開発途上国への援助活動を行い、日本もＯＤＡによる国際援助を推進した。第二次世界大戦後、焦土化した日本を見て、60年間は立ち上がれないと言われていたが、アジアで唯一、経済発展に成功し、戦後50年間で世界第二位の経済大国へと発展した。

　東南アジアの国々は、日本の目覚しい経済発展について、近代化から現在に至る過程を精査し、経済発展の分析、技術革新と投資、先進技術導入等による経済発展を望んでいる。

　現代社会は、経済発展と共に経済格差は歴然とあり、そのために地域的な紛争は後を絶たない。経済発展途上国は、先進国の援助を受けながら経済格差の解消に取り組み、自立した国家を目指している。

　その中で新興国と言われるＢＲＩＣｓ（ブラジル・ロシア・インド・中国の４ヶ国）、及び新興経済発展国のネクスト11（パキスタン・エジプト・インドネシア・イラン・韓国・フィリピン・ナイジェリア・トルコ・ベトナム・バングラデシュの11ヶ国）は、目覚しい経済発展を遂げている。中でも、中国は政治体制を旧態としながら、経済開放政策の下、資本主義経済の一部を取り入れて、世界の製造工場とまで言われるほど発展をしている。年率10％近い経済成長率は、世界の脅威でもある。

　以上の如く、経済格差により生じる問題は、現代社会の大きな課題でもあり、国間における紛争の因を内蔵している。本章は、「経済格差」を経済に係る重要な課題として取り上げ、その対応・国際社会の支援等について説明する。

6.1　経済格差とは

1．経済格差

　経済格差とは、経済レベルの差異を称するものである。国際社会では、北半球と南半球の国々による経済レベルの高低となって現れている。現代社会は、経済的な格差を始めとして様々な格差（差別）を現出している。格差そのものに功罪はないが、格差により社会的な課題が併発している。格差は、全地球的な諸問題に対する格差、及び各国の国内事情により生じる格差がある。更に、身近な地域や家庭にも格差は存在している。

2．格差の内容

　世界経済の格差について、混迷する世界の姿を映し出している、参考となる書籍として、西川潤氏の『新・世界経済入門』があげられる。世界の貿易、金融、人口、企業、環境、食糧、軍事などの動向が「市場の失敗」、「政府の失敗」から整理されている。

　世界経済の一面を表す「南北問題」について、21世紀に入って南側を中心に成長を続け、「北側は裕福、南側は貧困」という固定観念が薄れてきた。世界の経済は、より一体化が進んだが、南側の経済成長は、北側の資金に依存する傾向がより強まり、その資金は、殆どは政府支

援ではなく、営利を目的とした民間資金である。つまり、外資による外来型開発が急進した。その額は、ＯＤＡの約３倍にもなる。

経済成長と裏腹に、経済リスクも膨張した。その上、南側の国家間並びに南側国内の農村と都市の経済格差は、より顕著となり都市の中には、スラム街が急拡大している。「市場」は地球を覆ったが、南北問題は南側で肥大化していった。

西川氏は、「新しい豊かさを、身の回りから実現していく生き方」を探求し、「市場のグローバル化」に流されず、「意識のグローバル化」を図り、世界的に拡大している市民社会と、つながっていくべきであると主張している。

経済発展・成長の陰で、経済格差はますます大きくなり、富める国と経済発展途上国間において、争いや対立が生じている。そのため、経済格差について、現状認識の知見を深める事は、より豊かな社会を形成していくためにも必要と考えている。

経済格差そのものは、本質的に人間の幸・不幸とは関わりがない。人為的な考え方として、生じているからである。人類の歴史は、経済格差から発展している。現状における社会の歪や脅威、社会問題の奥深い処に、経済格差が存在している。著者は、歴史を精査しつつ、人々に根付いている経済格差の考え方が変革され、共存・共生そして、平和な社会の創出につながっていければと願うものである。

6.2　経済格差の発生と経緯

経済格差が生じた原因は、歴史から考察すると、西ヨーロッパ諸国による植民地政策、産業革命、技術革新等が大きな要因として挙げられる。人々が、経済的に豊かになり、財力を持ちたいとする意識は、交易のための航路の発見、貴重品との物々交換や、武力で現地の文化を破壊して、植民地化していったことに始まる。交易・侵略・植民地化の陰には、キリスト教の現地への布教も併せ持っていた。

必然的に競争社会は、経済格差を生じながら発展・成長していった。また、アダム・スミスによる経済の考え方が確立すると、西ヨーロッパ諸国による、更なる経済力・軍事力の競争へと発展していったことである。

産業革命は、一次産品の輸入に始まり、加工品とするため技術革新が生じ、人々の生活を一変させ、富裕層はますます強大となり、財を蓄えるに至った。その中で、人々のエネルギーは、更に、飛躍的な産業発展へと結びついていった。その結果、社会においてますます経済格差は広がっていった。

しかし、未開発と言われたアフリカ大陸、南北アメリカ、東南アジア等の地域では、経済的には後進国であっても、豊かな文化があり資源が豊富で、人々は豊かな生活を享受していた。医療・食糧・急激な人口増加、非衛生的な生活環境等ではあるが、地域特有の文化や幸福度の視点で満足しており、経済面だけの比較では格差があるとは言えない。

例えば、現代社会において、ブータン王国のように、経済的には世界の最貧国でありながら、精神面での幸福度は高く、人々はその生活に満足して、幸福を満喫しているという。先進国、新興国、及び経済発展途上国における経済対応の概略を述べる。

258

1．格差の発生

経済格差が発生したのは、経済社会を構成する時代にまで遡る。それ以前は、社会を構成する王や貴族、平民、奴隷といった身分制度による差別の社会であった。

12・13世紀ごろ、西ヨーロッパ諸国による海外進出により、後進国の植民地支配が生じ、豊富な資源の搾取・金銀の本国への流入による莫大な富は、経済的繁栄へと繋がっていった。そして、富める国と貧困の国との間に経済格差が生じていった。

更に、17世紀に入ると、これらの富を基盤としたイギリスは、産業革命を通じて技術革新へと繋がり、その影響は、ヨーロッパ・北半球の地域に伝播していった。経済的な格差は、ますます拡大していった。ヨーロッパ諸国内においても格差が生じ、その弊害が起因となり、19世紀の第一次世界大戦となった。

戦場が、ヨーロッパ大陸のため、ヨーロッパ諸国が経済的に疲弊する中、米国は、ヨーロッパ・南米・アフリカ・東アジアの諸国から、大量の移民を受け入れ経済発展を遂げた。米国は、戦争の特需も含め技術開発を通じて富の蓄積とともに、20世紀には、世界の政治・経済の主役を担うこととなった。

このように、北半球に位置する米国を始めヨーロッパ諸国が富める国となり、南半球の南米・東アジア・中近東・アフリカ諸国が、貧困国を構成していくこととなった。そして、その格差による弊害は、第二次世界大戦へと繋がり、ファシズムに支配された一部の国（ドイツ、イタリア、日本）と、その他の国々との争いとなって噴き出した。

経済格差の歴史は、第一次・第二次世界大戦と、二度に亘る国際的な戦争に発展した。

第二次世界大戦後、先進国は、技術開発に力を入れ、貿易を盛んにして経済発展に突き進んだ。アジアの多くの国々の中で、日本は欧米諸国から技術導入し、一早く戦後の復興と共に、唯一、経済発展に成功した。戦後40数年の短期間で、世界第二位の経済大国となった。

近年において、経済格差は、国間のみならず国内においても、社会格差として拡大しつつあり、各国の課題となって、その対応を迫られている。21世紀に入り、日本国内にも格差の拡大が生じている。先進国の中で、著しい少子高齢化による人口減少が進んでおり、社会問題と共に格差社会の対応に苦慮している。その対応内容は、世界のモデルになると期待されている。

2．格差社会の継続

国内外における格差は、各々の国の特質もあり、格差社会として現在に至っている。各国は、経済成長に力を注ぐあまり、格差是正の対応は二の次としてきた。そのため、格差は、徐々に拡大の方向に向かってきた。資本主義の経済社会そのものに、格差の要因が内在しているのなら、その本質を論じて格差の内容を明らかにし、将来的に継続する要因については、適切な対応をしていかなくてはならない。

しかし、人間社会において、人々が今後どのような社会を望んでいるかによって、その対応は千差万別となろう。格差社会の継続は、社会問題の発生、紛争や戦争の発展へもつながり、その解消は、経済政策等に優先されなければならないと考えている。

経済社会の在り方に対して、発想の転換が求められる。すなわち、従来の経済活動は、経済成長を図り利益を上げて、国民の生活を豊かにする発想であるが、これを、人々が共存・共生可能な社会や、人間中心の経済活動に転換するということである。

経済社会を支えているのは企業である。企業の理念や目的が、社員の幸福のためと、発想が転換されたら、人々を幸福にする経済社会へと繋がっていく。実際に企業の中には、「いい会社を作りましょう」という理念と共に、「会社は、社員の幸福のために存在する」そのために、企業の最大の目的は、「会社を存続することである」と、述べている経営者がいる。ごくまれではあるが、日本の企業の中に、現実に存在している。

３．経済政策の失敗

（１）年金・医療の政策

　1960年代の経済高度成長期において、1961年、自営業者を対象とする「国民年金」制度、また、20～60歳未満の全ての国民を対象とする「国民皆保険」制度が創設された。

　更に、1963年、「老人福祉法」の制定により、高齢者を特別養護老人ホームに入所する事を定めた。「敬老の日」は、それから３年後の1966年９月15日に祝日となった。

　なお、企業の「厚生年金」制度は、1942年に創設され、1972年に老齢年金は、月額16744円（受給者：約70万人）及び、老齢福祉年金は、月額3300円（受給者約400万人）と、「スズメの涙」の給付であった。

　1970年代に入ると、1971年に日本の平均寿命は、男性：70.17歳、女性：75.84歳となり、人生60年から70年となり、日本はこれ以降、高齢化社会に突入していった。特に、人口が東京・大阪・名古屋の三大都市に集中し、核家族が増加した。このような社会環境の中、時の政権は、1973年、以下のような老人医療の無料化、年金額の改善及び年金保険法の改善を実施し、財源の裏付けもない状態で、給付を開始した。

　　　□70歳以上の老人医療の無料化を実施する。

　　　□年金額を物価スライド制（物価変動に合わせる）にする。

　　　□厚生年金を平均標準報酬額の６割とする。

　　　□国民年金は、夫婦５万円年金とする。

（２）老人医療の無料化

　老人（70歳以上）の医療費無料化に加え、1972年、老人福祉法の改正により、65歳以上の寝たきりの人も医療費無料の対象としたことにより、高齢者は医療に掛りやすくなったが、弊害や問題が生じた。医療費は1973年より１兆円を超えて、その後も１兆円／年の規模で膨んでいった。1975年には、早くも補正予算で、赤字国債の発行に追い込まれた。赤字国債は、この年から発生し年々増加の一途を辿っている。

　□病院がサロン化

　高齢者の医療費が無料のため、病気でもないのに病院に通う人が多くなった。特に都市部では、核家族化により孤独化した高齢者で、病院がサロン（話の場）化した。

　□病院の過剰診断

　高齢者に対して、過剰な診断や薬の投与を繰り返す病院が増加し、医療費のムダ使いが発生。これを取り締まる事が、皆無となっていた。

（３）特別養護老人ホームの増加

　特別養護老人ホームは、自分の身の回りのことができない人を養護する所である。日本全国に老人ホームの建設が始まったが、1970年代から高齢化が著しく、入所が間に合わ

ないペースで進んでいった。

また、医療費の高騰、財源の裏付けのない経営等により、赤字を計上していった。家族との同居を嫌う老人が増加し、家族も親を安易に老人ホームに入所させていった。都市部では、その状態が顕著であった。

（４）年金（国民年金・厚生年金）

1973年、「年金保険法」の改正により、大幅な年金額のＵＰはしたが、年金の掛け金は従来のままとなり、給付と掛け金との乖離が更に大きくなっていった。1973年を境にして、高齢者の増加と共に、医療・年金の社会保障給付費用が、１兆円／年規模で膨んでいき、国の財政を大きく圧迫していった。1973年は、高齢者（70歳以上）を対象とした市営バス・市電の無料パスを発行し、「児童手当」の支給を導入した年である。

（５）社会保障費の圧縮

高齢者に対する社会保障費（特に医療費、年金）の著しい膨張に対して、政府はその改善に乗り出した。1983年、医療費の無料化を止め、高齢者にも一部負担を求める「老人保健法」を施行した。その内容は以下である。

　　□給付率の改善
　　□政管健保の保険料率の引き上げ
　　　政管健保とは、中小企業のサラリーマンが加入している健保である。赤字の処理等が、政治問題となっていった。
　　□サラリーマンの自己負担の軽減（５割から３割とする。）
　　□高額医療費制度（３万円／月を上限とする。）
　　□政管健保の赤字の棚上げ

（６）マクロ経済スライド

マクロ経済スライドとは、少子高齢化社会の到来で、年金の加入者の減少や平均寿命の延び、更には社会の経済状況を考慮して、年金の給付金額を変動させる制度である。

年金制度自体が、前提とするマクロ経済の状態が大きく変わり、年金の財源問題などが生じてきた。このため、年金給付額にマクロ経済全体の変化を反映させ、自動的に調整される機能を持つ制度として導入された。この制度や物価スライド制度は、公的年金に適用されるものである。

４．日本の高齢化社会

日本は、1970年（昭和45年）、総人口に占める65歳以上の人口の割合が、7.1％となり、国連では７％を超える国を「老人国」とした定義に該当し、これ以降、日本は先進国の中で、急激に高齢化社会が進展していった。特に、経済の高度成長に伴い、人口の都市部への集中化と核家族化が一段と進行し、独り暮らしや寝たきり老人が多くなり、社会的な問題が顕在化した。

そして、就業人口（15歳～64歳）の減少、高齢化人口（65歳以上）の著しい増加により、税収入が減少し、社会保障費（医療費や年金給付等）が国の財政を圧迫し、1975年を初年度として「赤字国債」が40年間に亘り発行され続け、国の債務（借金）は、2013年末には1000兆円を超過している。

5．経済のデフレ構造

1990年代に入り、日本経済は、バブルがはじけてデフレ経済に突入していった。1990年代以降の日本は、経済がデフレ構造に陥り、20年以上に亘り、デフレ状態から脱しきれず景気が低迷した。デフレの主な要因は、日本銀行が独自性を重んじるあまり、政府の経済政策に非協力的で足を引っ張って、景気回復を阻止するような状態が見られた。

2011年12月、民主党政権から自公政権へと交代し、強力な「アベノミクス」の経済政策で、景気回復のため、デフレ脱却へと進んでいる。

6.3　格差社会の現状

格差社会にはどのようなものがあり、どのような格差を生じているのだろうか。格差には、□経済格差、□政治格差、□文化格差、□地域格差、□人種格差、□平和格差、□軍事格差等がある。従来の格差社会は、経済／政治／軍事力等のハード面での格差により、20世紀の100年は、戦争が絶えないものであった。国際社会は、その愚かさに気づき、人道的な競争の社会へと突き進んできた。

歴史を振り返ると、石油・石炭・ガス・金銀・鉄・銅等の鉱物資源を始め、農産物、綿花、紙原料、海洋資源等を豊富に有する国々は、経済大国・軍事大国等に侵略されて、植民地として長く存在してきた。そして、現代社会は、経済格差により、先進国・新興国・経済発展途上国というように分類されている。その内実は、国民所得の水準によるものである。

経済的な発展・成長の競争により、勝者・敗者が明確となり、国としての態様が表れてくる。経済的な競争では、利害の衝突や争いが生じてくる。地球的な共通課題である「地球温暖化」対策では、国どうしが、先入観・被害者意識、及び全体観における認識の差異により、共通の一致点を見いだせない状況となっている。

地球的な課題は、等しく全ての国々の課題でもあるとの認識が乏しいことによる。更に、経済発展途上国は、国内に多くの課題を抱えている場合が多い。例えば、内乱、部族間の対立、鉱物資源等を巡っての争い、宗教間における紛争、特権階級の搾取等により、国内の社会が混乱している。常に弱者（女性や子供たち）がその影響を被っている。

これらの国々に対して、国連や先進国は、経済援助の、取り組みを実施している。日本も、これらの対象国に対し、ＯＤＡによるインフラ整備等の経済援助をしてきた。しかし、現実には、病気・飢え・水不足・難民等、様々な課題があり、現地での直接的な支援が必要であり、一部の国では、援助物資を特権者が横流しして利益を独占し、末端までの援助の手が伸びず、効果的な援助になっていない場合も多くある。

援助は、当事者国自身が、その課題解決に努力して取り組み、事業化できるような仕組み作りや、モノ作り、人づくりに至るまでスルーして、力を注ぐ事が重要である。単なる、物資を援助するだけでは事足りない。例えば、水不足や不衛生な水利用の地域であれば、まず、井戸を共に掘り、井戸を掘る技術を教えて、現地の人自らが井戸を開設できるようにする。その次は、水道設備を地域内に整える手当を講じることである。これらの一連作業と、将来の維持管理ができる人材まで育成して、はじめて完結した援助になると考えている。

日本は、勤勉な国民性を有し、世界トップクラスの高い環境技術を有している。これらの技術を、人的資源も含めて開発途上国に援助していくならば、世界からの評価は一段と高まり、資源のない日本は、貿易立国を維持する事が可能となる。日本は、貿易を継続していく以外に生き残る道はない。

　開発途上国の多くは、豊富な資源を有しており、資金や技術等を含め、自立できるような施策や援助が求められている。共存・共生の精神を基盤として、その国の発展に尽くしていくならば、将来とも良きパートナーとしていけるであろう。日本は、これらを銘記しつつ取り組まなければ、日本の存在価値を失うことになる。

　また、日本は、人口減少・高齢化社会が、先進国で最先端の進行状況であり、医療や介護の分野及び雇用においても、世界の人々の協力を得ることが必要であり、難民の受け入れ促進や、外国人の永住等の施策を強力に推し進めて、世界で一番安全・安心に暮らせる、社会・国へと変わっていかなければならないと考えている。

１．格差と貧困

　日本は、国内において、教育・雇用・税制の面で、格差の拡大が生じている。この格差の拡大は、経済的な貧困の連鎖を招いている。

（１）教育の格差

　　　日本は、教育における私費負担が大きい。教育に投資できる家庭と、できない家庭の差が広がっている。教育の貧困が、結果的には経済的な貧困の連鎖を招いている。政府が、教育にかける支出の割合を見ると、日本は10％に満たず、経済協力開発機構（ＯＥＣＤ）に加盟する、34ヶ国の中で2番目に低い（2011年）。

　　　日本の公的教育費が少ない理由は、大学進学における学費負担は、個々の責任で行うべきものとの「私事」の認識がある。高齢者福祉の拡大が、避けられない日本の財政を考えると、政府が公的教育費を増やすことが困難である。

（２）雇用の格差

　　　経済格差の背景には、不安定化する雇用が横たわる。2014年の非正規雇用者数は、1962万人（全体の約37％）である。20年前の倍増である。25 〜 34歳の非正規雇用者の約3割が、雇用形態について「不本意」と答えている。

　　　非正規雇用の増加は、バブル崩壊の影響が大きい。4割近くまで急激に増えたのは先進国では珍しい。対策を講じないで、規制緩和を進めたことが、不確実な雇用や、ワーキングプアに繋がった。20代から40代半ばまでの働き手の3割は、非正規雇用である。夫婦とも非正規や、シングルマザーといった、低所得になりやすい層が膨らんでいる。

　　　若い世代の格差や貧困は、「世代を超えて、引き継がれる格差」に繋がりかねない。自分は中流だと思える時代は、もう戻ってはこない。問題視すべきは、若者を中心とする貧困への対策が不足していることである。

　　　例えば、シングルマザーの家庭の場合、経済的に不利な状況で子どもが育つので、貧困の再生産につながる社会問題である。ヨーロッパでは、少子化対策と同時に、子どもの権利を擁護することに成功した国が多い。女性と子どもの貧困を放置すると、生産人口が減るリスクがある。貧困政策は、「国策」である。

第6章　経済格差　263

（3）税制の格差

　　収入から税金や社会保険料を差し引き、物価上昇の影響も加味し、自由に使えるお金を「実質可処分所得」という。より多く稼ぐ人は、より多く税金を納めて社会に貢献する。この税制の基本原則の一つである、「公平性」が揺いでいる。

　　高額所得者の持つ資産で、株式の売却益や配当金にかかる税率は、所得に関わらず一定である。アベノミクスによる株高は、高所得者の収入を更に膨らませており、逆進性が悪化している可能性がある。

　　1980年代から、所得税の最高税率を引き下げるなどして、減税を続けてきたため、税制の再配分機能と、財源調達機能が弱まってしまった。所得税の最高税率は、1983年まで75％だったが現在は45％である。一方、所得課税に偏りすぎている税制のバランスを調整するため、消費税が1989年に導入され、3％→5％→8％→10％と段階的に引き上げられてきた（10％の税率ＵＰは、2017年4月予定）。

　　これは、所得税や法人税の減税分を、消費税で穴埋めしてきたという構図である。その結果、逆進的な負担構造ができてしまった。所得税や法人税を「再生」すべきである。

（4）所得格差

　　日本のトップ1％の高所得者が得た所得が、全体に占める割合は、1980年代は7％代であったが、2010年に9.5％となっている。所得格差をはかる代表的な指標に「ジニ係数」がある。このジニ係数の値が1に近づくほど、格差が大きいとされる。日本における2011年のジニ係数値は、0.3791である。

　　また、相対的貧困率は、「全体の所得水準の半分の、更に半分未満の人」の割合を示すものであるが、1985年が12.0％、2012年は、16.1％に増加して、先進主要国の中では最悪クラスである。

　　株式などの資産を持つ人が、利益を得ているため「格差感」が高まっているのは間違いない。なお、格差は、高齢者間で小さくなる一方、若い世代の間では拡大している。また、幼い子どものいる世帯を中心に、貧困問題が深刻化している。非正規労働者の割合が、高まっているのが主な要因である。

2．資本主義社会による格差

　フランスの経済学者、トマ・ピケティ氏の『21世紀の資本』の著書では、資本主義社会による、貧富の差がますます拡大するという主張がある。ピケティ氏は、15年の歳月をかけて、世界各国の税金データを分析して、貧富の差がどう変化したのかを精査した。資産を持つ者と持たない者の貧富の差は、開くばかりであると述べている。

　資本の収益率（ｒ）＞経済の成長率（ｇ）の場合、格差拡大が強くなり、これを解決するため、富裕層への累進課税で格差の縮小と、社会の安定を図る事が重要であると。ピケティ氏は、格差是正のため富裕層への資産課税の強化を主張していることに対し、政府の税制改正の責任者である自民党の野田氏は、「日本は、富の再配分は社会保障制度などを通じてやっている。税制だけで対応するのは短絡的だ」と述べた。また、「資産を評価するのは極めて難しい」と技術的な問題点も指摘した。なお、ピケティ氏は、日本の消費税率引き上げは、低所得者の負担となり、経済成長を歪めると主張している。野田氏は「日本の消費税は、用途を社会保障

に限定し、どの国よりも低所得者に有利な配分であり、ピケティ氏の指摘は当っていない。」と述べている。

日本の所得上位の1%の富裕層が、国民の総所得に占める割合の変化は以下である。

　　　□1910年（明治44年）　18.9%
　　　□1976年（昭和51年）　　6.8%
　　　□2010年（平成22年）　　9.5%

日本の経済学者は、「ピケティ氏が主張する、資産課税を強化すると、資本主義そのものの否定につながりかねない。日本では、資産以外に、急激に進む高齢化や非正規雇用の増加と言った、日本特有の問題が格差につながっている。そして、人口が減少する日本では、過去に蓄積された資産と相続の関係が、重要な問題になる」と述べている。

ピケティ氏と作家の佐藤優氏が、格差と貧困等について討論している。

（1）格差と貧困

　　　ピケティ氏の著書『21世紀の資本』は、資本主義の宿命である、格差拡大のメカニズムを解き明かそうとしているが、資本の暴走を抑え、不平等を縮小する道はあるか？　との佐藤氏の問いに、ピケティ氏は、「不平等と資本主義をコントロールする、より良き手法が見つけられるか。例えば、共産主義独裁体制の崩壊で、共産主義は社会のシステムが全く機能していないのは明らかである。中東は、石油資源の配分における不平等のために、歴史を通じて、最も経済的不平等の、大きな地域の一つになっている。

　　　また、私有財産をなくせば、儲けは全て労働者が得ることになり、そのうち、どのくらい再投資に回すかを、皆で決めることができるが、労働者がより一層の自由を得ることにはつながらない」と述べている。

（2）不平等

　　　植民地主義や国際社会における力関係は、不平等に対して大きな要因を内在していた。第二次世界大戦まで、イギリスとフランスは、国外から、利子・配当・地代といった巨額の資本所得を得ており、両国の貿易赤字を埋めて、なお余りあるほど大きかった。しかし、戦後の経済開発に成功した国々は、国外からの投資に過度に頼ることなく、国内の貯蓄を活用してきた。日本、韓国、中国がそうであった。

　　　女性労働やジェンダー（gender、社会的な性別の違い）による不平等の解決策は、仕事と家庭生活を両立できるように、ジェンダー間の格差をなくし、勤務時間を調整して、子育てにもっと関われるようにすることである。また、人口減少により子どもの一人当たりの相続財産は増え、資産の相続の重要性が高まり不平等を広げかねない。

（3）信頼の未来

　　　ピケティ氏は、「資本税」について、「実現が極めて難しい」という批判があるが、段階的なアプローチは可能と信じている。現代における最も大きな課題の一つは、巨大な政治共同体を、民主的かつ個人の権利を尊重する組織体にすることである。

　　　巨大な政治共同体を組織し、その政府を信頼できるような仕組みを見つけなければならない。そうしないと、私たちの命運は、強力な資本家たちに握られることになる。

　　　また、官僚に巨大な権力を握らせると、ナチスみたいな危険がある。超国家的な官僚機

構は危険かもしれない。

　ＥＵの場合、各国の議会をベースにした、新しい形の民主的な議会を作る必要がある。各国議会の主権をベースにした、欧州議会の主権を創り出すためである。民主主義をモデルチェンジする手法を繰り返し考え抜くことは、民主主義が再び資本主義をコントロールできるようにするための、たった一つの選択肢である。

　全体主義の時代に郷愁を感じている人々が、出てくることにグローバルな解決策はなく、欧州、中東、アフガニスタン、中国といった、地域ごとに解決を図っていくことになる。

6.4　格差の弊害と対応

　経済大国・軍事大国は、資源国の富の分配をめぐり、その獲得にますます競争が増している。近年は、海洋資源についても注目されている。しかし、先進国において、国内の所得格差と失業の問題が深刻になっている。所得格差は目新しい問題ではないが、繁栄を支えてきた資本主義への不信が広がり、経済状況の激変が人々を不安にしている。先進国では、不況や失業で豊かな社会の前提が崩れている。一方、経済発展途上国でも、国内の経済格差の拡大が、社会の摩擦を招いている。

　このように、経済社会での競争が、このまま推移していったらどうなるのだろう。社会問題の対応・解決に、莫大な資金とエネルギーを費やすことは目に見えている。格差の弊害や、その是正についての検証等が必要になると考える。

　本来の経済活動とは何かということを、再確認することが必要ではないだろうか。経済格差の問題は、現状の経済競争の在り方が、このままで良いのだろうか見直すべき事ではないだろうか。経済格差が拡大する社会は、避ける事はできないのだろうか。経済格差による弊害とその対応は、現代社会の大きな課題であり、弊害を取り除くための対応と、仕組み作りの構築に向けて、論議が必要であり求められている。

6.4.1　国際協力

　国際協力は、台風や地震などの自然災害時の緊急人道支援が中心であったが、防災・減災において、日頃の備えでリスクを減らそうと、開発や貧困削減等の中に、防災の視点を盛り込んだり考慮する動きがでてきた。

１．自然災害

　世界の自然災害の発生件数が、年々増加している。特に多いのが洪水で、暴風雨、土砂崩れ、地震が全体の８〜９割を占める。熱帯低気圧（台風やハリケーン）、高潮、干ばつを含む「気候・水関連災害」にあたる。

　世界的に大雨の頻度が増える傾向や、海面が地球温暖化の影響で、過去100年間に約20cm上昇しており、高潮が起きやすくなっている。また、雨の降り方が極端になっている。気候変動のほか、都市化や低地への人口集中などが、被害を更に大きくしている。

　化石燃料（石油・石炭・ガス等）を使う人間の活動が、気候変動を引き起こしている可能性が極めて高いとする、報告書がＩＰＣＣによって纏められた。ＩＰＣＣとは、国連の気候変動に関する政府間パネルをいう。

２．災害状況とその対応

　洪水による死者の７割は、国民所得が年1005ドル以下（約10万円）の低所得国、中所得国に集中している。起きてしまった災害後の対応だけでなく、今後は、いかに災害のリスクを減らすかに、力点が移っている。台風や地震は止めようがないが、それらが起きても人間の側の対応で、影響を軽減し被害を小さくするという考え方である。

　具体的には、建物の耐震強化、堤防の建設、早期警戒・通報システム作りなどのリスク削減対策であるが、予算の手当てが、なかなかつかない状況である。災害のリスク削減は、貧困撲滅や持続可能な開発に直結する。2015年以降に作られる、国連の持続可能な開発目標に、防災の項目を入れるなど、体系的な取り組みが求められる。

6.4.2　社会保障の格差

　経済格差が、社会の活力に対する懸念材料となる可能性がある。「社会保障制度」は、人々の生活に密接に関わる格差の原因ともなっている。この制度を理解して、改革による是正を注視する事が必要である。社会保障制度は、以下の三本柱から成り立ち、格差の問題点、適正な配分について、どのように機能しているかを整理し、これらの制度を支えている社会保険料・税金の負担と、社会保険給付との関係を精査する。

　　　　□年金制度、　□医療制度、　□介護制度

１．経済格差と社会保障

　近年、社会保障制度が、制度疲労を起こして破綻してきている。少子高齢化による人口減少と相まって、当初の経済成長下における運営とのギャップで、制度そのものが綻び始めている。経済格差における、社会保障制度との兼ね合いは、経済的に圧迫し始めている。例えば、急速な高齢化と人口減少により、50年前の1964年、現役世代が10人で１人の高齢者を支えていたが、2014年では2.4人で、36年後の2050年には１人と予想されている。これらの支える側と支えられる側の、不均衡による弊害が顕在化している。

　保険料納付／給付の内容を見直し、持続可能で適切な制度になるような、対応の模索が始まっている。経済的な豊かさと貧困の格差は、社会保障制度にも大きく影響している。

　具体的には、社会保障の給付額は、制度開始の1992年時の53.8兆円から、20年間で約２倍となり年間約110兆円（国民１人あたり約90万円）を超えた。この社会保障費用は、保険料に加え国・自治体の負担（税金）によって賄われている。この20年間、保険料の負担増加は殆ど変化していないが、国・自治体の負担（給付）が大きく増加して、予算や行政を圧迫している。

　税収の豊かな自治体と貧困な自治体では、その対応も大きく異なり、住民サービスに差異となって現われている。経済格差は、社会保障の格差を更に拡大しつつある。

２．年金制度の格差

　年金制度は、国民生活の改善や、国民の間における共済制度を中心として発展してきた。設立当初における、年金制度の運営や経済状況対応は、稚拙な制度設計であった。

　日本人の特質である、勤勉さや粘り強さは、共助・公助の精神として、年金制度にも反映されてきた。国の指導者も、この特質を利用して制度の運営を図ってきた。しかし、政策の失敗や、当初予想もしなかった少子高齢化の急激な進展は、年金制度そのものが制度疲労を起こして、破綻が目につき始めた。

日本における年金制度は、□自営業者を対象とする国民年金、□民間企業に勤めるサラーリマン主体の厚生年金、□公務員や各種団体が運営する共済制度等に分けられる。
　納付する保険料は、国民年金は定額、厚生年金と共済制度は賃金額に比例して納付する制度を採用している。公的年金は、特に世代間における格差が著しい。

　　　□国民年金　　　　→　被保険者：第1号被保険者（約2240万人）
　　　□厚生年金　　　　→　被保険者：第2号被保険者（約3690万人）
　　　□共済組合年金　↗

　　（※）なお、夫が被用者年金に加入している専業主婦の場合は、別途、保険料を支払うこと無しに、基礎年金（国民年金）に加入しているとみなされる。この対象者は、第3号被保険者と呼ばれ、約1120万人が加入している。

3．医療制度の格差

　高齢化の著しい進展により、医療費が急増している。費用を抑制するための対応が強く求められ、社会保険制度の綻びと共に、医療制度についても根本的な対応が必要である。
　費用抑制の対応は以下である。

　　　□患者の重複受診を是正する。
　　　□経済力のある高齢者に、相応の負担を求める。
　　　□70〜74歳の医療費窓口負担を、法定の2割に戻す。
　　　　2008年以降、1割に据え置き、穴埋めに巨額の国費（税金）が投入された。これを、2014年4月から、法令に従い元に戻すものである。
　　　□国民の共通番号制度（マイナンバー制度）を、診療情報に利用範囲を広げ、重複診療や投薬の防止に役立たせる。
　　　□健康への予防対策として、積極的な運動促進、施設の利用、健康への表彰制度等を推進する。また、「生きがい就労」の機会を増加させる。

　高額な医療費の自己負担を抑える、「高額療養費制度」については、以下の如く対応することとしている。2015年1月から、負担限度額を年収1160万円以上は7割に、また、770〜1160万円は、1割引き上げることとした（対象者：約1330万人）。

　　（※）高所得者により、多くの負担を求める方向性が打ち出された。また、40〜64歳の国民健康保険料の年間上限額を、4万円に引き上げる。

4．介護制度の格差

　介護保険サービスは、国民が一律に健康で快適な生活を、維持するために受けられる制度である。制度発足の昭和30年代（1950年代後半）は、若年人口が多く、長寿社会でもなかった頃に制度設計が行われ、近年における著しい高齢化で、人口減少の現在においては、制度の前提条件が全く変わってきている。介護保険サービスの制度維持のため、高所得者を対象に、自己負担率を現在の1割から2割に引き上げるものである。
　社会保障制度における、現役世代の減少をどう食い止めるかが、介護制度においても求められる論点である。以下の対応が挙げられる。

□女性の出生率の向上

　現在の出生率は、1.41であり、2013年の出生数は過去最少であった。若者の結婚・育児支援に力を入れ、働きながら子育て出来る環境を整えるため、保育所の待機児童解消や、非正規雇用の待遇改善を図る諸政策が求められる。なお、現在の人口を維持するためには、出生率は、2.02以上が必要である。

□元気な高齢者の活用

　働く意欲のある、元気な高齢者が増加している。特に戦後生まれの「団塊世代」は、高い社会性と技能・能力を兼ね備えており、この世代は約８００万人と大きな市場性も持ち合わせている。就労の場を提供して、無理のない範囲で働いてもらう事で、心身の健康維持に役立つ上、介護や子育て分野の不足を補うなど、地域の課題解決にもつながる。また、医療や介護の費用抑制も期待でき、社会全体のメリットも大きい。意欲のある元気な高齢者を「社会の担い手」にしていく事は、超高齢化社会を乗り切るために欠かせない。仕組みづくりが必要である。

□「生きがい就労」の取り組み

　就労セミナーに参加して、現役時代に身に着けた技能を活かして働く。高齢者には多様な人材がいる。短時間でも力を貸して頂ければ、自身の生きがいも得られ且つ、身近な地域の子どもの成長にも大きな助けとなる。

　就労を通じた高齢者の生きがいづくりのために、地域の企業・ＮＰＯ法人等に働きかけて、高齢者向けの仕事を掘り起こし、就労セミナーで働き手を募ることである。

　例えば、以下のような補助的な就労がある。

　　　　・老人ホームで話し相手、食事介助、厨房での補助作業。
　　　　・幼稚園での、早朝保育の補助員。
　　　　・趣味などを、楽しみながらできる仕事。
　　　　・わずかではあるが、年金以外の収入を得る仕事。
　　　　・好きな事を、我慢せずにできる仕事。

□社会の雇用環境整備

　高齢者の就業環境について、就業希望や働きたい年齢等の調査をしても、働けるうちはいつまでも働きたい、仕事をしたいとの調査結果を得ている。日本は、１億２千万人の人口を有し、世界で最も高齢化が進んでいる。日本で、高齢化世代の就業の改革が成功すれば、世界各国から注目され、その成功事例は世界に発信可能である。

５．その他

　オーストラリア・シドニー平和財団のスチュアート・リース前理事長は、「社会的格差等の解決の必要性と共に、今苦しんでいる人々が、新しい生き方に踏み出し、人生を主体的に歩むための三つの段階」を提示している。また、大切な事は、根本目的を見失わないことであるとも述べている。

　　　□第一段階：あきらめを克服すること。「何をしてもだめ」という心を排する事。
　　　□第二段階：仲間との信頼の構築。共に努力していく同志こそ大切である。
　　　□第三段階：自立のための手段や技術を身につけること。

6.5　格差社会の解消

1．世界銀行等の取り組み

　世界銀行は、経済発展途上国に対し、持続可能（Sustainable、サステイナブル）から、包括的（Inclusive、インクルーシブ）という援助方針を打ち出した。その狙いは以下の二点である。

　　□成長の果実を、社会のあらゆる層に広く行き渡らせること。

　　□貧困層を含む多くの人を、経済活動に取り組み、経済成長に貢献してもらうこと。

　世界銀行は、特に後者を重視している。また、ＥＵは、2020年までの成長戦略の方針として以下を掲げ、「包括的な成長」として明確に打ち出した。

　　□賢い成長

　　□持続可能な成長

　　□包括的な成長

　欧米の企業経営者は、２年前より「より包括的な資本主義へ」と題するレポートを提出し、先進国で深刻となってきた、所得格差と失業の問題に対処してきた。格差是正が最優先課題である。経済状況の激変が、人々を不安にしている。先進国では、不況や失業で豊かな社会の前提が崩れた。

　イギリスの民間団体、オックスファムは、所得格差について以下を指摘している。

世界の大富豪の上位85人の合計資産額	＝	世界人口（70億人）の下位半分の総資産額

　また、今後10年間に発生する可能性が高いリスク、及び発生すれば影響が大きいリスクとして以下を挙げている。

＜発生する可能性が高いリスク＞

　　□深刻な所得格差

　　□異常気象の頻発

　　□構造的な失業・不完全雇用

　　□気候変動の緩和・適応の失敗

　　□大規模なサイバー攻撃の増加

＜発生すれば影響が大きいリスク＞

　　□主要国の財政危機

　　□気候変動の緩和・適用の失敗

　　□水をめぐる危機

　　□構造的な失業・不完全雇用

　　□重要な情報基盤の機能停止

　欧米が、先んじて取組んでいる「包括的」という援助方針は、全員が参加して成長の恩恵を受ける「インクルーシブな社会」であり、その実現は、日本にとっても大きな課題である。

2．超格差社会

　現在の日本において、近い将来、「超格差社会」が到来すると述べる学者がいる。経済アナリストで独協大学の森本卓郎教授である。

　アベノミクスにより、大胆な金融緩和や財政出動を実施して、景気が劇的に回復し、日本経済は、消費税率のアップ及び日銀の「金融緩和」の影響で物価が上昇すると予想される。企業収益は、大幅に改善されても、社員の賃金が上がらずにいると、日本は、「超格差社会」に陥いる可能性があると述べている。

　また、この「超格差社会」とは、正社員と非正規社員の比率拡大がますます上昇し、現在、非正規社員の比率が38％であるが、これが50％を超える時代が到来する。そうすると、非正規社員の年収が約100万円。その人たちが、働く人々の主流になれば、まさに「年収100万円時代」が到来し、日本は中間層が崩壊して、富裕層と貧困層の二極化する厳しい「超格差社会」になると主張している。

　正社員と非正規社員における賃金の格差は、ますます拡大し、即、社会の格差拡大として現れてくる。これは、大手と中小企業間によっても生じてくる。企業業績の回復→投資の増加→好景気→社員の賃上げ→大衆の購買力の増加→企業の収益増加という循環において、産業構造の転換を促進するような、改革が殆どないため賃金は上昇していない。

3．格差社会の取り組み

　水野和夫氏が、その著書『資本主義の終焉と歴史の危機』にて、資本主義の内包する課題について述べている。著者は、「新たな経済システム」の参考になると考えている。

　日本は、資本主義の最終局面に近づいている。世界史上、極めてまれな長期に亘るゼロ金利は、資本を投資しても利潤のでない資本主義の「死」である。資本主義は近代化を支えてきたシステムである。16世紀以来、世界を規定してきた資本主義というシステムが、終焉に向かっている。500年ぶりのこの大転換期に、日本がなすべきことは？　異常な利子率の低下という「負の条件」をプラスに転換し、新たなシステムを構築するためにどうしたらよいか。

　先進国は経済成長を追い求め、企業は利潤を追求している。近代は成長と同義語である。資本主義は、「成長」をもっとも効率的に行うシステムである。資本主義が経てきた、歴史的なプロセスを検証すれば、成長が止まる時期が「目前」まで迫っている。

　例えば、中世の封建システムから、近代資本主義システムへの転換（1450〜1640年）を歴史家フェルナン・ブローデルは、「長い16世紀」と呼んだ。現在の利子率の異常な動き（利子率の極端な低下）は、資本主義の死を意味する。日本の10年国債の利回りは、2.0％という超低金利が20年近く続いている。1997年に2.0％を下回り、2014年1月は0.62％である。金利は、すなわち資本利潤率と、ほぼ同じだと言えるからである。

　資本を投下し利潤を得て、自己増殖させることが、資本主義の基本的な性質である。故に、利潤率が極端に低いという事は、既に、資本主義が資本主義として機能していない事を示す。

　利子率＝利潤率が2％を下回れば、資本側が得るものはほぼゼロである。超低金利が10年超えて続くと、既存の経済・社会システムはもはや維持できない。「利子率革命」は、利潤を得られる投資機会が、もはやなくなった事を意味する。なぜなら、利子率とは、長期的に見れば、実物投資の利潤率を表すからである。

6.6 国際社会による支援

１．国連の役割と目標

　国連ミレニアム開発目標（ＭＤＧｓと略称）とは、国連が開発途上国への支援として、国際社会全体で取り組むべき、支援の共通目標であり、2000年９月の国連ミレニアウム（千年紀）総会で採択されたものである。国連ミレニアウム・サミットが、21世紀の目標として採択した「国連ミレニアウム宣言」の内容と、1990年代に開かれた世界社会開発サミットなどの、主要な国際会議で採択された、開発目標が統合されている。

２．開発目標

　1990年の開発水準を基準にし、2015年までに達成すべき国連の開発目標は、以下の８つの目標を提示している。目標ごとに、具体的に成果を測定できるターゲットを設定した。
　　　①極度の貧困と飢餓の撲滅
　　　②初等教育の完全普及の達成
　　　③社会的な性差（ジェンダー）平等推進と、女性の地位向上
　　　④乳幼児死亡率の削減
　　　⑤妊産婦の健康の改善
　　　⑥ＨＩＶ／エイズ、マラリアなどの疾病の蔓延防止
　　　⑦環境の持続可能性の確保
　　　⑧開発のためのグローバル・パートナシップ推進

　　　＜2013年現在、主な項目の開発目標達成状況＞

項　　目	開発目標内容	達成状況
最貧困層	人口の割合を1990年の半分にする。	ＯＫ
飲み水	安全な飲み水がない人の割合を1990年の半分。	ＯＫ
飢餓人口	1990年の半分。	達成見通し
病気（結核）	主な病気の発生を抑え込み減少に向かわせる。	結核はＯＫ
初等教育の普及	全ての子どもが修了する。	達成困難
妊産婦の死亡率	1990年の1/4にする。	達成困難

　国連の潘事務総長は、ＭＤＧｓは、焦点を絞ったグローバル開発目標が、世界を大きく変えられる事を立証した。また、2010年開催のＭＤＧｓ国連首脳会合での各国首脳の決意として、「国際社会が一致団結して努力すれば、目標達成は可能である」と強調した。

　しかし、地域間における実施・達成の格差は深刻である。東アジア・東南アジア・南アジア（インドを除く）が、期限より５年早く達成したが、サハラ砂漠以南の、アフリカ諸国の殆どは達成が絶望視されている。

３．新たな課題

　ＭＤＧｓの達成推進を図る一方で、ＭＤＧｓ後（ポスト2015年）の開発の在り方について、５つの大変革の議論を進めている。2012年７月、有識者会議の国連ハイレベル・パネルを設置した。５つの大変革の内容は以下である。

①落後者を出さない

②持続可能な開発を中心に据える

③社会全体が潤う成長に向け、経済を一変させる

④平和を構築し、全ての人にとって実効的で開かれた責任制度を構築する。

⑤人間中心の新たなグローバル・パートナシップ（世界的な支援）を作り出す。

この大変革により、ＭＤＧｓの課題として残った地域間格差が是正でき、開発の成果を女性や子どもに拡大できるとしている。

４．日本の貢献

日本政府は、ポスト2015年論議にあたり、「人間の安全保障」の理念に基づく開発支援の重要性を訴えている。「人間の安全保障」は、国家の安全ではなく、「国民一人一人の安全」を確保するため、食糧や社会保障などの「欠乏」と、人権侵害や感染症などの「恐怖」を、取り除くことを目指している。

具体的な取り組みの例として、インドネシアやパレスチナ等では、妊産婦の健康改善に関して、日本で実施している母子健康手帳の制度の普及に取り組んでいる。また、ニジェールでは、ＪＩＣＡによる初等教育普及のため、「みんなの学校プロジェクト」が展開され、保護者・教員・住民・行政が一体となった、学校作りの企画を、１万校以上で支援している。

５．ＯＤＡの取り組み

日本は、世界の発展途上国への支援活動として、1954年から政府開発援助（ＯＤＡ：Official Development Assistance）を実施している。政府機関が、開発途上国の経済開発や、福祉向上のために行なう援助である。ＯＤＡは以下の如く大別される。

①主に基礎生活分野を対象とする「無償資金協力」　　　　　　（贈　　与）

②社会資本整備事業など、長期低利で融資する有償資金協力　　（円借款）

③専門家派遣などの技術協力

④国際機関への拠出

ＯＤＡの予算は、1997年度の１兆1687億円をピークに、減少傾向にあり、2015年度予算案では、5422億円と半減した。現状のＯＤＡ大綱は、2003年に先進国の公的援助を中心とする時代に策定されたが、2014年にＯＤＡ大綱が改定された。

今や、ＯＤＡの2.5倍の民間資金が途上国に流れ、世界のパワーバランスは様変わりした。中国を筆頭に、新興国の存在感は高まる一方である。開発援助の課題は、ますます複雑化して、単一の組織・専門性で解決できない課題が増加している。日本は、生き残っていくためにも、途上国や新興国への援助を含め、関係を深化させる必要がある。

今後のＯＤＡの対応方向は以下である。

□日本が、近代化とＯＤＡ60年の歴史で育んだ基本理念を堅持すること。人間の安全保障と、基本的人権を推進する。

□「ＯＤＡ大綱」から「開発協力大綱」へ名称変更する。途上国の開発を共通の目的とし、パートナーとして、協働するとの意味が込められている。

□低所得国だけでなく、中進国も対象とする。国内格差の是正や、経済統合時代の競争力強化は、重要課題である。

□戦略性と連携を強化するため、企業・市民社会・大学・自治体等に蓄積された知見や技術を、世界の課題解決のために積極的に活用する。

　上記の四点は、日本が築いた経験を総動員して、途上国や新興国と「共創」する発想である。日本は敗戦直後、自ら外国の援助を受けながら、一方で、他の途上国の援助を始めた。以来、60年間、アジアの発展を支えつつ、現地の人々と築き上げたネットワークがある。彼らを担い手として、次世代の協力を展開する構想である。

　対象の拡大に見合った資金確保は必須である。ＯＤＡ予算は、15年連続で減少しピークの1997年の半分以下となった。私たちは、「共創」かつ「競争」の時代に生きている。

6.7　ＳＧＩの提言と取り組み

　池田ＳＧＩ会長は、貧困、飢餓、食糧、環境等の全地球的な諸問題に対して、仏法者の立場から毎年１月の「ＳＧＩの日」に、国連の支援と共に国際社会に具体的な提言を行なってきた。提言内容で、経済格差に関係する二点を紹介する。

１．ミレニアム開発目標

　国連によるミレニアム開発目標は、「人間の尊厳を保つ上で、不可欠となる生活基盤や社会基盤の確保を目指したもの」である。この認識の上で、ＵＮＤＰ（国連開発計画）は、「世界の全ての人々を、屈辱的で非人間的な極貧状態から、解放するための努力を惜しまない」としており、８分野18項目からなる開発目標を策定している。

　貧困の撲滅、飢餓の回避、水資源の開発が主な項目であるが、特に、水資源については、世界の人口の約４割が水不足に直面し、11億人が安全な飲み水を利用できず、25億人が適切な衛生設備を、利用できない状況に置かれている。開発途上の地域で、病気を減らし人命を救う最善の策は、安全な水と十分な衛生設備を届けることである。

　日本は、技術支援や人的派遣など、積極的にその役割を果たすべきである。日本は、世界の約4000万人以上の人達に対し、安全な飲料水の確保と、衛生設備の確保に努めてきた実績があり、水資源の分野で世界をリードしていくことが期待されている。また、海水淡水化技術についても、世界トップクラスの技術を有している。

　このような状況下の中で、「ミレニアム開発目標」の達成のため、国際社会が協力して推進していかなければならない。その資金確保として、各国の割り当てによる資金供与ではなく、例えば、通貨取引開発税や炭素税など、国際連帯税のようなものを設けて、収納する仕組みで資金を確保することなどが考えられる。

２．人間の安全保障

　人間の安全保障とは、「人が生きていく上で、なくてはならない基本的自由を擁護し、広範かつ深刻な脅威や状況から人間を守ること」と、定義されている。2001年６月、国連内に「人間の安全保障委員会」が発足し、人間の不安や脅威の源泉としての、軍事化やグローバル化に伴う問題に目を向け、解決を図るべきと主張している。安全保障の対象としているのは、貧困や環境汚染、人権抑圧や差別、教育や衛生分野での遅れなど、人間の安全と尊厳を脅かす社会的問題である。人間の安全保障を実現する二つのテーマは以下である。

274

　　　　□人間の保護
　　　　□人間の能力強化
　特に、後者の「人間の能力強化」については、人間に備わっている強さや、力を引き出す環境づくりを進めることである。人々が自らのために、また自分以外の人間のために行動する能力であり、この能力を伸ばすことである。他の人々のために行動することを通じて、社会に新しい価値を創造していく挑戦こそ、崩れざる平和への基盤となる。

3．具体的な提言

　世界には、読み書きができない8億6000万人の成人と、学校に通えない1億2000万人の子どもがいると言われる。初等教育の普及が重要である。

　食糧の安定的な確保は、人間の生命の尊厳を守る上で死活的に重要なもので、貧困との闘いの出発点となる。2006年には、新たに4000万人が飢餓状況に置かれ、世界の栄養不足の人口は、9億6000万人に達したと、推計されている。

　しかも、これが天災ではなく、人災として引き起こされた点である。投機マネーが、穀物市場に流れ込んだこと、エネルギー需要増加で、バイオ燃料の生産が増え、食用の穀物の生産が落ちて、価格の急騰を招いたことがその要因である。

　グローバルな食糧安全保障の確立のため、世界食糧銀行を創設する必要がある。

　貧富の差が拡大して、生まれた国や場所によって、人間の「命の格差」や「尊厳の格差」が半ば決定づけられてしまう状態は、「地球社会の歪み」というほかなく、断じて終止符を打たなければならない。

　経済危機が、貧困や環境などの地球的問題群に対する国際協力を躊躇させたり、後退させたりすることは、避けなければならない。

6.8　まとめ

　経済格差は、歴史から学ぶとすれば、人間の欲望・貪欲な利害関係による。経済・政治・軍事力等の競争社会では、人間のあくなき欲望の実現と、それを満たすことに収斂される。

　経済格差における主な課題は、人々の幸福実現の一手段であると気付き、人間の幸福実現の取り組みを開始している。先進国・新興国・経済発展途上国の各々が、国情に合わせた格差是正について、世界共通の課題・テーマとして、その是正に向け、取り組むようになってきた。

　経済格差は、人間主義の経済における重要な要因を内在しており、現実問題として避けては通れない課題でもある。故に、本章では、格差の現状認識と共に、何故に格差の解消が必要かを理解することを主眼として、問題を提起した。

　格差は、人々の生活に大きく関わっている。特に、経済的な格差は、物理的に富める国（人）と貧しい国（人）を二分する大きな要素である。また、長い歴史を経ながら醸成されてきている。しかし、格差そのものは、人間社会を構成するにあたり自然発生的である。

　格差によって、人々の生きる意欲がなくなるとは考えにくい。もともと、人間は生まれなが

らにして、個々に差別を抱えて現実社会に生きている。生まれた場所、生まれた時代、生まれた家庭によって、甚だしく差別を生じている。

個人にあっては、差別とどう向き合っていくのか、また、社会的には経済を始め、様々な格差の中でどう生きていくかが、本章のテーマであり、現実社会で生じている格差や差別に対応について、解決策の方途を提供してきた。これらを解決することは、「人間主義の経済」の一端になるものと考えている。

コーヒー・ブレイク（第6章）

「食の安全！」

人が生きるための基本要素は、衣・食・住。
とりわけ、食については、人々は毎日飽きもせずに、せっせと食事をしているね。
だから、食事は、人間の体に良いもの、安全なものが不可欠だよね。
特に「食の安全」は、最優先だね！
身体によいものは、ヨウド・カルシウム・お酢と言われるね。代表的な食物に、
「寒天」がある。海のミネラルを十分に吸収した海藻を使い、ヨウドがいっぱいだ。
寒天は、ご飯・味噌汁・煮物等、何でも利用でき重宝されるよ！
長野県に、寒天の食品加工会社で、理想的な会社がある。
「かんてんパパ」と呼んでいる。働く社員が、活き活きと健康そのものである。
「社員の幸福が第一」との社是を、社内でそのまま実践されていると伺う。
故に、同社は「食の安全」の見本だね。

<かんてん娘>

→さあ、次の章に行ってみよう！

第7章

日本型経済モデル

日本は、第二次世界大戦で焼け野原となった国土において、日本独自の経済活動を展開し、戦後50年足らずの短期間に、世界第二位の経済大国に成長した。この経済活動は、「日本型経済モデル」と称され、世界から注目されてきた。

　本章では、この「日本型経済モデル」が、経済活動にいかに寄与し、発展してきたかを精査するとともに、このモデルが、他の国々でも活用可能なことを紹介したい。なお、日本社会は、戦後60数年の歩みを通して、経済の発展－成長－成熟－衰退－再生－低成長という経済サイクルを経験してきた。図7-1 は、日本が、近代から現在に至る社会の概要を示す。

　「日本型経済モデル」は、欧米型の資本主義経済とは異なり、「資本主義を超越したもの」と呼ばれている。ケインズ主義的マクロ政策は、公共投資の多い日本では、その効果を発揮する事はなく、独自の文化に基づいた経済活動が展開された。

　さて、日本の経済基盤ともいうべき「日本型経済モデル」について、一冊の得難い著書に巡り合った。この著書（『日本経済「永続」再生論』）は、フランス人であるドニーズ・フルザ（Denise Flouzat）女史が、外国人エコノミストの目で見た、日本経済論として著したものである。日本の経済復興に注目し、戦後60数年の日本経済の経緯を、丹念に検証している。図7-2 は、戦後60数年における日本経済の推移の概要を示す。

　翻訳は、フランス在住の瀬藤澄彦氏が担当した。瀬藤氏は、同著書の「あとがき」で、フルザ女史は、欧州中央銀行総裁で、金融通貨理論に精通したマクロ経済学者である。最近の日本経済論としては、世界でも稀な名著として、評価されるであろうと述べている。

　上記の著書を基に、改めて日本経済が歩んだ、戦後60数年の経緯を検証する。また、日本における1990～2000年のいわゆる「空白の10年」は、日本経済が最も低迷した時期である。その後の経済再生は、慶應義塾大学の竹中教授の『構造改革の真実』の著書を精査していくものとする。図7-3 は、「構造改革」を中心とした日本経済の再生の概要を示す。

　竹中教授は、小泉内閣の重要な閣僚として民間から招聘され、2001年初頭から５年半に亘り、経済・金融理論を、実際の経済政策として、立案・施行・検証し、その力量を発揮した。小泉内閣において、「構造改革、郵政民営化」等に多大な貢献をした。

　なお、2007年７月、東京都内の「東京国際フォーラム」での竹中教授の講演、「構造改革激動の５年半を振り返って」を聴講した。実際の構造改革に携わった秘話等、貴重な講演を直に聞くことができた。

　竹中教授は、著書で、「経済は、経済政策を発動し実施されていくものであるが、経済政策は、政治の介入なしでは有り得ない」、また、「国として財政・金融を含む経済政策の発動は、特に経済の減退－低迷時にあっても発動して、その対応をしなくてはならない。法に従い、時には公的資金の注入も生じる」と述べている。

　経済は、国民生活に密着し連動しているので、国民生活重視の経済活動になっていかなくてはならない。日本経済は、戦後の60数年間において、成長から再生・低成長までの一連の貴重な経済活動を経験してきた。日本型経済モデルは、1960年代の高度経済成長期時代にその原型を作り上げ、1970年代を通じて確立していった。

　1980年代の米国の経済不況による経済施策の影響を受けて、1990年代より、円高ショックによる長く暗い経済低迷期を経験し、2000年に入ると「構造改革」等を通じて、その対応を実

図7-1 日本の近代から現在に至る社会（概要）

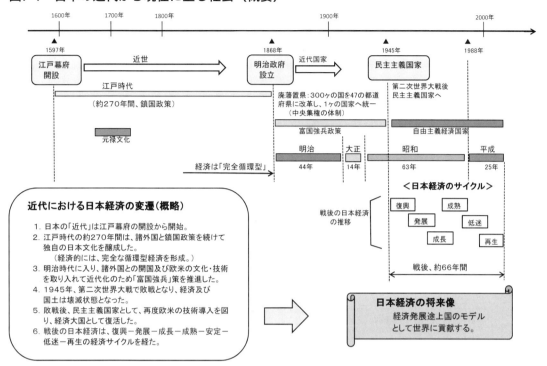

図7-2 戦後60数年における日本経済の推移（概要）

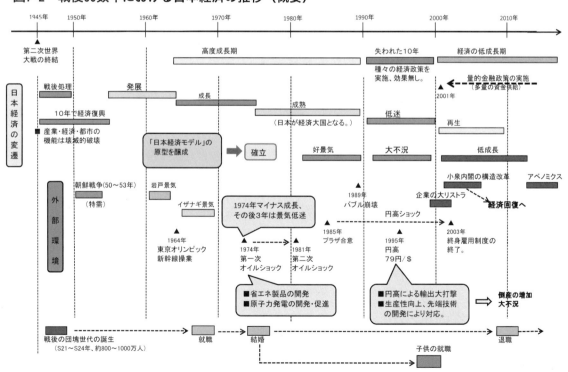

第7章 日本型経済モデル 279

図7-3 「構造改革」を中心とした日本経済の再生(概要)

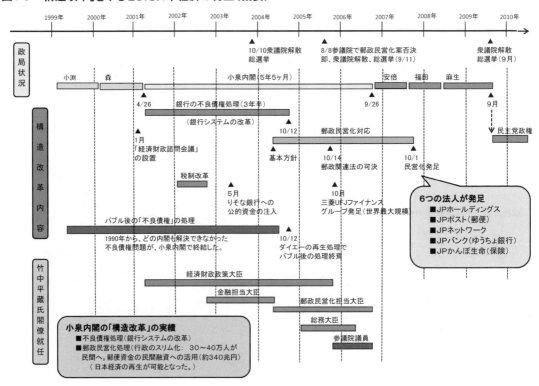

施し、経済の再生に取り組んでいった。「日本型経済モデル」は、形を変え再生の起爆剤ともなっていった。

戦後60数年における、日本経済が歩んだ軌跡を検証する事で、「日本型経済モデル」を理解する事ができる。前述した2冊の著書は、適切に日本型経済モデルの内容を説明している。

<『日本経済「永続」再生論』>

　　　著者：　ドニーズ・フルザ（Denise Flouzat、国籍：フランス）
　　　監訳：　瀬藤　澄彦
　　　発行日：2005年1月20日
　　　発行所：株式会社　彩流社

　この著書は、動学的に、発展－成長－成熟－衰退－再生という歴史ダイナミズムの中で、日本経済を位置付けている。フルザ女史は、金融通貨理論に精通したマクロ経済学者であるが、シュンペーター流の動学的な不均衡論を展開している。

　そのため、マクロ経済分析に加えて、歴史学や社会学も援用する事で、学術的なアプローチを心がけている。フルザ女史は、日本を愛しているからこそ、日本経済を批判していることがわかる。フランス人からみた、日本経済の本格的な書である。

　フルザ女史は、近代以降の日本経済の歩みを検証し、日本経済の政策と、日本企業の革新能力を高く評価し、日本は再生すると結語している。そして、高度なハイテク立国の日本を、世

界の工場たる中国と、世界が連携する国際分業システムを、円滑な進行に不可欠な中継拠点として位置付けている。日本は、西洋と東洋を結ぶ橋頭堡であるとも述べている。

また、訳者である瀬藤氏は、経済での利害や密接な関係にある米国の経済学者ではなく、日本と全く利害・偏見がなく、ありのまま直視できる、フランスの経済学者が著した事に意義がある。そして、米国中心の日本経済観が、どれほどの功罪をもたらしてきたか、計り知れないと述べている。

＜『構造改革の真実』＞

　　著者：　竹中　平蔵（慶応義塾大学教授）

　　発行日：2006年12月20日

　　発行所：日本経済新聞社

　この著書は、竹中氏が慶應義塾大学の教授から、小泉内閣発足時に内閣の重要な閣僚として迎えられ、小泉首相を補佐して、1990年〜2000年の日本経済の失墜（経済の低迷）に対応して、実施した構造改革を記した書である。竹中氏が、経済政策を立案−執行−検証した一連の構造改革について、つぶさに精査した記録であり、得がたい一書である。

　5年半に亘り、10数年来低迷した日本経済を、回復・再生した功績は多大な成果であり、近年の歴代内閣では、成しえなかった事である。

　21世紀初頭の数年間は、日本のあらゆる企業が、多重債務、生産能力及び労働力の過剰を抱え、諸施策（主に社員のリストラ）を断行した時期でもある。また、技術革新により輸出拡大を図り、日本経済をマイナスからプラス成長に転換していった。

　この間における、政府主導の経済政策は、圧倒的な国民の信を得た小泉内閣により、構造改革が断行され、結果的には、痛みを伴いながらも、その経済効果を上げる事となり、日本経済の再生が図れた貴重な実証記録ともなった。

　竹中教授は、「民間人の一経済学者ではあるが、小泉政権に乞われて政権に入閣し、経済・金融理論を駆使して、現実の政治の場で、千載一遇の機会に恵まれた。そして、日本経済の中で実証試験し、その成果を収めることができた。理論の実現化という経験ができ、学者冥利に尽きる」と述べている。また、「昆虫学者が、昆虫になった思いである」とも例えていた。

　竹中教授は、米国のハーバード大学で教鞭をとり、一流の経済学者である。その見識は、国内の学者の範疇を越えている。竹中平蔵という稀有の経済理論家を得て、小泉政権は経済政策を大いに発揮できた。小泉首相は、構造改革のキーマンとして、竹中教授を内閣に迎え入れた。決断力ある小泉首相の政治家としての度量と、人間性を見た思いである。

　後日談であるが、竹中教授が政治の分野から身を引いたと同時に、その能力を高く評価した韓国の大統領は、自国の経済発展のため、竹中氏に顧問の就任を依頼した。その後の韓国の経済発展振りは、目に余る勢いであった。

　「日本型経済モデル」は、その過程において特徴がある。経済発展途上国は、近代における日本の経済発展に注目しており、その基盤となった同モデルを精査し、自国での活用について検討していると言われる。

　著者は、「日本型経済モデル」が、将来、特に21世紀において、従来の利益中心の経済発展から脱却し、世界の経済発展途上国等に貢献していくこと、及び日本文化を土台とした、新た

な経済観の醸成が必要であると主張するものである。そこに、日本経済が活きていく方途があると考えている。

7.1　日本型経済モデルとは

　第二次世界大戦後、敗戦国となった日本及びドイツは、奇跡的な経済復興を果たし、特に日本は、1980年代に世界第二位の経済大国にまで発展した。近年の経済成長率の著しい東南アジアも、日本の経済活動とそのモデルを模倣してきたと言われる。

　日本経済は、戦後10年で復興を果たし、その後は経済発展、経済成長を遂げている。その中で、日本特有の経済政策や、日本文化を基盤とした経済モデルを構築していった。「日本型経済モデル」の大きな特徴の一つとして、以下の雇用に関わる制度があり、戦後の日本経済の成長を大きく支えてきた。

　　　　　□終身雇用制度
　　　　　□年功序列の賃金制度
　　　　　□企業内組合

　近代に入った日本は、欧米の文化・技術を取り入れて、模倣しながら改良を重ね、独自の技術を確立していった経緯がある。そして、世界最先端の技術開発を目指して、研究を重ねながら、更に独自の事業を展開していった。

　例として、交通事業の分野では、車・新幹線・船舶建造の事業において、既に、世界の頂点を極め、エネルギー事業の分野では、電力における発電／送電制御のネットワークシステムは、世界に輸出するまでになっている。また、再生エネルギーのスマートグリッドに関連する個別技術は、世界のトップクラスである。

　その他、医療及び海洋開発の分野、農産物の品質等は世界で高い評価を得ている。更に、コンピュータ・ロケットの分野でも、永年に亘る技術の積み重ねにより、宇宙の事業分野へ参入している。これらの独自技術の開発は、「日本型経済モデル」の成果と言ってよい。

　これらの技術開発を支えてきたのは、日本人の気質・生産システム・働き方が、日本文化と相まって、戦後から60数年間で醸成・定着してきたものと考えられる。また、ものづくりの生産体制である「垂直統合型モデル」の追求にもよる。近年、新興国の台頭、経済発展国の著しい経済成長により、徐々に日本型経済モデルの形態が変化しつつある。

　すなわち、国内生産中心から、生産費用の安価な外国への比率が高くなり、国際分業の態様となりつつある。日本独自のシステムから、オープンな外国との協調性を重視した、相手国への利益貢献が求められる事業モデルへと、転換していく事となってきた。

7.2　日本型経済の発展・推移

　日本経済の特徴としては、1960年代〜1980年代の高度経済成長期を、大きく支えてきたものに、□終身雇用、□年功序列の賃金制度、□企業内組合の三点がある。雇用の安定確保と、将来の家計が描ける賃金制度は、日本経済の成長に大きく貢献してきた。また、政治主導によ

る国民の所得倍増政策、高い賃金を基盤に、国内の大量消費型経済の進展、及び輸出の大幅な増加等、日本経済は発展・推移していった。

このような、高度経済社会において、勤勉型な日本人は、個々の家計における貯蓄や持家等の財産形成に拍車をかけ、個人資産の累計は、1600兆円を超え、更に日本経済の基盤を支えるに至っている。

1970年代の二度に亘る世界的なオイルショックは、エネルギー政策の転換（火力重視から原子力）により乗り切った。原子力発電は、1960年代、欧米からの技術導入をベースにして、独自の研究開発へと突き進み、日本はエネルギー・環境技術の分野でも、世界最高水準の技術を有し、プラントの輸出にも積極的に対応してきた。

しかし、1990年のバブル崩壊により、以後20年近く、日本経済は減速し、経済成長はゼロないしマイナス成長を辿ることとなっていく。経済成長が停止し、円高が進行・株価の下落等により、企業の設備投資の控えと家計の消費が低下して、日本はデフレ経済の悪循環となった。図7-4は、外圧・円高ショック危機の対応について図示した。

なお、経済の悪循環に輪をかけたのが、2009年～2012年の3年3ヶ月に亘り、政権を担当した民主党政権（鳩山→菅→野田内閣）による、無為無策の稚拙な経済政策であり、日本経済はデフレを脱しきれず、更に悪化し不景気を継続していった。

日本型経済の発展・推移は、常に政治と世界の経済環境に変化し左右されてきたが、日本特有の柔軟な対応と、知恵の発動で乗り越えてきた。しかし、21世紀は、従来の経済至上主義から、これを大きく転換するような経済の在り方が模索されている。

図7-4　外圧・円高ショック危機の対応

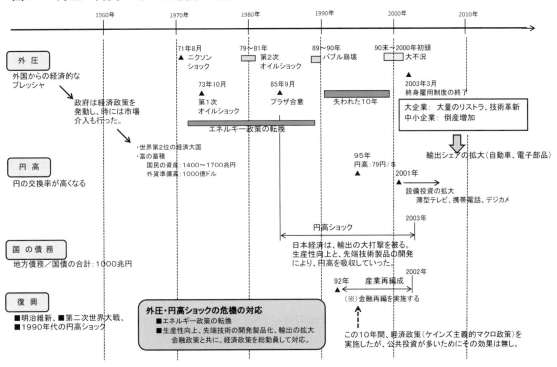

日本文化を基盤とした、人々の生き方・経済活動について再度見直し、日本はこの分野でも、世界に発信し貢献する事が可能である。著者は、一国の繁栄を願う生き方から、経済発展途上国への貢献の転換は、日本が将来生きる道である。経済活動の基盤である企業・法人は、その在り方や改革について、今までの経緯を精査し、活かす事が求められると考える。

1990年代のバブル崩壊を期に、大きく経済環境の変化が生じていった。行政主導による、経済成長の要因も変化した。特に、国営の事業の民営化が、大きくクローズアップされ、歴代の内閣は、苦しみながら民営化への転換に大きく舵を切った。また、企業のM&Aによる事業再編成が、容易にできるよう法整備が行われてきた。なお、経済のみならず、国の在り方・行政の在り方についても、「道州制」導入について、経済界よりも積極的な提言がなされ、その対応が少しずつ進んでいる。

7.2.1 法人の環境変革の経緯

日本経済の担い手である法人について、1990年代より2000年にかけて、法人組織の大幅な見直しがあいつぎ行われてきた。1960年〜1980年まで順調にきた日本経済は、世界的な経済不況とグローバル化の波にさらされ、その対応として法人の組織が、全面的に見直しされたものである。

また、小さな政府、効率の良い組織を求め、民間でできる事業は民間へと移行する、いわゆる民営化が実施された。公社事業が明治時代以来、未着手のまま肥大化したため、国家予算の赤字化へと進み、政治・経済活動を圧迫してきた。

歴代の内閣は、民営化対応に迫られ、改革を実施してきた。反対勢力は、その事業に携わっている職員組合・労働組合及び政府の組織自体であり、自らの権益を手放す事による危機感からであった。これらの民営化の詳細内容は、過去の事実を風化させないためにも、別の章にて述べるものとする。

法人の改革、政府事業の民営化は、多大な反対勢力に妨げられながらも、整備されるに至った。旧国鉄の民営化は、経営赤字で大変な負債を抱え、民間では既に倒産しているような状態で、国民からの税金投入により、経営をかろうじて維持していた。政治問題だけでなく、日の丸企業の典型である、これらの民営化には、権益団体である当該組織や政治家が絡み、一層複雑な対応をしてきた。

7.2.2 民営化の要因

民営化に至った要因は以下である。

①明治政府は、近代化の下に国の基幹産業を国営化し、事業の発展や民間の力の定着を考慮しながら、運営してきたが、100年近くその見直しがされてこなかった。

②国営組織に安住した労働組合（官公労）の勢力が強くなりすぎ、組織の自浄作用が働かなくなった。また、この組合が、旧社会党系の議員の温床となり、政府にとって好ましくない組織となった。

③公労協の組織の腐敗・堕落・経営赤字

旧国鉄に見られる如く、組合員が勤務中にかけマージャンをしたり、カラ出張で旅費を騙し取ったり、勤務中に飲酒したりと、とても国家公務員といえない組織の腐敗・堕落が蔓延した。経営赤字が続き、負債が累積して放漫な経営状態に至った。

また、民間企業では考えられない事が、国営事業では行われていた。これは政治の腐敗と堕落の結果で、政治家との癒着の結果でもある。汚職事件は、その氷山の一角であり、根本的な解決のため民営化が必要となった。

④国で行う特権的な事業は、ごく一部に限られている。近年、民主党政権による「事業仕分け」なるパフォーマンスは、何ら解決にもならない。国民のためといいながら、支援団体との癒着は何も変わっていない。

事業主体となる法人が、有る程度、仕分けがされてきたが、未だ権益という甘い汁に群がる団体・組織・政治家が多く、嘆かわしいものである。族議員や相変わらずの天下り人事等、いとまがない。日本が、政治レベルでは、三流・四流と言われるわけである。

7.2.3　日本企業の事業戦略

1990年代から2000年初頭における、日本企業の事業戦略を以下に整理した。この時期は、技術イノベーションの成果と、グローバル化における問題点を抽出する事ができる。グローバル化に伴い、市場・利益が低下し、日本が得意としてきた、エレクトロニクス技術の撤退を余儀なくされている。その原因と今後の対策を検証しながら、日本企業の特質を活かした、日本型のビジネスモデルを考えてみたい。

１．日本のイノベーションと国際競争力

従来は、技術革新論が中心であったが、テクノロジーやプロダクトの視点から議論するように変化してきた。例えば、国際標準化は、日本のイノベーション成果を、グローバル市場へ普及させる手段として捉え、国際標準化を活用して大量普及させ、競争力や企業収益に直結させる戦略を講じていた。しかし、大量普及させて、企業収益に結びつけるビジネスモデルの議論は稀であり、大部分は、業務や品質改善という社内標準が中心であった。

日本は、ハード・パワーとしての技術革新が、競争力に直結したのは、1980年代までの経営環境であった。また、国際標準化は、大量普及で企業収益に直結するという、古典的な標準化論と考えられていた。

これに対し、ビジネスモデルや知財マネージメントという、ソフト・パワーの視点から国際標準化を捉え、人々の生活を変えるような、新製品が必要であると変化していった。

i-Podのような、組合せ型・水平分業型で新製品をなぜ生み出せないのか、との意見がある。ＤＶＤ、薄型テレビ、太陽光発電、デジタル携帯電話、メモリーカードなど、日本は世界に誇る多数のプロダクト・イノベーションを生み出してきたが、グローバル市場で、企業収益を転換させる、仕掛け作りとしての、ビジネスモデルが非常に弱かった。

２．製品アーキテクチャ

製品アーキテクチャとは、製品の設計思想と定義している。モジュラー型（組合せ型）と、インテグラル型（摺り合せ型）に大別される。モジュラー型の代表例はパソコンである。製品の機能をアップさせるため、部品を入れ替えても何ら問題は生じない。部品を買えば、誰でも組み立てられるという、特質を持った製品構造をモジュラー型という。

同じ産業で、グローバルサプライチェーンが、オープン環境で瞬時に生まれる。比較優位の国際分業や、取引コスト・ゼロに近い経営環境が、グローバル市場で進展しやすい。

全体調整や再度やり返す必要が出る製品をインテグラル型と呼ぶ。オープンな国際分業が起

きにくい。インテグラル型の代表例は自動車である。1つの部品を変えると他にも影響を与える。

3．日本製品の国際競争力

製品アーキテクチャから見た、日本製品の国際競争力は以下である。

（1）デジタルカメラ

日本を代表する摺り合せ型の製品。輸出が80％を占める。

（2）プロセス型の部品や材料

半導体材料の代表であるシリコンウェハーは、世界の75％、化合物半導体ウェハーは、89％のシェアを占めている。世界の半導体メーカが、ＤＲＡＭやシステムＬＳＩを作れば作るほど、日本企業が潤う事になる。

（3）ＤＶＤの製品内部アーキテクチャの分析

ＤＶＤは、摺合せ型の技術製品である。光ピックアップ、精密モータ、レーザ、レンズ、色素材料、スタンバー／金型、低分子量ポリカーボ、ディスク製造設備、検査システム等から構成される。プロセス技術で量産される部品や材料は、日本が圧倒的に強い。この製品は世界で80〜90％のシェアがある。

（4）国際標準化

国際標準化は、技術革新というハード・パワーの成果が、競争力に直結し難い経営環境を、グローバル市場に創り出した。この市場は、ソフト・パワーが競争力を左右する。技術力ではなく、企業のオーバー・ヘッド（オーバー・ヘッドとは、会計における間接費を表す）が営業利益を左右し、オーバー・ヘッドの非常に小さい（10〜12％）企業を除いて、日本企業はビジネスを維持できない。

この現象は、完全なオープン・モジュラー型に転換した、1990年代後半のパソコンの場合と全く同じであり、携帯電話の場合でもほぼ同じである。

摺合せ型の事業は、自動車、デジカメ、重電、事務機械、化学である。研究開発費と営業利益は比例関係にある。日本企業が持つ固有の組織能力と、製品アーキテクチャとの関係を分析することなくして、研究開発の投資効率の本質に迫ることは不可能である。

図7-5 は、日本の製造業に見る、研究開発の投資効率の関係を表したものである。

日本企業が、グローバル市場で、競争力を維持・拡大する事例が極めて少ない。垂直統合型の組織能力が、経済合理性を持つ製品分野なら、1970年代と変わらないが、オープン環境で国際標準化が主導する製品では、その役割が一変してしまう。日本企業が、国際競争力を失った大きな理由の1つである。

7.3　ドニーズ・フルザの日本経済再生論

ドニーズ・フルザの著書『日本経済「永続」再生論』は、第二次世界大戦後から21世紀初頭における、日本経済の変遷について適切にまとめられている。

この著書は、フランスの経済学者が、日本経済の驚異的な成長モデルについて、マクロ経済分析に加え、歴史学や社会学などを援用し、学際的なアプローチを展開した。重要な点は、動学的に発展、成長、成熟、衰退、再生という歴史ダイナミズムの中で、日本経済を位置付けて

図7-5　日本の製造業に見る研究開発の投資効率の関係

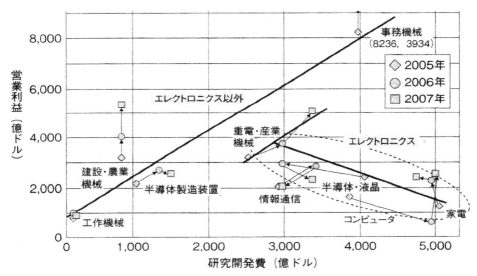

出所：日本機械輸出組合産業競争力委員会報告のデータ

いることである。

　フルザは、著書の中で、「苦痛を伴う構造改革に立ち向かう日本人・日本文化に対し、深い共感を覚える。日本の経済発展と、長い文化的伝統を持つ日本の驚異的歴史から学ぶべきことは多い。著書のテーマは、日本経済の驚異的な歴史を検証して、その個性的な成長モデルを解明することである」と述べている。

　著者は、国外から日本を見た「日本型経済モデル」について再認識すると共に、戦後からの歩みを通して、将来の日本経済の参考になると考えている。

　米国や英国のエコノミストの、日本経済に対する捉え方は、情緒的に両刀判断して論じるが、フルザの日本経済論は、近代以降の日本経済の歩みを、実証的に検証し、最近の経済政策と日本企業の革新能力を評価して、日本は再び甦ると結語している。そして、フルザは、日本人が近代化の中でも、依然として伝統や習慣を維持しているとの見方をしている。視点の差異は、米国・英国人と、フランス人における、文化の違いのためであろう。

＜著作＞

　　書名：　『日本経済「永続」再生論』（日本型経営モデルの本質）
　　発行所：株式会社　彩流社
　　発行日：2005年1月20日初版
　　著者：　ドニーズ・フルザ　（Denise Flouzat)
　　　　　　経済学博士、経済・経営学教授（パリ第1大学で教鞭）。元フランス銀行金融政策委員、フランス会計学会会長。現在、欧州中央銀行総裁。
　　監訳者：瀬藤澄彦氏
　　　　　　ジェトロ（日本貿易振興機構）のアルジェ、モントリオール、パリ事務所で所長

を歴任、パリのフランス経済財政産業省に出向。ジェトロ・リヨン事務所長、リヨン第3大学客員教授（国際経営論）。

2001年度フランス国家叙勲・シュバリエ賞を受賞。

＜著書の概略＞

第1部　競争力の追求（1955年〜1990年）

日本経済の圧倒的な勝利だった形成期を論じたもの。20世紀の激動と合せて述べている。

第2部　黄昏（1990年〜2000年）

日本経済の黄昏と、崩壊に逢着した限界期を論じたもの。日本型経済モデルは、新しい国際環境に不適応である。

第3部　再生への道（2000年以降）

日本経済の新たな始動が、リスタートした再生期を論じたもの。最終的な考察を述べている。

7.3.1　序論

日本を取り上げる時、欧米の報道機関は、ラディカルで図式的な分析に終わることが多い。日本は黒船の圧力により開国し、続いて欧州から技術と政治制度を導入した。日本は、彼らに倣って今度は、アジアにおける植民地大国を目指そうとした。

第二次世界大戦後、再び欧米の技術を採り入れる事により工業大国となった。1990年から2000年にかけて日本経済は失墜した。世界第二位の経済大国の不況が、国際経済と自国の発展に多大な影響を与えた。

日本の成功と破綻は何故なのか。極めて個性的な資本主義に至る、その成長モデルは如何に形成されたのか。1990年代末に至って、日本は何故に限界にぶつかったのか。21世紀初頭以降の日本は、どのような改革のシナリオが描かれていたのか。

同著書は、過去10年間のマクロ経済の分析を起点として、歴史的・社会学的な観点を取り入れつつ、特殊な「日本型経済モデル」を見直すことで、日本経済の構造を研究している。

経済・経営学、歴史学、社会学を採用した学際的アプローチを採り客観性に留意した。日本の経済発展は、世界共通のキーテーマに基づいて記されている。すなわち、成長−危機−構造変化−経済政策−経済・金融当局の責任等である。

フルザは、近代にかくも濃密な経済発展を遂げ、かくも長い文化的伝統を持つ、日本の驚異的歴史から学ぶべきことは多いと述べている。

7.3.2　終章、考察

1.　社会の変化

日本社会にもリスクと抵抗が惹起した。しかし、進歩のシナリオ実現に向けてのインセンティブは大きくなりつつある。

日本社会の変化が、最終的には日本の成長シナリオを決定する事になる。成長を放棄して安定を望むか、それとも勝利に向けて新たな挑戦をするかの選択である。

２．リスクと抵抗

　倒産や失業は、リストラの対価として発現したが、これらの現象が痛みを伴うものであることに変わりはない。日本式の「温床」は、大部分の日本人を完全雇用と税制だけでなく、補助金、公共事業を媒介にした所得再配分によって包み込んでいる。

　このシステムが息切れし、日本は、日本文化と相反する不平等社会に向かっている。日本経済の再編は、リストラでグローバル化に対応することのできる、競争力のある大企業と、生産性の低い中小企業（小売、建設）の二重構造を一層際立たせている。

　中小企業は、国内市場指向であり、改革の意思や能力が少ない。このようなリスクは必ず抵抗を呼ぶ。農民、建設労働者や小売店のロビー活動は、長期間に亘り政界を保守主義に導き、行政の権力掌握を許してきた。改革へのこのような障害は消滅しつつある。

　1994年に成立した改正公職選挙法により、政治地図は段階的に変化していくであろう。

　官僚システムは、一連のスキャンダルでイメージが傷つき、システムの改革を行わざるを得なくなった。官僚支配は徐々に終焉に向かう。

　変革への最も大きな障害は、日本の平等社会を反映した、教育制度の過度な画一性にある。集団の平均水準を、向上させることを主目的とする、教育システムを生んだ。日本人の本源的な平等主義は、「日本は独自である」から、外国で守られている規則は日本には適用されない、という日本の特殊性に関する、日本人の強い確信と重ね合わせになっている。それ故、教育システムの改革は、日本が変化するための必要条件である。

３．外圧

　日本人に対して、外国からの組織的なプレッシャーは、過去にもあり、現在もかかっている。日本人はそれを「外圧」と名づけた。日本は、西欧の経済ルールに順応したが、それは西洋型経済規則が、まず近代化改革推進を、次いで支配占領政策を、そして今日の経済成長を可能にしたからである。

　西欧型モデルを採用する機会は、過去に何回かあったが、日本人は常にそれを退け、単に一番望ましい部分、つまり技術のみを日本の伝統モデルに継ぎ木した。第二次世界大戦後、占領当局によって押し付けられた改革を利用して、結局は、政府官僚と大企業によって指導される、日本独自の資本主義を形成していった。このため、米国は日本に対し圧力をかけた。

　　□1985年〜1987年

　　　米国は、日本金融市場の開放と、対ドル円交換率の大幅な上昇と同時に、世界経済の牽引役になることを望んだ（1985年９月22日、プラザ合意）。この結果、２年後には円交換率は50％上昇した（円高による、輸出企業の生産性を相殺するリスクとなる）。

　　□1995年

　　　円高は、79円／ドルまで上昇した。日本のＧＤＰは、米国のＧＤＰに匹敵する水準となる。円高は、1993年の景気後退からの回復を妨げる原因となった。

４．改革を促す外的ショック

　　日本の歴史は、経済的なショックに対する能力を有している事を立証している。最近の事例は以下である。

□第一次石油ショック

　1974年にマイナス成長を記録し、その後３年間は景気低迷したが、石油高騰は、日本にとって省エネルギーと、原子力エネルギー開発を促進させた。

□第二次石油ショック

　1979年〜1981年の第二次石油ショックは、第一次に比べ容易に堪え抜いた。また、石油ショックに起因するインフレ鎮静に成功した。

□1985年以降の円高ショック

　生産性向上と、先端技術製品の生産により、円高ショックを吸収した。

□1980年代最後の景気過熱（バブル景気）

　この景気過熱（バブル景気）の原因は、豊かさのショックであり、最終的にネガティブなことが、明らかになるまで相当の時間を要した。

　このバブル景気の反動として、1990年代は以下の大不況を迎える事となった。

　　　　　□金融面の影響：企業の多重債務状態と、銀行の不良債権の発生。

　　　　　□実態経済：　　生産能力の過剰、社員雇用の過剰。

　日本型の市場経済、管理モデルの変革を実現するには、企業と政府の双方を動員した上で、経済分野全般に及ぶ日本型モデルの再編が必要である。

□外的ショック

　日本の輸出は、1990年代の終りからアジア指向を強め、日本は成長率の高いアジア地域と緊密な関係を築いてきた。輸出が日本の成長の牽引力になっている。日本は、技術において他を圧しており、国内は資本集約型事業に集中し、労働集約型事業は、国外（特に中国）へ移転している。中国は、技術移転に伴って、急速にキャッチアップしている。このため、国内では製造の空洞化が生じた。

　日本は常に、より革新的な技術開発の競争を継承し、より高度なサービスの開発に努力しなければならない状態となった。また、中国の工業力と通商パワーの台頭は、日本にとって経済的ショックであると同時に、文化的ショックともなった。

　アジア諸国に対する、日本の外交・金融イニシアティブは、米国に対抗して、アジアでの地歩を確立すると共に、中国に対して、地域内貿易及び金融取引面で、対抗しようとする意思の表れである。

５．触媒的な国内要因

　日本経済は、日本人の行動様式の変化、技術革新と慎重な為替対策に支えられ、製造業の堅固さ、及び金融部門の顕著な改善などの、国内要因も触媒として機能している。

□日本人の行動様式

　日本は、国民の高齢化が進んでいるが若者の数は多い。団塊世代のベビーブームの子供たちが35〜39歳になった。携帯電話とインターネットに夢中の彼らは、いまだ、日本の経済システムの中で重要な役割りを果たすことができない。また、日本の社会階層において、年功が極めて大きな意味を持っている。

　若者の多くは、国際経験を積み英語を話すが、大企業への就職を拒否し、終身雇用への期待を持っておらず、労働市場は流動性を持ち始めている。フリータ（フリーとアルバ

イトをかけ合わせた造語、臨時雇用）は、新しい賃金雇用のタイプに対応している。

□社会における女性の捉え方

高等教育を受けた多くの女性が、高齢化による労働力不足に対処するため、リソースを形成している。

□終身雇用制の終了

失業率は、失業統計により、2003年3月には労働人口の5.5％となり、コスト削減のため、正社員を減らし、賃金の安い不安定な雇用に頼る企業が増加した。正社員以外の被用者（パートタイム、フリータ、有期契約社員など）の数は、2002年時点で、労働人口の約1／4を占めていた。そして、これらは、終身雇用の終了を意味する。近年は、働く人の約4割が、非正規従業員となっている。

□日本の消費者

電子商取引によって、国内外の価格差に気がつき、海外から直接購入へと発展する可能性がある。

□貯蓄好きの国民性

日本の貯蓄率は、可処分所得の17％と先進国としては高い水準である。日本の家庭は、□老後への備え、□子供の教育費、□住宅の購入費、のため低い収益性にも関わらず、ただひたすら貯蓄に励まざるを得なかった。そのため、個人貯蓄を背景に、日本の銀行は急速な成長を遂げた。

日本は、今後、消費型社会に宗旨変えすることになるであろう。貯蓄そのものも、再検討されなければならないだろうし、日本の貯蓄は、活用されるべきである。郵便貯金の残高は、9年間で2倍となっている。

□人的資源管理

ソニーでストック・オプションが導入された。増大する従業員の流動性を管理しなければならない。

□ＮＧＯ

ボランティア活動も、日本の若者にとって人生設計の視野に入るようになってきている。特定非営利活動促進法（ＮＰＯ法）が1999年3月に採択された。非営利団体の発展は、企業・政府のガバナンス変革で、平等主義の見直しなどに貢献することだろう。

6．製造業の強い競争力と技術革新

（1）産業再編・金融再編

1990年～2000年にかけて、産業再編・金融再編が実施され、競争力のある一部の産業は、90年代末から2000年初めにかけての不況を耐え抜いた。輸出の市場シェアを大きく拡大した電子部門、鉄鋼部門、産業用ロボット、工作機械、重機械、ガラス、輸送部門などが、設備投資を行っている。

（2）技術革新

日本の研究部門は、大部分が民間資金で実施され、ＧＤＰの3.2％に達する。日本は、米国における特許出願が第一位で、欧州諸国平均の3倍以上の出願を行っている。日本の特許ライセンスの輸出は、輸入を上回っている。研究者の数は、1000人以上の従業員

に対して日本：9人、米国：7人、ＥＵ：5人である。日本は、ロボット、セラミック、ビデオゲーム、ナノテクノロジーなどの技術分野では世界一で、マイクロ機器の進歩、及びｉモードの成功は驚異的である。

技術革新における成功は、日本が大きな再生能力を持っていることを証明している。更に、生産プロセスに新技術を導入するため、政府は、研究開発投資を行う中小企業への税制優遇措置を実施した。また、2003年4月から地方自治体に活力を与えるため、164件の「構造改革特区」計画をスタートさせ、9部門に亘る構造改革を実施している。

（3）生産拠点

生産コストの安い中国へ、生産拠点のシフトが進んでいる。1980年代は多くなかったが、2000年代には国外生産比率は15％に上った。好調部門の企業の多くは、以下の理由で、国内設備投資を継続している。また、流行に迅速に対応するために、一部の繊維業界の生産拠点を再び日本に戻すケースも見られる。

　　　　□先端技術分野のため、高技能の労働力を必要とする。

　　　　□技術の国内普及を図りたい。

（4）円高対応

1995年の円高を経験した日本は、市場への介入政策を実施し、日銀を通じた為替市場操作を行った。大規模な介入政策により、2003年・2004年第一四半期には、操作額が約3000億ドル（約35兆円）の水準に達した。

外貨準備高は、2004年9月末には828億ドルを超えた。2003年、日本はドル買い支えのため、大量の米国債を購入した。これは、純ストックにして前年同期比で44％増である。その結果、円の対ドル上昇は阻止された。

7．金融部門の改善

銀行システムの再編において、大きな前進が見られた。この改革は、成長を持続させるために不可欠の条件である。2004年初め、金融庁は融資総額に占める不良債権の割合を、2005年3月までに4％に抑えるという目標は、達成可能とした。

2004年6月1日、経営難の銀行に対し、公的資金の投入を可能にした法案が採択され、同年8月1日から施行された（経営難に陥った金融機関に、事後の支援を行うのではなく、予防的に公的資金の投入を可能とした。2008年3月31日までの時限立法である）。

8．今後のシナリオ

安定志向か挑戦志向か。1990年代の10年、日本は経済低迷から脱出できずにいた。日本の未来は、不確実であり複数のシナリオが考えられた。ＧＮＰは4兆4000億ドル、国民の年所得は一人当たり3万3000ドルである。

日本は、世界で最高水準の人間開発指標（ＨＤＩ）を持つ、世界第二位の経済大国である（ＨＤＩとは、一国の経済的データ以外に、医療・教育・雇用水準・民主化の度合いなど様々な指標を含む。この指標により社会水準を評価する事が可能である）。

失業が日本に衝撃をもたらした。調和ある労使関係に立脚して戦後の日本経済を復興してきたが、外資系の会社が多くなるにつれて、労使関係は破綻してきている。しかし、日本はパニックに陥らない。日本は時間をかけて社会の深部から変革を遂行している。国民の蓄積した

富が、それを可能にしている。しかし、儒教的な社会は、批判精神と創造力、そして個人主義にとって替られつつある。

1990年代は失われた十年ではなく、未来を準備した時期であった。21世紀の初頭、日本は1990年代の危機を乗り越え、明治維新と第二次世界大戦後の2回の復興と再生について、小松左京氏は、「3回目の再生は、日本の伝統と美徳を基礎に新しい成長の波となって、始動した」と結語している。

硬直化した政界と、日本の社会の間には、矛盾が存在している。あらゆる先進国・新興国は、経済減速の時期に、経済危機を経験している。日本は、文化や歴史を踏まえながら、国際環境により適応した、日本型経済モデルを再構築しなければならない。日本は、「ダウンサイジング」に特徴づけられる、米国型雇用システムにはならないだろう。

日本企業は、人的資源を重要視している。高い教育水準、チームワーク精神、指導者の長期的視点など、日本の伝統的美徳を基礎にして、進められなければならない。日本人の自国への深い愛着も忘れてはならない。

2003年からの目を見張るような、日本の経済回復に鑑みれば、日本が12年に及ぶ経済不況から、マイペースで再編を続けながら、大規模な経済危機に陥ることは避けてきたという印象である。

7.3.3　監訳者のあとがき

2004年6月、南仏の古都エクス・アン・プロバンス市で行われた、対日投資シンポジウムにおいて、フルザ女史は、「日本経済が、構造改革の課題をいくつか抱えながらも、確実に長期停滞から脱出して、21世紀の新たな高度な資本主義国家に復活する」という内容の講演をした。

2004年は、フランスにおける中国ブーム一色の年であった。21世紀の、世界最大プロジェクトと言われる「国際熱核融合実験炉」は、プロバンス市の北に設置が予定されている。

フランス中央銀行も、構造改革真っ只中にある。ユーロの発足に伴い、欧州中央銀行に通貨金融政策が権限委譲され、長い歴史のあるフランス銀行のパリと、地方にある巨大な組織はかってないリストラの嵐に見舞われていた。

１．第1部

日本型経営は、雇用制度（三原則）、コンセンサスによる意思決定（稟議書）、独特の生産方式（リーン生産）及びグループ形成（系列）によって成り立っている。フルザ女史の注目点は、人材開発を意識した参加によって、運営される労働共同体である。早稲田大学の榊原英資教授は、日本型経営について、競争的共産主義、共同体資本主義とでも形容される経済を、「資本主義を超越したもの」と呼んだ。

２．第2部

日本の護送船団方式は、効率・透明性・利益率が決して優先課題とならず、国際化に乗り遅れた金融システムは、90年代に破綻して漂流する運命にあったと批判した。1987年末、日本の株式時価総額は、世界の41.7％に達した。ミルトン・フリードマンはこの時、日本のバブル崩壊を予言していたという。

無謀な巨額のM&A投資に走る金融機関は、製造業のアンチテーゼであり、投機バブルの危険性は、日本の上空を漂う有毒の雲であった。住専処理に始まる不良債権問題と、銀行救済に

関して金融取引規制には熱心でも、金融機関に対する監視は甘く、監督に対する規制が手ぬるいことでも知られている。

大手16行のメガバンクの統合も合併ではなく、持ち株会社が優先されて一企業としてのコーポレート・ガバナンスの浸透に疑問が呈された。1998年の橋本内閣の金融緩和・財政緊縮という、ポリシーミックスの転換は時期を誤り、日本経済を更に泥沼に導いたと手厳しい。

米国と対極にある日本型経済モデルは、市場のグローバル化に不適応で、大きく遅れを取ったのである。

3．第3部

日本経済が、危機というより衰弱状態にあるという認識から、財政金融政策の正統的な発動に限界があることを力説する。1992年より何回も導入されてきた、ケインズ主義的マクロ政策は、公共投資の多い日本では効果がない。

日本銀行の活躍は、多くのページを費やし、財務省と一線を画す方向性に、エールを送っている（日本銀行が、抱えた二つのジレンマに対する態度が如実にでている）。

日本銀行の新たな三種のツール、□ゼロ金利政策、□ベースマネー政策、□円高防止政策については、日本銀行が最後の貸手であり、銀行預金の保護者であり、価格安定という長期的なアナウンスメント効果に、繋がったと評価する。

収益重視の企業戦略は、小泉・竹中体制による新金融システム導入など、道程は長いが再生と進歩のシナリオ実現の幕が切って落とされたと述べている。

7.4　構造改革による経済政策

バブル経済の崩壊 (1988年〜 1990年) 後の経済政策について、経済成長率1％に甘んじ、低成長率の経済（近年の検証では、実質的な経済成長は、0ないしはマイナス成長）が続いた時期である。この間において、銀行の不良債権処理が遅々として進まず、歴代内閣は経済対策のため、累計130兆円にも亘る税金を投じたが、経済は好転しなかった。この期間を担当した、内閣の経済政策の失敗と言わざるをえない。

海部内閣 (1989年〜 1991年)、宮沢内閣 (1991年〜 1992年)、細川内閣 (1992年〜 1994年)、羽田内閣 （2ヶ月)、村山内閣 (1994年〜 1996年)、橋本内閣 (1996年〜 1998年)、小渕内閣 (1998年〜 2000年)、森内閣 (2000年〜 2001年) である。

いずれも、1〜2年の短命内閣で、この10年で8人の総理大臣が入れ替わり担当した。経済政策の専門家・ブレーンが政策決定に関係せず、無能な内閣であった。そして、2001年に登場した小泉内閣は、経済政策として抜本的な「構造改革」を強力に推し進め、郵政民営化の道筋をつけた。民間人であるが、経済専門家の竹中平蔵氏を内閣に迎え、5年半に亘り経済政策を実行した。この結果、以下の2点について多大な実績を治めた。

　　　　□10数年来、歴代内閣が処理できなかった、銀行の不良債権処理を終焉させた。

　　　　□民営化最後の事業である、「郵政民営化」の道筋をつけた。

この二つは、日本経済の再生にとって多大なる貢献となり、その後の日本経済の不況からの脱却の基盤となった。この構造改革の経済政策を酷評する学者たちがいるが、第三者的な評論

家であり、浮草のような評論家である。著者は、まともな識者なら、この「構造改革による経済政策」を、日本経済再生の功労内閣と評するであろうと考える。小泉内閣の思いは、2012年12月に発足した、安倍内閣の経済政策「アベノミクス」に引き継がれている。

１．経済再生

　1990年代の日本経済が、「失われた10年」と呼ばれ低迷した後に、2001年から「奇跡の総理」と呼ばれる、一人の「変人」が登場し、時代の民衆の声を背負い、構造改革を断行した。この変人の小泉内閣の求めに応じて、経済学者の竹中平蔵教授が、意気に感じて、内閣の重要な閣僚として入閣した。

　小泉首相と竹中氏との二人三脚の賢明なカジ取りにより、構造改革の５年半のドラマを演じた。構造改革は、トップリーダを支える経済の専門家の名参謀がいて、初めて経済政策が成就することが理解できた。歴史上、名参謀役の活動は、幾度もその事例があるが、竹中氏の活躍は、近年における好事例の一つである。

２．構造改革の経済政策

　５年半で、小泉内閣の不良債権処理・郵政民営化は大きく進展した。しかし、今後の課題もまた発生している。改革に終わりはない。新たな問題は、常にどこでも発生する。安倍内閣の課題は、財政健全化・地方の活性化・所得配分である。

　日本は、潜在的な経済力に誇りを持っている。しかし、「改革」のモメンタム（勢い）が低下した瞬間、厳しい国際環境の中で、再び低迷するという危機感も併せ持っている。

　日本経済は、「改革が進み、経済が改善する事によって、財政も健全化される。結果的には、大幅な増税は回避され、それが更に活性化される」という好環境シナリオも有り得るし、逆に「改革が進まず、経済が停滞するために、財政赤字も減少しない。結果的には大増税が必要となり、それが経済を更に停滞させる」という悪循環シナリオもある。

　政治の世界にいる人と、専門家と称する人の間で、コミュニケーションの断続がある。ロマン・ローランの「ジャン・クリストフ」の中で、「知識人は政治家を軽蔑し、政治家は知識人を軽蔑する」と述べている。政策専門家に求められるのは、経済学や政治学の専門的知見を活用するにあたり、「政策は、民主主義の政治のプロセスで決められる」という事を踏まえた、分析や提言を行なう事である。

　政策においても、手順と時間を念頭においた、戦略的な提言を行なわなければならない。また、評価するにあたっても、プロセスを十分熟知した上で評価が必要である。政策研究者が、政府の中核で仕事をする機会が与えられた５年５ヶ月の経験を活かし、政策専門家の育成、健全な政策ウォッチを行う事が大切である。

３．政策専門家

　日本の民主主義のインフラとして、民間部門から政府の政策をしっかりウォッチし、国民に伝えるという機能を果たしていかねばならない。改革の必要条件は以下である。

□改革マインドを持った政治家の存在。
□改革を細部まで踏まえて、支えるリーダーと一心同体のスタッフの存在。
□民主主義のプロセスとして、それを支える国民の存在。

第７章　日本型経済モデル　295

「政策に関する適切な選択肢」と、「よく知らされた国民（well informed public）」があって、始めて民主主義が機能する。

日本では、経営学者や政治学者は多くいるが、社会的な機能として、こうした政策専門家のグループが殆ど存在しない。例えば、政策と経済学・政治学の関係を「庭づくり」に例えると、庭づくりに植物学の知識は役立つが、優れた植物学者が即、優れた「庭師」である評価は何もない。専門家による、健全なポリシー・ウォッチが、機能する社会にしていかなければならない。

(1) 経済成長

1990年代の「失われた10年」は、日本経済が停滞した時期である。経済が悪化しただけでなく、政治を含む社会のシステム全体が、変化を拒んだ事により、国全体が著しい機能低下に陥った期間である。

バブル崩壊後の日本経済は、平均約1％の経済成長率に甘んじた。1％という低い水準の周りで循環していた。この間、政府は、公共事業増加による財政支出の拡大によって、需要を刺激し、経済の回復を目指した。1990年代を通して、補正予算などによる追加対策だけでも、累計130兆円に達していたが、経済成長率は1％程度となった。

1980年代に、GDP比6.4％の政府固定資産形成は、1995年度には8.6％まで上昇した。

(2) 1990年代の経済構造

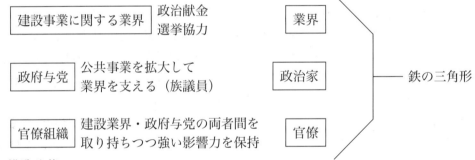

(3) 構造改革

「失われた10年」を解消し、経済の再生を果たすには、経済政策を根本的に変える必要があった。それが小泉内閣による「構造改革」であった。

政治と業界の依存関係（持ちつ持たれつ）、という政治の根幹に触れる抜本的な改革が不可欠である。「構造改革」の実現は、奇跡の総理（小泉内閣）において他にはいなかった。「変人」でなければ改革などできない。

日本の抱える構造問題は、経済的な側面に加え、それをサポートする政治的利害と一体化したものであった。従って、政治的なしがらみを持っている、通常の政治家では、誰が首相になっても、決して変える事のできない性格のものであった。

小泉首相は、自民党内の総裁選に2度敗北している。1995年は橋本龍太郎に、また、1998年は小渕恵三に敗北して、2001年、時機を得て総理となった。小泉首相は、1つの事に徹する、並外れた強靭な意志を持っている。例えば、60歳の誕生日に、ある閣僚か

らお祝いの花束を贈られたが、「自分は、人から物を一切受け取らない事にしている」と言って返却した（自身の政治活動の中に、特定のしがらみを持ち込まないという強い意思表示である）。

しがらみを排して筋を通す、その姿勢があれば一切ぶれる事がなく、徹底した改革に踏み出せる。人間関係をことのほか重視し、過去の貸し借りがものをいう、日本の政治風土の中で、小泉が総理というトップ・リーダに就任した事は前代未聞の事であった。

竹中平蔵氏は、小泉について全力で戦いを挑み、日本を変えようとしている。自分にできる事があるなら、自分も逃げることなく、馳せ参じなければならないと、人間性の魅力を、奇跡の総理の姿に見たという。

また、日本という国が発した時代の声というものを、小泉が背負い、そして、立ち向かっていく姿を見た、日本は変わる、竹中は小泉を見て直感したという。

小泉政権は、本当に信頼できる人物を各分野から選び出した。第一線の研究者として高い能力を有するだけでなく、日本を良くしたいという志を持っている人達である。閣僚は女性5名、民間人3名を、総理自らが任命した。

歴史に残る名演説は、「郵政民営化を、本当にしなくていいのか、国民に聞いてみたい。国民が反対なら私は退陣する」と述べている。

4．日本経済の将来

経済学の考えとして、「収斂の理論」が知られている。アメリカより所得水準が低い日本において、経済成長率が米国より低いままである事に甘んじてはいけない。日本経済の成長力を、貪欲に高める姿勢こそが必要である。

徹底した構造改革は、資源配分の効率化を引き出し、プライマリーバランスを回復させる。過去4年間、消費税を引き上げる事なく、歳出ギャップ（上限抑制）と景気回復による自然増収によって、プライマリーバランスの赤字幅は半減した。

中川試算による支出項目は以下である。

　□社会保障費　　GDP弾性値1.4程度の抑制。
　□人件費　　　　GDP弾性値0.5程度。
　□公共事業　　　年3％削減。
　□その他　　　　1％程度の削減。

> 3％の名目成長を前提とし、プライマリーバランス回復の努力金額：2～5兆円

> 2％の経済成長の場合：税収の伸びが期待されず。不足額は10兆円で消費税で5％に相当する。名目4％の成長が実現されれば、税負担増は無い。

消費税の大幅な引き上げに追い込まれた場合、税負担が更に実質成長の妨げとなり、低成長・高負担という「悪循環シナリオ」になる。改革を着実に実行し、経済を活性化して消費税を回避する運営の場合は、活性化された経済が低負担という「好環境シナリオ」となる。日本経済の発展と国民生活を考え、増税を押え、財政健全化を実現しなければならない。政府・日銀の措置で、適切な名目成長を実現する方向に、進んでいるか否かである。

不良債権処理により、日本経済は危機を脱し、また、郵政民営化による新しい改革は、新しい成長への希望を与えた。しかし、小泉内閣の終盤でのつまづきは、日本銀行がデフレ克服に向けて十分な対応策を取らなかった。また、それに対し内閣が十分な対応をしなかったことにある。

7.5 日本企業の事業展開

日本の産業界は、戦後の高度経済成長期に「垂直統合型モデル」と呼ばれる事業展開（ビジネスモデル）を実施して、事業の成長及び経済成長を遂げてきた。

事業の上流（研究開発、仕様決定等）から下流（製造販売、流通）までを統合して、競争力を強め経済発展をしてきたが、1990年代後半から、それまで日本企業が、得意分野としてきた「エレクトロニクス技術分野」において、時間の経過と共に、韓国・台湾・中国といった後発国にとって代わられ、日本経済は、デフレに突入し景気が低迷している。

ビジネスモデルは、経営者の事業方針や選択にかかっている。各企業の経営者は、1960年代から1970年代の、高度経済成長期における事業展開の成功に酔い、事業継続選択の誤りを招き、1990年代のバブル期において、その欠陥が噴き出した。

長らく、日本経済はデフレ状況から脱却せず、事業衰退についての原因や要因も分からず、人件費削減のため、欧米の雇用形態である「成果主義」を取り入れる等の対応をとってきた。日本が得意分野としてきた半導体を始め、パソコン等の「エレクトロニクス技術」の事業は後退し、日本は、電力・再生エネルギー、環境技術、鉄道事業等のインフラ整備の事業へとシフトしていった。

このように、日本企業が、1950～1980年代に亘り、営々と築いてきた「垂直統合型」のビジネスモデルは衰退し、日本経済を大きく低迷化させた原因である。この要因を検証する必要がある。失敗例からは多くの事を学ぶことが可能である。日本の企業文化と共に、事業展開について深く認識する必要がある。「垂直統合型」のビジネスモデルは、著者が企業に在職中はタブーとされてきた事柄であった。振り返ってみれば、各社の事業展開も、同じような事を行なっている。

7.5.1 垂直統合型モデル〈Vertical Integration Model〉

垂直統合型モデルとは、自社の製品やサービスを市場に提供するため、サプライチェーンに沿って、付加価値の源泉となる工程を、企業グループ内で連携して、事業ドメインの上流から下流までを統合して、競争力を強めるビジネスモデルの事である。

　　□サプライチェーン：製造した商品が消費者に届くまでの一連の工程をいう。

　　　　　　　　　　　サプライチェーン（Supply：供給、 Chain：連鎖）。

　　□ドメイン：　領域、範囲、分野、定義域などの意味（Domain）。

垂直統合型モデルは、例えば自動車産業において、研究開発会社、部品製造工場、そして販売を行なう営業会社に至るまでの業務が、グループ企業内で統合的に行われることである。トヨタ自動車が、その典型的な企業である。また、日本企業が得意技術分野としてきた、エレクトロニクス技術は、垂直統合型システムであり、ハードウェアとソフトウェアをあらかじめ統

合して、最適化したITシステムを基盤としている。

エレクトロニクス技術は、既存のシステム構築と運用で培ったノウハウを利用して、ハードとソフトの整合性検証や、各種設定などを済ませた上で、ユーザー企業に納入するため、本稼働を開始するまでの期間短縮、導入費用の削減、運用管理・保守が容易であった。

複数のコンポーネントを、一つの機器に統合するITシステムの構成方式は、1950年代に登場し、1960年代に主流となった「メインフレーム」が原型である。1990年代には、より安価で拡張性の優れた、「クライアント＆サーバーシステム」が、これに取って代わった。

更に、IT化の進展と共に、ユーザー企業のシステムは、拡張を続け運用・管理は複雑となり、保守の負担が大きくなった。こうした課題を解決するために登場したのが、垂直統合型システムである。垂直統合型システムの構成要素は、ハードウェア、仮想プラットホーム、オペレーティングシステム（OS）、データベースソフト（DB）、アプリケーションソフトから構成される。

垂直統合型の産業構造が持つ最大のメリットは、産業内の全ての企業のベクトルが同じ方向に揃い、事業の成長に巨大なモーメント（動き）を与えることである。企業間で歩調が合う事で、時間やコストのムダが省かれて、産業全体として急成長が可能である。産業内の全ての企業が成長の恩恵を分かち合い、全員が高い水準に到達することである。

垂直統合型の産業構造は、日本の産業界の典型的な成長パターンと言える。この成長モデルにより、日本は、戦後の高度経済成長に貢献してきた。例えば、移動通信産業も、この垂直統合型モデルにより発展を遂げた。

垂直統合的な産業構造の中で、NTTドコモは、産業のプラットフォーム・リーダーの役割を果たしてきた。高い研究開発能力を駆使し、メーカーやコンテンツ・プロバイダーなどの、産業内の様々な補完的立場にある企業に、イノベーションを促してきた。

7.5.2 水平分業型モデル（Horizontal division of labor Model）

水平分業型モデルとは、企業が行う生産活動や、販売活動を構成する様々な要素の中で、どの要素を「外部化」するかを決定する仕方についての、ビジネスモデルである。例えば、パソコンは「水平分業型」の産業構造を持つ。パソコン製品の多くは、製品の主要モジュールの研究開発や製造に関して、OSモジュールはマイクロソフト社、CPUモジュールはインテル社が担っている。

OSモジュールやCPUモジュールは、製造イノベーションによって実行され、パソコンのイノベーションは、モジュールメーカーによって担われている。パソコンメーカは、OSやCPUモジュール等を、外部のメーカーから調達し、それらのモジュールを「組み立てる」ことである。こうした産業構造は、「水平分業型」と位置付けられる。主要モジュールを除き、パソコンの組立作業は、人件費の低い国へとシフトしていく。

7.5.3 企業の事業選択

企業が事業展開にあたり、どの活動要素を「外部化」し、または、「内製化」するかは、企業における戦略的決定の問題である。日本が得意だった「エレクトロニクス技術」の関連産業は、部品を組み上げた製品に、付加価値を持たせる「垂直統合型」の事業構造から、部品そのものが価値を持つ「水平分業型」への転換が進んでいった。

半導体は、多額の設備投資資金を続けることが必要なビジネスであり、水平分業型の事業である。日本企業は、バブル崩壊期から21世紀初頭の景気悪化時は、設備投資を控えており、半導体の事業拡大・圧倒的なシェア獲得から一歩後退していった。この間、韓国や台湾メーカーは、特定事業に資金投入して、事業拡大・シェア獲得をなしていった。

　日本の半導体メーカーは、ビジネスモデル変化の認識不足と、後発国を侮って事業展開を後退させていったことが伺える。事業の選択で、致命的な敗因と言わざるをえない。従来、垂直統合型で内製化されていた機能を、一部外製化する事で、水平分業型の事業が促される場合がある。流通業での共同配送や、製造業でのEMSがその例である。
　　（EMS：electronics manufacturing serviceの略、電子機器の受託生産を行なうサービスのことをいう。）

　逆に、情報通信・鉄道・電力・郵便などで実施された「民営化」や規制緩和は、統合されていた複数工程の分離として捉えられ、新たな事業の創出が期待された。携帯電話事業でのMVNO（仮想移動体通信事業者）、電力事業でのＩＰＰ（卸電力事業者）がその例である。

7.5.4　経済発展途上国の台頭

　日本企業が、特に「エレクトロニクス産業」で、後発国の韓国・台湾・中国に、事業展開において敗退した理由は、多くの識者も提言してきた如く、以下が考えられる。例えば、半導体事業は、1980年代末に、韓国メーカーが事業に参入し、その後、台湾メーカーに製造委託するファンドリー・サービスの時代を迎える。

　日本の半導体メーカーが、1990年頃、韓国・台湾にコスト競争で敗れた時点で、製造部門を国内にこだわらずアジアに移転し、ファブレス化（開発設計に専念）していれば、生き残れたかも知れない。

> 日本特有の、「垂直統合型経営」の事業モデルには問題がある。ビジネスモデルの選択の問題である。この時期、日本の経営者は、ビジネスモデルを学ぼうとしなかったことが、その敗因であると指摘されている。

＜ビジネスモデルを学ぼうとしなかった理由＞
１．日本人のおごり
　1960年代の日本特有の事業展開の成功が、後発国の事業参入について、1980年代後半に競争相手にもならないなどと、見くびった発言が有るなど、従来の事業展開に固執したおごりがあった。これが殆どの日本メーカーの共通認識であった。己のビジネスモデルが最高とし、他者を否定するという思考が膠着し、旧来のビジネスに執着した。

２．ビジネスモデルの認識
　ビジネスモデルは、差別化でライバルより優位に立つという戦略が必要である。そうしなければ、安値競争に陥った場合など体力消耗する。その認識が経営者に無い。
　経営者が、ビジネスモデルについての認識や研究も足りないから、経営判断に過ちを犯すこととなる。事業が順調で利益が生じている場合は、ビジネスモデルの検証もせず、従って事業

の修正もせず、唯我独尊で事業を継続していく。

　修正もなく戦略もないビジネスモデルは、用をなさない事を認識する必要がある。

３．リスク

　日本企業は、長い間リスクを避けてきた。半導体事業の投資は、日本が不況で投資を控えていた時、韓国企業が積極的に投資を行ないシェアを急伸させた。韓国メーカーは、他企業が投資を減らした時、逆にこれと思う特定製品（事業）分野、市場（進出地域）に対して、極めて大規模な資源投入を伴う投資を、ライバルに先行して実行し、景気が上向いた時に、一気にシェアを拡大する「逆張り経営」が得意である。

　韓国企業は、グローバル市場での競争に、勝ち抜いていかなければ、生き残れないという強い危機意識を持っている。リスクを恐れる、日本企業の甘さとは対象的である。リスクを取らないことがリスクであるという、ドラッカーの名言がある。

４．合理的判断

　日本企業が、バブル崩壊によって失ったものは、資産価値だけではなかった。日本企業の経営を支えてきた人々の思いや、経営に対する基本的な、姿勢・精神・規範とも呼ぶことができる「経営のエートス」が失われてしまった。また、頑張っても、あまり成果（利益）が得られない分野（市場）から、早々に撤退する「合理的な判断」が重視されるようになった。

　電機メーカーは、半導体・テレビ・カーナビ・ＨＤ－ＤＶＤ・携帯電話・光デスク等の事業から撤退したが、明日への新規事業への投資があるかというと、甚だ寂しい限りである。安易な合理的判断ばかりが先行して、日本企業が得意としてきた技術面でも、韓国メーカーが、日本企業を凌駕し始めているという事態が起きていた。

7.5.5　強みを発揮する垂直統合型戦略

　強みを発揮する、垂直統合型モデルの戦略による、製品事例は以下である。

１．ｉモード

　垂直統合型による事業成功の典型的な例は、ｉモードである。ｉモードは、世界で初めてモバイルとインターネットを接続した、本格的なアプリケーションである。技術的なハードルは、ＮＴＴドコモと携帯電話メーカーが一体となり、短期間で解決した。また、市場での普及は、利用者数が一定のレベルに達しないと、技術が市場で普及せず衰退するというハードルも乗り越えた。

　市場で生き残る技術を決定する要素の一つが、次頁の「クリティカル・マス」である。

　ｉモードは、1999年２月のサービス開始時、各業界のリーディングカンパニー67社のコンテンツ提供を取り込んだ。ｉモードの成功には、メーカーやコンテンツ・プロバイダーなど100社にも上る企業の共同作業があった。大規模な企業間協調を、短期間で実現できたのは、通信事業者を中心とする、垂直統合的な産業構造による。

　「垂直統合型」の通信産業構造は、世界がとてもマネできない。ただ、世界市場は、日本よりも圧倒的に多くの企業や消費者が、産業のイノベーションに加わっており、通信キャリア１社が先導する日本に比べて底力がある。

　世界市場には、スマートフォン、Black Berry、iPhone といった新しいコンセプトの製品が、次々に現れてきている。一方、日本市場の高い付加価値化の成長は鈍化している。

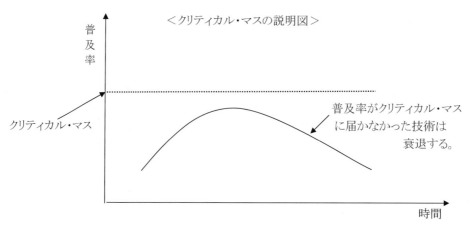

2．半導体
　半導体を開発する形態は、「垂直統合型」と「水平分業型」の２つが考えられる。
　「垂直統合型」は、大手半導体メーカーに代表される、仕様化から製造の量産まで一括して受注するような開発形態である。新しい技術開発のため、膨大な設備資金を必要とし、単独での事業推進に決断が必要となる。また、量産品のため、製品が市場に普及すればするほど、製品価格の下落は激しくなり、市場の要求に応える努力は欠かせない。
　景気悪化の中で、半導体各社は、開発そのものが「金食い虫」であり、経営者も苦渋の事業選択を強いられた。開発と製造を分業する手法を取れば、事業の痛みを回避（採算化）できたが、今までの事業成功が仇となり経営判断ができなかった。
　「水平分業型」は、各々の開発ステージにおいて、様々な企業が協業し、半導体開発を行なう形態を指す。後発国の台湾・韓国・中国は、「水平分業型」のモデルを取り入れて、世界の市場に大きく事業拡大を図っていった。
　このように、半導体の開発事業において、競争相手がいない時は、垂直統合型の企業は莫大な利益をもたらしたが、後発国が事業参入して、各分野での専門企業が特色を出すことにより、製品単価の値下げ、莫大な設備投資の開発費用が必要になるなど、日本企業の事業継続が苦境に立たされ衰退していった。
　日本企業が得意とした、「エレクトロニクス技術」の関連産業が、衰退していった原因は、「垂直統合型」と「水平分業型」のビジネスモデルの理解ができず、過去に囚われて、事業の曲面や市場の状況に応じた、経営判断の選択が適切にできなかったことが、その主な理由である。

3．米国のGoogle社
　米国のGoogle社は、インターネットのサービス事業を手掛ける、一見「水平分業型」経営の旗手のように見えるが、実は「垂直統合型」経営で強みを発揮している。
　Google社は、「ネットを使うだけの会社」ではなく、コンピュータを売らないコンピュータ会社で、「垂直統合型」のコンピュータ会社といえる。Google社のコンピュータを、「情報発電所」と表現しているが、コンピュータの放熱・冷却から、バックエンド広帯域ネットワークの整備まで自ら手掛ける。同社のDC（データセンター）は、約30万台のサーバーを保有し、その10％が故障しても、支障なく働き続けると言われている。そんな事を実現するには、「水平分業型」企業のアプローチでは限界がある。

４．パソコンからサーバーへ

付加価値の源泉が、パソコンからサーバーへ移行している。Microsoft 社は、パソコンユーザー向けに有料のソフトウェアを提供してきた。しかし、Google 社は、インターネット上で、アプリケーション・ソフトやコンテンツといったサービスを無料で提供して、広告モデルで収益を上げる戦略をとり、事業を成功させた。

サービス処理を受け持っているのが、ユーザーの持つパソコンではなく、Google 社が保有するサーバーという点である。サービス向上に伴って性能向上が求められるのは、パソコンではなくサーバーとなる。今後、主力となるサーバーシステムは、数十万台といったパソコンを、グリッド（網の目）状にネットワーク接続したものとなり、各サーバーにはそれほど高い処理が必要ではない。

５．その他

垂直統合型モデルは、製品の企画開発→原料調達→製品加工→流通→販売までのサプライチェーンを、自社内で全て完結させる多角化戦略の一類型である。しかし、一方、垂直統合型モデルは、経営リスクの分散の逆で、本業集中化による経営リスク拡大の懸念が生じる。

国内の携帯電話業界は、キャリアと端末メーカーに分かれる。キャリアは、ＮＴＴドコモ・ａｕ・ソフトバンクモバイル・ｅモバイル等である。端末メーカーは、シャープ・パナソニック・ＮＥＣ・富士通・東芝・カシオ計算機・日立・京セラ・ソニー等、数多くある。

日本では、キャリアが圧倒的に強く、数が多くて競争環境にある端末メーカーを下に置くピラミッド型の「垂直統合型」モデルになっている。日本では、キャリア主導→メーカー指定の産業構造であるが、米国では、メーカー主導→現地キャリアの構造である。

ＮＴＴドコモのように、端末・サービス企画・調達・デストリビューションというように、川上から川下まで、自社のコントロール下に置く、「垂直統合型」ビジネスモデルには限界が来ている。一方、「垂直統合型」経営モデルの、代表企業と言われるトヨタ自動車は、なぜ強いのかが研究されている。

＜日本の垂直統合型モデルの例示＞

アジア最大級のＩＴ（情報技術）・家電の展示会（ＣＥＡＴＥＣ）に、国内外のメーカー各社が最新の新製品・技術を発表している。

（メーカー）	（製品等）
□東芝	電子書籍端末
□シャープ	電子書籍端末（ＧＡＬＡＰＡＧＯＳ）
□ＫＤＤＩ	スマートフォン「ＩＳ０３」
□韓国サムスン電子	Galaxy Tab（ギャラクシー・タブ）
□米国アップル	スマートフォン（iPhone、アイフォーン）

各社が日本市場に合わせた機能（おさいふケータイ、ワンセグ、赤外線通信等）を搭載し、スマートフォンのガラパゴス化が進んでいる。その機能の多くは、モジュール化が十分進んでおり、投入する市場の特性に応じて、脱着が可能である。また、柔軟の実現こそ、モジュール化とディジタル化の本領である。

アイフォーン／アイパッドに、遅れをとった日本企業の姿勢は以下である。

アンドロイド（Android）という黒船に乗り込み、かっての勢いを取り戻したい日本が、この10年間で、世界市場における停滞を余儀なくされた背景の1つに、国内と海外での3Gインフラ普及の時間差があった。3Gは、先進国／新興国でもそのインフラの普及が急ピッチで進んでいた（3Gインフラ：　携帯電話通信システムの、第3世代の技術とそのインフラ）。

日本のメーカーが、自らの製品で提案する価値観や、ビジネスモデルを、共有できる市場は世界にそれほど多くない。世界の市場は、日本のように、通信事業者を中核に据えた「垂直統合型」のエコーシステムが成立していないからである。

端末メーカーやサービスプロバイダーが、コンテンツ調達やプラットフォームを作る役割を担う必要が有り、現在、米国のアップルやグーグルが台頭している理由は、通信事業者の技術的な体力低下と、インフラや端末の性能向上の間に生じた「IPポケット」にうまく入り込めたためである。

表7-1は、垂直統合型／水平分業型ビジネスモデルの、メリット／デメリットを整理した。経営者は、自社の事業展開について、事業の曲面や市場の状況等に応じた、ビジネスモデルの選択が重要となる。

表7-1　垂直統合型／水平分業型ビジネスモデルのメリット／デメリット

	垂直統合型	水平分業型
メリット	①企業内での取引コストが発生しない。 ②特殊的な投資がしやすい。 　川上の企業が川下の企業に応需するため、投資問題が解消される。 ③情報漏洩の可能性が低い。 ④範囲の経済学、シナジー効果の活用。 　異種作業を1社で行い、シナジー効果と、コスト総和が低コストで行える。 ⑤一括開発による安心感と、開発費を抑えることが可能である。	①各種のシナジー効果が得られる。 　□製造（生産）シナジー 　□財務（資金力）シナジー 　□研究（技術革新）シナジー ②規模の経済となり、企業規模の増大に伴う単位当たりのサービスコスト削減。 ③市場支配力が強化される。 　マーケットシェアの拡大による、市場支配力の強化と独占利潤の獲得。 ④少量生産や、試作の開発に適している。
デメリット	①需要低下による影響 　需要低下がシステムを直撃する。 ②規模の経済性が活用不可で、生産の効率性が劣る。 ③処分コストの可能性 　統合企業の部品・原料等の需要がなくなった時、処分コストが発生する。 ④エージェンシー費用の発生 　製造過程の非効率化や、過剰人員による人件費が増加する。 ⑤多大な初期投資の回収が困難 　多額の初期投資が必要で、費用の回収が困難である。 ⑥リスクが伴なう開発には躊躇する。	①規模の不経済性がある。 　□労務費が増加する。 　□専門能力分散による影響 　　企業に特化すべき業務・能力配分が、曖昧となる。 　□利益相反の影響 　　顧客同士が競合関係の場合、秘密漏洩の危険性から取引がなくなる。 ②企業内部でコストが発生する。 　□モニタリングコスト 　□インセンティブコスト 　□企業文化の違い ③全体を通してコーディネートが複雑。 ④不具合発生時、責任所在が不明確。 ⑤カスタマへの対応遅れが生じる。

7.5.6　現状の課題

　企業の事業展開は、事業の曲面や市場の状況に応じた選択（垂直統合型、または水平分業型、またはその組合せ等）の決断が必要であると述べてきた。しかし、産業構造そのものの転換がなされないと、現在、好況でも将来に衰退していくことは、周知となっている。

　本論では、現状の事業のビジネスモデルを中心に見てきたが、この二つのビジネスモデルの他に道はないのであろうか。ビジネス（事業）とは何か、何のために存在するのだろうか、という原点を再認識することが必要であろう。ある識者は、「競争社会そのものの中に、経済発展はない」とも述べている。至言である。

　従来、企業における事業は、互いに競争しつつ発展してきた。そのために、生じた地球規模での環境問題や、経済格差、資源の枯渇問題、自然災害の多発、人口増加による社会問題等の対応は、第二義となり置き去りにされてきた。

　その対応として、企業の社会貢献活動が、社会の認識を得て定着し始めてきたが、事業そのものに対する根本的な改善は、未だなされていない。しかし、ハーバード大学のマイケル・E・ポーター博士が、2011年6月に提唱した「共通価値の創造：ＣＳＶ」の論文に、その解決を見出すことができる。

　ポーター博士の論文は、地球規模で生じている問題群の解決を、事業そのものに取り入れて、事業展開するよう求める概念である。世界的な大企業が、自らの事業の行き詰まりから、この概念を取り入れて、蘇生している実績が紹介されている。

　もう一つは、法政大学大学院の坂本教授が述べている、「事業そのものが、社会や人間のために貢献できる事が大切である」との考え方である。そして、事業に対する経営者の思いを最も重視して、このような会社を「日本で一番大切にしたい会社」として紹介し、日本の宝であると称賛している。特に、日本の中小企業に焦点を当てている。

　本章では、ビジネスモデルの手法について論じてきたが、21世紀における企業の事業展開の在り方の課題を突き付けられている。事業は、継続することが最も大切であるとは、従来からも言われていたが、著者は、将来において、人間のために、社会のためにが、問われる人道的な競争の事業展開が求められると考えている。

7.5.7　まとめ

　企業の事業は、経済社会の基盤をなすものであり、そこに働く人々は、生活の糧を得ると共に、仕事を通じて人生の様々な事を経験している。故に、企業の事業展開の在り方は、人々の生活と切り離すことができず、疎かにはできない。

　なお、過去の事例や経験を活かしつつ、新たな事業展開の理念を模索し、人々や社会に貢献できる人道的競争の社会を実現すべく、その推進を図ることが大切である。また、働く人々も仕事を通じて、人生の中における意味づけを、新たな視点で、自分自身に問いかけてみる事が重要であろう。

　事業そのものにも功罪がある。人々を苦しめる、人々を競争に煽りだす、自然の環境破壊をしていく等に加担するような事業は悪であり、事業そのものが衰退する。21世紀の社会は、それらを止揚して、人間らしい人道的な競争に、事業も流れを変えざるを得ない時代へと突入している。

21世紀の社会は、前述の、ポーター博士、坂本教授の提唱が活きる社会であろう。その先には、本書が提示する「人間主義の経済」が、社会の基盤となり経済活動にも反映される、社会の実現が望まれる。「人間主義の経済」が、社会や事業の基盤として定着することが、人々が「真の幸福」を実感する社会の実現になるであろう。

7.6　日本型経済モデルと日本文化

日本型経済モデルは、第二次世界大戦後の、日本経済の活動を称して名づけられた。日本には、「100年企業」と言われる、創業以来100年を超えて経営されてきた企業・法人が、世界の半数以上を占め、約25000社ある。その企業精神の土壌には、1000年以上の歴史を有する、日本文化が根付いていると考えられる。以下に、日本文化と日本人の気質等を整理し、文化の力が経済にも関わっている事を再認識する。

文化は、民族や国家によって各々の特質を有するが、人々の生き方や生活の反映である経済活動について、多大な影響を与えている背景がある。また、文化は、優れた高等宗教の台頭に大きく影響を受け、人々の生活の基盤ともなっている。日本文化が大きく花開いたものには、天平文化、平安文化、鎌倉文化、元禄文化等に代表される。いずれの文化も、その土壌には高等宗教の影響があり、人々のエネルギーが、花開いた日本特有の文化である。

一方、近代における日本経済の底流には、脈々と日本文化を土台とした経済活動が展開されている。世界の識者が、日本人以上に良く認識している。その一人に、米国人のドナルド・キーン（Donald Lawrence Keene、1922年～）氏がいる。氏の日本文化に対する深い理解を通じ、再度見直したい。

キーン氏は、米海軍で日本語の特訓を受け、母校のコロンビア大学で、日本語を56年間教えた。キーン教授の半生の労により、日本文化は、世界に対し普遍性というイスを与えられ、その価値が認められつつある。キーン氏は、戦時中の日本兵の辞世の歌を翻訳し、「源氏物語」の原文を読み、1953年（31歳時）には京都大学に留学して、日本文化を深めている。更に、1950年代の社会の成り立ち、人々の生き方を捉えた貴重な実録を、『生きている日本：Living Japan』として著した。日本全国を旅して講演活動を続け、新潟県柏崎市には、キーン氏の記念館が設置され、2012年には日本に帰化した。キーン氏は、日本文化について以下の識見を述べている。

美術・建築・生活のあらゆる場面における、日本的なセンスと造形は、世界的な美の基準になりつつある。また、合理的で洗練された、自然と響き合うこの国の美的センスを、すでに多くの欧米人が共有している。

しかし、日本の戦後は、高度経済成長の実現のため多忙だったであろう。とはいえ、日本人は、過去の歴史や慣習を簡単に手放し過ぎたのではないか。戦後の風景を、今では、どれほどの人々が思い出せるだろうか。京都大学に留学した当時の京の町は、そのまま千年に亘る歴史の博物館であったと、述懐している。

また、高齢化・機械化が進み、膨大な余暇を手にした人類の未来には、「日本の第二芸術が役立つ」と述べている。世界の国では、一流の芸術のみで、第二・第三はないが、日本は、素

人が参加できる芸術が、これほど豊かな国はない。格式ある家元制度から、地域の集いまで多種多様な組織が共存し、老若男女が研鑽し合う。それが、日本の美意識を支えている。

日本文化は、俳句・短歌・謡曲・三味線・尺八・日本舞踊・狂言・能・文楽・歌舞伎・神楽・郷土芸能・茶道・華道・書道等多種にわたる芸術がある。芸事の道やすそ野は広く深く、披露し褒め合って庶民が楽しんでいる。円熟を重ねる高齢者に、若い世代は感化を受ける。特に茶道・華道・書道など日本人の向上心の源である「道」は、世界に広がり、夫々の国で翻訳・アレンジされ、21世紀の人類共通の喜びとなる日が、来るだろうと述べている。

7.7 先端技術と世界への貢献

日本は、近代化を目指して二度に亘り、欧米から先端技術を学び、内製化すると共に、独自の研究開発を進めた。その背景には、明治時代に、国民に対して一般教育に力を注ぎ、全ての子ども達への教育制度を確立し、文盲率をゼロにした。また、資源の乏しい環境で、高付加価値を生じる製品開発に力を注ぎ、国挙げて工業化に取り組んできた。

なお、日本文化を底流とした生き方は、国民の資産形成にも大いに発揮され、国民の総資産の合計は、米国に次いで世界第二位まで押し上げてきた。この資産形成も、日本の研究・技術開発に大きく影響するところである。

日本が誇る造船技術、鉄道技術、電力技術、道路・トンネル・橋等のインフラ整備、環境保護技術等の分野で日本は、世界の最先端技術を営々と築きあげてきた。これらの技術は、インフラ整備や安定した社会・経済にも大きく貢献する。

また、日本は、世界の新興国／経済発展途上国に、技術供与や人的貢献にも大いに協力し、経済発展や国の繁栄に永らく貢献してきた。21世紀に入り、貢献の成果は、既に日本技術を凌駕する国も現れ始めてきた。

このような現代社会にあって、人類へ貢献する研究・技術開発の継続は勿論、今後は、日本文化を中心とした、ソフト面で世界貢献に注力する必要がある。すなわち、1000年を超える日本文化の底流に流れる、日本固有の制度や仕組み作りを、再度見直して、世界に発信すると共に、共存共栄の精神で、世界との文化・教育の交流を一段と深め広げてゆく事である。特に、経済発展途上国への関わりは、非常に大切である。

従来、先進国は、新興国／経済発展途上国に対し、経済圏を構成して繁栄を図ってきたが、今後は、一国のみの繁栄はありえない状態であり、共存共栄の社会と秩序を保つ必要がある。著者は、先進国の中で長い歴史を有する日本は、積極的に他者に貢献する中で、自らも生きていく方途を探る必要があると考えている。

7.8 日本経済の転換

日本型経済モデルは、今後の日本及び世界に対して真に貢献し、持続可能な社会を構築できるかどうか、今一度、検証してみる必要があると考える。また、人々の経済観念や望んでいる社会観、すなわち、「資本主義社会」そのものにも目を向けて、現状の閉そく感から、どうす

れば明るい社会の実現や構築ができるかを確認することである。

　今、人々の思いや考えが、時代に合ったものに、転換すべき時であると思われる。そのためには、現実の日本社会や経済の実情を的確に把握し、日本が進むべき方向性すなわち、日本経済が目指すものを、明らかにすることが求められている。

　日本は、世界の国々と共に、共存・共栄を目指さなければ、発展も成長もない。人々の智慧と努力と行動で課題を克服し、厳しい現実を乗り越えていかなければならない。日本は、多くの課題を抱えているが、特に、少子高齢化による人口減の社会の経験は、世界に先例がなく手探りでその対応をしている。

１．日本の現状

　日本は狭い国土に、約１億2500万人（世界第10位）の人口を有し、資源が乏しく、食糧・工業原材料・エネルギー燃料等、生活に必要な殆どのものを、海外から輸入に頼っている。日本においては、完全循環型経済は成り立たず、海外の国々との貿易に頼らざるを得ない。また、先進国の中で超高齢化社会の先頭を走っており、既に人口減少の社会に突入して、その対策に追われている。

　政府は、高齢化・人口減少の社会に対する対応として、「地方創生」に力を入れ始めた。一方、高齢化社会の伸展に伴い、人々の経済的な格差は、一段と拡大して、認知症の人々や生活保護者が増加し、社会問題化している。このような日本社会の抱える課題は、世界でも先例がなく、日本社会の取り組みは世界からも注目されている。

（１）国の債務

　　1990年代から国債発行が累進的に増加し、償還が間に合わない状態となっている。国債の大口引き受けは、政府金融機関、銀行、証券会社、保険会社等であるが、将来、増加する国債の償還・弁済が課題となる。現状の日本の財政は、ドロ船に例えられ、沈没・破綻している状態である。

　　近年に至り、この是正のため、国債発行を30兆円以内に抑えているが、国債発行は、今後ますます増加が予想されている。2007年６月末の「国の借金」が836兆5213億円と発表された。（国民一人当たりの借金は、赤ちゃんも含み約655万円となる。2007年８月１日現在の推計人口１億2777万人で除した数値による。）

　　□借金の内訳

　　　・歳入不足を補う普通国債：　　525兆8975億円。

　　　・借入金：　　　　　　　　　　57兆 715億円。

　　財務省が、これとは別に「国と地方の長期的債務残高」は、2007年度末で773兆円であると公表している。

（２）国民の資産

　　国民の資産（不動産、貯蓄、証券等）の合計は、約1600兆円で、年々、増加している。また資産の中で、特に貯蓄が全体の60％以上を占めている。日本の外貨準備高は、2004年９月末で828億ドル（116円／ドルに換算して約９兆6000億円）である。

（３）日本経済の債務に対する感覚

　　日本の債務（借金）は、2013年12月末で、1000兆円を超えＧＤＰに対する債務残高が約

２倍を超える赤字国家がなぜ破綻しないのか、国の経済は、債務に関係なく運営されており、諸外国から日本経済を見たら、不思議な存在である。

　水野和夫氏は、著書の中でその理由を以下の如く述べている。

□市場の信頼

　　民間の実物資産や個人の金融資産が、国の債務を大きく上回っているため、市場からの信頼を失わずに済んでいる。

□日本国債の資金繰り

　　毎年40兆円発行される国債の資金繰りが、問題なくフローしている。金融機関のマネー・ストックは、約800兆円あり年３％、約24兆円ずつ増えている。その多くは、年金であり、年金が消費に向かわず、預金として銀行等に流れている。

　　また、企業は、1999年以降、恒常的に資金余剰の状態が定着しており、１年間の資金余剰額は、約23.3兆円にも達する。このように、家計部門と企業部門を合わせた資金余剰は、48.0兆円（ＧＤＰの10.1％）と高い水準を維持し、これが銀行や生保などの金融機関を通じて、国債の購入費に充当されて消化されている。

２．日本の特質

　日本及び日本人の底流には、1000年を超える日本文化が脈々と流れ、受け継がれている。日本固有の文化は、人々を豊かに育んできたし、その精神・思いは、人々に対しても、またあらゆる産業にも影響を与えてきた。

　歴史を振り返れば、日本は国外からの文化の流入や経済的な影響に対して、一度は、受け止めその後に内製化して、賢明に対処してきたし、その能力があると考える。戦後の短期間において、世界第二位の経済大国になった事は、その良い事例である。

　研究・開発・創作においては、人間の可能性に挑戦するかの如く、まだまだ成長する分野が存在している。また、日本は、人類史上二回に亘り、原爆の悲惨さを経験しており、世界の誰よりも平和を求める心・思いも、人々の底流には流れている。

　このように、日本の特質は、世界の国々の模範となるべき事を多く有しており、これらの資産を利他、つまり他者に貢献することにより、日本の特質も大いに活かされる事となる。そして、日本文化の底流に流れているものは、アマルティア・セン博士も指摘していたが、仏教における「法華経」の精神が存在していることである。

３．資本主義社会

　水野和夫氏の著書『資本主義の終焉と歴史の危機』で、資本主義の本質とその在り方について検証している。経済という言葉は、イギリスのアダム・スミスの『国富論』にて、初めてその観念を打ち出した。

　ヨーロッパ社会において、資本主義社会の概念は、12～13世紀に遡ることとなるが、経済の観念を得て定着してきた。そして、経済の観念は、マルクスにより、社会主義経済を派生させた。19世紀・20世紀には、世界の経済は、大きく資本主義経済と社会主義経済に二分されるに至っているが、社会主義経済は、その理論を破綻させ、一部資本主義経済の考え方を取り入れて、純粋な社会主義経済は、北朝鮮などごくわずかな国が、実施しているのみである。

　水野氏は、著書の中で「資本主義」が破綻してきている現実の状況を精査し、全く新しい経

済理論・経済観が求められていると述べている。現代社会は、その資本主義経済も行き詰まり、資本主義にとって替わるものが模索されている。

　水野氏は、従来の資本主義は、利益を出して初めてその仕組みが機能し、人々の生活に反映するものだが、投資をしてもその利益が生じないとなると、資本主義ではなくなると指摘している。著者は、経済が、人々の共存共栄のため、また、人々の幸福のためにある、という考え方に転換されなければならないと考えている。

　もともと、東洋の経済観は「経世済民」であり、「世の中を治め民を救う」との意味で有り、経済の本質であると言われる。欧米中心の西洋の経済観から、東洋の経済観への転換・実現が求められると考える。

4．日本経済が目指すもの

　日本の現状・特質、及び資本主義の在り方を基盤として、21世紀の将来に向けた「日本経済が目指すもの」について、以下にまとめてみた。

　日本の人々の経済観について、積極的に国内外に発信することである。経済の取り組みについて、「利他の精神」に基づき、日本の特質である様々な文化資産等を基盤にして、世界に貢献する生き方を、鮮明にすることである。例えば、安倍内閣が、「戦後70年の日本の在り方」を世界に発信したことはその好例である。日本の世界最先端の技術、日本文化を根底にした社会の仕組みや制度等は、経済発展途上国にとって、とても必要な事が多いと考えている。また、世界に貢献できると考えている。

　2015年2月、著者が住んでいる地域の連合町会・自治会で、「食の安全」の研修の一環で、長野県のアルプスのふもとに存在する企業を見学した。海藻を原料とした、「かんてん」の各種健康食品を生産している企業である。事業そのものが、社会や人々に貢献していることは言うまでもなく、「いい会社を作ろう！」というのが、同社の社是である。

　経営者は、「企業は、利益よりも社員の幸福追求のために在り、企業は大家族のようなものである」と。また、会社の目的は、「事業を継続することにある」と述べていた。同社は48年間、増収増益を継続しており、リストラで一人の社員も解雇していない企業である。しかも、社員が400名を超えているのに労働組合がない。必要性がないとも述べていた。

　自然環境の豊かな地域で、社員が喜んで働ける環境作りを目指している経営者の思いが、会社の隅々に見られた。事業のみにとどまらず、地域との関わり、青少年の健全な育成、文化・芸術への貢献と、事業を通じて幅広く社会活動にも取り組んでいる。法政大学の坂本教授が、「日本で一番大切にしたい会社」でも紹介し、理想像とするような企業であった。日本にも、現実にこのような企業が有るのかと感嘆した。国内外からも、会社見学に訪れる人・団体が多いと伺った。

　大小の企業に関わらず、このような企業を目標に事業経営する事が、日本経済の目指すお手本であると考える。このような企業は、将来に亘りますます発展し、事業の継続がなされると考える。

　さて、日本経済は、日本文化を底流とした精神に脈うたれていると述べたが、この底流に流れているのは仏教である。そして、仏教の真髄は「法華経」である。法華経の精神は、現代において、人間主義の哲学として、日本社会に厳然と存在しており、世界の指導者層・知性等か

ら、「人間主義の哲学」として認知され求められている。

　著者は、利益至上主義から、経済の本質である「経世済民」へと転換され、経済においても「法華経」の精神が、その基盤となるならば、現代社会は、世界は、明るい未来となっていくものと考えている。

コーヒー・ブレイク（第7章）

「あなたの会社は、垂直型 or 水平型？」

戦後の日本経済を牽引してきた事業形態は、垂直統合型モデルですね！
現代のグローバル化社会の中で、多くの企業が、
水平型分散モデルにチェンジして成長してきたよね。
さて、自分の会社は、垂直型／水平型どちらかな？
両モデルとも、メリット／デメリットはあるが、事業形態によっては、
どちらも有り得る。
しかし、現代社会の中で、多くの企業が行き詰まって低迷している。
要因を分析する必要があるよね！
それとも新しき、第三のモデルの追求もあるのでは？
行き詰まったら原点に還る。
何のための事業か、「共通価値の創造」に連なっているのだろうか、等々を
見直す事が必要だね！
本書が、その一助になるかも！

→さあ、次の章に行ってみよう！

第8章

震災と経済

本章は、震災が経済活動に及ぼす影響、震災による人々の価値観の変化、震災と現代社会の関わり合い等についてまとめた。日本は、地震国で台風等の自然災害が多発する国土である。震災に関わる貴重な経験知を、数多く有している。震災は、経済活動を阻害する大きな要因でもあり、重要な示唆を伴うことから、経済活動の応用分野として取り上げた。

　2011年3月11日、日本は先進国の中で、1000年に一度の未曽有の大地震を経験した。大地震で発生した津波は、想定外の規模となり、科学の粋を集めた原子力発電所を襲い、電源消失による原子炉冷却が不可となり、原子炉建屋内で水素爆発が生じ、放射能が飛散した。そして、数十万の人々が、他所に避難を余儀なくされた。

　宮城県・福島県・岩手県を中心とする、東北地方の広域に亘る災害は、部品製造のサプライチェーンが寸断され、世界の製造拠点への部品供給が停止し、改めて東北地方の製造業が、世界の生産に影響している事が知見された。原子力発電所の事故に対する、日本の経験知や対応内容は、世界の国々に対しても、共有すべき貴重な情報となった。

　著者は、東日本大震災時、勤務先の本社ビルで大地震を経験した。社内テレビに映った現地の状況は、特に大津波は、スローモーションを見ているようであった。また、東京湾の対岸にある、千葉県の石油コンビナートのタンクが炎上し、赤々と火柱が上がった。帰宅の交通手段がなく、44年の会社生活の中で、初めて社内で一夜を明かした。

　大震災より4ヶ月後の7月、東日本大震災に関わる講演会とシンポジウムが有り、聴講する機会を得た。経済を根幹から揺るがす要因でもあり、慎重な論議が多く出され、日本経済の展望について、具体的な対応や提言が語られた。震災直後のタイムリーなテーマのため、多くの聴衆が参加し、新しき日本経済の進路について、思索する機会ともなった。

　また、日本学術会議の会長が、科学は今回の大震災と事故から何を学んだのか、今後、どのような役割を求められているのかとの論評や、哲学者の鷲田氏が、被災地の人々、そして日本人の心の在りようはどう変化していったのか、ＣＩＰＰＳ（国際公共政策研究センター、Center for International Public Policy Studies）の「日本の活路を開く」という論説等は、震災と経済について多くの考察すべき視点を提供している。

＜復旧事業＞

　東日本大震災は、福島・宮城・岩手の3県を中心として、青森県・茨城県・千葉県の広域に亘り被災した。各地方自治体は、住民第一の復興計画を立て奮闘していったが、ガレキの撤去一つにしても、その処分をめぐり紛糾した。特に、福島県は、福島第一原子力発電所の1号機から4号機が、原子炉の冷却が不能となって水素爆発を生じ、放射能が飛散して半径30km以内の数十万世帯の住民が避難した。

　福島県内では、放射能汚染の除染が最優先され、長期間にわたって除染処理が実施された。汚染地域の人々は、数年間は帰郷できない状況である。なお、震災時の政権は、政権運営の経験が全くない民主党政権で、政治の対応が更に現場を混乱させた。震災後、1年以内に全ての仮設住宅を建設するという目標は反故にされ、現地では反感をかった。

　復興作業は、小さな地方自治体（市町村）では、遅々として進まないのが現状である。東北地方が、一丸となって全体の協調を図り現場で知恵を出し合い、現場中心の復興活動が望まれている。大正時代の関東大震災の復興事業計画、及び実施が良いお手本である。東北6県が、

あたかも1つの広域の自治体として対応した方が、とても効果があり効率よく、スピーディに処理が可能と考えられた。その良い見本を示す絶好の機会であった。世界各国が、その復興事業を注視している。

＜講演会及びシンポジウム＞

　震災発生後の7月、東日本大震災に関わる講演・シンポジウムが開催された。その詳細内容は後述するが、その中でキャノンの御手洗氏が、「道州制」について積極的な導入の必要性を訴えていた。著者は、これを機に「道州制」について検討・思索することとなった。

　この震災を機に、東北6県の「東北州」なる広域行政の州政府を立ち上げ、今後の復興事業を実施したら、日本にとって重要な経験となったにちがいない。「道州制」について調べるほどに、日本は行政の面でも、世界の先進国から随分遅れている事も知見できた。

　日本中の心ある人々が、被災地でボランティア活動に参加して「絆」を深め、現場で、希望に繋がる対応を繰り広げ、人々の絆の連帯、価値観の転換等が図られた。その検証は、10年後、20年後に明らかにされると考えている。

　□講演会
　　演題：　　　　　　「震災後の日本経済と成長の展望」
　　日時・場所：　　　2011年7月19日（火）、日本青年館大ホール
　　講師：　　　　　　慶應義塾大学教授　　竹中平蔵氏
　□シンポジウム
　　演題：　　　　　　「震災後の日本経済を展望する。」
　　日時・場所：　　　2011年7月26日（火）、日本橋三井ホール
　　パネリスト：　　　関西電力株式会社　　　　顧問秋山喜久氏
　　　　　　　　　　　株式会社東芝　　　　　　代表執行役社長佐々木則夫氏
　　　　　　　　　　　スタンフォード大学　　　教授フランク・ウォラック氏
　　　　　　　　　　　新日本製鐵株式会社　　　名誉会長今井敬氏
　　　　　　　　　　　キャノン株式会社　　　　代表取締役会長御手洗富士夫氏
　　　　　　　　　　　パナソニック株式会社　　代表取締役会長中村邦夫氏
　　　　　　　　　　　トヨタ自動車株式会社　　相談役奥田碩氏
　　　　　　　　　　　ＣＩＰＰＳ顧問　　　　　元内閣総理大臣小泉純一郎氏

＜政治の対応＞

　東北地方の経済・産業の特徴は、優秀な中小企業が数多く存在し、サプライチェーンを構成していたことである。このため、世界の製造部門に少なからず影響を与えた。震災後、産業界は、いち早くサプライチェーンの立ち上げに全力をあげた。

　また、日本にある50基の原子炉は、徐々に稼働停止となっていった。産業及び人々の生活を支える電力が、電力不足で計画停電が実施されたのは、近代に入り、日本経済始まって以来のでき事となった。原子力発電所の停止により、代替電力として、未使用の既設の火力発電所をも再稼働させて対応した。石油・ＬＮＧガスの大量輸入増加により、6兆円／年の貿易赤字として、日本経済に大打撃を与えている。電気料金の大幅な値上げ申請が、産業界も家計へも大きく悪影響を与えた。

2012年12月の衆議院選挙では、原発反対、原発即廃止、原発再稼働禁止、卒原発等の無責任で表面的なスローガンが目立ち、現実的な対応の政策は何もない状態であった。現実の国民生活に対してどうするのか、反対だけではなく、対案を示さなくては、とても政策とは言えない。また、国民は、政治について、一人一人がもっと賢明な判断が、できるようになることがとても必要である。

＜大震災の経験知＞

甚大な被害（人命・財産・産業）の代償を支払って、日本は、貴重な経験知を得る事ができた。この経験は、先進国・経済発展途上国を問わず、今後発生が予想される、災害等の対応に活かすべきものである。この災害を通じて得られた教訓は以下である。

　　　□災害は、天災より人災が大きい。
　　　□災害を想定した、経済活動の取り組みの必要性。
　　　□人間の絆を、大切にする考え方の再認識。
　　　□復興支援のボランティア活動の充実と、継続性について再構築。
　　　□災害に対する行政の事前計画の作成と対応。
　　　□日常的に、避難場所への避難誘導の訓練の実施。

8.1　震災後の日本経済と成長の展望

株式会社コムテックス主催の経済講演会が、慶應義塾大学の竹中教授を招いて、「震災後の日本経済と成長の展望」のテーマで開催された。竹中教授は、関東大震災において活躍した、東京市長の後藤新平を取り上げていた。後藤新平については、参考資料２でその詳細をまとめた。また、講演後、質問する機会が設けられたので、著者も質問した。

1．講演

竹中平蔵氏は、1951年和歌山県生まれ。一橋大学経済学部卒。経済学博士。日本開発銀行、大蔵省財政金融研究所主任研究官、ハーバード大学客員准教授、大阪大学経済学部助教授、慶應義塾大学総合政策学部教授を歴任。2001年、小泉内閣で「経済財政政策担当大臣」、2002年に「金融担当大臣」、2004年に「郵政民営化担当大臣」を兼務、2005年に「総務大臣」。2004年には、参議院議員に当選した。しかし、2006年９月、小泉内閣の終焉と共に辞職し、慶応義塾大学メディアデザイン研究科教授。㈳日本経済研究センター特別顧問、アカデミーヒルズ理事長、㈱パソナ会長等に就任している。講演の概略は以下である。

今回の大震災について、経済の立場から問題の提起をしたい、皆様と一緒に考えて頂きたい。現在は、政治歴史の中で最も体たらくの時である。小泉首相は良く「感動した！」と言われたが、現政権には「勘当した！」と言える。

最近、インドネシアでのアジアダボス会議に参加した。議長国のユドヨノ大統領は、挨拶時間の半分を裂いて、東日本大震災の日本人の対応について、粘り強く立派であるが、政治の対応は、どうしているのかと異例のスピーチをされた。この会議に、日本の閣僚は一人も参加していない。海江田経産省大臣に、出席依頼の連絡をしたが不参加となった。こういう場に、大臣クラスの不参加は、国益をどれだけ損なうか、リーダーはしっかりして欲しい。

２．現在の経済状況

　震災後の経済について、皆様と共有した認識を持ちたい。

（１）複合連鎖危機

　　計画停電、放射能汚染、中小企業の大打撃、産業の空洞化等、全てが連鎖している。このような状態は、国際市場に悪影響を与える。原子力トラブルに際し冷却水がない、水を注入し温度を下げた、放射能汚染水が溢れた等、次から次へと問題が発生した。これを複合連鎖危機という。

　　非常時には、力強いリーダが必要である。しっかり現状を把握する事が必要なのに、首相官邸内には20を越える委員会を設置し、指揮系統がメチャクチャである。更に参与を13人も設けるなど、子供のサッカーゲームである。

　　また、関係する大臣を増加して、責任を回避した対応をしている。このため、大震災発生後、４ヶ月を経過しても、未だ震災復興事業が着手できないでいる。政治において力不足を露呈したものだ。

（２）日本の価値

　　電力不足は何を意味するか。電力不足が生じると円が暴落する。1923年の関東大震災時では円が20％暴落した。1995年の阪神大震災では円が上昇した。今回も円が上昇した。これは、復興特需が発生すると考えた、外国の投資家が、株を買い支えたからである。日本にいる外国企業は、日本を脱出する。こういう状況は、日本の価値が問われている事を認識すべきである。

（３）日本の強み

　　一方、震災時に発揮した、日本の強み（特長）が再発見された。

①地震発生後、３分以内に津波警報

　　東日本大震災では、約25000人の人々が犠牲者となったが、迅速な警報が出され、多くの生命を救う事ができた。このようなシステムは世界にない。M9.1のインドネシアスマトラ地震では、約22万人の犠牲者がでた。

②新幹線が安全に停止

　　地震発生により、時速200km以上のスピードで走行中の新幹線が、全て安全に緊急停止をすることができ、犠牲者がゼロであった。

③都市ガス供給が停止

　　各家庭の都市ガスのメータが、マイコンメータに交換されていたため、地震によるガス漏れでの火災事故が皆無であった。1995年の阪神大震災では、ガス漏れによる甚大な火災事故が発生した。仙台では、都市ガス供給の自動停止が、防災に活かされた。

④携帯電話の活用

　　地震発生時、携帯電話の通信機能が95％ダウンし５％が残った。メール機能は、活きていて家族との連絡がとれた。インターネットも電気がないと使用できない。

　　携帯電話は、充電すると10時間は使用でき、バッテリーを持っている社会である。1995年の阪神大震災時は、インターネットの普及はなかった。Windows95は12月に発売されて漸く普及し始めた。今回の大震災を契機に、各家庭でバッテリーを持とうという気

運が高まった。これは日本が世界に発信できる経験である。

⑤震災対策

インターネットは、分散型システムのため、全てが機能停止に陥ることはない。このシステムは大変強い機能である。日本は、震災を経験して、防災対策を積み重ねてきた。阪神大震災、上越地震、東日本大震災等、更に何か改善ができないかと。震災で50人以上の方が亡くなった場合、大地震が発生したという。日本は、過去210年間で34回の大地震が発生している（1回／6年の割合である）。

（※）日本は、これらの経験を活かし、日本の強みとして、それらのノウハウを世界に発信できる位置にある。

3．キーワード

（1）フロムスクラッチ

フロムスクラッチとは、ゼロからのスタートという意味である。

①復興事業

例えば、東北地方に21世紀型のモデルとなるエコタウンを作る、大規模な耕作地を有した農業開発を行う等、ピンチをチャンスにする復興事業を行う事ができる。人が住んでいる場合は、移動したり補償金等で膨大なコストが必要となるが、現状では瓦礫を撤去後、区画整理が容易に行えて、上記のコストは不要となる。

復興事業を行えば、一定期間は必ず特需が発生する。外国人が日本の株を買い支えた理由はこれによる。このようなチャンスに、政府の対応は何もしてこなかった。復興事業のメッセージすら発信していない。阪神大震災時は、発生して1ヶ月後には復興事業を開始していた。

＜関東大震災時における復興事業計画＞

震災後、後藤新平東京市長は、政府と掛け合い、当時の金額で40億円（現在では200兆円相当）の復興費用で、フランスのパリに負けない都市にすると豪語した。結局、復興事業の予算は1／10となったが、現在の東京の区画整理は、この時の構想計画と実施によるものである。復興事業は、事業計画と共に予算を明確にする必要がある。

②政府の対応

政府は、復興構想会議を立ち上げたが、マスタプランが何もない。復興予算の設定など何もない状態である。会議のメンバーに、マクロ経済／財務／金融の専門家が一人も入っていない状況であり、チャンスを活かすことなど望めない状態であった。

政治で何が問題なのか？　リーダである菅首相の個性なのか。日経新聞の記事によると、菅首相は乗る馬を絶えず変えてきた。しかも、何ひとつ満足に処理してこなかったと。リーダを変える必要がある。

③経済政策

2011年4～6月、4月の予想では、日本の四半期のGDPは、+0.5％であったが、結果はマイナス3.5％となった。2010年は、米国・EUより経済成長率が高かった（+3.9％）。経済の落ち込みの原因は、80％が個人消費の落ち込み。残り20％は輸出不振である。

個人消費の落ち込みは、「自粛」ムードによる。震災後、イベント・旅行・購買の「自粛」が要請され、日本中が３月〜５月まで自粛をしてきた。この期間、大阪は、自粛すると経済が悪化すると認識していたから、自粛しなかった。この自粛は、高齢者や女性の半分以上が参加したため、更に悪化した。自粛以外に、政府は何かすることはないのか、無能無策の経済状態が継続した。

（２）サプライチェーン

東北地方には、部品製造の有力メーカがいくつもあり、国内外の大メーカへ部品供給をしている。津波で甚大な被害となったことにより、自動車やその他の製品が、製造不可となった。サプライチェーンとは、製品の製造において、部品供給が連鎖している事をいう。輸出不振については、「サプライチェーン」の崩壊によるものである。親会社は、東北の工場が再稼動できるよう全力をあげたという。部品の供給は、分散化していても、更にその先がサプライチェーンとなっており、お手上げの状態である。

こういう中で、ＢＣＰ（事業継続計画）が考慮されることとなった。サプライチェーンの崩壊は、90％が夏までに回復するとの予想であったが、有力メーカの１つであるルネサステクロノジーは、復旧に素早く対応し、民間企業が先行して再開した。

（３）震災対応

内閣府は、震災発生して12日後に、被害金額（16〜25兆円）を算出し、３月23日に発表した。そして、日本政府は、震災３ヶ月後の６月に、被害金額を正式に17兆円と公表した。復興事業は、短期間であるが必ず特需として現れ、その後は必ずなくなる。この復興事業を素早く実施する必要があるが、政府は補正予算を先延ばしてきた。第一次補正予算（４兆円）は、瓦礫撤去等の当面の作業処理である。その次には、1.5次予算（２兆円）で、半分は予備費として使い道が決まっている。本格的な補正予算（10兆円台規模）を組んで、早く復興事業を執行しなければならないが、そのメドがたっていない。死に体の菅政権では補正予算が組めず、次の政権で実施する事になり、着手は秋ごろになる（震災後、６ヶ月後）と予想されていた。

復興特需は、10兆円規模で１年半後には必ずなくなる。この間に次の事を考える必要がある。その他、ＴＰＰ・社会福祉・補償制度はどうするのか。深刻な問題⇒フロムスクラッチ⇒世界にないようなエコタウンの実現等、復興事業を至急実施せねばならない。

（４）政府の対応

菅政権が変わっても、衆参のねじれ現象は不変である。現状と変わらないならば、政策がどうなるのか？　安易な大連立は、与野党の大談合になるので良くない。この状況の中で、民主の前原氏の大連立構想は聞くに値する。

暫定の大連立（民主＋自民）を１回くみ、今回の復興事業を一緒にやる。その後、政党を再編して二大政党化にもっていく。可能性はある。

（５）今後の日本経済

産業の空洞化現象が加速する。電力が不足する中、アンケート調査で企業のトップに聞いた処、約20％は海外指向し、約40％が海外を選択しているとの事である。

日本は、法人税率（40％）が世界一高い。また、電力不足等の要因により、企業の海外

へのシフト（移転）が始まる。企業は移動できても、国民は簡単には移動できない。抜本的な経済対策、エネルギー政策が必要である。

政府は、「お願い」政策ばかりである。政府は、お願いするだけでその後の責任は一切取らない。一番ラクな方法であり、無責任極まりない政治である。

　　　□中部電力の浜岡原発における唐突な停止、中部の経済界は怒っている。

　　　□福島県に、自主避難の協力を求めているが、その後のメドが何も発信されていない。地元では皆が怒っている。

　　　　（※）ここで、竹中教授が会場の参加者（約1000人）に質問をした。

原子力の必要性について要か否かとの問いかけに、約3割は否との態度を示したが、7割の人は必要と判断した。原子力政策は国是であり、次の本格的な政権でしか対応できない。死に体の現政権では、とても対応できない。産業の空洞化を避け、且つ国を挙げての議論が必要である。

専門技術者・国民の議論を経た後に、何十年かの期限を決めて、クリーンエネルギーに向かう事となるだろう。政府は、エネルギー事業に1兆円を使用しているが、その40%は原子力である。この原子力の費用は、その殆どが原発立地の町村に、補助金として交付しており、開発等には使用されていない。

この1兆円を、クリーンエネルギーの開発に転換したら、技術が一段と進展する。原発立地の地元の自治体は、長年に亘り補助金を受けているため、原発反対はできない立場である。

（6）電力の自由化

電力会社が、国民から太陽光発電等の高いエネルギーを買うと、必ず電気料金をUPする事となる。電気料金を安くするため、「電力の自由化による」競争が必要である。

日本の電力事業は、地域ごとの独占企業である。送電網は、一社で良いが発電は別々でも良いし、そうしないと競争にならない。東電は、独占事業の維持のため、従来から発電・送電一体を主張してきた。しかし、欧米等では発電／送電は別々となっている。

４．日本経済の成長

関東大震災時における、東京市長の後藤新平の対応を、教訓として見習うべきである。現在の日本は、世界中から援助を受ける国となったが、何も発信していない。関東大震災時、世界の国から援助を受けて、後藤新平は、世界の援助に対し次のようにメッセージを発信したという。志が非常に高いものであった。

　　　□大震災が大変であった事。

　　　□復興が大成功した事。

　　　□貴重な経験をした事。

竹中教授の講演が早めに終わり、会場の参加者より質問を受けた。

Q1：復興事業における、資金調達はどうするのか？

A1：政府は復興税を設ける事で進んでいる。会場の皆さんは、復興税に賛成か／反対かを伺いたいと逆質問され、賛成／反対が会場では半々となった。私は大反対である。

　　復興税はドサクサ増税である。復興事業は、原理原則に乗っ取ってやるべきである。

つまり復興事業は、1回ポッキリであり約17兆円必要といっている。1回ポッキリで国民の税金を使うなら、予備費として眠っている10数兆円（税金）を使えばよい。税の話はなくなる。復興事業の内容や費用を明示しないまま、増税の話が先行してこっけいな事である。40兆円の国債を発行して、17兆円位は国民全員で負担しようではないかと言っている。これは増税の論議である。必ず所得税が高くなる。

Q2：日本では、1000兆円にのぼる負債（借金）がある。デノミネーションで新円に換えて一気に返済できないのか？

A2：徳政令での棒引きはできない。借金を引き受けた当事者の努力がムダになる。1000兆円の借金はとても返せない。世界を見ても、国の借金を返済した国は無い。借金を返すためには、借金を現在より増やさない事である。経済を好景気にして、GDPを上げる事である。GDPが2％アップすれば、税収入が数兆円単位で増加する。これを粘り強くやる事である。プライマリバランスを調整して、返済する事が近道である。

Q3：経済についての基本的な事柄

　　　著者から、西洋では、経済をエコノミクスといい、東洋（中国を中心とした東アジア）では、経世済民と言っている。夫々の特色はあるものの、経済の本質からいって、世界はどの方向に進もうとしているのか、竹中先生の考えをお聞きしたい。私は、経済の本義は、東洋的なものと考えている。

A3：経済は、もともと世の中を作ることがその本義である。イギリスのアダム・スミスが、1776年に『国富論』を発表して、古典経済学を立てた。約240年前である。その当時、鍛冶屋の家は親から子供、孫に至るまで鍛冶屋であった。このように世の中は変えないことでできていた。

　　　しかし、18世紀に産業革命が発生して、仕事にも自由が出てきた。そうすると世の中の仕組みが変化してきて、どういう風に生きていくかを、認めることとなる。これが、経済学の基本である。経済の態様が変化して、現在に至っている。

　竹中教授の講演は、大震災を契機とした現在の経済に対する問題点提起と、参加者が将来の対応について考えて頂きたい、との二点である。講演は、参加者との対話を取り入れながら進めた事は、斬新でありととても良かった。

　対話は、問題点の提起により、現状の対応はこれで良いのだろうかという、参加者自身が、自問自答をする事となる。講演者の考えを押し付けるのではなく、参加者自身が、その回答を見つけ出すものだからである。経済は、政治における政策との結びつけを、切り離すことはできない。政治の迅速な決断と、対応は非常時になればなるほど、その真骨頂が発揮される。

　竹中教授は、『構造改革の真実』の著書で、「民主主義社会において、全ての経済政策は、民主主義の政治プロセスにおいて決定される。政治プロセスを、経ない経済政策はあり得ない、また良い政策が実現されるには、政治家や官僚が、キチンとした仕事をしなければならない事はいうまでもないが、結局のところ、政策を決めるのは「民意」である。民主主義とは、「十分な情報を有する、国民の存在」を前提としている」と述べている。

　国民の苦しみ・震災での悲惨さを、肌で感じられない鈍感な政治家が一番問題である。公務員である国会議員には、権限を付託すると同時に、Public Servant であり、公けの下僕（召

使い）である。著者は、召使いの役を果たさない鈍感な輩は、国民にとり邪魔であり、即刻に退場してもらいたい、という竹中教授の思いが伝わってきた。

また、今回の講演は、大震災発生後4ヶ月を経過しても、未だ復興事業の姿も形も見えない政治に対し、現状を再考させられた内容であった。この講演を通して、日本は、技術や経済は一流でも、政治は三流・四流であると実感した。

8.2　震災後の日本経済を展望

日本経済新聞に、「震災後の日本経済を展望する」とのシンポジウムの開催案内があり、このシンポジウムには、日本経済を牽引してきた経済界の重鎮が、パネリストとして名を連ねており、生の声を聞ける大変貴重な機会と考えて申し込み、聴講する機会を得た。主催者のＣＩＰＰＳは、民間のシンクタンクである。

1．シンポジウムの概要（1）

セッション1は、「電力不足は長期化するのか」のテーマで、パネリスト3名（秋山喜久氏、佐々木則夫氏、フランク・ウォラック氏）による、プレゼンテーション及び質疑が行われた。

電力会社代表の秋山氏からは、「エネルギー問題の行方」、原発メーカ代表の佐々木氏からは、「電源のベストミックスについて」、ウォラック氏からは、「ダイナミックな電力料金の適用について」のプレゼンテーションがあった。

秋山氏は、エネルギー戦略は国家戦略である。戦略は、経済・政治・エネルギー・生活及び雇用等も含めて考える必要があると主張した。そして、原子力＋新エネルギー路線は国民的な議論が必要であると結論した。

佐々木氏は、電力不足におけるデメリットを強調し、各電源の技術開発におけるコスト比較や、ベース電源として原子力を除いては、電源のベストミックスは成り立たないことを主張した。そして、今は電源のベストミックスを、考える必要があると結論した。

ウォラック氏は、ダイナミックな電力料金の適用について、日本においても適用が可能になるので参考になればとの報告であった。三者のプレゼンテーションは、現状における電力エネルギーと経済の関係から、原子力が不可欠であることを裏付ける、各種のデータや統計が紹介されたが、これらのデータや統計内容を強調して、問題・課題を浮き彫りにするのみであった。具体的な展望が聞かれなかったのは、少々残念であった。

また、電力会社の責務は、「事業として電力を安定に供給する」事が課されているが、電力会社が、原子力発電を採用した経緯や、安全・安心の電力供給のため、今後どう対応しようとしているのか等の、積極的な発信を聞きたかった。

なお、原発メーカからは、製造責任の上からも、原子力発電における安全・安心をトータル的にどう製品化し、設置・運用してきたのか、今後どう国民に理解を得ていく努力等をするのか聞きたい処であった。製造責任は、特に原子力については、前提条件を設けず、最悪の事を考えて開発・設計・施行をする事は、メーカに課された責務でもあると考える。

著者は、今回の大震災を機に、エネルギー政策も含め安定した電力供給について、議論する場が与えられたと感じた。貴重な機会でもあり、小手先の対応ではなく、100年の大計の如

く根本的に改善されなくてはならない。日本が経験した事を活かすため、自信を持ってその解決策を世界に発信し、ベンチマークされることを望みたいと考えている。

２．シンポジウムの概要（２）

　セッション２は、パート１及びパート２から成り、パート１は、「産業パラダイムの変化と日本の活路」のテーマで、中村氏によるプレゼンテーション、及び参加者４名（中村邦夫氏、今井敬氏、御手洗富士夫氏、奥田碩氏）による、パネルディスカッションが行なわれた。

　パート２は、「日本の活路をどのように切り開くべきか」のテーマで、小泉元総理による基調講演及び参加者７名（今井敬氏、御手洗富士夫氏、中村邦夫氏、小泉純一郎氏、奥田碩氏、秋山喜久氏、フランク・ウォラック氏）による、ディスカッションが行なわれた。モデレータのＣＩＰＰＳ理事長　田中直毅氏が、3.11以降の日本経済について、産業界の取り組み・要望を聞く形で進められた。

　パート１では、中村氏が、自社の事業は「環境革新企業」を目指すと主張し、環境のため３エネ（省エネ、蓄エネ、創エネ）の製品を供給すると述べた。今井氏は、原子力は諸要件から現時点では必要であり、積極的な運転再稼働を望みながら、国民的な納得を得る議論が必要であると述べた。御手洗氏は、国際競争および経済成長のためにも、ＦＴＡ・ＴＰＰの早期締結を強く望んだ。奥田氏は、大震災におけるサプライチェーン、自社のカンバン方式に自信を深め、ますます発展させると述べた。

　テーマである「産業パラダイムの変化」について、大震災を機に劇的に変化したという報告は聞かれなかったが、中村氏の発言には、企業も変化しなければとの思いが伝わってきた。産業界におけるパラダイムの変化は、まだまだ遠い存在である。企業として何を目指しているのか、事業の再検討・再構築が必要であると考える。

　パート２では、小泉元総理の基調講演があり、それを受けて参加した各パネリストが、ディスカッションした。小泉氏は、日本は、過去にいくたびも危機を経験し、乗り超えてきた。経済も政治も、協力してやっていくべきである。原子力については、世界最高の安全・安心を築き、まず、国民に理解・納得してもらわないと、今後の事業はなりたたないと述べた。

　ディスカッションでは、秋山氏が、原子力について、メーカ・行政・関係する部門が、国民に理解を得ること、世界的にも理解を得ることが必要であると主張した。また、中村氏は再生エネルギーの開発を、死に物狂いでやると決意表明した。

　御手洗氏は、経団連時代から主張していた、「道州制」について大震災を契機に、行政の効率化、経済の活性化の点でも再検討するよう提言があった。奥田氏は、原子力を使いながら、再生エネルギーの開発に邁進することが必要である。しかし、当面は、佐々木氏が言っていた電源のベストミックスに落ち着くと思われる。将来は、民間における家庭のエネルギー活用を、中心にすればよいとの考えを述べた。

　御手洗氏は、「道州制」導入について、行政の効率化と公務員のムダを省くため、また、広域における産業の育成等、経済成長に大きく貢献できると考えており、是非とも実現して欲しい政策課題であると認識している旨、述べていた。また、現状の地方自治体数を、大幅に削減（現状の１／３程度）すべきであり、公務員は少ない程よいとも主張していた。

　小泉氏の発言は、説得性と人を惹きつける魅力がある。リーダシップそのものである。現役

時代と変わらず、物事の核心をついた主張には多くの人を魅了する。再度登板して、小市民的なリーダと交代してもらいたいと思った。小泉氏は、原子力への視点は、新設は無理があるだろう。現在の電力不足もあるが、国民の理解と納得が得られなければ先には進めない。そのための努力を政・官・学・産が協力して、国民に納得するようにしなければならない。政党にこだわっていてはいけないと、述べていた。

　セッション2では、少し具体的な日本の活路が見えてきた。ＣＩＰＰＳは、シンクタンクとして優秀な研究員が多く所属していると聞く。シンポジウムだけに終わらせないで、具体的な提言をどしどし発信して、多くの国民の理解が得られるように活動して欲しい。

　シンクタンクは、政策の研究・提言にとどまらず、各機関が大いにその主張を展開して、国民に判断する材料を提供すると共に、日本各地でこのようなシンポジウムを開催して、国民が理解を深める機会を設けて欲しいと願うものである。

　2011年8月の読売新聞に、田坂内閣官房参与の「エネルギー政策を聞く」という記事があり、タイトルは「原発のない未来準備を」である。その主張する内容は、経済界は、原発を再稼動しないと電力不足で、企業の国際競争力が損なわれ、雇用も維持できなくなるという懸念がでている。経済界の危機感は理解できるが、福島の原発事故は、我々に国民の生命と安全の問題を突きつけている。経済界は経済成長や雇用の議論だけに流されず、この問題をよく考えるべきではないか。

　また、自然エネルギーを、代替エネルギー源として伸ばしていかなければならないと。これが現内閣に関与する学者が、主張するエネルギー政策である。現実を踏まえての将来への道筋・展望など全く見えてこない。現実の対応、中長期的な捉え方、将来の在り方等の具体策が必要である。もっと説得性のある論を展開して欲しいものである。

３．日本経済の展望（1）

　モデレータのＣＩＰＰＳ理事長、田中直毅氏が、現在は、100年単位で見ても最大の危機を迎えている。キャッチアップのためには、先進工業国が挑戦する課題を明示しなければならない。日本の挑戦の有り方は、他の国にとってもベンチマークになるのではないか。電力不足、高い電力料金、挑戦する課題等に絞った論点を、各パネラーに求めると切り出した。

（1）秋山喜久氏の主張

　　　　プレゼンテーションのテーマは、「エネルギー問題の行方」である。福島の原発事故は、原子炉を冷やす事に失敗、爆発した一連の状況を報告したものである。原発の再稼動については、動かして確認するストレステスト（安全性検査）を行う。

　　　　エネルギー戦略は国家戦略であるが、日本は、脱原発がどういう戦略なのか、何も見えない。戦略は、政治・経済・エネルギー及び生活水準・雇用も含めて考える必要がある。対応によっては、都市構造や生活の仕組みも変えてしまう。

　　　　資源が枯渇する期限は、化石燃料：45.7年、天然ガス：62.8年、石炭：119年と言われている。現在の新エネの占有率は、エネルギー全体の0.49%である。

　　　　発電コストは、1kwh当たり、原子力：6円、水力：8円、火力：11円、風力14円、太陽光：49円である。電力は、質をどう維持するかが大切である。発電／送電の分離についても、全体のバランスをとることが難しい。

原発の課題について、既にスリマイル島（1979年）、チェルノブイリ（1986年）、及び福島（2011年）と大事故が3回発生している。安全・安心について国民の理解を得られるのか、安全性は設計思想から必要である。人間は、放射能を自然界からも1.5mシーベル／年、受けている。正しく理解すれば怖くない。マラーの実験結果からも、人間はDNA修復機能がある。

原発停止は、経済においても、産業の空洞化・失業率の増加・生活の低下が発生する。電力の質と量が欠けると心配である。国内では、産業の国際競争力の低下、生活水準の切り下げが生じてくる。原子力＋新エネルギー路線は、国民的な議論が必要である。

（2）佐々木則夫氏の主張

プレゼンテーションのテーマは、「電源のベストミックスについて」である。電力不足については、短期的（今年の夏〜来年の夏まで）及び長期的（2012年以降）視点で考える必要がある。経済は、成長していかなければならない。成長しなければ凋落する。短期的経済が2％位成長すると、来年夏は電力不足（490万kW）となる。通常の生活レベルを考えると、2300万kWの電力不足となる。

自粛ムードが蔓延していて、更にコスト負担がかかる。なお、休日シフトは、中小企業にそのしわ寄せがきている。電力不足は、サプライチェーンが混乱する。また、海外移転が加速して、一度離れた顧客は戻らない。GDPで4兆円のマイナスに繋がる。

世界各国の料金（1kWhの発電）を比較すると、日本が突出している（日本：10.2円、韓国：4.3円、米国：1.4円、台湾：6.4円、中国：6.8円である）。原子力発電分を、火力発電で代替すると13.9円、自然エネルギーで代替すると17.4円の料金増加の試算となる。火力発電はCO_2が発生する。2020年のCO_2削減目標が達成できなくなる。CO_2を処理するCCS装置では、2兆円のコスト増となる。海外移転が始まり、日本の産業が国内から撤退する。40％の企業が海外シフトを希望し、このため120万人が雇用機会を失う。失業率が現在の4.6％から7.3％となり、産業の空洞化は不可避となる。経済活動の減速は、日本の沈没を意味する。GDPが2％増のためには、電力は0.5％増が必要である。

＜電源のベストミックス＞

太陽光発電については、日射量は場所によるし、膨大な設置面積が必要である。素子のシリコンは、国内で6万トン必要となるが、供給は1.4万トン／年である。単価が高く、技術開発がまだまだ必要である。セルの効率は20％から25％に改善されたが、PCSの効率は98.5％と限界である。

今後、各電源の技術開発をして、改良した場合のコスト比較（1kWh）は以下である。

- 太陽光発電：　46円　⇒　　43円
- 風力発電：　　12円　⇒　　10円
- 水力発電：　10.8円　⇒　10.7円
- 地熱発電：　　16円　⇒　15.6円
- 火力発電：　　7.2円　⇒　11.2円〜15.2円
- 原子力発電：　6.7円　⇒　　6.0円

ベース電源（全体の約62%）を火力のみでの確保は難しい。どうするか？　原子力を除外してベース電源を確保できるか？　今は電源のベストミックスを考える必要がある。

（3）フランク・ウォラック氏の主張

プレゼンテーションのテーマは、「ダイナミックな電源料金の適用について」である。私の研究テーマである、電源価格及び発電と消費の行動形態を報告する。日本において参考となれば幸いである。ダイナミック料金は、効率の良い手続で二つの目標を達成する事が可能である。

1つは、系統の需給のバランスを保つこと。2つは、料金価格により需要変更を設定することである。料金を変更するために、電力量メータの変更が必要である。コストを下げるための需要量メータは、スマートメータとダイナミック料金の組合せとなる。日本でも実施が可能のため提案したい。

ダイナミック料金と時間別の固定料金とを区別する、リアルタイムに沿った料金設定を変更するため、計測メータが必要である。日本の電力料金の設定について、スマートメータの設置料金結果が送られてくる、日本は卸売り市場がない。料金設定をどうするかはビジネスの刺激となる。結論は、ダイナミック料金制度の導入のため、投資としてスマートメータシステムが必要である。

電力不足は、電力料金が高くなる。電力会社と個人との契約となる。需要に対し電力を準備するのは効率が良くない。需要が高い時は料金も高くとる。需要側の変化による。ダイナミック料金は、時間に合わせて価格を変えるものである。

（4）パネリストによる質疑応答

①秋山氏に、脱原発についての意見を伺いたい

日本の責務について、ＧＤＰが増加する。世界のエネルギーは、＋3.5％位必要となる。特に経済発展途上国は、原子力で電力供給をやるしかない。火力発電の高効率化、ＣＣＳの改良等技術の移転が必要である。

原発は、今後、新興国の中国で90基、インドで15基を必要としている。世界で原発メーカは3グループ（三菱・アレバ、東芝・ＷＨ、日立・ＧＥ）あるが、ロシアや韓国は一国主義で運用している。国際的な責務を必要とする。

電力料金は、季節別料金、大口／小口の設定、必需品かどうかの価格値も弾力的な運用が必要と感じている。

②佐々木氏に、日本の電力料金は韓国よりも高いのは何故か。また、原子力のストレステストについて意見を伺いたい。

韓国より電気料金が高いのは、発電コストがかかっているためであるが、全体を比較して比べる必要がある。ベトナムでは、国が料金設定をしている。ストレステストについては、運転して調整するものである。条件を明確にする事が必要である。実機で確認し、その後に判断する。

③ウォラック氏に、カルフォニアでの大停電は、繰り返す事はないか？

大停電に対し、私は研究論文を発表している。大停電は、電力供給が不足していた訳ではない。ピーク需要は、4000MWであり、計画停電は3400MWを切った時点で発生して

いる。供給者が、電力の出し惜しみをしていた。カルフォニアでの大停電は、規制の失敗によるものである。

４．日本経済の展望（２）

　田中直毅氏は、日本経済の展望について、問題提起しながら以下の挨拶をした。3.11以降の日本経済について、世界の多くの人々が関心を持っている。□日本は埋没するのだろうか？□東アジアでは、中国が圧倒的であり日本の行方は？　□日本社会・日本経済全体は、焦点を絞ってない。3.11は、震災と経済について、日本社会全体に覚醒を促す日である。日本は、再び市場開拓の能力のベクトルを合わせて、世界に実力を発揮するのだろうか。

（１）中村氏の主張

　　　プレゼンテーションのテーマは、「環境革新企業を目指して」である。当社の事業展望は、環境・エネルギー関係の事業に、選択・集中している。ＣO2排出量は、産業革命前に比べ、全体の２／３は化石燃料によるものである。電源別の発電は、原子力に期待がかかっていた。その変化は以下である。

- ・原子力発電：　　17→29％
- ・火力発電：　　　51→32％
- ・天然ガス：　　　15→29％
- ・その他：　　　　17→９％

　　　震災後は、国内生産が海外へ移行している。石油・石炭の輸入が、増加して為替に影響を及ぼし、エネルギー政策の転換が求められている。18世紀の産業革命は、20世紀ではＩＴ革命（石油）となり、21世紀では環境産業革命（脱石油）になると考えられている。企業の生き残り・成長は「環境産業革命」であり、これなくしては、市場から撤退するほかない。パナソニックは、事業のあるべき姿を環境においた。

　　　□省エネ（ＬＥＤ、エアコン）、□蓄エネ（リチウムイオン）、□創エネ（太陽電池）を通して、エネルギーのマネジメント・最適制御を目指す製品を供給する。再生可能エネルギーは、直流電源のため、家電も直流のものを開発する。また、再生可能エネルギーは、地産地消で開発・製造・販売することが良い。

　　　パナソニックは、エレクトロニクス№１の「環境革新企業」を目指す。パイロットモデルとして、藤沢市の工場跡地（19ha）を活用して、丸ごとエナージタウン・スマートタウンとして2013年にオープンし、このモデル（エネルギーの設計・施行・維持・コスト）を世界に発信していきたい。日本企業を取り巻く環境は、法人税、環境制約、労働市場、円高、電力不足、風評被害、ＴＰＰ等の課題を抱えている。

（２）今井氏の主張

　　　3.11の震災で、固定資産が10～15兆円損失した。原子力の問題がなければ軽減した。ＧＤＰ換算でマイナス40兆円である。７月からフル生産、輸出も回復するとの見通しだった。しかし、原子力の影響が、東京電力・東北電力から中部電力、九州電力、関西電力へと及んだ。菅首相は不用意な発言・行動をして軽率である。

　　　問題は、電力不足によって生じる問題である。海外に生産を移すのはやむを得ない。点検済みの原発は動かすことだ。電力のベストミックス（先ほど佐々木氏が述べていた

事）を考える場合、原子力は不可欠である。

原子力が、全て停止しその分を化石燃料に置き換えると、燃料費が3.5兆円増加し、このため電力料金は3.7円／1kWhのコストアップとなる。産業用の電気料金にあてはめると、36％の値上げとなり、企業は採算が取れず倒産に至る。

ドイツでは、自然エネルギーを10年前から導入しているが、電力料金がコストアップした。産業の競争力を考えて、国は補助金を出している。原子力がなくなると、日本の産業は壊滅する。また、原子力を化石燃料に変えると、CO_2が2〜3倍増加する。

大震災を機に、省エネ技術の開発が進み、経済発展途上国に貢献する事ができる。原子力がベース電源のため、国民的な納得を得るため議論が必要である。日本の産業競争力が低下する。

（3）御手洗氏の主張

日本企業は、大被害を被った。サプライチェーンは、当初、秋ごろに回復予定していたが、現場力のおかげで7月頃までに回復した。企業努力だけではどうしょうもない。日本は、震災前から世界一高い法人税、ＥＰＡの遅れ等、世界市場での競争で不利な状況である。震災後の電力不足で、更に厳しい状況となった。安全・安心の日本のブランドにキズがついた。

産業活力のため、経済成長を海外にアピールする事が必要である。また、国際競争に優位性が必要である。ＦＰＡの締結は、スピード感が重要である。ＥＵは、中国・米国に次いで6億人を有する市場である。韓国は、ＥＵとＥＰＡを締結した。世界との競争で、負ける条件は排除しなければならない。ＥＰＡは、海外からの投資を増加させる手段である。世界の投資家は、日本に注目している。

キャノンは輸出企業。事業の20％は日本市場で、80％は海外の売り上げである。日本市場は、1999年：33％→2011年：20％である。15年間で13％少なくなった。少子高齢化が加速している。世界市場の中で、不利な条件にあってはならない。経済を成長・維持するため、ＦＴＡを多くの国と締結し、世界の成長を日本の成長とするため、ＦＴＡ等の早急な対応が必要である。

　　　　　□ＥＵとのＦＴＡ締結
　　　　　□日中韓とのＦＴＡ締結
　　　　　□ＴＰＰ（環太平洋連携貿易協定）の締結

ＴＰＰに日本が加わると、ＦＴＡの促進に寄与する事となる。現在、ＴＰＰは9ヶ国が参加。経済的には、日米で90％の割合となり、日米が主役となる。菅首相は、ＴＰＰ参加を延ばしている。

ＦＴＡ、ＥＰＡにおける農業問題（日本の米、米国の小麦）がある。日本の立場を明確にする事が必要である。3.11、世界からの援助で、特に米国は18000人の軍隊を派遣した。日米間のキズナが強くなった。民主党政権では、ＴＰＰをほったらかしにしている。経済界は、日本のＴＰＰへの参加は、是非実施してもらいたいと念願している。

（4）奥田氏の主張

サプライチェーンの遮断を考えると、車の生産は、部品調達先を多様にすべきだ。日本

の製造の堅牢さが復興の過程で教訓となった。福島を中心に電子部品、半導体部品が集積していた。サプライチェーンが遮断し、車の供給が停止した。2000名近い応援者が、復旧に協力して、年末の予定を7月頃に回復した。

トヨタの「カンバン方式」、「ジャストイン方式」を批判する人は、在庫がないためダメではというが、これは誤解である。サプライチェーンのどこが弱点かをつかみ、素早く解決したので回復が早まった。ジャストイン方式は、適正であり称賛を浴びている。

問題は、サプライチェーン方式・カンバン方式を、どのように発展させていくかである。自動車産業は、水平分散型の一次・二次は円錐型かタル型構造であった。末端の第3次・第4次を含めて、サプライチェーンを明確にする必要がある。

車は2〜3万点の部品で作られているが、専用化が進んでいる。部品の汎用化・規格化については、更に進めて置き換える。自動車は摺り合わせ型の産業であるが、これをモジュール型の産業へ転換する必要がある。

企業は、国際競争に対し5重苦・7重苦である。人口問題がひびく。対応ができていない。女性・老人を使う話はあるが、外人を使う話がでてこない。

5．日本経済の展望（3）

（1）小泉元総理の基調講演

日本経済界を代表する方々の話を伺った。原子力事故、電力不足、深刻な状況を改めて認識した。東日本震災前、日本は何を考えていたのか、発信力が弱い状態であった。震災後、世界が発信し、日本の困難な状況を報道している。

「ツナミ」の被害惨状を間近かに映像で見られた。日本人の不屈の精神は、震災を乗り越える。協力する結束力、規律ある国民性、危機を乗り越えることを期待している。日本は、現場で活躍する人が長期に続くと、ピンチをチャンスに変えた。日本の歴史での大事件を振り返ると以下である。

明治維新→西南の役→清国との戦争→ロシアとの戦争（明治の人々の近代化発展）、第二次世界大戦（310万人の犠牲者）→第一次石油ショック（日本がダメージを受けるが、環境・省エネで世界の最先端へ、エネルギーは原子力へ移行）等である。

中・長期的には、原発は減らしていかなければならない。現在を維持するため、安全性を高める・依存度を下げる等について、まず、国民の理解・納得を得なければならない。日本は、自然再生エネルギー分野の力を活かすため、熱心で強力に事業に取り組んでいる。LEDも増加している。原発は依存度を下げながら活かしていく事である。原子力の発電コストには、安心して使ってもらうため、金を使っていく必要がある。

ピンチをチャンスに変えた如く、原子力を世界第一の安全性にして、その依存度を減らしていく計画が必要である。日本は海洋国家である。海には無限の資源がある。メガフロートが東北で活用された。メガフロートを2000mの離着陸可能なものが作れないか。海上を利用して基地用の母艦を作る。平和利用のメガフロート、研究開発をして実用化する事で貢献できる。政治も経済も協力してやる必要がある。

＜パネルディスカッション＞

Q　：原子力の新設・立地はムリか？

小　泉：日本の原子力は30％の依存。日本は、原子力の安全度が世界最高水準である。二度と事故を起こさない事が貢献となる。

秋　山：原子力は、40年前に製造開始している。技術的に古い。中味を変えて安全性を高めている。しかし、リプレースして継続して使用している。

新設は、国民的に見て作っていいとは言えない。技術的に安全性を高める事、日本のみならず、世界でも安全性を高める必要がある。世界のエネルギーメーカ、行政、関係する部門、及び世界的にも理解を得ることが必要である。

Q：　ピンチをチャンスに？

秋　山：政府の効率が悪い。地方に任せてはどうか。関西では観光等で一部広域連合に取り組んでいる。小泉元総理の海洋国家の構想はとても重要である。目的と手段をキチンと議論していない。原子力を減らす目的と電力供給の手段はどうするのか、国民全体で議論していく事が必要である。

Q：　メガフロートの活用は？

今　井：新しい立地は難しい、年齢的に古いが最新型にリプレースして使う方が良い。

Q：　関西に製造拠点を移す場合、電力供給のネックがあり、今後の生産条件は厳しい。関西企業の行動は？

中　村：原発1基分を太陽光発電に置き換えたら、東京ドーム990個分の面積が必要となる。再生エネルギーの開発を必死にやる必要がある。

エコタウンに世界標準はない。有利な事業である。関西の地域、何か日本に残しておきたい。世界に貢献するものが必要。事業転換していく。原発廃止は1～2年ではムリ。残すものは残し、自然エネルギーを早くやる。

Q：　選択と集中、経済能力がある。日本の活力を開くためには？

御手洗：色々な時代に、日本は大きく転換してきた。明治維新、戦後の廃墟等である。今、道路・交通機関・通信等を、47都道府県の行政区域でやる意味があるのか。細分化による行政のムダが生じている。近代化の日本は、電子行政の対応が可能となった。前提として、広域行政（道州制の導入）が必要である。

例えば九州圏：スケールメリット、権限の移譲、開発していくならば、九州は中国に近いため、ハブ港化が可能。効率的なものを目指す。米国の州のようにする。東北6県を一括して、復興の対応をすると、あらゆる面で効率化できる。一国二制度のようなものである。税金の免除、融資等の効率は確実に良くなる。道州制の移行は可能である。既に電力会社は、経済的に広域化にしている。国は国の事業のみで、あとは地方に権限委譲することである。

Q：　サプライチェーンの説明で、自動車産業はタル型であったとの補足説明を？

奥　田：組立→下請→下請→下請の仕組みで、部品供給が行われている。トヨタが、A社及びB社に発注、A社及びB社とも原材料、素材メーカのC社を使っている場合、タル型構造になる事を意味している。素材メーカのC社がつぶれると、A社もB社も被害を受ける。

原子力の問題について、日本独自の地形や地震国等で震災に敏感となってい

る。新しい立地はできないと思われる。また、本当に安全な原子力か？使いながら再生エネルギーへ持っていくべきである。佐々木氏が言っていた、電源のベストミックスに落ち着く。

良い原発はある程度使えるが、旧式のものは廃炉にしなければならない。電力の利用サイドは、日本の国民性、節約・協力に頼り、産業よりも家庭に負担を押し付けた方が良い。家庭用のエネルギーを使い、民間に利用・活用させて、節約指向、システムとして家庭を使うのが良い。

Q： 再生エネルギーの価格に伴う対応は？

ウォーラック：米国は、30年間に亘り原子力についてフタをしてきた。70年代は50％位の稼働率だったが、現在では90％の稼働率となっている。操業のコストは低下し、再生エネルギーよりも安い。電気料金にはねかえってくる。

米国内では、ヨーロッパ型の買取り制度は、割高となるので反対されている。今後も、米国では、家庭の余剰電力の全量買取は難しい。代替をどうするのかが問題になっている。

Q： ＴＰＰにおける農業問題、ＥＵ・北米と交渉できないのか？

小　泉：食料供給について、ＴＰＰに参加して日本の立場を述べることが大切である。農業の重要性はどこを削ってもダメ。成長産業である。現実に農業人口が、少子高齢化・人口流出等で減少している中、将来は企業に任せて、法人化する必要がある。日本の農業の質に対する、世界の評価は高い。日本の立場を理解してもらい除々にやっていくべきである。

６．シンポジウムのまとめ

　モデレータの田中氏は、シンポジウムのまとめを以下の如く述べた。3.11以降、国際投資家及び国際企業が、日本経済・日本企業に対する評価・見る目が変化してきている。日本企業の経営者を中心に、財政規律をどのように考えればよいか、政府関与をどう展望すればよいかについて、見極めが進んだためである。

　アジアを中心として、勃興経済（エマージングエコノミー）の裾野が広がっている中で、新しい市場・新しいサービスの需要が次々と発生している。今後の産業パラダイム（paradigm：模範・規範）の形成については、ＲＤＤ＆Ｄという企業経営における一体的な取り組みが重要である。

　　　　・Ｒ： Research 　　　　　　　（研究）
　　　　・Ｄ： Development 　　　　　（開発）
　　　　・Ｄ： Demonstration 　　　　（立証）
　　　　・Ｄ： Deployment 　　　　　（展開）

　ＲＤＤ＆Ｄとは、研究開発を行って、その効果を認識してもらうため、デモンストレーションを仕掛け、そのシステムを採用してもらうことを目指すものである。システムの価値・効果を、国際社会・国際市場に対して主張し、国際標準化のためにも存在感を示し続けることが欠かせない。こうした分野のシステム技術者について、訓練する事が重要となる。

　システム構築やサービス分野に、シフトしていくという方向性は、製品を作って消費者に渡

したら終わりという仕事から、相手と一緒になって考え、経営革新を手伝い、そのプロセスにおいてサービスの対価を、受け取るという業務に変わる事をいう。しかも、これを新たな製品の供与に繋げるという意識が必要となる。

このためには、経験とノウハウ蓄積のある人材の価値は、これまでに比べて格段に高くなる。日本の労働市場・労働慣行において、根本的な見直しが行われないと、ＲＤＤ＆Ｄという流れは定着しない。

こうした動きが、3.11以降、内外に紹介され、デモンストレーション事例も増え、国際投資家・国際企業が、日本企業に対する評価について、急速に変わり始めている。日本の経営能力が、新たな方向性を見い出し始めたため、対日投資も増している。要素技術の組合せを通じて、経営能力を高める努力が浸透している。

日本の企業革新・産業内改革は、環境変化によって、必然的に方向を絞りこんで進行する。政治や政府とは距離を置く形で、日本企業の経営革新が先行し、政治システムと政府関与の体系の見直しは、企業のあとについていく形で進行している。

（1）著者の感想

震災後における日本経済の展望として、如何にその活路を切り開くべきか、との新たな視点を見つけられるかと期待して参加した。各パネリストからの発言は、夫々の思いを述べている処である。日本経済を一段と強固にし、経済成長を遂げるための力強い展望が聞かれず、少し物足りなかった。

経済環境に右往左往しているだけで、経済が人間に及ぼすものは何か、という根本命題まで遡及した上での対応でなければ、本質的な改革にならないと痛感した。

（2）読売新聞の提言

2011年4月、読売新聞で「東日本大震災　三氏が共同提言」が掲載された。政治や経済の危機感を7項目の提言としてまとめ、新しい日本の出発点にすべきとしている。もう一重の視点が必要であるが、参考に概略を述べる。

三氏とは、中曽根康弘氏（元首相）、三村明夫氏（新日鉄会長）、北岡伸一氏（東大教授）である。基本方針として、大震災の復興には膨大な資金と長い時間がかかり、復興のあり方は、今後数十年の日本の方向を決定する。長期的・総合的な政策において、基本方針を迅速に確立しなければならないと述べている。

部分的な復興を行う事は、総合的・合理的な復興を阻害する。復興前に、既に日本は危機的な状況（経済成長の停滞、巨額の累積債務、人口減少、安全保障環境の劣悪等）にあったが、これらの危機を克服し、世界の中で力強く立ち上がる日本を、創り上げる事を目的としなければならない。

特に強靭な経済力なしには、復興が進まない。戦後の終わり、日本新時代の出発点ととらえ、長期的・歴史的・国際的視野から日本全体のあり方を根本的に変革する方向で考えなければならない。7項目は以下である。

＜7項目の提言＞

①国土計画を絶えず見直す必要性

　　□東京一極集中を避け政府機能を分散化。

②エネルギー政策と科学技術立国の再建
　　　　□原発の安全の徹底的な見直し
　　　　□代替エネルギー開発・利用の促進
③公共精神と人づくりの重要性
　　　　□戦後教育のあり方の見直し
　　　　□グローバルな人材の育成
④国際競争力の強化
　　　　□農林水産業の大規模化、生産性向上
　　　　□ＴＰＰ、ＦＴＡの議論の促進
⑤高齢化への対応
　　　　□将来の高齢化社会のモデルになる被災地再建
⑥財源の確保
　　　　□復興の財源は現在の世代で負担
　　　　□消費税の引き上げもやむなし
⑦国際協力の視点
　　　　□日米同盟の堅持と国際貢献の継続
　　　　□復興後は世界の防災協力を主導
（３）日本経済の活路

　　経済は何のためにあるのか。今回のシンポジウムを通してのテーマである。東日本大震
　　災は、阪神淡路地震、北越大地震に比較にならないほど、未曾有のものである。が故
　　に、従来の小手先での対応ではなく、全く新しい展望・復興が必要となる。
　　日本の長い伝統にもとずく歴史や文化は、過去の遺物ではない。必ずや人間の智慧は活
　　かされる。人間の営みが経済であるなら、人間を離れて経済は有り得ない。
　　経済は、その国特有の文化が有りその反映である。旧来より東洋では経済の考え方が
　　「世を治め民を救う」ことが経済の本質であった。この本質の部分を、転換しなければ
　　ならない。人のために何かしようとする思い・考えが、定着していかなければならな
　　い。この視点が大切になると考える。

8.3　脱原発

　資源の乏しい日本においては、エネルギーの確保は経済の生命線である。2014年３月、国内
50基の原子炉は、１基も稼働していない状況である。福島第一原子力発電所の１号機から６号
機は、全て廃炉が決定している。

　東日本大震災による津波の影響で被災した、福島第一原子力発電所の事故を契機として、野
党が「脱原発」の政策を掲げている。エネルギー政策における具体的な対案はなく、原発停止
の期間中、国民は「計画停電」や省エネの徹底、石油・ＬＮＧ等の急激な輸入増による、電気
料金の30％増等の負担を強いられてきた。

　産業界においても、計画停電は事業の致命傷となり、電気料金のコスト増は、事業の存続に

第８章　震災と経済　333

も大きく影響を与え、海外への工場移転が加速している。日本は、このような状況を3年間に亘り経験してきたが、「脱原発」は、何をもたらしてきたのか、そして、今後の日本社会において、エネルギーが人々に与える影響等について、「脱原発に問う」の記事、及びエネ関連の記事を引用して、人々が原子力に対する理解を適切に深めるために、以下の如く、種々の視点から思量した。

1．経済蝕む「稼働ゼロ」

　安倍首相は、「原発ゼロは無責任だ。安定して低廉な電力供給には、原発は必要である」と、度々述べている。原発の活用が、経済再生には欠かせない。多くの経済人が、原発再稼働の必要性を訴えている。電力各社は、電気料金の値上げ（約28％）に踏み切り、産業界においても苦しい経営となっている。

　電力は、産業の基礎であり、安い電力供給が生命線である。「脱原発」が、日本経済をじわじわと蝕んでいる。日本全国の50基の原発による発電量は、全体の約29％を占め、2010年、当時の民主党政権は、これを50％にするエネルギー基本計画を目標としていた。

　震災後は、一転して稼働中の原発停止を命じ、2012年5月、原子力発電所が稼働開始後、42年目にして全て停止した。

2．危うい火力発電依存

　火力発電所の2割は、建設後40年以上の老朽施設で、原発停止後は電力供給のため、これらの引退予定設備も先送りして再稼働させている。老朽施設のためトラブルも多く、一基でも停止すると電力供給に致命的となり、停電を余儀なくされる。また、火力発電の石油やLNGガスが、急きょ大量に輸入され、貿易収支を悪化させた。

　火力発電は、環境破壊という副作用を持ち、CO_2を大量に放出する。専門家は、再生可能エネルギーが、火力や原子力の代替になり得ない中で、「原子力発電」を否定する事はナンセンスである。「皆が、全体を見ようとせず、原子力の危険な面ばかりみている」と述べている。現在も、電力供給の綱渡りの運用が続いている。

3．再生エネ重い負担

　大規模太陽光発電（メガソーラー）の建設計画が、日本全国で相次いでいる。2012年7月、民主党政権は、原発停止に伴い再生可能エネルギーの買い取りを、電力会社に義務付ける、「固定価格買い取り制度」を開始したためである。

　「原発をやめて、再生可能エネルギーで代替すれば良い」という単純な発想であり、識者からは、「再生エネへの過大な期待は禁物」との主張がある。再生エネの電力供給は、全体の約1.6％。発電効率が悪く、原発1基分（100万kw）を再生エネに換算すると、太陽光発電では、東京都内の戸建の住宅全て（約175万戸）に、発電設備を設ける事となり、風力発電では2100基分に相当する。

　とても、現実離れしており、実現の可能性は殆ど見えてこない。「脱原発」を宣言したドイツは、エネルギー転換に多大なコスト増を強いられ、消費者（国民）は多大な負担を担った。フランスは、電力供給の80％を原発で賄っており、ドイツは隣国のフランスから、原発で発電した電力を購入している。おかしな話である。

４．日本の高い技術

　日本の原発事故後も、世界では原発建設ラッシュが、新興国を中心に続いている。理由は、経済成長や人口増に伴う、電力需要を賄うためである。また、深刻化する大気汚染を避けるためでもある。ＥＵでは、2011年、域内の14ヶ国にある全ての原発（143基）の安全性検査（ストレステスト）を実施した。原発の安全水準は「一般的に高い」と結論づけ、廃炉や稼働停止の対応はしなかった。

　トルコは、2013年、原発４基の受注で日本と合意。耐震性など日本の技術力を高く評価した結果である。エルドアン首相は、「日本は高い技術力を提供できる。信頼してパートナーシップを構築したい」と述べている。2011年の大震災発生後、受注交渉の停止を申し入れたが、トルコ政府は、「日本が困難を乗り越える姿を見たい。１年まてばいいのか」と日本への信頼が変わらない事を伝えている。

　世界における、原発建設の計画は、以下が予定されている。

　　　□トルコ：原発４基の建設を日本に発注。
　　　□中　国：現在15基稼働、建設中32基、計画中23基。中国は石炭火力が、電力供給の80％
　　　　　　　　を占め大気汚染悪化、パキスタンから原発５基を受注済み。
　　　□韓　国：現在23基稼働、建設中は４基、計画中は５基。
　　　□台　湾：現在６基稼働、建設中は２基。
　　　□ベトナム：2030年までに10基を建設する計画。
　　　□インド：2030年までに、原発の発電量を16倍に増やす計画。
　　　□ロシア：28基の原発新設を表明。
　　　□英　国：2013年、原発新設を30年ぶりに再開する計画を打ち出した。
　　　□サウジアラビア、ＵＡＥ：
　　　　　　　　産油国も原発計画を進めている。石油や天然ガスは、外貨獲得の手とする戦略
　　　　　　　　である。

５．逃げられぬ「核のゴミ」

　原発の最大の課題は、原発から廃棄される「核のゴミ」と言われる「高レベル放射性廃棄物」の最終処分を、どのように行うかである。

　日本は、放射性廃棄物の処理方法について、ガラスと混ぜて固めた「ガラス固体化」にして、地下に埋設する方式を採用している。ガラス固体化して40年間保管後、地下300m以上の岩盤に埋める方法である。既に、40年以上前から稼働している、原発の使用済み核燃料（約25000本分相当）が、原発施設や青森県６ヶ所村の再処理工場で保管されている。なお、使用済み核燃料を再処理すると、放射性廃棄物の処分量が極端に少なくなる。

　しかし、現在、各原発の施設内に保存している使用済み核燃料の貯蔵量が、ほぼ限界にきているため、国が最終処分場を検討している。フィンランドとスウェーデンでは、最終処分場を決定して建設を進めている。この両国での処分場の建設に反対する住民はいない。住民に対して、十分な情報公開と理解が進んでいるためである。

６．夢の増殖炉

　小泉元首相が、「原発ゼロ」を説く理由として、フィンランドでの使用済み核燃料の処理の

第８章　震災と経済　335

視察で、核燃料の人体への影響が、天然ウランと同程度になるには約10万年かかる。近寄れば死に至ると、見聞してきたことによる。しかし、甘利経済再生相は、生ゴミのようにそのままで地層に埋めれば10万年かかるが、高速増殖炉で燃やせば、300年になると説明している。文科省は、ゴミの量も約7分の1に減らす事が可能であると見ている。

　高速増殖炉は、日本が進める「核燃料サイクル」の中核に位置付けられてきた。使用済み核燃料を、高速増殖炉で燃やす。高速増殖炉は、発電しながら燃料から発生する高速の中性子をウランに当てることで、消費した以上の核燃料を生み出す。再び高速増殖炉で燃やす。サイクルは半永久的に回り続け、資源小国の日本のエネルギー政策の切り札とされてきた。

　高速増殖炉の開発は、実験炉→原型炉→実証炉→商業炉という段階を踏んで実用化される。高速増殖炉の原型炉「もんじゅ」は、事故が続き開発が容易ではない。原発の原子炉は、冷却材として水を使うが、高速増殖炉はナトリウムを使用する。水と触れると爆発的な反応を起こすナトリウムは、取り扱いが難しく、開発のネックとなってきた。

　高速増殖炉による使用済み核燃料の減量や、毒性期間の短縮は今後の重要な課題のため、研究開発は続行されている。1977年、実験炉「常陽」（茨城県）が、ウランの核分裂が連続的に起きる臨界に達し、世界で5ヶ国目の高速増殖炉となった。常陽の基礎的な研究をもとに作られたのが、原型炉「もんじゅ」である。

　諸外国の高速増殖炉の研究開発は、実用化の見通しが不透明な中、米英独は開発から撤退し、ロシアは原型炉を稼働中で、2015年頃、実証炉の運転を始める予定である。中国は2014年末までに原型炉を2基着工、インドも原型炉の運転を始める方針である。

　フランスは、1973年に原型炉、1985年には実証炉を稼働させたが、事故が相次ぎ1998年には実証炉の廃炉を決めた。しかし、使用済み核燃料の毒性期間の短縮を研究する、次世代型高速炉の開発に取り組んでいる。

　2013年6月、日本は、フランスと新しい高速炉の開発で協力していく事を確認した。フランスの専門家は、「フランスにとって、日本は技術力のある唯一のキー・パートナだ。日本が「原発ゼロ」になったら、協力できるパートナがいなくなってしまう」と述べている。

7．「稼働ゼロ」で日米に影

　1988年に発効した現行の日米原子力協定には、燃料の調達や技術の導入だけでなく、一定の枠内で「核燃料サイクル」政策推進のため、プルトニウムを保持する事が認められる「包括事前同盟」が明記された。

　日本は、米国から日本原子力研究開発機構（茨城県東海村）が、高速炉臨界実験装置で使用してきた、プルトニウムとウラン約500kgを、1960年代に研究用として貸与された。これらは、核兵器にも転用できる高濃度のプルトニウムとウランである。日本は、2014年3月、プルトニウムとウランを、米国に返還する共同声明を発表した。

　現在、日本が保有するプルトニウムは、研究用を除き約44トンにのぼる。日本が目指す「核燃料サイクル」は、使用済み核燃料を再処理して、取り出したプルトニウムなどを高速増殖炉で再利用する計画であるが、その高速増殖炉「もんじゅ」がトラブル続きで、増殖炉が稼働できないため、プルトニウムは利用されずたまっている。

　日本は、プルトニウムとウランを混ぜて作ったMOX燃料を、通常の原発で燃やす「プル

サーマル発電」で活用していく考えである。プルサーマル発電では、投入したプルトニウムの燃える量が少なく、ＭＯＸ燃料は１回しか利用できない。プルトニウムを減少させるためにも、「もんじゅ」の開発を成功させることが不可欠である。日本が持つプルトニウムに、国際社会の厳しい視線が注がれ、原子力利用の自由度を確保した上で、核兵器開発の疑念を持たれないようにするため、プルトニウムの消費が大きなカギを握っている。

８．地元、周辺との温度差

　原子力発電所の再稼働を、地元の立地自治体はどう考えているのだろうか。立地自治体の多くは、国からの電源三法交付金に加え、原発の立地による税収や雇用などの経済的な恩恵を受けている。町の原発関連の歳入に占める割合が、60％を超える自治体もある。

　このため、再稼働については容認する自治体が多い。しかし、新潟県の泉田知事は慎重な発言を繰り返す。国の安全審査で合格しても、地元首長が同意しなければ、再稼働はできそうにない。なお、周辺の自治体首長が再稼働に反対し、脱原発派が続々と地元を訪れて「反原発」を叫んでいる。家族を守るために、国策の原発と一緒に暮らし、電気を都市部に送ってきた地域に対して、周辺の首長の態度は地元を無視している。

　エネルギー問題は、経済活動の基盤となるエネルギーの確保が、国の役割であり国が重点的に担うものである。地方自治法には、地方自治体は、「地域における行政を、自主的かつ総合的に実施する役割を広く担う」と、定めている。

　専門家は、「原発は、電力の安定供給や経済成長のために必要だ。再稼働は科学的な知見に基づいて判断し、感情的な議論ではなく冷静に判断して欲しい」と語る。青森県の６ヶ所村の再処理工場は、トラブル続きで稼働予定が、2014年10月にズレ込んだ。2014年３月、各地の原発から持ち込まれた使用済み核燃料は、２９５１トンでほぼ満杯である。

９．原子力規制委員会の危惧

　原子力規制委員会は、2012年９月、環境省の外局として誕生し、委員５人の合議制で運営し、事務局の原子力規制庁（914人の官僚で構成）が支える。人事や予算を独自の判断で執行できる「３条委員会」として、独立性を確保している。

　３条委員会とは、国家行政組織法の第３条に基づいて設置された行政委員会である。公正取引委員会や運輸安全委員会などがこれに該当する。経産省の下に置かれた原子力安全・保安院が、福島第一原発事故を防げなかった反省を踏まえた措置である。

　規制委員会の委員長が、独立性を盾に、国会議員や原発立地自治体の首長との面会になかなか応じない事や、電力会社などとのコミュニケーション不足に陥ることは、かえって危険であると、独立性の強さを危ぶむ声がある。米原子力規制委員会（ＮＲＣ）の元委員長であるリチャード・メザーブ氏は、「あらゆる利害関係者からの、インプットが必要だ」と懸念を伝えている。

　国内においても、独立が「孤立」になっている。国民への説明責任が果たされていない等、規制委員会を危惧する声もきかれる。しかし、安倍首相は、「今、規制委員会を批判してはいけない。信頼するしかない」と述べている。

10．電力改革

　電力システムの改革は、2020年、電力市場を完全に自由化し、発電・送電を分離し、発電、

小売りとも完全に競争市場にすることである。改革の目的は、国内の電力10社が各地域を独占してきた体制を崩すことにある。料金プランを競い合う環境ができ、料金の引き下げにもつながるものと期待される。

　電力改革は、原発の再稼働とセットでやるしかないと言われている。しかし、電力改革には負の面（懸念材料）も以下の如くあり、対応が迫られる。

　　　□大災害時に、機動的な対応ができるか？　送電会社が、供給責任を負うことになる。
　　　□自由化による競争激化に伴って、コスト削減が優先され、設備投資が疎かになる。
　　　□自由化により、原発の新増設が、困難になる可能性がある。

　電力システムの改革は、以下の如く、三段階で進める計画が予定されている。

第一段階：2015年めど　広域系統運用機関の創設	広域系統運用機関が、電力不足の電力会社から要請を受け、電気が余っている電力会社に融通を指示する。
第二段階：2016年めど　電力小売り全面自由化（異業種からの参入）	電力会社の地域独占だった、家庭への電気販売も新規参入を可能にする。ガス会社、商社、ソフトバンク、トヨタ自動車も参入を予定している。
第三段階：2020年めど　発電・送電分離	電力会社から送電・配電部門を切り離し別会社にする。

11．人材の育成

　原子力に関わる人材の育成は、壁にぶつかっている。原子力関係の学科や専攻のある大学は、全国に10校あるが、原子力を学ぶ学生数が、全国的に低迷している。特に、2012年以降は顕著に表れている。

　原発事故によるイメージ悪化に加え、国の原子力政策が揺れてきたためである。学生は原子力を敬遠している。東京電力では、2012年・2013年で、約1000名の社員が依頼退職し、原子力から離れている。大学が保有する研究用原子炉の運転停止も、人材育成の障害になっている。原子力は、廃棄物まで含めた高度の品質管理が求められ、この先も人材育成を途切れさせてはならない分野である。

　エネルギー政策は、経済や国民生活に大きな影響を与える。ポピュリズム（大衆迎合）ではなく、日本の将来を見据えた現実的な選択が求められる。

12．エネルギー基本計画

　日本の中長期的なエネルギー政策の指針を、閣議決定した。この中で、原子力発電は、「重要なベースロード電源」と位置付けた。また、安全性を確認した原発の再稼働も明記し、「原発活用」は現実的な戦略とした。迷走した日本のエネルギー政策を正常化する一歩である。電力の安定供給体制の立て直しが求められる。

（1）最適な電源構成

　　　電源のベストミックスを以下とした。また、原発依存度を「可能な限り低減させる」と

する。一方、「確保していく規模を見極める」としている。高速増殖炉「もんじゅ」は、国際的な研究開発拠点と位置付けた。

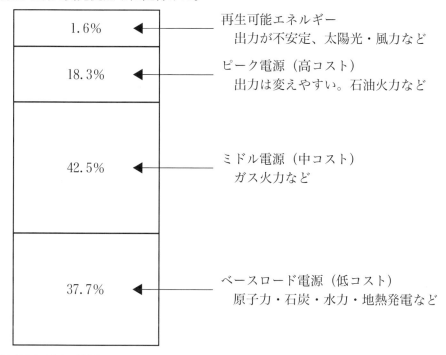

（２）次世代原子炉の開発

　高温ガス炉の研究開発推進を明記した。高温ガス炉は、燃料を耐熱性に優れたセラミックスで覆うため、炉心溶融を起こしにくい特徴を有する。安全性の高い技術の開発を、国際協力の下で推進する。

　高温ガス炉は、熱を取り出すのに水を使わずヘリウムガスを使う。内陸部でも利用できる。経済発展途上国などへの将来の輸出に適している。中国は実証炉を着工している。日本は、既に1990年代から本格的な研究開発を行なっており、世界有数の技術蓄積がある。建設計画を持つカザフスタンに対し、技術協力を行なってきた。

13. 廃炉研究の推進

　福島第一原子力発電所の廃炉を研究する拠点大学を指定し、廃炉作業に30～40年かかるため、原子力の専門家を育成する。研究テーマは以下である。

　　□炉内の状況把握や放射性物質の解析
　　□建屋内でデータ収集、作業を行なう遠隔機器・装置の開発や実証
　　□溶融燃料の取り出しや管理の方法
　　□放射能廃棄物の管理や処理・処分の方法

14. 東欧での原子力ビジネス

　東欧が、ロシアへの過度なエネルギー依存を脱却し、調達先を多様化している。日本メーカの原発ビジネスの追い風となっている。東欧における原子炉の燃料棒の販売ビジネスである。燃料棒は約３年ごとに更新され、商売の持続性としてメリットがある。

　日本の原発メーカーは、原子炉を受注して納入するだけでなく、ウラン鉱山の権益から始ま

り、燃料生成、販売まで請け負っている。東欧における、各国の原子力発電の基数は以下である。

- □ウクライナ　　15基
- □ブルガリア　　2基
- □ハンガリー　　4基
- □チェコ　　　　6基
- □スロバキア　　4基
- □フィンランド　2基

15. 日仏の高速炉研究の推進

「核のゴミ」減量のため、日本とフランスは、2014年5月、次世代の原子炉である「高速炉」に関する共同研究の推進に合意した。

高レベル放射能廃棄物を減らすフランスの高速炉開発計画に、日本が技術協力する。日本の「もんじゅ」による試験が求められている。フランスは、2019年までに新たな高速炉の実証炉（ＡＳＴＲＩＤ：アストリッド）の基本設計を終え、2025年の運転開始を目指している。

16. 地熱発電普及の展望

安定した再生可能エネルギーとして、期待が寄せられている地熱発電。地球内部には、膨大な熱エネルギー（地球の体積の99％は1000℃以上で、100℃以下は0.1％）が蓄えられている。深さ1～3kmの地熱貯留層にたまった熱水をくみ上げ、蒸気を取り出して発電機を動かし、熱水を再び地下に戻すことで、持続的な利用を図る。地熱発電は、24時間安定して稼働できる。1980年代に、地熱の研究・開発を進める「サンシャイン計画」がスタート。1995年に、総設備出力が、約54万kwと世界第5位の規模となった。日本は、利用可能な地熱資源量が、2000万kw以上と推定されている。米国・インドネシアに次ぐ3番目の規模である。

世界の地熱発電所は、2010年：1000万kw、2018年：1850万kwが見込まれる。これらの発電所の約7割のタービンが日本製である。技術もある、資源もある日本で、地熱発電の導入が進んでいない理由は以下である。

- □発電コスト

    計画から建設まで、長期間かかり、井戸の掘削などに多額の初期投資が必要である。

- □国立公園

    地熱発電の82％が、国立公園特別地域にあるため、新規開発は規制されている。

- □温泉

    地熱発電の開発で、温泉が枯渇する恐れがあると、一部の関係者から指摘されている。

    しかし、40年以上にわたる歴史で、そうした悪影響を及ぼした実例は1件もない。

17. 問題・課題のまとめ

「脱原発」について、基本的な考え方の視点から、問題・課題の提起をしたが、現実社会に生きる人々が、国の政策をどのように選択し、賛同するかにより将来の進路が決定される。

いたずらに、不安を煽るだけではなく、冷静に判断出来得る情報や知識を、十分に公開していく事がとても重要となる。また、世界の国々が協調して、情報共有することも必要である。日本は、原発の産業・技術においても、世界のトップランナーであり、積極的な取り組みが世界からも注目されている。

経済発展と共に、エネルギー確保は人類が生きていく条件でもある。その確保のための道筋は、徐々にではあるが、自然界の再生可能エネルギーの利活用に進むと考えられる。また、エネルギーの地産地消は、効率の面でとても良いため住環境と併せて、今後、改善される事となろう。エコーシティーは、その例である。

日本は、島国であり近隣諸国と海を介しており、他国からの電力融通は不可である。一方、国内では、東日本の50Hzと西日本の60Hzの間で、電力融通の障壁となっているが、これを克服する仕組み作りが求められる。高速道路のように、日本が電力供給の面でも一体化すべきであり、国のエネルギー政策と共に技術開発が求められる。

エネルギーの確保、飲料水の確保は、世界の共通課題である。そのための前提は、電力をどう確保するかに求められる。サハラ砂漠での太陽光発電は、その規模から多くの人々に電力を供給し、人々の雇用を生み、海水を真水に変換できる能力を持つ。当事者国と近隣諸国の協働で、その実現を目指して欲しいものである。ちなみに、その電力はEU諸国の1／3の電力を賄い、中近東諸国への飲料水供給が可能になるとの事である。

砂漠は、アフリカのみならず、中国・オーストラリア・USA・中近東・中央アジアと至る所に存在しており、電力の開発は世界的に可能となる。砂漠化を防ぎ、緑地化も可能となる。このような中で、徐々に原発を減少させていけば良いと考えられる。

なお、技術開発が進行すれば、放射能物質を排出しない核融合という「小太陽」を地球上に実現させ、半永久的なエネルギー確保の実現も夢ではない。100年後の世界には実現しているかも知れない。

8.4　震災と科学

震災と科学について、日本学術会議の会長大西隆氏は、東日本大震災を教訓として、震災に対する科学の在り方について見解を述べている。将来における、科学が震災に取り組む大切な視点を提供している。

１．日本学術会議

日本学術会議は、日本の科学者を代表する機関で、1949年（昭和24年）に設立された。人文・社会科学分野を含む約84万人の科学者から選出された210人の会員と、約2000人の連携会員で構成されている。首相の所轄の下、独立して職務を行ない、政府や社会への提言は重要な役割の1つである。

２．大震災と原発事故

東日本大震災における大震災と原発事故に対して、社会からの科学や科学者に対する信頼は大きく損なわれた。その内容は、科学の粋を集めた原子力発電所が事故を起こしたこと、及び科学者の話すことがバラバラの点にあった。

戦後の日本の科学研究は、原子力の平和利用、特に電力利用を柱の一つにしてきた。学術会議もそれを推進してきた。特に、1970年代の二度に亘るオイル・ショックにより、日本は電力供給を火力から、原子力に方針を転換して取り組んできた。原子力技術に対しては、絶大な信頼と質の追求を行ない、国内に50基の原子力発電所を建設してきた。科学の目から見たとき、原子

第8章　震災と経済　341

力の本質的な問題は、やはり、科学技術の結晶である原子力発電が安全ではなかった点にある。
　もっと安全にする、安全でなければ使わない、リスクはきちんと説明する。科学者は、時流や感情に流されず、こうした役割をしっかり果たしていく事が重要である。
　□低線量の放射線被曝
　　被曝の影響が大きいので、住民の追跡調査や健康管理を続けることが重要になる。被曝に関する影響については、大勢の科学者が積み上げてきた、信頼できる見解に基づき、ていねいに説明していく必要がある。
　□避難生活のストレス
　　長引く避難者の生活について、住民の夫々が人生設計の中で選択、判断する問題である。戻る人も戻らない人も、自立していけるよう支えて助け合うことである。
　□科学者の見解
　　科学者は、独創性を問われている。だから、人と違うことが言いたい。ただ、科学者もそれなりの教養人である。まとめることが必要な時は、議論を収斂させようとする。それをわきまえている人は多いはずだ。重要な問題で、見解が割れた時は、どこまで一致したのか、多数意見／少数意見とその根拠は何か、などを両論併記で伝えることも必要である。大震災における報道機関の対応は、各社がスクープ記事を狙い、都合の良い科学者たちを登場させて、世論を混乱に落し入れた事も事実である。
　□エネルギーの将来
　　どんなエネルギーにも欠陥がある。原発は安全の問題、再生可能エネルギーは供給の安定性の問題、火力は低炭素でない等である。こうした欠陥をどう補っていくか。再生可能エネルギーも本当に安定供給ができるのか、頼れる切り札になるのかどうか、数年かけて判断する必要がある。リスクとその評価をキチンと行なう事が重要である。
　□科学の役割・使命
　　国の政策で、科学の果たす役割は大きくなった。科学と政治、科学者と政府の関係はどうあるべきなのか。政府に科学顧問を置くべきである。それができないなら、学術会議が様々な問題について、政府に提言を行い、政府も耳を傾けてもらいたい。
　□今後の自然災害の対応
　　今後の大地震や大津波等の自然災害の問題について、学術会議は、震災を教訓に、緊急事態の際にどう行動すべきかについての指針をまとめた。
　　災害科学も強化していかなければならない。津波だけではなく、建物の崩壊も大きな問題である。建物の強靭化を急ぐべきである。

　　＜見解のまとめ＞
　　科学は、社会に役立つ成果を出すことが大事である。科学者はそれを忘れてはいけない。趣味ではなく、仕事としてやっているのだから。社会の役に立ってこその科学である。

8.5 震災と文明

東日本大震災と原子力発電所の事故で、深い痛手を負った被災地の人々、そして日本人の心のありようはどう変化したのか。哲学者で「せんだいメディアテーク」の館長を務める鷲田清一氏が、「文明の根本　今こそ語れ」をテーマに、その思いを語った。震災と復興において人々に寄り添った、一哲学者の貴重な取り組みである。

１．せんだいメディアテーク

「せんだいメディアテーク」は、2001年、宮城県仙台市に美術や映像文化の拠点、図書 館、情報活用を支援する公共の場として、開館した複合文化施設である。東日本大震災の視聴覚資料の収集にも力を入れている。館長の鷲田清一氏は、大阪大学の学長を経て、大谷大学の教授。専攻は臨床哲学である。

２．日本人に与えた衝撃

東日本大震災が日本人に与えた衝撃は、想像力の外にあった恐怖に日本全体が覆われた。現代文明の根本を問うものだ。新たな問題として、日本の地方における未来の縮図として浮上している。我々は、快適な生活や安全の負担を、どこかに押し付けていないか、政治家や電力会社の責任と片付けて、責任放棄をしていないか。被災地以外に暮らす者も、その問いを向けられたはずだ。

戦後70年、日本人は行政や企業にお金を払って、安心で楽な生活に必要なサービスを買う消費者になった。一方で、助け合いの文化が、東北の被災地には、かろうじて残っていたと見直された。が、そのコミュニティーが、必ずしも復興の力と結びついていない。

３．中間集団の不在

助け合いの文化におけるコミュニティーが、必ずしも復興の力と結びついていない理由について、東北には過疎を始め、多くの問題が存在していた。それを見据えつつ、被災の当事者からの苦しい思いを聞き、復興のために何ができるか、両方を考えていかなければならない。

被災者も議論に参加する際には、自分の利害と感情をいったん外して、問題を俯瞰する視点が必要である。しかし、そうした議論を担う中間集団が少なすぎる。中間集団とは、折にふれ、地域に知恵を出し合った市民たちだ。災害時にも有効となる。職業や年齢、男女を超えて協働する場を、戦後社会は保ってこなかった。

この先、経済が復興しても、少子高齢化で社会の規模が縮小していくのだから、支援策の優先順位の決め方が重要になる。こうした社会をどう運営していくかについて、鷲田氏が呼ぶ「価値の遠近法」の思考法が必要である。ヨーロッパなどでは、生き方の哲学を高校時代から養っている。そして、地方自治に役立つ人材を育てる伝統がある。日本においてもこれらを見習う事が大切である。

日本では、地方自治への入り口を見つけにくい。中間集団を会社が丸抱えして、労働組合がその一部として、市民と政治をつなぐ回路を代行してきた。仙台では、復興の課題を共有する場を、震災直後から設けてきた。

４．感情から論理へ転換

復興の課題を共有する場として、せんだいメディアテークの「てつがくカフェ」がある。月

に１度開催し、対話を重ねてきた。対等に語り聴く。各々が解決したい問題や苦しさを抱えて参加し、あふれる情報と感情から、論理を編み直す機会としてきた。自分は何を求め、何を共にやっていけるのか。参加者は、自らが具体的に考え始めた。震災は、人々の思考を押し出す契機ともなっている。

　若者たちの変化について、20〜30代が、生き方の新しいサイズ感を手にいれたと感じている。例えば、「震災で、自分でコントロールできるサイズの暮らしを、選び取る契機となった」、「新たな環境で生きるため、振り返ってはいられない」等が聞かれる。

　20年前、哲学者マルク・ソーテがパリで始めた「生きる哲学をめぐる対話」の会は、日本では鷲田氏が、阪神大震災後に大阪大学で始めた。

8.6　日本の活路

　大震災後、日本経済及び日本が取り組む先端技術等について、ＣＩＰＰＳから「日本の活路を拓く」というテーマでの論説が発表された。

１．ポスト・モダン

　大震災後の日本企業の成長戦略は、更に多様化し、企業毎の「選択と集中」が特徴となっている。原因は、新たな制約要因として生じた、電力不足の長期化を前提とした、企業活動の実施とならざるを得ないためである。産業について、歴史の根本的な転換が始まり、二つの方向性が考えられる。

　　□省エネ・省電力の技術開発が、一挙に進展する可能性がある。
　　□産業の供給網のうち、最も離国しやすいものから、順に海外立地を選択する。

　後者を排除して、前者に近づけるため、企業の研究開発及び開発投資の重要性が必要となっている。産業界に、新しい価値基準の確立と、それを実現するための、技術的突破の可能性が高まった。

２．新産業パラダイム

　新技術を体化した、製品の標準化の努力も不可欠である。世界で通用する技術のファミリー作りが不可欠である。国際社会での認知活動、電力不足の技術に対して、日本企業は勝機の見極めを競わざるを得ない。

　　□電源の多様化に関わる、プロジェクトの全面展開、蓄電機能の実現、スマートグリッド
　　　による電力系統の安定化。
　　□地球温暖化問題の向き合い方、炭素税の導入が前倒しで実施。

　結論として、国際社会の働きかけを急ぐため、日本市場は単なるテスト市場。世界標準をとりに行くことが必要である。また、電力不足は、世界の先進国でまず日本に到来した。克服策を提示せざるを得ない。そして、地球温暖化等の環境問題克服については、世界の第一戦に立つ決意が日本企業に求められる。

３．世界的な標準化

　同じ課題に取り組もうとしている、世界の国々や企業との間で「対話」が開始された。当初の段階から公開するという手続と、国際社会への呼びかけが求められている。標準化の方法は

以下の二つがある。世界レベルで、ファミリーづくりを工夫する必要がある。

　　□デファクト・スタンダード；競争における勝ち抜きを通じて、標準を決定。

　　□デジュール・スタンダード；会議や多国間の外交交渉を通じて、標準を決定。

　供給遮断時の復旧に関する、ノウハウの集積を図り、ＢＣＰ（事業継続計画）の手法を手にする事である。代替的な供給システムを用意できるかどうかは、決定的に重要である。ＳＣＭ（Supply Chain Management）の遮断による問題点が、3.11により浮き彫りとなったからである。世界の産業史では、初めての出来事である。

４．コーポレート・アイデンティティの確立

　日本企業の今後の進路は、大まかな方向性として、制約要因として浮上した。電力不足や環境負荷の大きい産業に対して、これを向きあった上で、克服する仕組みを作る努力が全面化しつつある。いわば、コーポレート・アイデンティティ（Corporate Identity、企業の存在価値を高める戦略の一つ）の確立にまず進んで見るという、手法をとることになった。

　　＜対応例　1：パナソニック＞

　　　「環境革新企業」の名乗りを上げた。スマートシティづくりを標榜した。住居と家電と街づくりを、システム的に統合しようとする試みである。ポーター博士の「共通価値の創造」の実現化でもある。

　　＜対応例　2：東芝＞

　　　太陽光発電と、これを蓄電用の家庭内電池に、効率的に変換する技術を提示している。自然エネルギーの吸収と、これを蓄電させる機器ということで、革新の芽を企業の内側に持つ。家計を巻き込んで、その場で電力を生産し、その場で消費する仕組みは、エネルギー使用において最も効率的である。地産地消型の電力体系への移行の、先頭をきる決意を示したといえよう。

　　ＲＤＤ＆Ｄ（研究開発展示装置）というベクトルが、各企業の危機打破の方向付けを行なうとしている。ＲＤＤ＆Ｄを目指すなら、企業内への労働慣行の見直しも不可欠となる。

8.7　まとめ

　震災が経済に与える影響は、計り知れないものがある事は、東日本大震災で経験してきた。人的・経済的な被害を最小限とする防災・減災について、京都大学防災研究所教授の矢守克也氏は、「世代を超え、受け渡す防災文化を」とのテーマで講演している。この講演の内容は、震災と文明にも関係してくる。本章において、一つの重要な視点となる。

１．従来の防災観

　従来の防災観は、人々や社会にもたらす影響には無関心であった。一方、矢守教授の提唱する「防災の人間科学」は、科学者が防災研究に取り組む、影響・研究から得る知見を、伝えること自体が持つ影響を視点に加えるという特徴がある。人は、自分自身のことについては、事態を楽観視しがちかも知れないが、自分にとって大切な人に、被害が及ぶものであれば、人はむしろ積極的に行動を起こすことがある。

　「あなたの大切な人は、大丈夫ですか」と問いかけることで、防災・減災の行動へ導く概念

第8章　震災と経済　345

として、有効になり得るものと思われる。災害情報は、正確かつスピーディーにある事が望まれるが、どう伝えれば防災・減災のための行動へと導けるのか、そうした視点からコミュニケーションを組み立てる事が大切である。

　防災・減災のための行動が、顕在化する仕組みを作る。その意味で、防災の人間科学は目的志向型の学問といえる。

２．災害を知るための試み

　「デイズビフォー」というプロジェクトがある。被災以前の話を、伺う取り組みである。発災以前、人々はどう生きていたのか、どう生きようとしていたのか、そこに目を向けることなしには、災害を知る事や、被災を知ること、更にはその先にある防災・減災の取り組みは見えてこない。

> 災害以前の大切な人々の営みは、一度は震災によって断絶されたかも知れない。震災の記憶は、空間的に散らばって存在している。それらを、災害の記憶として、探しだし継承していくことが大切である。

３．防災教育

　防災教育の取り組む材料として、防災ゲーム「クロスロード」がある。クロスロードとは、十字路・交差点の意味であるが、「進退を決すべき岐路」という意味を持つ用語となった。

　従来、防災・減災への取り組みは、「自然と人間」という構造で認識されてきたが、自然現象が解明されるに従い、防災の重心は、「自然対人間」から「人間対人間」にシフトしている。

　災害現場における、葛藤や防災対策の選択では、人は何を重視し、社会は何を選び取るかが大切になる。前述の「クロスロード」は、社会において求められる、防災教育の在り方として、プレーヤー同士が、相互作用するゲームである。

　阪神・淡路大震災を体験した神戸市職員を対象に、インタビュー調査をもとに構成されたものである。決まった正解は存在せず、答えは皆で作り上げていく。この生成体験こそが、未知の災害に対する適応力を高める源泉になる。従来は、正解を決め正解の束であるマニュアルを作ることで、想像力を閉じてしまっていた。様々な可能性、不確実性に出会う教材として、「クロスロード」が防災教育の役割を果たすと考える。

４．防災文化

　震災を自らの新しい人生のスタートとして、前向きに生きる先輩の姿を、子ども達自身の目で見て欲しい。子ども達は、未来への可能性が溢れている。災害の側面だけでなく、幅広く見て欲しい、長いスパーンで災害と向き合って欲しい。

> 光明を見出すのは、災害を経験しながら、そこから立ち上がり、10年・20年を経て活躍する世代である。災害を経験した世代が、自ら立ち上がる姿を通し、ポジティブな要素を受け渡す社会の仕組みを作る事が重要である。東日本大震災で被災した子ども達も、その一翼を担って欲しい。

震災文化は、地域のカルチャーに留まってきたが、今こそ日本社会として、災害文化を築く時代が来ている、といってもいいのではないだろうか。地域を超え、世代を超えて、受け渡されていく防災文化の在り方を探っていくべきである

コーヒー・ブレイク（第8章）

「原発の40年定年、自立への途！」

原発の立地地域・自治体は、原発三法により、長年、交付金が支払われてきた！
375円／1000kw時だから、1基が100万kwの出力なら、max 約32億円／年となる。
また、地元の雇用・生活環境等における経済効果は、大きいものがある。
福島の事故を契機に、原発は40年の定年で廃炉とされ、
地元自治体の生活は、大きく転換せざるをえなくなってきた。
自立する地域の発展に、何が必要か？
地域を見直して地域の人的資源を活用し、「住みよいまちづくり」に衆知が求められる。
特色がある、皆が行ってみたい、
人が集まる地域を目指して「地方創生」が期待される。
地方の活性化が、日本の発展に、人々の生活に反映される。
電力は、産業や経済活動の基盤である。
地球にやさしく、高所の見地からの電力政策が求められる。

＜青森のねぶた＞

→さあ、次の章に行ってみよう！

第９章

近年における経済政策

日本経済は、1990年代から2012年までの約20年間、デフレ状態から脱却せず、経済成長の指標であるＧＤＰは、20年前より減少しているという、異常な状況が継続し、現在に至っている。長引く景気の低迷化と共に、円高や株価の下落が続き、企業は設備投資を控え、国民の消費も落ち込み家計が苦しく、購買意欲が低下するといった悪循環を辿っている。

　2009年９月、「一度、民主党に政権運営をさせてみたら」と、国民が選択した３年３ヶ月に亘る民主党政権（鳩山－菅－野田内閣）は、稚拙な経済政策や運営により、日本経済は、ますます悪化させた。国民は、経済的な不利益を被り高い代償を支払った。そして、デフレ経済が継続する事によって、景気は悪化し、国民の生活が苦しくなることを経験した。

　しかし、国民が有する資産（預貯金・有価証券・不動産等）の総計が、約1600兆円を超えていて、経済を大きく下支えしているため、多くの国民は、経済実感や経済の深刻さに悩む事が少ない状態である。

　このような状況下で、日本の輸出増加は望めず、景気回復の経済政策も、デフレ脱却に至っていない。また、政府の経済政策に対して、日本銀行の金融政策をめぐる、組織間の確執や不毛な対応は、15年以上の長きに亘り行われて、デフレ脱却や経済成長を遅らせてきた。そして、これが主要な原因である事が、近年において明らかになってきた。

　2012年12月の衆議院選挙で、国民は政治・経済の安定を求め、再び自公政権を選択した。無為無策の、民主党政権を見限ったものである。民意は、力強いリーダシップの政権を求めており、日銀も民意には、従わずを得なくなった。第二次安倍政権は、デフレ脱却・経済成長のため、強力な経済政策を打ち出した。この経済政策は、安倍政権と経済学（エコノミクス）を組み合わせて、「アベノミクス」と呼ばれた。経済政策の造語である。

　「アベノミクス」は、□大胆な金融緩和、□機動的な財政政策、□民間投資を喚起する成長戦略の「３本の矢」を骨子として、20年来の経済のデフレ脱却を目指し、日銀・経済界・民間をも巻き込んで、経済政策を推進した。「アベノミクス」は、経済理論の原点に戻り、オーソドックスな手法による対応で、理にかなったものと考えられる。

　この「アベノミクス」の中で、従来考えられていた、金融政策と経済政策の関係が明らかとなり、経済政策の適用が分かりやすくなっている。そして、金融政策の要である、日本銀行の本来の役目・役割について、その問題や課題が明らかになった。

　安倍内閣の経済政策である「アベノミクス」の実施により、景気感が上昇して、株価の高騰・円安が進み、日本経済は実態経済に戻りつつある。また、国民は、経済政策の実施の中で、政府と日銀との関係、及び日銀の役割を学んだ良い機会ともなった。

　新日銀法は1998年４月に施行され、日銀の15年に亘る金融政策は、不調・失敗が継続して、日本経済は、デフレ状況から脱却されないまま継続した。日銀の金融政策における無能ぶりに、世論は、新日銀法の速やかな法改正を求めている。

　日本銀行の権力の態様は、日銀総裁に集中し、総裁の力量に大いに関わってくる。近年は、３代に亘り凡愚な総裁が担当している。この無能な日銀総裁は、速水優、福井俊彦、白川方明の３氏である。表9-1は、第二次世界大戦後の日銀総裁のリストである。

表9-1　第二次世界大戦後の日銀総裁のリスト

歴　代	就任年月	期　　間	日銀総裁名	備　　考
第17代	1945年10月	8ヶ月	新木栄吉	
第18代	1946年6月	8年7ヶ月	一万田尚登	
第19代	1954年12月	2年	新木栄吉	（再任）
第20代	1956年11月	8年2ヶ月	山際正道	
第21代	1964年12月	5年1ヶ月	宇佐美洵	
第22代	1969年12月	5年1ヶ月	佐々木直	
第23代	1974年12月	5年1ヶ月	森永貞一郎	
第24代	1979年12月	5年1ヶ月	前川春雄	
第25代	1984年12月	5年1ヶ月	澄田智	
第26代	1989年12月	5年1ヶ月	三重野康	
第27代	1994年12月	3年4ヶ月	松下康雄	
第28代	1998年3月	5年1ヶ月	速水優	（※）
第29代	2003年3月	5年2ヶ月	福井俊彦	デフレ脱却に
第30代	2008年4月	4年11ヶ月	白川方明	無能な総裁
第31代	2013年3月	－	黒田東彦	

　2013年3月から、新日銀総裁となった黒田東彦（はるひこ）氏は、中央銀行（日銀）の使命を良く理解し、安倍内閣と共に日本経済のデフレ脱却及び経済成長に向かって邁進しており、政府と日銀の役割を明確にして、協力して運営・実行している。

　なお、第二次安倍内閣が発足して短期間ではあるが、日銀との協調等で、経済政策実施による効果の一部は以下である。

　　　　　□失業率改善、5.3％→4.1％。

　　　　　□有効求人倍率の改善、2008年以降最高に。

　　　　　□首都圏マンション5割増。

　　　　　□デパート7年ぶり売上増。

　　　　　□株価上昇（6割増）。

　　　　　□為替レート（80円→100円）の円安。

　　　　　□街角ウォッチャー上昇（5ヶ月連続）。

　　　　　□消費9年ぶり5.2％増。

　　　　　□ゴールデンウィーク旅行者増、2280万人。

　　　　　□自動車、新規販売8ヶ月ぶり増。

「アベノミクス」は、マクロ経済学をベースに、政府の経済政策における日本銀行の役割の見直し、世界経済との協調、日本経済の将来の展望等、近年における経済政策として、世界からも注目を浴びている。また、実体経済への回帰と、デフレ下における日本経済の改革・改善等の道筋が多く含まれている。

　アベノミクスは、近年における経済政策の好事例であり、また、経済的に適切な課題も含んでおり、本章で取り上げた。

9.1 デフレの原因と要因

1．デフレとは

　デフレとは、デフレーション（Deflation）の略で、物価が持続的に下落していく経済現象である。デフレの発生は、経済全体で見た、需要と供給のバランスが崩れること、すなわち総需要が、総供給を下回ることが主たる原因である。貨幣的要因として、マネーサプライ減少も需給ギャップをもたらし、デフレの発生につながる。物価の下落は、同時に貨幣価値の上昇を意味する。なお、株式・債券・不動産など資産価格の下落は、デフレーションの概念に含まない。

　デフレの定義については、経済協力開発機構（ＯＥＣＤ）は、「一般物価水準の継続的下落」としており、ＩＭＦや内閣府は、「２年以上の継続的物価下落」を便宜的に定義している。経済学者の岩田規久男氏は、「相対価格の変化と、絶対価格の変化とを区別することが重要で、平均的な価格である物価が、相対価格（個別価格）の変化によって影響を受ける理由はない」と指摘している。

　メディアで、「食のデフレ」といった表現がある。デフレとは、相対価格（個別価格）ではなく、一般物価水準の下落を指しており、このような表現は、本来の意味から誤用である。

　　　　例：デフレ脱却を目指す、「アベノミクス」をよそ目に、小売り・外食各社は「価格崩
　　　　　　壊」に一直線に突き進み、値下げ競争が繰り広げられている。

2．デフレの歴史

1997年：消費税等の増税・歳出削減などの緊縮財政により、消費者物価上昇率がマイナスに
　　　　なり、デフレの様相を呈するようになった。同年に発生した、アジア通貨危機やこ
　　　　れに続いた、日本の金融危機も原因である。

2000年：日銀は、政府の反対を押し切って、「ゼロ金利政策解除」を実施した。

2001年：国債30兆円枠による緊縮財政、民営化、規制緩和などの経済政策により、デフレが
　　　　更に激しくなった。

2006年：2002年からの穏やかな景気回復により、消費者物価指数ベースでのデフレ終了が
　　　　見込まれたが、日銀は、またも政府の解除反対を拒否して、量的緩和を解除してし
　　　　まった。しかし、生鮮食品と石油関連価格を除いた、実体的な物価を表すコアコア
　　　　ＣＰＩを見ると、日本は、まだデフレ傾向であった。
　　　　コアコアＣＰＩとは、物価指数の一つで、通常の物価指数から食料とエネルギーを
　　　　除いたもの（ＣＰＩ：Consumer Price Index、消費者物価指数）である。

2007年：景気の転換局面に入った。

2008年：世界金融危機と、それに伴う不況により、デフレスパイラルは、日本のみならず世
　　　　界規模での再来が懸念されていた。世界の殆どの中央銀行は、総需要を増加させる
　　　　ために、自国の市場に大量の資金を投入したが、日銀は、金融緩和余地の少なさを
　　　　理由に、量的緩和を殆ど行わなかった。そのため、コアコアＣＰＩは、０％を下回
　　　　り、政府はデフレ状況にあると発表した。

2009年〜2012年（民主党政権）：
　　　　経済政策を推進する専門家がおらず、経済には、無為無策の状態となった。しか

も、政権内で誰も責任を取らないありさまである。デフレ状況は継続し、更に景気悪化が進んだ。

　なぜ、日銀が15年の長きに亘り、政府と協調してデフレの脱却と、経済成長を図らない対応をしてきたのか、その原因を明らかにしないと、問題の本質を転換する事ができない。

　原因の一つ目は、日本銀行の理論（日銀理論）である。日銀が行う金融政策の実効を、再見直しする必要がある。歴代の日銀総裁が、この日銀理論に縛られてきたからである。

　原因の二つ目は、中央銀行としての日銀の責任である。日銀は、インフレ目標率の達成に責任を持たず、金融政策は独自に実施するが、達成に責任を持たない。1998年4月施行の「新日銀法」に明記され、法的に保護されている。

　原因の三つ目は、20年近くもデフレ状況にありながら、日銀は、本来の金融政策を、放棄してきたと言わざるをえない。受給ギャップを埋める金融緩和政策は、積極的な財政政策とセットでなければ、効果的にデフレを克服できないとされる。日銀は、独立性を強調するあまり、政府の意向を無視して対立を繰り返してきた。

　安倍首相は、「日銀は、金融の専門家だから正しいと思っていたが、必ずしもそうではない事が分かった」と述べ、「アベノミクス」を強力に推進した。日本銀行の役割、金融政策及び政府の財政政策について、日銀も政府も、日本経済のデフレ脱却、及び経済成長を放置してきたに等しい。長引く不況により、国民の負託を受けた安倍政権は、日銀に対して、「アベノミクス」の経済政策の協力を、依頼・指示できる環境が整ったと考えた。

　また、本来の中央銀行の役割を全うできるよう、新日銀法は、法改正が必要である。なお、図9-1は、デフレ対応の経緯、経済政策の推移等を表したものである。歴代内閣における経済政策と、日銀における日銀総裁の金融政策の概略を併記して、全体の経緯や状況が理解できるようにした。

3．デフレの原因と要因

　日本のデフレは、1995年から20年以上も継続している。日本の長期デフレの原因について、2012年6月、白川日銀総裁は、都内の講演会で「少子高齢化とグローバル化という、構造変化への対応が遅れている事が、低成長ひいては、デフレの基本的な原因」と述べた。デフレの本質的な要因と、全く異なる事である。このような人物が、国の金融政策のトップを務めている。嘆かわしいことである。

　米国のFRBは、1997年から始まった日本の金融危機についての研究「デフレ防止策について、1990年代の日本の経験の教訓」を公表した。その中で、日銀が、阪神・淡路大震災後も、金融スタンスを変えなかったことや、1997年に消費税を増税（3％→5％）したことに言及し、財政構造改革の政策スタンスを転換し、所得・消費税等を引き下げる事により、経済を刺激できた可能性について述べている。

　1990年代のこれらの政策態度（日銀の金融政策等の失敗）により、日本は完全な長期停滞のデフレに、突入したと論じる経済学者もいる。また、日本銀行の理論（日銀理論）では、「これまで日銀は、銀行貸出が伸びない限り、金融政策には効果がないので、実体経済には何も起きない。金利ゼロになったら、金融政策は何もできない。物価は、金融政策では決まらない。何も起きないから、どんどん量的緩和を進めていくと、日本銀行のバランスシート（Balance sheet；貸借対照表、資産・負債・純資産の状態を表すために複式簿記の手法で作成した損益計算書）が悪化し、円が暴落する。

　日本銀行のバランスシートの拡大は、通貨の信認を揺るがす。一度、インフレになったら止める事はできず、ハイパーインフレ（国際会計基準の定める３年間で累積100％（年率約26％）の物価上昇を呼ぶ）になる。日本銀行は、「現在のデフレが、中国から安価な製品が流入しているから、人口や経済成長などの、実体経済によってインフレ率が決まる」と述べている。これらの考え方は、日銀による金融政策無効論と、デフレ責任転換の理論である。

　普通の国の金融政策は、物価上昇率を１～３％にするのが当たり前だ。言い換えれば金融政策でＧＤＰギャップ（GDP gap；潜在ＧＤＰと実際の総産出量の差、需給ギャップと呼ばれる）を埋めている。ＧＤＰギャップがあるうちは、デフレになるからである。

　日銀理論について、その無能ぶりが指摘されている。日本のデフレ不況の主要な原因は、20年間に亘って続いた日本銀行による、極度に消極的な金融政策であり、日銀の政策が、繰り返し失敗に終わった結果である。

　福井元日銀総裁は、「デフレの背景には、金融政策の対象である貨幣的現象以外に、世界経済、日本経済それぞれの構造変化という側面もある。一つの手段（金融政策）で対応できるとは考えづらい」と述べている。また、経済学者でミスター円と呼ばれた榊原英資氏は、「グローバリゼーションと技術革新を背景として、生じているような構造的デフレに対しては、財政・金融政策は無力である」と主張している。

図9-1　デフレ対応の経緯と経済政策の推移

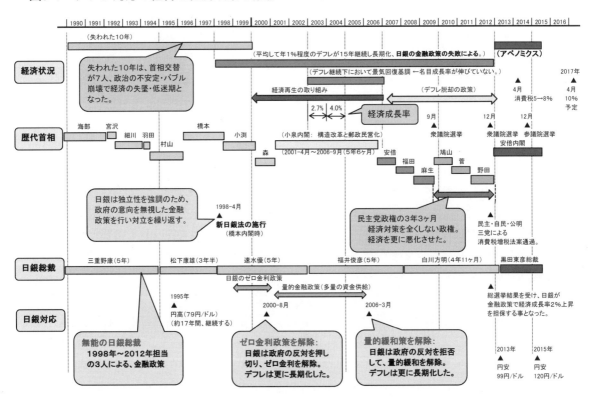

また、白川日銀総裁は、都内の講演会で、「労働力人口の減少が、日本経済にボディーブローのように効いており、人口減少に伴う経済成長率の低下が、長期の需要低迷やデフレの原因となっている」と述べた。そして、日本の人口動態の変化が、成長率に影響しているとの見解を示した。

　デフレの原因とは、あくまでもデフレ・ギャップすなわち「総供給と総需要の差」であるから、総供給の変化だけを見ても、一般物価がどう動くかは分からない。例えば、総供給の拡大と同程度、あるいはそれ以上の総需要が拡大すれば、デフレは全く起こらない。

　つまり、仮に総供給がどう変動しようと、マクロ政策によって総需要さえ調整できれば、需給ギャップを、縮小させることは常に可能である。

　米国のＦＲＢによる「1997年から始まった日本の金融危機について」の研究レポートは、日本経済のデフレ構造について、適切な見解を示していることとなる。それに対して、前述の日銀理論、福井・白川日銀総裁、榊原英資氏等の論点は、本来のデフレの本質とかけ離れた処に、その原因を求めていることとなり、これらのデフレに対する見解・論点がいかに不適切かは、一目瞭然である。

　このように、日銀の構造的に持っている体質・理論が、永年に亘って放置されてきたことについて、第二次安倍内閣は、白川日銀総裁に対し、日本経済のデフレ脱却として「大胆な金融緩和政策」の実施で、インフレ目標値を２％として実現するよう指示した。

　「アベノミクス」の最大成果は、日銀に対するインフレ目標値を、２％達成する指示である。2013年３月、新日銀総裁となった黒田東彦氏は、安倍内閣が求めるインフレ目標値の２％達成について、金融政策をフル動員して対処することを、国内・国外に声明を発表して、大胆な金融緩和策を、自らの責任で説明責任を果たすとした。

　黒田日銀総裁は、物価と賃金の関係について、「大まかに見れば、物価と賃金はシンクロ（同期）して動いている」と述べている。

４．デフレによるメリット／デメリット

　デフレによるメリットを受ける人として、国債などの債権を保有している人は、（高利回り）債権の価格が上昇して利益となる。また、名目賃金が固定して収入が有る人は、物価下落（実質賃金の上昇）により、生活水準が向上する。正規雇用という安定収入がある人は、物価が安くなって歓迎すべき状態である。

　デフレによるデメリットを受ける人として、住宅ローン等で債務を抱える人は、物価の下落で実質的な債務が増大する。また、名目金利の低下により、普通預金などの利子収入は減少する。名目金利の低下する速度以上に、物価の下落が発生している局面では、実質金利が上昇し投資活動が低下する。これが経済活動を停滞させる要因となり、賃金の下落・失業の増加・消費支出の減少と、さらなる企業活動の停滞をもたらす要因となる（このような状態を、デフレスパイラルと呼ぶ）。

　経済学者の深尾光洋氏は、「デフレを放置する事は、日本政府の信用失墜を放置するということである」と指摘している。

５．デフレが経済に与える影響

　デフレは、企業も消費者もリスクを避けがちになり、消費や投資が伸びない悪循環となっ

て、経済の活力が落ち失業も増える。また、労働者の賃金は急に下げにくいため、企業はリストラを進め、非正規雇用や失業が増加する。

また、個々においては、デフレで好影響が悪影響を上回る者、あるいはその逆の人が存在する。社会全体では一般に悪影響が大きい。デフレに陥ると、人件費は事実上増加するので、経営者の大きな負担となる。リストラの敢行、雇用システムの見直しをせざるを得ない。

代表的な影響は、債権・債務問題である。物価の下落は、実質的な返済負担増となる。そのため、借り手である債務者から、貸し手である債権者への富の再配分が発生する。また、物価下落により実質金利が上昇する。例えば、1万円で買える物が増えるから、一見、メリットがあるようだが、実際は、その1万円を稼ぐこと自体が困難になるため、デフレで有利になるとは言えない。デフレは、名目的には低い金利に見えても、お金の借り手にとっての負担は、デフレの分だけ重くなる。この場合の借り手には、日本政府も含まれ税収が上がらないので、財政再建にとっては大きなマイナス要因となる。

FRBのイエレン副議長は、「日本の名目所得、名目国内総生産（GDP）は、20年前より若干低い。これは注目すべき点であり、日本のあらゆる問題の根源となっている」と指摘している。この指摘は、日本が20年間、経済成長していない事を意味する。

9.2 デフレ脱却の経済政策

デフレは、将来の景気悪化を見込んだ企業や家計が、投資や消費を押さえることで生じる。このため、2013年1月、日銀は、デフレ脱却について以下の点で対応する事とした。

①物価が2％になるまで、金融緩和を続けると宣言。
②金融機関が保有する国債を、無期限購入（2014年開始）などを通じて、多額の資金を市場に供給する。

短期の金利の低下を促す事により、企業向け融資や、住宅ローンに適用される、長期金利の低下も促す。

企業や家計が、資金を借りやすくなり、設備投資や個人消費が拡大し活発化する。

金融緩和は、円高是正の効果があり、輸出増加も期待できる。デフレで、物価は下がり続けているが、景気が回復し始めると物価は上がる。物価を、金融政策で強制的に引き上げることで、景気回復が始まると思わせる、アナウンスメント効果が期待され、需要を創出する発想である。デフレやグローバル競争で低下した日本経済の基礎体力を、金融・財政・成長戦略を活かして強化することが今こそ必要である。

図9-2は、「アベノミクス」の3本の矢の概略を示す。その内容は以下である。

図9-2 「アベノミクス」の3本の矢の概略図

「アベノミクス」は、①大胆な金融緩和、②機動的な財政政策、③民間投資を喚起する成長戦略の、3本の矢を骨子として、デフレ脱却・経済成長を目指すものである。
以下に「アベノミクス」の3本の矢の概略を説明する。

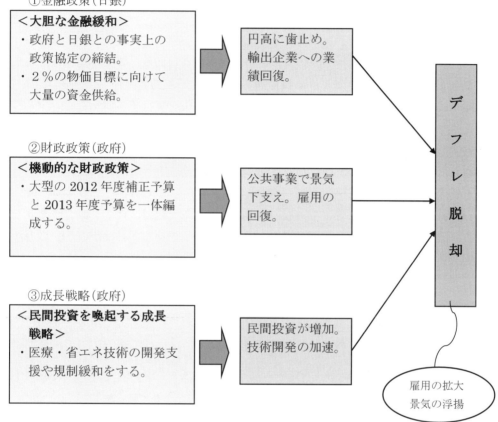

（※）
　デフレは、日本経済に深刻な悪影響を及ぼす。第二次世界大戦後、世界の先進国で、日本のように約20年間も、デフレが継続している国の例はない。
　「アベノミクス」は、デフレからの脱却に総力を上げ、経済を再生するものである。

1．金融緩和（第1の矢）
　日本銀行は、市場に出回るお金をもっと増やす事だ。そのお金は金融機関を通じて企業に流し、工場の増設・従業員の増加に使用してお金の流れを活発にする。政府は、日銀に対し物価上昇率が2％になるまで、お金を出し続ける事を、文書により政策協定を取り付けた。

2．財政政策（第2の矢）
　国も、お金を積極的に使う「機動的な財政政策」で、企業の仕事を増やそうとしている。2012年度の補正予算案と、2013年度当初予算案を一体で編成して、景気浮揚を重視した経済政策の内容としている。

3．成長戦略（第3の矢）
　将来、仕事が増えそうな成長分野に、企業が新たに投資したり、事業転換させたりするように促すことだ。再生可能エネルギーの技術開発（太陽光や風力発電）、新しい医薬品、最先端の素材開発に成長が期待できる。しかしながら、経済政策を実行する前から期待が先行し、円高に歯止めがかかり、株価も上がっている。市場は好感しているが、財政が出動されれば財源となる国債（借金）を多く発行することとなる。

　思惑通りに経済が成長して、税収が増えなければ、借金まみれの国の財政が、一段と悪化する結果を招く。「アベノミクス」の実行に対する問題点がここにある。このため、第二次安倍政権は、具体的な行動をとり続けている。また、金融政策だけで、デフレが克服できる訳ではないため、政府は中長期的な財政再建策や、成長戦略の構想を示す必要がある。このため、政府は「成長戦略の具体的な取り組み」についてその内容を展開している。

9.3　成長戦略

　アベノミクスの第1・第2の矢は、各々実効をあげつつあるが、第三の矢の成長戦略は、短期間では成し遂げる事ができないため、あらゆる角度から模索している。以下は、その具体的な取り組みである。

1．人件費増の要求
　2013年1月、安倍首相は、企業に雇用増や賃上げを求めた。株高・円安で、輸出企業を中心に、業績回復の期待が高まってきている事が背景にある。

「アベノミクス」は、「3本の矢」でもって企業の収益を向上させて、雇用増と賃金の上昇につなげ、個人消費を活性化させるシナリオを描くものである。

企業が、従業員の賃金や雇用を拡大した場合 ①法人税を引き下げるなどの、税制改革を行なう。 ②非正規の若年労働者の職業訓練を行う企業へ、助成金を支給する。

2．「改正高齢者雇用安定法」の施行
　改正高齢者雇用安定法は、2013年4月より施行。この法は、従業員の希望者全員に対して、65歳までの雇用を、企業に義務づけるものである。

3．日銀の対応改善
　日銀は、「金融政策決定会合」で、2％のインフレ（物価上昇率）目標の導入を決めた。デフレ脱却に向けた、政府・日銀の役割を明記した「共同声明」を決定し、双方の連携を強化していく方針を確認した（安倍首相－白川日銀総裁）。

　また、2014年以降、無期限で国債などの金融資産を買い入れる、新たな金融緩和策も決めた。金融資産買い入れ額は、毎月、長期国債など13兆円程度とする。これに対し、黒田新日銀総裁は、金融緩和政策は、直ちに実施すると表明した。

4．緊急経済対策
　政府は、2014年1月、公共事業を中心に据え、景気への即効性を重視した内容の緊急経済対策を打ち出した。表9-2は、緊急経済対策の主なポイントを示す。公共事業と金融緩和を起爆剤に、企業に溜まっているお金（内部留保）や家計の預貯金を、設備投資や消費に回していくという、シナリオを描くものである。緊急経済政策は、景気の下支えを行い、デフレ脱却を目的とする。

　企業や家計が、お金を使うようにならなければデフレ脱却は難しい。

　今回の経済対策では、財政出動が、どれだけ波及効果を生み出せるかが重要である。伝統的な金融・財政政策以外の、経済活性化のアイデアは、高く評価されている。

5．成長戦略の第1弾
　2013年4月、安倍首相は、成長戦略の第1弾として□医療、□女性、□若者の3分野を発表した。事前に経済3団体のトップと会談し、各種の要請を行った。成長戦略のキーワードは、「挑戦：チャレンジ」、「海外展開：オープン」、「創造：イノベーション」である。

（1）医療関連産業

　　医療分野での日本の貿易赤字は、年約2兆円（2011年）である。この5年で8000億円増加した。高齢化の進展で、医薬品や医療機器の輸入が増えたためである。しかし、ＣＴ（コンピューター断層撮影法）などの画像診断や、粒子線を使ったがん治療での分野では、日本は世界に誇る高い技術を有している。

　　経済成長で豊かになった新興国で、日本が得意とする医療技術の需要が高まっており、政府は医療システムやサービスを、一括して海外に売り出し、また、「日本版ＮＩＨ」を設置して、治療法・新薬・医療機器の開発を進める。規制改革や法整備も組み合わせ、医療産業を、「成長の担い手」に育てる方針である。具体的には、ロシア、ＵＡＥ（アラブ首長国連邦）に「がん粒子線治療施設」の建設を推進している。

（2）女性の社会進出

　　女性に関する施策の充実は、労働力確保の面でも課題となっている。特に、35～39歳

の女性は、働く意思のある女性が78.6%（実際の就業率は64.7%）もある。仕事を持つ女性が出産した場合、約60%が退職している。

「待機児童ゼロ」の目標年限の繰り上げや、育児休業期間の拡充が実現すれば、女性の再就職が進むと見られる。女性の社会進出と、子育て支援の戦略は以下である。

□女性役員登用の加速

安倍首相が、経済3団体のトップと会談し、全ての上場企業に対して、最低1人の女性役員を登用するよう求めた。世界の主要520社の調査では、女性役員の多い企業ほど、利益率が高いというデータがある。産業界の活性化に期待感も出てくる。

□「待機児童ゼロ」へ、2017年度をめどに40万人分の保育の受け皿を確保する。

□育児休業として、3年間取得を可能にする。

表9-2　緊急経済対策の主なポイント　　　　　　　　　　　　　　　　単位：兆円

機動的な財政政策の内容	国の支出	事業規模
□復興・防災対策		
◇日本大震災からの復興 被災者の直接雇用事業や福島県での営農再開支援。	1.6	1.7
◇事前防災・減災 避難所となる都市公園整備や学校などの耐震改修の推進。	2.2	3.8
□成長による富の創出		
◇民間投資による成長力の強化 蓄電池実証事業や医薬品の研究施設整備。	1.8	3.2
◇中小企業・農林水産業対策 ものづくり支援の設備投資補助や農産物の輸出拡大策。	0.9	8.5
□暮らしの安心・地域の活性化		
◇暮らしの安心 保育士の人材確保や通学路の交通安全対策。	0.8	0.9
◇地域活性化 地方都市の空洞化対策や地域の観光資源の強化。	0.9	1.2
◇地方自治体の公共事業費を国が負担するための交付金	1.4	－
（合計）	10.3	20.2

（3）若者の能力向上

海外留学にチャレンジしょうという若者たちが、就職活動で不利益を受けないよう対策する。特に企業の採用選考活動開始が、大学3年の12月から3月に変えれば、留学生も帰国後に十分間に合う。

学生が、勉学に専念して質の高い人材が育てば、「社会全体の生産性を押し上げる」、「日本の国力アップ」、「企業にとっても競争力強化」等のメリットがある。グローバル化する中で、「留学生の多様な可能性を持った人材」が増加する事となる。

6．戦略特区

2013年4月、成長戦略の第2弾として戦略特区の設置を発表した。東京都、大阪府、愛知県の3大都市圏などで、大胆な規制緩和を行なう「アベノミクス戦略特区」の設置を検討するものである。

小泉政権で注目を集めた「特区制度」を再生させ、三大都市圏を日本経済の成長の牽引役にする構想である。この特区構想は、外国人が日本で暮らしやすい環境を整えたり、法人税を軽

減する事で、三大都市圏を「世界一ビジネスがしやすい都市」に、変貌させることが目標である。戦略特区は、都市圏重視へと舵を切ったものである。

現在、アジアを統括する支社などを、日本からシンガポールや中国に移す外国企業や、海外に生産拠点を移す国内企業が、増加している事への強い危機感があるためである。民間の活力を、最大限活用することも狙いの一つである。海外からの投資を呼び込み、国内企業の海外流出を、食い止める事が目的である。

具体的には、東京都は、都営地下鉄・バスの２４時間運行や、医療の国際化を推進する。大阪と愛知では、国や自治体が所有権を持ったまま、道路や港湾などの運用権だけを民間に売却し、民間のアイデアを活かす事で、運営の効率化を図る。農業への企業参入を促す規制緩和を行ない、農業生産法人の税率を軽減し、農産物の海外輸出を支援する。公立学校の民間への委託も検討する。

７．アベノミクスの地方波及

2013年４月15日、日本銀行が発表した「４月の地域経済報告（さくらリポート）」は、全９地域が景気判断を引き上げ、円安・株高の効果が、各地に広がっている事が鮮明になった。なお、景気を牽引する「個人消費」と「生産」の一部には、懸念材料も残っている。全９地域とは、北海道、東北、北陸、関東・甲信越、東海、近畿、中国、四国、九州・沖縄の９つの地域である。

８．インフラ輸出の推進

日本が得意とするインフラ等の分野について、安倍首相自らが世界の国々を訪問して、外交交渉と共に、経済に関わるトップセールスを展開している。円安による輸出増加と共に、技術的にも信頼性のある、原子力プラント・鉄道・船舶・ロケット・海底探索技術・核廃棄物処理等の、インフラ整備も兼ねて、円借款等の戦略をもとに対応している。

巨額の投資となるインフラ整備等の事業の受注は、国内メーカーのみの対応では、実現不可能な事であり、国挙げてのバックアップにより、推進するものである。

9.4 アベノミクスの課題

アベノミクスの実施により生じた問題点や、今後、発生が予想される課題について検討した。経済政策は、その時々の社会問題や、その解決のためにも必要となる。

2012年12月、「アベノミクス」が開始後、株価上昇・円安に推移し、輸出産業はその恩恵を受け好景気に転じた。反面、円安により輸入産業は低迷化しつつも、国または産業全体としては、経済の活性化が図れた。しかし、地方への経済効果の波及、及び中小企業への経済好況の実感が今一つであり、経済波及や好景気感が実感できてこそ、「アベノミクス」の経済政策が成功と考えられる。

日銀の「さくらリポート」は、徐々に地方経済も上向いているとの報告である。以下に日本が抱えている課題を含めた、アベノミクスの課題を抽出する。

１．消費税の増税

民主党の野田政権時、社会保障費の財源を捻出するために、民主・自民・公明の三党合意の

もとで、消費税率の改定を決定した。その後、2012年12月の衆議院総選挙にて、民主が大敗し、自公政権が誕生した。

そして、第二次安倍内閣は、経済や景気等全般を考慮しつつ、2013年４月から、消費税率を５％から８％に増税した。更に、１年半後の2014年10月より、８％から10％への増税を予定していたが、景気感から増税実施を、１年半延期することを決定した。

この国民生活に重大な影響を与える消費税の延期は、重大な政策変更となるため、政権発足満２年であったが、安倍政権は、2014年12月に、衆議院を解散して民意を問う総選挙を実施した。再び、民意は自公政権を支持した。

消費税は、国民全般に広く一律に税負担を求める事から、低収入の人々には生活上で大きな負担となる。そのため、公明党の発案で、「軽減税率」の導入、すなわち、一般生活用品は、現状の税率として、８％から10％時に適用することとなった。世界各国では、消費税について、多くの国々で軽減税率を導入している。

参考に世界各国の消費税率を以下に掲載する。

□ドイツ	19.0%	□アイルランド	21.0%
□イギリス	20.0%	□デンマーク	25.0%
□フランス	19.6%	□ノルウェー	24.0%
□メキシコ	15.0%	□ポルトガル	19.0%
□スウェーデン	25.0%	□日本	8.0%

消費税は、直に国民の負担となって家計の支出に関わり、景気の動向にも大きく影響を与える。しかし、世界各国の中で、日本の消費税率は小さいことを認識すべきである。また、アベノミクスにおいては、消費税率の増税は、現実に経済活動を左右する要因であり、慎重を期していることは、政権発足満２年であったが、衆議院を解散して民意を確認したことにおいても、その取り組みの意欲を理解できる。

消費税率は、今後の経済活動や景気動向を踏まえ、世界との対応が必要である。

２．原発再稼働

エネルギー政策は、国策であり産業の基盤である。従来、原子力発電は、全電力の約30％を占め、ベース電源となっていた。2015年、原発50基のすべてが停止しており、徐々に産業の空洞化や景気にも影響がでている。

国際社会では、新興国を中心として原発は、経済成長にとって必要なため、その建設が急ピッチで推進されている。中国・インド・ロシアを始め、韓国・ベトナム・トルコ等である。ＥＵでも見直しがされ、推進が図られている。

このような中、日本では新設の事業は認められないが、現実に存在する50基の原発を精査して、世界一厳しいと言われる、再稼働の審査基準を適用して、基準に合格した号機は、順次運転を認める方針で進めている。また、福島第一発電所の６基は、廃炉が決定し、その他40年以上経過して老朽化した号機についても、順次廃炉することとしている。

世界一安全性と品質を誇る日本の原発は、原子力発電プラントとして、世界中の国々から、経済成長の要・電力供給の有効手段として望まれている。中国・インド・トルコ・ベトナム・ＥＵの国等に輸出が決定されている。安倍首相のトップセールスもあり、外交交渉とともに着

実に進んでいる。なお、米国は、日本の原発が全機停止する事を危惧している。原発の国フランスも、日本との核燃料再処理について、パートナを希望している。

このように、日本経済を支える産業として、また、原子力に関わるエネルギー政策は、現時点においてはとても重要な政策課題であり、原発再稼働と将来のエネルギー開発は、これを避けては通れない課題である。

３．人口減少

日本は、2007年をピークに、既に人口減少社会に突入している。現状では、東京オリンピック開催の2020年までは、減少率が微減であるが、その後は人口減少が顕著となり、人口減少社会が現出すると予測されている。

日本は、先進国の中でも人口減少の先端を歩んでいる。人口減少問題に対する明確な取り組みを、国内外に強くアピールして、産業の空洞化や経済成長の低下防止等に対する、あらゆる政策を総動員して対応する必要がある。

　　　　□人口減少社会の進行を、鈍化させる取り組み。
　　　　□地方の活性化のため、地方創生・再生への取り組み。
　　　　□広域行政（道州制の導入）の取り組み。

特に、地方における人口流出や、高齢化による人口減少は著しく、そのため経済活動が低下している。地方の経済が、活性化するための施策が求められる。国も地方も、地域の住民と共に情報を共有して、活性化の有るべき姿を模索する事が重要である。

行政の広域化の施策として、「道州制」の導入がある。既に導入に当たっての論議は重ねられており、機が熟していると思われる。行政の大きな痛みを伴うが、人口減少問題の解決にも大きな影響を与える。そのため、前向きに積極的に採用する英断が、政治のリーダシップに求められる。

４．ＴＰＰの交渉

国内では、アベノミクスによる経済政策を着実に実施し、国外では、ＴＰＰの条約締結作業を並行して取り組んでいる。ＴＰＰの締結交渉は、加盟国の思惑等が先行しており、交渉自体が行き詰まっている。日本は、経済市場を広く世界に求めなければ、生き残っていけない状況であり、太平洋地域における国々との貿易を、発展させなければならない。

著者は、日本だけの権益を中心に議論していては、太平洋地域における国々との経済発展は望めない。日本の強みと弱みを踏まえて、この地域での共存・共栄に、誠意を尽くすことであると考えている。

ＴＰＰの延長線上には、世界で最も経済成長が著しい、東南アジア圏における貿易活動による、経済市場の参入が予定される。世界の経済大国である米国は、それを強く望んでいる。

一方、国内では、ＴＰＰにおける貿易取引のメリットを、経済政策に盛り込んでいる。その一つが、地方の農業活性化のため、ＪＡ全中の組織の改善と、農業の大規模化の促進のための規制緩和である。一次産業を六次産業化へするための、農業法人化制度の拡充にも着手している。また、安全で高品質の日本の農産物等の、輸出にも力を入れるため、これらの法整備が行われている。

このように、ＴＰＰの交渉は日本経済の将来性を含み、その対応については慎重を期して取

り組みが行われている。2016年、日本を含む、加盟12ヶ国による、調印式が挙行され、一歩前進している。今後、各国の国内での承認手続へと移っている。

5．日銀との協働

2012年12月、衆議院選挙で大勝した自公政権は、改めて民意として、日銀に対しデフレ経済の立て直しに、金融政策で協力するよう求め、日銀の白川総裁は、民意を受けた政府の意向を、受け入れざるを得なくなった。白川総裁は、5年の任期をまたずに退任した。

新たに国際感覚に優れ、世界の金融関係に多くの友人を有する黒田総裁を選出し、15年ぶりに日銀の金融政策は、国と協働して機能することとなった。従来、日銀は独立性を重んじるあまり、政府と日銀との協働は、経済政策を進める上で、大きな足かせとなっていた。日銀も、民意を無視する事はできなくなった。

6．デフレ脱却

日本経済は、デフレ脱却のため、円高→円安へ、物価上昇によるインフレ施策から、デフレ収束までの経済活動を慎重に見極め、経済成長を維持しつつ、デフレ脱却の力強い宣言をすることが求められている。

2014年3月、一部の閣僚から、デフレ脱却のメドがついたとの発言があったが、国民全体ではその実感が乏しい。前述の地方への経済波及や、中小企業での好景気の実感が伴なってこそ、デフレが完全に収束したと言える。

また、物価が徐々に上昇する中で、2014年4月から、消費税率が5％→8％となり、そして2015年10月からは8％→10％に引き上げの予定であったが、現今の景気の動向を踏まえ、10％の増税は、2017年4月と1年半遅らせた。これらの消費税率の上昇により経済が低下しないよう、慎重に各政策を総動員して対応する必要がある。これらの状況を良く見極めて、デフレ脱却の宣言をすることである。

7．財政健全化

先進国中で、GDPの約2倍を超過する国の債務（2014年4月現在、1000兆円を超過）を抱えているのは日本のみである。日本経済は、ドロ船に乗って運営がされているのと同じ状況であり、いつ沈没してもおかしくない危機的な状況である。

G20でも、世界各国から、世界に類のない日本の債務状況を危惧されており、財政健全化の要求が出されている。麻生財務大臣は、これらの指摘に対し、財政健全化の戦略を立案し、その策定を公表すると発表している。

アベノミクスの着実な適用により、経済成長を維持しつつ、債務の削減に全力を挙げることが求められる。消費税率の改定は、その一段階である。世界各国は、アベノミクスを評価しており、債務削減の絶好の機会でもある。

8．経済の価値観

従来の経済活動について、その課題を論述してきたが、経済の価値観の転換を図らなければ、日本の将来が危ういと考えられている。すなわち、経済を支えている営利法人（企業）の事業推進について、ポーター博士の理論（共通価値の創造）による転換がなされなければ、いつまでも経済競争、経済至上主義から脱却できない。第一段階としては、社会問題の解決方法を、事業そのものに適用する研究開発をしていくことである。

その後は、本書のテーマである「人間主義の経済」へと、移行することが求められる。このように、経済の価値観の転換が、徐々にではあるが移行しつつある。人々の生きる目的も、経済の価値観の転換と共に、漸進的になされていくと思われる。

以上の如く、近年における経済政策として、20年来のデフレ経済を脱却し、好転させつつある「アベノミクス」を事例として取り上げた。そして、併せて近年、日本社会が種々抱えている問題・課題に対して、安倍政権が掲げる「アベノミクス」の成長戦略は、着実に経済改革へと進んでいる。

円高から円安に誘導しながら、社会問題の解決と景気の浮上を図り、その結果として株価が15年ぶりに２万円を超えることにもなった。輸出産業を先頭に、賃金上昇も中小企業まで拡大しつつある。景気の好循環のサイクルに入った感である。しかし、約120年を超えて実施されてきた中央集権的な行政システムは、制度疲労を起こして機能しなくなっている。明治維新に匹敵する、社会構造の変革が必要とされている。

日本人は勤勉であるが、とかく、目の前の現象しか信用できない、近視眼的な生き方の人々が多い。近所のおじさんが、「アベノミクス」なんか、我々庶民には何も恩恵がなく、関係ないと話している。着手すればすぐにでもその効果が、目の前に現れると思っているらしい。普段は政治には全く無関心であり、学ぶ事などさらさらである。

国民の50％以上は、経済に大きく関わる政治についても無頓着である。選挙の投票率に表れている。欧米では、１人１人がキチンとした考えを持って、選挙に対応している。日本は、この面でも世界の三流・四流である。

日本も日本人も、付和雷同的な生き方から、一人一人が自主的に判断して、行動できる社会に変わっていく事が強く望まれている。一人一人の自立が求められている。

9.5　金融・証券市場の反応

日本市場の株価は、「アベノミクス」の実施により急上昇し、更に円高から円安となり、海外市場でも、円購入の動きと共に円安を生じ、輸出産業が利益に大きく貢献することとなった。円のレートが80円から100円台に復帰し、更に120円まで上昇し、日本経済の実態に沿うようになった。反面、円安は、輸入品（石油・ＬＮＰガス・食料品等）の産業を大きく圧迫する状況となった。

なお、日本経済の動きとして、10年来、賃金上昇は殆ど停止し、これに伴う家計の上昇がないため、消費購買が低下し、更なる経済悪化の悪循環を呈していたが、「アベノミクス」の実施により、まず、金融市場への大量の資金が投入されて、社会へのカネの出回りが改善されてきた。賃金上昇についても、政府から経済界に働きかけて、利益を大きく増出した企業を中心に、賃金のアップが図られた。大企業から中小企業へと、その波及効果が伝播しつつある。今後、企業が内部留保している資金を、設備投資への振り向けが増加する事により、経済は拡大し、徐々に好循環となっていくストーリーに入っていく。

しかし、国内には、20年来のデフレ脱却と、東日本大震災の復興事業、原子力発電所の運転再稼働への問題、電力供給のバランス低下等が、産業への著しいブレーキ役の要因となってき

第９章　近年における経済政策　365

た。また、日本の少子高齢化の進展は、世界の最先端を走り、社会保障費（医療費、年金、介護、生活保護等）の異常なる増加は、待ったなしに経済成長を阻んでいる。

このように、日本を取り巻く外部環境は、とても厳しい状況ではあるが、概ね金融市場・証券市場は、好環境で推移しており、これを持続するための経済戦略を次々と打ち出し、経済成長を維持する事が、とても重要となってくる。

世界は、日本の経済活動を注視しており、日本はそれに応えていく度量を持つと共に、経済発展途上国のお手本となって、各々の国に対して貢献することを実施していかなければならない。そうしないと日本の存在感は消失してしまう。

9.6　アベノミクスの評価

日本が進める経済政策、「アベノミクス」について、世界からの評価は以下である。

１．世界の識者・機関

ＩＭＦ（国際通貨基金）のラガルド専務理事は、2013年1月、日本の取り組む「大胆な金融政策」を、興味深いと期待感を表明した。米国プリンストン大学のクルーグマン教授は、強力な金融緩和で、景気回復を目指す新政権の政策を評価した。また、政府と日銀が共同声明として、初めて明確化した「物価目標（インフレターゲット）、消費者物価の前年比率上昇率２％」の導入について世界が注目した。

世界経済フォーラム年次総会（2013年1月、ダボス会議）での、「アベノミクス」に対する各国首脳の発言は以下である。

□欧州中央銀行（ＥＣＢ）のドラギ総裁

ユーロを再出発させた。欧州危機が最悪期を乗り越えたと強調した。

□スイス銀行大手のＵＳＢのウェーバー会長

パネル討論会で、各国の中央銀行が大胆な金融緩和を続ける現状について、「我々は危険な領域に向かっている」と警鐘を鳴らした。

□ドイツのメルケル首相

為替レートの人為的な操作について、「日本を見た場合、現時点で全く懸念がないとは言えない」と述べた。

□国際通貨基金（ＩＭＦ）のラガルド専務理事

2013年の世界経済のリスク要因が、「日本、ユーロ圏、米国を含む先進国だ」と指摘し、「日米は中期的な債務削減について、合意に達する必要がある」と述べた。

□欧州メディア

安倍内閣が掲げる「大胆な金融緩和」に対する、各国当局者の発言を報じている。イギリスの英紙フィナンシャル・タイムズは、日銀による金融緩和を擁護した。

２．財政健全化

日本国債の多くは、銀行など国内の投資家が買っている。また、2012年9月末時点で、海外の投資家による日本国債の保有率は、９．１％と過去最高を更新した。財政再建への取り組みに疑念が生じれば、海外の投資家が国債を売る動きを増し、金利の上昇も招きかねない。

また、政府の政策運営で「日銀に無理な金融緩和を押し付け、通貨の信認を傷つける」といった懸念もつきまとう。

> 政府・日銀の合意文書で、以下の方針も明記した。
> ①財政規律を堅持すること。
> ②規制緩和や構造改革を通じて経済の成長力を高めること。

　2008年のリーマン・ショック後、各国は巨額の財政支出による景気対策を打ち出した。今や、財政再建と経済成長の両立は、世界の主要国に共通の課題である。先進国で最悪の財政状況と、少子高齢化という課題を背負う安倍政権の取り組みに、海外の視線が注がれている。

　金融緩和と財政支出は、デフレ脱却に向けた時間稼ぎともいえる。経済成長を引っ張る新産業育成などを、いかに進めるかが鍵となってくる。

3．G20財務相・中央銀行総裁会議

　2013年4月、主要20ヶ国・地域（G20）の財務相・中央銀行総裁会議が、米国ワシントンで閉幕した。G20の共同声明は、日銀の政策が「国内のデフレを止め、内需を支えることを意図したもの」と明記し、円安誘導政策との見方を、完全に否定したものとなった。

（1）G20後の記者会見

　　黒田日銀総裁は、量的・質的金融緩和は今後2年間に亘って、2％の物価安定目標を実現するために続ける。国際社会の理解を得られた事で、更に自信を持って金融政策を運営していける。国際社会の理解とは、為替操作を意図したものではなく、デフレ不況からの脱却を目的にしたもの、という日本の主張について、理解を得たという事であると述べている。

（2）G20での議題

　　「先進国の財政健全化」について、ギリシャーなど財政が悪化して、欧州の財政・金融危機が深刻化し、世界経済を揺るがす事態に発展した。このため、2010年6月、カナダのトロントでのG20首脳会議（サミット）で、「先進国は、単年度の財政赤字を、2013年までに半減」させるという目標があり、本年度はその最終年にあたる。麻生財務相は、G20後の記者会見で以下を表明した。

　　2014年4月から消費税率を引き上げる決意である。引上げが実現できるよう、景気回復を急ぎ、「信頼に足る中期財政計画を、今夏にまとめる」事を表明した。

（3）黒田日銀総裁の手腕

　　黒田日銀総裁は、財務省の財務官として、国際金融会議の舞台を数多く経験し、各国と折衝する「通貨マフィア」の一員に数えられた。米国のFRBバーナンス議長やEUのECBドラギ総裁とは、旧知の間柄である。また、アジア開発銀行の総裁を長く務め、世界と幅広い人脈の交流がある。

　　前任の無能の3人と比べ、格段の国際的な知識・時流の把握・見識等が深い。大胆な金融緩和策も、白川前日銀総裁は、2014年から実施するとの見解であったが、黒田総裁は、今後2年間で目標達成のため、金融政策を即刻対応・実施している。

日銀は、金融機関から大量の国債を買うため、利回りの低下を嫌った生命保険など、大手機関投資家が、より有利な運用先として、外国債券などを買い増すとの見方をした。

9.7　日本銀行の対応

　日本銀行（日銀と称す）は、日本の中央銀行であり、目的・役割・機能等について以下に整理した。日銀は、1882年（明治15年）に、日本の中央銀行として設立され、約4700名の職員がいる。全て国家公務員である。また、日銀総裁の任期は５年である。総裁と副総裁（２名）は、内閣が任命するが、衆参両院の同意が必要である。また、日銀の目的及び業務一般は、1998年４月に施行された「日本銀行法」にて規程されている。

１．日本銀行の目的

　日銀の目的は、「物価の安定」と「金融システムの安定」である。目的を達成する手段として、日銀は、銀行券を発行すると共に、金融政策を行う。金融政策を行うに当たっては、「物価の安定を図る事を通じて、国民経済の健全な発展に資する事」を理念とする。

　具体的には、日銀は世の中に出回るお金の量を調節して、物価の安定を目指している。これを金融政策と呼ぶ。金融政策の決定は、日銀の最高意思決定機関である「政策委員会」が１～２回／月、「金融政策決定会合」を開き議論する。出席者は、総裁・副総裁（２名）・審議委員（様々な分野の専門家：６名）の計９名で決定するが、議長である総裁の意向が大きく反映される。独立性が高く、金融政策の実施の結果責任は無い。

　更に、日銀は、決済システムの円滑かつ安定的な運行を確保し、金融システムの安定を図っていく事、と規定されている。このため、日銀の目的は、人々が安心して通貨を利用できることと密接につながっている。日銀は、安定的かつ効率的な経済活動が行われるための、基盤の整備に貢献するものである。

２．日本銀行の役割

　日銀の役割は以下の３点に分類できる。

（１）「発券銀行」としての役割

　　　日銀は、唯一の発券銀行として、銀行券（一万円券、五千円券、二千円券、千円券の４種類のお札）を独占的に供給している。

（２）「銀行の銀行」としての役割

　　　日銀は、民間の金融機関から預金（日本銀行当座預金）を預り、金融機関に貸出を行っている。日本銀行当座預金の振替は、金融機関相互間の様々な金融取引の決済に利用されている。また、民間資金決済システムにおける最終的な債権、債務の決済も日本銀行当座預金で行われる。

（３）「政府の銀行」としての役割

　　　日銀は、各種の法令に基づき固有の事務として、国庫事務を行っている。また、国債事務、外国為替事務など、国（政府）の事務の一部を委託されている。

3．通貨の分類と機能

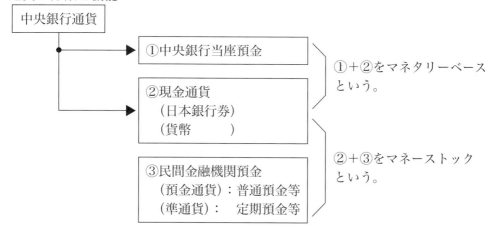

マネーストックは、一般法人、個人、地方公共団体などの通貨保有主体が、保有する現金通貨や預金通貨などの通貨量の残高を集計した統計であり、「金融部門から経済全体に供給されている通貨の総量」を示すものである。

通貨を管理する仕事は、中央銀行として有する通貨の発行と、金融機関を取引相手とする銀行業務を通じて遂行される。金融政策を運営するため、金融機関との間で資金の貸付や金融資産の売買などの取引を行って、日銀当預残高の変動を調整し、これを通じて短期金融市場金利をコントロールしている（こうした目的のために行われる取引を、オペレーションという）。

> 日銀が、金融政策の担い手の役割を果たせるのは、通貨の供給主体としての立場から、短期金利水準のコントロールに向けて、日銀当預残高の変動を調節する事ができるからである。

4．日本銀行の具体的な業務

（1）現金の供給と決済サービスの提供

　　個人や企業の日々の取引や決済に、安心して現金通貨が使われるように努める事は、中央銀行の業務の基本であり、銀行券の発行・流通・管理を業務としている。

　　金融機関が保有している、日銀当預も銀行券と同様、重要な決済手段である。金融政策の手段としての金融調節や、最後の貸し手としての資金供与も、日銀と金融機関との取引を通じて行われており、これらの取引は日銀当預を通じて決済されている。

　　なお、国債に関する決済サービスも供給している。但し、政府が発行する国債を、日本銀行が直接引き受ける事は、財政法で原則、禁止されている。

（2）金融政策の運営

　　日銀は、金融政策の理念の実現のために、中長期的にみて物価の安定が維持されるよう、適切な金融政策・運営に努めている。金融政策がどのような形で、「物価の安定」や「国民経済の健全な発展」に寄与しているのかは以下の理由による。

　　日銀は、金融政策を討議・決定する「金融政策決定会議」を毎月1～2回開催し、金融市場調節方針等を決定している（金融政策の効果波及メカニズムを念頭に、経済・物価

情勢やその先行きについて、分析・判断して政策運営方針を決定する）。

金融市場における資金の需給バランスを調節することで、短期金融市場における金利形成に働きかけている。

□資金供給量を増加させる場合

金融機関に対して、金融資産を担保とする貸付等（資金供給のオペレーション）を行い、相手方の金融機関の日銀当預に払い込むことで行う。

□資金供給量を減少させる場合

日銀が保有している国債の買戻・条件付売却等（資金吸収のオペレーション）を行い、代金を金融機関の日銀当預から引き出すことで行う。

（3）銀行システムの安定確保

金融システムは、企業や家計など経済主体間における、資金やリスク（損失発生等の可能性）の移転・配分を行うための仕組み全体を指す。金融システムの安定とは、「お金」の貸し借りや、受払いが安心して行われる状態を意味する。

金融機関が、これらの機能の遂行に伴うリスクを適切に管理し、安定的な経営を行っていく事が重要な前提となる。このため、日銀は、金融機関の経営実態の把握に努め、必要に応じて経営改善の助言等を行う。

（4）国の事務の取扱い

日銀は、国から預金を受け入れ、国税の収納や公共事業費・年金の支払いなど国の資金の受払いに関する業務（国庫金に関する業務）や、国債の発行・流通などの国の事務を取り扱う業務を行っている。

5．日銀総裁の主な仕事

日銀総裁は、金融政策を最終的に決定する等、権限は絶大である。主な仕事は以下である。

□お札の発行・決済の責任者

□金融政策決定会合の議長

□G20 など国際会議への出席

□記者会見や講演など市場へのメッセージの発信

□国会答弁・政府会議への出席

□日銀を統率する「社長」としての任務

6．政府と日銀との協調

安倍首相は、アベノミクスの経済政策の実施にあたり、日銀に対して2％のインフレ目標を要求した。白川日銀総裁は、政府より2％の明確な物価目標を求められ、望ましい物価水準について、日銀としての金融政策をまとめた。

しかし、目標設定の達成期間については、短期間となれば極端な金融緩和を招き、経済に混乱を引き起こしかねないとした。また、金融政策における日銀の説明責任は、新日銀法において、金融政策で失敗しても、責任は追及されないことになっている。

この時点での日銀の白川総裁の対応は以下である。

□各国は数値表現の在り方、柔軟性の確保など細心の注意を払って制度設計している。政府の役割についても、議論が必要である。

□海外のインフレ目標採用国でも、中長期的に物価や経済の安定を重視していることが、共通理解になっている。

□最終的に日銀の責任と判断で、その使命を果たす事が、現在の法律の枠組みである。

デフレが継続時における、政府と日銀との対応を巡る主なでき事は下表である。

＜政府と日銀を巡る主なでき事＞

1998年4月、新日銀法が法改正されて施行。□日銀の独立性が大幅に強化された。□法改正以降、政府と日銀は対立を繰り返した。		
政　府	主な対立等の内容	日銀総裁
宮沢蔵相	2000年8月、日銀はゼロ金利を解除（政府）議決延期を請求した。（日銀）否決して解除した。（※）日銀は、政府の反対を押し切ってゼロ金利を解除した。	速水総裁
小泉首相	2006年3月、日銀は量的緩和策を解除（政府）安倍官房長官が、解除に反対した。（日銀）反対を拒否して解除した。（※）政府は、時期尚早と主張しても、日銀は量的緩和を解除してしまった。	福井総裁
安倍首相	2013年1月、安倍政権と日銀が共同声明。（政府）2％のインフレ目標を要求。（日銀）合意した。	白川総裁

安倍首相：デフレ脱却できない現状に、「日銀は金融の専門家だから正しいと思っていたが、必ずしもそうでない事が分かった」と。景気が回復しようとすると、いつも日銀に水を差されてきた。

7．経済財政諮問会議

経済財政諮問会議は、経済・財政政策の司令塔として、安倍政権で3年半ぶりに再開された。官邸主導で「決められる政治」を実現。甘利経産・財政相の役割が重要である。下表にそのメンバーを示す。

＜経済財政諮問会議のメンバー＞

政府	安倍首相甘利経済・財政相、麻生財務相、茂木経産相、菅官房長官、新藤総務相	
日銀	白川総裁	
民間議員	佐々木則夫氏（東芝社長）小林喜光氏（三菱ケミカルホールディングス社長）伊藤元重氏（東大教授）高橋進氏（日本総合研究所理事長）	佐々木・小林の両氏は、理系の「現場感覚」に注目。伊藤氏は、小渕内閣の経済戦略会議の委員。ＴＰＰに前向き。高橋氏は、第一次安倍内閣で、内閣府政策統括として運営を支えた。自由貿易拡大を主張。

安倍内閣は、「アベノミクス」を推進する組織として、上記の経済財政諮問会議と日本経済再生本部を立ち上げた。各組織の役割は以下である。

□経済財政諮問会議

日銀との金融政策に関する、議論の比重が大きくなる可能性がある。

第9章　近年における経済政策　371

各委員から以下の要望がある。
　　・茂木経産相　デフレ脱却に、金融政策は極めて重要である。
　　・菅官房長官　日銀法にある通り、政府と日銀は連携しないといけない。
　　・民間議員　　政府・日銀が一体となって、取り組むことが重要である。
　　・白川総裁　　経済全体が、バランスよく改善していく事が重要である。財政健全化の取
　　　　　　　　　り組みも重要である。
□日本経済再生本部
　成長戦略や産業支援などの、ミクロ政策を担う。

9.8　経済政策の影響

　政府による経済政策が、国民生活に及ぼす影響について以下に整理した。経済政策の目標は、国民の経済的な満足度を高めるためである。インフレを起こすのなら、貨幣を発行して、財政支出を賄う政策を実施すれば可能であるが、そういう手段でインフレを達成しても本当に改善した事にはならない。
　デフレは、経済を著しく脆弱にする。日本の名目ＧＤＰが伸びない原因はデフレである。名目ＧＤＰ成長率は、実質ＧＤＰ成長率＋インフレ率である。2011年現在、毎年１％のデフレが、20年来継続してきた。このため、名目ＧＤＰは毎年０％である。

１．期待の重要性
　多くの人が抱くデフレ予想を、インフレ予想に変えなければ、デフレ脱却はできない。デフレ予想がインフレ予想に転換すれば、企業がため込んだ内部留保を使って、生産のための投資を始める。期待が変らなければ、賃金や物価の変化も期待できない。
　皆がデフレ予測を持っていれば、賃金も下がるし物価も下落する。将来、デフレではなく、インフレが生じていくのだという、インフレ予想を形成させる事が必要となる。このための有効な手段は、インフレターゲットつきの量的緩和である。

２．金融政策
　デフレ予想を、インフレ予想に転換できるのは、金融政策だけである。だから、日銀総裁の国内・国外に対する「大胆な金融緩和」の力強いメッセージが必要となり、それをまず実現した。日銀が、マネタリーベースをインフレ率が安定的に上がるまで、増やす事を表明すれば、インフレ予想が生まれる。

> インフレ予想は、将来、貸し出しや銀行の証券投資などが増え、それに伴って貨幣供給が増えるだろうと、投資家が予想するからである。

３．財政政策
　デフレは、需要の不足に原因があり、物価下落の期待が形成されている状態なので、金融緩和しても、増大したマネーは貯蓄に回ってしまい、国内の投資や消費は増えない。
　そのため、国債によってマネーを吸い上げて、公共投資を行ない、需給ギャップを埋める必

要がある。金融緩和策は、積極的な財政政策とセットでなければ、効果的にデフレを克服することはできない。

4．デフレ予想からインフレ予想への転換の流れ

金融緩和により、デフレ予想を変えインフレ予想を早期に形成する事が重要である。
インフレ予想への、転換の流れのフローは以下である。

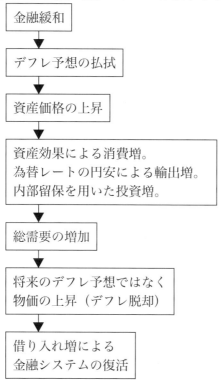

5．国民生活

デフレや円高で不況の継続した結果について、国民生活の視点で見ると、下記の事が社会問題として発生している。デフレの影響は、国民生活にとっても甚大な影響を与えていることが理解できる。

□少子化の進行	賃金低下で結婚できず、共働きで子供が作れない。
□非正規社員の増加	企業の人件費削減で、非正規社員を使用。
□企業倒産の増加	長引く不況のため。
□国の税収の伸びない	企業の利益が減少したため。
□自殺者の増加（3万人台／年）	リストラ、資金繰り、生活ができない事が原因。

9.9 世界経済への対応、まとめ

グローバル化された現代社会にあって、一国の経済対策のみでは、世界的な経済活動の動きには対応しきれない状況である。従来、世界経済のリーダシップをとってきた米国ですら、単独では経済活動の好転は、不可能となってきている。

（1）世界の対応

　　世界の主要国が集まるＧ８やＧ20等での経済フォーラムで、世界各国の経済における協調性が求められ、打ち出された経済目標や指標は、各国政府の責任の下に、その実現に取り組むことが求められている。

　　日本は、アベノミクスの経済政策の実行と、その効果について説明し、概ね好評を得ている。しかし、財政状況は、先進国の中で突出して悪く、各国はその影響が世界経済に及ぼさないか、日本に対して財政悪化の改善で、ロードマップを作成し取り組むよう求めた。

　　21世紀に入り、世界経済は不安定要素を常に抱え、その中で、各国が対話・協調しながら、課題への挑戦と克服に苦慮している。一国のみの経済繁栄は、考えられない状況にあり、現在の延長線に、経済成長と世界の安定・平和の構築は容易ではない。

　　世界の大国、中国は世界に対して、その影響力や貢献活動を行使する姿勢を打ち出して実施している。また、国内では、日本が15年前に苦しみながら実施したと同様な、経済の構造改革に着手している。

（2）国内の対応

　　一方、日本の国内に目を向けると、第二次安倍政権による、アベノミクスを通して、今更ながら、日本経済が歩んできたこの20年間について、総括された思いである。現状の日本経済が、デフレ状態を20年も継続していたなど、理解していなかった。但し、現在の名目ＧＤＰが、20年前より低いとは全くの想定外で、かつ、その原因については、日本及び世界経済の不況のせいとばかり思っていたが、その本質は、日銀の構造的体質と、金融政策の失敗であった事が分かった。

　　特に、金融政策の推進役と考えられていた、日銀総裁の無能ぶりにはあきれ返って言葉もない。過去３人の日銀総裁（速水優氏、福井俊彦氏、白川方明氏）については、税金ドロボーと言っても過言ではない。また、怒りを通り越して哀れである。

　　著者は、団塊世代の一人として、デフレ期の真っ只中にいたが、眼前の景気や経済の動きばかりに目が囚われていて、このようなデフレ下の日本経済状況を、全く理解していなかった。今回、アベノミクスを整理していて、初めて気が付いた次第である。

　　日本の経済は、1990年代のバブル崩壊から、急速に経済が失速して景気が悪化し、21世紀初頭における金融問題、企業の大量リストラ、小泉政権における構造改革・郵政民営化等と目まぐるしい社会の動きが発生した。

　　そして、社会的には、少子高齢化が一段と加速し、非正規社員の増加による働き方の多様化が進捗し、長期に亘る景気低迷化から、円高・企業活動の減速化、団塊世代の定年による企業の大量の退職等が生じている。これらの基本的な重要な日本にあって、政府の経済政策が、日銀総裁の横暴・無能極まりない金融政策で、破綻している実態が浮き彫りになってきた。

　　そして、経済活動における中央銀行（日銀）の役割や使命、それを実施する機能について、非常に大切であると共に、現行の新日銀法の法改正は、日銀の本来の機能を果たすためには、何をおいても即刻実施しなければならない。

日本は、経済では一流（企業の努力の結果）であるが、政治や行政・官僚の質は、世界の先進国の中では、三流・四流である。情けない限りである。今回、「アベノミクス」を通して、国民が生活の反映である経済活動について、もっとしっかり学び、おかしい事はおかしいと声を上げる事であると痛感した。日本経済は、日本人の勤勉な働きと、研究開発力には底力があり、日本は世界の人々に貢献できる、ポジションにあることは間違いない。

（3）アベノミクスの対応と評価

近年における経済政策として、小泉内閣における「構造改革」にも注視し、取り上げたい処であったが、「アベノミクス」は、今後の社会にとっても、広範なデフレ脱却を中心とした、オーソドックスな経済対策の模範と考え取り上げた。

著者は、第二次安倍内閣が、2012年12月から現在に至る、約3年数ヶ月の経済の運営は、良くやっており、概ね順調に推移していると考えている。

第二次安倍内閣が、デフレ経済脱却を第一義として、経済／金融政策及び成長戦略を実施してきた。客観的に見ても、従来の内閣に比べて、現実的な取り組みや、熱意の政策を打ち出して実行を積み重ね、地道な努力の跡が見られる。

今後の課題は、その行方がどうなるか、見極めていきたい。そして、経済至上主義の経済成長から、身の丈に合った、着実な経済運用が行われる事を望んでいる。

本書が、その一助となり、「人間主義の経済」が進展していくことを望んでいる。

第二次安倍内閣における、代表的な実績（順不同）は以下である。

□日本の戦後70年史

世界大戦の反省への決意、及び将来への日本の取り組む基本事項を、戦後70年の節目に、社会に、世界に、発信して語ったものである。積極的な平和外交に取り組む姿勢がでており、概ね好評である。思いは形にしなければ理解されない。

□ＴＰＰの推進

将来の東南アジアの経済成長を視野に、環太平洋地域の経済市場の拡大・交流を目指して、ＴＰＰの推進を図ってきた。難しい交渉を、粘り強く実施し、国内における比較劣位産業の対応や、その大きなチャンスを与えてきた。

日本は、貿易を拡大し、世界に貢献する役割があり、市場拡大と共に、日本の文化の輸出も行い、共存共栄となる事が、日本の活きる道である。

□原子力の対応

福島の原発事故を経験して、科学を含め社会一般の中では、絶対的ではないという事である。功罪はあるが、それを承知で理解して活用する以外にないということである。飛行機に乗る人が、絶対に墜落しないとして乗る人はいないであろう。

安倍内閣は、現実路線を選択し、国内／外国に立て分け対応している。新興国等は、日本の最先端の技術・品質の原子力プラントの輸出を、強く望んでいる。外国の日本に対する信頼は大きい。安倍首相のトップセールスで、良く分かった。

□アベノミクスの推進

景気の回復、デフレ脱却、日銀の役割の確認等、日本経済の着実な推進を図ってきた。

世界からも注目されている。成長戦略では、関係団体等と、きめ細かい対応を具体的に進めている。今後も、更に社会的な課題も克服しながら推進して頂きたいと願う。
また、日銀の役割の見直しと、経済政策の実施における協調を得ている。
□現実課題への挑戦
消費税の8％→10％への開始期日を、1年半延期する事について、任期の途中であるが、衆議院を解散し国民に信を問うた。この一点のみでも、誠実な対応が実感される。
その他、景気・経済対策の現実的な対応を、丁寧に分かりやすく実施している。

コーヒー・ブレイク（第9章）

「セカンドライフ充実のため【人生の棚卸し】を！」

多くの人々が、特に団塊世代の方が、30～40数年の長い職場社会から退職して地域に戻ってきた。
セカンドライフが大きな課題である。
この課題解決のため、「人生の棚卸し」を行ない、区切りをつける作業が必要だね。
自身の強み／弱みを整理して、今後の在り方について思索し、その一つとして地域への社会参加を一歩、踏み出したいものです。
著者は、幸いにも退職前後の6ヶ月間に亘り、地元の市役所が主催する「志民塾」の研修に、四期生として参加することができた。
この研修のプログラムの中で、「人生の棚卸し」を経験した。
研修後は、その志・思いを地域活動に関わり、役員として参加している。
同じ思いの友人の輪も、大きく広がった。
セカンドライフでは、身近な処で、人としての志・思いがとても大切だと実感している。
社会参加の一歩を、勇気をもって踏み出そう！

＜八王子市の志民塾＞

→さあ、次の章に行ってみよう！

第10章

人間主義の経済

本章は、人間主義を基盤とした「人間主義の経済」について、核心のテーマである「人間主義」については、様々な概念を例示しながら説明する。

　日本は、戦後、60数年の短期間において、世界に冠たる「日本型経済モデル」を構築し、資本主義社会において、世界第二位の経済大国に成長した。その中で、日本経済は、高度成長期から低迷期・再生期を経て、価値観の多様化、働く目的の変容、経済格差の拡大等、多くの課題を抱えつつ、経済活動を歩んできた。そして、近年において、日本は、世界で最も早く高齢化社会、人口減少の時代に入った。国際社会は、グローバル化、デジタライズ化の技術革新や経済状況の変化により、地球規模での環境変化や経済問題等を生じている。

　現代社会において、経済を大別すると、□資本主義経済、□社会主義経済、□地域主義・民族主義経済等があり、各国の政治・経済体制の下で運用されている。本来、経済の主体は人間であり、人間の生き方が、経済に反映されていると言っても過言ではない。故に、人間らしく生きる社会・経済が求められているが、現実は、経済至上主義や経済力を基盤とした競争社会で、行き詰まりや綻びが露呈されるに至っている。

　このような中、日本は、日本文化及び日本人の気質の醸成が、千数百年の時を経て脈々と継承されている事に気付き始めた。2010年、アマルティア・セン博士は、日本での講演会において、聖徳太子の「17条の憲法」を通して、日本の文化・伝統が、日本社会の骨格を作ってきたと述べている。

　そして、セン博士は、この「17条の憲法」の精神を堅持しつつ、日本独自の文化を基盤とした、経済活動の在り方について講演された。著者は、セン博士の視点は、「人間主義の経済」に一歩近づいている考え方であり、世界の知性は、日本人以上に日本の文化・気質を理解していることを実感した。

　「人間主義の経済」に息を吹き込むのは、人間が人間らしく生きるための哲学、人間の生命を尊極とする考え方であり、これを「人間主義の哲学」と呼ぶこととする。そして、今、この「人間主義の哲学」が必要であると考える。「人間の、人間による、人間のための経済」つまり、「人間主義の経済」が求められているという事である。日本文化は、この経済活動の基盤に大いに役立っている。

　21世紀に入り、人々は経済活動に対しても、「人間主義の哲学」を基盤とする事の必要性を痛感し始め、それを仏教の真髄である「法華経」に見い出しつつある。現代社会において、「人間主義」を標榜するスローガンや社訓等を多く見かけるが、言葉の表面でしか理解されていないようである。人間主義は、一人の人間の生命の深部まで遡及し、認識する事が必要であり、人間主義を基盤とした「人間主義の経済」に移行する事が期待される。

　また、「人間主義」の基盤は、人間そのものについて、把握・理解する事が重要である。人間の解明は、科学的にも心理学的にもかなりの領域に入っているが、その実態の把握はいまだ十分とは言えない。しかし、100年後の人類は、科学的にも人間生命そのものを解明しているかも知れない。現時点では、人間及び生命についての把握は、哲学・宗教のカテゴリーに含まれるが、世界の知性は、その態様を仏教の真髄である「法華経」に見い出している。

　本章における人間主義は、人間主義を根底から支えている人間生命にまで論及する事により、「人間主義の哲学」の基盤の上に形成される、「人間主義の経済」を明らかにできると考え

ている。現在、世界の知性・指導者は、徐々にではあるが、「人間主義の哲学」の論調を形成しつつある。特に、中国では、北京大学・清華大学を始め多くの大学に、「人間主義の哲学」を研究する研究機関が創設され、研究成果を発表して、情報を共有し社会に、人々に、貢献していると伺っている。

この「人間主義の哲学」が、現代社会で顕著となってきたのは、20世紀最高峰の歴史学者と言われる、イギリスのアーノルド・トインビー博士が、東洋の仏教指導者、創価学会会長の池田大作氏を対談者に選び、西洋の知性と東洋の仏法実践者が、21世紀を前にして、人類社会の諸問題の課題を解決すべく、対談を開始した事に始まると考えられる。

この対談は、1972年5月と1973年5月の2回、イギリスのトインビー博士宅にて、10日間約40時間に亘り実施され、その後の往復書簡を経て対談集が発刊された。トインビー博士は83歳、池田会長は44歳時である。

日本版の著書は、『21世紀への対話』、英語版は『Choose Life』として発刊され、現在、その翻訳版は世界28ヶ国の言語に達し、世界中の知性・指導者・経営者等あらゆる人々から、愛読されて高い評価と共に座右の一書とされている。トインビー博士は、西洋文明（キリスト教文明）の代表であり、池田会長は、仏教の真髄である「法華経」の実践者である。この対談は、キリスト教と仏教の文明間対話として形成されている。

対談の内容は、21世紀に向け、現代社会が抱える諸問題について、また、人間の生き方・人間生命の最下層にまで言及され、人間主義について大いに語り合われている。西洋の知恵と東洋の叡智がぶつかりあい、著書の随所に包含されている。池田会長の哲学は、仏教の真髄である「法華経」を通じて人間生命の奥底まで、その態様を明らかにした「人間主義の哲学」と言ってよい。池田会長の人間生命についての深い洞察が、西洋文明に息を吹きかけた対談でもあったと言われる。

対談後、トインビー博士は、若き池田会長に、世界の一流の知性・良識と言われる指導者等との対談を望み後事を託した。池田会長は、対談後、約40年に亘り、3000人を超える世界の各界・各分野の知性と対談している。対談内容は、対談集として数多く発刊されている。また、知性の府である世界の一流の大学から要請を受け、仏法を基調とした講演をしている。その結果、生命哲学を根底とした「人間主義の哲学」の思想を、池田会長を通じて世界の知性等は、認識し理解してきた。

トインビー博士及び世界の知性との対話、世界の大学での講演等を通じて、池田会長に対する知性の府である、大学及び学術機関からの学術称号（名誉博士、名誉教授）は、1975年の「モスクワ大学」からの名誉博士称号（第1号）から、現在までに360号を超えている。

インドのある哲学者は、池田会長を評して、「1000年に一度の指導者である」との賛辞を贈り、仏教の真髄である法華経を、現代に「人間主義の哲学」として甦らせ、また、世界の知性との対話は、現代版「ソクラテスの対話」を彷彿させるものであると述べている。

トインビー博士との対談後、池田会長は、「経営の神様」と言われた松下電器の創業者松下幸之助氏と対談している。対談集は『人生問答』として刊行され、150問に亘る人生全般について、両者が相互に確認する形で意見を交換し、人間主義を基盤とした社会や人生について掘り下げられている。対談時、松下幸之助氏は80歳、池田会長は46歳である。

第10章　人間主義の経済　379

松下氏は、仏教哲学なかんずく「人間主義の哲学」の深い洞察に感動され、若い池田会長に対して生涯、全幅の信頼と尊敬の念を持ったとのことである。

以上のように、「人間主義の経済」は、とりもなおさずその基盤として、人間主義に確固たるポジションを与える「人間主義の哲学」を明らかにする必要がある。本章は「人間主義の経済」を通して、人間主義について、仏教の真髄である法華経の精神が、「人間主義の哲学」として甦らせたことは、どこに存在し、どのように承継され、どのような経緯で醸成され、更に現代社会での波及は、どのようになっているのかを明らかにするものである。

◇聖徳太子の17条の憲法の補足◇

17条の憲法とは、推古天皇の時代において、604年に聖徳太子が作成した、17条からなる条文である（約1400年以上も前に作成）。現在の憲法とは異なり、官僚や貴族に対する道徳的な規範を示したものである。

現在の国家公務員法、地方公務員法に近い性質のもの、と言われることもあるが、法規範とは言い難い。720年に成立した『日本書紀』にその全文が引用されている。特徴は、道徳的な規範を示したものだが、仏教（法華経）の精神を取り入れていることである。その精神は高潔であるが故に、人々の生活の規範でもある。

聖徳太子の17条の憲法は、添付資料４．に現代訳語にて全文を掲載した。

10.1　人間主義とは

人間主義とは、人間中心の主義、人間の生命尊厳を基盤とする考え方である。人間主義は、人間の本質・特質を理解せずして、その態様を把握する事は不可能である。具体的な理解を得るため、前述した著書を引用して考察する。

一つは、アーノルド・トインビー博士と、創価学会会長の池田大作氏との対談集『21世紀の対話』である。この著書は、21世紀における人類の諸課題・展望について、西洋と東洋の智慧をもとにした対談で、「人間主義」について、生命の次元から縦横無尽に語られている。

対談において、西洋と東洋の物の考え方が明らかにされ、トインビー博士は、東洋の叡智に耳を傾け、共鳴・賛同する場面が多く出てくる。そして、21世紀以降の人類社会に対して、希望や曙光が見えてきたと大いに満足し、池田会長に、21世紀の未来を託されている。

もう一書は、松下幸之助氏と池田会長との対談集『人生問答』である。この著書は、1997年11月、「経営の神様」といわれ、世界に冠たる松下電器産業の創業者である松下幸之助氏と、創価学会会長の池田大作氏との対話形式の対談集である。この対談の中において、人間主義の基本的な事柄が、数多く論議されている。

１．『21世紀への対話』

Arnold J. Toynbee（アーノルドＪ・トインビー）博士と池田大作氏の共著。1975年３月、日本語の第１版を発刊し、その後、英語版が発刊された。英語版のタイトルは以下である。

『Choose Life』- Dialogues between Arnold J. Toynbee and Daisaku Ikeda

トインビー博士は、1889年イギリスのロンドンに生まれ、Oxford大学卒業、古代史専攻。王立国際問題研究所の研究部長、ロンドン大学教授。20世紀最大の歴史家であり、文明批評家

と言われている。

　池田大作氏は、日本が生んだ偉大な宗教家・文化的リーダーである。日本国内外に数多くの教育・文化機関を設立し、平和・文化・教育の交流を世界的次元で推進している。英語版のタイトルは、トインビー博士が付けた。『Choose Life』とは、旧約聖書の「私は生と死、および祝福と呪いをあなたの前に置いた。あなたは生を選ばなければならない。そうすれば、あなたとあなたの子孫は、生きながらえることができるであろう」から引用したものと言われる。

　原題通りなら、「生への選択」となるが、日本語版では、『21世紀への対話』とした。日本語版の発刊後、英語・フランス語・ドイツ語・スペイン語・中国語版へと翻訳された。対話における翻訳上の苦労は、トインビー博士特有の言い回しと、その基本概念を示す用語の表現であった。また、難解を究めたのは、仏教哲学に関するもの、なかんずく生命論であった。対談は、現代世界が抱えるあらゆる難問題を、縦横無尽によどみなく、高度な表現で論じ合い夫々に明快な回答を与えていった。難問題とは以下である。

　　　　□現代科学の最先端の問題

　　　　□国際政治について

　　　　□人類の歴史を何千年も遡り、仏教哲理の奥義にまで立ち到ること

　著書の内容は、「序文」に適切に要約されている。序文の中から、両者の対話におけるポイントや諸要素を以下に抽出し、人間主義に関わる事柄を理解していきたい。

（1）対談内容

　　　　対談内容は、二人にとって個人的な関心事でもあり、広範囲に論じられた。話題は、多種多様で差し迫った関心事、切実な問題、及び永久に重要な疑問点を含むものである。

（2）思想環境

　　　　トインビー博士は、キリスト教を信仰する家庭に生まれ育った。池田会長は、北伝仏教（大乗仏教）の信奉者である。両宗教は、共に広い地域に普及したが、流布に際してとられた手段及びその影響には差異がある。

　　　　仏教は、殆んど平和的伝播によって広まり、流布地域にあって土着の既存宗教と併存してきた。一方、キリスト教は、イスラム教と同様、排他的であり多くの場合、力による布教がなされ、キリスト教史の持つ暗い一面が、社会的変革を平和裡に達成する可能性について、仏教よりも懐疑的にさせている。

（3）対話者の立場

　　　　トインビー博士は西欧人であり、西欧は人類史の最近の段階において主導権を握り、支配的な役割を演じてきた。人類は過去500年間に、西欧の諸民族がその活動を世界的に拡大させてきた。その結果として、技術の著しい進展が見られる。トインビー博士は、人類史の次の段階で、西欧がその主導権を、東アジアに譲り渡すと予測している。

（4）対話における合致点

　　　　二人は、生い育った異なる環境下ではあるが、対談では、各々の人生観・目的観に驚くほどの合致が見られる。合意点は広範囲におよび、相違点は比較的わずかであった。この合意・合致した共通点の理由については、以下が考えられる。

　　　　二人が哲学論・宗教論を交わすにあたって、人間生命の意識下の心理層まで分け入り、

あらゆる人間に共通する、人間本性の諸要素というべきものまで到達している事である。すなわち、人間本性の諸要素とは、森羅万象の根源をなす「究極の実在」の基盤から発生した存在だからである。

（5）世界観

人類共通の諸問題が、現今かくも普遍化しているのは、ひとえに過去500年間に亘る、西欧諸民族の拡大により、世界の技術的・経済的関係のネットワークが、作られたという歴史上の所産なのである。二人における世界観の共通点は、こうした人類史における最近の傾向なのかも知れない。

（6）人間にとって永久の精神的課題

人間にとって永久の精神的課題とは、己の自我を拡大し、その自己中心性（エゴティズム）を「究極の実在」と同じ広がりにすることである。自我は「究極の実在」から分離しえない。個々の人間による精神的努力こそ社会を向上させる唯一の効果的手段である。人間同士の関係は、人間社会を構築するネットワークであるが、諸制度の改革は、個々の人間による精神変革の挑戦として、かつ兆候として、かつその結果として現れてきたとき、初めて有効となる。

（7）対話における共通点

二人における、対話の共通点は以下である。

□宗教こそが、人間生活の源泉であると信じる点。

□己を自在に宇宙万物に捧げしめ、もって、自我を「究極の実在」に合一させるべきであるとする点。

□「究極の実在」とは、仏教徒にとっては「仏界」の事である。これが人間の姿をした人格神ではないと信じる点。

□カルマ（宿業）の実在を信じる点。カルマとは、「行為」を意味するサンスクリット語であるが、仏教用語では、倫理上の「銀行口座」のようなものといった、特殊な意味を帯びてくる。人間の現世における一生の間に、貸し方・借り方の勘定が、新たに記帳されそのたびに残高が絶えず変動している。

□人類が、その歴史の次の段階で、政治面・精神面に亘る統合化に成功するであろうと予測し期待する点。

□大きな変革が、人類全体に亘る平等を前提として、一部の人間が他を支配し続けることなく、自主的な形で実現される見通しについて、池田会長は、トインビー博士より希望的である。

□一部の人間が、他を支配する事は一つの悪であり、過去にかなり大規模な形で、政治的・精神的統合がなされた際に、あまりにもしばしば支払われた代償であった点。

□人類の存続に不可欠の条件として、人類がその姿勢、目標、行為に根深い変革を行う事の必要性の点。トインビー博士は、その変革をなすには、高価な代償を支払わねばならないと予測する点で、池田会長より悲観的である。

2．『人生問答』

人生問答の内容は、著書の「はじめに」に、その趣旨が込められている。

池田氏：本書が、指導者間の対話の道を開く一端ともなり、人間の生死を考え、未来を模索する人々にとり、思索の一助ともなればとの思いである。

松下氏：池田博士は、心の友として親しくして頂いている。忌憚なく意見を申し上げるが、お会いするたびに啓発されるところが非常に多い。人間を考え人生を考え、また、日本と世界の未来を考える上で、一助となれば幸いである。

艱難辛苦の人生を歩み、80歳を越えてなお、謙虚に人生を、人間を、探求する松下幸之助氏が、深遠な仏教哲学の上から、また仏法実践者として活躍している46歳の池田会長に対し、指導者間における人生をテーマとして、真摯に対話を重ねたものである。著書は、人間主義に対する至言がちりばめられている。

なお、松下氏は、仏法の深遠な哲理は理解できないが、随所において「共感できる」と述べている。松下氏の人生は、苦労を重ねてきたが故に達観できたのではと考えられる。人間の本質・特質について、以下の18のテーマで対話している。

□人間としての役割　□人間内面の法則　□人間の本質　□人間の条件とは何か
□肉体と霊魂　□唯物論と唯心論　□生気論と機械論　□人間の欲望
□本能について　□欲望の種類　□人間生命に内在する欲望
□知・情・意の調和　□残虐性と理性　□男女のバランス　□超人類は出現するか
□大脳移植の是非　□人間尊重のために　□「人間革命」運動の評価

現代社会には、数多くの経済学者がいる。専門の経済理論等については、詳しい著書が数多く発刊されているが、人間主義に関する著書は皆無である。理由は、人間主義についての理念・哲学を持っていないからであろう。経済分野の一断面しか著すことができないことは、全盲の人が、巨像に触れるが如く、全体を表現できないのと同じようなものである。

二冊の著書は、人間の生命を基盤として、現代社会が抱える課題・態様を論じており、時代を超えて読者に、精神世界を広げるものである。トインビー博士との対談は、現代社会を通して、松下氏との対談では、人生そのものの中から、人間主義の思想を、生命の次元にまで掘り下げて論じられている。人間主義とは、人間の本質・特質を理解し、且つ、人間の生命の発動・顕現について認識することから始まる。

以上の如く人間主義の概念を説明したが、著者は、人間主義を実現するためには、対話を通じた哲学的な基盤が、求められるのではないか。その帰結として、釈尊の仏教の真髄である「法華経」に、人間主義の根幹を見ることができると考えている。

また、日本の鎌倉時代の日蓮仏法の中に、「法華経」を基盤として、民衆がより具体的に実践できる形態を確立していることにも、人間主義を理解することができると考えている。□人間主義と法華経、及び□人間主義と日蓮仏法として説明する。

10.2　人間主義と法華経

仏教の真髄である「法華経」には、人間中心の主義、人間の生命尊厳を基盤とする人間主義の理念が数多く説かれている。「法華経」は、紀元前480年頃、インドの釈尊が涅槃（亡くなる事）前の8年間に、出世の本懐（目的）として説いた経典である。図10-1は、釈尊一代の説

法概要である。

「法華経」は、人間の生命を解き明かし、人間は全て平等であり、人間の生命は尊極無比の存在として生命尊厳の思想を提示している。「法華経」は、釈尊の滅後、インドから中国、ロシア、ヨーロッパ、中近東へと全世界に伝播していった。特に、インドから中国・韓半島を経由して日本にも伝わった。「法華経」は、全世界に伝播していったが、万人が信仰実践が可能な形態として確立したのは、日本の鎌倉時代における日蓮聖人である。

「法華経」が、人間生命の働き・顕れかたを十分に説き、その本質を把握しているが故に、人間主義は、「法華経」の考え方を基盤として、その役割が機能する事となる。また、人間主義の本質を理解・知見は、人間生命の尊極性と平等、そして生命の在り方を縦横に説かれた事により、初めてその意義を生じる。

法華経の中に説かれている、人間主義に関わる内容を以下に述べる。

（1）方便品第二

この経典は、釈尊が、弟子の中で智慧第一と言われた、舎利弗に対して説かれたもので、釈尊は、舎利弗に「人間の生命の顕れについて」以下の如く述べている。

人間の生命は、基本的に10如是（10のカテゴリー）として顕れる。そして、その10如是の各生命の中に、更に10如是の生命が内在し、外的な環境の縁により、その生命が瞬時に顕れ出る。生命の一念は、三千世界（種類）の生命として生じることを説く。

そして、この経典は、生命の発動と共に、誰人の生命にも最高の生命として「仏の生命」が内在していることを説いている。

（2）見宝塔品第十一

この経典は、大地から巨大な宝塔が出現し、空中に持ち上げられて停止する。そして説法に参集している全ての聴衆もまた、空中に引き上げられて「虚空会」と呼ばれる儀式が執り行われる。

宝塔は地球規模の円錐形の大きさで、金・銀・瑠璃・真珠など七宝で荘厳され、宝塔内で多宝如来と釈尊が並んで座り、多宝如来が、釈尊の説法を「真実なり」と証明する。

宝塔は、無上の生命を表し、宝塔を彩る七宝は、人間完成のために必要な七つの要素（聞・信・戒・定・進・捨・慚の七つ）を表していると説く。この七宝には、「人間としての振る舞い」が端的に集約されている。この経典は、人間の生命の尊厳・平等・人間性を、宝塔に例えて顕わしている。

（3）提婆達多品第十二

この経典は、釈尊を亡き者にし、教団を乗っ取ることを画策した、釈尊の従妹にあたる提婆達多について、過去の因縁が説かれ、釈尊の化導を妨害する悪人ではあるが、過去世では、釈尊の師匠であった因縁を説かれ、成仏の記別が与えられる。また、竜宮の竜王の娘（竜女）が、法華経の説法を聞いて、直ちに了解して成仏の現象を顕わすことが説かれている。

法華経以前の教えでは、悪人と女人は成仏できないとされるが、法華経では、悪人成仏・女人成仏が説かれる。誰人の生命にも悪と善を持ち、その生命は、成仏という最高善の生命を顕現し、人間主義の根底を意味づけている。

以上の如く、法華経で説く人間主義の根幹の一部分を例示したが、法華経の経典では、人間生命を余すところなく説き明かし、人間主義の根幹となる法理が数多く内包されている。詳しくは、『法華経の智慧』の著書による。

　釈尊の「法華経」は、梵語（サンスクリット語）で、サッダルマ（妙法）・プンダリーカ（蓮華）・スートラム（経）という。漢語では「妙法蓮華経」という。「妙法蓮華経」の意味は、「ありがとう」という感謝の意味の言葉であると解釈されている。

　また、日蓮聖人の顕した「南無妙法蓮華経」は、インドの言葉で、「ナルム・サダルマ・フンダラッキャ・ソタラーン」という発音となり、全体的には、釈尊の「妙法蓮華経」と同様に、百万倍ありがとうという、感謝の意味である。日蓮聖人は、700年前に、人々が最も良い波長で聴き、生命の存在意識を起こすように顕されたのが、「南無妙法蓮華経」のご本尊である。感謝の言葉を聞くと、右脳がフル回転する。

　前述の、宝塔とは人間の生命を顕わし、「南無妙法蓮華経」がその宝塔であると、日蓮聖人が弟子にあてた手紙の中に述べている。

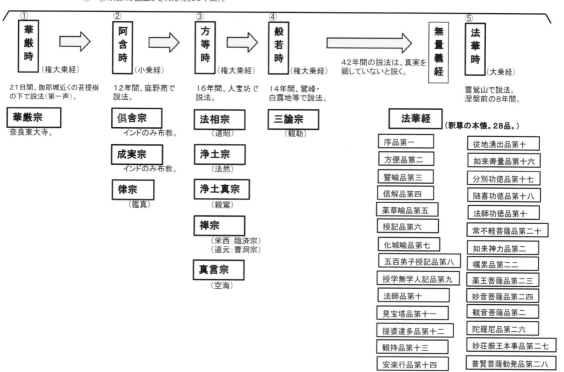

図10-1　釈尊一代の説法概要

第10章　人間主義の経済

10.3 人間主義と日蓮仏法

　釈尊の法華経は、図10-2の仏教の伝来と承継の流れに示す如く、日本の鎌倉時代に出現した日蓮聖人によって承継されている。そして、日蓮聖人は、釈尊の法華経を基盤として、釈尊の「法華経」に説く人間主義の思想を、誰人もが、信仰の実践可能な形態とした、民衆仏法を確立していった。

　日蓮聖人は、釈尊が法華経で予言した事をことごとく実証し、釈尊が、末法において人々を救い、全世界に法華経の精神、人間主義の思想を流布する事を願った如くの実践を貫いて、誰人もが、「南無妙法蓮華経」の当体であり、「仏」の生命をもった尊極無比な存在であると説いている。生命の認識・顕現こそが人間主義の根幹であり、釈尊の法華経は、唯一、日蓮聖人を介して、生命哲学として末法に甦っている。

　故に、人間主義を述べる場合は、生命次元の解明と実践の方途を具体的に顕した、日蓮聖人の仏法を除いては、画竜点睛であることは言うまでもない。日蓮聖人は、釈尊の法華経、中国の天台大師の法華経（摩訶止観という）等を含め、あらゆる諸経を閲覧されている。

　日蓮聖人の教義は、弟子等へ送付した膨大なお手紙を、一冊の著書（『御書』という）として纏められている中に、全て網羅されている。これは、創価学会が、日蓮聖人が立宗宣言して700年後の1952年（昭和27年）に、記念事業として発刊したものである。

　この『御書』の中に、日蓮聖人の仏法が人間主義を彷彿とさせる事柄が数多く有り、人間主義を深く理解できる。紙面の都合で全ての紹介は出来ないが代表例を記載する。『御書』の内

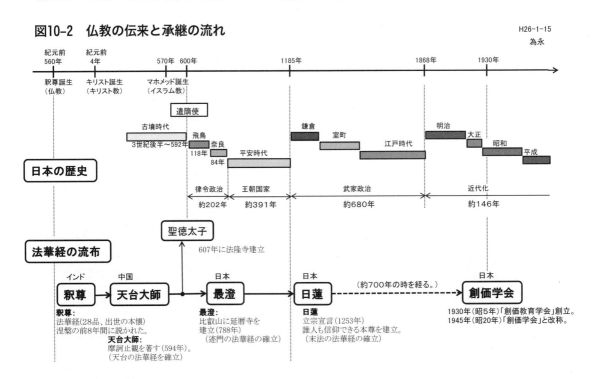

図10-2　仏教の伝来と承継の流れ

容は、お手紙形式であり、民衆が理解できるよう漢文を避けて、かな文字が多く使用されている。信徒である弟子への励ましのお手紙と、釈尊の法華経を基盤とした、具体的に展開された法理（理論）が主な内容である。ここでは、弟子に宛てられたお手紙を中心に、人間主義を論るものとする。

（1）佐渡の信徒

　　　日蓮聖人が、佐渡に流罪中にて信徒となった、阿仏房という人に宛てられたお手紙である。生涯、純真な信仰を貫き、日蓮聖人から「北国の導師」と言われ、お手紙の中に、「宝塔、阿仏房なり、阿仏房さながら宝塔なり」との言葉が述べられている。

　　　この宝塔とは、釈尊の見宝塔品第十一で説かれる宝塔であり、日蓮聖人は、佐渡の地で信仰に励む一老夫婦に対し、最大の賛辞を贈って励ましている。日蓮聖人が、一個の人間の生命の中に、阿仏房を通して、宝塔つまり最大の人間主義を主張している。

　　　そして、日蓮聖人は、弟子に対して種々の励ましの言葉・対話を贈り、生命尊厳を最大限に称えられ、人間としての最高の振る舞いを実践している。人間主義そのものであることは、言うまでもない。

（2）夫を亡くした婦人の信徒

　　　夫を若くして亡くし、娘と二人で健気に信仰を貫いている一婦人に対して宛てられた手紙である。その中に、「南無妙法蓮華経は、胸中の肉団におはしますなり」と述べている。「南無妙法蓮華経、人間の生命に内包する最高の仏の生命は、貴方の胸中、つまり貴方自身の生命の中にあるのですよ」と、力強く生きていく事を励まされている。

　　　日蓮聖人は、仏の生命の存在は、その人自身にあるとの宣言は、人間主義への最大の賛辞であり、人々に生きていく勇気を与えると考える。

（3）鎌倉武士の信徒

　　　鎌倉の中心者であった四条金吾という武士に宛てたお手紙に、「鎌倉中の人々に、四条金吾、四条金吾と謳われたまえ」と励まされているお手紙がある。

　　　「有名になりなさい」ということではなく、さすがに信仰している人は違うな、人間として立派だなと、言われることが、人間としての人生の勝利者であるということである。人間主義といっても、言葉のみではなく、この貴い人生の中で、他人のために社会のために尽くして、共々に幸福になっていくという中に、存在するものである。日蓮聖人の、この激励の言葉の中に、人間主義の在り方を見いだせると考える。

　以上の如く、人間主義の内実を、日蓮仏法に見い出して述べたが、日蓮聖人は、法華経を基盤とした、人間生命の発露・在り方についても重要な教義を、弟子に宛てたお手紙の中に数多く記している。人間主義を完璧なほどにまでに説いている。

　そして、日蓮仏法に関連して、アマルティア・セン博士の講演で、人間主義に関わる事柄を述べてみたい。現代社会が見失っている貴重な事柄である。

　セン博士は、グローバル化において発生している、世界的な種々の問題解決について、□人間の教育、□人間の能力の拡大、□パブリックディスカッション（Public Discussion）の三点をあげられ、これらは、日本の7世紀における、聖徳太子の「17条の憲法」の精神に見ることができると述べている。そして、問題解決する力こそが、公共における対話の力・衆知を集

める意思決定であると強調された。そして、日本文化の教訓に学ぶべき事が重要であるとも言われている。セン博士の講演における論旨は以下である。

（１）セン博士は経済学者であるが、哲学・政治学・倫理学・社会学にも精通されている。その博識は問題の本質を適切に論じ、特に日本文化の本質・伝統について、その淵源を「17条の憲法」の精神に言及された。世界の知性は、問題の本質を的確につかんでいる。

（２）セン博士は、文化の興隆について、国と宗教との関係を論じられていた。インド出身でもあり特に仏教に対する見識は深い。聖徳太子は、日本に伝来した仏教の中で、特に釈尊の「法華経」を、政治の根本として日本社会に広めた。その結果、日本においては飛鳥・奈良時代の天平文化として花開いた。

（３）21世紀に入り、世界は、生命尊厳の人間主義の力強い思想・哲学を模索・切望し始めている。それは、人間の営みの根底には人間そのもの、かけがえのない生命が存在し、これを活き活きと輝かせるため、また、多様性・地域性の差別、人間のエゴ（Egoism：利己主義）に支配された世界を乗り越えるためである。
　著者は、あらゆる既存の思想・哲学が行き詰まり、閉塞感の現代において、万人が求めてやまないのは、「人間主義の哲学」であると考えている。

（４）釈尊の「法華経」を基盤とした、日蓮聖人の仏法を現代社会に、「人間主義の哲学」として甦らせて実践している団体（創価学会）が存在している。

　セン博士は、日本が果たす役割について、期待と評価を述べていたが、論旨は一貫して日本の文化・伝統を引用・精査しながら、新たな100年の歴史を開く鍵が「17条の憲法」の精神に見出され、その教訓にありと言及されたことである。関連する話題として、以下の二人の言葉を紹介する。

　　□核時代平和財団：ディビッド・クリーガー所長
　　　対話を通して対立を阻止する努力も大切であるが、平和の素地を築き、平和を建設しゆく努力もより大切である。対話と教育を両輪として、平和の潮流を築くことである。教育において「地球市民の教育」ほど、現代に待望されているものはないと確信している。良き人生の師を得、良き教育者に巡り会う事が肝要な条件といえる。クリーガー所長は、継承すべき精神として以下の三点をあげている。
　　　　　◇勇気　（Courage）
　　　　　◇慈愛　（Compassion）
　　　　　◇献身　（Commitment）

　　□中国の冰心（ひょうしん）文学館：王炳根（おうへいこん）館長
　　　対話が重要である。国と国、民族と民族の間には様々な相違が有り対立があるが、対話で乗り越え、心と心を結ぶことができる。対話を交渉と混同する人がいるが、政治や経済の局面で行われているのは、交渉であり対話ではない。対話は心と心を結ぶ、互いに共鳴を起こす。現代世界の問題を解決するには、交渉ではなく対話が必要である。
　　　精神の力こそが真の力であり、軍事力や経済力ではなく、人間自身の内面に備わる力であり、全ての人がその力を備えている。一般に、意思の伝達は次頁の表の如く４点あり、場面によって使い分けると共に、認識する必要がある。

	意思伝達の方法	内　容　（意　義　等）
1	コミュニケーション (Communication)	伝達。 相手に対する単なる意思の確認・伝達のみである。単方向及び双方向がある。
2	ディスカッション (Discussion)	議論。 良否の判断をするための意思の伝達。資質の向上を含む（例：ワークショップでの課題検討等）。
3	ネゴシェーション (Negotiation)	交渉。 相手との対決姿勢、利害を伴う意思の伝達。課題の解決方法として用いられる。
4	ダイアログ (Dialogue)	対話。 将来の展望を含め、お互いの思いを確認する。双方向で互いの理解を深める意思の伝達である。信頼関係を基礎とする。

なお、著者は、コミュニケーションで大切なポイントは、以下であると考えている。

＜コミュニケーションのポイント＞
□相手の話を良く聞いて相手を理解する。時には共感する。
□こちらの話を理解して頂く。相手に合わせ分かりやすく話す。
□過去の実績は否定せず、労をねぎらい感謝の言葉をかける。
□お互いの信頼関係を、どう醸成するか常に腐心する。

以上の如く、セン博士の講演及び関連する事項を取り上げたが、日蓮聖人の人間主義の具体的な展開として、「対話の重要性」が求められている。セン博士の講演は、人間主義にとって、重要な対話と文化の重要性を再認識させるものである。

10.4　人間生命の探求

　トインビー博士と池田会長の『21世紀の対話』は、人間生命の把握について心理学及び仏教の説く処の内容を対比しながら、人間の精神の内奥に迫り、人間の生命について適切に述べている。また、分子生物学の世界的権威である、ノーベル賞受賞の利根川進教授が、人間の生命について、科学的な解明の状況を述べている。なお、生命に関するDNAについて、世界的著名な研究機関である「かずさDNA研究所」の取り組みがある。
　以上の事柄から、現代社会における人間生命の探求の実態を明らかにし、現状における人間の生命についての理解と認識を深めていきたい。

1．トインビー博士と池田会長の対話

トインビー博士：人間精神の潜在意識の深層部を探求していく事が、人類の福祉にとって最も重要なことであると信じている。やりがいのある精神的な作業だが、極めて困難な仕事である。

池田氏：この領域に自然科学のメスを入れたのが、19世紀後半に西洋に起こったフロイトを初めとする深層心理学者であった。古代インドでは、二千数百年前に既に仏教学者が「唯識論」において、生命の深い精神の内奥を見つめている。図10-3は、仏教の「唯識論」の精神世界を示す。

トインビー博士：潜在意識の深層を発掘し、意識の上にのせることは価値あることである。

また、私は人間の精神の意識下にある淵底の究極層とは、じつは全宇宙の底流に横たわる「究極の実在」と、まさに合致するものであると信じている。

池田氏：仏教で説く第九識の根本浄識とは、個々の生命の本源的な実体であると共に、宇宙生命と一体になったものであるとされている。「究極の精神的実在」は、仏法でいう宇宙の「森羅万象の根源たる大生命─宇宙生命」にあたると考えられる。

ところで科学は、物質の究極の粒子として素粒子に至った。ハイゼンベルグの不確定性原理、素粒子の波動性、自己同一性のなさ等が発見された。素粒子が物質の究極の単位ではなく、更に究極的なものがあるのではと模索されている。

一切の物質には物質波が伴い、また、「場」が広がっている事も発見された。物質の究極は、ある大きさと質量を持った「粒子」という基本概念では説明できない。分析的な方法であるが、総合的な思考法が要請され、根本的には演繹的な方法が必要となる。

２．人間の脳の仕組み

図10-4は、分子生物学における人間生命の解明を示す。

2002年４月、分子生物学の世界的権威である利根川進教授は、分子生物学の立場から、「人間の脳の仕組み、心の問題」について科学で究明している内容を講演されている。科学が進めば進むほど、心の問題はそれを発生している「脳の問題」だと分かってきた。人間の体は何でできているかの解明状況は以下である。

（１）ＤＮＡ（Deoxyribonucleic acid、デオキシリボ核酸）

生物（人間も含めて）の体は、細胞が集まってできている。細胞の核の中には、核酸という物質があり、この核酸は遺伝子と関係のあるデオキシリボ核酸（略称：ＤＮＡ）である。ＤＮＡは化学分子で「塩基」と呼ばれる４つの分子（Ａ：アデニン、Ｔ：チミン、Ｇ：グアミン、Ｃ：シトミン）のつながりである。形の異なる４つの分子Ａ、Ｇ、Ｃ、Ｔが並んだ２本のテープから構成され、このＡ、Ｇ、Ｃ、Ｔの並び方（塩基配列）に生命の設計図が書かれている。

このＡ、Ｇ、Ｃ、Ｔの組み合わせは、必ず決まったペアを作り、ちょうど写真のポジとネガの関係になっている。故に１本のテープがあれば必ずもう一方のテープが再現できる。人間のＤＮＡは、この分子のペア（塩基対という）が約30億も並び、新聞の朝刊紙の約25年分もの文字量に相当する。

1953年、米国のワトソン博士とイギリスのクリック博士は、ＤＮＡにＸ線をあてるというＸ線解析法で、ＤＮＡ分子の立体的構造を探り、ＤＮＡが「二重らせん構造」である事を発見した。遺伝子としてのＤＮＡが発見されて約50年。今、世界ではＤＮＡの研究が熱心に進められている。

これは20世紀の後半になって、生命科学の研究が飛躍的に進歩したためである。ＤＮＡは、遺伝のもとになる情報、つまり「生命の設計図」が書き込まれていて、親と同じ性質を子へ、子から孫へと伝えていく役割を果たしている。生命科学の研究では、遺伝子の構造を解析する事は、生命を解明し理解するためにより深く知るための対象となる。

また、ＤＮＡは「量子のヒモ理論」として、ＤＮＡの二重らせん形のヒモとして学術的に確定しており、米国の医師がＭＲＡ（磁気共鳴装置）を使用して、ＤＮＡのらせん形

ヒモは、振動している事が検証されている。

生物は全て振動しており、人間においては脳波が一番強く、快適な振動数は7.5Hzと言われている（宇宙も振動しており、その波動は7.5Hzとのことである）。

> **人間の身体では脳波が一番強い。**
> 細胞から成る生物は全て振動している。振動は宇宙にもある。宇宙の波動は、波動の中で最も良い振動（秩序を保つ波動）で、ＭＲＡで測定すると7.5Hzとの事である。

> **７.５Ｈｚの振動は、人間の脳波に相当させるとどのような常態か？**
> ７.５Ｈｚは、α（アルファ）波とθ（シータ）波の中間状態である。
> 　　θ波：　ウトウトしていて気持ちの良い、まどろんでいる状態。
> 　　α波：　絶好調で何があってもうまくいく、気分そう快な状態。
> つまり、７.５Ｈｚの振動は絶好調だけど少々押さえ気味で、ウトウトしているけれど目がさめていて、人間にとって最高の精神状態である。

（２）かずさＤＮＡ研究所

著者は、2008年11月、千葉県木更津市にある、財団法人かずさＤＮＡ研究所を見学した。同研究所は、1996年10月に開所して以来、短期間で「植物」や「ヒト」のＤＮＡ研究において、多くの世界的研究成果をあげ、日本を代表するＤＮＡの最先端研究機関である。海外の研究者も数多く参加し研究している。

生物のもつ情報の全体を「ゲノム」と呼び、ゲノムＤＮＡの塩基配列を決定する事を「ゲノム解析」と呼ぶ。ゲノムという言葉は、生殖細胞にある全染色体（gene + chromosome）を意味する造語であるが、現在では、特定の生物の細胞中の全ての染色体ＤＮＡの総体を意味するようになっている。

ゲノム解析によって、その生物のもつ最も基本的な遺伝情報が明らかになり、得られたデータを活用する事によって、医学・工学・農業分野の様々な応用が可能となる。

かずさＤＮＡ研究所では、ゲノムの塩基配列データを国際ＤＮＡデータベースに登録して公開し、インターネットを通じて国際的な基礎・応用の研究に供している。また、ヒト遺伝子の機能解明を加速させるため、モデル動物の遺伝子資源等の蓄積・ＤＢ化を推進し、インターネットにて公開している。

研究所内の施設見学後、質問会が持たれたので、著者も以下の質問をした。フロイトの心理学による生命の把握に対して、生命科学の分野では未だにその領域に到達しておらず、今後、生命の根源とされるＤＮＡの解析により、心理学で把握している「セルフ」の領域の解明は可能かどうか？

研究所の副所長は、検証できるかどうかは分からない。ただ、近年の技術的進歩の度合いから、10年先または20年先に解明されるのではと述べていた。科学的にも「人間の生命の探求」は、ＤＮＡを通して近い将来に解明が進むと思われる。日本のコンピュータ技術は世界最先端であり、更なる深化した解析が望まれる。

図10-3　仏教の「唯識論」の精神世界

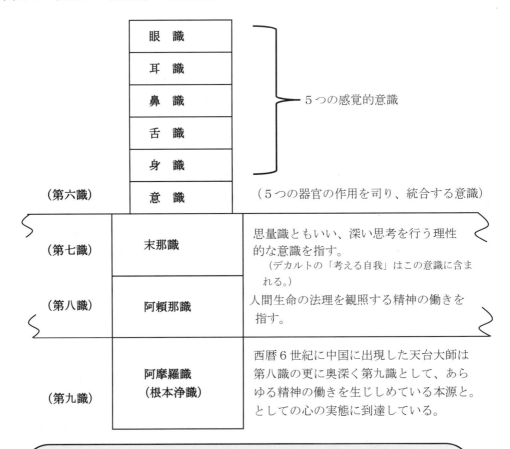

心理学とは「人間の心の奥について研究している」学問

　現代の心理学が認めている宗教と言うのは、「創価学会」だけである。
　1996年8月12日に、全米心理学会がサンフランシスコで総会を行い、冒頭に会長のセリグマン博士が声明を出した。
　21世紀は心の時代である。世界で最も心理学と同じ考え方を持ち、同じ道を歩んでいる科学的な宗教団体が一つだけある。そこと、共にタイアップしていきたい。日本にある「創価学会」という団体である。
　「我々全米心理学会が、唯一認める我々と同じ考えを持った団体であり、21世紀は、創価学会と共同の世紀にしていきたい。

　心理学の考えは、人間は本来強いものだとする考えである。
　宗教は、人間の心の奥の問題に関しては、人間を弱いものと考えている。故に、力強いものに対してそこから力をもらって補完する。全ての宗教は、自分以外のものに求めるが、唯一、創価学会は、自分の中にそれを求めている。
　全米心理学会が、創価学会を高く評価している要因である。

図10-4　分子生物学における人間生命の解明

分子生物学の世界的権威である、ノーベル賞受賞の利根川進教授は、分子生物学の立場から「脳の仕組み」について講演された。科学が進めば進むほど、心の問題は「脳の問題」だと分かってきた。人間の体は何でできているかは以下である。

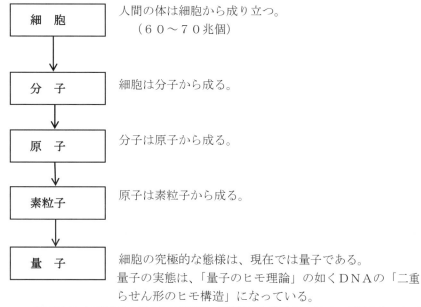

細　胞 → 人間の体は細胞から成り立つ。（６０～７０兆個）

分　子 → 細胞は分子から成る。

原　子 → 分子は原子から成る。

素粒子 → 原子は素粒子から成る。

量　子 → 細胞の究極的な態様は、現在では量子である。
量子の実態は、「量子のヒモ理論」の如くDNAの「二重らせん形のヒモ構造」になっている。

（DNAの「二重らせん形のヒモ構造は、医学的にも検証されており、米国のウェイストック博士が、MRA（磁気共鳴装置）で測定して振動している事が判明した。）

人間の身体では脳波が一番強い
　細胞から成る生物は全て振動している。振動は宇宙にもある。宇宙の波動は、波動の中で最も良い振動（秩序を保つ波動）で、MRAで測定すると７．５Ｈｚとの事である。

　７．５Ｈｚの振動　（人間の脳波に相当させるとどのような常態か？）
　７．５Ｈｚは、α（アルファ）波とθ（シータ）波の中間状態である。
　　θ波：　ウトウトしていて、気持ちの良い、まどろんでいる状態。
　　α波：　絶好調で、何があってもうまくいく、気分そう快な状態。
つまり、絶好調だけど少々押さ気味で、ウトウトしているけれど目がさめている状態である。人間にとって最高の状態である。
そういう波が宇宙にも存在する。

第10章　人間主義の経済

3．心理学における脳の働き

　心理学における、脳の働きの解明について以下に説明する。心理学とは、人間の心の奥について、人間の心はどうなっているかを研究する学問であり、世界的に認知されている。図10-5は、心理学で解明している脳の構造を示す。

　現代の心理学の基本を作ったのが、米国の精神科医ユング博士である。ユング博士は、心理学で人間の脳の働きについて解明し、無意識層において「集合」という、過去の所作が全て遺伝子として蓄積されている層を発見した。更に、博士は、「集合」の奥に「セルフ」という過去のイメージに左右されない、7.5Hz の層があると解明している。

　心理学では、人間の生命を建物になぞらえて、地下３階の構造として潜在意識の世界（脳の働き）を説き、地下１階を「自我」、地下２階を「集合」、地下３階を「セルフ」と区別している。分子生物学で解明したＤＮＡは、地下２階の集合の世界における遺伝子の働きに相当する。

（１）地下１階（自我）

　　意識の世界に最も近いところ。自我の世界は、その人が持っている特性である。

（２）地下２階（集合）

　　集合は、イメージタンクで自我を支えている。ものすごく広い空間にあらゆる過去のものがギッシリ詰まっている。すべて脳細胞の中にある。人間が、生まれて今日に至るまで、色々な事を見たり聞いたりした事等が全て詰まっている。

　　先祖からのイメージも受け継いでいる。いわゆる遺伝子である。だから、地下２階にあるイメージタンクがどういう状態になっているかによって、その人の人生が決まるという。この集合を発見したのがユング博士で、世界三大発見の１つに数えられる。ちなみに、残り二つの発見は、ニュートンの万有引力、ガリレオの地動説である。

（３）地下３階（セルフ）

　　潜在意識の一番奥である。ユングは、「集合」の奥に更に「セルフ」という、過去のイメージに左右されない7.5Hz の層があると解明している。ユングによる、集合を崩す研究（その人が、ずっと苦しまなければならない集合性を崩すこと）とは、以下である。

　　□目の力

　　何を見るかによって潜在意識がでる。目は潜在意識を起こす力がすごく、何を見るかによって「セルフ」が出てくるし、集合が出てくる。見るものがとても大事である。自分のセルフを見ることであり、それに一番良いのは文字である。

　　□耳の力

　　潜在意識を起こすのに、耳はすごい力がある。耳が何を聞くかが大事である。一番良いのは右脳が最も喜ぶ「ありがとう」という言葉である。感謝の言葉であり、右脳は感謝の言葉を聞くとフル回転する。左脳は嘆きと悲しみであり、助けて下さいと言うのは、左脳を使うため「セルフ」が出ない。

　　□右脳の使い方

　　１番目に感謝すべきことを感謝する。今までの過去に、自分が経験した色々なことについて、感謝すべきことを感謝して、どんどんイメージを作っていくと元気がでる。

　　２番目に感謝できないことを感謝する。今、一番悩んでいる課題について感謝すること

図10-5　心理学で解明している脳の構造

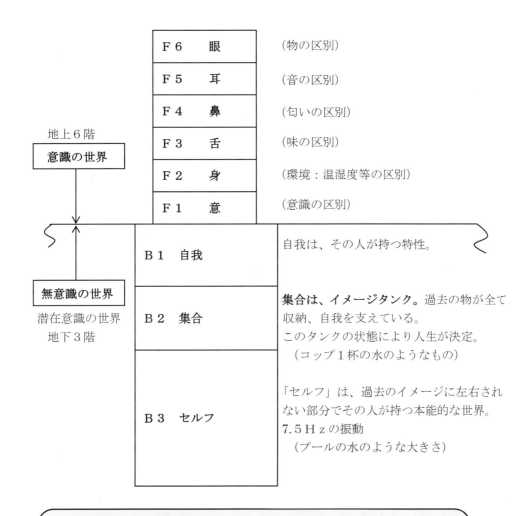

ユングの集合の研究結果
1．その人の好きになる人間／嫌いになる人間
2．死亡、事故、病気、悩み等をこの集合が決めて意識に命令する。
3．その人の人生の生きがいを決める。

ユングは１００年前に亡くなった現代心理学の基本を作った精神科医である。この「集合」の発見は、世界三大発見の一つである。
ユングは、地下３階の「セルフ」の世界にも目を向けた。そして、自身の精神病とも戦いこれを克服した。人間の「セルフ」は、「もう幸せで幸せでどうしょうもないように生まれてきている。７．５Ｈｚの波で生まれてきている。

である。

　３番目に未来を感謝することである。具体的に、いつまでにこの問題を解決するというイメージを作ることである。もっと言うと「なりました。」と過去形にしてしまう。自分でイメージを作ることである。ユング博士は、過去形が良いと言っている。

　心理学は、人間を突き動かしている無意識層の「集合」を崩す作業を行なう事により、最深層のセルフ（7.5Hz の振動）が生じ、その人らしい豊かな人生を送る事ができる理論でもある。本来の7.5Hz に近づくためには、右脳を使うしかないと述べている。

　ユング博士は、自身が極度の精神分裂症を発症し、地下３階に焦点をあてて治した。地下３階に着目すれば変わる。集合は悪いイメージで一杯かも知れないが、コップ一杯のようなもので、大きいプールのような地下３階に入れば、悪いイメージが薄くなり、苦しまなければならない集合性を崩すこととなる。

　例えば、米国では末期ガンの患者に対して、このやり方を使って治療しているとの事である。学術的には、人を含む生物について、ＤＮＡの研究成果として遺伝子の存在・解明まで到達しているが、心理学では遺伝子の働きについて、「集合」というものを解明・研究して、更に遺伝子の顕在化に左右されない「セルフ」の領域まで解明が先行している。但し、「セルフ」の領域は、科学的な証明が伴っていない。今後、更なるＤＮＡの研究が進展することによって、証明されることが期待される。

４．心理学と宗教

　1996年８月、世界で一番権威のある学術団体、全米心理学会の総会が米国のサンフランシスコで開催された。その冒頭で会長のセリグマン博士は以下の声明を出した。

　「21世紀は心の時代である。世界でもっとも心理学と同じ考えを持ち、同じ道を歩んでいる科学的な宗教団体が一つだけある。そこと当学会がタイアップしていきたい。

　それは、日本にある「創価学会」という宗教団体である。我々、全米心理学会が、唯一認める我々と同じ考え方を持った団体である。従って、21世紀は、創価学会と全米心理学会と共同の世紀にしていきたい。」と述べている。以下に心理学と宗教について、全米心理学会が声明したことの裏付けとなる事柄を説明する。

（１）心理学

　　心理学は、人間は本来強いものだとする考え方をとっている。分子生物学でいうところの7.5Hz の力をもち、とてつもなく素晴らしいが、何らかの要因が生じて力強さがでてこない。これが人間の不幸の原因である。だから、阻害原因を取り除いて本来の自分らしさを取り戻せば、その人は素晴らしい人生を歩むととらえる。

（２）宗教

　　宗教は、人間の心の奥の問題に対して非常にはっきりしている。人間を弱いものと考えている。故に、力強いものに対してそこから力をもらって補完する。全ての宗教は、自分以外のものにその原因を求めている。一方、創価学会の信奉する宗教は、唯一、自分の中にそれを求め、自分自身であり自分の脳の中にある働きにすぎないとしている。

（３）ユングとフロイト

　　カール・グスタフ・ユング（Carl Gustav Jung、1875-1961年）は、スイスの精神科

医・心理学者である。ユングは、神の存在に関する判断には保留を設けた。深層心理について研究し、分析心理学（ユング心理学）の理論を創設した。1948年、スイス・チューリッヒにユング研究所を設立し、ユング派臨床心理学の基礎と伝統を確立した。

ユングは、人間の無意識の奥底には人類共通の素地（集合的無意識）が存在すると提唱し、この共通するイメージを想起させる力動を「元型」と名付けた。ユング心理学（分析心理学）は、個人の「心」は自我がその中心としてある意識と無意識に二分され、後者は更に個人的無意識（自我の領域；自我は外的世界との交渉の主体）と集合的無意識（集合の領域；先天的な無意識で自己元型が存在する領域）に分けられるとしている。

ジークムント・フロイト（Sigmund Freud、1856-1939年）は、オーストリアの精神分析学者。神経病理学者を経て精神科医となった。終生、無神論者であった。フロイトの提唱した理論は、のちに彼の弟子によって、後世の精神医学や臨床心理学の基礎となった。

フロイトは、脳と心の働きの関連を「科学的に」解明する事を研究の目標とした。患者に、自由連想法を適用して、患者は全てを思い出すことができると考え、この治療法を精神分析と名付けた。自然科学者として彼の目指す精神分析は、無意識に関する科学として方向付けられた。

フロイトは、1910年「国際精神分析学会」創立時、ユングを初代会長に就任させたが、無意識の範囲など学問的な見解の相違から、1912年に決別し、ユングは国際精神分析学会を脱退した。

以上の如く、人間の心の構造が建物でいうと、地上は意識の世界で、地下は無意識の世界（潜在意識）である。人間は、意識の世界と無意識の世界から成り立っている。その中で、潜在意識（地下1階、2階、3階の部分）がどうなっているかが重要である。

この部分がどうなっているかによって、その人の幸せ不幸せが決まる。だから、その潜在意識を徹底的に研究しているのが、心理学であり宗教である。なお、仏教の「唯識論」において、既に6世紀に判明している生命の働きについて、未だ科学的な解明がなされていないのが現実であり、人間生命の実態は、DNAの研究によりその入口に一歩進んでいるという状態である。

生命の探求は、現在の心理学や宗教においては、生命の究極の実在まで到達しており、その実践により「セルフ」や「仏界」という生命の領域を感得するに至っている。世界的権威のある全米心理学会が、宗教団体「創価学会」の信奉する信仰を世界で唯一科学的な宗教であると認めている処であり、その信仰は池田ＳＧＩ会長の「人間主義の哲学」に昇華して現在に至っている。

今、世界中で、この「人間主義の哲学」を希求する潮流が起きている。世界各国の人々が、その哲学を実践して実証が顕現している。また、学術的にも池田ＳＧＩ会長の「人間主義の哲学」は、海外で広く大学等の研究機関にて研究・成果報告がなされている。

一方、科学的には「生命の探求」について、生命の根源たるＤＮＡの研究・解明作業が、最新のコンピューターを駆使して行われている。日本には、世界的な性能を誇る「京」が完成して稼働しており、生命の解明に寄与するものとなる。世界に誇る「京」は、自然現象や宇宙の

諸現象に対する解明の処理に威力を発揮すると言われ、大いに期待するところである。

　将来において、「生命の探求」が科学的に解明された場合、心理学や宗教で説く処の「セルフ」や「仏界」の領域を人類が獲得する事となり、更に多くの人々が、遺伝における悪環境から解放されて、誰しもが幸せな人生を歩む姿が想像される。この社会は、100年後の22世紀には現出されるのではと期待される。この社会における文明は、「人間主義の哲学」を基盤とした「生命の世紀」になるものと想定される。

　100年前の人類が、現在の社会を夢物語と考えていたと同じく、現時点の考え・思量の段階では考えられない事が22世紀では発生し、その一つが上記にて説明した人間の「生命の世紀」である。

10.5　文明間対話

　現今の世界は、欧米を中心とするキリスト教、中近東及びアジアの一部を中心とするイスラム教、インド及び東南アジアを中心とする仏教とヒンズー教及び中国・朝鮮の東アジアを中心とする儒教等を基盤とした文明がある。

　これらの文明間において、過去に紛争や戦争は幾びともなく行われてきたが、文明間における対話は不毛地帯となっていた。これらの文明の底流には、世界の三大宗教である仏教・キリスト教・イスラム教があり、仏教を除きキリスト教及びイスラム教は排他性が強く、紛争や戦争等の文明であった。これらの文明間における対話の努力は、なされてきたのだろうか。

　人類は、第一次世界大戦及び第二次世界大戦を経て、紛争や戦争の悲惨さの反省から国際連合（以後、国連と称す）を創設して、世界各国の紛争等の調停等を実施してきた。しかし、グローバル化が進んだとはいえ、経済大国・軍事大国を中心とする国連では、各国の利害や思惑が重なり、協調する事がなかなか難しい。

　このような中、国連に対して、一民間人ではあるが、池田ＳＧＩ会長は、「ＳＧＩの日」である毎年１月に、30年前から現今の世界の諸問題・課題について、国連が歩むべき視点で具体的な提言を重ねてきた。また、文明間対話は、日蓮聖人の仏法を基盤とした「人間主義の哲学」を基盤として、人間中心の現実社会の問題解決と、未来への対話を実施してきた。

　文明間対話の結果は、対談集として各国語に翻訳されている。対話は、各文明間の融和をはかり、国連を中心とした世界平和の秩序作りに、大いに貢献してきた。池田ＳＧＩ会長の世界平和に対する、取り組みや「人間主義の哲学」が、世界の人々の知るところとなり、その潮流が文明間の対話を通じて、世界に流れ出した。表10-1は、池田ＳＧＩ会長と世界の知性・指導者との対話リストである。また、表10-2は、記念講演リストである。

表10-1　世界の知性・指導者との対話リスト

文　明	対話者	対話者の略歴	著書名
キリスト教文明	アーノルド・トインビ博士	20世紀最高峰の歴史家	21世紀への対話
	アウレリオ・ペッチェイ博士	ローマクラブの創立者	21世紀への警鐘
	クーデンホーフ・カレルギー伯	ヨーロッパ統合の父	文明・西と東
	ルネ・ユイグ氏	世界的美術史家	闇は暁を求めて
	アンドレ・マルロー氏	フランスの行動する作家	人間革命と人間の条件
	ブライアン・ウィルソン博士	オックスフォード大学教授	社会と宗教
	ヘンリー・A・キッシンジャー博士	米国の国務長官	「平和」と「人生」と「哲学」を語る
	ライナス・ポーリング博士	ノーベル化学・平和賞の受賞者	「生命の世紀」への探求
	ヨーゼフ・デルボラフ博士	ドイツ・ボン大学教授	21世紀への人間と哲学
イスラム教文明	ワヒド氏	元インドネシア大統領	平和の哲学　寛容の智慧
	テヘラニアン博士	イスラム文明を代表する平和学者	21世紀への選択
ヒンズー教文明	カラン・シン博士	世界ヒンディー語財団会長	内なる世界―インドと日本
儒教文明	金庸氏	中国の大作家	旭日の世紀を求めて
	趙文富博士	韓国済州大学前総長	希望の世紀へ　宝の架け橋
	趙文富博士	韓国済州大学前総長	人間と文化の虹の架け橋
	常書鴻氏	敦煌研究院名誉院長	敦煌の光彩
その他	ログノフ博士	モスクワ大学総長	第三の虹の橋、科学と宗教
	サドーヴニチィ博士	モスクワ大学総長	新しき人類を　新しき世界を
	サドーヴニチィ博士	モスクワ大学総長	学は光
	エイルウィン大統領	チリの哲人政治家	太平洋の旭日
	ミハイル・ゴルバチョフ氏	元ソ連大統領	20世紀の精神の教訓
	ガルブレイス博士	ハーバード大学名誉教授、経済学者	人間主義の大世紀を
	ベッド・ナンダ博士	世界法律家協会名誉会長	インドの精神
	ホフライトネル博士	ローマクラブ名誉会長	見つめあう　西と東 ―人間革命と地球革命
	ノーマン・カズンズ博士	アメリカの良心	世界市民の対話
	チンギス・アイトマートフ氏	キルギスの世界的文豪	大いなる魂の詩
	チャンドラ・ウィックラマシンゲ博士	スリランカの天文学者	「宇宙」と「人間」のロマンを語る
	アタイデ氏	ブラジル文学アカデミー総裁	21世紀の人権を語る
	ヨハン・ガルトゥング博士	平和学の父	平和への選択
	リハーノフ博士	国際児童基金協会総裁	子どもの世界 ―青少年に贈る哲学
	ジュロヴァ博士	ブルガリアソフィア大学教授	美しき獅子の世界
	シマー博士、ブルジョ博士	カナダ・モントリオール大学の知性	健康と人生 ―生老病死を語る

第10章　人間主義の経済　399

その他	ヴィティエール博士	ホセ・マルティ研究所所長	カリブの太陽　正義の詩
	李美林教授	インド学・仏教学の世界的権威	東洋の智慧を語る
	クリーガー氏	核時代平和財団所長	希望の選択
	ロケッシュ・チャンドラ博士	インド文化国際アカデミー理事長	東洋の哲学を語る
	ヘンダーソン博士	アメリカの未来学者	地球対話　輝く女性の世紀へ
	セレブロフ博士	ロシアの宇宙飛行士	宇宙と地球と人間
	ポールディング博士	平和学者	「平和の文化」の輝く世紀へ
	スワミナサン博士	バグウォッシュ会議会長	「緑の革命」と「心の革命」
	ロートブラット博士	バグウォッシュ会議名誉会長	地球平和への探求
	ボスコ前会長、マイアソン事務総長	ソロー協会	美しき生命地球と生きる
	ハービー・コックス教授	宗教研究の第1人者	21世紀の平和と宗教を語る
	松下幸之助	松下電器産業創始者	人生問答
	ラグクリシュナン博士	インド国立ガンジー記念館館長	人道の世紀へ—インドの哲学と教育を語る
	ドウ・ウェイミン教授	中国思想研究の世界的大家	対話の文明—平和の希望哲学を語る
	ウンガー会長	ヨーロッパ科学芸術アカデミー会長	人間主義の旗を—人間性・慈悲・寛容
	ヌール・ヤーマン博士	文化人類学者	今日の世界　明日の文明—新たな平和のシルクロード
	ツェデブ博士	モンゴル国立文化芸術大学学長	友情の大草原—モンゴルと日本の語らい

表10-2　教育・学術機関における記念講演リスト

講演場所	国名、他	講演年月	講演のテーマ
第3回入学式	創価大学	1973年4月	創造的人間たれ
第2回滝山祭記念講演	創価大学	1973年7月	スコラ哲学と現代文明
第1回夏期大学講座	創価大学	1973年8月	文学と仏教
カリフォルニア大学ロサンゼルス校	米国	1974年4月	21世紀への提言
第4回入学式	創価大学	1974年4月	創造的生命の開花を
第2回夏期大学講座	創価大学	1974年8月	人生と学問
ジャパン・ソサエティー	米国	1975年1月	平等互恵の地球社会を
モスクワ大学	ソ連	1975年5月	東西文化交流の新しい道
北京大学	中国	1980年4月	新たな民衆像を求めて
グアダラハラ大学	メキシコ	1981年3月	メキシコの詩心に思うこと
ソフィア大学	ブルガリア	1981年5月	東西融合の緑野を求めて
第11回創大祭記念講座	創価大学	1981年10月	歴史と人物を考察—迫害と人生
ブカレスト大学	ルーマニア	1983年6月	文明の十字路に立って
北京大学	中国	1984年6月	平和への王者—私の一考察

復旦大学	中国	1984年6月	人間こそ歴史創出の主役
フランス学士院	フランス	1989年6月	東西における芸術と精神性
ブエノスアイレス大学	アルゼンチン	1990年3月	「融合の地」に響く地球主義の鼓動
北京大学	中国	1990年5月	教育の道文化の橋 – 私の一考察
マカオ・東亜大学	マカオ	1991年1月	新しき人類意識を求めて
フィリピン大学	フィリピン	1991年4月	平和とビジネス
ハーバード大学	米国	1991年9月	ソフト・パワーの時代と哲学 ―新たな日米関係を開くために
香港中文大学	香港	1992年1月	中国的人間主義の伝統
ガンジー記念館	インド	1992年2月	不戦世界を目指して ―ガンジー主義と現代
アンカラ大学	トルコ	1992年6月	文明の揺籃から新しきシルクロードを
中国社会科学院	中国	1992年10月	21世紀と東アジア文明
クレアモント・マッケナ大学	米国	1993年1月	新しき統合原理を求めて
ブラジル文学アカデミー	ブラジル	1993年2月	人間文明の希望の朝（あした）を
ハーバード大学	米国	1993年9月	21世紀文明と大乗仏教
深圳大学	中国	1994年1月	「人間主義」の限りなき地平
モスクワ大学	ロシア	1994年5月	人間―大いなるコスモス
ボローニャ大学	イタリア	1994年6月	レオナルドの眼と人類の議会 ―国連の未来についての考察
東西センター	米国（ハワイ）	1995年1月	平和と人間のための安全保障
アテネ文化・学術協会	スペイン	1995年6月	21世紀文明の夜明けを ―ファウストの苦悩を超えて
トリブバン大学	ネパール	1995年11月	人間主義の最高峰を仰ぎて ―現代に生きる釈尊
サイモン・ウィーゼンタール・センター	アメリカ	1996年6月	牧口常三郎―人道と正義の生涯
コロンビア大学ティーチャーズ・カレッジ	アメリカ	1996年6月	「地球市民」教育への一考察
ハバナ大学	キューバ	1996年6月	新世紀へ―大いなる精神の架橋を
ラジブ・ガンジー財団本部	インド	1997年10月	「ニュー・ヒューマニズム」の世紀へ
第1回特別文化講座	創価大学	2003年3月	人間ゲーテを語る
第2回特別文化講座	創価大学	2005年3月	革命作家・魯迅先生を語る
第1回卒業式に寄せて	アメリカ創価大学	2005年5月	21世紀の大学―世界市民の揺籃
国立バレルモ大学	イタリア	2007年3月	文明の十字路から人間文化の興隆を
特別文化講座	創価女子短期大学	2008年2月	永遠に学び勝ちゆく女性・キューリ婦人を語る
特別文化講座	創価学園	2008年4月	大詩人ダンテを語る

10.6　人間主義経済学

　人間主義経済学は、創価大学の大西昭経済学博士、及び東洋哲学研究所の後藤隆一所長の両氏により、経済学の新たな分野として世に提唱された。そして、2004年から3年間、創価大学にて「人間主義経済学」の講座が設けられ、後藤所長による講義が行われた。

　現在の経済社会は、資本の論理で動かされており、これを人間の論理に転換する事、また、

人間の考え方が変わらないと、組織が変わっても真の民衆救済の社会秩序とはならない、事などが論じられている。なお、現在の経済学は、以下の如く「人間主義経済学」の序文としての意味を持つとも述べている。

　　　　□アダム・スミス：　　　　　　　　　自由主義経済の経済学。
　　　　□カール・マルクス：　　　　　　　　社会主義経済の経済学。
　　　　□ジョン・メイナード・ケインズ：　　戦後資本主義の経済学。

　なお、人間主義経済学について、提唱に至る経緯は以下である。

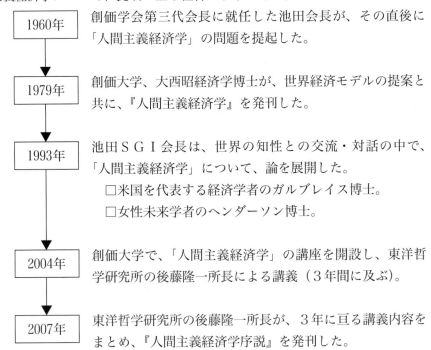

『人間主義経済学』は、今後の経済活動の主流となる学問であり、現今の、行き詰った経済社会を、開いていくものとして期待されている。新たな第三の経済学として、国内のみならず、世界的にも注目をされつつある。

　学問としての経済学は、思想・考え方の基盤として広く一般的に認識されていくが、経済について少し縁遠い人でも、現状の経済活動の実態や仕組みをベースにして、「人間主義」を基盤とした経済が、理解しやすい内容の著書が必要になると考えている。

　本書は、現実社会の経済の実態を丹念に精査しつつ、「人間主義の経済」を理解できるよう、いわば「人間主義経済学」の導入編を目指すものである。また、経済の本質論や、現実社会で展開されている経済の実態の精査を通しながら、経済社会の主柱となる、「人間主義経済学」を応用面から展開しているものである。特に、経済活動は、人々の日々の生活に直に深く関わっているだけに、現実を踏まえての論を展開すると共に、今まで以上に経済認識を深めた賢明な生活や、人々の生き方にも参考となるよう期待している。

　現代社会は、人間主義という言葉が先行し、表面的な理解にとどまっているのではないだろうか。経済の本質や歴史的な変遷、及び、人間主義を根底から支えている思想や哲学にまで言及しなければ、真に理解・認識できないと考えている。「人間主義の経済」を支える、基盤と

しての人間主義の思想・哲学は、現代社会で実践している、ＳＧＩの「人間主義」に言及せずには、論を展開できないと考えている。世界の識者・指導者等は、池田ＳＧＩ会長の活動・行動を通して、人間主義の哲学を理解・認識してきた。

　日本は、この「人間主義の哲学」を有する国であり、世界の模範でもある。著者は、この思想・哲学を世界の人々と共有していくならば、日本は、世界に大いに貢献できるものと考えている。なお、既に発刊されている、二冊の「人間主義経済学」に関わる著書は以下である。

１．『人間主義経済学』

　創価大学の経済学博士、大西昭教授が1979年１月に著したもので、世界経済モデルを基盤として世界経済の調和を求め、人間主義経済学として理論化・体系化した新たな経済学を提唱している。

　同書は、□ビジョン（経済理論を作る上での価値観）、□理論化とそのアプローチ（部分ではなく、全体像を把握）、□政策と実践（市場経済の仕組みが、望ましい新秩序へと転換する方途）、□結論（組織変革と人間革命が本来的な要求の充足）の構成である。

　また、同書は、上記の内容を基盤として、これらを統一する一貫した「人間主義的な生命哲学」が必要になるとしている。なお、開発された世界経済モデルは、国連でも高い評価を受けて、経済発展途上国への援助に際し、経済分析等に大いに活用されている。

２．『人間主義経済学序説』

　東洋哲学研究所の後藤隆一所長が、2007年３月に、創価大学で３年間に亘る講義をした、「人間主義経済学」の講座内容をまとめ発刊した。同書は、ポスト近代の社会科学である、『人間主義経済学』の方法論を問うもので、『人間主義経済学』は、既往の経済学に対して以下の特徴を有すると述べている。

　　　□人間不在の経済学に対し、「人間主義」経済学である。
　　　□経済法則に支配の受動的経済学に対し、人間を主体とする「問題解決学」である。
　　　□客観的存在の学問に対し、価値的で「目的論的経済学」である。
　　　□抽象化した専門の学問に対し、現実を総合的に把握する「学際的経済学」である。

10.7　「人間主義の経済」の態様

　経済に関わらず全ての社会分野（政治・文化・教育・芸術・音楽等）は、人々の幸福のために存在するといっても過言ではない。「人間主義の経済」は、人々の生活の営みである経済の分野で、人間の幸福のために寄与するものであり、また、実現する基盤として「人間主義の哲学」を条件とする。

　従来の経済観念は、富の蓄積に代表されるが如く、物質的な豊かさを求める人間の欲望の表れとも言える。人間の欲望の充足が、一概には悪と決め付けられない。欲望がなければ、発展も進化もありえないからである。欲望が目先だけの低次元に止まれば、悪の方向に行かざるをえないが、人々の幸福のために使えば良薬ともなる。善も悪も人々の心の中にある。

　表10-3は、従来の経済観と人間主義の経済観の概要である。人々の心が、その社会にあって、どちらに向かって動いているのかがとても重要である。経済は、人間の営みが直に活動と

して現われてくるため、経済を通じて、人間がいかに生きていくかの対応が問われよう。「人間主義の経済」は、経済を通じて、世界の人々の心の中に幸福という種子を植え、実質的に幸せな生活を送ることにある。

　そのためには、「人間主義の哲学」を基盤としなければ、人間の欲望により従来と同じ事を繰り返してしまうからである。例えば、砂上にいかに立派な楼閣を築いても、基盤の脆弱さからいつかは壊れてしまう。人間主義は、生命尊重・生命第一といった言葉やスローガンだけではなく、人間主義そのものに、確固たる基盤となる哲学を有する事が必要である。

　現代社会の人々は、ようやくこの「人間主義の哲学」の存在を知り、渇仰し始めている。この潮流が、人々の中で普遍化した時が、真に「人間主義の経済」の態様となってくる。

　この「人間主義の哲学」の存在は、仏教の真髄である法華経を基盤とした、日蓮聖人の仏法の中に存在することは、すでに明らかにしてきたことである。すなわち、日蓮仏法は、人間生命の奥底に何ものにも壊すことができない「仏界＝生命」と言うものを明らかにし、その実現方法を誰にでも実践可能な形態にしたことである。この事により、人間主義そのものに生命を吹き込み、人々の生き方に対しても生き生きと、活動できるようにしたことである。人類史上、誰人も成し遂げなかったことである。

　「人間主義の経済」が目指すものは、「人間主義の哲学」を根底とした、壮大な人類規模での経済への取り組みであり、世界平和の確固たる基盤構築と、何よりも人々の幸福が追求される社会の実現に他ならない。「人間主義の経済」の態様に関連する例示としては、現今の社会にあって、以下の事柄が挙げられようが、入口の段階で有る事は言うまでもない。

表10-3　従来の経済観と人間主義の経済

No.	項　目	地　域	内　容
1.	西洋の経済観	欧米諸国等の資本主義社会（日本含む）	現代世界の主流の経済観。1776年、イギリスのアダム・スミスの「国富論」が西洋の経済観の源流である（約240年前の経済）。 諸国民の富の性質と原因の追究から経済は「社会生活を営むのに必要な生産・消費・売買などの活動」と定義される。経済が人間の欲望を満たす手段と化す。
2.	統制経済	社会主義社会の国々（中国、ベトナム、北朝鮮、キューバ等の国々）	経済は、社会体制の中に組み込まれ、共産主義（マルクス主義）の発想により、経済社会が統制されて運営されている。近代において、中国・ベトナム等の国々は一部個人の所有を認め資本主義社会の利点を取り入れている。
3.	東洋の経済観	東アジア等の国々	仏教の小乗経的思想に基づく経済体制の国々である。経済の観念は「経世済民」とし、経済は世を治め民を幸せにするという理念に基づくものである。 日本も、江戸時代末期までは「経世済民」の経済社会であったが、近代化で西洋の経済観に基づく経済体制に変遷した。儒教的色彩が濃い経済観念である。
4.	人間主義の経済	（全世界を対象）	経済理念に全く新しい「人間主義の哲学」を基礎に、経済活動を行うものである。実態は、「経世済民」の延長線上でもある。 経済活動の目的は、全て一人一人の庶民を幸せにする経済活動である。

１．共通価値の創造

　第３章で述べた如く、「共通価値の創造」は、米国のポーター博士が提唱している経済理念であり、既に世界の一流企業が実施して成果となって評価されている。

　ポーター博士は、経済活動の担い手である企業に対して、「共通価値の創造」を事業活動そのものに取り入れて実施する事を望んでいる。企業の大小は問わず、あらゆる全ての企業が対象である。「共通価値の創造」は、現代社会の問題等を解決する一手段であるが、全ての企業が実施するかどうか。また、社会的な課題がなくなった時は、どうなるのか。未解決の問題を含んでいる。

２．日本で一番大切にしたい会社

　第３章で述べた如く、法政大学の坂本教授が提唱されているもので、企業は事業を継続するために存在し、継続するためには、事業そのものが「善」の行為でなければならないとする。この「善」を貫いている企業を「日本で一番大切にしたい会社」として、坂本教授が著書に掲載し、社会に宣揚して称賛しているものである。「善」の行いの事業活動に「人間主義の経済」の一歩を見る事ができる。しかし、人間そのものが人間主義を継続していくことは容易ではない。

３．会社は社員の幸せを実現

　2015年２月、地域活動の一環として研修旅行で、伊那食品工業（株）という企業を訪問した。今までの企業に対するイメージが、180度回転するような感動を覚えた。このような企業が、世の中に存在すること自体がとても信じられなかった。経営資源、経営理念、社是を実現する心がけ等、「人間主義の経済」を実践しているような企業である。

　1958年（昭和33年）に設立、長野県伊那市にある寒天・ゲル化剤の製造会社である。株式を上場せず、50年以上増収増益を続けている研究開発型企業である。寒天の加工をひたすら研究し、食品はもとより化粧品、医薬品等への用途も拡げている。

　同社は、寒天の原料となる海藻を、良質で安定的に確保するため、世界中にその入手先を求め、海外から安く仕入れるだけでなく、産地を開拓し育てながら仕入れる「開発輸入」を実践している。世界各地から、きれいな海で良質の海藻が収穫できるようになり、現状では、国内産で賄えるものは10％もないということである。

＜開発輸入先＞

　　　　□モロッコをはじめとする地中海沿岸
　　　　□チリをはじめとする南米
　　　　□韓国の済州島

＜経営資源＞

　同社の最近の経営資源は以下である。

・従業員数：　　　　486名
・資本金及び年商：資本金は9680万円、年商は約176億円。
・販売ルート：　　　通信販売、全国７ヶ所の営業所、13ヶ所の「かんてんパパショップ」を展開。
・市場占有率：　　　寒天業界で国内市場の80％、世界で15％の占有率。
・その他：　　　　　労働組合は無い。

＜経営理念＞

　同社の経営理念は、「会社は社員の幸福のためにある」である。社是として、「いい会社をつくりましょう～たくましく、そしてやさしく～」としている。会社の存在目的は、社員が精神的にも物質的にも一層の幸せを感じるような会社を作ると同時に、永続することである。「永続」こそ、企業の価値であり、成長や利益は、永続のための手段である。

　また、永続することは、会社を取り巻くすべての人々をハッピーにする。社員ひとりひとりのハッピネス（幸せ）の総和こそ企業価値である。そして、永続することにより、環境整備・雇用・納税・メセナ活動（スポーツ・文化振興）など様々な分野でも、社会に貢献していくことが可能である。売上げや利益の大きさより、会社が常に輝きながら永続することに努めることであると述べている。

＜会社・社員の心がけ＞

　経営理念を基盤として、社是実現のために会社・社員の心掛けを、同社は以下の如く掲げて実践している。□印は会社、◇印は社員の心がけである。

　　　　□進歩軸に沿う、研究開発に基づく種まきを常に行なう。

　　　　□企業の永続のため急成長を戒め、環境と人との調和を図りながら、末広がりの堅実な成長を目指す。

　　　　□収益性・財務・営業力・開発力・取引先・知名度・メセナ等について、企業規模との好ましいバランスを常に考え行動する。

　　　　◇ファミリー意識をもち、公私にわたって常に助け合う。

　　　　◇創意・熱意・誠意の三意をもって、製品・サービスを提供する。

　　　　◇全てに人間性に富んだ気配りをする。

　　　　◇公徳心を持ち、社会にとって常に有益な人間であるように努める。

＜その他＞

　食品原料メーカが、基本として心得なければならない事は、供給・価格・品質の安定である。この三条件が揃って初めて食品原料供給者として、責任を果たし信頼を受ける事ができる。その責任を果たすため、研究開発型企業になる事を目指して歩んできた。

　当社は、二宮尊徳の言葉、「人は生まれて学ばざれば、生まれざると同じ、学んで道を知らざれば、学ばざると同じ、知って行なうこと能はざれば、知らざると同じ」を肝に銘じている。会社は、社員の幸せのためにあり、経営者も社員も「労使」ではなく、同じ理念、同じ方向を目指す「同志」ではないだろうか。人間としてまた企業にとっても、モラル（道徳）は、無くてはならないものと思っている。

　以上のごとく、会社は社員の幸せを実現する企業として、「人間主義の経済」を地でいっている。現実社会で、このような企業が多く存在していく事が望まれる。

４．人間の安全保障

　人間の安全保障は、国連の中において、アマルティア・セン博士及び日本の緒方貞子氏が共同議長として、特に世界の難民救済のために提唱したもので、世界の人々の最低限の生活維持のために、その考えを運動として推進してきた。

　各国の利害の衝突や思惑等で、なかなか進展しないが、人間の生存の権利を求める運動とし

て高く評価されている。更なる運動の広がりと、他者への支援の考え方に「人間主義の哲学」が基盤となれば、人間の安全保障の運動が発展すると考える。

５．幸福度追求の経済

　ヒマラヤ山脈の近くに、日本の九州地方と同じくらいの面積の国土に、人口約７０万人という「ブータン王国」がある。国王夫妻が来日し、東日本大震災後の福島県を訪れて、被災者を励ましたことで、日本の多くの人々が、その存在を知る処となった。

　ブータン王国は、人々の生活はとても貧しいが、90％以上の国民は、幸せを感じているとのことである。教育・医療費は無料である。人々の価値観の基準が「モノ」の豊かさではなく、「精神」の豊かさを求めている。経済的な豊かさよりも、精神的な充実こそが、人間の幸福実現の条件であり、度合いであると分析している。幸福度追求の経済でもある。

６．経済の再人間化

　池田ＳＧＩ会長が、2015年１月のＳＧＩの日に発表した提言で、「経済の再人間化」という課題を提起した。この課題は、21世紀の経済活動において、その基盤の思想になると考えられる。京都大学大学院教授の諸富徹教授は、現実を生きる、一人一人の生命と尊厳と生活が、隅に追いやられてはならない。政治の再人間化と共に、経済の再人間化という、池田ＳＧＩ会長の問題提起について、以下の如く考察している。

（１）経済学者の宇沢弘文氏は、本来は、人間を幸せに貢献するはずの経済学が、実はマイナスの役割しか果たしてこなかったのではないか、と思うに至りがく然とした。経済学は、人間を考えるところから、始めなければいけないと述べている。諸富教授は、「人間性の尊重」から出発する、社会科学を再構築するにはどうすればよいか、その答えが「経済の再人間化」ということになる。

（２）現在のグローバル経済では、旧来の発想での民主主義を考えるには、限界があるように思われる。欧州では、国家の枠組みを超えて民主的に意思決定し、いかに権力をコントロールするかが試みられ、経験を積み上げている。ＥＵが実施予定している「金融取引税」は、国家という枠を超えた課税権となる。この課税システムは、国家を超える資本への民主的な統制を可能にする、「資本主義の新しい形」につながる。

（３）経済学の草創期は、人間の経済的動機付けが議論され、その中に「利他的動機」が含まれていた。しかし、時代と共に、利他的動機は重視されなくなり、「利己的動機」ばかりが、強調されることとなった。「利他的動機」付けを、いかに理論構築に結び付けるかが、今後の経済学の課題である。

（４）「経済の再人間化」は、社会の在り方として、「一人一人の尊厳と幸福を守り支える社会」の実現であり、そのためには、経済学が「利他的動機」付けを明確にし、人々がそれを実践し、享受されることが必要である。また、人間としての尊厳や幸福の実感が伴う生き方が、一人一人に求められ問われている。「人間主義の経済」の実現への一歩である。

　現代の社会が、経済の競争ではなく、オンリーワンの社会となり、共助の精神が横溢した社会となったらどうだろうか。全ての企業が、オンリーワンの物やサービスを競って提供し、社会は経済的な競争がなくなり、産業の発展より、人間の幸福実現を優先する事となる。

第10章　人間主義の経済　407

また、人間の欲望（富の実現、物質的豊かさ等の追求）を自身のためではなく、弱者への支援としたら全ての行為が善の行為となり、精神的な満足感を味わう事となる。他者への貢献は、還元されて自身の幸福感の充足となる。

　「人間主義の経済」の態様として、共通価値の創造、日本で一番大切にしたい会社、会社は社員の幸せを実現、人間の安全保障、幸福度追求の経済、そして経済の再人間化等の事項を中心について述べてきた。これらの内容は、現に実施されているものや、一部将来の課題はあるが、これらの要素が収斂して、「人間主義の経済」になるものと考えている。法政大学の坂本教授は、その実践を自らの使命とも言い切っていた。

　以上の如く、現代社会においても、「人間主義の哲学」に近い考え方が、形を変えて徐々に浸透してきている。種々の問題・課題解決のため、人間中心の考え方に変容されつつあると言ってよい。「人間主義の経済」は、持続可能な人間社会、真の人間の安全保障の精神が、世界に行き渡る社会の到来ともなろう。21世紀後半には学問として確立し、世界の人々が、容易に学び実践できる形態の、「人間主義の経済」が実現されることが望まれる。

10.8　高齢化社会と生きがい

　「人間主義の経済」を目指す中で、現実の課題として、「高齢化社会と生きがい」がある。世界の国々での共通のテーマとなろうが、日本は、先進国で既にその渦中にある。日本は、40年以上前の1971年から、既に高齢化社会に突入している。現在は、４人に１人が65歳以上の高齢化社会である。誰もが年を取り、いつかは高齢者となる。生涯、現役で寿命をまっとうするまで、社会のために働く人は稀である。

　多くの人々は、高齢者となり、配偶者とも死別して、一人暮らしの生活となり、認知症や障害を発症して、一生を終える場面が多くなってきている。日本は、先進国の中で高齢化が突出しており、他国に先行して高齢化社会における、社会問題等を経験する事となり、その対応・動向については世界各国から注目されている。

　日本では、2013年４月からの法改正で、本人の希望により、企業において65歳まで雇用する事が義務付けられた。八王子市のシンクタンクによる「生きがい」の調査・研究では、年齢に関係なく元気な内は働きたいと、希望する人の割合が高い事を示している。そして、人間は働くことにより、その生きがいを持続しているようである。何もしないで無目的に生きていく事自体が、ストレスとなり苦痛を感じると分析している。また、男性の場合は、配偶者に先立たれると、更に生きていく希望をなくすとの結果である。

　「人間主義の経済」における社会は、世代を超えて一人一人が、生きがい（生きている喜びと充実感）を味わう世界である。この社会では、全ての人が生涯に亘り何かに関わり合い、働くことができる社会でもある。人間社会において、画一的な幸福はあり得ないと同様に、何が生きがいかは、個別化しているが、共通項としては、□「他人のために生きる」、□「社会に貢献する生き方」がある。いずれも、精神的な充実感を満たす生き方と共に、そのような生き方に参加し、関わり合い、つながりを求めていく事が大切である。

　特に、社会的弱者（高齢者、障害者及び認知症の方等）が生き生きと生活できる社会づくり

は、「人間主義の経済」の社会で、有るべき姿を描くことが可能である。なぜならば、人間としての最高の生き方が、「人間主義の哲学」には包含されているからである。年齢や世代、障害者の有無を問わず、各々の立場で、自分自身を輝かせていく生き方ができるからである。その典型が、他者に尽くす生き方の中にある。

　産業の発展・発達のため、人間が犠牲になってはならない。過去の歴史は、この産業の発展に、犠牲を強いられてきたともいえる。以下のごとく、幾つかの項目の概略を述べて、検証していきたい。

１．火薬

　人類は火薬（ダイナマイト）の発見・発明により、飛躍的な産業の発展に寄与してきた。反面、戦争の兵器開発にも使用され、20世紀は戦争・争いの世紀となって人々を不幸へと導いた。火薬は人類にとって幸・不幸の二価値を有している代表である。

　ダイナマイトの発明者ノーベルは、財産の一部でノーベル賞を創設し、人類益に貢献・寄与した研究者・技術者を宣揚すると共に、人類の幸福のための科学を推進している。

２．公害

　重化学工業の発展と共に、水銀、カドミウム等の人体に悪影響を与える化学物質を自然界に垂れ流しする事により、人間に奇形児や奇病の発症等が生じ、日本は長い年月をかけてこれらの対策・対応をして克服してきた。

　この間の人間の苦しみ・苦痛はいかばかりであったろう。産業の発展の裏側では、公害が常につきまとい人々を苦しめてきた。日本は、この環境分野でも世界に冠する技術を有しており、後進国への技術輸出や貢献する事が可能である。

３．原子力

　日本は、世界で唯一、原子爆弾による被爆した国であり、戦後70年の現在でも多くの被災者等が原爆病に苦しんでいる。2013年３月、東京電力の福島第一原子力発電所が、東日本大震災のツナミの影響で電源喪失となり、原子炉の冷却ができず、水素爆発を生じて、放射能が空気中に飛散した。原発の周囲30㎞以内を、立ち退き地域として、数十万の人々が故郷を離散するなど、地域住民は多大な不利益を被った。放射能除染等の処理には長い年月を要するとのことである。

　日本は、40数年前のオイルショックを契機に、エネルギー確保に原子力を選択し、産業発展における電力供給の面で大いに貢献してきた。ＣＯ2を排出せず、大電力を発生する原子力の開発にしのぎを削り、21世紀に入って世界中の国々からその技術力・品質・信頼性等を高く評価され、輸出されるまでになった。

　しかし、今回の東日本大震災において、原子力の安全性は低下し、人々は原子力から自然の再生可能エネルギーの確保を選択しつつある。また、放射能を排出しない、新技術開発の推進へと舵を切り替え始めた。

４．ＣＯ2排出

　ＣＯ2及びフロンガスの排出は、地球温暖化や地球のオゾン層の破壊につながっているが、産業革命以降の産業の飛躍的な発展に伴い、これらの対策・対応が後手となり、負の面を増長してきた。例えば、地球温暖化・オゾン層の破壊は、地球の自然循環を断ち切り、異常気象と

なって表れている。寒波、異常高温等が地球全体の自然生態系に多大な影響を与え、農作物の被害・不作、害虫の異常発生、家畜の病気発症、砂漠化の拡大等に及んでいる。また、地球表面を流れている海流の影響により、漁業や産業にも被害を生じている。各国においては台風・ハリケーン・降雪・異常高温等の自然災害が発生し、経済活動にも多大な影響を与えている。

CO_2の発生源は、主に化石燃料（石油・石炭・天然ガス等）の燃焼、自動車や飛行機の排気ガス等がある。CO_2の排出を抑えるため、世界各国の環境大臣が集まり、議定書等を作成してその対応を実施しているが、先進国と経済開発途上国間において、利害関係や思惑等があり、なかなか全体の調和がとれず実施されずにきている。

このままの状態が継続されれば、地球全体にますます悪影響を及ぼす事となる。

５．医療

近年は、医療技術の開発や発展は、目を見張るものがあり、人間の難病・奇病に対しても大いに貢献してきている。しかし、現代社会では、人間生命に関わる倫理的な問題にぶつかり苦悩してきた。

家畜等の複製、農産物の遺伝子組み換え、人造人間の作成、臓器の摘出／使用、体外受精による妊娠等、人間生命に関わる問題に対し、これらの技術開発が人間にとって必要なのか、倫理的な問題解決が可能なのか等の課題が生じている。また、延命治療の処置は、詳細な規定はなく現実的には、莫大な費用や家族の負担、本人自身の希望等の問題がある。また、高齢化社会における延命治療の有無は、尊厳死や身近な家族に看取られての生涯を、終える等の選択の課題がある。医療行為に善悪はないが、本人自身の最良な生涯の選択については、考えが分かれる処である。

６．自然と人間

産業革命以後、人類は、地球に埋蔵されている化石燃料（石油、石炭、天然ガス等）や、鉄鉱石、ウラン鉱石、金、銀、銅、錫、亜鉛等等の鉱物資源を、人々の快適な生活のために、掘り尽くしてきた。

資源を有する国と、有しない国との間には、権益をめぐり争いが絶えず、また、森林等を伐採して、ジャングルを消失させたため砂漠化が進み、CO_2の排出は、地球を覆い地球の温暖化を招き、世界的に異常気象の発生や自然循環を破壊している。結果として人類はその報いを受けている。

人間も自然界の一員であり、人間の為に自然がこれ以上破壊されれば、人間に苦しみを与えるだけである。自然破壊は、産業革命以降の異常なる人口増加で、顕著になってきた。自然の猛威には、人間は小さな存在でしかありえない。自然を克服する考えは、人間のエゴであり人間は自然と共に、自然のために自然の循環を分断せず、自然と人間が調和した生き方が求められる。従来は、人間の驕りがそうさせたものであるが、経済や産業の発展のために、自然を破壊する事は許されない。

日蓮聖人の仏法は、人間と自然（環境）の関係を「依正不二」と説く。依報は環境、正報は人間と解し、人間と自然は一体であり、片方が破壊されれば他方にも影響されると。

この考えは、人間は自然と共にあり、自然を破壊する事は人間を破壊するとの教示である。故に「人間主義の経済」にあっては、自然を破壊することなく、自然を大切にし、自然を育み

活かしていく社会であり、自然との調和が溢れた世界となることである。

7. 豊かさ

　一般に、豊かさが幸福の重要な要素として、考えられている。豊かさとは何かを、明確にすることが必要である。豊かさは、人間としていかに生きていくのかと同時に、日常生活での課題でもある。

　埼玉大学名誉教授で、生活経済学者の暉峻淑子（てるおかいつこ）氏は、日本人の生活のあり方を点検し、働く事を通じて、希望や活力を日本の社会に呼び戻せるか、「真の豊かさ」を問い続けている。同氏の著書である『豊かさとは何か、豊かさの条件、社会人の生き方』を通し、暉峻教授が主張する豊かさについて考察する。

（1）豊かさとは何か

　　日本は、経済的豊かさの追求が主となり、それに代わる社会の幸せや、豊かさの哲学を持っていない社会である。個人の側から、豊かさを問題にしてきたのが、いわゆる生活水準論である。生活水準、生活の質、生活の福祉等は、「豊かさ」という言葉と同じように、数量化や指標化することが難しい。日本は、経済大国と言われるが、国民は豊かではないのだろうか。豊かな人生を生き、豊かな社会を醸成するには、どうしたら良いのだろうか。

　　豊かさの共通部分とは、社会保障や社会資本（自然環境を含む）などの生活基盤や、公共の福祉を守る法や、制度を充実させることである。社会の共通資本を整えると共に、生活の福祉を実現する諸制度が働いていなければならない。

　　従来、モノとカネは、経済価値を更に増やすために使われてきたが、日本には福祉のために使う習慣が根付いていない。もともと、生きるとは、生命力の全体的な発揮であり、偏った人生は豊かな人生とはいえない。自然に対し心をひかれ感動を覚える、自然にふれて立ち直るきっかけをつかむ、というのは人間が自然的存在であるからである。人間が全体として生きるのは、他者との共存の中で生きる事を意味しており、それが豊かさ感、充実した幸せ感をもたらすものだと考えられる。人間には共通の感受性の世界がある。豊かさは、体験の中でしか感じ表現する事ができない。だから、人間は豊かな全人間的体験ができるような余暇、つまり自由時間を必要とする。

　　自分自身の豊かな人生の実現とは、どんな生き方なのかを、理屈だけでなく体験しなければ理解できない。全ての生を支える普遍性（共存の原則）とは、基本的人権、生きる権利、生命の尊厳、公共の福祉、環境を守ることの各要素であり、個人の生活を各々が豊かに生きることを保障する土台でもある。

　　経済価値優先主義から、人間の思想と活動が豊かな共存に向けて生き生きと動き出すとき、豊かな社会は実現される。日本の貧しさの象徴として、長時間労働、社会資本の貧しさ、低い社会保障、自然環境の破壊、人々の意識の画一化、偏差値教育などがある。

　　しかし、豊かさに対する考えは、時代・個人により異なる。人生を豊かに生き、地球上の豊かな共存を広げるためにも、多くの人々が発言し行動することが必要である。

（2）豊かさの条件

　　経済と政治は、競争と力による解決ではなく、「もう一つの世界は可能だ」という世界

市民的な考え方が必要であり、そのうねりは、今、世界を動かしつつある。日本の地方分権化の中で、一人ひとりが知恵を出し合い協力しあって、政治と社会を変えようとする市民の運動もまた、確実に広がりつつある。

コミュニケーション能力は、自分の考えを、他人にわかるように説明できる能力の事である。まず、自分が十分納得し、その納得が他者にも納得できるためには、普遍性を持つ内容と、相手が理解できるための配慮と、理解をすることが必要である。

一方的に主張するだけでは理解されない。相手の意見を聞く力が必要である。人間は長所であれ短所であれ、対話をきっかけとして、尊敬や同情や励ましや後悔などで、人間関係を築いている。そして、人間社会をつくってきた個性という精神的な分業と、理解し合うという協業の姿がそこにある。

継続する発展可能な関係とは、互助互恵の人間関係である。従来、市場経済は、互助互恵の原理を持っていた。相手の資源を闘争によって奪い合うのではなく、商品交換という方法で物品を交換し合い、その交換ルールを決めていく市場の発達により、人々は、より豊かな生活を手に入れることができた。

先進国どうしで、相手の企業をつぶしあうことよりも、欠乏の中にある途上国にも、豊かさが共有できるようにすることが、世界に平和を作ることであり、新しい需要を作りだすことでもある。助け合ってきた人間社会の領域、つまり市民的公共性に光を当てることにより、「人間社会」を再発見することがたくさんある。

人間社会の安心から、自由な創意が発揮され、福祉をもたらす技術や産業も生まれていく。豊かな社会の条件ではないだろうか。世界の人々と、共に生きようとする高い資質の知は、人間にとって真の資本である。

新自由主義の市場経済に対して、豊かさの条件を作り出していく経済を、人々は「人間の連帯経済」と呼んでいる。21世紀の私たちの課題は、グローバルな競争や武力によって解決する事ではなく、助け合う互助にあることは明らかである。

（3）社会人の生き方

日本社会は、アメリカ型の効率主義に依拠して、切り捨ててはいけない人材や価値観まで手放してしまい、積年の安定感を失った。社会の再生は容易ではなく、国と一流企業の豊かさが、個人の豊かさを保証するわけではない。巨大化した経済力のカジ取りを誤り、日本が内側から自己破壊を起こす危険性が、以前から生じていた。

1980年代の経済好況の陰で、地域も共同体も血縁も先細り始めていた。人間は個人であり、社会人であると同時に自然の一部である。個人・社会・自然の三つで一体なのに、個人が、社会や自然から無理やり切り離されつつある。

1990年代以降の、「失われた20年」に育った若者の不安も大きい。現在、非正規の労働者は、労働人口全体の約4割に迫る。小泉内閣が、2003年に製造現場への派遣を解禁して、労働の意味が激変した。地方公務員の非正規化も進み、全国で60万人に上ると言われる。なお、少子化、高齢化の現在、多くの人々が、社会を支える側に回らなければ社会を維持できない。

社会参加と自分の人生との関連が、若者に十分教育されていないのではないか。人々

は、自分に問題が降りかからない限り無関心となり、社会への入り口を見つけにくくなった。

生きた情報と信頼できる人間関係を、どれだけ実社会から引き出せるか、実はそれが個々の人生の成否を決め、社会全体の価値を高めることになる。

団塊世代の定年退職者が、会社から地域社会に入るのはなかなか難しいと聞いている。社会と個人、双方に大きな損失を生じている。暉峻教授は、団塊世代の新高齢者に、市民として社会に参加する喜びを、伝えられないかと思い、地域で自然発生的な会（時事問題の研究発表）等を開いている。

趣味でもボランティアでもNPOの活動でもいい。生きている限り、社会とのつながりを何本も探し求めて欲しい。どの自治体にも、志を持って活動をしている仲間は多い。

多くの人が社会を支え、時には社会から支えられなければ、希望の再生どころか現状維持も難しい。社会参加は、個々人の「豊かさ」を生じさせることを理解すべきである。

暉峻教授の主張する、「豊かさについて」の考え方を、縷々述べてきたが、社会参加は個人の「豊かさ」を生じさせる、との指摘はとても共感できる。著者は、3年前に企業を退社してから、積極的に地域社会に入り、地域の多くの人々と「つながり」を持ち、地域貢献の活動を続ける中で、大いに実感している。

しかし、基本的に、豊かさ＝幸福と置き換えるなら、幸福を実感する主体である人間について、特性・特質が十分に語られなければ、人生の意味づけも、何のための生き甲斐なのかも、画竜点睛を欠くところであると考える。なお、生活を基盤とした発想はとても良い。生活の本来の意味は、生命活動を略したものであり、一瞬一瞬変化して止まない生命の実態が生活である。故に人間生命の把握が人間社会の基盤であり、現今の経済学でも求められる。

人間の外部環境の改善（社会や自然や生活等）の追求のみでは、幸福の条件を提示して、幸福の表層部分の論議になってしまう。本章では、人間主義の基盤となる「人間の生命」の把握について、かなりのページを割いて論述した。人間主義の哲学が人々の生活上の基盤とならなければ、砂上の楼閣のごとく危ういものである。

人間主義は、宗教や文化や民族の差異を超えて、世界の人々が共感できる、唯一のものであることは論をまたない。そして、個人においても、自分自身を知る機会となり、何のために生きていくか、の示唆を与える場を提供している。

以上の如く、身近な事から世界全体への問題・課題も多種多様あるが、日本は先進国の中でもいち早く、高齢化社会と生きがいについて経験してきており、日本の経済は、世界の経済開発途上国への大いなる参考やモデルとなる。環境対応にしても、自然災害対応にしても、エネルギー問題についても、日本は最先端の技術開発を行っており、その経験知や、これらの技術の対応について、世界への貢献が可能である。

また、日本は戦後70年間、積極的な平和主義の大国として、世界に貢献し、世界の各国と安全・安心・信頼関係を構築する努力をしてきた。日本は、今後とも世界に貢献しながら、世界と協調して持続ある活力ある社会を構築していくならば、日本の使命が大いに活かされる。日本が、将来的に生きる途筋であると考えている。

第10章　人間主義の経済　413

10.9　活力ある成熟社会

　人間にとって、どういう社会が、生活する環境の上でも理想とされるのだろうか。時代により、地域により、人により、また、人々の希望する思い等により、理想とする社会が異なるのは、当然であるが、現代社会では、人々の理想像の一つとして、「活力ある成熟社会」の実現が求められている。しかし、具体的な例示が少なく、漠然としているのが現実である。人々は、どのようなイメージや思想、基盤となる考え方を持って、そのような社会の構築を望んでいるのだろうか。

　21世紀に入り、社会はますますその実現化に向けて模索し、前進しているように思われるが、「活力ある成熟社会」への一知見として、池田ＳＧＩ会長とオーストリアの元文部次官のサイフェルト博士の対談が、とても参考になるので、これを通して考察する。

　サイフェルト博士は、オーストリア出身、ウィーン大学でショーペンハウアの学位論文で哲学博士号を取得した才女である。大学卒業後、オーストリアの連邦保健省、連邦学術研究省を経て、文部省の国際部長に就任した。在学中より、ラテン語・古代ギリシャ語など古典語を専攻し、これらの言語にまつわる2500年前に生じた事例を、現代社会のために何か貢献したいと、仕事を続けてきたという。

　サイフェルト博士は、「人間は、人のため、社会のためにという心が尊い。仕事に大きな意義を感じる時、人は働く意欲を増す。そして、崇高な目的観に立つとき、大きな生きがいを感じる。更に困難をはねのけていく力が湧いてくる。自身の仕事に価値を見い出して、誇りを持って取り組める人は幸せです」と語っている。

　サイフェルト博士は、1995年10月、来日して池田ＳＧＩ会長と精神的な交流、哲学的な語らいを通して、仏法への認識を深めた対談を行なっている。対談のテーマは、「慈愛が輝く社会へ」である。対談内容は、以下の三点である。

１．高齢化社会における介護

　高齢化社会をどう生きるか、どう新たな社会を創造していくか、命題の１つである。現実社会にあって、世界各国が間近に迫っている高齢社会への対応について、介護の面より取り上げ、その対処について対話がされた。介護について本質的な視点より対談され、各地域で具体的な取り組みが求められる。介護は、今後、地域活動の活性化等を図るための確かな視点であると述べている。内容は以下である。

　ＳＧＩは、一貫して、平和・文化・教育の交流に取り組み、人と人の心を結んできた。障害に負けず強く立派に人生を生きた方々を、私は心より尊敬する。仏法は、全ての生命を等しく、かけがえのない尊厳性を説く。本来、平等で無上の宝である、生命を差別するものとの戦いである。「一人の人を大切にすること」、「他者を尊敬すること」から人権を尊重する社会も、築かれていくのではないだろうか。

　障害のある方や、高齢の方々を支えるのに、公的な支援の強化や福祉の充実は、いやまして重要である。高齢化社会における介護などの問題をどう考えているか。

　サイフェルト博士は、介護の問題は、高齢化社会の行方であり老人介護である。医療の発達により平均寿命が延びた一方で、それに伴う疾病も生じてきている。介護の手段によっては、

414

支出が収入をはるかに上回り、家計を逼迫させることになる。経済的に困窮していくのは明らかで、西洋文明諸国も同様な問題を抱えている。

世界一の超高齢社会である、日本でも大きな課題である。このテーマは、40年以上前に、日本の著名な作家、有吉佐和子氏が、認知症・介護を題材とした小説『恍惚の人』を書き、問題提起した。「生老病死」は人生の避け得ぬ現実であり、介護はますます切実な課題である。介護の現場には、様々に厳しい課題がある。家族だけではなく、地域や福祉のサポートがますます大切になってくる。何より政治が真剣に取り組んでいかねばならない。

また、年金制度の問題は万人に関わってくる。高齢者が増え、人口ピラミッドの上部がどんどん大きくなるため、年金の支給年齢もいずれ引き上げなければ、運用が立ち行かなくなる。

日本では、1947〜1949年のベビーブームで生まれた、約800万人以上の「団塊の世代」が、60代半ばに入り、10年後には国民の3割以上が高齢者となる。ライフスタイルも、生き方の価値観も、見直す時期を迎えているといえる。特に、相互扶助の生き方・社会のあり方が求められる。高齢化社会をどう生きるか。どう新たな社会を創造していくか。これは英知を結集すべき命題の一つである。

フランスの哲学者ボーヴォワールは、「人間たちが、生涯の最後の時期において、人間であり続けるように要求することは、徹底的な変革を意味するであろう」と断言する。変化する社会の中で、人間の尊厳を守り、輝かせていくために、社会制度の改革と、人間の意識改革と、それに伴う行動がより深く求められることになろう。

社会は、ますます冷淡になり、生存競争は残酷さを増し、他者に対する敬意などは、もはや持ち合わせないという、人間の尊厳が失われていく時代にあって、私は人間に尊厳を与えることが最も重要な事だと思っている。自分自身に、本来備わる価値と他者の価値を、自覚するように仕向けなければならない。

２．年長者への敬意

人々が生きていく社会にあって、人類の知恵とも言うべき、「年配者への敬意」について話し合われた。単なる道徳的な観点ではなく、成熟社会の一視点である。

「年長者への敬意」という点で、日蓮聖人は、「年配者たちを大切にした国が、800年の繁栄を築いた」という中国の故事を引かれている。人類学では、次世代の養育を助ける「おばあさん」の存在が、他の動物には殆どない。人類の特徴として、子孫繁栄に寄与してきたとする仮説も論じられている。

年長者を大切にし、敬意を表することは、「人類の智慧」というべきものである。「年長者への敬意の"薄れ"は、残念ながら、日本も含めて世界的な傾向ではないだろうか。物質的な富や、刹那的な享楽を追う社会の中に生きる現代人は、老いを忌み嫌い、死を忘却する傾向を一段と強めているかも知れない。

介護の体験記事に、このようなものがあった。三世代同居の家族はストレスがたまる一方である。「みんな、私が早く死ぬことを願っているんだろう」と語る祖母に、「みんな年を取るんだよ。おばあちゃんに尽くすのは、当たり前だから気にしないで」と、孫の妻が言った。祖母は、涙を流し亡くなるまで何事にも「ありがとう」と、喜んでくれるようになった。この介護の経験を通し、家族の皆が心から感謝している。介護を通して、家族の絆も各々の心の境涯も

深まっていった尊い実証である。

　介護には、言うに言われぬ苦労も大きい。自分自身の体を大切にし、周りの力を味方にするなどして聡明に快活に工夫していって頂きたい。たとえ相手のために特別なことはできなくても、真心は必ず伝わる。人を支えることによって、自からの生き方も増していく。どこまでも"共にいきる"ことである。

　介護とは、命で命を支える聖業であり、究極の人間性の振る舞いではないだろうか。限られたこの一生を、ともどもに生き生きと、価値ある日々を重ねていきたい。

３．女性の活躍

　女性の活躍が、社会の変革につながることを、色々な角度で検証・対処の話がされた。オーストリア出身の「ヨーロッパ統合の父」クーデンホーフ・カレルギー伯は、「世界中で、女性が議会と政府の半分を占めるようになれば、世界平和が盤石になるだろう」と述べられ、40年以上を経て、世界各国での女性指導者の活躍は、一段と顕著な傾向となった。

　サイフェルト博士は、世界が女性のニーズに応える、そういう動きが強まっている。オーストリアでは、女性教育に力を注いできた。20年前、30年前に比べ非常にたくさんの女性が、リーダー的地位を占めるようになったと述べる。

　教育こそ社会建設の光源である。女性が社会でより仕事をしやすくするためには、まだまだ改善すべきことは多い。働く女性をしっかり守る仕組み作りは更に求められる。混迷深き現代にあって、未来を開く鍵は女性が担っている。21世紀が「女性の世紀」になってこそ、真に平和な生命尊厳の社会が築かれていくと確信する。

　現代の女性は、経済的な理由から、本腰を入れて仕事をしなければならない状況に置かれている。人並みの生活をするためには、共働きをせざるを得ない。それに加えて、昔から女性に課せられたイメージである３Ｋ（台所；Kuche、子ども；Kinder、教会；Kirche）が挙げられる。

　男女同権は絶対に不可欠である。"男女"の権利を差別することは本質的に間違っている。大乗仏教の精髄である「法華経」には、「永遠の生命観」が説かれている。そして、"女人成仏"が説かれ、仏法には男女の差別はない。女性の可能性を開くことは、男性中心社会の行き詰まりを解消し、男性の可能性を開くことでもある。女性が輝く社会であってこそ、男性も真に輝いていく事であろう。男性優位の現代社会において、女性が受け入れられるまでには、まだ、時間がかかりそうである。

　サイフェルト博士は、関わってきた男性全てを、いつも一段上に置いて、自分自身はへりくだっていた。相手を尊重する事が一番大切だと申し上げたい。しかし、私は、他の人に対しても、常に相応に尊敬の念を持って接してきた。

　ともかく、一番大切なのは、お互いを尊重することである。尊重する気持ちがなくなってしまえば、やがてうまくいかなくなってしまう。尊重し合う自立した二人の関係が大切である。パートナーのそれぞれに特質が有り、また、お互いに培ってきた知識や知恵もある。各々が持っていない良い「違い」があり、それをお互いが尊重し、吸収し、補い合うことが、互いの成長への糧となり、自分の心も広げていく。その分、自身の幸福感も確かなものになっていく。

　特に結婚観については、今では一生というより、人生の節目ごとに伴侶が変わる人も珍しく

ない。こうしたとらわれない価値観から言えば、女性が教育を受け、就業度が高ければ高いほど、より女性の立場は安定したものとなる。

サイフェルト博士のおっしゃる意味はよく分かる。それが現代社会の大きな変化なのかもしれない。互いに高い「目的観」と、深い「人生観」を持って生きる努力が、ますます大切となる。共に確かな「幸福観」をつかむこと、何があっても揺るがぬ自分自身を築き上げること、真の意味で自立していくことである。幸福を決めるのは環境ではない。結局自分自身である。人間には、誰しも限りない可能性があり、幸福になる権利がある。幸福の"宮殿"をわが胸中に輝かせていくための仏法であり、私どもの信仰である。

創価学会第二代会長の戸田先生は、自立した女性一人一人が、幸福な人生を歩みながら、新しき連帯を築くことによって、新しい時代変革の波が起きることに、大いなる期待を抱いていた。私は、女性こそが平和の使者であり、女性の力がより社会に反映されていくことが、必然的に生命尊厳の社会建設に、つながっていくと確信してやまない。

サイフェルト博士は、最後に、「ＳＧＩの女性の皆さんは、尽きる事のない善なる光で闇を照らし、社会に希望を贈り続ける灯台の存在である」と、実感を込めて述べている。哲学者の視点から、信仰を保ち行動している、自立した創価の女性をそう見ている。

サイフェルト博士と池田ＳＧＩ会長の対談は、現代社会が抱える問題点を浮き彫りにし、解決のために、本質的な部分の取り組みを求めている。仏教の「法華経」には、その原理が説かれている。この対談は、21世紀の現在の私たちが目指す、「活力ある成熟社会」について、十分な視座を与えていると考えられる。

特に、「女性こそが平和の使者」との視点は、行動する女性の本質・特質を述べており、女性の活躍が生きる社会を志向するものである。そして、この実現こそが、生命尊厳の社会建設につながり、平和な社会・活力ある成熟社会へと向かわしめるものである。

近年の、日本における経済政策（アベノミクス）でも、女性の活躍できる種々の政策を立案し、経済成長につなげる施策がとられるようになった。約20年前に、サイフェルト博士と池田ＳＧＩ会長の対談に、その要因が秘められていた。

10.10　21世紀へ「人間主義」の潮流

人間主義は、「人間主義の哲学」を基盤として成り立つことを、種々の視点から論じてきたが、その「人間主義の哲学」は、ＳＧＩに存在している。

世界の多くの国で、指導者・識者・人々の間において、創価の普遍的な思想・哲学である「人間主義の哲学」及び「人間革命の運動」を求める潮流が広がりつつある。米国の実践哲学協会のマリノフ博士は、「創価の思想・哲学」に対して、将来とも世界に共感を広げ続けていくと、非常に高い評価と共に力強い宣言をしている。

21世紀へ「人間主義」の潮流を発信している団体として、池田ＳＧＩ会長が創立した東洋哲学研究所、及び国連が「平和大学」内に設立の、「地球憲章教育センター」等がある。これらの機関の活動は、世界へ広がる「人間主義」の潮流の一端である。

１．東洋哲学研究所

東洋哲学研究所は、1962年（昭和37年）、池田ＳＧＩ会長の構想により創立され、半世紀を超えた。池田ＳＧＩ会長は、「アジアの宗教、文化、民族性について研究し、正しく認識していくことがアジアを理解していく上でも大切である」、「法華経を中心に研究を重ね、仏法の人間主義、平和主義を世界に展開していける人材を育む必要がある」と、そして新時代を画する資となり、人類の幸福に多大の貢献をなすものと確信して止まぬ」と、同研究所の目的について述べている。同研究所の主な事業は以下である。

（１）法華経写本シリーズ」の編集・出版

法華経の原典を、「写真版」と「ローマ字版」として刊行。世界の研究機関と連携して、現在までに15点が出版された。また、パネル・展示物による、「法華経－平和と共生のメッセージ」展を、国内及び世界の10ヶ国・地域で開催している。

（２）宗教間対話シンポジウムの推進

仏教・ユダヤ教・キリスト教・イスラム教等の宗教間対話を推進するため、「四大宗教間対話シンポジウム」を始め、世界各地でシンポジウムを実施している。2014年は、イスラム文化圏初となるマレーシアで、また、米国で「法華経」展を開催予定し、文明・宗教間対話を一層進めている。

また、「人類の未来と仏教の可能性」をテーマに、第29回学術大会を実施し、その後、イギリスのオックスフォード仏教学研究所で、同テーマの共同シンポジウムを企画し、世界に仏法を基盤にした、人間主義の光を力強く発信する企画も予定されている。

（３）世界の学術機関との交流

米国のハーバード大学、イギリスのオックスフォード仏教学研究所、中国の中国社会科学院世界宗教研究所、ブラジルのブラジル哲学アカデミー等、世界一流の９つの機関と学術交流協定を締結し、世界の第一級の識者との交流を重ねている。以下のごとく、二人の代表の方が、東洋哲学研究所への評価を述べている。

ヨーロッパ科学芸術アカデミーのウンガー会長は、東洋哲学研究所は、半世紀に亘り「科学と宗教」、「宗教と社会」を結び理解を促進するために、西洋と東洋の学者の交流に尽力し成果を挙げてきた。

宗教と社会の関係性は、大変重要と認識している。人々が、経済活動によって活力を得ていることがわかるが、このような時代であるが故に、人々の関心を再び「人間」に立ち返らせる必要がある。新しいヒューマニズムを確立するためには、生命倫理・環境問題等の分野に、取り組まなければならない課題が数多くある。

宗教間対話は、池田ＳＧＩ会長が提唱されてきた「人間革命」の運動を、進めるために大いに刺激となる。「宗教は、人間のために存在する」という、池田ＳＧＩ会長の提言は、大いに着目しなければならない。対話を通じて私たちは、正義や平和のための根本精神を学ぶ事ができる。

また、マレーシアマラヤ大学文明間対話センターのライハナ所長は、東洋哲学研究所と協力関係を築き、同研究所から、国際的レベルで平和と調和に貢献してきた経験・献身・真剣さからさまざまな事を学んでいる。「宗教間対話を促進し、全ての人に尊重さ

れる普遍的な価値と平和の拡大をすること」が、東洋哲学研究所の役割と認識している。東洋哲学研究所の取り組みは、有識者の論文を掲載した学術誌の出版、シンポジウム・講演会の開催を通じた、西洋と東洋の有識者の交流が挙げられる。東洋哲学研究所は、現代が直面する問題に対処することができる強力な機関と考えている。人々が、他の文化や信仰を尊重し合い、より平和で調和のとれた世界が築かれるよう願っている。

２．地球憲章教育センター

地球憲章とは、持続可能な開発及び、生活の倫理や価値観を明らかにしたもので、持続可能な未来を建設するための、価値や原則を示す。地球憲章は、人類の新たな規範として、国連内の起草委員会にて、2000年に発表された。

憲章は、人類が、多様な文化や生物と共存する、「地球共同体の一員」であり、「より大きな生命の共同体に、そして、未来世代に対して責任を負う」と謳っている。地球憲章教育センターは、世界にこの憲章の普及等の役割を担う。池田ＳＧＩ会長は、起草委員会の要請を受けて、憲章の草案にコメントを寄せるなど、起草段階から支援を重ねてきた。また、「ＳＧＩの日」の平和提言などを通じて、世界にその意義を訴えてきた。

ＳＧＩは、地球憲章委員会と共同で、人々が主体者となって行動を起こし、リーダシップを発揮するまでの意識啓発を目指した環境展示、「変革の種子 – 地球憲章と人間の可能性」を製作した。その内容を改定した「希望の種子」展は、これまでに世界の31ヶ国・地域で開催してきた。国連の「持続可能な、開発のための教育の10年」を支援する取り組みとしても、多大な反響を呼び、「人間主義」の潮流を世界に広げている。

池田ＳＧＩ会長は、国連の「持続可能な、開発のための教育の10年」の具体的な活動として、「世界市民教育プログラム」を提唱した。世界市民教育の提案、特に未来を担う青年を信じ期待する姿勢、希望を互いに共有していくための、教育理念の見解等に世界の人々が期待している。

1980年に国連総会の決議を経て設立された、中米・コスタリカの国連平和大学内に、「地球憲章教育センター」が開設され、国際フォーラム等が開催されている。

３．池田大作研究機関

世界各地に、池田大作研究機関が設立され、池田ＳＧＩ会長の思想と哲学が研究されている。2012年10月、中国・上海師範大学と創価大学が主催する「第７回池田大作思想国際学術シンポジウム」が、上海師範大学で開催された。テーマは「多元文化の融合下における現代教育」である。世界各地から学者が集い、様々なテーマで議論するシンポジウム自体が、池田ＳＧＩ会長の思想が、普遍的であることを証明している。そして、人間主義の潮流が世界へと大きく拡大し、21世紀に平和と共生の橋をかけつつある。

池田ＳＧＩ会長は、同シンポジウムに以下のメッセージを寄せ、３つの視点から人間主義に関わる重要なことを述べている。

（１）青年の創造性の薫発

上海師範大学の陶行知先生は、「あらゆる所が生活の場であり、我々が自分自身を教育する場である。有意義な生活を送るために、我々の生活力は必ず学問を、そして国境の門を打ち開くであろう。」と述べている。

これは、「生きること」は即「学ぶこと」であり、「生活の現場」を即、「成長の道場」としていく中に、人間教育の芸術が有ると言っても過言ではない。青年が、自らの可能性を開花させていく上で自らと異なるものと出会い、そこから積極的に学びとっていく事が、絶対に不可欠である。教育の1つの挑戦は、多元文化をいかに若き生命の創造力の薫発へと聡明に連動させていくかである。

青年が、世界の第一級の文化に触れる機会を、作ることが極めて重要である。世界の多彩な良質の文化を学ぶ事は、他者に共感を広げ、自分の境涯を高く大きくすることとなる。生命の偉大な創造性に、目を開くことである。他の文化に心を閉ざして孤立してしまえば、自らの力も伸ばす事はできない。

（2）生命尊厳の連帯を拡大

多元文化の融合を通じて、「生命尊厳」の連帯を拡大することである。中国教育学会の指導者、顧明遠会長は、国際会議の席上で以下のように述べている。

21世紀に入ってから、人類が遭遇している危機は、「文明の衝突」の理論ではその原因が明らかにはできず、ましてや危機を回避することはできない。そして、「人類」の文化は多元的であり、相互に受容し合い、相互に意思疎通を図り、相互に理解し合うものであってこそ、共存できることを認識しなければならない。教育は、コミュニケーションと理解の絶好の方途であり、平和の種子なのである。

教育は、人間の生命という最も普遍的な次元に光を当てている。故に、そこには多元的な文化を包括し、各々の多様性を尊重しながら、青年の成長と連帯のために生かしていける地平（差異を超えた「生命尊厳」という根源の大地）が自ずと開かれている。

人類は、「生命の尊厳」を根底に、多様な学識も科学技術も、一切を自他共の幸福、社会の発展、世界平和のために生かし合いながら、山積する地球的問題群に力を合わせて挑んでいくべき段階に入った。

（3）永遠友好の金の橋

多元文化の融合によって、「永遠友好の金の橋」を継承していきたい。中国の文豪・魯迅先生が、20世紀の初頭、現在の東北大学に留学し、恩師・藤野先生と心温まる交流をされた歴史がある。また、革命前夜の中国で、200回を超える講演を行ない、青年と創造的なコミュニケーションを重ねた、教育者のデューイ博士の下記の言葉を深く共有したい。

「私たちの責任は、受け継いだ遺産としての価値を守り、伝え、改善し、大きくすることである。そして後に続く人たちが、私たちが受け継いだ時よりも、更に確かな形で、その価値を受け継ぎ、更に多くの人々の間で豊かに分かち合えるようにすることである」と。

「戦乱」と「分断」に苦しみ抜いた20世紀に生を受けた一人として、私は、21世紀を担う青年たちに、「平和」と「共生」の金の橋を託していきたいと決意し、戦い続けてきた。中国の文豪、郭沫若氏は、「青年は人類の文化を促す原動力である」と述べられた。

池田ＳＧＩ会長は、日本と中国、そして世界の青年たちが力を合わせて、新たな人類の平和の文化を、創造しゆく未来のために行動を貫いていって頂きたいと願っている。

10.11　まとめ

　人間主義の原点となる思想・考え方は、人間生命を解明する事が必要である。本章では、人間生命について、宗教・心理学及び現代科学としての「分子生物学」の各視点からアプローチして、その解明を明らかにしてきた。科学における人間の生命の解明は、科学の発展と共に具体的に明かされる事を期待したい。

　人間生命の解明で一番進んでいる宗教で、特に仏教の真髄である「法華経」では、中国の天台大師が『唯識論』において明らかにしている。その「法華経」を、釈迦―天台大師―最澄―日蓮聖人と承継し、日蓮聖人の滅後700年後の現代において、宗教団体の「創価学会」が、日蓮聖人の仏法を承継し実践している。

　具体的には、「法華経」で説く仏について、「仏とは、生命なり」との創価学会第二代会長の戸田城聖氏の獄中での悟達により、日蓮聖人の仏法を、現代の「生命論」として蘇生させた。また、池田ＳＧＩ会長により、世界192ヶ国・地域に対話と交流を通じて、「人間主義の哲学」として拡大した。仏教に人間主義を甦らせた、人類史にとり特筆されることである。

　世界各地において、「人間主義の哲学」が実践され、人々の揺るぎない幸福への実証が証明されつつある。100年後の人類から、称賛されるであろうことは論を待たない。古代ギリシャ時代から始まった、人類の哲学的命題（人は如何に生くべきか、人間とは）は、日蓮聖人の仏法を、現代に「人間主義の哲学」とし甦らせた事で、実現されつつあると考えられる。

　この「人間主義の哲学」を、基盤とする人間主義は、日本から世界に発信され、21世紀末には「生命の世紀」として、世界の潮流として世界を潤していくこととなろう。この「人間主義の哲学」が、経済活動に反映された時、「人間主義の経済」として、人々の生活に活かされ、従来の経済至上主義からの一大転換がなされる事となるだろう。

　アダム・スミスの「経済は、社会生活を営むのに必要な生産・消費・売買などの活動」という経済観から、「世を治め民を幸せにする」という東洋の経済観に転換すべきであり、「人間主義の哲学」はその理念の基盤になるであろう。ここに、経済を通して、人類の哲学的命題を実質的に解決することとなる。

　世の中の仕組みや法制度等は、社会により時代により変遷していくものであり、人間の生命の解明なくして、環境のみの変革では枝葉末節となる。

　「人間主義の哲学」を基盤とした経済社会・経済活動は人々の生活のために、人々を幸せにするための役割を果たす事となり、経済的競争から経済を人々の幸せにする競争へと転換される。21世紀以降は、世界の国々が、助け合い・支え合いとなって共存共栄し、政治・経済・文化・その他の一切の営みが、人々の幸せのために転換されるべき、社会の実現が望まれる。

　本書が「人間主義の経済」実現への一歩となり、人々の幸福に寄与し、人々が幸福に過ごせることを願うものである。

コーヒー・ブレイク（第10章）

「日本文化の基盤には仏教！」

日本文化って、多彩で独特なものが沢山あり豊かです。
近年、外国人の観光客が著しく多くなり、色々な日本文化を楽しんでいるね。
例えば、華道・茶道・和服・和食・書道・能・狂言・歌舞伎・庭園・
神社・神楽・郷土芸能・柔道・剣道、それに田舎の風景等もある。
千数百年の歴史を持つ日本文化は、国外からの影響と、
国内で醸成された固有のものがある。
以下のように文化の醸成の背景には、仏教が大きく寄与されている。
　　◇奈良時代　天平文化（6世紀の仏教伝来による）
　　◇平安時代　平安文化（最澄の法華経流布による）
　　◇室町時代　桃山文化（庶民のエネルギーによる）
　　◇江戸時代　元禄文化（庶民のエネルギーによる）
日本文化は、日本人の気質の基盤であり、経済活動にも多くの影響を与えてきた。
豊かな文化の力は、人々の生き方も反映されている。

→さあ、次の章に行ってみよう！

第11章

21世紀の社会に向けて

本章は、21世紀の社会に向けて、日本から世界に対して発信可能な内容を整理した。この内容を通して、近未来の社会・在り方を共に考えていきたい。21世紀は、世界平和の実現であり、且つ、人々が活き活きと生活できる、成熟な社会が望ましい事は言うまでもない。その上で、目標とすべきは、人間生命の絶対尊厳を基盤とした思想が、定着する社会であると考えている。そして、その具体的な姿は、他者に尽くす生き方や、社会に貢献する活動等が、社会的に称賛され顕彰される社会が望まれる。

　また、地域や国内・国外を超えて、広く世界の人々の間に、他者への貢献内容が伝わる事が必要であり、21世紀の社会においては、地域で、社会で、企業でその取り組みが求められている。世界の動向は、人口・資源・経済活動・政治等を多面的に考慮した場合、世界の主導国は、インド・中国・アメリカ合衆国の三国を中心に展開されると言われている。

　しかし、経済活動は、従来の経済至上主義に見られる、「エコノミクス」の延長であってはならない。21世紀は、経済援助の推進、技術的貢献、企業の役割見直し、支え合う・助け合う精神に貫かれた善の事業推進等、他者への思いやりに横溢した「人間主義」を基盤とした、環境の醸成が必須条件となろう。

　そして、21世紀以降の社会は、世界から希求されている、「人間主義の哲学」が、時代精神として世界に大きく波動されていくことを願うものである。本章では、その潮流の一分でも貢献できればとの思いでまとめた。

11.1　21世紀の社会

　20世紀は、第一次、第二次世界大戦に象徴されるが如く、「戦争の100年」であった。戦後の東西冷戦時代を乗り越えて、21世紀は、「平和の100年」へと転換すべきであるとの潮流が生じている。そして、この潮流が大河となることが、21世紀に求められる。社会の基盤とならなくてはならないと考えている。

　経済活動は、人々が生きていくための日々の活動であるが、社会が健全に発展していくための基盤は、何よりも平和が求められる。平和の実現に寄与していくために、人間のあらゆる行為は、存在すると言っても過言ではない。平和への取り組みの例示を、以下に述べながら、共々にその内容を確認・共有していきたい。

　パン・ヨーロッパ主義を提唱し、現在のＥＵの基盤を形成し、「ヨーロッパ統合の父」と言われたクーデンホーフ・カレルギー伯は、「平和の時代は、人間の創造であり、政治的平衡の上に築かれた芸術作品である」、「平和というものは、民衆が平和の心を持つとき、初めて達成される」と語り、特に女性が平和の担い手として、一大勢力を成すことを希望している。

　また、「平和は、すなわち調和である」そして、「戦争というものは、すべて残虐そのものである。人間の残虐性を根絶するためには、まずなによりも、戦争を防止しなければならない」とも述べられている。池田ＳＧＩ会長は、「残虐性の根絶が、人類の悲願であり、世代から世代へと継承すべき、最重要のメッセージである」と提言している。

　パン・ヨーロッパ主義の運動のパン（汎）とは全てを意味し、中央集権的な連邦ではなく、主権国家同士の、共同体を築いていくという意味である。「調和による平和」の追求である。

そして、カレルギー伯は、第二次世界大戦後、軍事・経済的勢力を強めていた旧ソ連とアメリカに対し、ヨーロッパが連邦という一大勢力となり、両者を結ぶかけ橋となってこそ、新たな世界大戦を防ぐという大局観、平和への強い信念に立脚していた。

EUは、前身のEC（ヨーロッパ共同体）から発展する形で、1993年に発足した。2013年7月、28ヶ国の連帯となり、国際社会の中で大きな存在感を示している。これまで幾多の争いに苦しんできた民族や国々が、こうした連合体を形成すること自体、平和への大いなる希望と言える。

余談ではあるが、フランスのドゴール大統領は、カレルギー伯と話をされる場合、直立不動で、その意見等を拝聴したとのエピソードもあると言われる。カレルギー伯は、講演のため鹿島建設会長の要請で初めて日本を訪れ、特に仏教指導者・哲学者の池田ＳＧＩ会長との対談を強く希望され実現した。「平和という一点において、創価の運動と、池田ＳＧＩ会長の思想に賛同します。人間は、互いを理解するために、歩み寄る事が最も大切である。他人を知ることなく、軽んじる事によって戦争は生じる」と述べている。また、池田ＳＧＩ会長は、「民族やイデオロギー、宗教などの枠に当てはめて人間を抽象化し、他者に敵というレッテルを貼って、排斥していく危険性があり、ファシズムやスターリニズムによる災禍は、その最たるものである」と述べ、そうした事実の上から、「20世紀の精神の教訓」を語り合い対話した。対談内容は、対談集として発刊されている。

カレルギー伯は、池田ＳＧＩ会長との対話を通じて、仏教なかんづく日蓮聖人の説く人間生命の尊厳・哲学に深く共鳴し、池田ＳＧＩ会長の思想に強く共鳴された。ＳＧＩは、「平和の世紀」となるよう、その潮流を巻き起こすため、また平和建設のために世界的レベルにて、種々の平和活動に取り組んできた。核兵器の脅威展や、ホロコースト（ユダヤ人大量虐殺）展等の、展示会を世界の各地で開催し、二度とこのような残虐な行為を、起こさせてはならないと、訴え啓発してきた。戦争体験集の発刊にも取り組んできた。

ＳＧＩは、平和への決意を、次世代の青年に託し伝えている。歴史の教訓を厳然と刻み付けてもらいたいと願っている。池田ＳＧＩ会長は、平和を願い国連を一貫して支援しつつ、毎年の「ＳＧＩの日」には、平和社会の建設のために、30年に亘り具体的な提言をしてきた。国連の事務総長は、この提言について高く評価し、一民間人が30年以上に亘る、国連の積極的な改革等の提言に感謝している。既に提言の一部は、実施され実現されてきた。

平和と軍縮を目指す、科学者の連帯「バグウォッシュ会議」を創設した一人であり、生涯、核兵器廃絶のために行動し続けた、ジョセフ・ロードブラッド博士（会議の会長）は、「20世紀は戦争の100年でした。これを断じて転換し、21世紀を平和の100年とするために、人類は英知と良心を、結集しなければならない。その深き自覚と行動が求められている」と述べた。

ロードブラッド博士と対談した、池田ＳＧＩ会長は、「不戦の日を目指し、大いなる平和の「共戦」を続けていきたい。これこそ、戦争という巨悪を払う「正義」と「正義」の連帯である」と仏法者の立場から述べている。

ドイツの哲人政治家である、ヴァイツゼッカー元大統領は、「過去に目を閉ざす者は、結局のところ現在にも盲目となる」と述べている。また、オーストリアの政治家フラニツキ首相は、「平和を願うならば、平和の準備をせよ」との信条で活動し、「世界の平和実現こそ、世界

の民衆の真情である」とも述べている。

　世界の一流の指導者・知性は、普遍的な創価の思想・哲学、人間革命の運動について、21世紀の求める社会と結び付けて、その潮流が世界を潤していくことを強く、希求している。この潮流を基盤として、「人間主義の経済」の視点から、日本が世界に向けて貢献できる事柄等をまとめた。

11.2　世界に貢献可能な分野

11.2.1　技術分野

　日本が、世界に貢献できる先端技術について、日本は、経済発展のため、先端的な技術開発を永年推進してきた。後進国等に、有益な技術を伝播させていく事が可能である。特に環境技術及びエネルギー技術は、世界の最先端であり、比較優位の立場にある。世界への貢献は、貢献する相手国への自立と繁栄を目指して、取り組むことが必要である。

１．科学技術とインフラの輸出
　　　　□スパコンの開発　　スパコンによる応用技術の開発と各種解明の対応。
　　　　□自然現象の解明　　新技術、創薬、シュミレーション技術、ＤＮＡ解析。
　　　　□資源の開発　　　　海底の鉱物資源の探索・回収技術、食糧開発。
　　　　□エネルギー開発　　再生可能エネルギーの技術、スマートシティ、核融合技術、水素エネルギーの技術。
　　　　□環境技術　　　　　ヒートポンプ、地中熱回収、低炭素技術、ＣＯ2回収装置、エレクトロヒートシステム、淡水化システム。
　　　　□医療技術　　　　　ＩＰＳ細胞技術の応用、難病克服技術。
　　　　□その他　　　　　　鉄道、原子力、新幹線、リニアモータ、小型原子炉。

２．国際標準化等の推進
　　　　□科学技術発展のための国際標準化
　　　　□世界経済フォーラムの推進

３．ＯＤＡを通じた援助活動
　　　　□砂漠化進行の防止、砂漠の活用推進
　　　　□医療技術、淡水化・水資源開発の援助
　　　　□電力エネルギーの効率化と普及

４．具体的な事例

（１）環境技術
　　　　環境対応に優れた、日本の製品・技術・モノづくりに注目が集まっている。省資源国家である日本の企業は、少ない資源を有効活用する、「省資源・省エネルギー」分野で、技術を磨いてきた。現在、世界規模で地球環境問題への対応が叫ばれている中、環境技術は、日本の国際競争力の源泉として、一層の期待が高まる。世界をリードする日本の環境技術は以下である。

①地球温暖化問題

　半導体は、製造工程でエネルギーを大量に消費する。また、地球温暖化係数が、CO_2の数千倍から数万倍もある、ガスを使用する産業である。1990年代の環境問題を機に、企業にとっても、環境負荷を低減する事が、事業活動を進める上で重要な要素である。そのため、生産工程の環境負荷低減、省エネ製品の普及、原子力発電所やスマートグリッドなどの技術によって、CO_2削減を進めた。環境対策は重要課題である。CO_2削減のためのアプローチは、制度による解決、技術による解決、行動による解決、それらを融合した環境対策などがあるが、日本企業は特に環境技術に優れ、世界より注目されている。

②エレクトロヒートシステム

　日本は、日本エレクトロンヒートセンターを設立し、電気加熱やヒートポンプなどによる、環境負荷の低減を推進している。モノづくりの発展のために、いかにエネルギーを有効活用できるか提言している。

　異なるエネルギーの価値や質を、比較することのできる「ものさし」として、「エクセルギー」が注目されている。エクセルギー率の最も高いエネルギーである、「電気エネルギー」をモノづくりに有効活用することが、「低炭素・循環型の社会」の実現に必要である。また、再生可能エネルギー（太陽光発電、風力発電、地熱発電等）も、取り組みながら、熱源の電化は進んでいる。

　枯渇する化石燃料の使用量を、抑制できるエレクトロヒートシステムは、マイナスの低温域から１万度C以上の高温域まで、幅広い温度域に対して、熱を合理的につくり出し省エネルギーのCO_2削減に貢献してきた。技術開発の分野は、以下の２つである。

　　　　　□ヒートポンプ技術　（冷却技術）
　　　　　□誘導加熱（ＩＨ）　（加熱技術）

ヒートポンプ技術は、高温分野での開発が進み、120℃更に160℃の加熱が必要な、実用化が見込まれている。産業界が必要とする熱をカバーでき、ヒートポンプの導入で、CO_2削減が可能となる。また、誘導加熱は、家庭用調理機器のＩＨクッキングヒータで使われている技術で、渦電流を発生させて熱を発生し、効率よく食材を加熱するものである。

　大量の熱エネルギーを必要とする工場の熱源設備は、燃焼主体のものが多く、生産現場では、ボイラーで蒸気を製造して温熱を得るのが一般的である。しかし、ヒートポンプやＩＨなどのエレクトロヒートシステムを、適所に分散配置する事で、省エネ、CO_2削減を実現する事が可能となる。例えば、ヒートポンプ導入で、CO_2削減は1.4億トンと言われ、日本全体の排出量の12％に相当する。市場規模は約５兆円で、将来的には約２倍になると推計される。ヒートポンプは、日本の環境と経済を支える技術である。

③日本の環境技術

　エネルギーを作る技術として、原子力発電はCO_2排出量が最も少ない発電方法である。火力発電は、排出されるCO_2を分離・回収・貯留する技術（ＣＣＳ）を開発し、現在はパイロットプラントにて、実証データを収集している。

現代社会は、情報処理量の増大に伴い、データセンター（ＤＣ）の消費電力（空調設備の消費）が急激に高まり、2050年には、全電力消費量の40％がＤＣを含むＩＴ分野に、使用されるとの試算もある。データ保存用のメモリーの、発熱量を抑えた低発熱製品の投入により、空調設備の電力使用量を削減できる。

省エネを進める事は、コスト削減に直結し、それが競争力の向上にもなる。製造現場では、環境負荷低減を実現する新たな材料への転換、工程を省くことなど生産プロセスの改革、ヒートポンプなどの利用による、熱源転換などが重要となる。

ヒートポンプは、冷温と同時に熱をつくりだせる特徴がある。食品業界では、食品の加熱に加え冷蔵・冷凍の工程もあり、非常に効果的である。自動車業界では、切削工程で冷却水を使用し、また塗装部品の乾燥もあり、冷温同時に使用される。

例えば、東芝のヒートポンプシステム「スーパーフレックスモジュールチラー」は、基本モジュールを連結式で使えるため、フレキシブルに変更でき画期的な製品である。また、エネルギー効率の高い、空冷ヒートポンプ式熱源機を市場に投入している。

④国際標準化

環境技術でリードする日本は、今後どう世界に挑戦すべきか、グローバル展開を進めるには国の政策が重要となる。国内で電気自動車や再生可能エネルギーの導入が、いかに推進され拡大するのかといった、政策に大きな影響を受ける。また、環境技術に限らず、スマートグリッドなどの新しい分野では、企業連合によって世界市場を開拓できるような仕組みが必要である。

更に、地球環境を考えるならば、環境の基準なども、「国際標準化」をしなければならない。例えば、フロンや代替フロン（ＨＦＣ）は、地球温暖化係数が大きく、厳重な管理を要する。ＨＦＣは、ヒートポンプの基幹冷媒として不可欠なもので、適正な管理が必要である。この中で、冷媒漏洩抑制は国内に限った課題ではなく、エマージングカントリ（新興国）で、ヒートポンプ機器が今後普及すれば、ＣＯ2削減には大きな効果があるが、一方では冷媒漏洩による地球温暖化が、加速する懸念もある。

ヒートポンプ技術の先進国である日本は、冷媒管理についても、世界最先端を目指さなければならない。米国とも連携しつつ、冷媒管理の国際標準化を推進する必要がある。国際的にもニーズが高い、原子力発電所や鉄道事業にしても、企業単体での受注活動には限界がある。国が総力を挙げて、世界進出を支援するような体制をつくり、産学官が連携して、システムを世界に普及させていく事が大切である。

最近の事例では、ベトナムへの原子力発電所（2基）の受注は、総理大臣がベトナムとの交渉の中で実現したものである。新興国は大きな経済発展が予想され、これまで以上に環境に配慮した技術や、仕組みづくりが必要となってくる。

冷媒管理システムも、セットで供給していく事が重要である。安心・安全・便利な生活と経済成長、環境対策をセットにしなければならない。そのために、高い技術を持つ日本の企業が、知恵を出し合い連携していく事が重要である。

（2）鉄道・原発ルネサンス

政府が、トップセールスで海外に売り込み攻勢をかけているのが、鉄道と原子力発電

所である。ＣＯ2削減の、有力なソリューションとして注目が高まっている。日本の技術・品質は、世界でも最高水準にあり、21世紀の成長産業は、日本経済に大きな成果をもたらそうとしている。

①鉄道事業

鉄道車両の世界市場は年３兆円。主要国で計画されている、交通関係のインフラ投資は、200兆円を超える。1914年（約100年前）に英国で発明された蒸気機関車は、陸上輸送に革命をもたらした。20世紀に入ると、経済モデルの目標は、大量消費型の米国クルマ社会となった。21世紀、再びエネルギーや地球環境という課題に対して、世界で「鉄道ルネサンス」が開こうとしている。

②国内メーカの取り組み

日立製作所は、鉄道事業が国内市場の成熟に伴い、海外に出ないと事業存続が危ぶまれていた。そのため、1999年から英国において、鉄道事業の取り組みを開始した。日本は、車両品質だけでなく、「運行管理能力」も他国の追随を許さない。欧州での変革の波が後押しした。

欧州メーカのステンレス製車両に対し、国内メーカはアルミ製で15％も軽量化して、車両空間の広がりとコスト低減が実現し、2005年に英国で174両の車両を初めて受注した。川崎重工業は、米国や新興国の高速鉄道計画の速度が350km／Hを想定しているが、日本の新幹線は、規制が多く営業運転は300km／Hである。川崎重工業は、350km／Hを実現する新型車両（ｅｆＳＥＴ）の設計を完了させ、受注を本格化させている。海外で増加の低床式路面電車（ＬＲＶ）では、次世代型を開発、ブレーキの回生エネルギーをNi水素電池に蓄える環境車両である。

三菱電機は、車両の電機品の国内最大手メーカであるが、主電動機、推進制御装置、運転管理システムを、次世代のパワー半導体で、電力損失をmax.28％削減のインバータを採用した。

住友金属工業の高速用車輪は、世界でも評価が高い。円周上を均一に摩耗するために長寿命の製品である。ドイツや中国でも採用されている。ＪＲ各社は、運用ノウハウを持ち海外進出に前向きである。ＪＲ東海は、米国で新幹線やリニアモータカーの受注を、ＪＲ東日本は、中国の高速鉄道案件に関心を示す。

（3）水素エネルギー社会

日本は、水素エネルギー社会の実現を目指している。地球温暖化対策の観点からも、水素エネルギーの利用は、世界でも注目を集めている。電力と水素という二次エネルギーで、身近に存在する水素の活用でもメリットが多く、日本は技術的にも世界への優位性は高く、海外への輸出及び競争力を発揮できる分野である。

水素エネルギーは、多様な一次エネルギーから製造でき、また貯蔵や輸送が容易であり、安定供給が可能である。また、エネルギー効率が高く、環境負荷（ＣＯ2排出）が少ない。分散型電源や燃料電池自動車は、非常用のエネルギーとして重要な役割を持つが、この分野の特許は、世界の約60％のシェアを、日本企業が占めている。しかし、水素社会の実現課題は、コスト高と水素ステーションの整備である。

水素は、ガソリンと同様に安全に使うことが可能である。水素ステーションの整備は、その設置コストが高く、大幅なコスト低減が求められている。また、電気自動車用の充電インフラとの両立も必要である。

政府と業界は、2015年までに水素ステーションを、全国の都市部で100ヶ所を整備して、世界最速で燃料電池車の普及を目指している。2020年の東京オリンピックが、普及の一つのきっかけになる。また、2030年ごろには、「水素社会」が到来するとみられる。水素利用の分野は以下である。

　　　□分散型電源
　　　□燃料電池車
　　　　水素を供給して、ガソリン車なみの航続距離や、燃料充填の早さがメリットである。非常時は、燃料電池を電源供給にも使用可能である。
　　　□水素発電

（４）トンネル技術

日本のトンネル建設技術は、特に海底トンネルは、国内での実績もあり、近年ではトルコにおける欧州とアジアを結ぶ、ポスポラス海峡に海底トンネルを造り、東西を結ぶ「海峡横断鉄道トンネル」を、９年がかりで完成させている。

同トンネルは、陸地の地下トンネルが12.2km、海底トンネルが1.4kmで、潮の流れが速く、まるで川のようであったと工事担当は述懐していた。長さ135m、重さ１万8000トンのコンクリート製トンネルを11ヶ、別の場所で造り、船から沈めてつなげる工法（沈埋工法）を採用して建設したという。

陸地の地下トンネルは、シールドマシンの機械で掘る、「シールド工法」により建設された。軟弱な地盤が多い日本で、磨かれたトンネル技術は世界最先端である。

11.2.2　文化・芸術等の分野

1．ダボス会議

スイス東部のダボスで開かれた、世界経済フォーラムの年次総会「ダボス会議」に、日本からの招待ゲストとして、俳優の渡辺謙氏が招かれ、「思いやりを行動に」のテーマで講演し、日本が貢献できる内容を発信した。渡辺氏は英語でスピーチし、「世界は新たな幸福感を求める段階に来ている、「絆」の思いは海外にもある。その絆は、今後の世界にどう発展させるかを、考える必要がある」と力強く訴え、東日本大震災の支援活動で経験した「絆」を、世界に広げたいと述べた。

2．最新の経済理論

2011年のノーベル経済学賞を受賞した、米国の２人の教授の経済理論がある。一人は、ニューヨーク大学のトーマス・サージェント教授で、企業などが金融緩和により、将来的にインフレが起きると予測し、政策の効果がなくなるなどとする「合理的期待仮説」に関連した理論を構築した。

もう一人のプリンストン大学のクリストファー・シムズ教授は、金融政策と景気の因果関係を分析する計量モデルを開発した。世界の中央銀行のエコノミストらが、同モデルを発展させ、政策効果の予測に使用している。

3．地域活動

　名古屋大学の中田名誉教授は、「町内会・自治会（略して町内会と称す）」は、日本の古い頭の人の組織と考えがちであるが、むしろ逆で、時代の先端を切り開いていく、「新しい公共」意識を持った、人の集まりというべきかも知れない」と述べている。「新しい公共」意識を持った人々とは、具体的にどのような人間像を指すのであろうか。また、これらの人々が、準公共性をもつ「町内会」の活動に、参加していく事が考えられる。

　日本の戦後世代にあたる、団塊世代と言われる60歳代後半（66～69歳）の人々は、数年前から企業を定年退職し、地域社会に戻ってきている。これらの人々は、日本の1960年代から始まった、日本経済の発展－成長－成熟－衰退－低迷－再生という、大きく変化した社会の中で、貴重な経済サイクルを経験している。

　また、変化する経済サイクルの中でもまれたため、幅広い社会性と、知識やＩＴ技術の高い専門性を身に付けており、これらの人々が、職域から地域にうまく還元させる研修や、仕組み作りが適切に行われば、地域にとっても貴重な人材源となり、地域活動の役割を担う事ができると考えられる。

　団塊世代の人々は、約800万人を超え、一般に資産を持ち能力も高く、地域活動に対しても、志や思いがあり積極的である。そして、これらの人々が中心となって、各々の地域で「新しい公共」意識を持つ人々として、役割を担うことが期待される。

　地域活動は、従来の地域住民の親睦的な交流を深める活動から、地域社会の安心・安全及び防災や高齢者の対応等の社会的問題を、地域の課題として解決していく新たな「地域力」が求められる。

　現状の、地域におけるお祭りや運動会中心で良しとする、旧来の対応では、地域の課題解決が図れなくなってきた。従来の保守的な地域活動を、主体としてきた70～80代の人々の運営では、これからの地域活動の衰退が目に見えており、60歳代の元気な「新しい公共」意識の人々に、頼らざるを得ないと考えている。

　また、40代、50代の人々は、現役の社会人でもあり、地域活動には参加する機会が少ない。「新しい公共」意識とは、地域における多様な価値観や能力を持つ人々が、地域のため、社会のため、近隣のため、社会的弱者のために何かを支援したい、支え合いたい、つながりを持ちたいという、思いや志を指すものと思われる。

　日本には、地域社会に取り組む組織として、「町内会」がその位置づけとなり、役割を担うものである。この町内会の組織は、日本独自の文化の土壌の上に成り立つものであり、現代社会が抱える、地域の課題解決を図るためには、適切な役割を担うと考えている。

　世界は、日本の高齢化に伴う地域の課題に取り組む対応について、その動向や実施について注目している。日本の文化と共に、「町内会」組織の役割は、日本の文化そのものであり、世界に紹介して、各国の実情に応じた地域活動の模範として、十分にその機能を発揮して利活用が可能となるものと考えられる。

　添付資料５．に、地域活動の原点「町内会・自治会」を取りまとめた。

11.3　世界との交流

　人間の営みである文化・教育及び平和等のあらゆる活動は、人間生命のエネルギーの発露として豊かな文化・教育・平和の交流に結びついてくる。交流は、人間生命の発露の結晶でもあり、人種・思想・哲学・宗教の差異・差別を超えて人々の感動を共有できる。そして、優れた文化等の交流は、人々を強く善の方向へ、世界平和へと向かわしめている。

　政治・経済の交流は、常に利害関係が伴い、表層的な交流となるきらいがある。真の交流は、人々の民衆次元での交流が基盤となる。故に、文化・教育・平和の人間交流こそが、その基盤となる。その交流を地道に実践している団体がある。

　ＳＧＩは、日本から世界に対して、文化・教育・平和の交流を、池田ＳＧＩ会長のリーダシップの下で、半世紀以上に亘って、民衆次元で推進し重ねてきた。

　ＳＧＩ結成は、米国グアムで行われたが、池田ＳＧＩ会長は、参加者名簿に国籍（Nation）として「世界」と記載した。人間主義の交流は、自らを世界市民と位置付け、世界市民の意識を持つ人々の連帯こそが、今後の世界との交流で重要な要素になる。民衆次元での交流こそが、世界平和への潮流であり、確固たる平和の基盤を築いていくものと考える。

　ＳＧＩは、平和への潮流を起こすため全力を尽くしてきた。池田ＳＧＩ会長が、初訪ソし、当時のコスイギン首相から、池田会長のイデオロギーを聞かれた。池田会長は、「文化主義、教育主義、平和主義であり、その根底は人間主義である。」と答えている。ＳＧＩは、現実の社会の中で、文化・教育・平和の交流を推進し、実証を示してきた。そして、世界から、信頼を基盤とした交流に対する高い評価と賛辞を得てきた。ＳＧＩが取り組んできた、文化・教育・平和の交流の一端は、以下である。

＜文化交流＞

　ＳＧＩは、民主音楽協会（民音と略称する）を設けて、世界の国々・諸団体及び人々の優れた伝統芸術（音楽・舞踊・演奏等）や文化を日本に招き、また、日本の伝統文化を世界に紹介し、相互に文化交流を営々と築いてきた。民音の創立者は、池田ＳＧＩ会長である。民音は、国内において、本物の芸術や文化に直に触れる機会の少ない地方都市でも開催して青少年との文化交流を深めている。

　また、東京富士美術館（東京八王子市）を通じて、世界の一流の芸術作品である絵画・書・文物・芸術作品等を展覧して、国内の人々に広く紹介してきた。東京富士美術館の創立者は、池田ＳＧＩ会長であり、永年に亘る世界との対話交流の中で、信頼と共感を基盤として、文化・芸術の交流を積み重ねてきた。そして、当事者の相互の信頼関係なくしては、到底不可能と言われた、作品の国外持ち出しが可能となった例は、数多く生じた。

　政治や経済の交流は、利害を基盤とするが、文化・芸術の交流は、民衆と民衆の交流をより深く、太く、長く結びつけ、相互の理解と感動を共有してきたか測りしれない。

＜教育交流＞

　教育交流は、東京八王子市に学校法人「創価大学」を創立し、世界の平和を願う「人間主義の教育」を基盤として、世界の大学との教育交流と、時代を担う青年の育成に力を注いできた。大学の創立者は池田ＳＧＩ会長である。

創価大学は、特に留学生の派遣・受け入れ、教授の交換等を営々と重ねてきた。留学生は、その国の大使・代表として丁寧に遇している事からも、創価の「人間主義の教育」は、世界の教育交流の模範として、高く評価されている。

なお、戦後、中国の留学生6人が日本での受入先がない中、最初に受け入れたのは創価大学である。しかも、創立者、池田ＳＧＩ会長が身元保証人として、親にも及ばぬ愛情と励ましを注いできた。6人の留学生はその後、日中友好に貢献している。留学生の一人は、中日大使の程永華氏である。

このような文化・教育交流の中で、創価大学創立者池田ＳＧＩ会長に、世界の五大州の一流大学から贈られた名誉博士・名誉教授の学術称号は、３６４の受賞（2015年11月時点）となり、世界・歴史上にその類は見当たらない。

この事は、ＳＧＩに対して、全世界から創価の「人間主義の哲学」についての高い評価と、信頼を寄せていることを実証している。受賞時における記念講演では、仏法の人間主義に基づいた格調高い講演の内容に、思想・宗教・文化の差異を超えて、聴講者に深い感動と、喜びと希望を与えている。

教育交流ほど、深く、広く、世界平和への貢献や、人々とのつながりを強固にするものはない。著者の提案として、例えば、日本において、国が青少年の健全な育成や異文化を学ぶ機会として、「教育交流省」を設けて交流の推進を図る。特に費用の面では、国の予算の1％はその交流のために自由に使えるようにする。

留学や短期のホームスティー、勉学の他に現場での共同作業が、可能なようなシステムとして運用できるようにする。主眼としては、世界平和に貢献できる、グローバルな人材育成をすることである。

＜平和交流＞

池田ＳＧＩ会長が、約半世紀に亘り世界の一流の指導者・知性との交流は1500回を超え、世界のあらゆる分野における一流の識者との、対話による交流を重ねてきた。特に、1974年のトインビー博士との対談以降は、本格的に世界との平和交流の旅を実施している。

「人間主義の哲学」、普遍的な創価の思想を基盤とし、一民間人でありながら、人間外交を展開し、ソ連・中国の指導者層への対話は、両国の緊張緩和に大きく貢献している。

中国の偉大な指導者である周恩来首相は、20世紀後半以降の世界平和について、池田会長に託している。

米国のジョン・Ｆ・ケネディー大統領は、池田ＳＧＩ会長に強く対談を望んでいたが、凶弾に倒れたため、その意思を継ぐ弟のロバート・ケネディ氏との対談が実現している。

11.4　他者への貢献

世界の人々は、人間らしく生きる事を願っている。人間社会にあって、他者への貢献について正しく認識・評価し、顕彰して広く社会に展開する事を目指すことは、その1つのステップとなる。

経済至上主義の現代にあって、経済や政治の競争社会であっては、対立や不信や憎悪を増長

させるものであることに、人々は気づき始めている。他者への貢献は、地道ではあるが、着実に人と人を結び付け、支え合い・助け合う精神に溢れた社会の構築へと変革する。今、生きがいや人生の充実感を、取り戻すための取り組みへ転換すべき時代を迎えている。

　20世紀は、戦争の世紀であった。争いの最悪は戦争である。資源の配分をめぐり、領土の拡大、経済の競争のための紛争である。その反省として、人類は国連を誕生させ、世界の調和と紛争解決に努めてきた。しかし、利害が絡み衝突する世界は、人種・イデオロギー・社会体制等、根本たる思想・哲学が入り交じり、確固たる判断が出来ずにきた。

　その中で、池田ＳＧＩ会長は、「人類の議会」である国連の支援を行ない、また世界平和を願う仏法者として、現今の世界の在り方や課題解決の方途を、「人間主義の哲学」を基盤として、30年に亘り具体的に提言してきた。長期間に亘る国連支援について、歴代の事務総長は、池田ＳＧＩ会長を「人類の教師」とまで称え、提言の内容は、真剣に討議され実施へと向かって、平和な社会実現を目指してきている。

　人間の生き方の充実は、経済的な豊かさよりは、他者への貢献を通じた活動が、深く広く強いものであると考えている。経済至上主義、弱肉強食の競争社会から、人道的競争社会への転換が求められ、そのために他者に尽くす、他者に貢献した内容が、広く社会に、地域に、人々の間に伝播していく仕組み作りが必要である。

　他者に貢献する生き方、人間としての生き方の充実は、誰人も受け入れられるものと考えている。そのために、その事例を数多く紹介して、私もそれ位ならできるということを、広く深く浸透させ、関わっていく必要がある。具体的な例として以下がある。

１．地域における活動

　地域における「町内会・自治会の活動」は、人々の一番身近な生活の場であり、日本が少子高齢化の社会の中で、高齢化に伴う課題解決ができる最も身近な活動である。高齢者への見守り、支え合い、助け合い、励まし合いの諸活動が、一番身近な所で他者への貢献につながっている。孤独死・孤立化、生きがいの喪失等の社会問題が、身近な地域活動の中で解決する事が可能である。

　生き生きとした「助け合い、支え合う」高齢化社会の構築は、地域活動を基盤とした時に、可能となり、また、誰人も自分の能力・ペースで参加ができ、近隣とのつながりを持ちながら、楽しく生きていく事ができる。他者に尽くす事が、当たり前の社会となる事が不可欠である。その考えの中には、善の行為・志が必要なことは言うまでもない。

　何か利用してやろうとか、利害関係で行動すれば、そのしっぺ返しが来るだけであろう。このように、「町内会・自治会活動」への参加は、他者への貢献の第一歩であり、この活動が宣揚され、誰人も参加できる地域社会の在り方が、ますます求められている。

　日本は農耕民族であり、ムラ社会における「助け合い」、「支え合う」考え方は、伝統的に承継されてきたが、近代化において「文明開化」、「富国強兵」、「経済至上主義」等の下、人間関係が希薄化し、欧米に見られる個人主義的な関係に変遷し、「助け合い」、「支え合う」精神が欠落していった。

　2011年3月11日に発生した東日本大震災は、日本人の心の中に、この精神を復活させていった。ボランティア活動に多くの人が参加し、現地では自らが被災しているにも関わらず、他者

に尽くす姿が、随所で見られたとの事である。全ての財産を失ってみて、始めて人間は何に価値が有り、何に生きようとしているのか振り返る機会となった。

多くの先進国は、高齢化社会を迎えており、特に日本はその中で最先端の長寿国でもあり、著しいスピードで更に高齢化が進行している。高齢化社会の中で、高齢化に伴う問題解決に取り組んでいる。高齢化による課題解決の一つとして、地域社会が果たす有効な手段として、「町内会」という日本独自の組織を有している。地域社会における「町内会」の役割、機能について見直しがされている。

日本は、この「町内会」組織が、高齢化社会において、支え合い・助け合う精神の下で、とても有効であることを証明して、世界にその範を示し、発信していくことである。日本の「町内会」活動は、日本の伝統文化としても、世界に大いに発信できるものである。

２．ボランティア活動

1997年に発生した「阪神淡路大震災」を機に、ＮＰＯ法が成立して、日本においてもボランティア活動が、法人として可能となり、多くのＮＰＯ法人が成立していった。地域において、行政にできない地域課題の解決のため、専門的な知識を有するボランティア活動が、盛んに実施される事となった。

行政は、ＮＰＯ法人に行政の一部の業務を委託したり、協働して取り組むようになった。住民のニーズを専門的に解決しようとするその思いは、ボランティア精神に溢れている。ＮＰＯ団体は、活動の継続のために、収入を得て事業を継続している。広域の災害における支援活動は、もちろん、日々の社会的な諸問題の解決のためにも対応している。地域においては、無くてはならない存在のＮＰＯ法人もある。

誰しもが、高齢者になり、また、いつ障害者にならないとは限らないのが現代社会であり、ＮＰＯ法人は、その最前線で活躍している。著者は、障害者施設を数ヵ所訪問して、研修を受ける機会があったが、殆んど「善の志し、善の行為に」に貫かれた貢献と、社会的弱者への支援に、涙した事を覚えている。感動で胸が一杯になったことも経験した。

このボランティア活動に、元気な高齢者や健全者の多くが、参加しやすく支援できる仕組み作りを広く紹介して、参加して実感した内容を、共有できる機会を持って欲しいと願うものである。

欧米では寄付社会と言われるように、多くの慈善団体に国民が経済的に応援し、これによって社会に尽くすという考えが浸透している。博愛の精神の一つであろう。しかし、日本では、慈善事業そのものが、生活に溶け込んでいるため、あらためて何か施しをするという考え方は少ない。

ボランティア活動は、金銭的な充実より、やりがいや喜びを得る方が強い。「助け合う」、「支え合う」精神は、このボランティア精神が、基盤とならなければ偽善となってしまう。思いや志が高くなければならない理由がここにある。

青少年の課外授業の一環として、現実社会における地域の高齢者を訪問し、直に肌に触れ、何かお手伝いができる事を、実践させることはもとても重要である。交流が必要である。高校・大学生になれば、更に一歩前向きに、積極的に地域の介護施設や、老人ホーム等に出向き、ボランティア活動をする事が、社会貢献の一歩として義務化・定着化することも重要であ

る。日本の「助け合う」、「支え合う」精神は、世界へも伝達すべき文化である。特に発展途上国には、その波及が期待される。

3．海外との交流支援

　以前、ロシアの原発事故で放射能被爆を受けた青少年を、日本の医療機関が受け入れて治療し、ロシアの人々から感謝されたことがあった。特別な事情があったとはいえ、海外との交流の一環である。青少年の心には、感謝の思いがずっと刻まれたことであろう。

　世界には飲み水、食糧等の日常生活の支援を、必要とする国々が数多く存在している。アフリカを始め、経済的な低開発国がその多くを占めている。日本は、現地に出かけて行き、地道ではあるが井戸を掘り、農作物を作る技術を教えて、多くの国に貢献している。

　生活レベルで、生きていくための支援や、お手伝いをすることは、非常に大切であり、海外青年協力隊として、志の高い青年を中心に活動がなされている。日本の青年の多くが、開発途上国への支援活動が当たり前のように行われる事が望まれる。

　そして、これらの青年を経済的に支援する「ユニセフ」もある。日本は、高学歴社会となって、支援できる人材が豊富に存在しているが、支援後のケアとか、社会的な地位向上が、野放しの状態で報われない社会である。これらのアフターケアの環境整備も重要である。

　また、海外の青少年等を日本に招き、留学やホームスティー、技術習得の研修制度等を更に拡大して、受け入れる体制作りも、大いに必要となる。日本人が世界各国へ旅行で出かける人は数多くいる。旅行費用の５％ほど、上記の事業に充当して、支援するような仕組み作りをすれば、どれだけ世界との交流ができるか、図りしれないと考える。世界との交流を通して、世界から信頼されることがはるかに重要である。

　世界に貢献できる人的資源の交流について、資源を持たない日本は、資源の一つである人財を、日本文化も含めた人的交流により、後進国等に貢献することが可能である。例えば、水不足・砂漠化の対応、植林作業、降雨技術等の専門家を現地に派遣し、現地が自立できる援助をする事である。

　また、地球表面の多くを占める海洋についても、日本は海洋資源開発の深海探索、資源採掘、メガフロート技術等が進んでいる。例えば、ブラジル沖での石油採掘プラント、日本近海での資源開発等で世界が注目している。海洋資源開発は、生物・鉱物が無尽蔵と言われている中で、今後ますます必要となる分野である。

　これらの人的交流の援助等について、相手国への人道支援も含め、経済安定と平和に貢献する事が第一義でなくてはならない。

4．「共通価値の創造」の実践

　企業による社会貢献や事業継続を考慮した時、ポーター博士が提唱する「共通価値の創造」について、すべての企業が事業の中に盛り込み、実践する事の必要性を述べたが、中小企業を含む世界のすべての企業が、このポーター博士の理論を取り込む事を強く希望する。

　既に、世界の一流企業が採用して実証している。世界の環境改善にどれだけ貢献し、CO_2 削減に繋がるか測りしれない。と共に、世界の人類益に貢献するものである。環境面での貢献はこれに勝るものはない。先進国の企業がまず率先して自ら実践し、後進国へこの面での事例を作ると共に、支援し推進して普及させていかなければ、人類の破滅につながる事ともなる。

社会が、善の方向へ、善の拡大となる事が大切である。

社会を大きく支えていく企業の存在価値や、その在り方が問われている。ポーター博士は、世界の社会的・経済的な諸問題の解決を、ＣＳＶという概念を下に、企業が事業活動そのものに取り入れるよう主張し、世界の一流企業が、ＣＳＶの概念を事業に取り入れ成功させている。ポーター博士の提言は、「人間主義の経済」の一端を実践していると考える。

５．自然保護、地球温暖化防止

全世界の各地で、日々、自然保護、地球温暖化防止への取り組みが展開されている。日本は、これらの諸活動の推進のための、「世界の先端的な技術」を数多く有している。この分野でも、日本は世界に貢献できるポジションにある。

CO_2削減の環境対策は、経済的負担や各国の利害関係のため、その推進が進展していない。このままでは、地球の環境がますます破壊され、取り返しの付かない事が想定され、将来の不安材料である。特に、先進国と新興国・経済発展途上国間においては、取り組みに対して関係が悪化している。しかし、温暖化の影響で異常気象が発生し、世界の各地で毎年、人命・財産・農作物等について、多大な被害が発生している。

日本は、環境技術等の面でも世界のトップレベルを有しており、新興国や経済発展途上国への支援は、日本が有するこれらの環境技術の伝播やそれらの国々が自立できるような貢献を、経済的にも人材にも、惜しみない支援をすることが重要である。そうする事により、日本は世界から信頼され、生き残っていく道であり、世界への貢献が全てである。これらを通じて、日本は真のグローバルな人材を育成し、人材で世界に貢献する事である。

６．社会的問題の対応

池田ＳＧＩ会長は、30年前から、毎年１月下旬に世界の諸課題に対して、「人間主義の哲学」を基盤とした視座から、ＳＧＩ提言としてまとめ、国連を始め世界に発信してきた。世界の識者、国連からも多大な評価があり、提言の一部は、取り入れられて実現されてきた。

30年の節目である本年、ＳＧＩ提言の論点を整理して、21世紀の世界へ採用と実践をしていく事が必要である。

世界の「善ある人々」との連帯や、民衆次元でのつながり・交流が今ほど大切な時期は無いと考えている。そして、世界の平和と人々の生命尊厳の潮流が、世界を潤していくことが、21世紀の社会に向けて、今ほど求められている時はないと考える。ＳＧＩ提言の内容は、世界において一つ一つ実現される事が求められている。

11.5 「人間主義の経済」への転換

「人間主義の哲学」を基盤とした、経済活動への転換がいかに必要かを考察してみたい。20世紀の経済を支えてきた経済理論は、マクロ経済学を中心としたケインズ理論が、その中心であった。しかし、現代社会の経済活動において、国の経済政策は、これらの経済理論では行き詰まり、世界において経済活動を不安定にしている。

これに替わる経済理論は、一般社会に敷延しておらず、母校の創価大学の大西教授、及び東洋哲学研究所の後藤所長により、発刊された「人間主義の経済学」として、世に出され人間主

義の経済への転換を促がしていた。

　現代社会は徐々にではあるが、「人間主義」指向の経済学を求めており、模索している。先進国・新興国・経済発展途上国といった、政治・経済の競争社会での評価で、世界を区別しているが、もはや、経済大国といえども、一国のみの経済政策の実施では、経済上の課題の対応や解決はできない状況にある。

　その中で、政治・経済の競争が行われて、さらに不安定な世界を現出している。従来の経済活動の延長ではなく、『WORK SHIFT』に見られる如く、グローバルな世界経済の下では、働き方の多様性を含め、個や全体の調和を如何に求め、共どもに生き生きと活動できる成熟社会が求められている。

　この社会では、対象となる人間そのものが、意識変革されなければならないことや、社会形成が前提となってくる。世界の知性や社会的な意識の高い人々は、その変革の原動力として、ＳＧＩの「人間主義の哲学」を基盤とした、社会構築や経済活動に目を向けるようになった。

　この「人間主義の経済」への転換こそが、社会の基盤とならなければ、人間の営みである経済活動が、退化して価値観の低下と共に衰退していくことを危惧するものである。第10章で述べた如く、世界では「人間主義の経済」への転換が様々な事象を通じて、徐々に実現されつつある。

11.6　自立した「個」の確立

　人間として、自立した生き方が、今ほど求められている時はない。そして、この自立した「個」が集合して、地域や社会を形成する事が、現代社会において必要である。自立は、年代・性別・職業・地域・家族・国家・民族等、個人を取り巻く環境により、大きく影響され、差異や差別を生じている。自立は、ある面では各人の個性となって現われる。

　自立は、他者との関わり合い、各人の生き方にも関わってくる。人々が、何を基盤として生きていくかが、ますます問われる。多くの日本人は、自立するという点においては、不得手と言われる。

　日本人は、農耕民族であり共同生活を優先し、団体活動や和の精神を大切にして、個人や自立は、従属とされてきた。長い歴史の中で、日本の統治体制は、天皇中心社会や武家社会が長く続き、人々は上意下達の中で生きてきた。また、家族形成も、家長中心に営々と築いてきた社会であった。

　このような中で、戦後、日本は外国から与えられた「民主主義の国家」となり、それまでの社会や家族制度の在り方が大きく変容し、混乱に陥ったことも歴史の事実である。また、第二次世界大戦の戦争の反省と影響から、人々の生きる基盤となる宗教や政治に関して、教育から除外してしまい、経済至上主義へと突き進んでいった。

　社会的には、従来の「ムラ社会」から、欧米型の生活様式へと取り替わり、近隣との人々の「つながり」も希薄化していった。産業資源のない日本にとり、経済発展のためには貿易活動を活発化するとともに、研究・開発に向けられ、日本人の勤勉さ・粘り強い勤労・貯蓄性向の高さは、日本経済を、世界第二位の経済大国へと発展させた。

経済的な豊かさは、ある程度手に入れたが、精神面における、各個人が如何に生きるかの考え等は欠落していった。生きるために必要な要素、と言われる宗教を例にとっても、青少年時代には全く教育を受けられず、その理解は、基本的な事さえ認識が劣悪であり、自分の意思がどこにあるのかも、また、社会参加としての政治や宗教への関心も、著しく退化していった。

　このように、日本人の本質的な体質は、歴史からも国家からも、人々はいびつな生き方を強いられてきたと言わざるを得ない。人間の生活の基盤である宗教については、とても重要な要素にも関わらず、正邪混同する生き方を選択してきた。日本人にとって、自立した「個」の確立を目指すことは、至難の事となっているのが現実である。

　しかし、普遍的な創価の思想・哲学は、人間生命の尊厳を根本として、人々の生き方を説き、人間の在り方について、完璧に提示している。そして、その具体的な発露は、文化・教育・平和等の人間主義に向けられ、自立した「個」の確立に大きく寄与することとなる。

　約半世紀以上に亘る、池田ＳＧＩ会長の世界への平和旅による、対話の交流は、世界から「人間主義の哲学」と称され、創価の思想として高く評価され希求されている。日本には、世界に誇るこの普遍的な創価の思想・哲学が存在している。この哲学を基盤とした、21世紀を「生命の世紀」、「人間主義の社会」への実現のため、世界に発信可能である。

　自立した「個」の確立は、21世紀社会構築の原動力であり、著者は、その核心は、普遍的な創価の思想・哲学を基盤として形成されることにあると考えている。

　人間社会の営みにおいて、21世紀は自立した「個」の確立が求められている。自立した「個」の確立とは、独善的な一人よがりではなく、自らの成長と共に、社会や他者に対し貢献できること、役に立つ事を自覚した、一人一人になる事である。

　自立することの必要性は何か。世界的に定着している個人主義の考え方は、社会的にも行き詰まり、種々の問題・課題を生じている。本来、人間には、他者と生きるという、生命の本来の性質を有している。現実の生活の中で、青年の成長する過程において徐々に歪められている。そして、個人主義が蔓延する社会は、行き詰まり綻びかけている。

　これを打破し、本来の人間らしい生き方を求める活動が、自立するということである。他者との関わり合いの中に、自立心は鍛えられ磨かれていく。そして、自立とは、他者に貢献する生き方の中に存在するものと考えられる。この「個」の善の連帯が、地域に、各国に、世界に拡大していった時に、世界は、善の方向へと大きく回転していく事となる。

　「人間主義の哲学」では、自立した「個」の確立を「一人立つ精神」ともいう。「人間主義の哲学」を実践し、自身の生命を善の方向に繰り返し鍛えることである。生命尊厳について誰人の胸中にも見出す事である。そして、他者のために尽くす一生で有りたいと念願する。個と全体の関係は、次頁の如く同心円である。

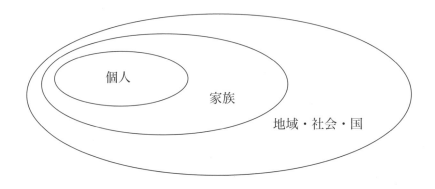

11.7 「人間主義の哲学」の潮流

　現代社会において、日蓮聖人の、万人に開かれた宗教における生命尊厳の哲理と、ＳＧＩの普遍的な「創価の思想」は、世界の五大陸の人々に実践されている。資本主義社会の国々は勿論、中国・キューバ・ロシアといった、社会主義社会の国々にも受け入れられている。また、世界の大学や学術機関では、池田ＳＧＩ会長の思想を研究・学ぶ研究センターが設立されて、研究している。

　特に中国においては、多くの一流大学で池田ＳＧＩ会長の、「人間主義の哲学」の思想を研究する研究センターが数多く設立されており、毎年、研究成果を発表している。「人間主義の哲学」は、世界各国の指導者層及び識者から、「ＳＧＩの人間主義の哲学、及び人間革命の運動を実践していきたい」との声と共に、深く共鳴されつつある。また、各国におけるＳＧＩメンバーの信仰における実証は、社会の共感を得て受け入れられ、理解されている。

　歴史上からも、優れた宗教は文化の興隆と共に、その国を繁栄させてきた。そして、今、21世紀において、人々から社会から「人間主義の哲学」の実践が求められ、世界各国のＳＧＩは、それに応えている。

　なお、ＳＧＩが実践している「人間主義の哲学」は、人種・思想・哲学・宗教を超えて、一対一の対話を通して、人間の生命の中にある「仏性」を呼び覚ます運動でもある。誰人の生命にも、生命第一の「生命尊厳」を内在している思想である。

　ＳＧＩは、世界で唯一の「人間主義の哲学」を実践する仏教団体・宗教団体である。池田ＳＧＩ会長は、半世紀以上に亘り、世界の知性との対話を通し、人間主義の交流を深め・推進してきた。

　また、世界の知性の府である大学・学術機関で、「人間主義の哲学」を基盤とした講演を行ない、世界に多大なる影響を与えてきた。米国の「21世紀ボストンセンター」は、世界の知性に開かれたセンターとして、宗教間対話の交流等で活用されている。

　このように、「人間主義の哲学」の潮流は、世界を包みながら、人々の幸福実現へと寄与している。

最後に、11章に亘る、「人間主義の経済」を読了して頂き、ありがとうございました。読了後の感想や、ご意見等ありましたら、巻末の「著者紹介のページ」に記載の著者のパソコンメールアドレスに、遠慮なく送付・お寄せ頂ければ幸甚です。

コーヒー・ブレイク（第11章）

「生きる意味を考える！」

とうとう、最後の章まで愛読して頂き、感謝に堪えません。
サイゴに、感謝を込めて、「生きる意味を考える」とのテーマでお話しします。
若干、堅苦しい話しとはなりますが、今少し、おつき合い下さい。
「生まれた者は、必ず死ぬ」という事を、重大事と受け止め、嘆く人は殆どいない。
現代社会の生死観は、①死ねば全て無に帰す、②死んだ後も自分の霊魂は不滅、という二つの考え方がある。
夫々、深い意味が存在するが、仏法では、前者を「断見」、後者を「常見」というが、両生死観を否定している。
日蓮聖人は、「断見」や「常見」は、生と死を対立するものとして、捉える考え方であり、生死をありのままに見た智慧とは言えない。
「生」も「死」も、生命実相の違いでしかない。
「生きてをはしき時は生の仏、今は死の仏、生死ともに仏なり」と。
万物が、「生死の二法」の永遠のリズムを、織り成していると説いている。
池田ＳＧＩ会長が、ハーバード大学で上記の日蓮聖人の仏法の考え方を講演し、聴衆に大きな感銘を与えている。
人生で遭遇する困難に挑戦する中で、境涯を大きく開いた時、困難はむしろ感謝すべきものとなる。
著者が、在職時に黒四で経験したことは、人生の宝となっている。
「死」は、ある意味、人生の困難の中で、最も大きいものかもしれない。
故に、仏法では、瞬間瞬間を悔いなく、真剣に生き抜く中で、「生きる意味」を教えてくれる。
また、仏法に説く生死観に基づいた、生き方の中にこそ、何ものにも揺るがぬ幸福境涯があると述べている。
本書は、人々の生活の基盤である「経済」を通して、「人間主義」を宣揚しつつ、人々の「生きる意味」を問うている事も、その一つであると感じている。
本書を、長時間に亘って愛読して頂き、有難う御座いました。

THE END！

あとがき

　著者は、会社生活の中で、工場から本社部門に転籍となり、日本経済の中枢である都心に通勤することとなった。時間的な余裕も生じ、現代社会の様々な経済事象を経験する機会に恵まれた。電機業界の企業で定年退職までの44年余りを過ごし、団塊世代の一人として、現実の社会で日本経済の紆余曲折を、直に経験することができた。加えて、本社部門に在籍時、自宅近くの創価大学で、経済学を学ぶという機会にも恵まれた。大学で教授から学問における専門性の追求は、卒業後に更に努力して、研鑽し究明するようにとの指導があった。

　卒業後、都心で開催された講演会・フォーラム・シンポジウム等に積極的に参加し、その報告を参考論説としてとりまとめ、約40本ほど、職場に情報提供して共有を図った。また、母校の創価大学には、世界の一流の指導者等の来学があり、「人間主義の哲学」の交流を間近に触れる機会を得ることができた。

　本書は、人間主義を根幹とした経済観であり、「人間主義の哲学」を基盤としている。人間主義を理解するためには、深淵な仏法の法理等を論述して説明する必要があるが、理解しやすいよう、対談集の内容や現実を重視して論を進めた。経済は、現実社会の中で、人々が生活している活動そのものであると捉え、その観点から、人々が如何にしたら人間中心の、人間の意識変革をしていけるかの論点をフォーカスしている。

　また、人間主義を本質的に理解するためには、人間生命を解明した思想・哲学が必要であり、その裏付けとなる実証がさらに重要である。そのため、釈尊の「法華経」やその真髄を説いた、日蓮聖人の仏法を基盤として、現代社会に普遍化した「創価の思想」を、具体的に展開しているＳＧＩの運動も紹介して論述した。

　古今東西の学者たちが、真に顕すことができなかった「人間主義」について、人間生命の次元からその全容を論述した。世界の指導者・知性等は、現代社会に展開しているＳＧＩの「創価の思想」と「人間革命の運動」について、理解を深めてきている。

　中国の周恩来首相は、池田ＳＧＩ会長に、20世紀後半及び21世紀の世界に対して、後事を託している。普遍的な「創価の思想」は、科学的・哲学的・心理学的にも受け入れられ、世界から高い評価と信頼を受け、「人間主義の哲学」は、世界の人々から希求されている。

　著者が第10章で述べたように、日本は、経済至上主義の生き方に行き詰まり、これに代わって、東洋の叡知である人間主義、生命尊厳の思想を基盤とした「人間主義の経済」を取り入れて進めていくならば、世界から必ずや称賛されることになると確信する。世界の人々が、それらをモデルとして、経済を再構築し、社会の繁栄と平和に、大きく貢献できることが、実感される時代を迎える事となろう。

　本書の目的は、現代社会が、政治・経済の分野に限らず、現今の思想・考えでいきづまり、新たな力強い生き方を模索している過程において、その一助となることである。今後の社会は、人間主義が優先されて、最も尊重されなければならない、という考え方である。

　また、現代社会の経済至上主義の弊害を是正し、人間主義の哲学を基盤とした「人間主義の経済」へと転換を促し、これを機に人々の持つ経済観を見直し、人々の生き方そのものが自己変革していくチャンスになればと願うものである。更に、本書を一人でも多くの方が読まれ

て、経済を身近に感じて頂けるなら、これにすぐる喜びはない。

　最後に、アメリカ創価大学出身者で、経済学博士号を有する優秀な青年が、世界で活躍し、人間主義の経済学を、研究していると伺っている。彼らが、新しい経済理論の構築や「人間主義の経済学」を確立し、21世紀の世界に貢献して頂きたいと念願する。

　２０１６年５月３日

著者　　爲永　行雄

参考文献

二十一世紀の対話（上）、（中）、（下）	池田大作、A・トインビー	聖教新聞社
人生問答（上）、（中）、（下）	松下幸之助、池田大作	聖教新聞社
法華経の智慧（第1巻〜第6巻）	池田大作	聖教新聞社
日本仏教の歩み	小林正博	第三文明社
人間主義経済学	大西昭	第三文明社
人間主義経済学序説	後藤隆一	循環社会研究所
日本でいちばん大切にしたい会社	坂本光司	あさ出版
日本経済「永続」再生論	ドニーズ・フルザ	彩流社
構造改革の真実	竹中平蔵	日本経済新聞社
現代マクロ経済の分析	宮川重義	昭和堂
巨大企業の世紀	谷口明丈	有斐閣
西洋経済史	北政巳	創価大学出版会
グローバリゼーションと日本経済	青木健、馬田啓一	文眞堂
日本の構造改革とTPP	萩原伸次郎	日本出版社
金融市場と中央銀行	藤本裕	東洋経済新報社
日本の金融制度	鹿野嘉昭	東洋経済新報社
地域再生戦略と道州制	林宜嗣＋21世紀政策研究所	日本評論社
地方消滅創生戦略篇	増田寛也、冨山和彦	中央公論新社
国際標準化と事業戦略	小川紘一	白桃書房
スマートグリッド	横山明彦	日本電気協会
ワーク・シフト（WORK SHIFT）	リンダ・グラットン	プレジデント社
第二のビッグバン「郵政民営化の衝撃」	青柳孝直	総合法令出版
道路の決着	猪瀬直樹	文藝春秋
NTT民営化の功罪	神埼正樹	日刊工業新聞社
人間主義の経済社会	木川田一隆	読売新聞社
宇沢弘文のメッセージ	大塚信一	集英社
幸福度をはかる経済学	ブルーノ・S・フライ	NTT出版
人間が幸福になる経済とは何か	ジョセフ・E・スティグリッツ	徳間書店
降りてゆく生き方	河名秀郎	中央精版印刷
叱り叱られの記	後藤清一	日本実業出版社

（論文、レポート等）

「道州制のあり方に関する答申」	第28次地方制度調査会	答申
「道州制に関する基本的な考え方」	全国知事会	レポート
RIETIによる	独立行政法人経済産業研究所	レポート
「国際貿易と貿易政策の研究」		
「道州制に向けた第2次提言」	日本経済団体連合会	提言
震災復興関連調査研究論文集	国際公共政策研究センター	論文
経済発展理論の系譜と新潮流	鳥居泰彦	論文
産業財産権の現状と課題	発明協会	報告
H21年度事業・決算報告	科学技術と経済の会	報告
交渉学入門	日本知的財産協会	研修テキスト

（新聞、雑誌等）

日刊工業新聞	日刊工業新聞社
電気新聞	社団法人日本電気協会
日本経済新聞	日本経済新聞社
読売新聞	読売新聞社
聖教新聞	聖教新聞社
大白蓮華	聖教新聞社
第三文明	第三文明社
PRESIDENT	プレジデント社
週刊ダイヤモンド	ダイヤモンド社
中央公論	中央公論新社
日本原子力学会誌	日本原子力学会

参考資料１．貿易理論の概略

以下の４点の貿易理論について、概略説明する。
　　□A．比較優位
　　□B．ヘクシャー・オリーンの定理
　　□C．新貿易理論
　　□D．新々貿易理論

A．比較優位（comparative advantage）

比較優位とは、自由貿易に関して生まれた考え方で、経済学者のデヴィット・リカードが提唱した。比較優位（相手より機会費用の少ない）を持つ財の生産に特化し、他の財は自由貿易で輸入することで、夫々より多くの財を消費できるという、国際分業の利益を説明する理論である。比較生産費説ともいい、リカードモデルの基本である。但し、この説は現代では「失業者の存在を考慮していない」、「価格優位国は、完全雇用になり、価格劣位国は、失業が大幅に増加する」という欠点が指摘されている。リカードモデルとは、この比較生産費説に基づき、２国２財１要素を仮定したモデルである。１要素とは、生産要素のことで主に労働力を指す。

１．比較優位の定義

今、大国で一定人数の労働者が、一定時間働いた時、ワインならA本、毛織物ならB枚作れるとする。一方、小国で同数の労働者が、同じ時間働いた時、ワインならA^{1}本、毛織物ならB^{1}枚作れるとする。A＞A^{1}である時、大国はワインに関して小国に絶対優位であるという。

A／B＞A^1／B^{1}である時、大国はワインに関して（毛織物と比べた時）、小国に比較優位であるという。逆に、小国は、ワインに関しては大国に比較劣位であるという。

例えば下表の場合、大国が小国に絶対優位または、比較優位であるかどうかは無関係である。下表は、小国はワインに関して大国に比較優位である時、大国はワインに関して小国に比較劣位であるという（毛織物については比較優位が逆となる）。

国	ワインの生産	毛織物の生産
大国	10本	5枚
小国	9本	3枚

２．国際分業

大国が小国に対し絶対優位の場合、大国は小国から財を輸入する必要性はなく、また、小国は大国との貿易において、利益を得られないように感じられる。しかし、比較生産費説において、実際に貿易が利益をもたらすのは、絶対優位性ではなく比較優位性にある事が、下記の数値例で示される。

一人の労働者が一定時間働いた時、大国及び小国がワインないし毛織物を作れる数を上記の表とし、各100人がワインまたは毛織物を作ったとすると、生産量は次頁の表となる。

参考資料　447

	ワインの生産		毛織物の生産	
	労働者	生産量	労働者	生産量
大国	100人	1000本	100人	500枚
小国	100人	900本	100人	300枚
総生産量		1900本		800枚

　大国と小国が貿易をする事により利益を増すためには、両国は自分が比較優位にある財に特化する。例えば大国は、比較優位にある財（毛織物）の労働者を180人に、小国はワインの労働者を200人に増やすと、生産量は次のように変化する。

	ワインの生産		毛織物の生産	
	労働者	生産量	労働者	生産量
大国	20人	200本	180人	900枚
小国	200人	1800本	0人	0枚
総生産量		2000本		900枚

　上記の表は、ワイン・毛織物とも以前より総生産量が増えている。適切に再配分すれば貿易前より両国共に消費量を増すことができる。例えば、小国から大国にワインを850本輸出し、大国から小国に350枚の毛織物を輸出すれば、総生産量・消費量は下表となる。

国	ワイン	毛織物
大国	1050本	550枚
小国	950本	350枚
総生産量	2000本	900枚

　上記の表のように両国の消費量が増え、このために貿易が必要になることがわかる。絶対優位にある大国が自国でも生産できる財を小国から輸入すべきであり、他方、小国も貿易で利益を得られることがわかる。

> 各々が比較優位な産業に特化すること（国際分業）によって、全体的な生産性が増大する。更に自由貿易により両国とも消費を増大させる事ができる。比較優位のある財を輸出し、比較劣位にある財を輸入する事で、絶対優位に関係なく貿易で利益を得られる。

３．機会費用

　上記の例では、ワイン生産を見た場合、大国では毛織物を１減らして、ワインが２本しか増えない。小国では毛織物を１減らして、ワインを３本増やすことができる。これは比較優位に立つ側は、相手側よりも少ない費用で生産することを示している。

４．比較優位の問題点

　下記の問題から、リカードのいう国際分業・自由貿易は、理想ではあるが世界の政治的・軍事的統一が、民主的になされるまでは、完全実施は無理があり「あくまで遠い理想」、「各主権国は、自国が損になる貿易を強要される謂れはない」というのが国際政治学・経済学の一般認識である。これらの問題を軽視した、新自由主義者の机上論的な比較優位論への過度の傾斜は、実務的に多くの問題点を引き起こし、新自由主義への懐疑論を広げている。

＜問題点＞

①失業の問題

　　上記の大国・小国の例では、両国とも100人が失業している状態で、自由貿易を行えば比較優位の大国は完全雇用を達成し、比較劣位の小国は全員に近い人数が失業してしまう。

448

特に通貨が高い国に失業が集中する。

②安全保障の問題

日本は、レアアースの輸入について、比較優位の中国に集中したため、比較劣位の米国・フランスの鉱山は廃業した。尖閣諸島領有権で日中が対立すると、中国がレアアースの輸出を止め、日本は大混乱に陥った。

2014年のタイ国における洪水で、工場が水没するなどして、ハードディスクを使用するコンピュータ・音響機器・カーナビその他の生産が大混乱した。

5．輸出競争

世界の国々は、地球規模の貿易ネットワークで、大なり小なりつながっている。輸出している商品は、国内需要よりも多く生産していることだから、特化が進んでいることになる。

輸出で得た外貨は、より高い利益を得た産業が、より多くの自国通貨を得る。輸出競争力が高い産業は、より高い利益を得るため生産を拡大し、より多くの利益を得ようとする。この結果、輸出競争力のある産業（比較優位な産業）へ特化が進む。

B．ヘクシャー・オリーンの定理（Heckscher-Ohlin The orem）

ヘクシャー・オリーンの定理とは、「各国の相対的賦存の差異が、貿易パターンを決める」ということである。各国は、自国に豊富に賦存する生産要素を、集約的に生産に使用した最終財を輸出する。

例えば、「日本は、中国に比較して資本が（労働よりも）豊富に賦存している国だとすると、日本は、中国に資本集約的な財を輸出し、中国は、日本に労働集約的な財を輸出する」という法則のことをヘクシャー・オリーンの定理という。

資本集約的な財とは、ハイテク品（自動車・エレクトロニクス、産業機械など）であり、労働集約的な財とは、ローテク品（ぬいぐるみ、衣服、スニーカ等）をいう。

ヘクシャー・オリーンモデルでは、生産要素の豊富さと、財によって生産する際の生産要素集約性が異なる間の関係を考える。生産要素の豊富さの違いは、生産要素賦存量の比率の違いでもあるので、ヘクシャー・オリーンモデルは、別名「要素比率理論：factor proportions theory」とも呼ばれている。

1．基本モデルの説明

ヘクシャー・オリーンモデルでは、二つの国、二つの財、二つの生産要素（資本と労働）からなる世界を考える。モデルにおける条件は以下である。

　　□財は貿易が始まると二つの国を自由に移動する。
　　□生産要素は貿易の有無に関わらず、国の間を移動しないとする。但し、生産要素は同
　　　じ国内の産業間では自由に移動できる。
　　□両国の貿易収支は均衡している（輸出＝輸入の状態にある）。
　　□先のリカード・モデルとは以下の点が異なる。
　　　・両国が同じ生産関数を持つ（両国の生産技術に違いがない事を意味する）。
　　　・生産に労働だけではなく、資本も投入する（生産要素は二つとなる）。

（リカード・モデルと同様、生産要素は無駄なく生産に投入される。）

ヘクシャー・オリーンモデルは、生産要素の賦存（endowments）が、国によって異なる事が貿易前の相対価格の違い、即ち比較優位の違いを生み出す事となる。消費者の選好は同一であるだけでなく、ホモセティック（相似拡大的）である事も仮定されている。

ホモセティックな選好とは、あらゆる相対価格に対応する所得拡張経路（所得消費曲線）が、原点から放射線状に伸びているような、無差別曲線で表わせる選好関係である。即ち、ひとたび消費財の相対価格が決定すると、所得の多い人も少ない人も、同じ比率で消費財を購入するような選好である。

もともと、比較優位の概念とは、貿易前の財の相対価格の違いが貿易のフロー（貿易パターン）を決めるという事であった。その貿易前の相対価格を決める３つの要素は、以下である。

　　　　□賦存（endowments）
　　　　□選好（preferences）
　　　　□生産技術（technologies）

ヘクシャー・オリーンモデルでは、後の二つはどの国でも同じと仮定されているので、生産要素の賦存（endowments）の違いが貿易のパターンを決める原因となっている。

ヘクシャー・オリーンモデルは、「各国の資源の豊かさ」と「生産される各財の技術上における生産要素の集約度」の相互作用（interaction）がもとで、比較優位の源泉となっている。

上記のハイテク財／ローテク財をモデルとした、生産関数を求めると以下となる。

x、y	---- ハイテク財（X）、ローテク財（Y）の生産量。
Lx、Ly	---- X及びYの生産に投入される労働。
Kx、Ky	---- X及びYの生産に投入される資本。
f（Lx、Kx）	---- Lx、Kx を投入した時の財Xの最大生産量。
f（Ly、Ky）	---- Ly、Ky を投入した時の財Yの最大生産量。

上記の条件から、２つの財における生産関数は以下の（1）式となる。

$$（1）式 \quad \boxed{\begin{aligned} x &= f（Lx、Kx） \\ y &= f（Ly、Ky） \end{aligned}}$$

この経済（あるいは国）における各々の生産要素の賦存（endowments）の量を夫々 $\overline{L}>0$、$\overline{K}>0$ であるとすると、生産要素の完全雇用条件は以下の式となる。

$$（2）式 \quad \boxed{\begin{aligned} Lx + Ly &= \overline{L} \\ Kx + Ky &= \overline{K} \end{aligned}}$$

（1）式及び（2）式を組み合わせれば、生産可能フロンティア（Production Possibilities Frontier：ＰＰＦ）のグラフを描くのに必要な情報となる。

２．貿易モデルの共通仮定

国際貿易のモデルには多くの共通している仮定がある。一般的に、貿易とは Outputs の国際取引を表す。但し、例外として多国籍企業の企業内貿易を扱う際には、最終財の貿易だけではなく、中間財の貿易も考慮する場合がある。財や要素の移動可能性は以下である。

① Outputs ： 生産財は国際的にも移動可能である。

② Inputs ： 生産要素（factors of production）は同じ種類なら均質で、国内のみ

産業間移動は自由である。資本や労働力などの生産要素は、国境を越えて海外には移動しない。

3．仮定

貿易モデルの仮定の内容は、表X–1のヘクシャー・オリーンモデルにおける仮定の概要を参照方。以下にその補足をする。

仮定1：生産要素は国境を越える移動はできないと仮定するが、将来は生産要素の海外に移動する例外も扱うことがある。例えば以下の例がある。

①多国籍企業や企業の対外直接投資（ＦＤＩ）の場合、資本が移動する。

②移民の問題では、労働が海外に移動する。

また、モデルの中では、生産要素の賦存量は一定不変の所与として扱い、勝手に労働供給量が増減しない。生産要素は、価格が変化しても労働や資本の供給給量は変化しない。

仮定2：貿易にかかるコスト（輸送費や関税）はゼロと考えるため、自由貿易のもとでは国内と海外での相対価格は同じになる。

仮定3：国境を越える時の貿易コストはゼロのため、今後、関税の問題を考えたり輸送費がかかる問題を考えたりする時は、この仮定は外される。

仮定4：個々の経済主体（消費者や企業）がプライステイカーであっても、国全体としては大国なので、貿易量を増すと交易条件が変化するということは、十分に考えられるケースである。完全競争の仮定のもとに、企業の不完全競争を取り入れたモデルの分析では外される。

仮定5：貿易赤字や黒字は考えない。国の所得線（予算制約線）は、国の生産点を通る。国内の経済主体が、貯蓄や借金による消費活動などを行なわないという仮定。

仮定6：世界中で消費者の選好は共通（同一）であり、かつ、ホモセティックである。

仮定7：世界中で生産技術は共通（同一）である。

（仮定6と7は、現実に有り得ない。モデルの仮定である。）

表X–1　ヘクシャー・オリーンモデルにおける仮定の概要

仮定	仮 定 の 内 容	備考
仮定1	生産財は国際的な移動（国際貿易、国際商取引）が可能であり、生産要素（資本や労働）は国境を越えて移動できない。 但し、生産要素は国内であれば1つのセクターから自由に別のセクターに移動（国内取引）はできる。将来の分析では、生産要素が海外に移動する例外も扱う事がある。 　　□資本 --- 多国籍企業や企業の対外直接投資は海外に移動する。 　　□労働 --- 移民による場合、労働が海外に移動する。 生産要素の賦存量（endowments）は、一定不変の所与として扱う。例えばモデルの分析中に勝手に労働供給量の増減はしない。	共通的な原則。
仮定2	生産要素は、モデルの中では完全非弾力的に供給される。また、原則として生産要素は、完全雇用されており失業は存在しないものとする。 指定がない限り、貿易にかかるコスト（輸送費や関税）はゼロと考える。従って自由貿易の下では国内と海外での相対価格は同じになる。	共通的な原則。

参考資料　451

仮定3	原則として、国境を越える時の貿易コストはゼロである。 基本モデルでは、貿易コストはゼロだけれども、今後関税の問題を考えたり輸送費がかかる問題を考える時には、この仮定は外される。	
仮定4	財と生産要素の市場は完全競争均衡。 個々の経済主体（消費者や企業のこと）がプライステイカーであっても、国全体としては大国なので貿易量を増やすと交易条件が変化すると言う事は十分に考えられるケースである。 この完全競争の仮定ものちに企業の不完全競争を取り入れたモデルの分析では外されることとなる。	
仮定5	原則として、貿易収支はバランスしている。 貿易赤字や黒字は考えない。国の所得線（予算制約線）は、国の生産点を通る。これは国の中の経済主体が異時点間の取引（貯蓄や借金による消費活動など）を行わないという仮定と同じである。	
仮定6	世界中で（2国のケースでは自国と外国で）消費者の選好（prefer-ences）は共通（同一）であり、かつ、ホモセティック（相似拡大的）である。	ヘクシャー・オリーンモデルの仮定。
仮定7	世界中で生産技術（technologies）は共通（同一）である。	（同上）

C．新貿易理論（new trade theories）

独立行政法人　経済産業研究所（ＲＩＥＴＩ）の研究員が、「国際貿易と貿易政策研究」のレポートの中で、新貿易理論をわかり易く解説しているので引用した。

1．新貿易理論とは

新貿易理論とは、2008年にノーベル経済学賞を受賞したクルーグマン（Krugman）らが、1980年頃に開発した貿易理論である。この貿易理論を開発した背景は、先進国間での貿易が、世界全体の貿易の多くを占めるという現実があった。

例えば、産業内貿易では、貿易自由化の結果として、産業構造の変化という痛みを伴わない。従って、産業内貿易が多く見込まれる国々同士（特に先進国間：欧州連合等）では、貿易自由化が進みやすいが、ヘクシャー・オリーン型の産業間貿易が多い、国々同士（先進国と発展途上国間）の貿易自由化は進みにくい事となる。

また、先進国間の貿易は、似たような工業国同士による、同じような工業品の産業内貿易であるという特徴を有していた。こうした現実を踏まえて、クルーグマンは、嗜好や技術、要素賦存が同じである2国間でも、貿易が生じる理由を探求した。

従来の伝統的貿易理論（リカード及びヘクシャー・オリーンの貿易理論等）では、技術または相対的要素賦存の違いが、小さい先進国間の産業内貿易の進展を説明する事は困難であった。

2．新貿易理論の基本構造

クルーグマンのモデルは、生産要素が、労働のみしか存在せず、従って2国間で相対的要素賦存に、差異が生じない状況を考えている。更に、生産に要する技術も、製品に対する嗜好も、2国間で同一であると仮定する。

新貿易理論は、このような設定のもとでも、貿易が生じることを示そうとした理論である。新貿易理論の基本構造は、独占的競争・収穫逓増・多様性選好・氷塊型輸送費用及び自国市場

効果といった項目からなる。

（1）独占的競争

　新貿易理論の具体的なモデルは、チェンバレン（Edward Chamberlin）型の独占的競争モデルを応用したものである。独占的競争モデルは、各企業が多少の独占力は持つが、新規企業の自由な参入によって、独占利潤を維持することはできず、独占利潤がゼロになるという事態を表現している。均衡において、利潤はゼロになるという自由参入条件は、財市場の均衡条件、労働市場の均衡条件、とともに一般均衡を条件づけている。

（2）企業の均質

　企業は労働のみを用いて１種類の製品を生産するが、生産には規模の経済が働く。つまり、固定費用が存在するため、製品を作れば作るほど、製品単価が下がると仮定される。加えてクルーグマンは、企業の費用関数は全ての企業が同一であるという「企業の均質性」の仮定をおいた。この企業の均質性のために、全ての企業の生産量、製品価格、従業者数は等しくなる。企業の均質性の仮定は、現実から乖離しているが、理論を非常に簡潔にする利点がある。

（3）多様性選好

　クルーグマンは、消費者が多様な種類の製品から、効用を得ると仮定している。各企業は、１種類の製品を生産し供給すると考えられている。消費者は製品の量が多いだけではなく、製品の種類すなわち企業数が多いほど、高い満足感を得る。

　ある国において、生産される製品の種類は、国の規模によって定まる。国の規模が大きければ多くの労働者によって、多くの種類の製品を生産することができるからである。

３．貿易の収穫逓増

　もし、自国と人口規模以外、まったく同じ経済規模の外国が存在するときに、貿易は生じるのだろうか。クルーグマンは、収穫逓増（規模の経済）のために貿易が生じるという。

　古典派国際貿易理論は、二国間の違いが貿易からの裨益（ひえき）の源泉であったが、新貿易理論では、二国間の違いはなくとも、生産逓増（ていぞう）の産業であれば、貿易することにより効用を高めることができるとする。収穫逓増には以下の二種類がある。

（1）外部収穫逓増（完全競争市場）

　産業全体の生産量が増えた場合に、自分の工場の生産量が増えなくても、単位あたりより安く作れる。小さな工場でも、他の工場より生産性が低いということはなく、沢山の工場が市場参入が可能となる。完全競争市場となる。

（2）内部収穫逓増（不完全競争市場：独占や寡占）

　自分の工場の生産量が増えれば、単位あたりより安く作れる。自分が属している産業全体の生産量とは関係がない。大きな工場ほど、単位あたり安く作れるので、不完全競争市場となる。

　消費者は、多様な製品を消費するほど高い満足感を得る。外国の生産者は、自国の生産者と異なる製品を作っている。収穫逓増のために、企業は他社と同じ製品を作っても、製品単価が高くなってしまい競争に負ける。そのため、自国の企業も他国の企業も、世界で自社のみが生産する独自の製品に特化している。

参考資料　453

消費者は、外国の製品を購入できるようになれば、製品の種類が増し満足度が高まる。新貿易理論では、消費可能な製品種類の増加という、伝統的貿易理論にない新しい貿易利益が示される。貿易利益を支持するいくつかの実証研究もある。以下の表は、旧と新の貿易理論による、差異を整理したものである。

＜貿易理論＞	代表的文献	貿易の原因	貿易利益
伝統的貿易理論 （旧貿易理論）	リカード（Ricardo）	比較優位 技術（生産性）格差	各国間の生産の機会費用の差異の利用から生じる。
	ヘクシャー・オリーン （Heckscher & Ohlin）	比較優位 相対的要素賦存の差	
新貿易理論	クルーグマン （Krugman）	規模の経済（収穫逓増） ＋消費者の多様性選好	消費可能な製品種類の拡大から生じる。

４．完全競争市場、独占市場

　完全競争市場とは、市場に無数の供給者がいるので、個々の供給者は市場への影響力を持っていない。市場の価格をそのまま受け入れるしかない。

　これに対し、独占市場とは、市場に一社しか供給者がいない市場である。市場全体の需要が、そのまま独占企業の需要なので、独占企業は右肩下がりの需要曲線に直面している。独占的競争市場を仮定する、クルーグマンの新貿易理論では、沢山の競争相手がいるので生産者同士のゲームがない。

　一方で、生産者の数が少なければ、企業は、相手の動きに応じて自分の動きを変える。相互ダンピング（Reciprocal dumping）は、ミクロ経済学で学ぶ、価格差別化を貿易に応用したものである（企業は、往々にして客層により価格を変える。例えば、公共の交通機関における社会人と学生との料金差の如くである）。

　企業は、価格差別化を、国内市場と海外市場との間で行う事がある。実施するには以下の２つの条件が必要である。

　　　　　□市場が非完全競争市場であること。

　　　　　□転売が不能（安い市場で買って、高い市場に売ることができない）であること。

　ミクロ経済学の基本であるが、利潤最大化を目的とする企業は、限界売上高（Marginal Revenue）＝限界費用（Marginal Cost）になる数量を生産する。企業の生産活動は、通常、固定費用と変動費用を伴う。

　典型的な費用曲線は、次頁の図である。

５．自国市場効果（home market effect）

　現実の貿易では外国の製品を購入する際、購入価格には輸送費用が含まれる。クルーグマンは、分析を容易にするため「氷魂型輸送費用」と呼ばれる単純な輸送費用を、独占的競争モデルに導入した。氷魂型輸送費用は、外国から自国に製品が輸送される間に、製品の一部が溶けて消えてしまうとみなして、定式化されるものである。

　氷魂型輸送費用は、国際貿易分野の研究で多用されている。

　規模の経済（収穫逓増）が働くとき、企業は自国の市場が大きければ大きいほど、製品単価を下げることができる。理由は、大きな需要に応じてたくさん生産すれば、規模の経済が働き、製品単価が減少するからである。

<費用曲線>

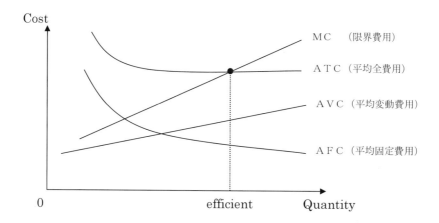

　加えて輸送費がかかるのであれば、企業は大きな市場の国に立地して規模の経済を生かし、外国に輸出を行うことになる。大きな市場の国に立地して、そこから小さな市場の国に輸出するほうが輸送費を節減できるからである。
　つまり、輸送費と収穫逓増が重要な場合、ある財について大きな市場をもつ国は、その財の純輸出国となり、需要以上に生産が大市場に集中する事となる。これは「自国市場効果」と呼ばれている。例えば、米国では航空機需要が日本より大きい。そのため、自国の需要に加えて、日本への輸出の分も自国で飛行機を生産する事になる。その結果、航空機の需要以上に、生産が米国に集中することとなる。

６．政策上の含意

　現今、中国の飛躍的な経済成長を横目に、日本経済は停滞し、世界における経済的な地位は低下する一方である。日本の経済規模の相対的な低下は、日本での生産の縮小につながると考えられる。「自国市場効果」の洞察によれば、日本の需要の減少以上に国内生産が縮小し、中国に生産が移転する可能性すらある。
　新興国等に生産拠点が移転し、日本には逆輸入する動きが見られる。生産拠点の移転はとりわけ、輸送費や規模の経済が、重要な産業においては重要になると予想される。
　このような状況下において、日本政府が政策としてなすべきは、貿易費用（輸送費用）の低下に努めることである。貿易費用が低下すれば、成長する新興国市場において現地生産せずとも、日本で生産した製品を輸出する手段の有効性が高まるからである。
　いわば、日本と世界との国境を取り払い、成長する新興国を含む世界市場と、日本市場を一体化すればよいのである。市場拡大の取り組みとして、日本は自由貿易協定（ＦＴＡ）の対応は遅れており、日本市場の需要縮小とともに、国内生産が縮小していく可能性が懸念されている。

７．その他

　以上の如く、1980年頃に開発された新貿易理論は、クルーグマンが仮定した「企業の均質性」は、分析を簡便にする上で大きな威力を発揮したが、現実から大きく乖離したものであった。「企業の異質性」を組み入れた新しい貿易理論は、2000年代から急速に発展し、新々貿易理論へと大きな潮流となった。

D．新々貿易理論（firm heterogeneity model）

　新々貿易理論とは、ハーバード大学教授のメリッツ（Marc Melitz）が、クルーグマンらの新貿易理論を発展させ、新しい貿易理論として、2000年代初頭より築いたものである。

　メリッツ・モデルまたは異質な企業理論とも呼ばれる。但し、独占的競争・収穫逓増・多様性選好・氷塊型輸送費用といった、新貿易理論の基本構造は引き継がれている。また、「自国市場効果」のように、新貿易理論の含意はいまだ有効である。

　新々貿易理論について、独立行政法人産業政策研究所の「国際貿易と貿易政策研究」のレポートを、引用して説明する。

1．新々貿易理論の誕生

（1）新貿易理論との相違

　　　貿易の自由化が、経済にどのような影響を及ぼすのかという点については、一般均衡論でなければ答えることができない。メリッツは、Hopenhayn（1992年）の動学的な産業理論を、クルーグマンの新貿易理論に導入することで、一般均衡論の貿易理論を構築した。メリッツの貿易理論は、基本的にはクルーグマンを引き継いでいる。

　　　クルーグマンの仮定と異なる点は、以下の2点である。

①企業の生産性が異なると仮定

　　　クルーグマンは、企業の生産性は同一であると、暗黙に仮定しているが、メリッツは、企業の生産性が高いほど利潤が大きくなる。生産性の低い企業は、利潤が負になるので市場から撤退せざるを得ないと考えた。

②輸出は、輸送費用（氷塊型輸送費用）のみならず輸出固定費用がかかる。輸出には莫大な固定費用がかかるため、生産性の低い企業は輸出を行えないと考えた。

　　　結果として、メリッツの新々貿易理論は、輸出に必要な最低限の生産性を超える、一部の企業のみが輸出企業となる。メリッツは、クルーグマンと異なり、同一産業内においても、輸出する企業としない企業が、併存する現実を表現できるのである。

（2）貿易自由化の効果

　　　貿易費用が低下し貿易の自由化が進展すると、メリッツにおいては2つの効果が生じる。

①貿易費用の低下により、輸出が容易になる。

　　　これまで輸出ができなかった低い生産性の企業の一部も、輸出を行うことができる。

②国内で活動するために必要な生産性水準が上昇し、生産性の低い企業は退出を余儀なくされる。理論上は、輸出を行える生産性の高い企業が、雇用者を増やすことで実質賃金が上昇し、十分な賃金を支払えない、生産性の低い企業の退出が促されることとなる。

　貿易自由化の結果として、相対的に生産性の高い企業のみが生き残ることになる。労働市場に摩擦がなければ、高い利潤をあげる生産性の高い企業に、多くの労働者が集まり、このために経済全体として、生産性が上昇する。

　新貿易理論では、貿易利益の源泉は、規模の経済と消費者が利用可能な製品種類の拡大により生じるとするが、メリッツは貿易によって低生産性企業から、高生産性企業への資源の再配分が生じて、生産性が上昇するという新しい第3の貿易利益を示した。

２．企業の国際化と生産性

　国際貿易の分野で、国際化には高い生産性が必要である、と主張する「新々貿易理論」が脚光を浴びている。また、生産性の高い企業ほど、国際化する傾向にあるという実証研究が世界各国から出てきている。

　一方、国際化企業は、外国市場での経験によって、非国際化企業よりも高い生産性成長を実現できるとする、「国際化による学習仮説」を支持する実証研究もある。今後、労働力の増加が期待できない日本において、経済全体の成長には、個々の企業の生産性の向上が求められる。そのため、国際化を通じた企業の生産性成長、技術革新は重要な政策課題である。

　国際貿易の分野において、企業レベルの生産性の測定が注目され、企業の国際化と生産性に関する数多くの研究がなされている。

（１）労働生産性

　　　生産性は、どれだけ少ない投入物で、どれだけ多くの産出物を生み出すかである。生産性の代表的な指標として、労働生産性と全要素生産性（ＴＦＰ）がある。

　　　労働生産性は、労働１単位（１人）あたり、どれだけの付加価値額（売上高）が生み出されたかを測る指標である。労働生産性は以下の如くあらわすことができる。

$$□労働生産性＝\frac{付加価値額}{労働}$$

（２）全要素生産性

　　　全要素生産性は、生産に必要な様々な投入物を考慮の上で、それらの投入物によって、どれだけの付加価値額（売上高）が生まれたのかを測る指標である。

　　　コブダグラス型生産関数を仮定すると、以下の如く表すことができる。

$$□全要素生産性＝\frac{付加価値額}{労働^{\alpha}資本^{\beta}}$$

全要素生産性を計算するためには、労働以外に資本のデータが必要となる。また、労働や資本といった複数の投入物が、付加価値額に貢献する度合いを決める必要がある。

ヘッドとライーズが行った近似的全要素生産性（Approximate TFP）の計算では、労働が３分の２、資本が３分の１の貢献をすると仮定して計算している。計算式（収穫一定：$\alpha＋\beta＝1$のコブダグラス型生産関数を仮定）は以下である。

$$□近似的全要素生産性＝\frac{付加価値額}{労働^{2/3}資本^{1/3}}$$

国際貿易の分野では、全要素生産性の計算には、①全要素生産性指標の計算と、②生産関数の推定が必要である。全要素生産性指標（TFP index）は、各投入要素費用の全費用に占める割合を、各投入要素の付加価値額に対する貢献割合と見なす。全要素生産性指標は、その割合で重み付けられた投入要素全体に対して、どれほどの付加価値額（売上高）が生まれているかを測ったものである。計算は、労働費用・資本費用のため、賃金や資本レンタル率のデータが必要になる。

上記に対して、生産関数の推定によって各投入要素の貢献割合を推定し、全要素生産性を計算するものである。最も単純な方法は、最少二乗法で付加価値額（売上高）を労働

参考資料　457

や資本に回帰して、労働と資本の推定係数を得る。この推定係数を、各投入要素の貢献割合と見なす。これによって、この推定係数で重み付けされた投入要素全体が、どれほどの付加価値額（売上高）を生んでいるか計算できる。

（3）企業の国際化と生産性の研究

経済産業研究所（RIETI）では、「企業活動基本調査」、「工業統計」、「商工業実態基本調査」等の経産省所管の、企業レベルデータを用いることができる利点を生かして、生産性と企業の国際化に関する、多くの研究を行ってきた。

例えば、全要素生産性と企業の国際化との関係の分析、国際化開始企業の方が非開始企業よりも生産性成長が高いことを、分析及び近似的全要素生産性を用いて、企業の生産性と外国生産委託との関係を、世界に先駆けて分析した研究等がある。

3．企業内貿易

現代の世界貿易のかなりの部分は、多国籍企業によって担われており、およそ3分の1が多国籍企業内の貿易である。例えば、米国の輸入の42.7％、輸出の36.3％が企業内貿易であるという。「企業内貿易」とは、親会社と外国現地子会社間の貿易である。

中国をはじめとする、低賃金国に対する垂直的外国直接投資（目的：生産費用の節減）の増加に伴い、企業内貿易は重要性を増している。また、企業内貿易には、政策的観点からも注目すべき特徴がある。その特徴とは、経済危機に際して、企業内貿易の落ち込みが、一般の貿易に比べて大幅に小さいということである。ハーバード大学のアントラス（Antrs）教授の研究により、国際貿易の分野で、企業内貿易を理論的に扱うようになった。

（1）外国直接投資か外国生産委託か

企業が、自社製品向けの特別仕様の部品を、外国から仕入れる場合、以下の図のように2つの選択肢がある。1つは、外国直接投資（foreign direct investment）を行い、外国子会社を設立してそこから仕入れる方法、もう1つは、資本関係のない外国企業（外国非子会社）に、外国生産委託（foreign outsourcing）して仕入れる方法である。

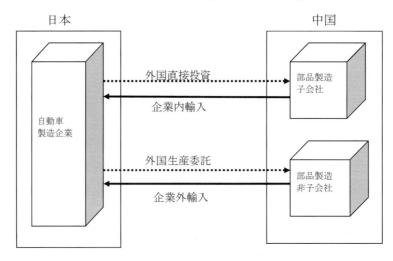

外国子会社から仕入れた場合は、部品の企業内輸入が生じる。一方、資本関係のない外国企業から仕入れた場合は、部品の企業外輸入が生じる。

企業外貿易のことを文献では、アームズ・レングズの貿易（arm's length transaction）と呼ぶことが多い。

（2）統合か非統合か

　　企業内又は企業外輸入かの選択は、仕入れ先の外国企業を統合するかしないかの選択と考えることもできる。仕入れ先の統合の有無は、伝統的に企業理論によって研究されてきた。アントラスは、企業理論の成果を、クルーグマンの新貿易理論に組み込み、企業内輸入を考察する仕組みを構築した。

　　企業が判断する、比較考量において、重要な要素は仕入れ先との関係が決裂した時に、どの程度利潤を確保できるかという点である。統合された外国子会社であれば、現地法人社長との関係が決裂しても、一定の部品を確保し、利潤を得ることができる。

　　仕入れ先が、資本関係のない企業であれば、関係決裂で部品を確保し利潤を得ることは難しい。そのため、自社の資源を積極的に投入して、現地での生産を行う必要がある場合は、企業は外国子会社の設立を選択する方が有利であり、そうでなければ、資本関係のない企業に、生産委託する方が良い。

４．企業はなぜ輸出するのか

　企業単位のデータが利用可能となり、1990年代頃から輸出企業の実証分析が盛んに行われ、米国のペンシルバニア州立大学のマークロバーツ教授らは、簡便な部分均衡の動学理論に基づいて「なぜ企業は輸出するのか」という問いに答えようとした。

　初期の研究の枠組みは、その後数多くの実証研究に引き継がれるとともに、メリッツの一般均衡の新々貿易理論の基礎を成している。なお、ペンシルバニア州立大学は、国際貿易に関しては、世界有数の研究拠点となっている。

（1）企業の輸出決定の動学理論

　　ロバーツ（Roberts）教授とテボート（Tybout）教授は、企業が輸出を決定する判断について2つの点に着目した。

　　第1は、輸出により外国から、追加的な利潤が得られると考えた。外国市場からも、利潤を得るようになれば企業価値は上昇する。外国市場からの利潤が得られるのみならず、輸出による利潤増加によって、企業価値が増加するのだから、企業は輸出するのである。

　　第2は、「なぜすべての企業が、輸出を行なわないのか」を考えた。輸出を行わない企業は、輸出開始に際して販路を開拓し流通網を整備するために、巨額の固定費用が必要であり、流通網の整備に一旦投資すれば、後で売却し費用を回収することは、多くの場合困難である。そのため、輸出に伴う固定費用を負担するほどに外国での利潤を期待できない企業は、そもそも輸出を行わない。

（2）企業の輸出決定の推定方法

　　企業の輸出決定には、当該企業の製品属性や経営能力のように、研究者の観測できない企業特性（unobserved firm heterogeneity）が、大きな影響を持つと考えられる。

　　通常の最少二乗法による推定では、過去の輸出経験が今期の輸出決定に与える影響を過大に評価してしまう。技術的に輸出するか否かという分析をするための推定方法は、次

参考資料　459

の３つの方法がある。□プロピット法、□条件付きロジット法、□線形確率法である。

（３）政策含意

輸出開始段階において生じる初期費用として、外国市場に関する情報収集、外国市場における流通網の整備、外国事務所の設立及び外国消費者に合わせた商品開発の費用などが考えられる。

企業にとって、輸出における初期費用を明らかにし、その費用を削減するために、自由貿易の枠組みの中で、どのような政策手段をとりうるのか考える必要がある。例えば、日本貿易振興機構（ＪＥＴＯＲ）の活動は、外国市場に関する情報収集費用を、低減することに大きな役割を果たしてきた。

更に、輸出開始に当たっては、金融や保険の役割も重要である。輸出の利潤は年を追って発生するが、輸出初期費用は輸出開始段階で発生する。将来の企業価値を適切に評価し、輸出初期費用を融資する金融機関が存在しないと、輸出に踏み切れない企業もある。輸出における、金融の重要性を指摘する実証研究は、緒に就いたばかりである。

また、輸出利潤の発生は不確実であり、市場環境も2010年には大幅な円高となり、円換算の輸出利潤が減少した。途上国で製品代金の受け取りができない事もありうる。

国内活動以上に、輸出には不確実性が大きく、日本貿易保険（ＮＥＸＩ）の貿易保険の取り組みは、輸出の不確実性を軽減するうえでも意味がある。

（４）輸出と外国直接投資

外国に製品を供給する手段として、輸出と外国直接投資の２つがある。輸出は、国内工場レベルの規模の経済を生かすことができるが、外国への輸送費用（関税を含む）は大きい。一方、外国直接投資は、現地製造子会社を設立・維持する費用がかかる一方で、輸送費用はかからない。

輸出に比べて外国直接投資は、相対的に可変費用が小さく、固定費用が大きいとして分析を行った。また、生産性の高い企業は輸出よりも外国直接投資を選択すると考えた。結果として、最も生産性の高い企業は、外国直接投資を行う「多国籍企業」となり、それに次ぐ企業は、外国に輸出を行う「輸出企業」、最も生産性の低い企業は国内にのみ製品を供給する「非国際企業」になるとの結論である。

５．企業はなぜ生産拠点を海外に移転するのか

そもそも、企業はなぜ外国に子会社を設立するのか、または、なぜ外国直接投資（ＦＤＩ：Foreign direct investment）を行うのであろうか。企業が外国直接投資を行う理由と、企業の海外移転の問題を考える。

（１）水平的外国直接投資（horizontal FDI）と垂直的外国直接投資（vertical FDI）

企業が海外に生産拠点を移転する理由は、以下の２つが指摘されてきた。

１つは、生産拠点を市場に近づけることで、輸送費用を節減するという理由である。もう１つの大きな理由は、生産費用の節減である。

図 X-1 は、輸送費用を節減することを目的とするＦＤＩで、「水平的外国直接投資」と呼ばれている。図 X-2 は、生産費用を節減することを目的とするＦＤＩで、「垂直的外国直接投資」と呼ばれる。

（2）輸出基地型外国直接投資（export platform FDI）

現実のＦＤＩは、垂直型ＦＤＩと水平型ＦＤＩに分類できないこともある。企業は複雑な国際戦略を用いている。図Ｘ–3の如く、日本企業がアメリカ市場に自動車を供給するのに、低賃金国のメキシコに現地子会社を作り、ここで生産した自動車をアメリカに輸出する方法がある。これにより、生産費用と輸送費用の両方の節減が可能となる。これは、「輸出基地型外国直接投資」と呼ばれる戦略である。

（3）複合型外国直接投資（complex integration strategy）

図Ｘ–4の如く、日本企業が低賃金国のメキシコで自動車部品を作り、アメリカの子会社で最終組み立てをする戦略もある。この戦略では、中間財生産工程を低賃金国に移転することで、生産費用を節減し、更に最終財生産工程は市場となる国で行うことで輸送費用の節減ができる。これは、「複合型外国直接投資」と呼ばれる戦略である。

（4）自由貿易協定と投資戦略

企業にとっては、関税も重要である。メキシコは、北米自由貿易協定（ＮＡＦＴＡ）加盟国のため、アメリカへの輸出の際の関税が低い。そのため、輸出基地型ＦＤＩや複合型ＦＤＩの投資先として、日本企業にとって都合が良い。

韓国は、欧州連合やアメリカをはじめとする国々と、自由貿易協定（ＦＴＡ）を結んでいる。そのため、輸出基地型ＦＤＩや複合型ＦＤＩの投資先としての韓国の魅力は高まっている。日本企業は、日本から韓国に生産拠点を移すことが合理的になる。

新々貿易理論の視点から、どのような企業が、これらのＦＤＩ戦略を採用するかについても、幾つかの研究がなされている。

図Ｘ–1　水平的外国直接投資（輸送費用の節減）

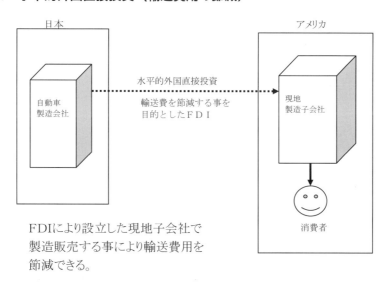

図 X-2　垂直的外国直接投資（生産費用の節減）

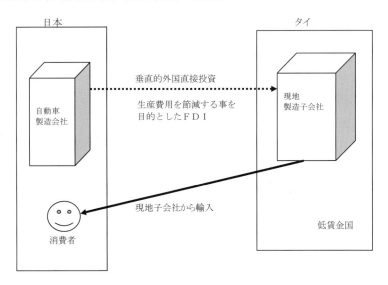

FDIにより、低賃金国に設立した現地子会社で製造し、逆輸入して日本で販売する事により生産費を節減できる。

図 X-3　輸出基地型外国直接投資（生産費用の節減）

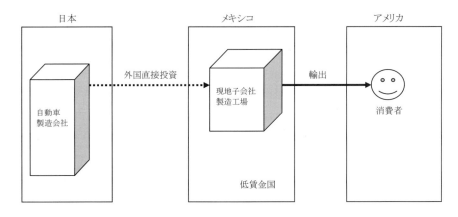

FDIにより、低賃金国に設立した現地子会社で製造し、更にメキシコから関税の低い米国に輸出する事により生産費用を節減するものである。

図 X-4 複合型外国直接投資（生産費用と輸送費用の節減）

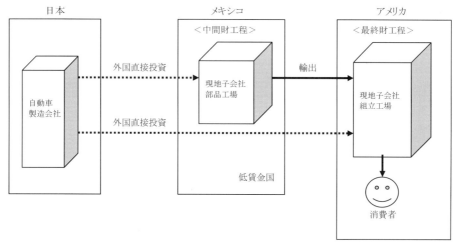

中間財工程を低賃金国に移転して製造する
事により、生産費用の節減が可能となる。
また、最終財生産工程は、市場となる国で行う
事により輸送費用が節減される。

参考資料2．後藤新平

　後藤新平の経歴等を検索すると、学識高い武家に生まれ、もともと恵まれた天分・素質があると思われるが、逆境の中での努力・精進はすさまじいばかりあったと推測される。

　優秀な事は勿論、人間的にもリーダとしても魅力が横溢し、更に医をもとに世界の事情・環境への柔軟な対応、及び特に創造に対する見識がとても深い。なお、よき理解者に恵まれて遺憾なくその実力を発揮できたことは、彼自身の人徳であると感じられる。

　「医は仁術なり」を、個人から社会への変革へ、そして教育の情熱へと拡大した胆力は、後の世の人々から賞賛されるのに値するものである。

後藤新平の経歴

　1857年7月24日、江戸時代の末期に現在の岩手県奥州市に生まれる。1929年4月13日没（満71歳）。

　明治・大正・昭和初期における医師・官僚・政治家である。植民地経営者であり、「都市計画家」である。鉄道院総裁として国内の鉄道を整備し、関東大震災時は、内務大臣兼帝都復興院総裁として、東京の都市復興計画を立案した。

　伯爵（明治39年：49歳）、子爵（大正11年：65歳）。台湾総督府民政長官、満州鉄道初代総裁、逓信大臣、内務大臣、外務大臣、東京市の第7代市長、ボーイスカウト日本連盟初代総長、東京放送局（のちの日本放送協会）初代総裁。拓殖大学第3代学長を歴任する。

　①医師

　　16歳で福島洋学校、17歳で須賀川医学校に入学。卒業後、愛知県医学校（現、名古屋大学医学部）で医者となる。24歳で学校長兼病院長となる。

明治14年（24歳）、愛知県千鳥が浜に、海水浴場を開き医療に活用。

明治15年、内務省衛生局に入り、官僚として病院・衛生に関する行政に従事。

明治23年（33歳）、ドイツに留学。帰国後、留学中の研究成果により、医学博士となる。

明治25年（35歳）、内務省衛生局長に就任した。

②台湾の統治

明治28年、日清戦争の帰還兵に対する検疫業務に、広島・宇品港似島で臨時陸軍検疫部事務長官として従事、行政手腕が上司の陸軍参謀児玉源太郎に認められる。

明治31年（41歳）、児玉は台湾総督になると、後藤を民政長官に抜擢した。

後藤は、徹底した調査事業を行い、現場を知悉した上で経済改革と、インフラ建設を強引に進めた。「社会の習慣や制度は、生物と同様で相応の理由と必要性から発生したものであり、無理に変更すれば当然大きな反発を招く。依って現地を知悉し、状況に合わせた施政を行っていくべきである」とした。台湾時代に、調査事業・人材の招聘にその手腕を発揮している。

京都帝大の教授を招聘し、中国の清朝の法制度を研究させ、「清国行政法」としてまとめたものは、近代中国史研究に欠かせない資料となった。また、新渡戸稲造を招き、台湾でのサトウキビやサツマイモの普及と、改良に大きな成果を残した。

＜阿片漸禁策＞

台湾では阿片の吸引が普及して、大きな社会問題となっていた。「日本人は阿片を禁止しようとしている」という危機感が、抗日運動の引き金の一つともなっていた。

後藤は、阿片に高率の税をかけ、また、吸引を免許制として、次第に常習者を減らす方法を採用し、阿片の常習者は減少した（総督府の統計：明治333年（1900年）に16万9千人、大正6年（1917年）に6万2千人、昭和3年（1928年）に2万6千人まで減少。昭和20年（1945年）に阿片吸引免許を全面停止し、阿片の根絶が達成された）。

③満鉄総裁

明治39年（49歳）、南満州鉄道総裁に就任し、その経営に活躍した。30代、40代の優秀な人材を招聘し、満鉄のインフラ整備、衛生施設の拡充、都市建設にあたった。清朝の官僚、袁世凱を中心とする北洋軍閥の反日勢力の懐柔を図り、北満州に勢力を確保していた、ロシア帝国との関係修復にも尽力した。

後藤は、満州において、日清露三国が協調して権益・利益を得る方法を考えていた。

④拓殖大学学長

大正8年（62歳）、拓殖大学（前身は桂太郎が創設した台湾協会学校）の学長に就任。

没年までの9年間を大学の経営に携わる。当時発令された大学令に基づく「大学（旧制大学）」の昇格に整備を行い、大正11年に大学昇格を成し遂げ礎を築いた。

学内での記録として「後藤先生は、学生に対して慈愛に満ちた態度を持って接し、学生もまた親しむべき学長先生として、慈父に対するような安心さを感じていました」と、学生たちに心から慕われていた。

⑤関東大震災と世界最大の帝都復興計画

関東大震災の直後に組閣された第2次山本内閣で、内務大臣兼帝都復興院総裁として復興

計画を立案。大規模な区画整理と、公園・幹線道路の整備を伴うもので、13億円という巨額の予算（国家予算の約1年分）のため、財界等から猛反対に遭った。

議会が承認したのは、5億7500万円（44.2％）となり規模を縮小。現在の東京の都市骨格、公園や公共施設の整備は、この復興計画に負うところが大きい。

19世紀中葉のフランスパリ大改造を参考に、土地を地権者から収用する方法を考えたが、日本は土地に対する絶対的な私有感覚が極めて強く、財産権の内在的・外在的制約（日本国憲法：29条）に対する理解が存在しないため、フランスよりも激しい地主・地権者の抵抗を受けた。

道路建設は、東京を放射状に伸びる道路と、環状道路を強く主張し建設された。南北軸の昭和通り、東西軸の靖国通り、環状線の基本となる明治通り（環状5号）である。主要街路は、歩道も含め70～90m幅、中央分離帯、歩道・車道の分離帯を持つ大規模なもので、当時は理解されなかった。現在の「行幸通り」などに見られる。

環状道路は環状7号、8号、外環道路（国道16号）、圏央道（現在、工事中）を建設。都市計画は、江戸以来の情緒を喪失させ、「東京を無機質な町に変質させてしまった」との批判もあったが、震災後、そもそも江戸の情緒を残す町並みは一つもなく、震災前は、交通や衛生など多くの都市問題を抱えていた。

緑地計画に関しては、隅田公園、浜町公園など近代的な公園緑地を建設。比較的小規模となった。また、後藤は地方自治のプロとして、小学校を地域の中核とする、地域コミュニティの再編を進めた。

⑥ソ連外交

大正12年（66歳）、東京市長時代にソ連のヨッフェと熱海で会談を行い、成立せんとしていたソビエト連邦との国交正常化の契機を作った。一部から後藤新平は「赤い男爵」といわれたが、日本とロシアの国民の友好を唱え、日露関係の正常化を展望した。

昭和3年（亡くなる前年、70歳）、後藤はソ連を訪問しスターリンと会見し国賓待遇を受ける。当時の日中露の結合関係の重要性を、伊藤博文に熱く語った信念でもあったという。現在の中国大使館は、後藤邸の跡地である。

後藤新平は、晩年は政治の倫理化を唱え全国に遊説中、岡山にて列車内で脳溢血に倒れ京都の病院で死去した。後藤が倒れる日に三島通陽に残した言葉は、「よく聞け、金を残して死ぬ者は下だ。仕事を残して死ぬ者は中だ。人を残して死ぬ者は上だ。良く覚えておけ。」であったという。幕末から昭和初期にかけて、怒涛のように生きた後藤新平であった。自身が生きてきた人生の総決算として、簡潔にその思いを述べたものと考える。上・中・下とは、人間の高潔な人間性・人格・生き方を簡潔に表したものであり、人を残すとは、師匠／弟子の関係から教育に求める処が大きい。

全体として、後藤新平について、以下の事がいえるのではないかと考える。

　　　　□人材の登用・活用が巧みである（柔軟性）
　　　　□常に目標が明確である（目的・計画性）
　　　　□日本全体・世界への見識が深い（洞察性・見識）
　　　　□正義感が旺盛である

参考資料　465

□高潔な人格・人間性

晩年の９年間を大学教育の事業に携わり、人材育成を図った事も特筆される。

補足説明：＜後藤新平を築いたものは何か＞

今回の大震災を機に、改めて後藤新平の偉大さを垣間見た思いである。医者⇒優秀な官僚⇒政治家⇒教育者を通し、日本人でこれだけの技量をもつ人格者は少ないと感じる。後藤新平の人格を築いたものは何かを整理した。

明治維新の「賊軍」の地、東北・水沢で、質素ながら学識高い武家に生まれた後藤新平は、遠縁の高野長英の存在を心に抱き、幼少期から漢学を学ぶ。須賀川医学校に学び、科学的な思考法を体得。その後、愛知県病院に赴任し医者となる。

24歳で学校長兼病院長となり、その優秀さを証明している。20代前半の後藤は、個人を対象とした医学から社会全体の「衛生」に向けられていく。内務省衛生局長の長与専斎の目に止まり衛生局に採用。ドイツに留学し、コッホ・北里柴三郎と共に最新の医学に接し、ビスマルクの社会政策を目の当たりにした。

帰国後、内務省衛生局長となるが、相馬事件に巻き込まれ官職を解かれ拘留、この人生の挫折への反省から「不倒翁」の精神は人生の支える原点となる。

台湾にて民政長官として総督府のリストラ・組織改革を断行。人材登用を図り、台湾におけるインフラの整備等の近代化を推進し、難事業の阿片吸引の撲滅にも手腕を発揮する。

その後、新渡戸稲造を伴い６ヶ月間、第一次世界大戦直後の欧米視察を行い、世界各国の指導者と対面する。米国では、フォード・バーバンク・エジソンと会見、欧州では英国のジョージ５世、フランスの外相ピションを訪問、ベルギー皇帝から勲章を親授される。

欧米視察を経て、大戦後の熾烈な市場競争で日本が生き残るには、科学と情報が決定的と確信する。世界中に網を張り、産業参謀本部の役割を担う大調査機関を構想し、その設置について原首相と交渉するが、政府案は小規模で官僚的とみて拒否する。

後藤は第７代の東京市長に赴任し、吏員・教員の大量リストラを次々実施し、東京改造計画をぶちあげる。市長就任の年に大陸で尼港事件が発生し、日本は北樺太を占領する。この問題で日ソ間が険悪となり、ソ連極東全権ヨッフェは孫文と会談。後藤は中ソの接近に危機感を覚え、1923年にヨッフェを日本に招き日ソ協調の道を探る。市長を辞任した後、後藤は日ソ問題に専念し、日ソ漁業条約の調印にこぎつける。

その後、虎ノ門事件で山本内閣は辞職し、下野した後藤は、少年団の育成や東京放送局（現、ＮＨＫ）の創立に総裁として活躍。昭和元年、議会の混乱を見て、政治の倫理化運動を志し、全国津々浦々で講演活動を開始した。

昭和２年、訪露を決行し、モスクワではスターリンほかソ連首脳と会談し、日露漁業協約成立にも尽力する。帰国後、国民への遺言となる三大政策を斉藤寛らに託す。

岡山への講演の帰途、三度目の脳溢血を発し、京都の病院で亡くなった。

参考資料3．シンクタンク

1．国際公共政策研究センター（ＣＩＰＰＳ）

　ＣＩＰＰＳは、2007年3月に設立の民間のシンクタンク（Think tank）の一つで、会長：奥田碩、理事長：田中直毅、顧問：小泉純一郎、理事：15名（会員企業の社長・会長・相談役等）及び研究スタッフ13名（主任研究員：10名、研究員：2名、客員研究員：1名）から成る。

　ＣＩＰＰＳでは、以下の4つの分野における研究活動を行ない、顧問の小泉純一郎元首相、及び会員企業からのサポートを得て持続性あるメーッセージを国内外に発信している。

  　□世界経済
  　□国際・外交分野
  　□環境分野
  　□日本における国内構造改革

（1）世界経済

　世界的な資金凍結により実体経済への影響が深刻になる中、世界経済がいつ、どのような回復経路を辿るのか、世界経済回復後の社会がどのように変質していくのかを明らかにし今後の日本がとるべき対応を考える。研究課題は以下である。

  　□金融機能のあり方
  　□米国住宅市場の動向と世界経済に与える影響
  　□持続的成長のための民間ベースでの有志連合のあり方

（2）国際・外交分野

　ＣＩＰＰＳのネットワークを活用し、各国高官や有識者とのハイレベルな協議、現地有力シンクタンクとの対話や共同研究を通じて、情報発信や政策提言を行う。研究課題は以下である。

  　□中国・アジアにおける水問題
  　□イラン・中東における安全保障の枠組み
  　□インドとのエネルギー・環境対策等を通じた関係の強化
  　□朝鮮半島有事に備えたシナリオ・対応策
  　□ロシア極東・シベリア開発と環境保護
  　□資源（食料、エネルギー、鉱物資源など）問題対応

（3）環境分野

　地球温暖化問題への対応のために現在議論されている様々な枠組みを、経済・環境、技術イノベーションの観点より定量的評価を行うとともに、低炭素社会実現のための枠組みや制度の研究、ＲＤＤ＆Ｄに着目した、スムーズなイノベーション・チェーン構築に向けた国内体制の研究を行う。研究課題は以下である。

  　□ポスト京都枠組みのあり方
  　□低炭素技術の途上国への移転
  　□革新技術の開発戦略
  　□日本版グリーンニューディール政策のあり方

参考資料 467

　　　　□排出量取引制度

（4）日本の国内構造改革

　　　日本社会の持続性維持のための重要な柱の一つである「地方自治体の自立・活性化」
　　　と、画一行政や補助金主体の産業政策等が示すように、限界に達している中央集権体制
　　　と官主導の政策からの見直しのための、「中央政府機能のスリム化」の実現に向けた研
　　　究を行う。研究課題は以下である。
　　　　　　□日本のガバナンス体制、政治機能見直し
　　　　　　□社会保障制度
　　　　　　□農業を持続可能な産業とするための農政改革

２．パラダイム（paradigm）

　パラダイム（paradigm）とは模範、範例を意味する語である。巷間ではパラダイム・シフ
トとしてよく使用される。パラダイム・シフト（paradigm shift）とは、その時代や分野に
おいて、当然のことと考えられていた認識や思想、社会全体の価値観など（古い考え方）が革
命的に、若しくは劇的に新しい考え方に変化する事をいう。

例：[情報分野の技術開発] について

　メインフレーム・コンピュータが長く情報産業の中心的存在であった。各社が幅広い関連技
術の開発にしのぎを削り、やがて激しい開発競争・投資競争に耐え切れず、「今や世界でメ
インフレーマと呼ぶに値するのは、国内3社と米国1社しかない」と言われる。

　表舞台の陰では、何年も前からダウンサイジングへの胎動が始まり、市場は新しいプレーヤを
迎え最初はワークステーション、パソコンそしてサーバが、瞬く間にコンピュータ産業の主
役に踊り出てメインフレーム・コンピュータを脇に追いやり、市場競争の様子を一変させた。

　これを機に「技術開発に基礎を置く市場競争では、少なすぎるプレーヤの状況は長続きしな
い」という仮説をたてた。一般に、ある市場セグメントがパイオニアにより開発されると、
多くの企業が参入し市場の規模を押し上げ、シェア争いが始まり、撤退する企業も出始め業
界地図が定まる。時がたって、技術トレンドに沿った開発競争が過熱して、膨大な資本の投
入を要するようになると、脱落者が出て業界のプレーヤが少数に限られる。独占的利益を享
受するが長続きせず、しばしば、それまでとは全く異なる新機軸がその市場に出現して一変
させ新たな競争を促すという現象が生じる。

　日本人は決められた土俵の上で、要素技術のトレンドを追うという面では、大いに力を発揮
してきたが、新しい土俵を作る、ゲームのルールを変える、目下主流のアプローチに代わる
新機軸を提唱する、といった面では存在感がない。

　我々の発想は一次元的になりやすく、今後は二次元的発想への転換を図る必要がある。

　激しい開発競争の真っ只中で目前の開発目標の達成に没頭している第一線の技術者・研究者
に今採っているアプローチとは全く別の発想を併せて求めるのは無理がある。少し距離を置
いていて同じ技術分野を専門とする方々に大いに期待したい。

　ガラリと発想を変えた新機軸、業界の意識に上らないような提案が必要である。

　これが産業技術のパラダイムである。

３．シンクタンク（Think tank）

　シンクタンク（Think tank）とは、諸分野に関する政策立案・政策提言を主たる業務とする研究機関である。殆どが非営利団体という形態をとり、政策研究を展開し続けている。

　シンクタンクを直訳すると「頭脳集団」となる。日本において、分野別に見ると以下の機関数（計116機関）がある。

（分野別）	（機関数）
□政府系	10機関
□金融機関系（政府系銀行系）	3機関
□金融機関系（都市銀行系）	4機関
□金融機関系（地方銀行系）	32機関
□金融機関系（証券会社系）	3機関
□金融機関系（保険会社系）	4機関
□企業系	17機関
□業界系	3機関
□政党・労組・市民団体系	14機関
□その他	26機関
（計）	116機関

なお、各シンクタンクの研究員の研究レポート数のランク（過去３年間）は以下である。

　①野村総合研究所（金融機関系：証券会社系）
　②日本経済研究センター（その他）
　③富士通総研（富士通グループ系：企業系）
　④みずほ総合研究所（みずほフィナンシャルグループ系：金融機関系・都市銀行系）
　⑤三菱ＵＦＪリサーチ＆コンサルティング（三菱ＵＦＪフィナンシャルグループ系：金融機関系・都市銀行系）

参考資料４．聖徳太子の「17条の憲法」

　以下に、全文（現代語訳）＊を掲載する。

第１条
　　和をなによりも大切なものとし、諍いをおこさぬことを根本としなさい。
　　人はグループをつくりたがり悟りきった人格者は少ない。それだから、君主や父親の言う事に従わなかったり近隣の人達ともうまくいかない。しかし、上の者も下の者も協調・親睦の気持ちを持って論議するなら、自から物事の道理にかないどんな事も成就するものだ。
第２条
　　篤く三宝（仏教）を信奉しなさい。
　　３つの宝とは仏・法理・僧侶のことである。それは生命ある者の最後の拠り所であり、すべての国の究極の規範である。どんな世の中でもいかなる人でもこの法理を尊ばないことがあろうか。人で甚だしく悪い者は少ない。よく教えるならば正道に従うものだ。ただ、

参考資料　469

それには仏の教えに依拠しなければ何によって曲がった心を正せるだろうか。

第3条

王（天皇）の命令を受けたならば、必ず謹んでそれに従いなさい。

君主はいわば天であり臣下は地にあたる。天が地を覆い地が天を載せている。かくして四季が正しくめぐりゆき万物の気が通う。それが逆に地が天を覆うとすれば、こうした整った秩序は破壊されてしまう。そういう訳で君主が言うことに臣下は従え。上の者が行うところ、下の者はそれにならうものである。ゆえに王（天皇）の命令を受けたならば必ず謹んでそれに従え。

謹んで従わなければやがて国家社会の和は自滅してゆくことだろう。

第4条

政府高官や一般官吏たちは礼の精神を根本に持ちなさい。

人民を治める基本は必ず礼にある。上が礼法に適っていないときは下の秩序は乱れ、下の者が礼法に適わなければ必ず罪を犯す者が出てくる。それだから、群臣たちに礼法が保たれている時は社会の秩序も乱れず、庶民たちに礼があれば国全体として自然に治まるものだ。

第5条

官吏たちは、饗応や財物への欲望をすて訴訟を厳正に審査しなさい。

庶民の訴えは1日に1000件もある。1日でもそうなら年を重ねたらどうなろうか。この頃の訴訟に携わる者たちは賄賂を得ることが常識となり、賄賂を見てからその申し立てを聞いている。

すなわち裕福な者の訴えは石を水中に投げ込むように容易く受け入れられるのに、貧乏な者の訴えは水に石を投げ込むようなもので容易に聞き入れてもらえない。このため、貧乏な者たちはどうしたらよいか分からずにいる。そうした事は官吏としての道に背く事である。

第6条

悪を懲らしめて善を勧めるのは古くからの良いしきたりである。

そこで人の善行は隠すことなく、悪行を見たら必ず糾しなさい。へつらい欺く者は、国家を覆す効果ある武器であり人民を滅ぼす鋭い剣である。また、媚び諂う者は、上にはこのんで下の者の過失をいいつけ、下に向かうと上の者の過失を誹謗するものだ。これらの人たちは、君主に忠義心がなく人民に対する仁徳も持っていない。これは国家の大きな乱れのもととなる。

第7条

人には夫々の任務がある。それにあたっては職務内容を忠実に履行し権限を乱用してはならない。賢明な人物が任にあるときは褒める声がおこる。邪な者が任につけば災いや戦乱が充満する。世の中には生まれながらに全てを知り尽くしている人は稀で、よくよく心がけて聖人になっていくものだ。

事柄の大小にかかわらず適任の人を得られれば必ず治まる。

時代の動きの緩急に関係なく、賢者がでれば豊かに伸びやかな世の中になる。これによって国家は長く命脈を保ち危うくならない。だから、古の聖王は官職に適した人を求めるが、人のために官職は設けたりはしなかった。

第8条

官吏たちは早くから出仕し夕方遅くなってから退出しなさい。

公務はうかうかできないものだ。一日中かけても全てを終えてしまうことが難しい。随って、遅く出仕したのでは緊急の用に間に合わないし、早く退出したのでは必ず仕事を残してしまう。

第9条

真心は人の道の根本である。何事にも真心がなければいけない。

事の善し悪しや成否はすべて真心のあるなしにかかっている。官吏たちに真心があるならば何事も達成できるだろう。群臣に真心がないならどんなこともみな失敗するだろう。

第10条

心の中の憤りをなくし憤りを表情に出さぬようにし、他の人が自分と異なったことをしても怒ってはならない。人それぞれに考えがあり夫々に自分がこれだと思うことがある。相手がこれこそといっても自分は良くないと思うし、自分がこれこそと思っても相手は良くないとする。

自分は必ず聖人で相手が必ず愚かだというわけではない。皆共に凡人なのだ。そもそも、これが良いとか良くないとか誰が定めうるのだろう。お互い誰も賢くもあり愚かでもある。それは耳輪には端がないようなものだ。こういう訳で相手が憤っていたらむしろ自分に間違いがあるのではないかと恐れなさい。自分ではこれだと思っても皆の意見に従い行動しなさい。

第11条

官吏たちの功績・過失を良く見て、それにみあう賞罰を必ず行いなさい。

近頃の褒賞は必ずしも功績によらず懲罰は罪によらない。指導的な立場で政務にあたっている官吏たちは、賞罰を適正かつ明確に行うべきである。

第12条

国司・国造は勝手に人民から税をとってはならない。

国に２人の君主はなく、人民にとって２人の主人などいない。国内の全ての人民にとって王（天皇）だけが主人である。役所の官吏は任命されて政務にあたっているのであってみな王の臣下である。どうして公的な徴税と一緒に人民から私的な徴税をしてよいものか。

第13条

色々な官職に任じられた者たちは、前任者と同じように職掌を熟知するようにしなさい。病気や出張などで職務にいない場合もあろう。しかし、政務を取れるときには馴染んで前々より熟知していたかのようにしなさい。前の事などは自分も知らないといって公務を停滞させてはならない。

第14条

官吏たちは嫉妬の気持ちを持ってはならない。

自分がまず相手を嫉妬すれば、相手もまた自分を嫉妬する。嫉妬の憂いは果てしない。それゆえに、自分より英知が優れている人がいると喜ばず、才能が勝っていると思えば嫉妬する。

参考資料　471

それでは500年経っても賢者に会うことはできず、1000年の間に1人の聖人の出現を期待することすら困難である。聖人・賢者と言われる優れた人材が無くては国を治める事はできない。

第15条

私心を捨てて公務にむかうは臣たる者の道である。

およそ人に私心があるとき恨みの心が起きる。恨みがあれば必ず不和が生じる。不和になれば私心で公務をとることとなり結果としては公務の妨げをなす。

恨みの心が起こってくれば制度や法律をやぶる人も出てくる。第一条で「上の者も下の者も協調・親睦の気持ちを持って論議しなさい」と言っているのはこういう心情からである。

第16条

人民を使役するにはその時期を良く考えてする、とは昔の人の良い教えである。

だから、冬（旧暦の10月～12月）に暇があるときに人民を動員すれば良い。春から秋までは農耕・養蚕などに力を尽くすべきである。人民を使役してはならない。人民が農耕をしなければ何を食べていけば良いのか。養蚕がなされなければ何を着たら良いというのか。

第17条

物事はひとりで判断してはならない。必ずみんなで論議して判断しなさい。

些細な事は必ずしも皆で論議しなくても良い。ただ重大な事柄を論議するときは、判断を誤ることもあるかもしれない。その時はみんなで検討すれば道理に適う結論が得られよう。

参考資料5．地域活動の原点「町内会・自治会」

　日本は約45年前（1971年）から高齢化社会に入り、先進国の中で「少子高齢化」が突出して進行している。その対策・対応について、世界にモデルケースはなく、近年、日本は先進事例として世界中から注目されている。

　このような中、日本全国の各地域において、行政と地域住民をつなぐ町内会・自治会（以後、町内会と称す）の組織とその役割が、再評価されつつある。地域における日本文化の伝統的な芸能・風習を継承しつつ、地域住民の交流のより処ともなってきたのが、町内会の組織である。

　地方の活性化が即、国の活性化へと連動する事が認識されつつある今、町内会の組織が、身近な地域の中で「高齢化」対策に応える機能と役割を有する事も認識され、高齢者への取り組みにおける「町内会」の役割が、とても重要であるとの認識を深くしている。「町内会」は、世界に誇る日本独自の文化と言えるものである。

　高齢化がますます進行する日本において、高齢者の生きがいづくり・コミュニケーションの場としての「町内会」が、ますますその役割を担う処であると考える。現在、町内会において、高齢化や人口減少により、加入者数及び組織自体が減少方向となってきている。

　そこで、今後の町内会について、その在り方・運営・役割等を再認識するため、「町内会って何？」というテーマで、名古屋大学の中田実名誉教授が、新聞にて解説されていたので引用する。地域活動の基盤となる町内会に対する認識を更に深め、今後、地域活動の取り組む対応等に、大いに参考になる。町内会の果たす役割とその機能は以下である。

472

1．町内会の目的・意義

（1）町内会の歴史

　　　　町内会は長い歴史を持つ住民組織である。戦後（昭和20年以降）に新しい町内会が多く生まれたが、その基礎には明治以前から、歴史を引き継ぐ地域区画と地名を持つものも多い。由緒ある神社や墓地、独自の行事・風習があり、それらを今に伝える担い手となってきたのが町内会であった（江戸時代の５人組制度が、その原型と言われる）。

　　　　また、村や町という行政の単位であった歴史を持つ町内会は、自治の単位であると同時に行政協力組織でもあった。1940年（昭和15年）、地域ごとに多様な名前で呼ばれていたが、内務省（現在の総務省）の訓令で「町内会・部落会」として整備された。

　　　　国の方針を国民全体に徹底させるため「市町村の補助的下部組織」に位置づけられた。戦後、占領軍は町内会を戦争協力団体と認定し、ポツダム政令によってこれを解散させた。しかし、地域の生活に関わる住民の、支え合いの組織でもあったことから、町内会は名前を変えるなどして存続し、行政との関係も完全になくす事はできなかった。そして、政治的に禁止できても、住民の生活組織としての町内会はなくせなかった。

　　　　1952年（昭和27年）、日米講和条約の締結で禁止令は解除され、禁止令の解除後における行政と町内会との関係は、控えめであいまいとなったが、行政と町内会とが上下の関係から協働の関係に転換しようとする中で、今、関係の構築が課題である。

　　　　町内会は、「行政協力組織」という性格を持つ。

（2）町内会が持つ両面性

　　　　町内会は、その歴史から国家が国民を支配するために作った組織であり、民主主義の観点から、批判と否定の対象となるものであった。

　　　　しかし、町内会は防犯活動等で、地域生活に必要な組織という認識は広く共有されていた。住民自治が重視されるようになると、住民の意思の取りまとめや情報の伝達のために、全住民が関わる仕組みの必要性が、認識されるようになってきた。町内会を基盤にした住民参加の仕組みを作ることは自然であった。

　　　　町内会が、①国家による国民支配の組織か、②地域に根差した住民自治の組織かをめぐり、長い論争があったが、現実には両者は車の両輪の如くつながっている。

　　　　この両面を持つからこそ、地方自治の発展のためには、住民による自治を実質化する「不断の努力」が求められる。今、住民の町会離れや役員のなり手不足で、町内会の存立が危ぶまれている地域も生まれている。

　　　　地域再生の主体となる、住民組織の持続的な維持は、地方自治体の課題でもある。

　　　　町内会は、「国家による支配と、住民による自治」の両面を持つ。

（3）町内会が注目

①支え合う社会

　　　　苦難の中で生き抜いていく上において、最も大きな力となるのが人々の「絆」であり、支え合いと分かち合いである。東日本大震災はこのような「支え合う社会」を確認する機会となった。地域における町内会がその役割を果たし、「支え合う社会」の実現へ町内会は、今、地域で注目されている。

②地域社会の特徴と町内会

高齢化の波が押し寄せ、また、家族の形の大きな変化が生じ、世帯の人数は減少し一人世帯が増えるばかりである。また、他方で「団塊の世代」が地域に戻り「これまで地域でお世話になったお返し」と言って、町内会に参加する人が増えてきている。このように、町内会では、住民にも地域で必要な役割を果たすことが期待されている。

町内会の特徴は、地縁団体である。地縁団体とは、一定の地域区画を基礎に同じ地域を共同で利用する人々で構成する団体である。また、町内会は準公共的な性格を持っており、全住民に関わるという点で、自治体に近い存在である。

町内会の組織は、小さな隣組（組や班）、その上に町内会、それらが集まると連合町内会となり、それらが集まって小学校区となるケースが多い。

町内会は、町内の全世帯が加入という原則であり、町内会の参加は、「全世帯に地域問題」に関与する権利があり、また共同の決まりを守ることが要請される。参加の単位は、生活の単位である世帯を基準にして組織される。

また、町内会の存在する意味は、地域に現れる様々な問題に対処し、安心・安全と快適環境の維持を図り、更にその改善を進める事を課題としている。

③地域の課題と町内会の役割

地域の課題としては、以下が挙げられる。

□町内会参加の減少

地域は、もはや昔のような「共同体的ムラ型社会」ではない。多彩な住民が集まって生活を共にしている地域であって、情報提供や説明なしに、分かってくれていると期待できる状態ではない。

転居等で越してくる人達が、地域の町内会参加を断り、減少する状態が続いている。町内会の加入促進の基本は、町内会の情報をきちんと伝える事にある。転居時に、受け入れる町内会がその規約や会計書類と共に、町内会の基礎的な情報をまとめた「加入のしおり」のようなものを用意して、加入の案内をすることである。

町内会加入の最大のメリットは、安心である事を納得してもらう事である。また、町内会長はじめ役員が、住民から信頼され、更に役員同士も一緒にやって良かったと思える運営ができる事である。

□地域活動の活性化

町内会の役割として、住民相互の交流・親睦活動が中心となり、また行政からの委託等の協働を行ってきたが、町内会の地域活動への参加者が減少している。

このための対応は、町内会の本来の活動であるコミュニティー（お互いを知る）の活性化を図り、町内会で行なっている活動や地域の情報が、公開・透明性を持って住民に良く分かるようにする事である。また、地域内の人財（特に団塊世代の人々）を地域活動に参加させるための、マッチングを行うことであると考えている。

また、町内会の役割は以下である。かって、世帯内（家庭内）で解決できたことが、規模縮小と高齢化で機能不全となり、世帯内で対処できず「地域の問題」となる傾向がある。地域の強みは、問題が起きないように、住民同士が日常的に支え合い・励ま

し合っていく事にある。

□住民相互の交流・親睦

□地域の安心・安全確保のための活動

□行政との協働

□地域環境の美化や整備

（４）規約

町内会は、公共的な性格を持ち、行政と同じように、組織の公開性と透明性が必要不可欠である。そのため、規約があり会計監査が置かれ、総会等で報告が義務付けられている。

近年の行政改革と共に進む「分権型社会」への展望の中で、町内会や地域協議会を準公共的制度に位置付けられ、自治権を認め財政的な支援も強化する動きが広がっている。

町内会にも、従来に増して公的原理に基づく運営が求められるようになった。そこで最も基礎となるのが町内会の「規約」である。毎年の定例総会は、規約の中身を点検しその履行状況を検証するためにある事を、自覚する必要がある。

町内会は規約により、「公的原理に基づく運営」が不可欠である。

（５）活動の種類

町内会の活動は、地域課題に広く対処するものであることから、包括的な性格を持つ。

活動の種類について、主な目的から分類すると以下のようになる。

①住民全体を対象にした楽しみながら交流を目指す活動

運動会、文化祭、お祭り、盆踊り等が有る。

②地域課題に対応してその解決を目指す活動

ゴミの分別収集の管理や環境美化、地震・津波対策、子どもや高齢者の安全・見守り活動等の如く、住民の生活の維持や安全に関するものが有る。

日常的な備えが必要で、地縁団体の活動は「近助」を特徴とし、強みとするものである。

③住民のニーズに応える活動

生活相談窓口を置く。ゴミ出しや、買物・通院に不便を感じている高齢者や障がい者への支援、ボランティアに携わる住民や、民生委員などが行政やＮＰＯなどとも連携した取り組みが必要である。

町内会も、毎年同じ活動をしていればすむ時代ではない。何か足りないものがないか点検しょう。町内会の活動は、「交流、安全、住民のニーズ」などを目的とする。

④地域の伝統芸能や風習の承継

地域に古くから伝わる伝統芸能や風習の承継は、地域の文化でありこれを支え護り保存していくことが、とても必要である。共同作業等の地域内でのつながりを、共有する文化で有るからである。

（６）コミュニティー

東日本大震災以後、あらためて人のつながりの大切さが、強調されている。阪神大震災の際、避難所から設住宅に移るとき、公平性を重視して抽選で入居先の割り振りが行われ、住民の地域でのつながりが無視された。

更に、仮設住宅から復興住宅へ移るとき、また、同じことが行われて短い期間に２度も

生きる支えとなる人のきずなが壊され、その結果、引きこもりや孤独死が起きて、住宅の問題だけではなく、コミュニティーの存在が、大切である事が再確認された。

日本でコミュニティーという言葉が、まちづくりの理念や政策を表すものとして取り上げられたのは、1969年の国民生活審議会中間報告「コミュニティー生活の場における人間性の回復」と、1971年以降に施策として推進された、自治省（現総務省）の「コミュニティー（近隣社会）対策」であった。

全国にモデル地区を指定して、コミュニティーづくりを始めてみると、町内会が中心となって地域の再生を図るところが多く見られた。その後、高齢化の進行や、大災害の度にコミュニティーの意義が確認されてきた。

コミュニティーは「温かな信頼関係」などのように、理念的な性格が強く、現実困難な「夢」と見られるが、常に目指す目標を示す政策用語ともなってきている。町内会にとって、コミュニティーとは、その目標とされるべき理念であり施策である。

なお、コミュニティー（community）とは、同じ地域に居住して利害を共にし、政治・経済・風俗などにおいて、深く結びついている人々の集まり（社会）のことであり、日本語では「地域共同体」という。

地域コミュニティーとは、地域住民が生活している場所、住民相互の交流が行われている地域社会、あるいはそのような住民の集団を指す。日本における地域コミュニティーは、町内会として存在し、住民相互の情報共有、及び信頼関係が築かれている事を特徴とする。信頼関係は、協力関係を生むが、競争や対立も内包している。

京都大学院教授の小杉泰氏は、コミュニティーについて以下の如く述べている。

人と人の触れ合いが、地域社会の形成に大きく貢献していると考える。今、地域における相互扶助が必要である。

人間は、そもそも共同体的な生き物であり、コミュニティー・共同体というものは、時には迷惑をかけあうことや摩擦もある。人は寄り合って生きる中で、時には多少の軋轢が生じても、自明のものととらえて、助け合っていかなければ、共同体は成り立たない。近代の思想は、人間は自立した個人で、強い存在で有る事が前提であるが現実は異なる。ここ20年ほどの日本は、共同体の存在を否定し、コミュニティーが崩壊しそうで、経済活動も異常なエゴの拡大が生じてきたと、述べている。

しかし、町内会が中心となって地域の再生、コミュニティーづくりを図るところが多く見られる事となった。コミュニティーとは、「生活の場における人間性の回復」である。

（7）課題解決のために

地域の再生は、民生活立て直しのための重要な基盤となる。「個人（世帯）の問題」が個人で対処できなくなって「地域の問題」となり、地域での課題解決が個人の生活の安心・安全に大きく影響するようになってきている。65歳以上の高齢者が過半数の集落や団地を「限界集落」という。

地域の課題解決の対応に必要な条件は、町内会のような地縁型の組織を、専門的な問題解決型の組織（ＮＰＯ法人等）や企業、そして行政機関が連携して協力し合う関係を作り上げる事である。具体的な対応は以下である。

①関わりのなかった組織や人間が連携・協力する事で支え合いの輪を広げていく。

②地域と関わってこなかった若者と元気な高齢者に地域活動への参加を求める。

③新しいつながりに必要なのは、マネジメント（経営、管理）の役割である。行政支援の下に、地域マネジメントの専門家やＮＰＯ等が担う事が期待される。

④町内会よりも大きな体制でないと、支援の体制が作れない事もある。

⑤支援体制の整備による、コミュニティーの制度的充実も地域の課題である。

内閣府「新しいコミュニティの在り方に関する研究会報告、2009年」では、「地域協働体」とよび、町内会は地域の課題解決のため期待される「地域協働体」の役割を持つ。

（8）大切な近隣関係

わが国社会は今、その全体像が見えにくくなっている。その中で隣に住む人々についても知らないことが多くなり、付き合いも表面的なものになる傾向にある。

生活の自立性が高まると、物理的に近いというだけでは付き合いが深まる事はなく、逆に思いが伝わらず意図しない衝突を呼び起こすこともある。町内会の基盤にある近隣関係は、自分の事しか関心のない住民にとっては、地域の維持も再活性化も関係のないことになってきている。

意図せずに相手に不快感を与えてしまう事がある事を認識し、必要な配慮や気配りができる事が近隣関係では大切である。「地域の問題」を他人事ではなく、近隣関係は自分を含む「地域の問題」として受け止める事が大切である。

地域では今、新たな共同の利害に気付き合える住民が求められている。町内会への関心が低いという事実は、高い人倫意識や公共性に関する広い市民意識を持つことが難しいことを示している。町内会の理解者と活動家を増やすことの価値は極めて大きい。

（9）安心な暮らしのために

住民が地域で孤立化していく状況がある中で、住民のつながりを維持しようと苦闘する町内会への期待は高いが、町内会にできる事は限られており、行政はじめ多様な専門的な組織が対応するしかない事も多い。子どもや高齢者の生活を支え、さらには災害時の不幸を減らすために、町内会が果たす役割には、他のどんな組織も代わることができない強みがある事は確かである。

人は、本来、一人では生きられない。支え合いの仕組みを意識していなくても、人は支え合って生きている仲間である。この関係が多様かつ豊かにある時、人は安定し、充実した生活を送る事ができる。それは、不幸な社会問題の発生を抑える事でもある。

このことを実証した米国の政治学者Ｒ・Ｄ・パットナムは、「お互いさま」の気持ちと信頼で結ばれた人間関係を社会関係資本（ソーシャル・キャピタル）と呼び、それの回復によるコミュニティーと民主主義の再生を提唱した。

安心な暮らしは、「お互いさま」で結ばれた人間関係が大切である。

町内会は最も身近で、しかも、すべての人が参加することができる組織である。それは社会関係資本を豊かに育て、蓄積する場であり、住民すべてがその担い手として期待される組織である。

十人十色の現代の社会ではあるが、いざという時に力を発揮するのは、やはり生身の人間の「近助」である。参加することで安心感がわいてくるような、確かな近隣社会を、一人でも多くの住民の協力で育てていきたいものである。

(10) 町内会の意義

町内会の意義について、地域活動で役員等を経験された方にとっては、町内会は隣り近所が仲よく楽しく暮らすために必要であると、一方、町内会に転居してきた方たちは、近隣とのお付き合いは煩わしくご免である、また、役員をやると業務が増えていやだという理由から、町内会への参加を拒む人が増加している。

また、他方では、現今において一人暮らしの高齢者増加による孤独死や引きこもり、災害発生対応の備え等、社会問題が大きく地域の問題としても関わってきている。「町内会」は、その歴史的発生の経緯や、地域における地縁団体の役割から、人々が地域で生活する上において、とても重要な意義を持っている。

また、町内会は、日本独特の組織であり、日本各地において地域の伝統芸能や風習等の継承と、住民の交流・安全・ニーズの対応を通して、住民どうしが知り合う・支え合う・助け合う・つながりを持つという人々が生きていく上での知恵を有している文化である。

近年に至って、待ったなしの「高齢化社会」の進行、大震災に見られる災害の備え等の社会問題についての対応で「町内会」の役割が、再び注目され見直しをされている。

「町内会って何！」というテーマで、名古屋大学の中田実名誉教授の解説記事が、掲載されていた。町内会の意義について、町内会の組織は、社会的問題を含めた、地域の課題解決の対応にその役割を果たす事ができると理解できた。

中田名誉教授は解説記事の中で、「町内会は旧来の古い頭の人の組織と考えがちであるが、むしろ逆で、時代の先端を切り開いていく「新しい公共」意識を持った人の集まりというべきかもしれない」と述べている。著者も全く同感である。この意味でも、日本における「町内会」の文化は、世界に発信しても十分に期待に応えられ、貢献できるものと考える。

このように、「町内会」は日本の文化であり、先進国の中で日本は「高齢化社会」の先端を歩んでおり、世界には高齢化社会の対応でモデルとなる国は無く、世界から日本の対応が注目されてきている。

日本の町内会は、「公共」意識が高く、世界市民に通じるこの考え方は、日本の良き伝統であると共に、世界の模範であり世界に誇れるものである。

２．町内会の活動

（１）基本原則

町内会は、地縁で結ばれ住民全てのために存在することで、準公共性を持ち、全ての住民構成員に開かれた運営を行う事が求められる。町内会の基本原則は、個人の基本的人権に属する「思想・信条の自由」を尊重することである。特定の政治的な主義主張（特定の政党に属する議員を、町内会として応援する事は住民の反発を買い、町内会離れを引き起こす原因となる）や宗教的信仰を「他人に強制」することはできない。

町内会という「組織」が、特定の政治的、宗教的な立場に立って、これを住民に強制し、他を排除することがあってはならない。町内会は、全ての住民が参加する事を基本とする団体であることを忘れず、住民の合意で運営することが大切である。

（２）親睦活動

町内会にとって、一番基礎的な事業である親睦（お互いに知り合う）活動について、町内会は、近くに住んでいる事を特徴とする地縁団体であり、町内会の親睦活動の基本的要請は住民が「お互いに知り合う機会」をつくることである。

人の移動が激しくなり、住居の閉鎖性が高まり、マイカーの普及により地域でのふれあいは少なくなり、何かきっかけがなければ、交流しないという暮らしが広がってきた。住民のつながり作り自体を、町内会が取り上げなければならない独自の課題となっている。

町内会の行事は、参加すれば住民がお互いに知り合う機会となる。親睦・交流の場でもあることを自覚して活用したい。しかし、町内会の行事のみで、つながりが広がらないとすれば、町内会の事業として、独自の交流の場をつくる必要がある。親睦活動としては、全住民対象のものだけでなく、住民の事業に合わせて企画する気配りも大切である。

（３）災害への備え

東日本大震災後、町内会やコミュニティーという、住民に身近な組織の役割が再び注目される事になった。理由は、被害者は、地域の住民であることである。住民が、自分たちで支え合って生きていくほかに道がないからである。

自分の町内の避難所ではどうするかを、事前にできるだけ具体的に確認し合っておく事ができれば、公正でスムーズな運営ができやすい。

①体の不自由な要援護者の避難介助。

②町内の建設業者の協力

③住民の安否確認のための名簿作成の準備

④避難所の運営ルール（ペットは室内に入れない、掃除の当番制等）を検討

> 町内会の組織は、住民全ての安否確認から始まって、欠かすことのできない「いのちを守る」ネットワークである。

復興の道のりは日頃の準備と連携・協力の関係で大きく変わる。

大規模な災害が頻発して、町内会に期待される役割が親睦的なものから、現実の深刻な問題への対処に代わってきている。災害への備えは、地域生活の維持に大きな役割を果たしている「地域の業者・店舗・施設等」と町内会との連携・協力の重要性が意識されるようになってきた。例えば以下の如くである。

No.	多様な地域資源	対応	備考
1	地域内の建設会社	災害復旧まで含めて地域のために働ける。	□日頃から連携・協力の関係を築いておく。
2	地域内のコンビニ	災害時の物品提供の協定を結ぶ。	□ギブ＆テイクの関係
3	新聞配達員、郵便局員 電気・ガスのメータ点検員	高齢者世帯の見守りに協力してくれる。	ができれば地域の安全と発展に大変意味がある。
4	町内の保育園、介護施設	災害時に地域からの支援が期待される。	
5	地域内の専門家 （行政、教育、医療、技術者、公務員、薬剤師、ＮＰＯ等の人々）	町内会の地域における取り組みの助言、コンサルを支援頂ける。	

　多様な地域資源を有効に連携させていく事が重要である。これまで、町内会は地付きの自営業主の方が役員となるなど、事業者とのつながりはあったものの、特定の業者との癒着を避ける配慮から、寄付はもらうが関わりは避ける傾向にあった。

　しかし、現実に協力し合う事は有益であるので、貴重な地域の財産として業者の方との連携を強める事を考えておきたい。

（４）子育て支援

　少子化の流れはとどまることを知らず、子育て世代はいまや地域では少数派である。そして孤立を深める状況（子供が集まってもめいめいゲーム機で遊んでいる、親が連絡を取ろうにも友達の住所・ＴＥＬも知らされていない。）が進んでいる。

　本来、社会関係を学ぶ場である幼稚園・小学校で連絡も取れないという状況は異常ではないか。少子化の根本的な問題の解決について、町内会ができる事は殆どないが、子ども会の消滅について、町内会が手をこまねいてよいのだろうか。

　役員になりたくないという若い親の増加が、子ども会の維持を難しくしている。子ども会の運営を手伝うおじいさん、おばあさんを配置するなど、子ども会を支えるために町内会ができる事がある。地域の子育てに何ができるか考えたい。

　また、地域にいる専門家（保育園の保育士、保健所の保健師、学校の先生等）との日常的な連携も考えてみたい。

　（※）子育て支援は「地域継続」のために、欠かせぬ役割である。

> 子どもは地域にとって元気のもとである。地域が時間的に継続していくためにも、町内会の役割として子育て支援は欠かせない。

（５）町内美化

　従来の町内会の奉仕的な活動は、町内美化つまり道路・側溝・公園等の清掃、更には町内を花壇で飾る運動等であった。町内美化の取り組みは、勤め人や高齢者にとり負担が重く、作業に出てくれる人が減って、参加した住民の不公平感が強くなりがちである。

　町内を更に美しくするために、空き地に花を植え草取りをして、自らも楽しむ事は、花壇の世話をする住民の親睦・交流の機会としても貴重である。

　町内美化は、住民にとって「基本的な生活環境」の改善作業であり、生活の質を高めることでもある。自分の家の前の道路をきれいにしておく事は、日本人の伝統的な生活習

慣であった（例：長野県の小布施町は町全体が花で一杯である）。

（6）犯罪、事故への備え

自然災害と比べ、空き巣や詐欺商法などの犯罪は各家庭に個別にやってくる。心の準備もなく、相談する相手もなく一方的に被害者となってしまう。孤立した高齢者を狙い撃ちする詐欺商法は、手を変え品を変えて迫ってくる。個人の力で立ち向かう事は難しい。地域を舞台とするその他の犯罪や事故（児童の連れ去り、特定の団地に多発する空き巣生活道路への車の進入による交通事故等）など個人ではどうにもならない事件や事故が多い。これらの犯罪や事故への対応は、以下の如く、「住民が情報を共有して注意し合う」ことである。

①多くの住民が情報を共有して日常的に注意し合っている。

②緊急の場合に、相談したり助けを求めたりできる関係を地域に作っておく。

③日頃の住民のお互いの挨拶や声かけが有効である。

地域での仲間とは、隣人であり町内会のメンバーである。警察のパトロール強化にも限界がある。住民の支え合いの関係は、防犯に対してだけでなく、地域の様々な問題への対処にも役立つ一番基本の仕組みである。それこそが、地縁社会の底力なのである。

（7）家族の変化の中で

高齢者（特に一人暮らし）の増加は、従来の日本の社会保障政策が頼り切ってきた家族によるセーフティーネットが崩壊しつつあることを示している。しかし、市場から購入する介護サービスなどの私的な支出は少なく、またＮＰＯや市民的なサービスの活用も微々たるもので、結局、なお家族や親族に大きく依存している事がわかる。

セーフティーネットの仕組みは、家族が維持されている世帯ではまだ通用するが、家族との縁が切れた高齢者にとっては厳しいものがあり、更に今後、家族の多様化と規模縮小が予測されているだけに、もはや家族に頼ってはやっていけない事は明らかである。高齢者をめぐる社会関係を見ると「困った時に頼れる人」がいるのは、日本の場合、友人・近所の人は約17％（6人に1人）と少なく、高齢者の社会的つながりは大変弱い。個人を中心とする生活様式が広がっていくとすれば、孤立する高齢者を支える力はどこにあるのだろうか。高齢者と言っても、元気で社会活動に意欲的な人で「高齢者世帯の手助け」をしても良い人が8割を超えている。

町内会は、「孤立する高齢者を支える活動」が必要である。

> 高齢者の生活に一番近い所にある町内会が、高齢者の暮らしに関わる多様な接点を見つけてそれを広げていく活動にも取り組みたい。

3．行政との対応

（1）行政との関係

町内会と市町村行政との関係は、町内会の歴史的経緯から、また町内会が地域ごとに組織される地縁団体である事から、一般に大変密接なものとなっている。それは、地域住民の安心・安全・快適の確保は、町内会の目的であると共に、行政の基本的な課題でもあるからである。町内会は、行政のいろいろな業務の実施について協力関係にある。

①町内会で引受ける業務

　　町内会は、行政文書の回覧、広報誌の配布、街路灯の管理、ゴミ収集や募金の協力、各種行政協力委員（民生委員、保護司等）を推薦する等、行政の一部の業務の役割を担っている。

②行政から町内会へ

　　町内会へは、行政の補助業務委託に対する委託料の交付、情報提供、活動拠点の整備（補助）等が行われる。地域活動に対して、行政から報償費や補助金が支出される。

　　町内会組織として引き受けている業務については、会計の透明性が求められる。防犯・防災や交通安全、町内美化、ゴミの回収協力（ゴミの分別等）など行政が指示する方式で行われることは多いが、行政にやらされているとだけ見るのは一面的である。実際の進め方は町内会の意思による点も多い。

　　町内会と行政との関係は、「安心・安全・快適の確保」を共に目指すものである。

（2）行政との協力

　　町内会は、地域生活の安全・安心・快適を確保するために、行政と協力して活動を続けてきた。地域で起きている事、起きようとしている事に無関心では悔いを残す事になるので、行政情報を集め議論すべき問題を、適時に取り上げて対応する事が必要である。

　　行政には、町内会や住民の疑問や要望を受け止め、説明する責任がある。そのため、重要な施策を実施しょうとする時は、市民説明会を開きパブリックコメント（意見公募）によって、市民の意見を聞く仕組みを整備してきた。

　　一般的な広報広聴制度だけでなく、町内会が企画して行政施策についての説明・意見交換会を開くこともできる（出前講座等）。例えば、地域包括支援センター、保健所、児童相談所等の職員を呼んで開くことも可能である。費用は殆どかからない。自治体には有能で意欲的な職員も多くいる。しかし、最近では専任の職員が減って、地域とのつながりが薄れていると言われる。地域の意見を伝え、また、地域の課題を把握するために行政の仕組みを積極的に活用する事を考えたい。

　　町内会活動では、行政の「出前講座」などを積極的に活用する事が大切である。

（3）資産保持のための登記

　　長い歴史を持つ町内会では、自前の土地や集会所などを持っているものが結構ある。町内会は、法律的には「権利能力なき社団」と言われるように、会の名によって資産を登記する事ができない。町内会のこれらの資産は、町内会長名または、複数の役員の連名で登記するしかなくトラブルも生じていた。

　　1991年、地方自治法が改正（第260条の2）され、市町村長の認可によって町内会が法人格を持つことができるようになった。これが「地縁による団体」と呼ばれるもので、町内会の名義で資産の登記ができるようになった。2008年4月現在、日本全国に35000ヶ所、町内会総数の12％を占め増加中である。

　　市町村長の認可の条件は以下である。

　　　　①その団体が「良好な地域社会の維持」のための共同活動を行なっていること。

　　　　②「その区域に住所を有するすべての個人」が構成員になれる団体であること。

③規約を定めていること。

④会員（個人）名簿、保有資産の目録の提出が必要。

⑤登記事項の変更ごとに変更届を提出する。

町内会の資産は、「法人格を持つ認可を得て登記」が可能である。

４．町内会と関係する組織

（１）連合町内会

町内会には重層性があり内部に組や班組織を、上部に連合町会を持つ事が多い。連合会に入れば、分担金の拠出や、会合・行事等への出席を求められ負担も増える。連合町会に参加する理由は以下の３点が挙げられる。

①行政との関係

小規模の町内会が多数ある状況で、いくつかの町内会が集まって連合組織ができ、それを通じて行政の情報が流れ、地域の要望もより大きな組織を通じて行政に伝えられる。

②活動や行事を連合して実施

小さな町内会では、行事をするにも人手がなくて出来ないとか、役を担える人もなくて組織自体の維持も難しくなる事態もでてくる。また、盆踊りや運動会の行事を維持し、町内対抗で盛り上げ、学童の登下校の安全確保や地震災害への対応等問題の範囲が広い事が予想される場合は、大きい単位で取り組める。

③住民の高齢化、世帯数の減少

住民の高齢化、世帯数の減少の中で、小さな町内会では独立した運営が難しい地域も出てくる。そのような場合、複数の町内会を統合したり、連合組織を単位町内会とする事も必要である。地域生活を維持していくためにも、組織について柔軟に考えなければならない。以上の如く、町内会は、「広域での問題対処」が必要である。

（２）ＮＰＯとの関係

地域の共同生活にともなう諸問題に包括的に関わるのが町内会である。しかし、福祉社会への転換が進み、地域で担う役割が増えてくると、これまで通りの活動の仕方では十分に対応できない状況も生まれてきた。

身寄りのない単身高齢者が増加し、心身が衰えてくると介護支援と共に、財産管理等を行う後見人の認定が必要となり、また亡くなった後の問題などでは、近所だからといって町内会では対処できないことも多い。

他方で、防災や環境保全あるいは地域の今後の在り方を検討して、地域計画を作ろうとする時に、指導や支援をしてくれる所があると心強いし効率的である。

行政との協議はもちろんだが、行政は一つの町内会だけに関わる事はできない。専門的な助言を継続的にしてくれるコンサルタント組織があれば、町内会にとっても歓迎すべき事である。

これに応えられるのが、ＮＰＯ（特定非営利活動法人）の組織である。ＮＰＯは、ＮＰＯ法に基づき、都道府県等の認証を受けて特定の課題（テーマ）に取り組む専門事業団体で、不特定多数者のために活動する公益的組織である。

ＮＰＯの取り上げる問題（例えば、介護や子育ての支援、文化・スポーツ振興等）の多

くは、「地域の問題」でもあることから、町内会との接点も生まれてきた。地域の課題が複雑・多様化し、より専門的な取り組みが求められる時、町内会とNPOの連携は新たな活力を地域に生み出す可能性をはらんでいる。

両者をつなぐ役割は、差し当たり行政に期待するところが大きいが、お互いの強みを活かし合うことは、町内会にとってもNPOにとっても、未来を展望する上で大きな可能性を拓く道であろう。このように、町内会・NPOのお互いの連携が新たな活力を生む事となる。

（3）マンション管理組合

日本では、マンション居住数は571万戸（2010年の調査）で、一般世帯の約1割がマンション居住となっている。マンションも建物の老朽化と居住者の高齢化・単身化が進み、生活騒音やペット飼育という旧来からの問題に加え、管理費の滞納や修繕計画の不調など、建物管理の基本的問題や震災時や孤独死への対応といった現代の社会問題に正面から共同して取り組まなければならなくなってきた。

マンションには、各戸の専用（区分所有）部分と共有部分があり、これらの管理のため管理組合が設けられる。マンション入居者の生活志向から管理について無関心な状態が続いてきたが、今その見直しが求められている。住人には、居住の有無に関わらず共同の管理責任がある。

マンションにも、一般の町内会と同じか、財産を共有していると意味ではそれ以上に住民間の密接な関係があるはずである。そこで管理組合が、町内会の役割を兼ねたり、管理組合とは別に居住者の町内会を組織する事も行われてきた。

災害時を考えると、近隣の町内会との連携・協力も欠かせない。管理を管理会社任せにしておける時代は終わった。マンション町内会（管理組合）の活性化を真剣に進めなければならない処にきている。

マンション管理組合は、「町内会の役割」を兼ねることもある。

5．住民のニーズ

（1）ゴミ出し、騒音問題の対処

生活が豊かになると共に、ゴミの量は増加して収集と処理は行政の仕事となった。ゴミ処理工場の建設や埋立地の確保が困難になると、各家庭のゴミの減量と分別が強く求められるようになった。また、ゴミ出しの時間制限など様々なルールが決められる事になった。

単身者のアパートや外国人の多い地区で、ゴミ出しをめぐるトラブルも多発するようになった。決まったゴミ置き場へ出す集団回収の場合には、ルール違反のゴミの扱いやゴミ置き場の清掃等は町内会の仕事になる。

他方で近隣での争いが一番多いのは騒音問題である。生活する限り、生活音は避けられないことから、住民間で顔が見える交流の機会をつくり増やす事が、防災等と共にここでも町内会に期待される大事な役割である。

生活音で、子どもの足音やピアノの練習によるもの、テレビの音や風鈴の音まで気になると我慢できないといった苦情もよく聞く。地域での人間関係ができてくると、少なく

ともわざとではない事が了解でき、やがて気にならなくなることもある。

　　ゴミ・騒音問題の対処は、「住民間の交流機会」を増やす事である。

（2）交通の確保

　　マイカーの普及は経済発展の推進力となったが、他方で大気汚染や交通事故の原因となり、旧商店街の衰退や、公共交通の経営圧迫などマイナス面も少なくない。公共交通の後退は、マイカーを使わない住民にとっては死活問題であり、過疎地域で早くから指摘されてきたが、今や市街地でも深刻化してきている。

　　市町村が、コミュニティ・バスやコミュニティ・タクシーの制度を作っているが財政上の問題から十分対応できていない。利用者の生活地区と行き先（利用施設）が有る程度限定できるなら、より効率的な配車と運行の可能性がでてくる。

　　現在、町内会が運行する町内会バスは、各地に見られるようになった。利用者と行き先が大体特定されるとなれば、乗降の場所も利用者の便宜に配慮できる。運行主体が町内会であれば、会の行事に合わせて運行できる。こうして住民の足を確保することで、町内会の行事への参加も増える事となる。

　　町内会主体で運行するバスにより、住民の交通の確保をする。

（3）募金への協力

　　町内会の役員が苦労する業務の一つは、各種団体から要請される募金である。募金の例には以下のようなものがある。

　　　　□町内会の集会場施設の建物・改修費用
　　　　□特別の目的の募金
　　　　□大災害に対する救援の募金
　　　　□赤い羽根の共同募金（社会福祉法人中央共同募金会）
　　　　□歳末助け合い募金

　　町内会にとっては負担感が大きい。負担感とは、現金を扱うので直接住民と会う必要があり、中には何回も足を運ぶ必要がある。金額は目標額があり何か強制感が伴う。集める方も出す方も金額について気になる。

　　中央共同募金会が行なう共同募金の年額は、1995年の266億円がピークで減少傾向にあり、近年は200億円である。集め方は、圧倒的に「戸別募金」であり全体の70％を占める。町内会の募金集めは大きく寄与している。

　　寄付はもともと個人の自由な意思によるものであることから、定額の寄付分を加えて町会費とした場合は違法となる（2008年4月に最高裁判決により、一律の徴収は違法との判決を下した）。適切な判断が望まれる。

　　町内会での募金の徴収は、「強制でない仕組みづくり」が必要である。

（4）広報紙の発行

　　町内会は、住民みんなのものと感じられるようにすることが、結局は町内会を意味のある組織にする基本条件である。そのための核心は住民が情報を共有している事である。

　　現在の地域では、口コミが役に立たなくなっており、他方でネットによる情報も広がりつつあるが、町内会ではなお紙媒体によるものが中心である。この重要な役割を担うの

が広報紙である。

広報紙は、一定の頻度（1回／月発行）で発行し全戸配布を基本と考えたい。町内会に未加入の世帯への情報提供も、その意味で欠かせない活動である。広報の意義を役員会が理解できるかどうかである。

多くの役員は、行政や地域の情報に接する機会が有り、地域の事情に通じている。広報紙は町内会の活動、地域の出来事や魅力、ちょっとした話題を伝えて、情報を共有する事が大切である。

地域の事に関心を持ってもらえる様な多彩な情報の提供に心がけたいものである。

６．町内会の問題点

（1）役員のなり手の問題

各地の町内会が抱える問題の第一は役員のなり手がないという事である。他方で、社会で有能な働き手として活躍してきた団塊の世代の人々が退職して、続々と地域に戻ってきている。広い社会性と高い専門的能力を身に付けている。

問題は人がいないのではなく、町内会組織とのマッチングができていないという事である。今は、地域にどんな人がいるのかも良く分からなくなっていて、役員（候補者）を見つける事自体が難しくなっている。

役員のなり手がないと、一人の役員が多くの仕事を兼務することになりやすく、それを見て、そんな大変な事は出来ないと、しり込みする人が増えて役員のなり手不足の悪循環が生じる。

なるべく、一人一役として負担の軽減を図り、「それくらいの事なら協力しましょう」と言ってもらえる様にすると、みんなで支える町内会の雰囲気も生まれてくる。また、制度としては1期2年とした方が、本人もやり易く組織としても安定して新たな課題に取り組む展望も開けてくる。

町内会の役員は、「一人一役に絞り負担を軽減」する。

> 今は、決まった事をやっていれば良いという時代ではない。役員問題は町内会活性化のカナメの問題である。

（2）会議の活性化

> 町内会は、地域住民の意志によって運営される組織である。行政の意向やワンマン会長の独断で進められては、住民から見放されるのは当然である。なるべく多くの住民に情報を届け、住民の意見を聞き参加を促す事が、活力ある町内会の原点である。

活力ある町内会運営のために、町内会の会議を大事にし住民に開かれた組織としていく事が大切である。地域の実情をふまえる事が肝心のため、特に役員は、いろいろな話題で盛り上がる楽しい会議となるよう努力したい。

また、会議は定例化しておいた方が、予定ができて集まりやすい。会議も基本的には公開性が望ましく、時には地域学習の場となるような工夫もしたい。会議の次第や資料をよく準備して、議事録を作成・保管し、住民の要望で公開できる体制を作っておきたい。

関心が多様化している住民のため、役員を支えるボランティアのお助けマン型の事務局を持つことを検討したい。役員会の指示のもとにパソコンで会議の記録、会報の作成を手伝い、文書等の整理と管理をしてくれる人がいたら役員は助かる。

退職者で、町内会のことをちょっと手伝える人を見つける事は町内会の強化のカギの一つとなろう。町内会の会議は、「事務局を作り、充実した体制」で対応する。

7．まとめ

町内会は、日本独特の地縁活動の組織であり、長い歴史を有し、地域の伝統芸能・風習等の継承を続けてきたもので、世界にもこのような形態はないのではないかと思われる。そして、21世紀に入った現今の日本は、世界において高齢化社会の最先端を突き進み、その対応として、この町内会の組織の利活用が大きな対策の一つになると考えられる。

そこで、日本独自の文化とも言うべき町内会について、その位置づけや捉え方を整理して再確認し、更にその地域での活動が活発化して、日本での超高齢化社会において、活き活きとモデルケースとなるようにしていくならば、町内会が世界への貢献となる優れたものになると確信する。

日本には、1000年を超える伝統ある日本文化を有し、良き伝統は世界のモデルになる事を考えると、この高齢者社会の対策のモデルである町内会の活性化は、日本が世界に大いに貢献する事ができる一つになる。

東日本大震災での日本が経験した教訓は、「支え合う」、「絆」である。この教訓が活きている組織が地域に身近に存在する町内会である。

町内会の位置づけと捉え方については以下と考える。

①農耕民族の日本人にとっては、町内会は形成しやすい組織形態で有る。

②町内会は、助け合って生かなければ、生活しにくい風土の日本文化に適応している。

③江戸時代における檀徒制度（住民の支配する方法）にも大きく影響されてきた。

④行政との窓口で地域社会を構成する身近な存在で、地域課題に対処する事が可能である。高齢化社会の対応の役割をかなりの部分で担う事ができる組織である。

⑤町内会は、地域での伝統芸能・風習の継承組織であり、日本文化の底辺を支えてきた。その自覚から町内会は伝統的な日本文化を地域と言う枠の中で継承し世界へも発信可能な分野である。

⑥八王子市には、563という多くの町内・自治会組織を有している。それぞれの地域に応じたユニークな取り組みの内容を、横断的に共有できるとまだまだ発展できる。

⑦八王子市のNPO法人で「八王子市民活動協議会」が10周年を迎えた。このように地域活動を推進する志し・思いの団体、個人が多くいる事は市の財産である。

なお、地域になくてはならない民生委員・保護司の役割や活動状況等について不明な点や理解されていないところがあるため、以下に補足説明をする。

また、地域活動において障害となっている個人情報保護法について、実際に必要な事には使われないという事の対応を検討（考え方・方向付）した。

参考資料 487

（1）民生委員について

　　民生委員の役割は、社会奉仕の精神を持って常に住民の対場になって相談に応じ・必要な援助を行い、社会福祉の増進に努める事である。民間であるが、地方公務員法に規定する「非常勤の特別職の地方公務員」に該当。

　　市長の推薦で厚生労働大臣が委嘱する。任期は３年、無給。

　＜職務＞

　　民生委員法第14条による。

　　①住民の生活状態を必要に応じて適切に把握しておく事。

　　②援助を必要とする者が自立した日常生活を営む事ができるよう生活の相談に応じ、助言その他援助を行う事。

　　③福祉サービスを適切に利用するために、必要な情報提供その他の援助を行う事。

　　④社会福祉に関する活動を行う者と密接に連携し、その事業・活動を支援する事。

　　⑤福祉事務所、その他の関係行政機関の業務に協力する事。

　　⑥その他、必要に応じて住民の福祉の増進を図るための活動を行う。

　　地域で行う具体的な活動は、住民の生活状況の把握（一人暮らし、寝たきりの高齢者の掌握）や、日常生活を営む事が出来ない住民に生活保護の助言や援助の対応等、住民の福祉の増進を図ることである。

　　民生委員は、児童福祉法に基づき児童委員を兼ねるとされている。

　　民生委員は、都知事などの指揮監督を受け、市長は民生委員に対し援助に必要な資料作成を依頼し、民生委員の職務に必要な指導をすることができる。

　　民生委員が抱える問題点は以下がある。

　　①業務の性質上、個人や世帯の情報が必要となるが、個人情報保護法の影響で名簿作成の情報提供を拒否されるなど、お年寄りの安否確認も満足に行えない。

　　②守秘義務が課されており、民生委員法（第14条）で定められ個人情報の取り扱いを行う事になっている。

　　③地域の民生委員と各種販売業務者との間の情報漏洩となる懸念がつきまとう。

　　④高齢者所在不明の問題（100歳以上の高齢者の所在不明）が、全国各地で発覚。

（2）保護司について

　　保護司法・更生保護法に基づき、法務大臣から委嘱を受けた非常勤の一般職国家公務員で、犯罪や非行に陥った人の更生を任務とする。身分は国家公務員であるが、俸給はなく無給の為、実質的にはボランティアである。任期は２年、日本全国に約５万名いる。

　＜職務＞

　　①犯罪や非行に陥った者が、保護観察を受ける事になると、その期間中保護観察官と共に対象者と面接して生活状況を調査し、観察中に決められた約束事（遵守事項）を守るよう指導し、生活相談など社会復帰への手助けをする。

　　②矯正施設に入っている者について、釈放後の帰住先が更生のため、適当か調査しその環境を調整する。

　　③法務省の「社会を明るくする運動」も中心となって運営し、地域における犯罪防止運

動も行う。

　保護司は、地域で信望があり時間の融通が利きやすいことなどが条件とされる。高齢化しているため、76歳以上の者への再委嘱はしていないため、人材難が憂慮されている。

　保護司は、地方議会議員、宗教家、自営業者、公務員経験者などに多い。また、保護司は、地域において犯罪や非行のない明るい社会を創るために必要である。なお、犯罪や非行をした人たちの更生と、犯罪・非行の防止は、夫々の地域に住む多くの住民の理解と協力なしには実現されない。

（３）個人情報保護について

　非常時の近所の連絡先は、行政が町会・自治会に連絡する事が前提となっている。また、町会・自治会に連絡先を知られるのが嫌な人は手を挙げて下さいと言っている。これでは、非常時において対応ができなくなる。

　以下の個人情報保護についての羽貝氏の視点はとても重要である。

(2012年３月27日、八王子クリエイトホールでの八王子都市政策研究所主催のシンポジウムのパネルディスカッションにおける、羽貝氏の発言。)

> 個人情報保護という理念が、実際に必要な事には使われず、むしろ本当に必要な事を進める上で障害になっているのが現実である。ただ、本人の意思というのは尊重する必要がある。
>
> 災害が発生した時などいざという時に、どんな風に周囲の人が動いてくれるか、あるいは自分も動くかという事について、まず、ご本人に基本的に自分の情報は委ねるというか、地域の方々に共有してもらう事の方向が望ましいと考える。
>
> 法律違反だとか条例違反だと話をする前に、この情報は基本的に共有されてしかるべきという合意を地域の中で形成できるかが重要である。
>
> 改めて、地域の皆さんと行政の皆さんで話し合って、本人の了解を得てという手続を踏みながら、今の状況を克服する事が大事である。

＜今後の行政の課題＞

　個人情報のデータがあるのは、限られた場所でしかない。そこに、近い町会・自治会は良いが、遠い所または交通手段が果たしてあるかなど、最初から対象者が分かっていれば、市役所に行ってデータを下さいと言わなくても、現場の地域で自分たちが管理していれば、一番大事な所から手を付けられる。

用語・略語の説明

　用語・略語の説明は、読売新聞の解説記事及び、インターネットの検索により引用した。
また、本書と関連する事項については、本文内での不使用に関わらず掲載した。

＜あ行＞

用語・略語	英語表記	概略内容
ＩＴバブル	Internet Bubble	主要国で1990年代後半から、インターネットやハイテクなどの関連企業の株価が急騰し、企業の実力を反映していなかったため、2000年から株価が急落に転じた。
ＩＰＣＣ	Intergovermmental Panel on Climate Change	国際的な専門家でつくる、地球温暖化についての科学的な研究の収集、整理のための政府間機構。地球温暖化に関する最新の評価を行い、対策技術や政策の実現性や効果、被害想定結果などに関する科学的知見の評価を提供。「評価報告書」は、世界の数千人の専門家の科学的知見を集約した報告書。各国の政策に強い影響を与える。
ｉＰＳ細胞	induced Pluripotent Stem cell	神経や内臓など体の様々な組織や臓器の細胞に変化できる万能細胞のこと。体の細胞に、複数の遺伝子を導入し、受精卵のような状態に戻らせて作る。2006年、京大の山中伸弥教授により、マウス細胞で成功した。
アスベスト	－	繊維状の鉱物で、安価で加工しやすく、耐火・耐熱性に優れているため、1960〜1990年代に、大量に輸入されて建材や断熱材などに、幅広く使われた。微細な繊維片を粉じんとして吸い込むと、肺がんや中皮腫などを引き起こし、国内では、2006年に全面使用禁止された。
ＡＳＥＡＮ 東南アジア諸国連合	Association of South-East Asian Nations	経済成長や政治の安定などを目指し、タイ、インドネシア、シンガポール、フィリピン、マレーシア、の５ヶ国で、1967年に設立。その後、ブルネイ、ベトナム、ラオス、ミャンマー、カンボジアが加わり、10ヶ国。
ＡＴＩＧＡ ＡＳＥＡＮ物品貿易協定	ASEAN Trade In Goods Agreement	ＡＳＥＡＮ10ヶ国の物品貿易に関する基本的協定。
ＡＦＴＡ ＡＳＥＡＮ自由貿易地域	ASEAN Free Trade Area	東南アジア10ヶ国による地域経済協力の一種。
アベノミクス	－	安倍首相が、第二次安倍内閣で掲げた「３本の矢」を柱とする経済政策。首相の名前とエコノミクス（経済学）を合わせて名づけられた。デフレからの脱却、景気向上、投資の増加、賃金アップ、消費拡大といった経済成長の好環境を作りだそうというもの。2011〜2020年度の平均で「名目３％、実質２％」の成長率の達成を目指している。

用語・略語の説明 491

アマルティア・セン	Amartya Sen	1933年〜、インドで生まれる。インドの経済学者。哲学・政治学・倫理学・社会学にも影響を与えている。経済の分配・公正と貧困、飢餓の研究における貢献で、アジア初のノーベル経済学賞受賞。アメリカ経済学会会長を務める。日本の講演で、著者も直に聴講した。
ＥＣＢ 欧州中央銀行	European Central Bank	ドイツやフランスなど欧州18ヶ国の共通通貨ユーロを管理する中央銀行。1998年6月発足。本部はドイツのフランクフルト。ユーロ圏の大手銀行の経営状況を感得する役割も担う。
イージス艦	Aegis	米軍が開発した航空機やミサイル、艦船、潜水艦に対する高度な探知・情報処理システム（イージスシステム）を搭載した艦船。同時に、多数の目標を捕捉して攻撃することができる。海上自衛隊は6隻保有。弾道ミサイル防衛のための遊撃ミサイル「ＳＭ3」を搭載。建造費は約1500億円。
ＥＰＡ 経済連携協定	Economic Partnership Agreement	特定の国や地域との間で、物品の関税や貿易障壁を減らしたり、投資や知的財産に関するルールを決めたりするなど、包括的な経済協力の協定。自由貿易協定（ＦＴＡ）より範囲が広い。
家制度	−	戸主（家の長）が、家族を統率する権利（戸主権）を持つ家族の在り方を定めた戦前の制度。家の継承を重視し、戸主の地位と財産は、長子が単独相続する家督相続の制度。夫が妻の財産を管理するなど女性の地位は低かった。
育児休業給付	−	育児休業中の所得を補償する制度。休業中の給与が、8割未満に減った人が対象。子どもが1歳になるまでの間、休業前賃金の50％分を、雇用保険から支給する。1995年にスタート。2007年に現状の50％となった。2012年度の受給者は、女性が約23万3500人、男性は約3800人。
イスラム国	−	イラク北西部とシリア北部にまたがって活動する、イスラム教スンニ派の過激派組織。昨年6月に、一方的に「国家；イスラム国」樹立を宣言した。イスラム法に基づく、厳格なイスラム国家の実現を目指しているが、暴力的で従わない人々を処刑するなど、残忍さが際立っている。
一国二制度	−	中国という一つの国の中に、社会主義と資本主義という二つの異なる制度を併存させる特有の統治方式。中国と香港・マカオ。鄧小平氏の提唱によるもの。
イプセン （ヘンリック・イプセン）	Henrik Johan Ibsen	1828〜1906年、ノルウェー、近代劇の創始者。1850年に処女作史劇「カティリーナ」を発表。1879年に社会劇「人形の家」によって、国際的な評価が高まり、世界の演劇史の新しい世紀を開いた。

インセンティブ	incentive	人の意欲（やる気）を引き出すために、外部から与える刺激（動機付け）のこと。
インテグラル型	integral architecture	工業製品やシステムの構造・設計の分類の一つで、構成要素が相互に密接に関連していて、一部分の変更が他の箇所に与える影響が大きいもの。擦り合わせ型。
インド洋津波	－	2004年12月26日、インドネシア・スマトラ島沖を震源とするM9.0の巨大地震で起きた津波。インドネシア・タイなど沿岸国で23万人が死亡・行方不明となった。観光地で多くの外国人も犠牲になった。
インフレ（インフレーション）	Inflation	モノやサービスの全体の価格レベル（物価）がある期間において、持続的に上昇する経済現象である。好況で、需要が増加し、供給を上回ることである。物価の上昇は、貨幣価値の低下を同時に意味する。
ウォルマート・ストアーズ	Wal-Mart Stores, Inc.	米アーカンソー洲に本社を置き、世界27ヶ国で、１万1000店舗を展開する世界最大の小売チェーン。2014年１月期の売上は、4762億ドル（約48兆円）。日本の西友はウォルマートの100％子会社。
AIIB アジアインフラ投資銀行	Asian Infrastructure Investment Bank	中国の習近平国家主席が、アジアの旺盛なインフラ整備の、資金需要に対応することを目的に提唱。４兆ドル（約428兆円）近い外貨準備を有効活用する狙いもある。本部は北京で、資本金は1000億ドルで始める見通し。中国が、出資比率50％の最大出資国。
SACU 南部アフリカ関税同盟	Southern African Customs Union	南部アフリカ６ヶ国の関税撤廃同盟。
SDR 特別引き出し権	SDR： Special Drawing Rights	国際通貨基金（IMF）の独自の通貨単位。IMFから借りたお金の返済などにも使える。1969年に創設され、現在は、米ドル、英ポンド、日本円、ユーロの４通貨を基に価値が計算されている。2016年10月に中国の人民元が追加される。
HIV ヒト免疫不全ウイルス	Human Immunodeficiency Virus	細菌などの病原体から、体を守る免疫細胞を破壊する「ヒト免疫不全ウイルス（エイズウィルス）」のこと。感染ルートの９割は、男性同性間の性的接触と言われる。感染すると、薬を生涯飲み続ける必要がある。毎年1500人前後の新規HIV感染者・エイズ患者が報告されている。
HDI （人間開発指数）	Human Development Index	人間開発を４段階に順位付けるため、平均余命、教育及び所得指数の複合統計である。1990年、アマルティア・セン博士等が開発した。
NPO 非営利組織法人	Nonprofit Organization	社会貢献活動に取り組み、営利を目的としない民間団体のうち、都道府県などから法人格を取得した団体。組織として、企業や行政と契約できる。事業で得た収益は、法人が活動するための資金に充てられる。

ＮＰＴ 核兵器不拡散条約	Treaty on the Non-Proliferation of Nuclear Weapons	米国・ロシア・英国・フランス・中国の５ヶ国を核兵器国、その例外を、非核兵器国と定義し、1970年３月発効した条約である。平和目的の核技や核物質を軍事転用しないことを義務づけた。事実上、核兵器保有国のパキスタン・インド・イスラエルは、ＮＰＴに未加盟。北朝鮮は脱退表明。
ＡＰ1000	―	東芝子会社の米原子力大手ウェスチングハウス（ＷＨ）が、開発した、原子炉が停止した場合、電源が無くても重力などを利用して、原子炉容器内に冷却水が注入され、自動的に冷却機能が作動することを特徴とする、加圧水型軽水炉。
ＦＲＢ （連邦準備制度理事会）	Federal Reserve Board	ワシントンD.C.にある連邦準備制度理事会（Federal Reserve Board, FRB）が全国の主要都市に散在する連邦準備銀行（Federal Reserve Bank, FRB）を統括する組織形態を特徴とする。ＦＲＢは日本の日本銀行に相当し、紙幣の発行などを行う。「連邦(Federal)」という語があることから、連邦政府系の機関であると誤解されるが、ＦＲＢの株式は民間金融機関が所有しており、連邦議会による監査などは一切行われていない。
ＦＣＶ 燃料電池車	Fuel Cell Vehicle	車に積んだ燃料タンク内の水素と、空気中の酸素と反応させて、電気を起こしモーターを回す。走行中に排出するのは水だけで、二酸化炭素や排気ガスは出さない。
ＥＦＴＡ 欧州自由貿易連合	European Free Trade Association	北欧４ヶ国の自由貿易協定。
ＦＴＡ 自由貿易協定	Free Trade Agreement	関税の多くを撤廃・削減し、金融、通信などのサービス面でも貿易障壁を取り除く協定。２国間または、地域間（多国間）で締結する。輸出入がしやすくなり、貿易拡大につながるなどのメリットがある。
ＬＥＤ 発光ダイオード	Light Emitting Diode	電流を流すと光を発する電子部品。２種類の半導体をつなげてできており、そのつなぎ目で発光する。電気エネルギーを直に、光に変えるため効率が良い。1989年、赤崎・天野教授により、世界初の青色ＬＥＤ作製。色の三原色が完成。
ＬＤＣ 開発発展途上国	Less Developed Country	経済成長の途上にある国。
エルニーニョ現象	El Niño	南米・ペルー沖の太平洋の赤道付近で、海面の水温が平年よりも0.5度以上高い状態が半年以上続く状態。過去30年間の平均値は、27.4度。
大坂都構想	―	大阪府と大阪市を統合・再編し、広域行政を担う「都」と、身近な住民サービスを受け持つ「特別区」に分ける構想。府と市の二重行政解消が目的。

大坂都構想	—	大阪市を解体して特別区を設置する統治機構改革。制度案によると、公選制のの区長・区議会を置く、人口34～69万人規模の5特別区が福祉・教育等の住民サービスを担い、成長戦略や産業政策は、府に一元化する。
ＯＤＡ 政府開発援助	Official Development Assistance	経済的に豊かな国が、開発途上国の経済発展や貧困を減らすことなどを目的として提供する、お金や援助や技術協力を指している。返済の必要がない「無償資金協力」のほか、低金利で返済期間が長い貸し付けを行なう「円借款：インフラ整備の支援」などがある。
小笠原諸島	—	東京都から、南へ約1000Kmの太平洋上にあり、父島・母島・沖ノ鳥島など約30の島々からなる。希少な動植物が多く、2011年、世界自然遺産に登録された。領海は、約800k㎡と広い。
送り状	Invoice	輸出者が輸入者宛に作成し、出荷案内書・代金請求書となる。

＜か行＞

外貨準備	—	他国に対して、外貨建て債務を返済したり、自国通貨の下落を防ぐための為替介入を行なったりする場合に備えて、政府や中央銀行が蓄えておく資金や資産。外貨建ての預金や国債、金、ＳＤＲなどで保有される。
外国為替公認銀行	Authorized Foreign Exchange Bank	外国為替取引を行う銀行。
外国人技能実習制度	—	発展途上国への国際貢献を目的に、1993年に創設された。実習期間は、最長3年。農漁業や機械、繊維など70の職種で受け入れている。実習生約16万人うち、中国人は7割。
介護福祉士	—	高齢者や障害者の介護を行なう国家資格。現場で3年以上働いて、試験に合格するか、養成校を卒業すれば取得できる。2013年9月、全国で約118万人の資格取得者。そのうち、現場で働いているのは約66万人。約171万人の介護職員の4割である。
介護報酬	—	介護保険サービス自業者が、提供したサービスに応じて、受け取るお金。利用者の自己負担（1割）を除いた9割を、市町村が運営する介護保険で賄う。保険の財源は、税と40歳以上の人が支払う介護保険料である。
介護保険	—	公的介護保険と民間介護保険がある。公的介護保険は、介護保険法に基づき市町村などが運営する。民間では、生命保険会社が、介護に必要になった時に、受け取れる様々な商品がある。

用語・略語の説明　495

介護保険制度	―	「介護の社会化」を目指し、2000年4月に施行。市町村の要介護認定を受けた人が介護サービスを利用した場合、費用の１割を負担し、残りは保険財政から支払われる。介護サービスを利用できるのは、原則65歳以上の高齢者。
カイゼン	kaizen	日本の製造業で、品質や生産性向上のために、培われてきたノウハウの総称。日本語の「改善」に由来する。現場で知恵を出し合って、問題解決を図る特徴を有する。トヨタ自動車の「トヨタ生産方式」が有名。
閣議決定	―	首相と全閣僚が出席して開く閣議で、政府の基本方針や法案、各府省の幹部人事などについて意思決定。全員一致で行われ、案件を記した書類に全閣僚が署名して確認する。
学童保育	―	児童福祉法では、共働き家庭などの子が利用する放課後の「適切な遊び、生活の場」と位置付けられている。対象は原則小学１年～３年生。６年生まで拡大される見通し。
核燃料サイクル	―	原子力発電所で燃やした、使用済み核燃料を再処理して、プルトニウムなどを取り出し、燃料として再利用できるように循環させること。核燃料をリサイクルすること。青森県六ヶ所村の再処理工場は私見段階でトラブルが続発。プルトニウムは、①原発で使う、②高速炉で増殖して使うの２つがあるが、②の高速増殖炉「もんじゅ」もトラブル続きで停止したまま。
カシミール問題	―	インドとパキスタンが、1947年に英領から分離独立して以来、両国にまたがるカシミール地方の領土権を巡って争っている問題。1947年・1965年・1971年の３度に亘り交戦し、同地方は分割統治された。インド（ヒンズー教徒：８割）、パキスタン（イスラム教国家）の宗教対立がある。カシミール地方は、両宗教が混在している。
ＧＡＴＴ 関税および貿易に関する一般協定	General Agreement on Tariff and Trade	自由貿易の促進を目的とした国際協定。
ガルトゥング（ヨハン・ガルトゥング）	Johan Galtung	1930年～、ノルウェー生まれ。ノルウェーの政治学者。平和研究、紛争研究の開拓者の１人として知られる。オスロ国際平和研究所を創設し、平和のための超国家的なネットワークの責任者。世界で40ヶ所以上の紛争の仲介者として活躍。中央大学・国際基督教大学・立命館大学・創価大学などで客員教授を務める。平和学博士号（日本人で３人目）を持つ、創価大学出身の遠山清彦氏（国会議員）は、紛争解決の専門家である。

ガルブレイス （ジョン・ケネス・ ガルブレイス）	John Kenneth Galbraith	1908～2006年、カナダ出身の経済学者。米国経済学学会会長を歴任した20世紀最高峰の経済学者。ルーズベルト・トルーマン・ケネディ・ジョンソン政権の経済顧問や政策ブレーンとして活躍、インド大使を務める。著書に「豊かな社会」、「不確実性の時代」などがある。2005年9月、池田ＳＧＩ会長との対談集「人間主義の大世紀を」が発刊された。
過労死ライン	－	厚生労働省が、脳、心臓疾患で労災認定される目安として使っている基準を示す。残業時間が、「発症前1ヶ月間に100時間」、「発症前2～6ヶ月間で月80時間超」をいう。
関税	Tariff	輸入貨物に対して課される税金。
カンパニー制	－	より広い権限（人事権や投資権などの裁量）を現場に移譲して、意思決定のスピードや、開発の効率化が実現できる。社内カンパニー制度や社外カンパニー制度がある。事業の成長を目的としている。
ＧＰＩＦ 年金積立金管理運用 独立行政法人	Government Pension Investment Fund	厚生年金と国民年金を運用する独立行政法人で、2006年に設立した。ＧＰＩＦがつくり、厚生労働省が認可する目安に基づいて、年金を運用する。2013年度は、10兆1951億円の収益があり、利回りは8.23％だった。
企業・団体献金	－	政党などが政治活動のために募る寄付のうち、企業や労働組合、学校法人、宗教団体などからの寄付をいう。寄付先は、政党や政治資金団体だけに認め、政治家個人へは認めていない。年間750万円～1億円の制限あり。
基礎的財政収支	－	社会保障や公共事業などの経費を、国債（借金）に頼らず、税収などでどれだけ賄えているかを示す指標。黒字が大きいほど、財政が健全であることを示す。
キャッチアップ	catch-up	追いつく・遅れを取り戻すことをいう。ビジネスでは、未経験の領域や業界の仕事場に入った際に、その仕事内容や作業目的、業界背景などを理解するためにとる手立てや行動を呼ぶことが多い。
キュリー夫人 （マリ・キュリー）	Marie Curie	1867～1934年、フランス、物理学者。1895年実験物理学者ピエール・キュリーと結婚。夫妻で放射能元素の存在と、原子の自然崩壊の事実を発見。原子核物理学の先駆的研究をした。1903年、ノーベル物理学賞を受賞。金属ラジウムの分離に成功し、ノーベル化学賞も受賞する。
逆進性	－	ある目的を果たすためにした事が、実質的に目的とは反対の効果が上がってしまうこと。代表的なものに、「消費税の逆進性」が挙げられる。全ての人に課税するが、低所得層ほど影響が大きい。
ギリシャ危機	－	ギリシャは、財政赤字が公表額よりも大幅に多く、深刻な財政危機に陥っていることが、2009年に明らかになった。国債を償還できなくなる見通しになり、ギリシャ国債を保有する欧州の金融機関の経営不安に発展した。

用語・略語の説明　497

国の負債（借金）	－	一時的な資金を調達するために発効する国債や借入金などを合わせた「借金」が、2014年6月末で1039兆円に達した。国の一般会計予算の約１１年分に相当し、国民一人：約817万円になる。2013年６月末に、1000兆円突破。
グローバルヘルス	Global health	地球規模で人々の健康に影響を与え、解決に国際的な連携が必要な課題のこと。発展途上国で流行するエイズやマラリアなどの感染症対策や、乳幼児死亡率の低減、妊産婦の健康状態の改善のほか、基本的な医療の提供体制の構築なども含めて考えられる。
軽減税率	－	一般的に課される税率よりも、低く設定される税率。消費増税で影響を受ける家計の負担を軽くする狙いがある。公明の提案で、2017年４月に、消費税が８→10％に引き上げられ、軽減税率制度の導入で、自民・公明が合意。
経常収支	－	貿易収支のほか、旅行などモノ以外のサービス、海外支店から日本への送金、海外の投資で得た配当金なども含み、貿易収支よりも日本の「稼ぐ力」を示す指標といえる。
経団連	－	日本商工会議所、経済同友会と並ぶ経済３団体の一つ。経団連は、大企業を中心に約1300社が加盟。経済界の利害調整を担い、政策の提言を行なっている。
ケインズ（ジョン・メイナード・ケインズ）	John Maynard Keynes	1883 〜 1946年、イギイス生まれの経済学者。20世紀学問史において最重要人物の一人とされる。経済学において有効需要に基づいてマクロ経済学を確立させた。論文「雇用・利子および貨幣の一般理論」を中心に展開された経済学を、ケインズ経済学と称される。米国のサミュエルソンらにより、古典派経済学のミクロ理論と総合（新古典派総合）され、戦後の自由主義経済圏の経済政策の基盤となる。
ゲーテ（ヨハン・ヴォルフガング・フォン・ゲーテ）	Johann Wolfgang von Goethe	1749 〜 1832年、ドイツの詩人、劇作家、小説家、自然科学者、政治家、法律家。ドイツを代表する文豪であり、小説『若きウェルテルの悩み』、詩劇『ファウスト』など広い分野で重要な作品を残した。
ゲノム編集	Genome Editing	ＤＮＡを切る特殊な酵素を使い、遺伝子を壊したり、別のものに置き換えたりする技術。別の遺伝子を入れる「遺伝子組み換え技術」に比べ、精度が高いとされる。海外では、エイズや白血病の治療法として、臨床応用が始まっている。
限界集落	－	65歳以上の高齢者が、占める割合が50％を超えた集落。冠婚葬祭など社会的協同生活の維持が難しく、将来消滅する可能性があるとされる。1990年頃、社会学者の大野晃氏が提唱した。全国で１万91ヶ所ある（2010年調査）。

建設帰農	―	地域の建設会社が、技術や経営力を生かし、農業を事業化する動き。賛同企業が、「建設トップランナー倶楽部」を設立している。公共事業が減る中で、建設業の労働力が農業に戻る意味合いもあるという。
元素	―	宇宙のあらゆる物質のもとになる成分で、原子の種類を示す。最も軽い原子番号1番の水素（H）から、ヘリウム、リチウムと続く。92番のウラン（U）までは一部の例外を除いて自然界に存在する。93番以降は人工的に作られた。
減反	―	米の作り過ぎで、価格が下落するのを防ぐため、政府が、都道府県に生産量の目標を決め、割り当てられた生産量を守った農家には、補助金（10アール当たり1万5000円）がもらえる制度。
コアコンピタンス	Core competence	ある企業の活動分野において、「競合他社を圧倒的に上まわるレベルの能力」、「競合他社にまねできない核となる能力」を指す。顧客に特定の利益をもたらす技術・スキル・ノウハウの集合である。ゲイリー・ハメルとプラハラードが提唱し、広めた概念。
公益法人改革	―	2008年12月に公益法人制度改革関連法案3法が施行され、既存の公益法人は、2013年11月の期限までに、新公益法人か一般法人のいずれかに移行申請をし、審査はほぼ終了した。一般法人は、法人住民税が課税される。
高温ガス炉	―	冷却材にヘリウムガスを使う原子炉。炉心温度は1000度近くに達するが、燃料は1600度に耐えるセラミックスで覆われており炉心溶融は起きにくい。黒鉛製の構造材は、放熱効果が高く自然に熱を逃がし、過酷事故の発生リスクは低いとされ、安全性や経済性に優れた「次世代の炉」と呼ばれる。
後期高齢者	―	もともと、75歳で高齢者を区分する老年学の学術用語。75歳以上になると自立した生活が難しくなる。2008年に、75歳以上を対象とした「後期高齢者医療制度」がスタート。差別的な名前として、「長寿医療制度」を使うよう求めた。
合計特殊出生率	―	1人の女性が生涯に産む子供の平均数の推計値。人口が一定となる「人口置換水準」は、現在、2.07とされるが、1974年からは下回る状態が続いている。
公衆無線LAN	―	屋外にいながら、スマートフォンやタブレット端末などで、インターネットを利用できるサービス。アクセスポイントに接続すると、高速・大容量の通信が可能となる。Wi-Fi（ワイファイ）は規格の一つである。
厚生年金	―	会社員など、週の労働時間がおおむね30時間以上の人が加入する。公的年金の一種。加入者は、約3500万人。老後に、厚生年金と全ての職業に共通する基礎年金の両方を受け取れる。

高速炉	―	燃料の放射性物質が核分裂した際に、飛び出す中性子を減速させずに、高速のまま用いて、分裂反応が継続するようにした原子炉。発電しながら消費した以上の燃料を生み出す増殖が可能な一方、放射性廃棄物の量を減らすことにも利用可能である。通常、廃棄物の人体への影響が天然ウランと同程度になるには、約10万年かかるが、再処理で約8000年、高速炉で更に約300年に短縮できるとされる。
公定歩合	―	日本銀行が民間の金融機関に資金を貸し出す際の金利。1994年10月、預金金利が完全自由化。市中金利との連動性低くなり、日銀の金融政策の主な手段は、金融機関が資金を融通し合う短期金融市場の金利の調節に移った。
後発医薬品	Generic	新薬（先発医薬品）と同じ有効成分が含まれ、同じ効き目をもった薬。一般的なという意味のジェネリックと呼ばれる。新薬の特許が切れた後に、他の医薬品メーカーが製造や販売し、新薬より価格が安くなる。
公募増資	―	新株を発行し、株式市場を通じて、幅広い投資家から資金を調達する方法。発行済み株式数が増加する為、株価は下落することが多い。不特定多数に新株を購入してもらう。
高齢者人口	―	日本における2014年9月現在、65歳以上は、3296万人（総人口の25.9％）、75歳以上は1590万人（総人口の12.5％）8人に1人の割合となる。80歳以上は、964万人。
高齢者向け住宅	―	主に「有料老人ホーム」と「サービス付き高齢者向け住宅」からなる。自治体の補助を受けて社会福祉法人などが、運営する特別養護老人ホームに対し、民間企業が経営主体になる。
小切手	Cheque	現金に代わり、提出人が振り出した有価証券。
国債	―	国が借金のために発行する証文のこと。満期までの期間によって、「2年物」、「5年物」、「10年物」などがある。国が入札で新しく売り出す「発行市場」と、証券会社が発行された国債を売買する「流通市場」がある。満期時、額面金額＋利息が受け取る金額となる。
国際通貨	―	米ドル、ＥＵのユーロ、中国の人民元（2016-10月に追加予定）、英国のポンド、日本の円が、国際金融市場で使用される通貨である。
国有企業	―	国が過半数の株を持つなど、経営の実権を握る企業。中国では、今も巨大な国有企業が経済の中心を占めている。特権的な地位を持ち、経済合理性より、党や政府の意向を優先させる傾向がある。

国連憲章39条	－	安全保障理事会は、「平和に対する脅威、平和の破壊または侵略行為の存在を決定」するとしている。安保理が、国際の平和や安全を維持・回復するため、勧告やその他の措置を取ることも定めている。
国連の「ミレニアム開発目標」	－	途上国の貧困撲滅など、国際社会が2015年末までに、達成すべき目標を掲げた。
子どもオンブズマン	ombudsman	子どもの権利が守られているかを監視し、必要な措置を提案・勧告する、政府から独立した公的機関。1981年ノルウェーで制度化された。オンブズマンは、スウェーデン語で「代理人」の意味。
子どもの権利条約	－	子どもの基本的人権を保障するため、1989年、国連総会で採択された。守られる権利、育つ権利、参加する権利など、18歳未満の子ども権利を包括的に規定し、国の義務も明記している。締約国・地域の数は194。
子どもの貧困率	－	平均的な生活ができない所得水準の家庭で育つ子供の割合を示す。経済協力開発機構が基準を決めており、国民全員を所得順に並べ、ちょうど真ん中の人の半分（2012年は122万円）に満たない18歳未満の子どもの数で産出。2012年は、16.3％と過去最悪。一人親家庭の増加が要因。
コミュニティービジネス（ＣＢ）	Community Business	地域の人財や施設、資金を利用して、ビジネスの手法で、地域の問題解決を図る取り組み。雇用創出やコミュニティー活性化の効果も期待される。
混合診療	－	保険が適用されない検査や治療を、保険が適用されるものと併用して行なうこと。効果や安全性がが未確認の医療が広がり、患者の負担が増えるとして原則禁止されている。
コーポレート・ガバナンス	Corporate Governance	企業統治と訳される。長期的な企業価値の増大に向けた企業経営の仕組み。目的は以下の二つ。 □企業の不祥事を防ぐ。 □企業の収益力を強化する。
コンビニエンスストア（コンビニ）	convenience store	本部と店のオーナーが、店舗の運営指導と商品の納入を請け負うフランチャイズ契約を結び、小型店で食品などを売る小売り業態。
梱包明細書	Packing List	輸出貨物の包装方法、個数、重量を記載。

<さ行>

サーキットブレーカー	Circuit Breaker	株価が大幅に変動した際に、取引を停止する制度。投資家に冷静な判断を促し、過度の相場変動を防ぐ狙いがある。日本の株式先物市場や米国市場も採用、中国が2016年から導入。上海・深圳両証券取引所の代表的な300銘柄で構成する指数が、５％変動したら15分間売買を停止。取引を再開して変動幅が７％に達したら売買を完全に停止する。2016-1-4、中国で初発動され中国の株式市場は混乱。

サービス付き高齢者向け住宅	—	高齢者住まい法に基づくバリアフリー構造の集合住宅。60歳以上が入居でき、部屋の大きさは25㎡以上。安否確認と生活相談サービスの提供が義務付けられている。
災害拠点病院	—	1996年に国が制度化した。救命救急医療を行なう施設、自家発電機の設置、食糧や水の備蓄、災害派遣医療チーム（DMAT）の保有などの要件を満たした病院を、都道府県が指定する。全国で676病院ある。
財政健全化目標	—	社会保障や公共事業などの経費を、税収などでどれだけ賄えているかを示す、国と地方の「基礎的財政収支」（プライマリバランス、ＰＢ）を財政健全化の目安にしている。①2015年までに、ＧＤＰ比で、2010年度から半減させる。②2020年度までに黒字化させることを打ち出している。
最低賃金	—	労働者の生活を守るため、国が定めた賃金の最低限度。パートやアルバイトなど、雇用形態や呼称に関わらず、原則として全ての労働者に適用される。額は、各都道府県ごとに決める。政府は、2020年までに、最賃の全国平均を1000円に引き上げる目標を掲げた。
里親	—	虐待や離死別などにより、親元で暮らせない子どもを、都道府県などから委託を受けて育てる家庭。全国で8700世帯が登録。里親には、公費で食費などの生活費と手当が支給される。子どもと法的に親子となる「特別養子縁組」を前提とする里親もいる。
サブプライムローン 低所得者向け融資	subprime mortgage	住宅融資の場合、最初２年程度の低金利が魅力だが、後に一気に高金利となった。金融機関は、ずさんな審査で融資を拡大し、焦げ付きが問題となり2008年９月の金融危機を引き起こした。
サプライチェーン 部品供給網	supply chain	原材料や部品の調達から、製品の製造・流通に至るまでの一連の流れ。在庫削減などのため、その管理は企業経営でも重要。東日本大震災で部品供給網が寸断され、半導体や自動車などの生産が滞った。
サミュエルソン（ポール・アンソニー・サミュエルソン）	Paul A. Samuelson	1915～2009年、米国生まれ、アメリカを代表する近代経済学者。ケインズ経済学と新古典派経済学を総合する、新古典派総合の理論を確立する。著書「経済学」は、41ヶ国語に翻訳され、近代経済学の基本的教科書として、400万部以上が刊行された。経済学を数学的に精密化し、モデル科学として立脚させた。静学・動学的理論などの理論経済学や、多岐に亘る応用経済学で活躍。「近代経済学の父」と呼ばれる。
ＣＩＰＰＳ（国際公共政策研究センター）	Center for International Public Policy Studies	日本における公共政策課題、特に外交・安全保障、グローバルガバナンス等の国際問題に関する調査研究・政策提言を行う研究機関である。

GNH 国民総幸福	Gross National Happiness	経済発展だけでなく、文化や伝統、環境なども考慮した幸せを求める考え方で、「家族の相互扶助」、「植林の実践」など72指標を策定。1970年代にブータンの国王が提唱。
GNP 国民総生産	Gross National Product	国民が、生み出したモノやサービスの付加価値の総計を指す。高度成長を続けた日本は、1968年に西ドイツを抜き、米国に次いで世界2位。国の経済力を示す経済指標としては、国内総生産（GDP）に移行した。
GCC 湾岸協力会議	Gulf Cooperation Council	サウジアラビア、バーレーン、オマーン、カタール、クウェート、アラブ首長国連邦（UAE）の湾岸6ヶ国で構成する地域協力機構。王政・首長制を採用するイスラム教スンニ派国家。集団安全保障体制の構築を目的。6ヶ国とも親米。
G7、G8、G20	－	G7：米国・日本・フランス・英国・ドイツ・イタリア・カナダ・EUの7ヶ国。G8は、G7＋ロシアである。G20は、G8＋中国・韓国・インド・ブラジル・メキシコ・南アフリカ・オーストラリア・インドネシア・サウジアラビア・トルコ・アルゼンチンで構成されている。
GDP 国内総生産	Gross Domestic Product	日本国内の経済活動の規模を示し、内閣府が四半期ごとに発表している。物価変動の影響を除いた実質GDPと、物価変動を反映させた名目GDPがある。2014年度は、実質が525兆円、名目が490兆円。前年や直近の四半期から何％増減したかをGDP成長率と呼び、日本経済の勢いを表す指標となる。
GPIF 年金積立金管理運用 独立行政法人	Government Pension Investment Fund	厚生労働省所管の独立行政法人。国民から集めた厚生年金と国民年金の保険料のうち、年金として給付されなかった分（年金積立金）を信託銀行などに委託して運用している。資産残高は、約129兆円と世界の年金基金で最大規模。
自衛隊の国際平和協力活動	－	国連平和維持活動（PKO）：カンボジア、モザンビーク、ゴラン高原、ネパール、スーダン、ハイチ、東ティモール、南スーダンに参加。人道的な国際救援活動：ルワンダ、東ティモール、アフガニスタン、イラクに参加。
市場ドメイン	domain	事業ドメインとは、組織が経営活動を行う基本的な事業展開領域のこと。
JA中協 全国農業協同組合中央会	－	1954年に設立された、JAグループの総合指導機関。全国約700の地域農協に対して、経営指導や情報提供、監査などを行なう。農協法に基づき運用。
シェールオイル	shale oil	シェール層と呼ばれる岩盤に、含まれる原油で、ガソリンや軽油が取れる割合が高いとされる軽質油に分類される。米国では、開発が増えている。

用語・略語の説明 503

JETORO 日本貿易振興機構	Japan External Trade Organization	日本の貿易の振興事業団。
自主防災組織	-	主に町内会・自治会単位で結成される住民の任意団体。役員名簿や規約、カバー対象の世帯数などを市町村に届けて登録を受け、災害に備えて防災訓練や物資の備蓄、啓発活動などを行なう。
GDPギャップ	GDP gap	潜在GDPと実際の総産出量の差、需給ギャップと呼ばれる。
ジニ係数	Gini coefficient	所得格差の程度を示す指数。対象世帯の所得額と世帯数を用い、所得が完全に平等な状態と比べて、どのくらい偏っているかを算出したもの。所得が完全に平等なら「0」となる。
社債	-	社債発行とは、民間企業が資金調達のため、投資家から直接借り入れること。銀行の借金と同様に、利子が発生し満期になると、償還（返済）される。社債は、有価証券で、市場で売買が可能である。
集中復興期間	-	東日本大震災が起きた2011年に、政府がまとめた復興基本方針で、2020年度までの復興期間10年ののうち、前半の5年を「集中復興期間」と位置付けた。予算は、当初19兆円と見込んでいたが、26.3兆円まで膨らんだ。
自由貿易	Free trade	生産者等が自由に行う貿易。
シュンペーター （ヨーゼフ・アロイス・シュンペーター）	Joseph Alois Schumpeter	1883～1950年、オーストリアの経済学者。企業者の行う不断のイノベーションが経済を変動させるという理論を構築。また、経済成長の創案者でもある。
小規模保育	-	0～2歳児が利用対象で、市町村が施設を認可。国が定める基準は、保育に携わる職員は、□全員保育士、□保育士が半分以上、□有資格者不要の3類型がある。定員は、6～19人。
商工組合中央金庫	-	中小企業向けの融資や預金などを手がける。災害からの復旧・復興の支援や業績悪化に対応の業務を行なう。
上場	-	証券取引所で、株式を公開し、売買されるようにすること。上場企業は、東京・大阪・名古屋・福岡・札幌の各証券取引所で、現在、計3500社ある。
商品先物取引	-	石油や貴金属、農産物などの商品を、将来の一定期日に売り買いすることを約束し、その価格を現時点で決める取引のこと。価格変動リスクを回避するために使っている。
消防団	-	火災や災害発生時に、一早く現場に出動する地域の消防組織。非常勤特別職の地方公務員と定められている。最近の団員数は、約86万人。
食糧自給率	-	国内で消費されている食糧が、国内産でどれくらい賄えているかを示す割合。農産物のカロリーで計算すると、2012年度で39％と、先進国で最低水準。農産物の精算額を基にした計算では、68％となる。

除染	－	住民が、生活する中で受ける放射線を減らすために、建物や植物などについた放射性物質を取り除いたり、土で覆ったりする作業。放射性物質のうち、放射能が半分になるまでの期間（半減期）が、30年と比較的長い「セシウム137」が主な対象。
所得代替率	－	平均的な会社員と、専業主婦という「モデル世帯」が65歳で受け取る年金額が、その時点の現役サラリーマンの平均手取り賃金と比べて、何％に当たるかという指標。現在は、62.7％だが「将来も50％超を確保する」と政府は約束している。
自立援助ホーム	－	1998年、児童福祉法改正で制度化された。義務教育を終えた20歳未満の若者に、生活の場や食事を提供し、就労や生活の相談などを行ないながら、自立を支援する。定員は5～20人で、社会福祉法人やＮＰＯ法人が運営している。
新3要件	－	自衛の措置として武力行使が認められる条件を示した従来の3要件に、集団的自衛権行使を限定容認する考えを盛り込んだもの。①我が国と密接な関係にある他国への武力攻撃で、我が国の存立が脅かされ、国民の生命・自由及び幸福追求の権利が根底から覆される明白な危険がある。②これを排除し、我が国の存立を全うし、国民を守るために他に適当な手段がない。③必要最少限度の実力を行使する。この3つを全て満たす必要がある。
新常態	－	2008年のリーマン・ショック後の世界経済は、もとの状況には戻れない新たな常態、「ニューノーマル」だという考え方。中国では、かつての高成長は維持できないが、構造改革を進めて経済の質を向上させ、安定成長を保つという意味で、周近平国家主席が使用した。
信用状（L／C）	Letter of Credit	銀行による支払委任状・保証状。
診療報酬	－	診察、手術、調剤などの医療サービスに対して、医療保険から支払われる報酬。点数形式で、1点10円。医師や薬剤師の技術料にあたる「本体」と医薬品などの「薬価」からなる。2014年度の国民医療費は約40兆円、団塊世代がすべて75歳以上となる2025年には、約61兆円に膨らむ推計である。
水素爆弾	－	水素の原子核を衝突させ、核融合反応によって放出されるエネルギーを、利用した核兵器。ウランやプルトニウムの核分裂反応を利用する原爆より威力が大きい。これまで、米国・英国・フランス・旧ソ連・中国などが実験に成功。

スタップ細胞	—	刺激惹起（じゃっき）性多能性獲得細胞」の略。細胞を酸性の液に漬けるなどして、刺激を与え、神経や筋肉など、様々な細胞に変化する受精卵のような状態にしたもの。マウスの細胞で作製に成功している。
ストック・オプション	stock option	会社（企業）の役員や従業員が、一定期間内に、あらかじめ決められた価格で、所属する会社から自社株式を購入できる権利を指す。
スマートグリッド	smart grid	スマートグリッド（次世代送電網）とは、電力の流れを供給側・需要側の両方から制御し、最適化できる送電網。専用の機器やソフトウェアが、送電網の一部に組み込まれている。スマートとは、賢いという意味で使用。
スマートメーター	Smart Meter	通信機能が付いた新しい電力計で、30分ごとに測定した電気の使用量などのデータが、インターネットを通じて、電力会社集まる。東電は、2020年までに約2700万台、全国で約8000万台が設置される予定。
スミス（アダム・スミス）	Adam Smith	1723 〜 1790年、スコットランド生まれのイギリスの経済学者・哲学者。「国富論」、「道徳感情論」を著わす。「経済学の父」と呼ばれる。古典派経済学。
スリーマイル島事故	—	1979年3月28日、米国ペンシルベニア州スリーマイル島原発の２号炉で、冷却系機器の故障に作業員のミスが重なり、冷却水が減少し炉心が空焚き状態で、燃料の一部が溶融した。微量の放射性物質が漏れ、住民10万人が避難。
３Ｄプリンター	three-dimensional printer	三次元データを基に、樹脂などの層を積み重ねるなどして、立体を作製する。主要特許が切れ、低価格化と普及が進むむ。使える材料もチタンや鉄など約100種類に増え、様々な分野で需要が高まっている。
生活保護制度	—	失業や病気などで生活に困った世帯に対し、生活扶助や住宅扶助、医療扶助など８種類の扶助を必要に応じて組み合わせ、支給する公的扶助制度。2013年２月現在、受給者は約216万人、2011年度の支給額は、約3.5兆円。
税関	Japan Customs	輸出入の一連の手続を行い許可を与える。
政策金利	—	中央銀行が、物価水準や景気動向を調整するために、設定する金利の基準。一般に、政策金利の引き上げは、物価上昇の抑制、引き下げは、景気を上向かせやすい効果があるとされる。
青年海外協力隊	—	途上国支援や、人材育成を目的に1965年4月に政府事業として発足した。20 〜 39歳の日本国籍の男女が対象。派遣先の国で原則２年間活動する。職種は、120ある。国際協力機構（ＪＩＣＡ）が派遣業務を行なっている。

成年後見	―	認知症や知的障害などで、判断力が不十分な人に代わり、家庭裁判所に選任された後継人が、財産管理や施設の入所手続などの契約行為を行なう。本人の判断能力に応じて、「後見」「保佐」「補助」がある。17万6500人が利用。
成年後見人	―	認知症や知的障害で判断力がない人に代わり、家裁の専任により、財産管理や福祉サービスの契約などを行なう。2000年に始まり、65％は弁護士や司法書士。
セイの法則	―	経済活動は、需要と供給が一致しない時は、価格調整が行われ、従来より供給が増えて、価格が下がるので、殆どの場合、需要が増え、需要と供給は一致する。需要を増やすには、供給を増やせばよい。バティスト・セイが著書「政治経済学概論」で、叙述したことを、「セイの法則」という。
製品アーキテクチャ	architecture	製品全体の機能を整合的に達成するために、部品間の構造的・機能的な情報やエネルギーのやりとりが必要となる。製品機能と製品構造をどのように対応させ、部品間のインターフェースをデザインするかが、システム設計の基本思想である。
政務活動費	―	報酬とは別に、国内外の視察旅費や書籍購入費などに充てる事ができる。金額や運用方法は、議会が条例などで決める。最高は、東京都の720万円／人。最低は相模原市の120万円／人。2013年、政務調査費から名称変更。
政労使会議	―	政府と労働組合、企業が賃上げや雇用の在り方などを議論するため設置された。首相・関係閣僚、経団連・日本商工会議所・全国中小企業団体中央会、連合などのトップと有識者で構成する。首相と労使代表の計5人の連名でまとめる合意文書は、翌年の春闘に大きな影響を及ぼす。
世界各国の選挙権年齢	―	□16歳：アルゼンチン、キューバ、オーストリア、ブラジル、エクアドル、ニカラグア。□17歳：インドネシア、東ティモール、北朝鮮。□18歳：米国、英国、フランス、イタリア、カナダ、ドイツ、ロシア、オーストラリア、スイス、スペイン、トルコ、イスラエル、メキシコ、インド、ベトナム、香港など。18歳以下は１７６ヶ国である。□19歳：韓国。□20歳：日本、カメルーン、バーレン、ナウル、台湾。□21歳：コートジボワール、シンガポール、マレーシア、レバノン、クウェート、オマーン、トンガ、サモア。□25歳：アラブ首長国連邦。19歳以上は、15ヶ国。
世界の航空機産業	―	航空機市場は、現在約25兆円。2030年代には、約50兆円と予測されている。航空路線の多様化で、特に中小型機の需要が高まっている。

用語・略語の説明 507

石炭火力発電所	―	石炭を燃やし、その熱で水を蒸気に変え、蒸気タービン・発電機を動かして電気を作る。世界の発電電力量の約40%を担う。燃料別の発電量の構成では、日本：30%、ドイツ：46%、中国：76%、米国：38%が石炭火力である。
絶対安定多数	―	衆議院の全ての常任委員会で、委員長を独占した上で、各委員会で過半数を確保できる議席数をいう。与党が国会を安定的に運用できる指標。定数の2／3を占めれば、参議院で否決した法案を衆議院で再可決できる。
染色体の異常	―	染色体は、細胞の中に23対46本ある。数や構造に異常があると、不妊や流産の原因になる。生まれた場合、様々な障害が出る事もあるが、自立した生活を送れる人もいる。ダウン症は、21番染色体が1本多い。
戦略的互恵関係	―	日中両国が、政治と経済を両輪として、2国間や国際的課題の解決に向けて、協力する関係をいう。2006年、第1次安倍内閣の安倍首相が訪中して提案し胡錦濤国家主席が洞意した。
相対性貧困率	―	国民一人ひとりの所得を順番に並べ、中央の人の半分（2009年は112万円）に満たない人の割合。2010年の調査では、全体で16%だった。
ＳＮＳ ソーシャルネットワーキングサービス	social networking service	インターネット上に、近況などを書き込み情報交換をする事で、友人との交流や人脈作りができるサービス。利用者を限定することもできる。
ソクラテスの対話	―	ソクラテスは、ある一つの考え方が内在的に伴うことになる矛盾を、明らかにするために、その主張に疑問を投げかけながら、議論をすることでより真理に近づこうとする対話の方法。問答法と表現される。
ソーテ （マルク・ソーテ）	Marc Sautet	1947〜1998年、フランスの作家・教師・哲学者。哲学カフェが、あらゆる人たちのために、学歴にかかわりなく表現の自由を奨励し、ソクラテス式問答法を復活させたいと願った。正しい問いを持ち出すためにカフェにいるのであって、答えを与えるためにいるのではない、とソーテは述べている。
尊厳死法	―	2005年制定。治療が無意味で、患者の延命以外の効果がない場合、医師は治療を控えるか、停止できると定めた。患者の意思尊重が前提。尊厳死の希望を記した「事前指示書」の効力も認めた。

＜た行＞

ダイナミズム	dynamism	内に秘めたエネルギー、力強さ、活力をいう。
第二地方銀行	―	特定の地域の人々が、資金を出し合って融資などを、行なう互助組織「無尽会社」が起源。中小企業向け融資を主力としてきた。一般の地方銀行と業務は変わらないが、営業範囲や規模の小さい銀行が多い。1989年は68行あったが、現在は41行。

ダイバーシティー	diversity	多様性を意味する英語。年齢・性別・国籍・宗教・言語・障害の有無などの違いを尊重し、新たな価値の創出や組織の活性化に役立てようとする考え方。組織づくりや人材採用など、幅広い分野でキーワードになっている。
代理人	Agency	本人に代わり意思表示をする／受ける権限者。
ダウンサイジング	Downsizing	サイズ（規模）を小さくすることを指す用語であり、ものや組織など様々なことに関して用いられている。例えば、コスト（費用）の削減や効率化を目的として、より小型のものを用いる。
タスクフォース	task force	特定の目的のために、一時的に編成される部局や組織のこと。一般に、プロジェクトより小さな単位の集団を意味し、戦略性と機動性が重視された特別作業班と訳される。
ＷＴＯ 世界貿易機関	World Trade Organization	包括的なルールを協議する機関。
足るを知る経済	－	タイ国王のプミポン・アドウィンヤデート陛下の提唱する「ヤタキットポーピアン」の意訳である。Just enough（これ以上はいらない）の意味に近い。日本語では、「知足経済」と訳される。過度な市場経済への依存を戒め、身の丈にあった投資の重要性、自給自足的な生活の再評価などを説かれた。タイ社会に、「新たな価値観」をもたらした。
炭素繊維	－	鉄の10倍の強度を持ちながら、重さが１／４しかない先端素材。東レ・帝人・三菱レイヨンの３社で、世界シェア（市場占有率）の約７割を占める。航空機・自動車向け・運搬用タンクに使われる。
地域包括ケアシステム	－	重い要介護状態になっても、住み慣れた地域で暮らせるよう、医療・介護・予防・生活支援・住居などを一体的に提供する仕組み。住民の自主的な支え合いなども活用して、要介護高齢者の生活を支える。
知財高裁	－	東京高裁の特別支部として、2005年4月に発足した。４つの裁判部に19人の裁判官がいる。特許権の侵害訴訟は、全ての１審を東京・大阪の地裁が担当。控訴審を知財高裁が担当。また、東京高裁管内の地裁で起こされた著作権や商標権などを巡る訴訟の控訴審を行なう。
地上権	－	建物や樹木などを所有する目的で、他人の土地を使用する権利。地権者との契約で設定される（上限が20年）が、地権者の承諾なしに売買できるなど、取得者の権利が強く、契約期間中は使用を継続できる。契約更新を地権者が拒否した場合、土地を利用できなくなる。
利他の心	－	自らの利益を追求するのではなく、他人の利益を図ろうとする考え方。稲盛氏は、「利他の心」を、京セラでも日本航空でも経営の基本としてきた。世のため人のために尽くす事が、事業の成功につながるという。

用語・略語の説明　509

地方交付税	―	地方自治体の財源不足を補う制度。自治体間の財政格差を縮める役割を担う。所得税と酒税の32%、法人税の34%、消費税の29.5%、たばこ税の25%が配分される。
地方創生	―	人口減少の歯止めと、東京一極集中の是正が柱。安倍内閣は、「最重要課題」と位置付け、雇用増や地方移住の促進など地方活性化策を盛り込んだ、総合戦略を決定した。
中核市	―	地方自治法に定められた都市制度の一つで、人口30万人以上の市が対象。全国で43市ある。政令指定都市に準じた権限が、都道府県から移譲される。
中学校給食	―	文科省の給食実施状況の調査（2012年）によると、公立小学校では98.8%、公立中学校では83.8%である。千葉県・富山県・愛知県・香川県が100%だが、大阪府（14.7%）、神奈川県（24.9%）にとどまる。
中間貯蔵施設	―	放射能の除染で出た汚染土や、1Kgあたりの放射性セシウム濃度が、10万ベクレルを超える廃棄物の焼却灰などを、最長30年保管する施設。
中小企業	―	中小企業基本法で、製造業は「資本金3億円以下、従業員300人以下」等、業種別に定義を定めている。
長期金利	―	金融機関が、1年以上お金を貸し出す時に、かかる値段のこと。国が、直近に発行した10年物国債の利回りを基準にしている。住宅ローンの金利や、企業に融資する際の金利を決める目安になっている。
長寿企業	―	創業後100年以上の長寿企業は、帝国データバンクによると、26114社ある。1603年（江戸幕府開府）以前に創業された企業も141社ある。小規模の企業が目立つ。
通関業者	Customs broker	税関の許可を受けた輸入代行会社。
津波防災地域づくり法	―	2012年6月に全面施行された。「津波災害警戒区域」では、区域内の市町村は、津波ハザードマップの作成義務を負う。また、市町村の条例で、住宅建築を制限でき、都道府県は移転勧告もできる。
DI 業況判断指数	diffusion index	景気について「良い」と答えた企業の割合から、「悪い」と答えた企業の割合を引いた指数。日銀が、3ヶ月毎にアンケートを実施している。
TPP 環太平洋経済連携協定	Trans-Pacific strategic economic Partnership agreement	太平洋を取り囲む12ヶ国が参加し、各国間の貿易を盛んにして経済を活性化させるための協定を指す。世界全体の4割近くを占める巨大な経済圏となる。21世紀型のルール作りを目指し、貿易だけでなく環境や労働、知的財産などテーマは幅広い。参加国：シンガポール、ニュージーランド、チリ、ブルネイ、米国、オーストラリア、ペルー、ベトナム、カナダ、メキシコ、マレーシア、日本。
TQM	Total Quality Management	組織全体として、統一した品質管理目標への取り組みを、「経営戦略」へ適用したもの。1980年代の米国で提唱され、アメリカ復活の原動力の一つとなった。

デフォルト	default	借金を約束通りに返済できない状態のこと。デフォルトに陥れば、国の信用力が落ち、国債価格が下落するほか、ドルや米国株も売られ世界経済も揺るがす。ロシア（1998年）、アルゼンチン（2001年）などで、国債がデフォルトとなった。
デフレ （デフレーション）	Deflation	物価の下落が続く状態を指す。モノやサービスが値下がりすると思う人が多いと、消費が伸び悩む要因となる。企業の収益も伸びないため、賃金が下がり、消費はさらに低迷する悪循環に陥る。1998年からデフレ状況が継続。
デューイ （ジョン・デューイ）	John Dewey	1859 ～ 1952年、哲学者・教育者。アメリカ哲学界で指導的な人物。教育学者として、児童の生産活動に基ずく「労作教育」を主張し、教育界に多大な影響を与える。1920年代に、中国・トルコ・日本・メキシコ・旧ソ連を訪問し、各国の教育事情を視察し指導した。
デリバティブ	derivatives	株や債券などの値動きに基づいてつくられた金融商品。ある商品を将来の決まった時点で、売買することをあらかじめ、約束する「先物取引」や、株式などを一定の価格で売買する権利を売買する「オプション取引」などがある。
ＥＶ （電気自動車）	Electric Vehicle	電気自動車は、外部からの電力供給によって二次電池（蓄電池）に充電し、電池から電動機に供給する二次電池車が一般的である。車両自身に発電装置を搭載する例としては、太陽電池を備えたソーラーカーや、燃料電池を搭載する燃料電池自動車があり、2014年12月にトヨタから発売された。
電源三法交付金	－	原子力発電所を円滑に設置するために、制定された電源開発促進税法など三つの法律に基づき、立地自治体に交付されている。電力会社が販売した電力量に応じ、1000Kw時あたり375円を納付している。
展望リポート	－	日本銀行が、景気や物価の見通しを示すため、4月と10月に発表する見解で、正式には、「経済・物価情勢の展望」。特に消費者物価上昇率と実質国内総生産（ＧＤＰ）成長率の見通しが注目される。3ヶ月後の7月と1月に「中間評価」も発表し、見通しを修正している。
電力債	－	電力会社が発行する社債で、保有者は、他の債権より優先して返済を受けられると電気事業法に定められている。一般企業の社債よりも安心して買える。約60兆円の国内社債市場の2割を占める。優遇があれば多くの投資家が購入し、電力会社が払う利息も安くなる。東京電力は、2013年3月時点で、3兆9100億円の社債（借金）を発行残高として有する。

用語・略語の説明 511

トインビー （アーノルド・J・トインビー）	Arnold Joseph Toynbee	1852〜1883年、イギリスの経済学者。「産業革命」を学術用語として広めた歴史家。20世紀最大の歴史家の一人に数えられる。
道州制	―	都道府県を廃止し、より広域な「道」、「州」に再編する地方行政制度。国の権限や事務は、外交や防衛などに限定し、財源や権限を大幅に道州に移譲する事で、政策に地域の意見を反映させる事や、行政の効率化を図るのが狙いである。
特殊相対性理論	―	高速で動く物体を制止した人から観測すると、その物体は、長さが縮み、時間はゆっくりと進んで見える事を示した理論。光速が常に一定だという観測結果などから確立された。
ドクターヘリ	―	医師や看護師が搭乗し、災害や事故の現場に向かうヘリコプター。十分な医療体制が整っていない過疎地などにも駆けつけ、迅速に初期治療を行なったり、患者を搬送できる。搬送中も治療を続けられる。
独立行政法人の分類	―	制度創設から10年経過し、一律の制度にはめ込んでおり、政策実施機能の発揮が不十分のため見直しを実施。□中間目標管理法人（60法人）□国立研究開発法人（31法人）□行政執行法人（7法人、国立公文書館、造幣局等）
ドラッカー （ピーター・ドラッカー）	Peter Ferdinand Drucker	1909〜2005年、オーストリア生まれ、ユダヤ系経営学者・社会学者。数多くの著作を発表し、95歳で没するまで、全世界の組織の経営のコンサルを続け、組織のマネジメントと社会や政治を取り上げている。今、再びドラッカーのブームが起きている。世界の3名の著名な経営学者の一人。経営の師の師と言われるドラッカー、『エクセレント・カンパニ』のトム・ピーターズ、経営戦略論のマイケル・ポーターである。

＜な行＞

内閣法制局長官	―	「法の番人」と呼ばれる内閣法制局のトップ。法律問題などで首相を直接補佐する。官房副長官と並んで、組閣の際の閣僚名簿にも掲載され、閣議にも陪席する。各省庁は、同局の事前審査を通らなければ、法案を国会に提出できない。憲法や法令の解釈について、国会答弁で政府の統一見解を示す役割もある。
ＮＡＦＴＡ 北米自由貿易協定	North American Free Trade Agreement	北米3ケ国（米国、カナダ、メキシコ）による自由貿易協定。
南海トラフ巨大地震	―	静岡県沖から、近畿・四国・九州沖にかけて延びる海溝（南海トラフ）沿いで、発生する巨大地震。東海地震、東南海地震、南海地震が連動する可能性が指摘されている。国は、最大想定で高知県の一部に、30㍍を超える津波が押し寄せるなど、経済被害は220兆円に上ると試算。

難病医療法	—	2015年1月施行。医療費助成は、110疾患が対象となった。7月に196疾患が加わり、法施行前の56疾患、約78万人から、306疾患、約150万人になった。重症患者に限定し、所得などに応じて一定の負担を求めている。
難民認定制度	—	人種や宗教などを理由に、本国に戻ると迫害を受ける恐れがある外国人について、法務大臣が難民として認定して保護する制度。認定されると、5年を期限に日本定住が認められる。2013年の認定者は6名。申請者は、トルコ：658人、ネパール：544人、ミャンマー：380人等である。
ＮＩＳＡ 少額投資非課税制度	Nippon Individual Savinngs Account	株式や投資信託の売却益や配当金などは、通常20%の税金がかかるが、年間100万円の投資額を上限に、投資した年から5年間非課税になる少額投資非課税制度をいう。国内在住の20歳以上が利用。
ニーチェ （フリードリヒ・ニーチェ）	Friedrich Wilhelm Nietzsche	1844〜1900年、ドイツ生まれ。ドイツの哲学者・古典文献学者。ギリシャ哲学やショーペンハウアーなどから強く影響を受け、西洋文明を革新的に解釈し、実在主義の先駆者、生の哲学の哲学者とされる。
ニート	Not in Education, Employment or Trainng	仕事を持たず、通学も職業訓練もしていないという意味。2014年版「子ども・若者白書」は、15〜34歳の被労働力人口のうち、家事も通学もしていない者」と定義。約60万人に上り、この世代の約2%を占める。
日銀達観	—	日本銀行が、全国の企業約1万社を対象に、3ヶ月ごと（3、6、9、12月）に、最近の景気に対する見方などを、アンケート形式で調査したもの。回答率が100%に近いため、日本経済の足元の状態を的確に表しやすいとされる。
日航の経営破綻	—	日本航空は、2010年に経営破綻し、公的支援を受けて経営再建を果たした。国交省が、2012年8月10日、公表した文書（8・10ペーパー；日本航空の企業再生への対応について）では、中期経営計画が修了する2016年まで、新規の投資や路線開設などを監視・制限する内容である。
日本学術会議	—	日本の科学者を代表する機関。1949年に設立され、首相の所轄の下、独立して職務を行なう。政府や社会への提言は重要な役割の一つ。約84万人の科学者から選出された2100人の会員と、約2000人の連携会員で構成される。
日本原子力発電	—	原発を専門とする国内唯一の発電会社。1957年に、電力各社が出資して設立した。1966年には、日本で初めての商業用原発となる、東海発電所の運転を始めた。発電した電気は、東京・関西・中部・北陸・東北電力の5社に売電する。

用語・略語の説明 513

日本政策投資銀行	―	1999年、政府系金融機関の日本開発銀行と、北海道東北開発公庫を受け継いで設立され、後に株式会社化された。災害発生時、企業に資金を提供したり、鉄道などのインフラ（社会資本）整備のための融資を行なう。
日本創成会議	―	民間の立場から日本全体の将来像を描いて戦略を作るため、労使の代表や学識経験者らが、2011年5月に発足させた。座長は、増田寛也元総務相。2040年に全国の半数にあたる896市区町村d、20〜39歳の女性が5割以下に減るとの推計を発表した。
日本創生会議のレポート	―	民間の有識者でつくる日本創生会議（座長：増田寛也元総務相）が、2013年5月に公表した独自の人口推計。2040年には、全国の約半数にあたる８９６市区町村で、20〜39歳の女性が5割以上減り、人口減が加速することで、行政サービスの維持が難しくなると指摘した。対策は、出生率の引き上げ、地方の拠点都市の整備などを提言している。
日本の精神科医療	―	日本の精神科医療は、世界的に特異な位置にある。34万床ある精神病床は、ＯＥＣＤに加盟する国の中で、突出している。人口当たりで、加盟国平均の約4倍である。入院5年超の患者が、10万人いる。
日本ユニセフ協会	―	国連児童基金（ユニセフ）と、協力協定を結び、子どもの命と健康を守るため、国内で募金や広報、政策提言などの活動を行なう。公益財団法人。東日本震災では、被災地に専門家を派遣し子どもの支援。
認知症	―	病気などが原因で、脳の細胞が死んだり働きが悪くなったりして、記憶力や判断力などの機能が低下し、生活に支障がでている状態（およそ6ヶ月以上継続）を指す。
認定こども園	―	幼稚園・保育園という枠組みを超えて、幼児教育と保育を一体で行う施設。地域の子育て支援も提供する。国が2006年に制度化。国は、消費税財源を用いた、新しい子育て支援制度と位置付けてきた。
「21世紀海上シルクロード」構想	―	2013年10月、中国の習近平国家主席が、インドネシア訪問の際に提唱した。東南アジアから南アジア・中東・アフリカ東岸・欧州までの沿岸諸国で経済協力を進め、影響力拡大を図る構想。
ＮＥＸＩ 日本貿易保険	Nippon Export and investment Insurance	輸出入や海外投資など対外取引に伴う貿易保険。
熱中症	―	高温で体内の水分や塩分のバランスが崩れ、体温の調整機能が働くなる病気。めまいやけいれんなどの症状があり、最悪の場合、死に至る。2013年の死者数は1076人。

農協	―	耕作地が小さい農家が、助け合うために設立された協同組合。農家に、苗や肥料などを販売し、技術指導を行なうと共に、農作物を集めて市場で販売している。約1万3000あった、地域農協は合併が進み現在は、約700ヶ。
農地中間管理機構	―	個人が所有する休眠農地や耕作放棄地を、借り上げて集約し、農業生産法人などに貸し出す仲介組織。農地の大規模化を進めて、経営効率を高めるのが狙い。「農地集積バンク」とも呼ばれる。
農地法	―	農地について、売買や貸借、転用のルールなどを定めた法律。2009年に抜本改正され、「自作農主義」を「所有から利用へ」と転換し、企業の農業参入を促した。農地の「利用権」を原則自由化する一方、優良農地を守るため、農地転用の規制が強化された。

＜は行＞

ハイパーインフレ	Hyperinflation	国際会計基準の定める、3年間で累積100％（年率約26％）の物価上昇、フィリップ・ケーガンによる定義では月率50％(年率13000％を超える物価上昇を呼んでいる。
廃炉	―	事故から40年後の2051年までに、廃炉を完了するとしている。炉心溶融した1～3号機からの、溶融燃料の取り出しが最も困難な作業。廃炉と汚染水対策が中心。4号機の燃料集合体（1535本）は、2014年12月に取り出し完了。高い放射線量下の作業である。
ハザードマップ	hazard map	津波や地震、土砂災害、火山噴火など自然災害の種類ごとに、想定される震度や津波の高さなどの災害規模、被害の及び地域を示した地図。主に自治体が作成し、避難路や避難場所を記して住民に周知を図る。
バブル	bubble	株価や地価などの資産価格が、実体経済から大きく隔たり、中身のない「バブル；泡」のように高騰する現象をいう。17世紀のオランダで起きた「チューリップ・バブル」が、世界初の事例とされる。日本でも1990年代に生じた。
阪神大震災	―	1995年1月17日、淡路島（兵庫県）北部の深さ16㎞を震源に、内陸直下型の地震（M7.3）が発生し、最大震度7の揺れが、神戸市と周辺の都市を襲った。死者：6434人、全壊：10万4906棟。避難者：約31万人の被害となった。
バンドン会議	―	1955年、第二次世界大戦後に独立した旧植民地を中心とした、アジア・アフリカの29ヶ国・地域が、インドネシアのバンドンで開いた国際会議。スカルノ大統領や周恩来首相が主導し、内政不干渉や紛争の平和的手段による解決など「平和10原則」を採択した。

用語・略語の説明 515

ＰＫＯ５原則	－	自衛隊が、ＰＫＯ活動に参加するために満たすべき条件で、1992年の国連平和維持活動（ＰＫＯ）協力法で定められた。①紛争当事者間の停戦合意、②紛争当事者の受け入れ同意、③中立的立場の厳守、④以上の原則のいずれかが満たされなくなった場合の撤収、⑤要員の生命防護のための必要最小限の武器使用（武器使用基準）－の５条件。
ピーターズ（トム・ピーターズ）	Thomas. J. Peters	1942年〜、米国生まれ。経営学博士。「エクセレント・カンパニー」の著作がベストセラーとなり、世界中で読まれる。新しい時代の経営やビジネスのあるべき姿を提起し続けている。
ＰＴＡ	Parent Teacher Association	保護者と教員が作る教育団体。先生と父母が対等な立場で参加する組織と位置付けられている。戦後、民主教育の普及を目的に、ＧＨＱが文部省を通じて結成を指導した。学校行事の手伝いや講演会開催など活動は多岐に亘る。
比較優位	Comparative advantage	自由貿易、リカードが提唱。
ピケティ（トマ・ピケティ）	Thomas Piketty	1971年、フランス生まれ。パリ経済学校教授。仏社会科学高等研究院教授。2013年「21世紀の資本」を発表。欧米・中国・韓国・での各国版が相次いで発刊。専門書にもかかわらず累計100万部を超える。
ＰＣＳ	Power Conditioning System	ＰＣＳは、太陽光パネルで発電した直流電流を、交流電流に変換することだ。その他、複数の機能がある。太陽光パネルから得られる電力を常に最大値に維持する（最大電力点追従制御）がある。
非正規雇用	－	正社員以外の「パート」、「アルバイト」、「契約社員」、「臨時職員」などの働き方の総称。労働時間が短いため、正社員の給与に対し、約３割以下である。
非正規労働者	－	主に、雇用主との間で期間を定めた契約を結んでいる労働者を指す。契約社員、派遣労働者、パートタイマーなどがあたる。リストラの対象となりやすく、賃金水準も低い。
ヒッグス粒子	Higgs boson	宇宙誕生の直後に出現し、すべてのものに重さ（質量）を与えたとする粒子。粒子の理論を発表した、英国のピーター・ヒッグス博士とベルギーのフランソワ・アングレール博士は、ノーベル物理賞を受賞。2012年に国際チームの実験で発見された。
ビッグデータ	－	膨大なデジタル情報の総称。「情報通信白書」では、こうした情報を基に企業が経済活動をした場合、最大で７兆円超の経済効果が見込めるとした。大量のデータを分析し、傾向を掴んだり、将来を予測したりする。

103万円の壁	—	主婦が、働き方を抑える原因となっている、税制上の仕組みのこと。パートで働く妻の年収が103万円を超えると、夫の配偶者控除を使えなくなり、妻本人にも所得税がかかる。年収130万円以上になると、夫の扶養から外れ、妻自身も健康保険や国民年金などの社会保険料を払う必要がある。
フィッシャー（アーヴィング・フィッシャー）	Irving Fisher	1867 ～ 1947年、米国の経済学者。初期のアメリカの「新古典派経済」学者の1人。貨幣数量説を復活させて、物価指数の初期提案者の1人。フイリップス曲線、無差別曲線への重要な貢献をした。フィッシャー効果、フィッシャー方程式を名づけられた。
フットプリント生態学的足跡	Ecological Footprint	人間活動の環境への負荷を面積で表す指標。
ブラックマンデー	—	ニューヨーク株式市場は、その日、史上最大の株価暴落となり、ダウ平均株価は508ドル（22.6%）の下げ幅を記録した。1929年10月24日の株価暴落「ブラックサーズデー；暗黒の木曜日」にならい米メディアが名づけた。
ＢＲＩＣＳ新興国	—	中国、ブラジル、ロシア、インド、南アフリカの5ヶ国をいう。ＢＲＩＣＳの経済規模は、全世界の名目ＧＤＰ（約73兆9821億ドル）の約21%（約15兆7636億ドル）、米国は約22%、日本は約6%、その他が51%である。
プラットフォーム	platform	プラットフォームとは、あるソフトウェアやハードウェアを動作させるために必要な、基盤となるハードウェアやＯＳ、ミドルウェアなどのこと。また、それらの組み合わせや設定、環境などの総体を指すこともある。
フリードマン（ミルトン・フリードマン）	Milton Friedman	1912 ～ 2006年、米国の経済学者。マネタリズムを主唱、裁量的なケインズ的総需要管理政策を批判。経済に与える貨幣供給量の役割は、短期の景気変動および長期のインフレーションに決定的な影響を与え、貨幣供給量の変動は、長期的には物価だけ影響して実物経済には影響は与えないとする見方である。1976年、ノーベル経済学賞受賞。
ブレトンウッズ体制	—	国際通貨基金（ＩＭＦ）と世界銀行を中心とした、戦後の国際通貨・金融の枠組み。世界経済の混乱が戦争につながった反省から、1944年7月、米国の保養地ブルトンウッズで決めた。米ドルを基軸通貨とする国際通貨体制の流れは、現在も続いている。
ブロック経済	Bloc economy	世界恐慌後、イギリスやフランスなど植民地を持つ国が、植民地を「ブロック」として、特恵関税の同盟を結び、第三国に対し、高率関税や貿易協定などの関税障壁を張り巡らせて、自国の経済を保護した状態の経済体制をいう。

ブローデル（フェルナン・ブローデル）	Fernand Braudel	1902〜1985年、フランスの歴史学者。経済状態や地理的条件が世界史において果たす役割に注目し、20世紀の歴史学に大変革を起こした。
文明内の衝突	−	1993年、ハーバード大のサミュエル・ハンチントン教授が発表した論文「文明の衝突」になぞらえ、中東の現状を説く表現。同教授は、冷戦後の世界に、宗教や文化の違う文明間で、紛争が起きると予測。一方、イスラム教とう価値観を共有しながら、宗派対立と内戦が繰り返される現実の構図が、「文明内の衝突」と称される。
平均寿命	−	その年に生まれた子どもが、平均で何歳まで生きるかを予測した数値。平均寿命は、0歳の平均余命を指す。厚労省が初めて調査した1891年〜1898年の平均寿陵は、男性：42.8歳、女性：44.3歳。近年は、男性：80.21歳、女性：86.61歳。
ベートーヴェン（ルートヴィヒ・ヴァン・ベートーヴェン）	Ludwig van Beethoven	1770〜1827年、ドイツの作曲家。バッハ等と並んで音楽史上極めて重要な作曲家であり、日本では「楽聖」とも呼ばれる。その作品は古典派音楽の集大成かつロマン派音楽の先駆けとされている。
ベビーブーマー世代	−	第二次世界大戦後の1946〜1964年に生まれた世代。2011年から65歳に到達し始めた。2012年、約7600万人（米国の総人口の約4分の1を占める。日本の団塊世代（1947〜1949年生まれ、約800万人）よりも年齢層が広い。
弁証法	dialectic	哲学の用語。現代において、普通に言われるときは、殆どがヘーゲルやマルクスの弁証法を意味する。世界や事物の変化や、発展の過程を本質的に理解するための方法、法則とされる。古代ギリシャの哲学に初めて登場し、他人との議論の技術という意味で使用されていた。
ベンチマーク	benchmark	国や企業等が、製品・サービス・プロセス・慣行を継続的に測定し、優れた競合他社やその他の優良企業の、パフォーマンスと、比較・分析する活動。
保育園	−	0〜5歳児が対象で、保育を行なう。共働き家庭の子が通園する。
ホイットマン（ウォルト・ホイットマン）	Walter Whitman	1819〜1892年、アメリカの「民衆詩人」、1855年に『草の葉』を出版。草を見て大地を謳い、人間を見て宇宙を謳う。その生命の叫びは、形式主義を打破し、あらゆる立場の人を包括し、自由と魂の開放を謳いあげた。
貿易	Trade, External trade	国間で行われる商品の売買。
貿易収支	−	日本から輸出したモノの総額から輸入の総額を引いたもので、プラスなら貿易黒字、マイナスなら貿易赤字となる。日本は、1981年から30年間も黒字が続いた。

貿易保険	—	日本企業が、輸出したり海外投資したりして損失を受けた場合、保険金を受け取れる仕組み。独立行政法人の日本貿易保険が、企業から保険料を集めて保険金を支払う。政府が再保険として引き受け、事実上の国営保険となっている。2012年度の引き受け実績は、約8兆円に上る。
ＡＤＩＺ 防空識別圏	Air Defense Identification Zone	領空侵犯を防ぐために、各国が独自に定めている空域。領空の外側に設定され、侵入してきた国籍不明機には緊急発進（スクランブル）をかける事もある。国際法上の規定はないが、設定の際は周辺国との事前協議するのが通例。
訪問介護	—	介護保険サービスの一つで、在宅で暮らす要支援1以上の高齢者が利用できる。利用者数は、2013年7月現在、約137万人。要介護度ごとに支給限度額があり、その範囲なら1割負担で利用できる。
訪問介護ステーション	—	医療法人や医師会などが運営主体となり、在宅での医療、介護のサービス提供を行なっている。全国に6500ヶ所あり、週3日の訪問で、1日につき5530円の訪問看護基本医療費が、運営者側に支払われる。
ポーター （マイケル・ポーター）	Michael E. Porter	1947年〜、米国生まれ。経営学者・経済学博士。世界各地で多くの国・企業等の戦略アドバイザーを務め、ファイブフォース分析や、バリュー・チェーンなどの、競争戦略手法を提唱した。
保護観察所	—	罪を犯した人や非行少年が、社会生活の中で厚生するよう指導・監督などを行なっている法務省の施設。全国に50ヶ所ある。保護観察官や民間ボランティアの保護司と定期的に面接し、生活や交友関係などについて指導を受ける。
保護司	—	刑務所からの仮出所者や少年院からの仮退院者と、月1、2回程度面会するなどして、更生をを支援する。法相から委嘱される非常勤の国家公務員。給与はなくボランティア。保護司は、全国で約4万8000人。
保護貿易	Trade protection	関税等の障壁を設けた貿易。
ポスコ	—	1968年に韓国政府が設立し、2000年に民営化された韓国最大の製鉄会社。同年、新日鉄の株式の持ち合いを含む提携契約を結び、共同研究や原料調達などを行なっている。2005年、韓国企業として、初めて東京証券取引所に上場。
保税倉庫	bonded warehouse	輸入した貨物を保税のまま入れておく倉庫。
保税地域	bonded area	輸入手続が完了まで一時保管する場所。
北極	—	北緯90度の北極点を中心にして、北緯66.5度より北を指す。南極は大陸だが、北極は海。南極には、領土権の主張や軍事利用を禁じた「南極条約」があるが、北極にはこうした条約はない。地球温暖化で、氷が解け、資源・航路・安保等の北極活用で注目されてきた。

ホロコースト	The Holocaust	ホロコーストとは、ナチス政権とその協力者により約600万人のユダヤ人を組織的、国家的な迫害および殺戮を意味します。「ホロコースト」は「焼かれたいけにえ」という意味のギリシャ語を語源とする。
ＦＯＢ 本船甲板渡し	Free on Board	船に荷積みされた時点で商品の所有権が買主に移転するという取引条件。

＜ま行＞

マーシャル諸島共和国	－	サンゴ礁に囲まれた、太平洋の29の環礁と、五つの島からなる国で、1986年に米国の信託統治を経て独立。人口5万3000人（2011年）。ビキニ、エニウェトク両環礁で水爆実験(67回)、1954年、日本の漁船（第五福竜丸）が被曝した。
マイナンバー共通番号制度	－	国民に12ケタの番号を付け、役所や税務署などが共通の番号で個人情報を管理・提供することで、本人確認の手間を省き、不正防止にも役立てる仕組み。2016年1月から制度が開始される。
マクロ経済学	macroeconomics	経済学の一種で、個別の経済活動を集計した一国の経済全体を扱う。扱う対象は、国民所得・失業率・インフレーション・投資・貿易収支などの集計量がある。また、対象の市場は、生産物（財・サービス）市場、貨幣（資本・債権）市場、労働市場に分けられる。考案は、ノルウェーのラグナル・フリッシュ、用語を初めて用いたのは、オランダの経済学者ウルフである。
マクロ経済スライド	－	物価や賃金の上昇率に伴って、伸びる年金額を抑制する仕組みである。伸び率から一定の「調整率」を差し引く。調整率は、少子高齢化の進展度合いで決定される。物価や賃金の伸び率がマイナスになるデフレ下では実施されない。2004年の年金改革で導入された。
まち・ひと・しごと創生法案	－	人口減少に歯止めをかけ、地域社会の活性化を図るための施策の実施を、「国の責務」と規定している。地域再生法改正案は、自治体の首長が首相に対して、新たに実施して欲しい財政支援策や補助事業などを提案できるようにする事が柱である。
マネージメントスコアカード	Management Scorecard	事業定義・経営能力・組織活動の各評価の3視点から、組織体のマネジメントの、目標設定および経営活動の状況をフィードバックするだけでなく、自ら（個人と組織）の目的と、ミッションを継続的に実現するための一つのマネジメント・ツールである。
マルサス （トマス・ロバート・マルサス）	Thomas Robert Malthus	1766～1834年、イギリス出身。古典派経済学を代表する経済学者。過少消費税、有効需要説を唱えた。ダーウィンやケインズに影響を与えた。

マルクス （カール・マルクス）	Karl Heinrich Marx	1818〜1883年、ドイツ生まれ（ユダヤ系）。20世紀において最も影響力があった思想家の1人とされる。アダム・スミスに影響を受け、「資本論」を著わす。史的唯物論、階級闘争、共産主義の概念、マルクス経済学・科学的社会主義の創始者。
ミクロ経済学	microeconomics	レオン・ワルラス（フランスの経済学者）の一般均衡理論を中心とした価格理論を指す。経済主体の最小単位と定義する、家計（消費者）、企業（生産者）、それらが経済的な取引を行なう市場を分析対象とする。
ミル （ジョン・スチュアート・ミル）	John Stuart Mill	1806〜1873年、イギリス生まれ。哲学者にして経済学者。社会民主主義・自由主義思想に多大な影響を与えた。ベンサムの唱えた功利主義の擁護者。リカード後の古典派経済学者で、「経済学原理」を著わす。
ミレニアル世代	Millennials	米国で1980年代から、2000年代初頭に生まれた若者の総称。幼いころからネットに親しんできたことから「デジタルネイティブ」とも呼ばれ、9割以上がパソコンを所有し、ＳＮＳを積極活用し、社会奉仕やボランティアに積極的などの特長を有する。
民事再生法	―	経営難に陥った企業の早期再建を目的に、2000年4月に施行された。企業が、裁判所に再生手続きを申し立て、事業を継続しながら、裁判所の管理の下で再建を目指す。企業の破たん後も経営陣が会社にとどまる。
民法750条	―	結婚に際し、夫婦は夫か妻のいずれかの性を名乗るとした、夫婦の別姓を認めない民法の規定。夫婦の96％が夫の姓を選ぶ現状を踏まえ、女性のみに改姓を強いており、平等権など憲法に違反すると主張。夫婦別姓の論議がされている。
無医地区	―	半径4Km以内に、50人以上が住んでいるのに、医療機関までの時間が、バスなどで1時間以上のこと。全国に705ヶ所（2009年）ある。山間地など医療の確保が困難なへき地の診療所は、1038ヶ所ある。
無形文化遺産	―	世界遺産や記憶遺産と並ぶ、ユネスコの遺産事業の一つ。具体的な形がない社会的慣習、芸能、音楽、祭礼行事などを保護の対象とする。世界で327件が登録で、その内日本は22件。禁煙では「和食」も登録。
ＭＥＲＣＯＳＵＲ 南米南部共同市場	Mercado Comun del Sur	南米5ケ国（アルゼンチン、ウルグアイ、パラグアイ、ブラジル、ベネズエラ）の関税同盟。
メンター制度	mentor	経験者が、若年者や未熟練者と原則1対1で、継続的・定期的に交流し、仕事と精神的・人間的な成長を支援する制度。メンタとは指導者・助言者の意味。厚労省は、「メンター制度導入マニュアル」でポイントや注意点をまとめた。

モジュラー型	modular architecture	工業製品やシステムの構造・設計の分類の一つで、構成要素や要素間の連結方法などの多くが規格化・標準化されており、それらの組み合わせにより最終製品の開発や生産が可能なもの。組み合わせ型。

＜や行＞

ヤーマン（ヌール・ヤーマン）	Nur Yalman	1931年〜、トルコ生まれ。世界的な文化人類学者。米国のハーバード大学で長年に亘り教授。宗教と社会の関係の研究に造詣が深い。池田ＳＧＩ会長との対談集「今日の世界、明日の文明・・・新たな平和のシルクロード」が刊行。
約款	−	保険・ガス・電気の売買など、企業が不特定多数の消費者との間で、同じ内容の契約を、大量に締結するため、あらかじめ定めておく契約条項。企業は、消費者との間で、効率的に契約を処理できる利点がある。
Ｕ・Ｉターン	−	人の移動を表す用語で、出身地に移住するのをＵターン、都会などから出身地とは別の地域に移り住むのを、Ｉターンと呼ぶ。政府の「まち・ひと・しごと創生本部」も重点施策の一つに掲げている。
Ｅ／Ｌ輸出承認書	Export License	税関の輸出許可以前に取付ける承認用書類。
Ｅ／Ｄ輸出申告書	Export Declaration	輸出許可を受けるために税関に提出する書類。
Ｉ／Ｌ輸入承認書	Import License	輸入業者が経産大臣から受ける輸入許可。
Ｉ／Ｄ輸入申告書	Import Declaration	貨物を輸入する者が税関に提出する書類。
ユビキタス社会	Ubiquitous	「いつでも、どこでも、何でも、誰でも」が、ネットワークにつながることにより、様々なサービスが提供され、人々の生活をより豊かにする社会。
幼稚園	−	3〜5歳児が対象で、幼児教育を行なう。専業主婦家庭の子が通園する。
預金保険制度	−	金融機関が破たんしても、預金者が困らないように、一定の範囲で預金を保護する仕組み。1971年、預金保険機構が設立され制度の運用が始まった。金融機関が破綻して「ペイオフ」が発動されると、1人あたり元本1000万円とその利息を保護する。

＜ら行＞

ＲＥＩＴ不動産投資信託	Real Estate Investment Trust	投資家から資金を集めて、オフィスビルやマンションなどの不動産を購入し、賃貸収入などを投資家に分配する仕組みの投資信託。東証のリート市場に44銘柄が上場。

リカード (デヴィッド・リカード)	David Ricardo	1772〜1823年、イギリス生まれの経済学者。比較生産費説を主張し、労働価値説の立場に立つ。自由貿易を擁護。古典派経済学。
理研 理化学研究所	—	1917年に発足した日本を代表する科学分野の総合研究所で、物理・工学・生命科学など幅広い分野をカバーする。スーパーコンピューター「京」などの大型施設を含め、国内9ヶ所、海外4ヶ所に研究拠点を持つ。国からの交付金や補助金が殆どである。
リチウムイオン電池	lithium-ion rechargeable battery	繰り返し、充電して使用できる電池の一種。ニッケル水素電池よりも高価だが、小型で軽く、充電量も多い。パソコンやスマートフォンなどに広く使われている。
離島	—	「本土」とされる本州、北海道、九州、四国、沖縄の5島を除く、6847島を指す（2013年4月現在）。9割以上が無人島。有人島は418。
リバランス政策	—	軍事や経済、外交の軸足を、従来の中東からアジア太平洋地域に移す、米国オバマ政権の政策。外交安全保障政策が、中東に偏ったことを踏まえたもので、中国をけん制し、太平洋地域の同盟国と協力して、米軍の展開力を維持・強化することを目指している。
量的緩和策	—	中央銀行が、国債などの証券を金融機関から買い入れ、市場に出回るお金の量を増やして、景気を刺激する金融政策。長期金利を押し下げ、企業や個人がお金を借りやすくする効果を狙っている。米国のFRBは、リーマン・ショックを受けて、2008年11月に初めて導入した。
稟議	—	所定の重要事項について、主管者が案を作って関係者にまわし、文書で決裁・承認を得ること。
リーン生産方式	lean product system	MITでトヨタ生産方式を研究し、編み出された方式であり、製造工程におけるムダを排除して、製品および製造工程のトータルコストを系統的に減らす。
ルーカス (ロバート・ルーカス)	Robert Lucas	1937年〜、米国生まれ。ミクロ的基礎を持ったマクロ経済学の構築に大きな役割を果たし、1970年代以降の財政・金融政策などマクロ経済理論に影響を与えた。「新しい古典派のマクロ経済学」と呼ばれた。
ルソー (ジャン＝ジャック・ルソー)	Jean-Jacques Rousseau	1712〜1778年、スイス。主にフランスで活躍し、近代的な「社会契約（Social Contract）説」の論理を提唱した主要な哲学者、政治哲学者、作曲家。一般的に政治哲学や社会思想の側面から語られるが、哲学や倫理学、人間学、自然学の他、音楽理論、文学理論、舞台芸術などの芸術分野など、独自の思想を残している。
レアアース	rare earth elements	レアメタル（希少金属）の一種。地上に分布する量が極めて少ない。元素のうちセリウムなど17種類を指す。金属などの素材に混ぜると、耐久性や耐熱性が向上する。

レガシー	legacy	語源は、ローマ時代のキリスト教の布教に当たった「特使」のラテン語。布教を支えるため、進んだ文化を同時にもたらした事を指す。レガシーの概念は、五輪の場合、開催で作られて施設の活用、スポーツ参加の促進、人々の自信等、社会に中長期的に残る有形無形の好影響を主に意味する。
レジリエンス	resilience	もともと物理学の用語で、物が外力による変形をはね返す力をいう。近年、防災でも使われ、社会や国土の「強靭性」と呼ばれる。これに「回復力」も加わる。社会の大災害や経済危機といった、困難な事が発生するが、完全に回避する事は出来ないが、「しなやかな強さ」として、レジリエンスの考え方が導入。
レセプト	Rezept	1人の患者について、1ヶ月間で行った診療行為の内容と、その値段を表す保険点数を記録したもの。入院と外来に分けて作成される。医療機関は、診療報酬の請求時、請求書とレセプトを提出する仕組みになっている。
老人クラブ	－	おおむね60歳以上の高齢者で作る地域の自主組織。老人福祉法で、福祉増進のための組織と位置付けられ、国や地方自治体が補助金を交付するなど支援している。
労働力人口	－	15歳以上の人口のうち、働く能力と意思のある人の数を指す。就業者と完全失業者を合算した数で、2013年は、6577万人。内閣府の推計では、2060年には、5400万人程度に減る。
老齢基礎年金	－	20〜59歳の全国民が加入する国民年金制度から、65歳以降に支払われる公的年金。高齢者の生活の基礎的な部分を賄う。原則、加入期間の長さに比例して、支給金額が決まる。近年では、満額（40年加入）で、月額6万4000円。
6次産業化	－	農林水産業の生産（一次産業）から加工（二次産業）、流通・販売（三次産業）までを一体的に手掛けること。一次・二次・三次を足した合計で6次となる。農林水産業の収益力や所得向上、農漁村の活性化につなげるのが狙い。
ローレンツ（マックス・O・ローレンツ）	Max O. Lorenz	1880〜1962年、米国の経済学者。14歳でアイオワ大学を卒業。ローレンツ曲線は、富の集中を評価するために用いられる。
ロビー活動	lobbying	特定の主張を有する個人または団体が、政府の政策に影響を及ぼすことを目的として、行う私的な政治活動である。議会の議員、政府の構成員、公務員などが対象となる。

<わ行>

ワルラス（レオン・ワルラス）	Marie Esprit Leon Walras	1834〜1910年、フランス生まれの経済学者。経済学的分析（一般均衡理論、限界革命論）に、数学的手法を積極的に活用。シュンペーターから「経済学者の中で最も偉大」と評された。新古典派経済学。

＜ 著者の紹介・爲永行雄（ためながゆきお） ＞

1949年（昭和24年）8月6日生まれ。
出身地は、福井県越前市（旧、福井県今立郡今立町）。
1968年（昭和43年）3月、福井県立武生工業高校（電気科）卒業。
2000年（平成12年）3月、創価大学経済学部卒業。
現在、東京都八王子市犬目町に、妻と妻の母との三人暮らし。
趣味は、野菜作り等の農作業。

高校在学中に、「第三種電気主任技術者国家試験」に合格。高校卒業後、（株）東芝青梅工場に入社し、コンピュータ・ハード設計（10年半）、府中工場にて水力発電プラントのシステム設計（17年）、及び本社部門で知的財産事務（17年）の業務に従事。約44年半の勤務を経て、2012年（平成24年）8月末退社。2014年4月から、母校の創価大学で、嘱託職員（常勤）として勤務し現在に至る。

本社部門に在籍時、2000年3月（50歳時）に、通信教育で創価大学経済学部を卒業。
退社前後の6ヶ月間、八王子市役所主催の「はちおうじ志民塾（第4期)」にて、地域活動の研修を受講し卒塾。2013年5月より、地元の町内会会長の推薦を受けて、市民センターの管理・運営をする住民協議会の役員として地域活動に参加。
また、2014年4月からは、約1200世帯を有する地元の町内会の副会長として、地域活動に参加。種々の地域の問題に遭遇し、色々と経験中である。地域活動の原点である町内会を通して、現在は、高齢者の社会参加や地域の活性化のための活動にも挑戦中である。

人間主義の経済

2016年5月3日　初版第1刷発行

著　者　爲　永　行　雄
　　　　〒193-0802 東京都八王子市犬目町 331-9
　　　　メールアドレス：y.tame00@nifty.com

発　行　揺　籃　社
　　　　〒192-0056 東京都八王子市追分町 10-4-101 （株）清水工房内
　　　　TEL 042-620-2615　URL http://www.simizukobo.com/

© Yukio Tamenaga 2016 Japan　ISBN978-4-89708-366-7 C0033　乱丁・落丁はお取替えいたします。